LES POLITIQUES SOCIALES CATÉGORIELLES

Fondements, portée et limites

Collection *Logiques Economiques*
dirigée par Gérard Duthil

Dernières parutions

VERNA Gérard, DROUVOT Hubert, *Réaliser des projets dans le tiers-monde*, 1993.
DUTHIL Gérard, *Les politiques salariales en France, 1960-1992*, 1993.
GALLOUJ Faiz, *Economie de l'innovation dans les services*, 1994.
COURLET Claude, SOULAGE Bernard, *Industrie, territoires et politiques publiques*, 1994.
MAYOUKOU Célestin, *Le système des tontines en Afrique. Un système bancaire informel*, 1994.
WILMOTS A., *Crises et turbulences du commerce international*, 1995.
DJELLAL Faridah, *Changement technique et conseil en technologie de l'information*, 1995.
GOUJON Daniel, *Mutations technologiques*, 1995.
JULIEN P.-A., LEO P.-Y., PHILIPPE J. (eds), *PME et grands marchés. PME québécoises et françaises face à l'ALENA et au Marché unique*, 1995.
PALLOIX Christian, *Société et économie ou les marchands et l'industrie*, 1996.
KEYNES John MAYNARD, *Comment payer la guerre*, 1996.
ABDELMALKI Lahsen, COURLET Claude, *Les nouvelles logiques du développement*, 1996.
NOEL Michel, *Régions canadiennes dans l'économie mondiale*, 1996.
BELLIVIER Muriel, *Le Juste-à-temps*, 1996.
PARMENTIER J.M., TENCONI R., *La zone Franc en Afrique*, 1996.
REIMAT Anne, *Des retraites et l'économie*, 1997.
BECART Alain, *Intégration et développement*, 1997.
HARRIBEY Jean-Marie, *L'économie économe. Le développement soutenable par la réduction du temps de travail*, 1997.
BELKACEM Rachid, *L'Institutionalisation du travail intérimaire en France et en Allemagne*, 1998.
GUÉVORKIAN Kariné, *L'économie «non enregistrée»*, 1998.
PICHAULT, WARNOTTE, WILKIN, *La fonction ressources humaines face aux restructurations*, 1998.

© L'Harmattan, 1998
ISBN : 2-7384-6989-2

Coordonné par
Philippe MÉHAUT
Philippe MOSSÉ

LES POLITIQUES SOCIALES CATÉGORIELLES

Fondements, portée et limites

XVIIIe Journées de l'A.E.S.

Tome 1

L'Harmattan
5-7, rue de l'École Polytechnique
75005 Paris - FRANCE

L'Harmattan Inc.
55, rue Saint-Jacques
Montréal (Qc) - CANADA H2Y 1K9

REMERCIEMENTS

Cet ouvrage n'aurait pu exister sans le soutien matériel apporté aux XVIIIe Journées de l'AES par la MIRE, le conseil régional de Provence-Alpes-Côte d'Azur, la Ville de Marseille, le Commissariat général du Plan et la faculté de Sciences économiques de l'Université de la Méditerranée. Ont contribué à l'organisation des Journées et à l'édition de cet ouvrage : Régine Cachin (LES, Paris I), Isabelle Bonal, Christian Campo et Zineb Mouaci (Céreq), et l'ensemble des personnes ayant accepté de présider et d'animer les différentes séances de travail.

 À LA MÉMOIRE DE BERNARD GACHET

LES JOURNÉES DE L'ASSOCIATION D'ÉCONOMIE SOCIALE DEPUIS 1989

Neuvièmes journées (Caen, 1989, LERE)
L'économie sociale dans les pays en développement

Dixièmes journées (Grenoble, 1990, IREP-D)
L'insertion des groupes vulnérables

Onzièmes journées (Paris, 1991, LES)
Le financement de l'économie sociale

Douzièmes journées (Toulouse, 1992, CEJEE)
Les rémunérations

Treizièmes journées (Nantes, 1993, CEBS)
Économie sociale et espace européen

Quatorzièmes journées (Lille, 1994, LABORES)
Méthodes de l'évaluation des politiques sociales

Quinzièmes journées (Nancy, 1995, ADEPS)
L'analyse longitudinale en économie sociale

Seizièmes journées (Rennes, 1996, IREIMAR)
Politiques sociales et territoires en Europe

Dix-septièmes journées (Dijon, 1997, IREDU, LATEC)
Les avancées théoriques en économie sociale et leurs applications

PRIX JACQUES TYMEN 1998

Le prix de DEA a été attribué à Anne Sophie Billet pour un mémoire intitulé *Inégalités individuelles de revenu : une évaluation des inégalités familiales*, réalisé sous la direction de F. Bourguignon.

Le prix de thèse a été attribué à Laurence Baraldi pour sa thèse de Sciences économiques, intitulée *Formation et transformation des règles salariales dans la France contemporaine : une mise à l'épreuve des théories conventionnaliste et régulationniste*, réalisée sous la Direction de J.-P. Dumazy et soutenue à l'Université de Grenoble II.

PRÉFACE

L'Association d'économie sociale (AES) a choisi de consacrer ses XVIIIe Journées à la question des « Fondements, portée et limites des politiques sociales catégorielles ». Cet ouvrage constitue les actes de ces journées tenues les 10 et 11 septembre 1998 à Marseille[1].

Afin de préciser le type de contributions attendues, l'appel à communications proposait une déclinaison de cette question principale en partant de l'idée que toute politique sociale s'inscrit dans une dynamique de redistribution.

En effet, toute politique sociale est une politique de transfert qui mobilise simultanément le concept de redistribution horizontale, en fonction de la réalisation d'un risque, et de redistribution verticale, en fonction du revenu. En tout état de cause, elle cible, implicitement ou explicitement, certains bénéficiaires pour certaines prestations.

Mais en vertu de quels objectifs ? S'agit-il dans la perspective universaliste de l'égalitarisme républicain, d'assurer à chacun un égal accès à des services jugés socialement indispensables ? Ou s'agit-il, dans une perspective communautariste de type discrimination positive, de réserver ces services à certaines catégories de la population ? La différence de perspectives n'est pas sans conséquences. En termes d'équité tout d'abord, mais aussi en termes de financement des politiques sociales dans un contexte de rigueur budgétaire où l'option discrimination positive peut s'avérer moins coûteuse parce que davantage ciblée.

Par ailleurs, en fonction de quels critères choisir la cible à privilégier : démographiques, socio-économiques, politiques ? Des critères retenus dépendront l'ampleur de la cible, l'intégration de la politique sociale catégorielle à l'ensemble des politiques sociales globales et son degré d'acceptation par les différents partenaires.

Sur la base de cette problématique ont été plus particulièrement retenues, les contributions qui essayaient de répondre aux interrogations suivantes :

- Quels sont les fondements théoriques des politiques sociales catégorielles ? Peut-on s'en tenir à une approche économique strictement disciplinaire ou élargir cette approche à d'autres disciplines tout en gardant un souci de cohérence et d'efficacité dans la recherche de solutions satisfaisantes ?

- Comment les politiques sociales catégorielles « en action », en France et à l'étranger, s'articulent-elles avec des politiques sociales plus générales ? Y a-t-il dans les faits complémentarité ou substitution ?

---

[1] Ces journées ont été organisées par le Céreq, le LEST-CNRS avec la collaboration de la faculté de Sciences économiques de l'Université de la Méditerranée.

- Comment analyser la logique et la cohérence de certaines politiques sociales catégorielles, et ce à deux niveaux : au niveau interne de la politique elle-même, en comparant ses objectifs et les résultats qu'elle obtient ; au niveau externe d'autre part, en recherchant ce que cette politique implique pour d'autres politiques sociales, catégorielles ou globales.

Les contributions à cet ouvrage se situent, pour l'essentiel, dans ce canevas à la fois précis et méthodologiquement ouvert. En effet, une des caractéristiques fondatrices de l'AES est de défendre et d'illustrer la diversité des approches économiques.

La position commune, sans cesse renforcée depuis la création de l'AES en 1979, est que les économistes œuvrant dans les différents champs de l'économie sociale sont confrontés à des réalités mouvantes et complexes et, qu'à ce titre, ils sont et doivent rester porteurs d'un large spectre de problématiques et de méthodologies. Venant d'horizons institutionnels divers, ils gagnent à confronter leurs perspectives dans un cadre scientifique reconnu.

Cette conviction est, cette année, symbolisée par la pluralité des méthodes et les théories mobilisées par les deux auteurs récompensés par le Prix Jacques Tymen. Ce choix est d'abord le résultat de la qualité des travaux récompensés, mais il est aussi l'heureux reflet de la diversité des courants représentés dans l'AES et, notamment, dans son comité scientifique. Ce pluralisme se concrétise aussi dans l'organisation même des Journées qui reposent sur une thématique recouvrant la plupart des champs de l'économie sociale. Dans cette même logique, le programme accorde une large place aux discussions et aux débats. Ainsi, l'introduction à cet ouvrage a servi de support à une table ronde inaugurale qui, tout en s'inscrivant dans la tradition de l'économie politique, témoigne de cette volonté de confrontation théorique.

S'appuyant sur ce schéma, le plan de l'ouvrage suit, à quelques exceptions près, celui qui a présidé à l'organisation des deux journées. Alternent ainsi des textes rédigés par des chercheurs confirmés et d'autres proposés par de jeunes doctorants dont les travaux ont été considérés comme suffisamment avancés et rigoureux pour être retenus. Pour la même raison, se retrouvent, dans chacun des volumes, des contributions présentées en séances plénières (dont la vocation est de soulever des questions d'ordre plus général) et des communications présentées lors d'ateliers parallèles (dont la caractéristique est d'être plus spécifiques).

Philippe Méhaut (Céreq) et Philippe Mossé (LEST-CNRS)

INTRODUCTION

Les problèmes de financement de la protection sociale sont l'occasion de repenser leurs fondements mêmes. Le renouveau du débat sur l'allocation universelle interroge les formules de minima sociaux. En France, ils sont définis de façon singulière pour chaque domaine de politique sociale qui spécifient leurs catégories d'ayant droit (chômeur, invalide, personnes âgées, adulte handicapé, parent isolé, etc.). Écrit à la suite du mouvement des chômeurs de décembre 1997, le rapport de Marie Thérèse JOIN LAMBERT (1998), dans ses conclusions, en appelle à la communauté scientifique pour éclairer un débat, de son point de vue, encore confus et peu conclusif sur la question des minima sociaux : au-delà de leur apparition historique, quels sont les fondements, avantages et inconvénients de minima sociaux différents par catégories au regard de l'unicité et de la simplicité apparente du revenu universel ou de l'impôt négatif ?

L'Association d'économie sociale (AES) avait choisi, dès septembre 1996, la question des politiques sociales catégorielles comme thème central de ses journées de 1998. L'actualité a rejoint le débat académique. Cette convergence n'est pas le fruit du hasard ; l'AES a toujours conforté, et souvent concrétisé, l'idée selon laquelle la confrontation et les avancées scientifiques devaient se nourrir des évolutions et des préoccupations sociales.

Pour certains observateurs la succession, dans le temps et l'espace, de politiques sociales le plus souvent ciblées selon des logiques diverses, forme, au bout du compte, un ensemble hétérogène, voire anarchique ; pour d'autres elle obéit à un vaste dessein rationnel qu'il s'agirait de décoder. Pourtant, au-delà de ces représentations, la question des fondements, portées et limites des politiques sociales catégorielles doit être régulièrement posée ne serait ce que parce que le contexte économique et social dans lequel elles évoluent et qu'elles visent à modeler, est lui même fluctuant. Cette introduction ne peut donc prétendre répondre définitivement à la question. Il s'agit ici, et modestement, d'essayer d'ordonner les éléments de la discussion. Pour les besoins de l'exposé, cette introduction distingue deux ensembles de problèmes interdépendants. Seront d'abord abordées les questions de définitions, celles qui visent, au service de la confrontation et non d'un quelconque consensus, à donner un cadre et un langage communs aux protagonistes du débat. Puis seront évoqués les aspects normatifs sous-jacents ou explicites, non seulement dans tout énoncé de principe mais aussi dans toute tentative de mise en œuvre des politiques catégorielles.

1. DÉFINITIONS ET DOMAINES DE VALIDITÉ

D'une manière générale, les politiques sociales, y compris celles qui se présentent ex ante comme « universelles », définissent et mettent ainsi au jour, les populations auxquelles elles s'adressent. Elles trient dans la population les personnes destinées à en être des « bénéficiaires ». Elles effectuent ce tri selon des critères de résidence, de sexe, d'âge, de statut d'activité (actif, occupé, chômeur, inactif), de statut familial (épouse, mère de famille, enfant à charge, ayant droit...), et de revenu (allocations sous conditions de ressources), cohérent avec leur domaine d'action et le type de discrimination positive qu'elles souhaitent effectuer. Les buts et finalités de ce tri, peuvent être synthétisés selon une double alternative : d'une part, s'agit il de rétablir l'égalité ou l'équité ? D'autre part, cherche-t-on à assurer des risques collectifs ou à lutter contre la pauvreté ?

1.1. Rétablir l'égalité ou l'équité ?

L'approche libérale de l'égalité, celle des révolutionnaires des deux premières Républiques (1789 puis 1848) est fondée sur le critère de l'égalité devant la loi. Or l'avènement juridique de la liberté et de l'égalité de droit n'engendre pas ipso facto l'égalité tout court. C'est ce qu'ont observé les républicains de la IIIᵉ République, devant la pauvreté et la misère engendrées par la Révolution industrielle : l'égalité du « renard libre dans le poulailler libre » renforce les inégalités. *« Cette majestueuse égalité devant la loi qui permet aux riches, comme aux pauvres, de dormir la nuit sous les ponts »*, ironisait Anatole France (cité par FITOUSSI-ROSANVALLON, 1996).

Devant ce constat, plusieurs attitudes sont possibles :
- rechercher l'égalité des chances ; accepter l'inégalité des situations de fait, à condition qu'elles soient le résultat de l'exercice de la liberté individuelle, et non celui d'une injustice faite au départ ;
- corriger les inégalités de fait observées, soit par mutualisation du risque (transferts entre égaux), soit par redistribution (des plus riches vers les plus démunis).

Par construction, et souvent de façon intentionnelle, toute politique catégorielle conduit donc à opérer une discrimination positive : sélectionner ceux que l'on veut aider ou protéger des « iniquités », c'est-à-dire des inégalités injustes, en créant ou en maintenant des inégalités « justes » (compensatoires). L'idée d'équité rajoute à l'idée d'égalité, celle d'un jugement de valeur sur le « juste et l'injuste ». À ce titre, l'équité est relative quand l'égalité est absolue.

Pour éclairer, en la nuançant, cette distinction entre équité et égalité, il faut rappeler que l'objectif d'égalité implique, lui aussi, une forme de discrimination qui pour n'être pas au principe de la politique égalitaire n'en est pas moins une des conditions de son effectivité. Ainsi, des problèmes pratiques tels que l'accès inégal à des droits communs, la définition d'un critère de redistribution (le revenu plutôt que le patrimoine, etc.) transforment en la concrétisant, une idée universelle en réalités spécifiques. Symétriquement, et sous certaines conditions il est vrai, une certaine forme de justice sociale non seulement tolère mais recommande, le maintien d'inégalités « injustes » dans la mesure où elles sont susceptibles, à terme, de profiter à tous, notamment par le biais de la création de richesses nouvelles. Ainsi, et d'un point de vue économique, une inégalité sociale peut devenir équitable dès lors qu'elle est efficiente (BASLÉ *et al.*, 1997 ; GAMEL, 1992).

Cependant, et malgré ces nuances, la recherche de l'équité (et non de l'égalité), induit mécaniquement, de façon explicite, celle de la définition des critères de justice. Suivant le critère de justice que l'on se donnera, on pourra par exemple (J.-M. Monnier, infra, chap. I) considérer le barème du quotient familial, qui a pour conséquence de diminuer l'impôt des familles à haut revenu davantage que celle des familles pauvres ou non imposées, soit comme un cadeau fiscal fait aux riches, et donc inéquitable, soit comme une compensation pour maintenir le niveau de vie des familles (les familles riches dépensant plus pour l'éducation de leurs enfants). Symétriquement, côté prestations, distribuer la même somme à tous les enfants, selon leur âge, est une politique sociale égalitaire. Donner plus aux enfants issus de familles démunies se veut une politique sociale compensatrice, inégale mais plus « équitable », car compensant des inégalités de fait dans les revenus des familles. Tout dépend comment on choisit de définir ce qui est « équivalent ». On verra plus loin les fondements normatifs de telles propositions. L'histoire des modèles fondateurs des systèmes de protection sociale illustre empiriquement ce dilemme.

1.2. Les deux fondements historiques des systèmes de protection sociale : assurance ou assistance ?

On oppose traditionnellement deux systèmes, celui de Bismarck et celui de Beveridge. Certes des formes d'assistance existaient avant que ces deux archétypes ne soient définis. Cependant elles n'étaient intégrées ni dans un schéma explicatif d'ensemble ni dans le fonctionnement et le développement même des économies. Répondant à la même « question sociale », le premier fonde les droits à prestations sur la mutualisation des risques dans le cadre du travail (prélèvement sur les salaires). Ainsi le conflit entre le Travail et le Capital est-il réglé, puisque salariés et patrons ont intérêt à œuvrer ensemble pour diminuer l'occurrence des risques (accidents du travail, santé, etc.). Le système beveridgien est par contre compatible avec la métaphore de la « main invisible » du marché qu'il faut néanmoins accompagner pour éviter les désastres sociaux de ceux qui ne peuvent s'y insérer : tous les citoyens ont droit à une assistance minimale, en tant que citoyens appartenant à la communauté nationale (ou locale). Élaboré lors de la deuxième guerre mondiale, le plan Beveridge repose d'abord sur une forme de solidarité à vocation universelle sur le territoire national.

En France, pour « *sortir la question sociale des débats idéologiques sur le conflit entre le Travail et la Capital* », les pouvoirs publics la découpent en autant de domaines de la vie sociale (LUCIANI, 1993). S'appuyant sur des observations « objectives » que fournira l'Office du travail qu'ils créent en 1892, les pouvoirs publics mettent en place des politiques par domaines : les accidents du travail, la santé, le logement, la famille, la retraite, etc., chacune bénéficiant d'un traitement adapté. Pourtant il a pu être démontré que, si les frontières entre les risques étaient le plus souvent financièrement étanches, elles étaient sociétalement poreuses (GUILLEMARD, 1995). Ces politiques sociales par domaine seront progressivement financées par cotisations sur les salaires (notamment lors de la généralisation de la protection sociale en 1945). Elles ont pu se généraliser grâce à la notion de risque probabilisable, sur le modèle de l'accident du travail. La « société assurantielle », selon l'expression de F. Ewald (1986), a transformé le risque subjectif individuel en risque collectif objectif.

La Comptabilité nationale définit les branches de la protection sociale à partir de la notion de « risque » : l'objectif de la protection sociale est de compenser la perte de revenu occasionnée par l'occurrence d'un « risque ». On parle ainsi de « risque accident du travail, santé, vieillesse/invalidité, famille ». Si l'accident du travail est bien un risque probabilisable, comme la maladie du travailleur, la vieillesse est un risque certain, sauf à décéder avant l'âge de la retraite, mais c'est sa durée qui est probabilisable ; enfin l'arrivée d'enfants est, certes, encore non programmable avec une entière certitude, mais c'est plus une « chance » ou un « choix » qu'un risque, même si au niveau collectif, les notions probabilistes s'y appliquent également. Ce qui est important c'est l'idée de risque collectif qui sous-tend la prestation. De fait les systèmes nationaux en Europe participent des deux systèmes (LENOIR, 1994) ; ils combinent des financements par cotisations sur les salaires et des transferts de l'État mais aucun pays n'a adopté strictement l'un ou l'autre de ces modèles.

1.3. Les effets des politiques sociales : diminuer les inégalités ? Lutter contre la pauvreté ?

Les politiques sociales fondées sur l'assurance transforment la répartition primaire des revenus, en créant des transferts « horizontaux » de catégories à catégories : des salariés valides vers les salariés accidentés, des bien portants vers les malades, des célibataires vers les familles, des actifs vers les chômeurs ou les retraités. Les politiques sociales ciblant la lutte contre la pauvreté créent des transferts « verticaux » qui redressent les inégalités de revenu : la progressivité de l'impôt va dans ce sens, comme les prestations sous conditions de ressources, ou le revenu minimum d'insertion (RMI). Certaines mesures de politique sociale visent les deux objectifs simultanément.

Le financement assurantiel de la protection sociale peut créer des redistributions positives ou négatives. Le plafonnement des cotisations maladie avait pour justification que le besoin de se soigner était également réparti dans la population et indépendant du revenu. Jusqu'à son déplafonnement, cela a engendré une redistribution en faveur des plus favorisés, puisque la dépense médicale (sinon le besoin) est une fonction croissante du revenu. Mesures de sauvegarde financière, la contribution sociale généralisée (CSG) et le remboursement de la dette sociale (RDS) ont pour conséquence de détacher peu à peu l'assurance maladie de l'univers salarial.

Une certaine vision égalitaire des prestations sociales peut créer de la redistribution verticale inverse, en bénéficiant davantage aux plus riches chaque fois que des services ou des prestations sociales sont davantage utilisés par les classes supérieures (comme l'université ou les grandes écoles, l'accès à certains soins, la durée et le montant des retraites reçues, etc.).

L'efficacité de l'usage de fonds publics limités, a conduit dans plusieurs domaines à « cibler » le bénéfice des allocations sur des catégories non universelles (*cf.* les populations cibles du VIIe Plan). Mais, trop cibler les prestations (par exemple, certaines composantes d'une politique de l'emploi) sur des catégories « nécessiteuses » risque, d'une part, d'aller à l'encontre du principe d'égalité de droit des citoyens. D'autre part, l'effet séparateur et stigmatisant peut avoir des inconvénients supérieurs aux avantages financiers ainsi obtenus, alors que la politique non ciblée donne à tous les mêmes droits dans le cadre d'une égalité républicaine mise en actes. De plus, la lisibilité d'une politique catégorielle exige que ses objectifs soient clairs, c'est-à-dire à la fois cohérents et peu nombreux. Le débat public lors des réformes récentes des allocations familiales l'a illustré : ou bien tous les enfants donnent droit à l'allocation, ou bien si on en limite l'accès aux seules familles en dessous d'un plafond de ressources, on tend à faire de l'allocation familiale une allocation « pour les pauvres ». Dans ce cas, la branche famille voit sa mission se modifier par rapport aux autres secteurs de la politique sociale. Cette conséquence, anodine pour qui considérerait l'action publique comme un tout, n'a pas été étrangère à la manière dont la décision finale a été justifiée : principe d'égalité dans la sphère familiale, d'équité dans la sphère fiscale.

Cet épisode confirme que toute tentative de bilan redistributif se heurte à la complexité des redistributions engendrées par la grande diversité des mesures. Il est en effet difficile de prendre en compte l'ensemble des prestations fournies par des politiques sociales qui émargent à plusieurs niveaux, institutions, secteurs ou systèmes (politique sociale, fiscalité, politique éducative, etc.).

C'est dans ce contexte que résonnent les propositions d'allocation universelle. En effet, face à cette complexité impossible à maîtriser, ne serait-il pas plus simple de ramener les dimensions sociales à une seule qui les résumerait toutes : le revenu, mesure universelle du niveau de vie ? On traduirait les inégalités liées à tel ou tel « risque » par la mesure de son résultat : la situation de pauvreté observée. L'objectif des politiques sociales serait ainsi ramené à une dimension unique et globale : réduire les inégalités de revenu au maximum acceptable. Le revenu est alors considéré comme une mesure universelle, un « équivalent général ». Chaque politique par domaine devenant alors un cas particulier d'une question plus générale : lutter contre la pauvreté, quelle qu'en soit la cause. Disparaîtraient ainsi les effets pervers antiredistributifs puisque la mesure (au double sens du terme) serait la même pour tous. Elle pourrait prendre la forme d'allocation universelle ou d'impôt négatif.

Ceci nous ramène aux fondements sous-jacents aux deux systèmes de protection sociale. La première question est celle de la part que l'on accorde à la responsabilité collective par rapport à la responsabilité individuelle. La seconde est celle des critères de justice à partir desquels juger de l'égalité ou de l'équité.

2. QUESTIONS NORMATIVES

2.1 Responsabilité individuelle *versus* responsabilité collective

La déclaration universelle des Droits de l'Homme reconnaît que toute personne « *a droit à la sécurité en cas de chômage, de maladie, d'invalidité, de veuvage, de vieillesse ou dans les autres cas de perte de ses moyens de subsistance, par suite de circonstances indépendantes de sa volonté* ». Ce qui est important dans cette phrase, c'est la fin : il faut que la perte de moyens de subsistance ne soit pas volontaire. Elle met en scène la question de la responsabilité.

On retrouve ici le débat qui a marqué l'« invention » du chômage, (SALAIS *et al.*, 1986). Le chômage apparaît quand le non-travail apparaît involontaire, et que le revenu tiré de l'activité (ou son absence) est individualisé (salariat). Les travaux comparant les débats anglais et français sur la constitution de la catégorie de chômeurs au tournant du siècle (MANSFIELD *et al.*, 1994), éclairent la discussion actuelle. Dans les deux pays il s'agit de distinguer les travailleurs valides qui souhaitent réellement travailler, de ceux qui en sont incapables ou qui ne le veulent pas (les indigents et les vagabonds). Dans le débat anglais, qui réfère davantage à l'économique et à la responsabilité individuelle, être reconnu chômeur c'est être reconnu capable de prendre en charge sa destinée. Dans le débat français, qui réfère davantage au juridique, pour être reconnu chômeur, il faut avoir fait la preuve de sa subordination dans le travail perdu de façon involontaire (c'est la définition juridique du salariat qui apparaît). La mutualisation du risque, via l'assurance sociale, transforme alors l'irresponsabilité individuelle en responsabilité collective.

Ces positions extrêmes, présentées ici de façon caricaturale, sont toujours dans le débat public, tant en France qu'en Grande-Bretagne. Au sein de l'Organisation de coopération et de développement économique (OCDE) il prend un tour singulier (OCDE, 1996). Non seulement, il tend à dénoncer les « assistés » qui seraient désincités à rechercher du travail, mais encore, dans la mutualisation des risques, il oppose la prévoyance (acte volontaire) qui responsabilise l'individu à l'assurance (collective) qui est suspectée de favoriser l'insouciance. Une alliance étonnante se fait entre des traditions de pensée qui, jusque là, s'opposaient. Celle issue des milieux « catholiques sociaux », personnalistes promouvant paternalisme et promotion individuelle, et celle des républicains sociaux, héritiers du mouvement solidaristes se rejoignent sur des propositions destinées à « sauver » la protection sociale : assurer une prévoyance minimale, cibler les catégories, encourager l'assurance volontaire (CHOPART *et al.*, 1998).

Ces propositions renforcent la tendance beveridgienne des systèmes qui sépare les « responsables » capables de s'assurer, des « irresponsables » qui relèvent de la charité publique (l'assistance). C'est ce que refusait le mouvement des chômeurs de décembre 1997. Il est né d'une décision bureaucratique qui transférait les fonds d'aide sociale jusque là gérés par les caisses de l'assurance chômage vers les bureaux d'aide sociale des mairies. Ce simple transfert, fait pour « simplifier » les démarches des demandeurs (et éviter les opportunistes qui demanderaient aux deux guichets ?), avait une conséquence symbolique très forte : elle transformait l'identité des demandeurs. De chômeurs appartenant au monde du travail, et à ce titre ayant des « droits », ils devenaient brutalement des indigents dépendant de la charité publique. C'est que l'effectivité d'une politique ne dépend pas seulement de ses intentions ou de sa cohérence théorique intrinsèque mais aussi des modalités concrètes de sa mise en œuvre. La teneur des conflits sociaux fournit la preuve du caractère décisif de cette dimension si souvent sous-estimée par les promoteurs de l'action publique. Elle amène à considérer les questions d'équité selon une approche qui lie la définition des principes de justice aux modalités de leur réalisation.

2.2. Les critères de justice

Beaucoup de travaux dans la lignée de l'économie politique au sens du XVIIIᵉ siècle essaient de construire des systèmes qui éclairent ces décisions de « justice ». Les uns, raisonnant dans un cadre de justice globale, définissent des critères généraux, applicables pour tous. D'autres fondent les critères de justice sur la diversité des situations locales.

Le critère de justice « global » le plus traditionnel est celui du mérite : il ne faut pas refuser les inégalités car elles encouragent l'effort et récompensent le mérite. Ce faisant, elles accroissent l'efficacité globale de l'économie. L'optimum économique sera alors celui qui permet aux plus pauvres d'être dans la meilleure des situations possibles, ce qui s'exprime dans le langage du revenu, comme la situation qui maximise le revenu minimum, soit le maximin. Les courants libéraux s'appuient sur ces critères.

Les théories rawlsiennes de la justice (RAWLS, 1987; VAN PARIJS, 1990 ; GAMEL, 1992) se démarquent à la fois des libertariens et de la tradition utilitariste (voir aussi dans cet ouvrage Schneider-Bunner, infra chap. I). Au-delà du principe normatif de la responsabilité individuelle qui fait appel à la notion de « mérite » individuel qui justifierait des inégalités constatées, Rawls oppose un autre critère de justice qui concerne la juste distribution des biens primaires souhaités par les individus soumis au « voile d'ignorance ». Il propose un principe de justice procédurale, qui ne dit en rien quelle est la juste répartition des « biens sociaux primaires », mais dit comment faire pour l'obtenir (de façon virtuelle). Le principe de justice est articulé au fait, non pas des mérites différenciés, mais des « attentes légitimes » des individus dès lors qu'ils appartiennent à cette société. Il est articulé sur une citoyenneté.

SEN (1992, 1993) considère comme plus équitable de définir l'égalité non pas dans l'espace des revenus ou dans celui de l'accès aux biens primaires, comme Rawls, mais dans celui de la réalisation de ses projets et de la capacité de le faire. Ce qui est juste, c'est que chacun ait les mêmes capacités. Dans cette perspective, sont justifiées des actions ciblées destinées à compenser d'inégales « capacités » dues au fait que les individus sont dotés d'attributs différents (intelligence, handicap...).

C'est précisément la reconnaissance de l'hétérogénéité des personnes et des situations que justifient les approches « locales » des critères de justice.

Dénonçant les principes de justice globale généralement invoqués que sont le mérite, le marché ou le besoin, dont il montre qu'ils ne sont pertinents ni opératoires dans une réalité complexe, WALZER (1993) voit dans l'hétérogénéité et la séparation des « sphères de justice » une garantie de justice. Elle peut être définie de manière différente dans des « sphères » différentes. Ce qui importe, c'est qu'aucune ne domine les autres. La pluralité des institutions garantit la démocratie ; l'équilibre est instable car les ajustements peuvent être librement débattus, et les situations provisoirement jugées injustes être remises en cause, sphère par sphère. C'est une garantie contre le totalitarisme.

D'autres travaux sur la justice locale ou « située » (ELSTER, 1992) s'intéressent aux critères de décision des acteurs sociaux impliqués dans les processus d'allocation des ressources et aux arguments qu'ils développent pour justifier les décisions. Ce faisant, elles mettent l'accent sur l'importance des procédures qui permettent de débattre des principes, de les confronter , de les modifier et de les mettre en œuvre. L'approche des économies de la grandeur (BOLTANSKI et THEVENOT, 1987) reconnaît la pluralité des principes de justice dans une même société selon les contextes, les personnes, les moments, les types d'interaction. Dans l'ordre civique, ce qui est juste est l'égalité de traitement de tous quelle que soit leur situation ; dans l'ordre domestique, ce sera au contraire la prise en compte du maillage et du réseau relationnel dans lequel la personne est insérée. Les arguments échangés dans les commissions locales d'insertion qui décident de l'attribution du RMI, étudiés par Isabelle ASTIER (1993) montrent comment différents registres de justice s'affrontent pour emporter la décision. Des ordres de justice différents peuvent être invoqués par les mêmes personnes selon le moment de la discussion. On voit que l'opposition entre justice « globale » ou justice « locale » ne se réduit pas à l'opposition entre « universalité » et « ciblage catégoriel ». Il peut y avoir des critères universels de justice dans un cadre local et inversement des ciblages dans un cadre de justice globale. La reconnaissance de la complexité est revendiquée, à la fois comme une composante de la réalité (approche empirique), et comme une condition de la démocratie (approche normative). C'est l'appartenance à la société, voire à la communauté de base, qui définit des critères de justice spécifiques. Dans la vision la plus « communautariste » de la justice, les critères peuvent être universels dans le champ clos de la communauté.

Sur cette toile de fond, les arguments en faveur d'une allocation universelle au détriment de minima sociaux complexes définis pour des catégories spécifiques, ou le ciblage de catégories sous conditions de ressources, prennent un autre relief.

L'argumentation de B. Friot (*cf.* infra, chap. I de cet ouvrage et FRIOT, 1998) en faveur d'un « salaire universel » refuse la notion de responsabilité individuelle (le petit propriétaire pourvoyeur autonome de sa sécurité par son épargne) en faveur d'une responsabilité collective (le travailleur collectif) dans une vision normative du fonctionnement de l'économie et de la société, dans un cadre de justice globale où le travail doit l'emporter sur le capital, mais n'entre pas dans le débat entre « équité/inégalité ». Les débats sur les mérites comparés de « l'allocation universelle » ou de « l'impôt négatif » apparaissent en regard deux faces d'un même ordre de justice : réparer les inégalités de fait dans une seule dimension, qui apparaît comme une vision très limitée de critères de justice. La prise en compte de la complexité du réel et des ordres de justice est reconnue dans le débat équité/égalité esquissé par J.-M. Monnier. Il tente d'expliciter les différentes définitions de « l'équivalence », chacune étant avant tout un choix éthique ou politique d'organisation de la société. Ceci pourrait clarifier un débat qui reste souvent confus tant que les principes sous-jacents n'ont pas émergé.

3. CONCLUSION

Les théories de la justice, qu'elles soient globales ou locales, énoncent des principes généraux sur ce qu'est un fonctionnement juste pour une société. Or, mettre au centre de la discussion les politiques catégorielles, induit de traiter sur le même plan les enjeux théoriques et opérationnels, pour ne pas dire moraux et économiques. En effet, toute politique catégorielle tend à modifier les places relatives des groupes et des individus mais en s'appuyant sur des découpages existants. Ces découpages, fondés sur les règles juridiques ou empiriques, créent les conditions « d'équivalence » que la société se donne à un moment de son histoire (DESROSIÈRES, 1993). D'une part, les politiques catégorielles élisent des populations et donc modifient la nature, l'intensité et l'urgence des demandes, ce que les acteurs de terrain vérifient tous les jours. D'autre part, et réciproquement, les critères normatifs de sélection des populations, incluent le principe de réalité (qu'il s'agisse d'accès à l'information sur les caractéristiques des individus ou du respect de normes sociojuridiques du type « informatique et libertés »).

En ce sens, les critères effectifs d'équité et de justice sont sociétalement déterminés avant d'être moralement « justifiés ».

Annie Fouquet, Philippe Méhaut et Philippe Mossé

BIBLIOGRAPHIE

AFFICHARD J. et DE FOUCAULD (dir) (1992), *Justice sociale et inégalités*, Paris, Esprit.

ASTIER I. (1993), « Le contrat d'insertion du revenu minimum : usages locaux d'une initiative nationale », *Revue française des Affaires sociales*, n° 3/1993.

BASLÉ M. *et al.* (1997), « Service universel, versus service public dans le cadre de l'union européenne », *Problèmes économiques*, n° 2560, 18 mars.

BOLTANSKI L. et THÉVENOT L. (1987), *Les économies de la grandeur*, Paris, Presses universitaires de France (Cahiers du Centre d'études de l'emploi 31), réédition, 1991, *De la justification*, Paris, Gallimard, (NRF, Essais).

CHOPART J.-N., EME B., LAVILLE J.-L. et MOURIAUX R. (1998), « Collective action of Welfare recipients in Europe », in FAN BERKEL R., COHEN H. et VLEK R., *Beyond Marginality : social movements of social security claimants in European Union*, England, Asgate, Aldershot.

DESROSIÈRES A. (1993), *La politique des grands nombres. Histoire de la raison statistique*, Paris, La Découverte.

ELSTER J. (1992), *Local Justice*, New York, Sage.

EWALD F. (1986), *L'État providence*, Paris, Grasset.

FITOUSSI, J.-P. et ROSANVALLON P. (1996), *Le nouvel âge des inégalités*, Paris, Seuil.

FOUQUET A. (1998), « Travail, emploi et activité », *La Lettre du Centre d'études de l'emploi*, n° 52.

FRIOT B. (1998), *Puissances du salariat, Emploi et protection sociale à la française*, Paris, La Dispute.

GAMEL C. (1992), *Economie de la justice sociale*, Paris, Cujas.

GUILLEMARD A.-M. (1995), « Paradigmes d'interprétation de la sortie anticipée des salariés vieillissants, un bilan de la recherche comparée internationale », *Travail et Emploi*, n° 63, 2/95.

GREINER D. (1997), « Les thèories de la justice : à quoi (et à qui) peuvent-elles servir ? », Actes des Journées de l'AES, Dijon.

JOIN-LAMBERT M.-Th. (1998), *Chômage : mesures d'urgence et minima sociaux. Problèmes soulevés par les mouvements de chômeurs en France fin 1997- début 1998*, rapport au Premier Ministre, Paris, La Documentation française.

LENOIR D. (1994), *L'Europe sociale*, Paris, La Découverte.

LUCIANI J. *(ed.)* (1993), *Histoire de l'Office du Travail (1890-1914)*, Paris, Syros.

MANSFIELD M., SALAIS R. et WHITESIDE N. (éditeurs) (1994), *Aux sources du chômage (1880-1914)*, Paris, Belin.

OCDE (1996), *Perspectives de l'emploi*, chapitre II.

RAWLS J. (1987), *Théorie de la justice*, Paris, Seuil. •

RICHEBÉ N. (1997), « La discrimination dans le recrutement aux Etats-Unis : controverses juridiques et économiques », in BESSY Ch. et EYMARD-DUVERNAY F. (1997), *Les intermédiaires du marché du travail*, Paris, Presses universitaires de France (Cahier du Centre d'Etudes de l'Emploi, n° 36).

ROSANVALLON P. (1995), *La nouvelle question sociale. Repenser l'Etat-Providence*, Paris, Seuil.

SALAIS R. *et alii.* (1986), *L'invention du chômage*, Paris, Presses universitaires de France.

SEN A. (1992), *Inequality Reexamined*, Oxford, Clarenton Press.

SEN A. (1993), *Ethique et économie*, Paris, Presses universitaires de France.

VAN PARIJS P. (1990), « Peut-on justifier une allocation universelle ? », *Futuribles*, n° 144.

WALZER M. (1993), *Spheres of justice, A defense of pluralism and Equality*, New York, Basic Books.

CHAPITRE 1

JUSTICE, CATÉGORIES, DISCRIMINATION

Équivalence fiscale des revenus et équité familiale

Jean-Marie Monnier, (CRIFES-METIS, université de Paris 1 Panthéon-Sorbonne)

1. INTRODUCTION

Jusqu'à une période récente, l'essentiel des modifications apportées à la politique familiale concernait les prestations en espèces, progressivement placées sous condition de ressources. Pour saisir cette évolution, on peut en s'inspirant de la typolgie proposée par P. STECK (1993) répartir les prestations en cinq axes correspondant aux différentes orientations des politiques d'aide à la famille, puis les distinguer selon leur critère d'attribution. Au début des années quatre-vingt-dix l'aide aux familles nombreuses et l'aide aux familles en voie de constitution, étaient encore dominées par des prestations uniformes, variables seulement en fonction du nombre et du rang des enfants, sans considération de revenu. À l'inverse, la préoccupation redistributive était prépondérante dans les trois derniers axes (aide aux familles monoparentales, aide au logement et lutte contre la pauvreté) et conduisait au recours à des allocations placées sous condition de ressources.

Depuis lors, les principales modifications de la politique familiale ont affecté les fondements des deux premiers axes. Si l'on excepte l'extension du domaine d'application de l'allocation parentale d'éducation (APE), elles ont fréquemment consisté à placer sous condition de ressources des prestations jusqu'alors universelles. Ce fut notamment le cas de l'allocation pour jeune enfant (APJE) en 1995, et plus récemment même s'il ne s'agit que d'une parenthèse dans l'histoire de cette prestation, du plafonnement des allocations familiales[1]. Ainsi, progressivement les prestations familiales sont devenues l'une des composantes de la politique de redistribution des revenus, ciblées sur les ménages les moins favorisés.

Cette évolution conduit logiquement à s'interroger sur les mécanismes fiscaux visant à assurer la prise en compte des charges de famille. D'un point de vue général, l'existence d'un lien entre la politique fiscale et la politique familiale (THÉLOT et VILLAC, 1998), pourrait en effet conduire à modifier la fiscalité afin qu'elle accompagne la mutation impulsée au niveau des prestations. Par ailleurs, une interprétation de ces mutations consiste à les considérer comme un substitut à une réforme fiscale jugée trop compliquée par les pouvoirs publics. En ce sens, la mise sous condition de ressources des prestations est parfois comprise comme une transformation en une forme d'impôt négatif (LAGRAVE, 1986). De la même façon,

---

[1] En dépit d'un plafond nettement supérieur à celui qui est appliqué aux autres prestations sous condition de ressources.

les raisons justifiant selon le gouvernement[2] le placement sous condition de ressources des allocations familiales, puis son remplacement par une diminution du niveau du plafonnement du quotient familial, confortent l'idée selon laquelle la politique familiale subit l'incapacité de l'État à réformer la fiscalité directe des ménages.

Dans sa configuration actuelle, la fiscalité des ménages est « familialisée » non seulement en raison de l'imbrication des règles fiscales et sociales (MONNIER, 1996), mais également du fait de la prise en compte des charges de famille dans le calcul de la taxe d'habitation et de l'impôt sur le revenu. Mais l'insertion de dispositions comparables aux conditions de ressources reste exceptionnelle.

S'agissant de la taxe d'habitation, les charges de famille permettent aux redevables de bénéficier d'abattements d'assiette obligatoires et facultatifs, et un abattement spécial à la base facultatif profite aux contribuables n'acquittant pas d'impôt sur le revenu.

Mais c'est surtout par l'impôt sur le revenu que passe l'essentiel du dispositif fiscal relevant de la politique familiale. Quatre catégories de mécanismes sont mobilisés à cet effet :

- l'exonération des prestations familiales est une mesure d'ordre général, mais avec la généralisation des conditions de ressources elle profite surtout aux ménages situés dans le bas de l'éventail des revenus ;

- des allégements d'assiette sont accordés aux contribuables versant aux membres de leurs familles une pension alimentaire ou assurant leur subsistance en vertu notamment de l'obligation alimentaire définie par le code civil ;

- des réductions d'impôt sont prévues pour frais de garde des enfants en bas âge ou pour frais de scolarisation des enfants à charge, mais ne font pas référence aux ressources du foyer fiscal ;

- enfin le quotient familial représente le principal mode de « familialisation » de l'impôt sur le revenu en raison de son poids budgétaire (environ 70 milliards de francs si l'on ne distingue pas le quotient conjugal et le quotient enfant). Par ce fait même, il concentre les débats relatifs au rôle de la fiscalité dans la politique familiale.

Pour certains auteurs, le quotient familial confère aux familles nombreuses un avantage croissant avec le revenu. Le déplacement de la politique familiale vers la redistribution verticale rendrait donc nécessaire la disparition ou une limitation forte de cet avantage. Pour d'autres, le quotient familial ne confère aucun avantage

---

[2] Économiser cinq milliards de francs sur la politique familiale.

particulier car il vise simplement à assurer la parité des niveaux de vie. Il reste que dans ces discussions l'articulation entre les normes d'équité sous-jacentes aux arguments échangés et l'ensemble des mécanismes fiscaux mobilisés dans le cadre de l'impôt sur le revenu ne fait souvent l'objet que d'un examen sommaire, de sorte que la dynamique propre à la règle fiscale n'est qu'imparfaitement prise en compte.

C'est pourquoi, après un retour sur les arguments échangés en précisant les critères d'équité sur lesquels ils s'appuient implicitement ou explicitement, on se propose d'introduire la notion d'équivalence fiscale des revenus et d'étudier le positionnement des divers mécanismes par rapport à celle-ci pour éclairer ces débats.

2. LE QUOTIENT FAMILIAL : BIAIS FISCAL OU PARITÉ DES NIVEAUX DE VIE

Les comparaisons de dispositifs fiscaux alternatifs assurant la prise en compte des charges de famille et de leur impact, reposent généralement sur des jugements quant aux normes d'équité servant de référence ex ante. G. CALOT (1980 b) distingue ainsi deux types de règles fiscales qui, appliquées aux ménages comprenant n enfants, sont susceptibles d'assurer l'égalité des niveaux de vie entendue selon deux normes d'équité horizontale : l'une définit cette égalité en considérant le revenu par part ce qui implique d'introduire une règle pondérant les ressources en fonction de la composition de la famille ; l'autre définit cette égalité par l'égalité des ressources, sans considérer la composition de la famille. Les comparaisons entre dispositifs fiscaux tenant compte ex post des configurations familiales reposent alors sur des jugements concernant la « référence légitime » ex ante. C'est pourquoi, l'inégalité de deux situations peut tout aussi bien résulter du caractère inéquitable de l'une comme de l'autre.

Si l'on retient ce point de vue, il est possible de répartir les études sur le quotient familial entre celles qui ne s'appuient pas sur une pondération du revenu avant impôt en fonction des charges de famille, et celles qui au contraire corrigent les ressources initiales en tenant compte des configurations familiales. Les premières concluent généralement sur le fait que le quotient familial introduit un biais favorable aux revenus élevés, tandis que les secondes récusent cette conclusion en s'appuyant sur la notion de parité des niveaux de vie.

2.1. Quotient familial et biais fiscal

Très tôt, la critique du quotient familial se porte sur le biais qu'il induirait en faveur des détenteurs des plus hautes rémunérations. Trois axes sont repérables dans ces travaux.

2.1.1. L'impact direct du quotient familial

Les premiers travaux critiques sur le quotient familial se sont intéressés au gain en impôt procuré par celui-ci pour différentes configurations familiales. On montre alors que ce gain est croissant non pas systématiquement avec le nombre des enfants mais avec le revenu[3]. En outre, en l'additionnant aux prestations familiales, on démontrerait que le biais favorable aux plus hautes rémunérations serait accentué par le système d'aide à la famille (LOUIS et DE MARCILLAC, 1980 ; des résultats convergents quoique plus nuancés sont obtenus avec une méthodologie quelque peu différente dans EKERT, 1984).

Bien que classique, cette critique semble peu pertinente en raison des hypothèses implicites sur lesquelles elle repose. Pour que l'entrée d'une nouvelle personne à charge dans le foyer fiscal procure le gain en impôt évoqué, il faut que le revenu imposable du ménage ne bouge pas après la naissance d'un enfant. En d'autres termes l'existence de ce gain suppose qu'il y ait indépendance entre le revenu et le nombre des enfants (ROZEMBERG-NISKY, 1984), ce que ne confirment pas les choix d'activité professionnelle des femmes au sein des ménages ayant plus de deux enfants (THÉLOT et VILLAC, 1998).

Mais la définition du biais fiscal en valeur absolue du gain d'impôt est également contestable. Les dépenses fiscales ont en effet nécessairement pour fonction d'introduire des modes supplémentaires de discrimination et d'incitation au sein de la règle fiscale (Monnier, 1998 a). Or quelle qu'en soit la forme, ces allégements confèrent généralement un gain croissant en valeur absolue avec le revenu, ce qui est par exemple couramment souligné dans le cas de l'encouragement fiscal à l'épargne populaire. C'est pourquoi un gain croissant en valeur absolue ne manifeste la présence d'un biais favorable aux plus hauts revenus que s'il résulte d'une disposition directement associée au comportement observé chez les ménages qui perçoivent les plus hautes rémunérations (BRANNON, 1980), ce qui n'est pas le cas du quotient familial.

2.1.2. Le quotient familial et le système fiscal

Le second axe de recherche considère l'ensemble du système fiscal, éventuellement complété de diverses prestations, pour une appréciation du caractère redistributif de la fiscalité des ménages. Deux approches sont proposées par la littérature. La première repose sur les indicateurs globaux de la redistribution dérivés de la courbe de Lorenz et se situe dans une perspective de comparaison internationale. Elle prend pour référence le système fiscal anglais après la réforme de 1986 qui ne tient pas compte de la composition de la famille dans le calcul de l'impôt (Atkinson *et al.*, 1988 a et 1988 b), mais intègre les aides

---

[3] Ce gain devient toutefois constant en haut de l'éventail des revenus du fait de l'autoplafonnement du quotient familial associé à la présence d'un taux maximum dans le barème d'imposition.

directes à la famille. Pour préserver les résultats des déformations éventuellement induites par l'influence de structures démographiques différentes, le système britannique est appliqué aux familles françaises. Par ailleurs, les comparaisons sont réalisées à recettes fiscales (nettes des allocations) constantes, mais pour cela les paramètres de ce système redistributif sont corrigés.

Selon les auteurs les résultats de leur étude démontreraient la supériorité du système anglais sous le double critère des revenus et de la composition des familles. Cette domination (au sens de Lorenz) résulterait non pas du système d'allocations mais du système de prélèvements. Le remplacement du dispositif fiscal français, en particulier le quotient familial, par son homologue anglais améliorerait la progressivité du système redistributif à recettes fiscales constantes.

La seconde approche est dérivée de la méthode des cas-types, mais l'améliore en utilisant l'enquête de l'INSEE sur le budget des familles fondée sur un échantillon représentatif de 9 635 ménages (INSEE, 1997). Elle peut ainsi intégrer la quasi-totalité des recettes et des dépenses des ménages.

La première partie de l'étude se concentre sur les prélèvements fiscaux (hors contribution sociale généralisée (CSG), mais y compris les impôts sur la consommation et les taxes locales) en considérant la législation de 1994. Elle montre que la charge fiscale moyenne sur les revenus de 1994 était de 18 %, et était faiblement progressive puisque sa plage de variation se situait entre 14 et 21 % en moyenne. Trois phénomènes expliquent ce profil :

- l'impôt sur le revenu est nettement progressif puisque le taux de prélèvement moyen passe de 0 pour les premiers vingtiles de revenus à 13 % dans les derniers ;

- les impôts sur la consommation frappent les revenus selon un taux moyen de 10 %, mais celui-ci décroît de 13 % pour les ménages les plus pauvres à 7 % pour les plus aisés ;

- le taux de prélèvement exercé par la fiscalité locale est constant à environ 2 %.

S'agissant plus précisément de l'incidence du quotient familial, l'étude relève qu'il atténue la progressivité du prélèvement fiscal car la réduction d'impôt sur le revenu qu'il procure aux familles, compense le supplément de taxes indirectes engendré par leur plus fort niveau de consommation.

Quelles que soient les méthodes employées, les travaux passés en revue concluent donc à l'atténuation de la progressivité provoquée par le quotient familial. Ces méthodes peuvent cependant faire l'objet de critiques. Ainsi, H. STERDYNIAK (1994) souligne-t-il que la transposition à recettes fiscales constantes du modèle anglais aux caractéristiques des ménages français opérée dans la première approche, n'est possible qu'au prix de corrections qui altèrent profondément les résultats. L'étude de l'INSEE écarte pour sa part la CSG des prélèvements fiscaux alors qu'elle en fait naturellement partie et y occupe une place grandissante. Or la non prise en compte des charges de famille dans le calcul de la CSG réduit la personnalisation de la fiscalité directe des revenus, tandis que son mode de calcul (à taux proportionnel) renforce les tendances à la réduction de la progressivité du prélèvement global. On peut en outre se demander si la compensation d'une surtaxation des familles provoquée par la fiscalité indirecte doit être comprise comme une atténuation de la progressivité ou comme l'application d'un principe d'égalité devant la charge fiscale.

2.1.3. Quotient familial et solutions alternatives

S'inspirant d'expériences étrangères, M. GLAUDE (1991) s'interroge sur l'impact de solutions alternatives au quotient familial, non pas en considérant l'ensemble du système fiscal, mais en reprenant la méthode des cas-types. Il ne se démarque pas de la démarche initiée par G. CALOT (1980 b), mais choisit plutôt de la préciser en considérant divers techniques envisageables pour la prise en compte des charges de famille dans la fiscalité des revenus.

Selon G. CALOT (1980-b), il existe dans ce cadre trois conceptions de l'équité horizontale.

La première pose pour principe que chaque individu est libre d'utiliser son revenu comme il lui convient, y compris en entretenant des enfants. Mais cette dépense qui relève fondamentalement de l'exercice de la liberté individuelle, ne mérite pas plus que tout autre de bénéficier du soutien financier de l'État. C'est la conception de « l'enfant bien de consommation » pour laquelle l'impôt, considéré comme un « quasi-prix », ne peut varier pour d'autres raisons que le libre emploi de leur revenu par les individus. On reconnaît ici un point de vue dominant chez les théoriciens de l'impôt au XVIIIe et au XIXe siècles mais qui n'inspire plus les systèmes fiscaux modernes.

La seconde conception dont le principe fondateur est celui de l'égalité des familles et des enfants est qualifiée d'« égalitariste ». L'aide apportée par la puissance publique ne peut à composition familiale identique, différer d'un foyer à l'autre en fonction des revenus. C'est pourquoi les prestations familiales devraient être strictement proportionnelles au nombre des enfants, et l'impôt ne devrait dépendre que du revenu.

La troisième conception est celle de la « parité familiale » : lorsque des foyers ont avant impôt un revenu identique mais une configuration familiale différente, la fonction de l'impôt est de maintenir l'égalité des niveaux de vie après prélèvement. Cela conduit à différencier les impositions en fonction des charges de famille et à faire apparaître des écarts de taxation représentant un même « abaissement des niveaux de vie » (CALOT, 1980 b).

29

M. GLAUDE (1991) ne récuse pas cette typologie des modèles de l'équité familiale horizontale, mais il la précise en considérant les techniques fiscales couramment employées. Pour tenir compte des charges de famille, les systèmes fiscaux modernes utilisent trois catégories d'instruments. Le système des parts s'inscrit dans la troisième conception au sens de G. Calot car elle introduit une pondération des revenus avant impôt. Le système des abattements signifie que l'on déduit du revenu des actifs une somme définie forfaitairement, représentative du coût des personnes inactives qu'elles prennent en charge. Quant aux crédits d'impôts ils peuvent s'apparenter à un mode de subventionnement de l'apport réalisé à la société par un actif lorsqu'il entretient un inactif. Ces deux dernières techniques sont deux modalités différentes de la mise en œuvre de la conception égalitariste de l'équité familiale horizontale.

Les simulations réalisées par M. Glaude ne sont pas en complète rupture avec l'actuelle législation fiscale, puisque dans un premier temps elles conservent le principe du quotient conjugal (soit deux parts pour les couples). En plus du quotient familial, deux mécanismes sont testés : un système d'abattements et un système de crédits d'impôt, tous deux calculés selon des méthodes inspirées du fonctionnement du quotient familial[4]. De la comparaison des trois dispositifs, il ressort qu'ils se différencient par la fraction de la population qu'ils avantagent relativement. Jusqu'à un certain niveau de revenu, variable en fonction du nombre des enfants, les trois mécanismes sont équivalents. Pour les ménages dont les revenus nets imposables sont situés entre ce premier seuil et le plafond du crédit d'impôt, celui-ci est le plus avantageux. En fait, le système des abattements et celui du crédit d'impôt sont équivalents du point de vue du nombre de foyers concernés, mais diffèrent par les sommes dont ceux-ci peuvent bénéficier en raison de l'un ou l'autre mécanisme, le crédit d'impôt ayant un impact plus radical. Lorsque les ménages perçoivent un revenu net imposable supérieur au plafond du crédit d'impôt, ils sont relativement avantagés par le quotient familial, même lorsque le plafonnement est appliqué. Au total, pour 20 millions de foyers fiscaux, il serait indifférent de conserver le quotient familial ou d'adopter l'un des deux autres mécanismes. Près de quatre millions de foyers fiscaux gagneraient à l'adoption d'un système d'abattements ou de crédits d'impôt tandis qu'un peu plus de deux millions de foyers fiscaux y perdraient.

Dans un deuxième temps, M. Glaude pose la question du remplacement du quotient conjugal par un autre mécanisme, un abattement ou la possibilité d'une imposition séparée par exemple. Une telle mesure semble justifiée quand l'un des conjoints n'apporte pas de ressources. Dans les autres cas, des effets désincitatifs

---

[4] Ainsi, l'abattement simulé est de 16 000 francs pour le premier enfant, mais est porté à 32 000 francs avec trois enfants à charge. De même, le crédit d'impôt qui est de 5 300 francs pour le premier enfant à charge, est porté à 10 600 francs pour trois enfants. Le mécanisme de calcul est donc basé sur celui des parts. Le barème est celui de la loi de finances pour 1990.

sur le travail des femmes risquent d'apparaître, surtout dans les tranches de revenus les plus élevées qui enregistreraient des pertes importantes.

Il reste que ces résultats qui procèdent d'une étude des conséquences redistributives des dispositifs fiscaux, négligent la question de la pondération ex ante des revenus. En effet les gains en impôt sont rapportés à des revenus avant impôt non pondérés en fonction des charges de famille. Ils sont donc réfutés par les défenseurs de la parité des niveaux de vie. Pour ceux-ci, l'examen de l'impact d'un mécanisme ne constitue que l'une des deux étapes nécessaires (CALOT 1986) pour porter une appréciation sur ce mécanisme. L'autre étape consiste à s'interroger sur le contenu et la finalité du mécanisme lui-même. Or selon les défenseurs du quotient familial, la prise en compte des charges de famille dans la législation fiscale ne vise pas à donner une aide aux familles, mais à préserver l'équité horizontale. Dans ce cadre, parce qu'il corrige ex ante le revenu des familles, le quotient familial serait le seul à garantir la parité familiale, mais ne fournirait aucun avantage spécifique.

2.2. L'équivalence des niveaux de vie

L'impôt sur le revenu français doit selon G. Calot être compris comme un système de mise en équivalence des revenus. Pour lui, il serait plus « *approprié de le qualifier d'impôt sur le niveau de vie* » (CALOT, 1986). Il faut en effet prendre en compte deux des principales caractéristiques du revenu fiscal selon la législation française : l'imposition par foyer et la globalisation des ressources au sein d'un même foyer quelle que soit la catégorie de revenu à laquelle elles se rattachent et quel qu'en soit l'apporteur. L'impôt sur le revenu français frappe en effet l'unité socio-économique de base au sein de laquelle les ressources sont mises en commun, et non l'activité productrice de revenu de chacun des membres du foyer ce qui pourrait justifier leur imposition séparée (CONSEIL DES IMPÔTS, 1990).

Afin d'imposer le niveau de vie, une règle d'équivalence serait instaurée de façon à ce que pour des ménages disposant avant impôt d'un même revenu imposable mais dont les configurations familiales sont différentes, l'équivalence des niveaux de vie après impôt soit garantie. Il s'ensuivrait une différenciation des impositions en fonction des charges de famille. Ce principe constituerait le fondement du quotient familial (CALOT, 1986) qui consiste dans un premier temps à diviser le revenu net imposable par le nombre de parts dont bénéficie le contribuable en raison de sa situation de famille et du nombre de personnes à sa charge. L'impôt pour une part est alors calculé puis multiplié par le nombre de parts afin de déterminer la contribution du foyer fiscal. Quoique l'on puisse aboutir à l'issue de ce processus à différencier la charge fiscale pesant sur des foyers dont les ressources ex ante sont identiques, l'impôt « équivalent » (CALOT, 1980 a) ainsi obtenu représenterait bien un même « abaissement du niveau de vie » et assurerait l'équivalence des niveaux de vie. Le mode de calcul du nombre de parts décrirait quant à lui une échelle d'équivalence fiscale des revenus.

En théorie, ce mode de calcul n'est pas unique, mais la législation fiscale édicte les règles appliquées à un moment donné. C'est la raison pour laquelle, le souci des défenseurs du quotient familial n'est pas d'analyser l'impact redistributif du quotient familial, mais d'étudier si les dispositions actuellement en vigueur aboutissent à la parité des niveaux de vie. Pour ce faire, les économistes utilisent habituellement des échelles d'équivalence, mais il en existe un grand nombre dans la littérature en économie appliquée (Atkinson *et al.*, 1995). C'est pourquoi les défenseurs du quotient familial proposent de retenir l'échelle d'Oxford car elle est la plus fréquemment employée, mais à la condition de la corriger pour tenir compte des spécificités de la règle fiscale française, c'est-à-dire l'application du quotient conjugal. L'échelle d'Oxford corrigée est donc centrée par une simple règle de trois sur le couple sans enfant. J. BICHOT (1992) ajoute que l'échelle d'Oxford résisterait aux évaluations empiriques effectuées ultérieurement. En particulier les travaux de M. GLAUDE et M. MOUTARDIER (1991) sur l'exemple français n'infirmeraient pas l'hypothèse de l'échelle d'Oxford simplifiée puisque celle-ci donne « des valeurs centrales » par rapport aux différents résultats empiriques de ces auteurs.

Le tableau 1 permet de comparer l'échelle d'équivalence décrite par le mécanisme de calcul du nombre de parts pour le quotient familial et l'échelle d'Oxford (simplifiée et corrigée) pour quelques configurations familiales.

Tableau 1
Nombre de parts de quotient familial et échelles d'Oxford

Configurations familiales	Quotient familial	Échelle d'Oxford simplifiée[*]	Échelle d'Oxford corrigée
Célibataire	1	1	1,2
Couple sans enfant	2	1,7	2
Couple, un enfant	2,5	2,2	2,6
Couple, deux enfants	3	2,7	3,2
Couple, trois enfants	4	3,2	3,7
Couple, quatre enfants	5	3,7	4,4

[*] L'échelle d'Oxford « simplifiée » donne 1 UC pour le premier adulte, 0,7 pour le deuxième adulte ou toute personne à partir de 15 ans, ou 0,5 UC pour tout enfant de moins de 15 ans.

Cette comparaison permettrait de montrer que, puisque le quotient familial suit « approximativement » l'échelle d'Oxford corrigée, il assure l'équité horizontale entendue au sens de la parité familiale. En d'autres termes, il ne serait pas pertinent de s'interroger sur son impact redistributif puisque sa vocation n'est pas d'apporter une aide aux familles.

Il reste que cette démonstration repose sur des hypothèses implicites quant aux finalités de la fiscalité française des revenus, et tient insuffisamment compte de la dynamique propre à la règle fiscale.

3. LE QUOTIENT FAMILIAL ET L'ÉQUIVALENCE FISCALE DES REVENUS

L'invention du quotient familial dans la fiscalité française date de 1945. Sa survie à deux réformes touchant aux principes mêmes de l'impôt sur le revenu (1948 et 1959) en font sans doute un élément structurel de cet impôt, mais son instauration visait à rompre avec la fiscalité d'avant-guerre et son « indifférence » à l'égard de la famille.

Si l'impôt issu des lois de 1914 et 1917 marquait indiscutablement la victoire de la progressivité dans la fiscalité directe, la personnalisation restait en effet encore modérée. La structure de l'impôt lui-même se révélait peu favorable à la personnalisation. Seul l'impôt général sur le revenu (IGR) qui se superposait aux impôts cédulaires était réellement personnalisé en raison notamment de l'application de la règle du foyer fiscal, et permettait l'introduction de la progressivité (NIZET, 1991). La prise en compte des charges de famille n'était assurée que par un système d'abattements d'un niveau relativement faible de sorte que *« les chargés de famille ont été surimposés »* (SAUVY, 1975). Symétriquement à ces abattements, une taxe de compensation familiale alourdissait la charge fiscale supportée par les célibataires, divorcés et veufs sans enfant. Il convient en outre d'ajouter que conformément à la conception libérale alors dominante, l'idée de compensation des charges de famille pas plus que le principe *« à niveau de vie égal, impôt égal »* (SAUVY, 1972 et 1975), n'étaient retenus dans la législation fiscale et sociale au sortir de la première guerre mondiale.

Au lendemain de la seconde guerre mondiale l'adoption du quotient familial s'effectue à la faveur du vote de la loi de finances pour 1946 fortement marquée par les conceptions à la fois natalistes et « familialistes ». Cette partie du texte suscite à l'Assemblée constituante peu de débats, ceux-ci portant essentiellement sur l'aide à la famille. Quelques amendements visant à accentuer le caractère familialiste de la réforme sont d'ailleurs déposés sans succès (LAROQUE, 1985).

L'absence de débats ne tient pas seulement à la domination du courant familialiste ou aux circonstances qui, dans une période exceptionnelle, exigeaient d'examiner un grand nombre de dispositions en peu de temps. Elle s'explique par l'économie même du projet de réforme de l'IGR. L'augmentation de l'abattement à la base devait ainsi entraîner une diminution de plus de 44 % du nombre de redevables (NIZET, 1991) tandis que divers aménagements devaient tendre à renforcer la progressivité de l'impôt et à alléger la charge supportée par les ménages défavorisés. En d'autres termes l'accentuation de la progressivité était jugée par nombre de parlementaires notamment communistes (DELORME, 1965), comme le complément indispensable du quotient familial.

Pourtant très rapidement et sans attendre l'atténuation de la progressivité qui dans les années suivantes altérèrent l'économie de la réforme de 1945, les critiques du quotient familial se multiplièrent. C'est ainsi que dès 1946 le ministre des Finances jugeait défavorablement le « *dégrèvement [...] accordé aux familles très riches* » du fait de l'application du quotient familial et avançait l'idée de le réformer (LAROQUE, 1985). Ce thème fut par la suite repris de manière constante aussi bien par les partisans d'une réforme radicale de la fiscalité (DELORME, 1965), que par certains défenseurs de la parité des niveaux de vie. A. SAUVY (1975) considérait ainsi que le quotient familial concède « *des faveurs excessives aux revenus élevés* ».

S'il convient aujourd'hui de se remémorer les circonstances de l'apparition du quotient familial et la logique du système fiscal dans lequel il s'insérait à l'époque, on doit également prendre en compte les mutations que la fiscalité des revenus a connues depuis lors. Les dispositifs fiscaux sont en effet porteurs d'une dynamique qui n'est pas réductible aux arguments avancés lors de leur introduction, et qui s'explique notamment par la juxtaposition successive de mesures répondant à des objectifs distincts.

Pour mieux saisir la signification du quotient familial dans l'actuel impôt sur le revenu, on se propose d'utiliser la notion d'équivalence fiscale des revenus imposables. Celle-ci doit être distinguée de la notion d'équivalence des revenus développée dans le cadre de la littérature traitant de la parité des niveaux de vie. L'équivalence fiscale des revenus ne fait en effet pas référence aux échelles d'équivalence utilisées dans la littérature économique, et tient compte uniquement des dispositifs contenus dans la règle de droit ainsi que du résultat auquel ils aboutissent quant à la charge fiscale supportée par les contribuables. Deux revenus seront dits fiscalement équivalents lorsqu'ils supportent le même taux d'imposition. Puisque le mécanisme d'imposition des revenus se décompose en deux étapes (MONNIER, 1998 a), l'assiette qui vise à établir le montant des ressources effectivement soumises à prélèvement d'une part, et la liquidation qui permet de calculer la contribution de chaque redevable d'autre part, le revenu considéré est le revenu net imposable, et le taux d'imposition le rapport entre le montant de l'impôt et le revenu net global imposable.

Dans sa configuration actuelle, l'impôt sur le revenu des personnes physiques (IRPP) contient deux mécanismes assurant l'équivalence fiscale des revenus : le quotient familial et la décote.

3.1. Équivalence fiscale des revenus et quotient familial

Le mécanisme du quotient familial succinctement rappelé plus haut aboutit à des résultats résumés dans les tableaux 2 et 3. On peut dans un premier temps considérer un revenu pour une part quelconque (60 000 francs par exemple), à partir duquel on détermine l'ensemble des revenus imposables donnant le même quotient familial pour différentes configurations familiales.

Tableau 2
Revenus et impôts équivalents à un revenu pour une part de 60 000 francs (barème et législation applicables aux revenus de 1997)

Revenu pour une part	Nombre de parts	Revenus équivalents (en francs)	Impôt (en francs)	Revenus après impôt (en francs)	Taux d'imposition
60 000 francs	1	60 000	4 806	55 194	0,08
	2	120 000	9 612	110 388	0,08
	2,5	150 000	12 015	137 985	0,08
	3	180 000	14 418	165 582	0,08
	4	240 000	19 224	220 776	0,08
	5	300 000	24 030	275 970	0,08

Le tableau 2 illustre l'équivalence fiscale des revenus obtenue par le mécanisme du quotient familial : il associe l'ensemble des revenus imposables ayant le même quotient familial au sens strict[5] à un même taux d'imposition. Plus précisément, chaque niveau de revenu imposable pour une part définit une classe de revenus fiscalement équivalents au sens où ils subissent le même taux d'imposition. En termes d'équité horizontale cela signifie qu'après personnalisation de l'impôt par le calcul du nombre de parts, tous les revenus disposant du même quotient familial subissent le même taux d'imposition.

Une seconde caractéristique du système du quotient familial peut être illustrée en considérant une autre classe de revenus équivalents, définie par un quotient familial supérieur à 60 000 francs, 90 000 francs par exemple.

---

[5] Par quotient familial au sens strict on entend simplement le résultat de la division du revenu imposable par le nombre de parts dont bénéficie le contribuable, soit le revenu pour une part. Il est d'ailleurs ainsi défini dans le Code général des impôts.

Tableau 3
**Revenus et impôts équivalents à un revenu pour une part de 90 000 francs (barème et
législation applicables aux revenus de 1997)**

Revenu pour une part	Nombre de parts	Revenus équivalents (en francs)	Impôt (en francs)	Revenus après impôt (en francs)	Taux d'imposition
90 000 francs	1	90 000	12 038	77 962	0,13
	2	180 000	24 076	155 924	0,13
	2,5	225 000	30 095	194 905	0,13
	3	270 000	36 114	233 886	0,13
	4	360 000	48 152	311 848	0,13
	5	450 000	60 190	389 810	0,13

Finalement, l'ensemble des règles qui définissent le mécanisme du quotient familial influencent les taux d'imposition et la progressivité de la façon suivante :

- au sein d'une même classe de revenus fiscalement équivalents, la progressivité de l'impôt sur le revenu est neutralisée puisque chaque revenu équivalent supporte un même taux d'imposition ;

- pour autant, la progressivité ne disparaît pas, mais elle prend une forme spécifique. Le taux moyen d'imposition n'est croissant qu'entre les classes de revenus fiscalement équivalents, croissantes au sens où le quotient familial les définissant est croissant.

Cette forme particulière de progressivité subit par ailleurs des altérations provoquées par la juxtaposition de diverses règles. Il en va ainsi de la décote.

3.2. La décote et l'échelle d'équivalence des revenus au seuil d'imposition

La décote vise à annuler ou à réduire l'impôt de certains contribuables. Elle constitue l'une des étapes de la liquidation de l'impôt et se greffe donc sur le système du quotient familial dont elle modifie l'impact au début de l'éventail des revenus imposables. Le plafond (P) (exprimé en impôt) de la décote étant fixé, si la cotisation (C) des contribuables est inférieure à ce plafond la décote (D) est obtenue en soustrayant C du plafond (D = P-C). Le montant ainsi calculé est alors retranché (C* = C-D) de la cotisation du contribuable, de sorte qu'elle entraîne un allégement de la totalité de l'impôt dû lorsque C ne dépasse pas la moitié du plafond de la décote (puisque 2C-P < 0).

Cette disposition a connu depuis sa création de profondes modifications qui en ont affecté l'impact et la signification. À l'origine, elle visait à exonérer d'impôt sur le revenu les contribuables ne percevant que le SMIC et ne concernait que les contribuables imposés sur 1 ou 1,5 part de quotient familial. En 1986 elle est généralisée à l'ensemble des ménages ayant des revenus modestes et s'applique à l'impôt dû après imputation des réductions d'impôt. À partir de 1994, la décote s'applique à l'impôt brut directement issu du barème, avant déduction des réductions d'impôt. Son plafond est en conséquence diminué de sorte que le mécanisme de la décote contient implicitement une échelle d'équivalence des facultés contributives minimales au seuil réel d'imposition, exprimable en multiples du SMIC, et fonction de la composition de la famille (MONNIER, 1996). Pour une part, le seuil réel d'imposition se situe approximativement au niveau d'un SMIC annuel, puis pour chaque part supplémentaire, il faut ajouter un demi-SMIC annuel pour l'obtenir.

Avec la loi de finances pour 1997 est prévue la disparition en cinq ans de la décote grâce à un élargissement de la tranche à taux 0, associé à un réaménagement de l'ensemble des tranches et à une diminution des taux. Dans les faits seule la première étape de la réforme a été appliquée, soit notamment une augmentation de 3 000 francs du seuil de la tranche à taux 0 et une diminution de 1,5 point du taux de la tranche suivante. En conséquence, le plafond de la décote connaît une nouvelle diminution à 3 260 francs. Enfin, dans la loi de finances pour 1998 le plafond de la décote est fixé à 3 300 francs. Bien qu'inachevée, cette réforme a de nouveau modifié l'échelle d'équivalence implicite des seuils réels d'imposition, ainsi que le montre le tableau 4 pour quelques cas-types.

Tableau 4

Échelle implicite d'équivalence au seuil réel d'imposition résultant de l'application de la décote pour quelques cas-types (barème et législation applicables aux revenus de 1997)

Nombre de parts	Seuil réel d'imposition (en francs)	Échelle implicite d'équivalence
1	41 600	1
2	67 490	1,6
2,5	80 440	1,9
3	93 380	2,2
4	119 270	2,9
5	145 160	3,5

Désormais si le seuil réel d'imposition pour une part est inférieur au niveau du SMIC net fiscal annuel[6], l'échelle d'équivalence implicite ne peut plus quant à elle être calculée en multiples du SMIC net imposable annuel. Il reste que cette échelle d'équivalence introduit des distorsions dans l'application du mécanisme du quotient familial. La première d'entre elles consiste à inclure dans l'ensemble des

---

[6] En 1997, le SMIC net moyen annuel s'est élevé à 61 667,74 francs. Après la déduction de 10 % et l'abattement de 20 % cela donne un revenu net imposable de 44 400 francs.

classes de revenus associés au taux 0, des revenus imposables qui au regard du mécanisme du quotient familial devraient correspondre à des taux d'imposition non nuls. C'est la conséquence du déplacement du seuil réel d'imposition. Mais la décote altère également la forme spécifique d'équité horizontale définie par le système du quotient familial en bas de l'éventail des revenus. En effet, en l'absence de la décote la classe de revenus équivalents à un quotient familial de 41 600 francs est associée à un taux d'imposition de 0,04. Avec le jeu de la décote ce revenu imposable n'est pas taxé, tandis que les autres revenus de la même classe d'équivalence subissent un traitement différencié. Ainsi, le revenu imposable équivalent à 41 600 francs pour 1,5 part soit 62 400 francs, subit du fait de la décote un taux d'imposition de 0,026, tandis que pour 2 parts, soit 83 200 francs, il est associé à un taux d'imposition de 0,04. L'impôt brut correspondant à ce revenu imposable est en effet au plafond de la décote.

Cette différenciation du traitement des revenus des ménages modestes a été qualifiée par certains auteurs de pénalisation du mariage (BICHOT, 1996). Elle illustre en fait l'interaction de plusieurs normes fiscales d'équité mises en œuvre par des mécanismes ne présentant pas de cohérence entre eux. L'équivalence fiscale des revenus liée au quotient familial résulte d'une division du revenu imposable par un nombre reflétant les caractéristiques du foyer fiscal, tandis que l'équivalence fiscale des revenus au seuil de la décote (le taux d'imposition est nul) dépend du calcul de l'impôt brut. Chacun de ces mécanismes détermine une forme spécifique de l'équité horizontale, compte tenu des caractéristiques du foyer fiscal. Avec le quotient familial elle joue au sein d'une même classe de revenus équivalents, quels que soient leurs niveaux. Avec la décote, elle résulte de la définition a priori de niveaux de revenus imposables jugés fiscalement équivalents (le taux d'imposition est identique, c'est-à-dire nul).

3.3. Le plafonnement du quotient familial

Le plafonnement du quotient familial consiste à limiter le gain en impôt qu'il procure pour chaque demi-part supplémentaire au-delà d'une part (personne seule) ou de deux parts (couple marié). On en déduit les seuils d'application du plafonnement en fonction des caractéristiques du foyer fiscal. Ils ne peuvent cependant être considérés comme fiscalement équivalents car leur quotient familial n'est pas identique et le taux d'imposition qu'ils subissent est différent. En fait, le plafonnement du quotient familial permet de réinsérer la progressivité au sein des classes de revenus fiscalement équivalents, pour les niveaux les plus élevés de rémunération. Il introduit donc d'une rupture avec la forme spécifique d'équité horizontale obtenue à l'aide du quotient familial, celle-ci cédant le pas à l'équité verticale au sens plus traditionnel du terme. Cette rupture est cependant très brusque. Ainsi, pour un revenu imposable net de 2 millions de francs, le gain en impôt du passage de 2 à 2,5 parts est de 30 732 francs sans plafonnement contre

16 380 francs[7] avec le plafonnement. À ce même niveau de revenu, mais pour 5 parts, le gain cumulé d'impôt est de 184 329 francs sans plafonnement, contre 98 280 francs avec le plafonnement.

4. ÉQUIVALENCE FISCALE DES REVENUS ET PARITÉ DES NIVEAUX DE VIE

Comme le souligne le CONSEIL DES IMPÔTS (1990), « *la loi ignore le concept de niveau de vie* ». La parité des niveaux de vie n'est cependant pas une invention des défenseurs du quotient familial puisqu'elle figure dans l'exposé des motifs (NIZET, 1991) de la loi de 1945. Il reste que la fiscalité des revenus des ménages a depuis lors fortement évolué et qu'il convient de prendre en compte ces transformations. C'est la raison pour laquelle, le recours à la notion d'équivalence fiscale des revenus semble plus judicieux afin de s'abstraire des circonstances particulières ayant présidé à l'adoption de cette mesure.

Les défenseurs du quotient familial se concentrent plus sur la vérification de la parité des niveaux de vie par le quotient familial que sur son impact redistributif. Ce faisant, ils font plus ou moins explicitement plusieurs hypothèses qui constituent autant de conditions que doit remplir l'équivalence fiscale des revenus pour qu'elle mène à la parité des niveaux de vie.

4.1. Parité des niveaux de vie et facultés contributives

G. Calot considère comme on l'a déjà souligné, que l'impôt sur le revenu français est un impôt sur le niveau de vie. Or selon les textes fondateurs de l'impôt en France et l'interprétation qu'en a donnée le Conseil constitutionnel, la fiscalité directe se rattache à la notion de facultés contributives. Il convient donc de s'interroger sur le rapport entre facultés contributives et parité des niveaux de vie à travers le quotient familial.

Il est fréquent de confondre les notions de facultés contributives et de revenu. Celui-ci présente pourtant de notables insuffisances soulignées dans la littérature, en particulier la capacité des agents économiques à manipuler leur revenu imposable (HEADY, 1993). L'activité professionnelle, le niveau du revenu ou la détention d'un patrimoine sont ainsi des facteurs qui influencent directement la capacité des agents économiques à manipuler leur revenu imposable. C'est la raison pour laquelle la fiscalité du revenu des ménages est personnalisée et complétée d'une fiscalité du patrimoine.

Mais le principe des capacités contributives contient depuis les origines des débats sur l'égalité des citoyens devant les contributions publiques, l'idée selon laquelle l'impôt ne doit pas peser sur les ressources nécessaires à la survie de l'individu

---

[7] Législation applicable aux revenus de 1997.

(CONCIALDI, 1991). C'est la raison pour laquelle l'impôt ne peut être exigé en deçà d'un certain niveau de ressources, qu'il ne peut être simplement proportionnel mais doit être progressif.

L'impôt sur le revenu français est dans sa version moderne, personnalisé notamment grâce au quotient familial. Il est également progressif, mais cette progressivité ne joue qu'entre classes de revenus fiscalement équivalents, ce qui constitue l'une des caractéristiques de l'impact du quotient familial.

Il reste que se pose également la question du niveau minimal de ressources que devrait préserver de toute imposition la règle fiscale, et du rôle du quotient familial dans ce contexte. Or si le système du quotient familial contient un seuil d'imposition technique lié à l'existence d'une tranche à taux 0, on y cherche vainement une disposition visant à préserver de toute imposition un niveau minimum de ressources ou son équivalent. Pour être opérationnel et s'adapter au système du quotient familial, une telle disposition devrait en effet jouer au sein des classes d'équivalences. Plutôt que d'intégrer au mécanisme du quotient familial un dispositif de ce type, le système fiscal français a recours à des mesures distinctes s'appuyant sur une définition a priori des facultés contributives minimales : l'exonération des contribuables de situation modeste[8] et la décote qui induit des distorsions dans le système du quotient familial.

Finalement, sans contredire le principe des facultés contributives tel qu'il a été explicité, le système du quotient familial débouche sur une application particulière de celui-ci, mêlant complexité et atténuation de la progressivité.

4.2. La vérification de la parité des niveaux de vie

L'équivalence fiscale des revenus au sens du quotient familial garantit-elle la parité des niveaux de vie ? Dans les faits le calcul de l'impôt juxtapose plusieurs mécanismes dont les domaines de validité se situent à différents niveaux de l'éventail des revenus. C'est la raison pour laquelle on distingue ici trois intervalles.

4.2.1. Seuils d'imposition et prestations sous condition de ressources

Le premier intervalle est situé sous le plafond de la décote où les taux d'imposition issus de l'application du quotient familial sont soit déformés, soit ramenés à 0, quelle que soit la classe d'équivalence fiscale à laquelle les rémunérations concernées appartiennent. En conséquence, la parité des niveaux de vie n'est pas respectée sous le plafond de la décote. Cet argument est pourtant réfuté par

---

[8] Article 5-2° du Code général des impôts ; le seuil d'exonération pour ces contribuables est de 45 400 francs pour les revenus de 1997 ; il est porté à 49 500 francs pour les personnes âgées de plus de 65 ans.

certains défenseurs du quotient familial (par exemple STERDYNIAK, 1994) selon lesquels les prestations familiales sous condition de ressources permettraient de maintenir la parité familiale. Ce faisant ils reprennent à leur compte l'idée selon laquelle la mise sous condition de ressources des prestations les transforme en une forme d'impôt sur le revenu négatif, ce qui doit être vérifié.

S'agissant des objectifs des deux systèmes et en dépit de l'imbrication des règles fiscales et sociales, la généralisation progressive des conditions de ressources n'a pas transformé les prestations familiales en un dispositif se superposant ou complétant l'impôt sur le revenu[9]. Elles visent toujours indépendamment de la fiscalité à fournir une aide aux familles (Sterdyniak, 1992), certaines d'entre elles étant plus spécifiquement ciblées. L'allocation logement a ainsi pour fonction de garantir l'effectivité du droit au logement.

Quant aux mécanismes utilisés, ils se différencient principalement de deux façons. D'une part, les plafonds de ressources ne sont pas identiques pour toutes les prestations et ne correspondent pas au plafond de la décote. D'autre part, ils ne définissent pas des classes de revenus fiscalement équivalents. Les tableaux 5 et 6 montrent ainsi pour quelques configurations familiales que les plafonds de ressources retenus pour le complément familial et l'APJE n'appartiennent pas aux mêmes classes de revenus fiscalement équivalents au sens du quotient familial, et ne se définissent pas comme des multiples du seuil réel d'imposition.

Tableau 5
Plafonds de ressources et équivalences fiscales (ménages ayant un revenu, plafonds applicables au 1/1/98)

Configurations familiales	Plafonds de ressources (en francs)	Plafonds pour une part (en francs)	Taux d'imposition	Seuils réels d'imposition (en francs)	Plafonds/ seuils
Couple, un enfant	107 665	43 066	0,04	80 440	1,34
Couple, deux enfants	129 198	43 066	0,04	93 380	1,38
Couple, trois enfants	155 038	38 760	0,03	119 270	1,30
Couple, quatre enfants	180 878	36 176	0,03	145 160	1,25

---

[9] Par exemple, on ne trouve aucun mécanisme assimilable à celui du plafonnement de l'impôt de solidarité sur la fortune (ISF) par référence à la somme IRPP+ISF.

Tableau 6

Plafonds de ressources et équivalences fiscales (ménages ayant deux revenus, plafonds applicables au 1/1/98)

Configurations familiales	Plafonds de ressources (en francs)	Plafonds pour une part (en francs)	Taux d'imposition	Seuils réels d'imposition (en francs)	Plafonds/ seuils
Couple, un enfant	142 283	56 913	0,07	80 440	1,77
Couple, deux enfants	163 816	54 605	0,06	93 380	1,75
Couple, trois enfants	189 656	47 414	0,05	119 270	1,59
Couple, quatre enfants	215 496	43 099	0,04	145 160	1,48

À ceci s'ajoutent des restrictions à l'attribution des diverses prestations et une différenciation des taux sans rapport avec le revenu imposable.

4.2.2. L'intervalle supérieur de l'éventail des revenus

L'intervalle supérieur de l'éventail des revenus se situe au-delà du plafonnement du quotient familial. On a vu précédemment que ce mécanisme introduit une rupture brutale dans la mise en équivalence fiscale des revenus et dans la forme spécifique d'équité horizontale induite par le quotient familial. Par conséquent la parité des niveaux de vie n'est pas respectée à ces niveaux de revenus.

4.2.3. Quotient conjugal et échelles d'équivalence

Si la parité des niveaux de vie trouve à s'appliquer, c'est donc finalement dans un intervalle intermédiaire où le quotient familial joue sans altération. L'emploi de l'échelle d'Oxford corrigée pour démontrer que le quotient familial préserve la parité des niveaux de vie pose plusieurs questions. La première concerne les critères d'attribution des parts de quotient familial, puisque en théorie différents modes de calcul sont envisageables. Actuellement, le nombre de parts dont bénéficie un foyer fiscal est toujours égal ou supérieur à 1 et se calcule par multiples de 0,5, mais la situation de famille n'est pas le seul critère utilisé. Si l'âge des enfants n'est pas au nombre des facteurs discriminants, des critères sociaux dont le nombre a toutefois diminué dans la période récente sont également retenus : personnes titulaires d'une carte d'invalidité, contribuables âgés de plus de 75 ans titulaires d'une carte du combattant... Cela traduit la démarche de personnalisation de l'impôt sur le revenu dans laquelle s'inscrit le quotient familial et qui excède sa seule « familialisation ».

Si l'on s'en tient à la seule comparaison des situations familiales en faisant abstraction des autres critères de personnalisation, une seconde question concerne la norme de référence retenue pour l'établissement de l'échelle d'Oxford corrigée. Celle-ci est en effet centrée sur 2 UC, soit le traitement actuellement réservé aux couples sans enfant. En d'autres termes, la norme de référence est ici le quotient conjugal ce qui permet de « corriger » les valeurs de l'échelle d'Oxford simplifiée, mais au prix d'une hypothèse incompatible avec le mécanisme d'équivalence fiscale que constitue le quotient familial.

Cette définition de la norme de référence est en effet discutable car les dispositions gouvernant le calcul du nombre de parts doivent être distinguées du mécanisme de la division du revenu. Or ce mécanisme régit la mise en équivalence fiscale des revenus selon laquelle chaque classe de revenus équivalents est définie par un certain quotient familial c'est-à-dire par un revenu pour une part, et est associé à un taux d'imposition particulier. L'application du barème au quotient familial détermine ce taux d'imposition, et cela quelle que soit l'échelle d'équivalence contenue dans le calcul du nombre de parts. À titre d'exemple on peut considérer les revenus équivalents définis par un quotient familial de 60 000 francs. Le quotient conjugal fixe à 2 le nombre de parts dont bénéficie un couple marié dans la législation actuelle, de sorte que le revenu imposable équivalent au quotient de 60 000 francs pour deux parts est de 120 000 francs. Le taux d'imposition associé à ce revenu équivalent est de 0,08. On pourrait également fixer à 1,7 le nombre de parts dont bénéficie un couple marié de sorte que le revenu imposable équivalent au quotient de 60 000 francs serait de 102 000 francs. Pour autant, le taux d'imposition de ce revenu équivalent serait toujours de 0,08. C'est donc le quotient familial, c'est-à-dire le revenu pour une part qui constitue la norme de référence, puisque c'est lui qui permet de définir pour chacun de ses niveaux les classes de revenus équivalents. Dans le prolongement de l'exemple précédent, un revenu imposable de 120 000 francs perçu par un couple marié ne disposant que de 1,7 part dans une autre échelle d'équivalence serait associé à un taux d'imposition de 0;104[10]. Ce dernier est supérieur à celui qui est atteint dans le premier cas, en raison du niveau plus élevé du quotient familial auquel il se rapporterait dans la nouvelle hypothèse. Un tel résultat ne fait que traduire l'une des caractéristiques du quotient familial : si la progressivité du barème est neutralisée au sein d'une même classe d'équivalence, elle joue entre classes différentes définies par chaque niveau de quotient familial.

Finalement, l'attribution de deux parts aux couples mariés ne peut être considérée comme la norme de référence dans la définition des classes de revenus fiscalement équivalents. Elle traduit plutôt l'application d'une norme d'égalité visant à traiter de la même manière les deux membres du couple, sans discrimination à l'égard de l'activité professionnelle de l'un ou de l'autre. D'une certaine manière, la réforme

---

[10] En supposant le barème inchangé. Dans cet exemple on a également retenu le barème de la loi de finances pour 1998.

de la taxation des couples concubins qui revient à leur ôter le bénéfice de la demi-part supplémentaire procurée par la deuxième personne présente au foyer fiscal pour les enfants qu'ils élèvent, peut s'interpréter comme une application de cette norme d'égalité puisqu'elle les aligne sur le régime des couples mariés. Le quotient conjugal, c'est-à-dire l'attribution de deux parts ne s'applique que dans une perspective de non-discrimination de l'activité professionnelle de chaque membre du couple.

S'agissant du centrage de l'échelle d'Oxford corrigée sur 2 UC, une confusion est opérée entre le choix par le législateur d'une norme d'égalité (par ailleurs critiquable) dans le traitement de l'activité professionnelle des deux membres des couples, et la vocation des échelles d'équivalence qui est de favoriser les comparaisons au sein des distributions de revenus. À la faveur de cette confusion, une hypothèse ad hoc permettant de déplacer l'échelle d'Oxford simplifiée est formulée. Si on la rejette, on voit apparaître un écart croissant entre l'échelle d'Oxford simplifiée et l'échelle du quotient familial.

La dernière remarque porte sur la pertinence de l'échelle d'Oxford dans l'évaluation de la parité des niveaux de vie. En effet, des travaux reprenant la méthode de M. GLAUDE et M. MOUTARDIER (1991) mais fondés sur des données récentes (1995), montrent que si le coût de l'enfant reste relativement stable depuis 1979, les économies d'échelle réalisées par les ménages sont croissantes avec le nombre des enfants principalement à partir du troisième (HOURRIEZ et OLIER, 1997). Il en résulte une nouvelle échelle dans laquelle partant d'une UC pour le premier adulte chaque adulte supplémentaire compte pour 0,5 et chaque enfant pour 0,3.

Le tableau 7 souligne l'écart croissant avec le nombre des enfants entre chacune des trois échelles d'équivalence. Il se concrétise avec l'actuel système du quotient familial par le rattachement des revenus les plus élevés à des taux d'imposition plus faibles que ceux qui résulteraient de l'application de l'échelle Hourriez-Olier. Il convient toutefois de ne pas oublier qu'une échelle d'équivalence économique n'a pas pour vocation d'être transférée en l'état dans la législation fiscale, d'autres critères de justice pouvant trouver à s'appliquer.

Tableau 7
Nombre de parts de quotient familial et échelles d'équivalence

Configurations familiales	Quotient familial	Échelle d'Oxford simplifiée	Échelle Hourriez-Olier simplifiée
Célibataire	1	1	1
Couple sans enfant	2	1,7	1,5
Couple, un enfant	2,5	2,2	1,8
Couple, deux enfants	3	2,7	2,1
Couple, trois enfants	4	3,2	2,4
Couple, quatre enfants	5	3,7	2,7

5. CONCLUSION : QUELLES PISTES DE RÉFORME ?

Critiques et défenseurs du quotient familial présentent finalement des arguments très imparfaits. Ils reposent en outre sur deux normes d'équité horizontale opposées, sans établir la supériorité de l'une sur l'autre. Il reste que la fiscalité apparaît bien souvent comme le produit d'un compromis entre différents critères d'équité, or ce compromis est aujourd'hui contesté s'agissant du rôle de l'impôt dans la politique familiale. C'est la raison pour laquelle trois types de réformes peuvent être envisagés.

1) Une première réforme envisageable consiste comme cela a été annoncé par les pouvoirs publics, à diminuer le niveau du plafonnement du quotient familial[11]. Cette solution qui présente apparemment le double avantage de la simplicité et de la justice redistributive en touchant les ménages aisés, contient cependant des faiblesses non négligeables. À cet égard, quatre remarques peuvent être formulées :

- Le plafonnement introduit comme on l'a souligné, une rupture brutale dans la forme spécifique d'équité induite par le quotient familial pouvant entraîner des reclassements importants dans l'éventail des revenus, ce qui ne constitue pas forcément l'objectif de la politique de redistribution des revenus.

- L'actuel mécanisme du plafonnement dont on se contenterait de descendre le niveau touche les contribuables (mariés, concubins ou célibataires) ayant charge de famille, mais épargne les couples qui bénéficient simplement du « quotient conjugal ». Elle tend donc à restreindre l'exercice de la solidarité nationale en faveur des familles aux familles elles-mêmes. Par ailleurs, puisque comme on l'a montré plus haut la norme de référence dans le mécanisme d'équivalence fiscale des revenus que constitue le quotient familial est le revenu pour une part et non le

---

[11] Il serait porté à 11 000 francs au lieu de 16 380 francs actuellement dans le cas général.

quotient conjugal, ce mode de plafonnement n'est pas cohérent avec la dynamique propre de la règle fiscale.

- Bien qu'il s'inscrive dans le cadre d'une mutation de la politique familiale, le plafonnement touche d'autres domaines de la politique sociale. En effet, l'attribution de demi-parts du quotient dépend de situations (l'invalidité par exemple) non directement liées à la famille. Or, si les couples sans enfants non invalides seront exonérés de la solidarité nouvelle à l'égard des familles, il en ira différemment des couples d'invalides.

- Par ailleurs, cette mesure ne modifie en rien l'échelle d'équivalence implicite du quotient familial et le fait que, pour le segment de l'éventail des revenus auquel elle continuerait de s'appliquer, la parité des niveaux de vie n'est pas assurée.

Au total, l'abaissement du plafond du quotient familial introduit dans l'impact de la règle fiscale des incohérences difficilement justifiables au regard des critères de justice avancés pour expliquer cette mesure. Le compromis entre la conception « égalitariste » et celle de la « parité familiale » que l'on cherche ainsi à promouvoir n'est alors réalisé qu'au prix d'une perte d'efficacité de la politique de redistribution.

2) Une seconde réforme possible consiste à modifier complètement le mode de calcul de l'impôt sur le revenu, par exemple en introduisant un système d'abattements ou de crédits d'impôts associés à une imposition séparée ou conjointe sur option des couples, ainsi que le propose M. Glaude. Si l'on fait abstraction de la difficulté que semble représenter en France une réforme de la fiscalité des ménages, un tel bouleversement marquerait le passage à la conception « égalitariste » et conduirait à restreindre le rôle de l'impôt dans le cadre de la politique familiale. On sait en effet que l'interventionnisme fiscal est porteur d'inefficacités et d'inéquités que ne semblent pas présenter les formes plus directes d'interventions publiques (MONNIER, 1998 a). Il reste que là encore des remarques doivent être formulées :

- La tradition française semble associer plus étroitement que dans d'autres pays la politique fiscale et la politique de la famille, même si cette tradition est finalement « récente ». En remettant en cause le rôle de la fiscalité dans la politique de la famille, c'est également celle-ci qui serait affectée. Cette remarque ne concerne pas seulement l'imbrication des règles fiscales et sociales pour lesquelles des adaptations seraient nécessaires. Elle concerne également le système de prestations qu'il conviendrait sans doute de modifier en profondeur.

- La disparition de l'un des mécanismes d'équivalence fiscale des revenus et la référence nouvelle à la conception « égalitariste » ne serait pas sans conséquence sur l'autre mécanisme d'équivalence fiscale, la décote. Celle-ci instaure en effet un seuil réel d'imposition variable en fonction des charges de famille et greffé sur le quotient familial. La remise en cause de celui-ci pourrait conduire à taxer des ménages jusqu'alors exonérés en raison de leur charges de famille.

3) Une troisième réforme possible consiste à conserver le principe du quotient familial, mais à modifier les règles de calcul du nombre de parts dont peut bénéficier un ménage. Cette réforme représenterait une forme de rénovation de la parité familiale qui permettrait d'introduire dans ce mode de calcul de nouveaux critères, l'âge des enfants par exemple. Ainsi, une échelle d'équivalence de type Hourriez-Olier, éventuellement corrigée pour tenir compte du critère d'égalité contenu dans le « quotient conjugal », pourrait être retenue. Cette réforme jusqu'alors rarement envisagée permettrait certes de préserver la dynamique actuelle de la règle fiscale, mais avec les conséquences évoquées plus haut, en particulier la neutralisation de la progressivité au sein des classes d'équivalence. En outre, compte tenu de l'extension du rôle des prélèvements proportionnels non personnalisés avec l'augmentation de la CSG, le système fiscal resterait encore faiblement progressif.

Jean-Marie Monnier

BIBLIOGRAHIE

ATKINSON A., BOURGUIGNON F. et CHIAPPORI P.-A. (1988 a) : « What do we learn about tax reform from international comparison ? France and Britain », *European economic review*, vol. 32.

ATKINSON A., BOURGUIGNON F. et CHIAPPORI P.-A. (1988 b) : « Fiscalité et transferts : une comparaison franco-britannique », *Annales d'économie et de statistique*, n° 11.

ATKINSON A., RAINWATER L. et SMEEDING T. (1995) : *La distribution des revenus dans les pays de l'OCDE*, OCDE.

BICHOT J. (1996) : « La réforme fiscale profite-t-elle particulièrement aux familles ? », *Droit social*, n° 11, novembre.

BIENVENU J.-J. (1980) : « L'impôt sur le revenu et le droit de la famille », *Revue française de finances publiques*, n° 14.

BRANON G.-M. (1980) : « Tax expenditures and income distribution : a theoretical analysis of the upside-down subsidy argument », in AARON H.-J. et BOSKIN M.-J. (eds.) (1980), *The economics of taxation*, The Brookings institution.

CALOT G. (1980 a) : « Niveau de vie et nombre d'enfants. Un bilan de la législation familiale et fiscale française de 1978 », *Population*, 35e année, n° 1, janvier-février.

CALOT G. (1980 b) : « Réflexions sur la prise en compte du nombre des enfants dans la législation familiale et fiscale », *Revue économique*, n° 6, novembre.

CALOT G. (1986) : « Impôt direct et famille », *Revue française de finances publiques*, n° 14.

CALOT G. (1997) : « Familles, prestations et prélèvements », *Futuribles*, octobre.

CONCIALDI P. (1991), « Comment évaluer la progressivité des prélèvements obligatoires ? », XIVe journées de l'Association d'économie sociale, *Méthode de l'évaluation des politiques sociales*, Lille, 15 et 16 septembre, miméo.

CONSEIL DES IMPÔTS (1990) : *L'impôt sur le revenu*, Onzième rapport au Président de la République, Journal officiel de la République française.

DELORME H. (1965) : *L'impôt à l'époque du capitalisme monopoliste d'État,* Paris, Éditions sociales.

EKERT O. (1984) : « Prestations familiales, fiscalité et redistribution », *Revue française des affaires sociales*, 38ᵉ année, juin.

GLAUDE M. (1991) : « L'originalité du système du quotient familial », *Economie et statistique*, n° 248, novembre.

GLAUDE M. et MOUTARDIER M. (1991) : « Une évaluation du coût direct de l'enfant de 1979 à 1989 », *Economie et statistique*, n° 248, novembre.

HEADY C. (1993) : « Optimal taxation as a guide to tax policy : a survey »*, Fiscal studies*, vol. 14, n°1.

HOURRIEZ J.-M., OLIER L. (1997) : « Niveau de vie et taille du ménge : estimation d'une échelle d'équivalence », *Economie et statistique*, n° 308/309/310, août à octobre.

INSEE (1997) : « Revenus et patrimoines des ménages - Edition 1997 », *Synthèses*, n° 11, septembre.

LAGRAVE M. (1986) : « Une forme d'impôt négatif : les conditions de ressources affectant les prestations familiales », *Revue française de finances publiques*, n° 14.

LAROQUE P. (1985), *La politique familiale en France depuis 1945*, Rapport pour le Commissariat général au plan, Paris, La Documentation française.

LOUIS E. et DE MARCILLAC J. (1980) : « Les aides financières aux familles : un édifice à reconstruire », *Projet*, n° 144, avril.

MONNIER J.-M. (1996) : « Les conséquences de la taxation des allocations familiales à l'impôt sur le revenu », *Droit social*, n° 11, novembre.

MONNIER J.-M. (1998 a) : *Les prélèvements obligatoires*, Paris, Economica.

MONNIER J.-M. (1998 b) : « Normes d'équité fiscale et quotient familial », in MONNIER J.-M. (éditeur) (1998), *Approches économiques de l'équité*, Paris, Economica, à paraître.

NIZET J.-Y. (1991) : *Fiscalité, économie et politique,* Paris, LGDJ.

ROZEMBERG-NISKY P. (1984) : *Le quotient familial*, thèse pour le doctorat de troisième cycle de sciences économiques, université de Paris X-Nanterre, Miméo.

SAUVY A. (1972) : *Histoire économique de la France,* tome 3, Paris, Fayard.

SAUVY A. (1975) : *Histoire économique de la France,* tome 4, Paris, Fayard.

STECK P. (1993) : *Les prestations familiales*, Paris, Presses universitaires de France, collection « Que sais-je ? », n° 2771.

STERDYNIAK H. (1992) : « Pour défendre le quotient familial », *Economie et statistique*, n° 256, juillet-août.

STERDYNIAK H. (1994) : « Pour défendre le quotient familial », in MIRE, *Comparer les systèmes de protection sociale Vol. 1 Rencontres d'Oxford*, Imprimerie nationale.

THÈLOT C., VILLAC M. (1998) : *Politique familiale bilan et perspectives*, Rapport à la ministre de l'Emploi et de la Solidarité et au ministre de l'Économie, des Finances et de l'Industrie, ministère de l'Emploi et de la Solidarité.

Jalons pour une analyse marxiste des discriminations positives en matière de protection sociale

Bernard Friot, (IUT de Longwy université Nancy 1 et GREE-CNRS université Nancy 2)

1. INTRODUCTION

Dans la logique capitaliste, l'individu est reconnu comme force de travail, c'est-à-dire comme fraction du capital dont le temps individuel se confond avec le temps économique, celui de la mise en valeur du capital. Cette transformation des individus en capital, cette union capital-travail sont contradictoires, car les individus sont irréductibles à des « forces de travail libres ».

Cette contradiction s'exprime différemment selon les sociétés qu'elle travaille. En Europe continentale, elle a conduit à la socialisation du salaire, la cotisation sociale représentant une péréquation obligatoire du salaire entre employeurs. Ainsi, le capital ne peut saisir le travail qu'à la condition d'alimenter, à l'occasion de chaque emploi, des caisses de sécurité sociale qui assurent la reconnaissance des individus dans les situations hors emploi.

En France, cette socialisation du salaire, construite de la première guerre mondiale aux années 80, a pris la forme particulièrement radicale d'un pourcentage d'environ 40 % du salaire total quel que soit le niveau de celui-ci, selon un barème national obligatoire identique d'une région ou d'une branche à l'autre.

La remarquable généralité de la structure des salaires est constitutive d'un espace public, le salariat, qui permet aux travailleurs de s'affronter au capital et que celui-ci, depuis le début des années 80, n'a de cesse de réduire. Tant les discriminations positives que leur critique – paradoxalement – sont un instrument de cette mise en cause du salariat. En réfléchissant à partir d'exemples pris essentiellement dans le champ de la protection sociale, nous montrerons comment le recul du salaire au bénéfice de la fiscalité affectée et de l'épargne salariale, recul dont le résultat attendu et observé est la régression du salariat, passe successivement par l'affirmation puis la mise en cause des discriminations positives.

2. LA CONTRADICTION DU SALAIRE ET SES MODES CAPITALISTES DE RÉSOLUTION

La contradiction du salaire vient de l'impossibilité de réduire les individus à de la force de travail, à du capital variable. L'utopie capitaliste d'un temps individuel confondu avec celui du capital (le temps du cycle de mise en valeur du capital), cette utopie, qui trouve son drapeau dans le terme de « ressource humaine », se heurte à la réalité d'êtres pensants et parlants qui refusent leur transformation en « force de travail libre », pour reprendre l'expression de Marx. « *La substitution du temps économique homogène à des temporalités spécifiques et hétérogènes en raison de leur relation à des activités, des modalités propres à la vie est un processus contradictoire. Le capital ne se valorise qu'à partir de lui-même et de ce qui n'est pas lui : il doit incorporer ce qui lui est étranger ; à cette fin il désincorpore et fabrique, en le niant, ce qu'il a à réduire à soi. Au moment où le capital se saisit de ce qui n'est pas lui, au moment où il doit l'incorporer, il le désincorpore, c'est-à-dire qu'il nie ses qualités, son temps propre [...]. La question de la production de la main-d'œuvre, des "ressources humaines" est évidemment la question centrale de l'antagonisme capital/travail* » (FRIOT *et al.*, 1997).

Les modes capitalistes de résolution de cette contradiction sont multiples. Nous nous en tiendrons à trois.

2.1. Le salaire comme « prix de la force de travail »

Le premier est idéologique, par naturalisation de la logique capitaliste, ainsi intériorisée par les travailleurs. Elle passe par la science économique et sa définition du salaire comme prix de la force de travail sur le marché du travail, et du salarié comme titulaire d'une telle force identifiée à un capital humain. Cette naturalisation de la force de travail, qui appartiendrait à l'individu comme sa ressource naturelle, masque ainsi la violence de l'assimilation de l'individu à du capital par sa transformation forcée en force de travail. « *C'est au moment où il est incorporé comme élément du capital que le travailleur est produit comme "propriétaire de sa force de travail". La force de travail pure serait l'intégration parfaite de l'individu, comme sujet consentant, au capital. Et c'est bien cette incorporation qui est problématique : jusqu'à quel point le temps propre de l'existence humaine peut-il être métamorphosé en temps économique ? [...]. L'échange contractuel de la force de travail et du salaire est donc cette fable par laquelle se légitime, qu'on le veuille ou non, la violence de la production d'une main-d'œuvre [...]. C'est ainsi que la thèse du salaire comme valeur de la force de travail, c'est-à-dire valeur des marchandises correspondant à ses besoins, fait partie du dispositif de formation du travailleur libre : elle est inscrite dans la fable du marché du travail.* » (FRIOT *et al.*, 1997).

2.2. Du paternalisme à « l'individu pluriactif »

Cette adhésion de l'individu à l'exploitation (c'est-à-dire à sa transformation en fraction de capital) ne passe pas seulement par l'intériorisation de la logique capitaliste opérée par la diffusion des catégories de la science économique. Elle passe, concrètement, par la reconnaissance du temps individuel du salarié, mais de façon telle qu'il est mis au service du temps économique.

On connaît bien le paternalisme traditionnel avec sa prise en charge du travailleur « de la naissance à la tombe » dans le cadre de l'entreprise. Les jardins ouvriers permettent un sain entretien de la force de travail, le travail domestique de la femme est voué à la productivité de son mari, l'urbanisme usinier reproduit exactement dans le hors travail les hiérarchies du travail, les centres patronaux de formation préparent à des qualifications non négociables en dehors de l'entreprise, les loisirs sont encadrés par des chefs de service. Tout cela a fini par échouer à la fois parce que les syndicalistes ont conquis la mairie et parce que cette prise en charge privée a trop englué les capitaux dans des logiques locales de long terme. Mais on peut mettre le temps de l'individu au service du temps du capital par bien d'autres moyens qui sont les formes modernes du paternalisme ; par exemple, quand toute la personnalité est requise au service de la culture d'entreprise, ou quand l'emploi du temps (partiel) multiplie les astreintes de fait. Ou quand « l'État-providence » tient lieu de patron ; c'est aujourd'hui sans doute une forme décisive de résolution capitaliste de la contradiction du salaire, comme nous le verrons plus loin.

Et de même que le paternalisme était au siècle dernier contesté par ceux qui se voulaient simplement « employeurs » et non pas patrons, les formes modernes de gestion de la « ressource humaine » peuvent aussi emprunter des voies résolument étrangères à la logique du patronage *« dès lors que la livraison de son temps de travail par le travailleur peut être érigée en valeur en soi »*, (FRIOT et al., 1997). Comme l'écrit ROLAND (1997), *« après la double vie du rebelle, la vie à deux temps du travailleur, voici la vie à un temps de l'individu-force de travail pure : fin de la séparation des temps et espaces de travail et de non travail. »* Citant, dans une littérature immense, X. GAULLIER (1997) et sa définition de *« l'individu pluriactif »*, titulaire d'un *« portefeuille de participations identitaires à faire fructifier »*, qui *« gère son développement et son vieillissement au milieu de temps incertains et d'âges mobiles »*, elle commente : cette chimère du capital *« intériorise le marché en deux sens : comme lieu externe d'incorporations successives et comme dispositif interne de négociation de chaque instant de vie. C'est cette confrontation interne entre offres et demandes des différents marchés internes du sujet "pluriel" qui le fait courir et qui fixe sa valeur subjective : le nom, le sexe, l'âge sont traités comme des produits du marché interne au sujet-force de travail. Ce dispositif est la mise en scène joyeuse du meurtre du sujet : c'est l'exploitation totale non pas du vivant en général seulement, mais de chacun dans toute sa dimension. Il ne s'agit pas d'aliénation, il s'agit d'en finir avec la possibilité même d'institution du sujet. »* (ROLAND, 1997).

2.3. L'exacerbation du modèle « beveridgien »

Le troisième mode capitaliste de résolution de la contradiction du salaire examiné ici réside dans le fait que le hors-emploi est reconnu non pas par le salaire mais par un binôme fiscalité redistributive - épargne salariale. C'est globalement le dispositif qu'offrent les systèmes « beveridgiens » de protection sociale. Nous proposons ce terme de beveridgien non pas pour qualifier strictement le système préconisé par Beveridge mais comme qualificatif emblématique de tous les systèmes qui, à la différence des système continentaux européens, reposent sur deux piliers :

• L'assurance publique (doublée de l'assistance publique) comme garantie d'un revenu forfaitaire financé par une fiscalité en général redistributive. Ce forfait fiscalisé plonge ses racines dans la tradition anglaise de soutien fiscal aux bas salaires, initiée dès le XVIème siècle avec la nationalisation de l'Église et la nécessité corrélative d'une législation sur les pauvres. Dans des sociétés largement salariées comme les nôtres, ce soutien aux *working poor* repose sur la solidarité fiscale entre les salariés : « l'État-providence », qui exerce ainsi une tutelle sur la fraction de la population épisodiquement incorporée au capital dans des conditions de vulnérabilité, fait assumer par les salariés eux-mêmes, en tant que principaux contribuables, toutes les externalités négatives des choix patronaux.

• L'épargne salariale constituée dans des régimes professionnels comme garantie du remplacement du revenu d'activité de la fraction de la population la plus incorporée au capital. Ici, la reconnaissance du hors-emploi par l'abondement de fonds communs de placements fait de cette reconnaissance, par obligation d'épargne constituée à la source de la rémunération, l'occasion d'une formidable relance de l'accumulation financière dont on mesure combien elle sert la logique du « capital pur », celui de la finance.

Ainsi, qu'il se défausse sur les salariés eux-mêmes de la garantie d'un revenu minimum aux travailleurs épisodiques ou qu'il accumule à son profit des fonds en vue du remplacement des revenus d'activité de la fraction la plus qualifiée des salariés, le patronat financier tente de résoudre la contradiction du salaire par une reconnaissance du temps individuel des travailleurs dont, soit il n'assure pas la charge, soit il fait l'occasion d'une relance de sa propre valorisation. On notera l'actuel empressement de la science économique pour valider ce dispositif. Ce sont Chiappori et Bourguignon dans une *Note* de la Fondation Saint-Simon, c'est Aglietta dans la postface de la réédition de son ouvrage fondateur de la théorie de la régulation, qui préconisent le remplacement de la socialisation du salaire telle qu'elle prévaut dans les pays continentaux de l'Union européenne par le binôme fonds de pensions - allocation universelle, forme exacerbée du binôme beveridgien. Ainsi, Aglietta appelle de ses vœux d'un côté *« la montée d'un actionnariat salarié prenant le contrôle des fonds de pension »*. Car si *« on peut repérer dans les investisseurs institutionnels la médiation sans doute la plus importante du nouveau régime de croissance »*, les anglo-saxons les cantonnent dans un rôle d'intermédiaires de l'épargne individuelle, *« conception insuffisante »* qui « *ne capte pas la dimension financière du rapport salarial* ». Or, « *les investisseurs institutionnels sont les agents potentiels d'un actionnariat salarié* ». Pour les syndicats, « *le contrôle de l'actionnariat des entreprises est la bataille qu'il faut livrer et gagner. Le développement des fonds salariaux est la médiation primordiale pour que le capitalisme d'Europe continentale demeure une variété distincte du capitalisme anglo-saxon* » (AGLIETTA, 1997). Mais à côté de « *ceux qui tirent parti de la modernité technologique et de la mondialisation* » et de « *ceux dont les positions économiques demeurent protégées par des statuts ou des clientèles* », il y a « *les exclus* ». Comme ces derniers sont « *sans levier économique* » (ceux-ci sont réservés en particulier au premier groupe, celui-là même qui a vocation à participer à la gouvernance des transnationales via les fonds salariaux), « *une politique pour la solidarité ne peut [...] venir du jeu économique. Elle ne peut être portée par des intérêts socioprofessionnels comme l'a été le développement des droits sociaux au cours de l'ère du fordisme. La réaffirmation de la solidarité passe aujourd'hui par la réhabilitation de la politique [...]. Il faut pouvoir reconquérir le sens de la démocratie à sa racine : la solidarité comme valeur collective [...]. C'est la seule voie pour faire de la cohésion sociale un besoin compatible avec l'ouverture des sociétés salariales sur la mondialisation* ». Pour cela, « *l'État-providence* » doit subir « *une réforme complète* ». Comment ? Aglietta préconise alors, d'un autre côté, l'allocation universelle : « *La logique qui consiste à fiscaliser tout ce qui dans la protection sociale ne ressort pas de l'assurance résulte de l'évolution des sociétés salariales modernes. La démarche politique de la solidarité en tant qu'attribut de citoyenneté remplace l'approche socioprofessionnelle qui est affaiblie par la destruction des corporatismes sous l'impact du progrès technique et de la mondialisation [...]. Le temps est venu pour qu'un projet politique engage une réforme radicale de la redistribution. Il s'agit d'instaurer un revenu minimum garanti, moyen économique des droits inconditionnels du citoyen [...]. Aide aux individus et pas aux entreprises, il corrige les inégalités résultant des grandes différences de salaires et permet d'employer des travailleurs à faible qualification et basse productivité. Le mécanisme de redistribution consiste à définir le montant d'un transfert forfaitaire sans condition de ressource. Corrélativement on détermine un impôt à taux uniforme et prélevé à la source sur tous les revenus quelle que soit leur nature. Enfin on y superpose un profil progressif par une surtaxe sur les hauts revenus.* » (AGLIETTA, 1997).

Du fait de son adéquation à la logique, en particulier financière, du capital, le binôme beveridgien est le modèle des réformes actuelles de la Sécurité sociale, qui tentent de mettre en scène la double figure du travailleur allocataire, dont les ressources proviendront largement d'une fiscalité redistributive affectée ou non au régime général, et du travailleur rentier, dont les ressources résulteront pour une bonne part du rendement d'une épargne salariale obligatoire accumulée dans des fonds communs de placements opérant à l'échelle mondiale et déconnectés de toute logique d'entreprise. Pour les allocataires, prévaudra le paternalisme de l'État-providence selon des procédures largement décentralisées dans des logiques de territoires locaux. Pour les seconds, l'épargne salariale sera le support de leur acquiescement à l'identification de leur temps au temps du capital au gré d'une carrière menée à coups de « projets » et « événements » successifs dans des multinationales. Ainsi, « *l'individu pluriactif* » cher à GAULLIER (1997) pourrait-il prendre deux visages : le héros positif du capital, puisant dans les rendements faramineux de l'épargne salariale de quoi rebondir en permanence d'un bout à l'autre de la planète dans ses identités plurielles de force de travail pure, et la figure plus pauvrette, mais inévitable eu égard au malheur des temps, du travailleur de proximité maintenu sous perfusion en pluriactivité par soutien fiscal massif.

Le rêve du capital est de substituer ces deux figures à celle du salarié. Elles ont le même degré d'abstraction et de généralité que celui-ci et tentent de s'imposer en récusant les discriminations positives. Mais ces dernières sont la voie nécessaire, dans un premier temps, du passage de l'abstraction salariale à la double abstraction beveridgienne. Il est temps de définir l'abstraction salariale.

3. ABSTRACTION SALARIALE ET POTENTIALITÉS ANTICAPITALISTES DU SALAIRE SOCIALISÉ

Une appréciation correcte des discriminations positives suppose que la généralité de la péréquation du salaire soit bien définie. Ce point est crucial, car les éloges ou les critiques des discriminations positives sont la plupart du temps énoncées en référence à une définition de la protection sociale non pas salariale, mais fiscalo-financière, sur le modèle ici qualifié de beveridgien. Quelle généralité promeut donc la cotisation sociale ? Nous la désignerons en termes d'abstraction salariale.

3.1. Salaire socialisé et travailleur collectif

Le salaire socialisé est l'invention la plus significative des luttes de classes dans les pays continentaux de l'Union européenne au cours de ce siècle (FRIOT, 1998a). Elle met en scène, à l'inverse de l'individu pluriactif, « le travailleur collectif », terme que nous utilisons ici dans un sens différent de celui de Marx (FRIOT, 1998b).

Par salaire socialisé, il faut entendre que le salaire fonctionne non comme un prix pur mais comme un prix assorti d'un barème aux caractéristiques suivantes :

• détermination négociée par des instances nationales qui ont pris, à compter des années 60, la forme du « partenariat social » (conventions collectives de branche, tripartisme interprofessionnel) ;

• généralité des règles avec constitution d'un territoire national relativement homogénéisé (dépassement partiel des discriminations géographiques, sectorielles, de genre ou catégorielles) ;

• reconnaissance de la participation des salariés à la production de biens et services par l'inscription de chaque salaire dans une grille correspondant à une classification soit des postes de travail soit des compétences individuelles ;

• partage identique, depuis les années 90 quel que soit le niveau de la rémunération (à l'exception notable du SMIC depuis 1993), entre un salaire direct (60 %), qui va aux titulaires des emplois, et des cotisations sociales (40 %) qui, sans passage par de l'accumulation financière, sont immédiatement transformées en prestations sociales affectées aux situations de non-emploi (maladie, études, chômage, retraite...).

Plutôt que le prix de marché assurant dans l'instant un échange d'équivalents entre un travail individuel et une rémunération individuelle, le salaire obéit donc à un barème (inter)professionnel qui assure une distribution politique, par les instances du salariat, tant du salaire direct (conventions collectives) que du salaire indirect (barème des cotisations-prestations). Car c'est bien de salaire indirect qu'il faut parler pour désigner ces dernières, réparties comme les salaires directs à l'occasion des emplois, proportionnelles aux salaires directs, relevant comme eux d'une logique de flux (et non d'accumulation).

Le salaire relève ainsi d'une large péréquation entre employeurs, avec tout à la fois l'impossibilité de rapporter le salaire individuel à une contrepartie individuelle en travail, et une claire affirmation du lien macro-économique entre ressources et travail puisque seul le travail vivant mobilisé dans des emplois donne lieu, hors de tout rendement de placements financiers ou de toute redistribution fiscale, au financement du salaire. D'emblée et tout entier socialisé, le salaire dans l'ensemble de ses composantes (salaires directs, prestations familiales, indemnisation du chômage, couverture en espèces et en nature de la maladie, pensions de retraite) concerne ce que l'on peut désigner comme le travailleur collectif. « Travailleur » : ce sont bien des travailleurs salariés, ouvriers ou cadres, que le salaire socialisé pose comme tels, et non des ouvriers « pauvres » comme le fait la solidarité fiscale ou des cadres « épargnants » comme le font les fonds de pension dans les systèmes beveridgiens. Ainsi, les chômeurs sont des salariés demandeurs d'emploi et non des pauvres à insérer, les retraités sont des travailleurs pensionnés et non des épargnants rentiers, etc. « Travailleur collectif » : l'emploi désignant les situations de travail qui sont l'occasion de la reconnaissance des situations de hors-emploi selon un barème conventionnel, les travailleurs, qu'ils soient occupés, chômeurs ou inactifs, sont inscrits dans un espace public construit à partir du travail formalisé en emplois, à une place qui excède leur participation (ou non-participation) immédiate à ce travail. Ainsi, les salariés retraités perçoivent une portion du salaire courant correspondant au travail courant des salariés occupés, portion légitimée par leur travail d'emploi passé sans que celui-ci en soit d'aucune façon la contrepartie (d'où le contresens du terme de « salaire différé »). Les handicapés congénitaux ou les étudiants, qui appartiennent eux aussi au salariat pour autant qu'ils perçoivent des ressources relevant du salaire (par exemple, une prestation financée par cotisation sociale) alors même qu'ils ne peuvent invoquer aucun travail d'emploi, perçoivent un forfait. Quant aux salaires directs, ils sont inscrits dans des grilles qui expriment le travail d'emploi non pas dans une valeur économique intrinsèque et mesurable (comme on le prétend en le référant à une mesure de la productivité) mais à travers la convention, définie selon une procédure politique, de la qualification du poste ou du grade. Bref, le salaire socialisé ouvre la voie au salaire universel, car aucune situation hors emploi n'a par nature vocation à être exclue de sa reconnaissance par le salaire indirect. Tout individu, quel que soit son (non) travail d'emploi, peut appartenir au travailleur collectif.

Ensemble des situations de travail qui sont l'occasion de la distribution du salaire socialisé, l'emploi est ainsi l'occasion de la reconnaissance du non-emploi hors de toute redistribution fiscale et de toute constitution de patrimoine lucratif, par la seule distribution courante de la portion qui retourne à ses producteurs de la richesse courante produite par le travail courant sur le territoire concerné par l'obligation de péréquation du salaire. Une lecture marxiste de l'emploi et du salaire ainsi socialisé pourrait être la suivante : dans leur résistance à l'arrachement du temps-valeur à leur temps propre d'existence, les individus ont conquis un espace public sur lequel ils s'affirment comme membres du travailleur collectif et imposent au capital des éléments de leur reconnaissance sociale propre par la socialisation du salaire. Comme l'écrit ROLAND (1997), l'emploi-salaire « *force le capital-travail à acquitter un droit préalable à l'usage territorial du travail [...], la garantie des subsistances nécessaires à chaque membre, sur l'ensemble du cycle de vie* ». Il s'agit bien d'un espace public conquis sur la logique du capital, selon trois aspects :

• Dispositif transversal posant l'individu dans l'abstraction de son appartenance au travailleur collectif, le salaire socialisé ne laisse pas de prise aux logiques visant à mettre le temps personnel des travailleurs au service du temps économique. À l'inverse, et c'est tout à fait décisif, le capital ne récupère du temps économique qu'à la condition de reconnaître un temps individuel qui lui est étranger, comme celui de la retraite, des études ou de la maladie.

• Dispositif sans accumulation financière, il fait la démonstration pratique du caractère parasitaire de celle-ci. La propriété lucrative, jusqu'alors nécessaire pour assurer des ressources dans le hors-travail, a pu être avantageusement remplacée par une large mutualisation des flux des richesses courantes, et le modèle de la retraite en répartition, éclatante réussite, vaut évidemment pour l'investissement, qui engage des sommes équivalentes pour des durées d'amortissement très inférieures et qui pourra être avantageusement assumé par une mutualisation sans accumulation privative et sans taux d'intérêt. Les droits que le travail permet d'acquérir sont personnels comme ceux qui sont liés à la propriété, à la différence des droits fondés sur la fiscalité. Et ils sont acquis, comme ces derniers (à la différence des droits de propriétaire), dans le moment même de la solidarité. C'est lorsque son emploi est l'occasion de la distribution de cotisations finançant la retraite des autres que le salarié acquiert ses propres droits à pension. Le travailleur collectif nous permet de sortir du carcan propriété-solidarité (épargne-fiscalité) qui fonde chez ses victimes elles-mêmes l'intériorisation de la logique d'accumulation capitaliste.

• Finançant le hors-emploi par l'emploi, la socialisation du salaire travaille la contradiction entre valorisation financière du capital et production de la valeur. Qu'il s'agisse des « plans sociaux » pour le confort des actionnaires, de la récupération rentière des gains de productivité par « dégraissage », de l'imposition des normes managériales par la peur, pour prendre les formes aujourd'hui les plus répandues de gestion de la « ressource humaine » remarquablement théorisée par DEJOURS (1998), toute élimination du travail vivant a sa sanction dans l'obligation pour le patronat de compenser les réductions de salaire direct par une hausse des cotisations en matière de chômage, de retraite ou de famille. La création d'emplois, la baisse de la durée du travail, le haut niveau du salaire total (direct plus cotisations) sont ainsi au centre du débat politique. C'est pourquoi, il est pour le patronat d'un enjeu stratégique de récuser toute hausse des cotisations et de se défausser sur la fiscalité en posant comme « inutiles », « pauvres », « inemployables » les victimes de ses décisions. Cet enjeu stratégique peut se lire par exemple dans la récupération spectaculaire du terme de « désaffilié », proposé par CASTEL (1995) précisément pour lutter contre la naturalisation de l'exclusion et massivement utilisé pour fonder la fatalité de ce qu'il dénonce : une « *société duale consolidée* » avec ses « *ilotes fermement tenus* » par un financement fiscal de la pauvreté.

3.2. Les potentialités révolutionnaires de l'abstraction salariale

Le salaire socialisé tel qu'il s'est construit de façon pragmatique en Europe continentale est donc porteur d'une possible affirmation révolutionnaire du salariat. Encore faut-il que la lutte conduise à une inscription politique forte des principes du salaire socialisé. Car les institutions et les pratiques de protection sociale ne sont pas sorties de la sphère du « social » dans laquelle l'État les a cantonnées, récusant tout caractère politique aux droits et principes du salaire socialisé. Les « droits sociaux » du salaire socialisé souffrent d'une faible reconnaissance politique au point qu'ils n'ont aucune pérennité : pour s'en tenir à ce seul exemple, du jour au lendemain, la longue construction d'une cotisation proportionnelle au salaire direct, pièce maîtresse du dispositif, peut être interrompue et inversée par des exonérations sur les bas salaires, par le remplacement de la cotisation par un impôt préaffecté, par la non-inclusion d'éléments de rémunération dans l'assiette. Ce renversement décisif n'est entravé par aucun principe politique dont l'invocation permettrait de s'y opposer (FRIOT, 1998c). Rien ne permet de déclarer anticonstitutionnelles la suppression des élections aux caisses ou les exonérations de cotisations patronales. D'où l'efficacité de la mise en cause du salaire socialisé entreprise dans les réformes de la sécurité sociale engagées depuis le gouvernement Rocard.

Or, le salaire socialisé a initié des pratiques extrêmement innovantes, définissant bien plus que des modalités contingentes de reconnaissance des travailleurs, modalités qui pourraient, du fait de cette contingence, aller et venir au gré des rapports qui se nouent dans l'économique. Ces pratiques constituent des éléments de citoyenneté salariale, non pas à côté de la citoyenneté politique, mais en son cœur. La distribution politique du salaire n'est pas qu'une technique sociale : c'est le fondement de la définition d'une nouvelle citoyenneté, fondée non pas sur la propriété liée au travail comme la citoyenneté libérale des Lumières (qui a eu en son temps une portée révolutionnaire !) mais sur l'appartenance au travailleur collectif tel que la socialisation du salaire le constitue aujourd'hui. À l'abstraction du citoyen propriétaire-solidaire que perpétue de nos jours le système beveridgien, le salaire socialisé rend possible la substitution de l'abstraction du citoyen membre du travailleur collectif qui, à la différence de la précédente, n'est pas cohérente avec la logique capitaliste et qui se trouve très fortement mise en cause depuis les années 80 du fait de la chute qu'a connue la conflictualité dans l'emploi.

Récapitulons ses traits essentiels :

D'une part, l'appartenance au travailleur collectif est une abstraction. La cotisation sociale, et plus généralement la socialisation du salaire, ignorent ou relativisent des caractéristiques concrètes de l'individu comme son âge, son état de santé, son sexe, ainsi que celles de son éventuel lieu de travail : taille de l'entreprise, branche, région, etc. Tout le mouvement du salaire au cours du siècle est celui de son homogénéisation. Cette généralité territoriale pose le membre du travailleur collectif dans son abstraction comme sujet politique et non comme objet des tutelles pesantes et bienveillantes liées aux « discriminations positives » et autres « parcours individualisés ».

D'autre part, cette abstraction est salariale. Parler d'abstraction est très insuffisant : l'allocation universelle est abstraite et pourtant elle est aux antipodes du salaire universel. Avec le salaire socialisé, nous ne sommes pas dans les « droits de l'homme ». Les « allocations familiales » ne sont pas un « droit de l'enfant ». Les

« retraités » de la pension de sécurité sociale ne sont pas les « personnes âgées » du fonds national de solidarité. Qualifier les chômeurs de « demandeurs d'emploi » rapporte le hors-emploi au salaire et non à l'indemnisation de la pauvreté. L'histoire de la Sécurité sociale est celle de la salarisation de la mutualité ou de l'assurance. Cette salarisation s'oppose à leur fiscalisation ou leur financiarisation (FRIOT, 1998a).

Poser le membre du travailleur collectif comme figure du citoyen dans une société capitaliste, c'est mettre en évidence le nouveau rapport entre travail et citoyenneté. Dans la logique libérale, la relation passe par la médiation de la propriété : c'est la propriété lucrative viagère acquise par le travail qui fonde la citoyenneté. Ici, la médiation est celle du salaire, avec deux propositions qu'il faut tenir à la fois. D'une part, le salaire est lié à la qualification du poste ou de la personne, la dimension « qualification » est donc essentielle dans la définition de l'individu. Et, d'autre part, l'individu est reconnu quel que soit son rapport au travail immédiat : des temps totalement inutiles au travail d'emploi sont reconnus par le salaire, et c'est décisif quand on considère la rapidité des gains de productivité du travail et la déconnexion entre travail immédiat et valeur du produit. C'est ainsi qu'a pu être posé le principe politique de la parité d'évolution des ressources actifs-inactifs, les inactifs bénéficiant des gains de productivité du travail sur le modèle des pensions de la Fonction publique.

Le caractère salarial de l'abstraction conduit aussi à poser que le financement des ressources des membres du travailleur collectif est de la responsabilité exclusive des employeurs (et non des contribuables ou du marché financier). La question de l'emploi, de la transformation des travaux en emplois, de la réduction du travail d'emploi, de l'affectation du capital aux emplois est ainsi au cœur du débat politique. Lequel débat relève des instances politiques du salaire socialisé que sont, par exemple, les conventions collectives ou les caisses de sécurité sociale.

Reste, enfin et surtout, à tirer les conséquences de la socialisation du salaire. Que le salaire se substitue tant à la solidarité fiscale qu'à la propriété liée au travail a des significations remarquables.

D'une part, l'étrangeté du dispositif à tout calcul coût-rendement individuel, car la logique est celle d'un lien macro-économique et non pas micro-économique entre travail d'emploi et salaire. Insistons sur le terme d'étrangeté pour récuser toute problématique en termes de « voile d'ignorance » qu'il faudrait lever pour faire valoir des considérations d'équité fondées sur des considérations de contreparties qui sont négatrices de la logique du salaire socialisé et qui nous renvoient aux logiques traditionnelles de la propriété liée au travail et des transferts redistributifs.

D'autre part, l'inutilité de l'accumulation pour acquérir des droits personnels. Les droits du salaire sont bien des droits individualisés comme les droits de propriété : le retraité touche un pourcentage de son salaire d'activité, son droit de tirage sur la sécurité sociale n'est pas anonyme ou forfaitaire comme dans le cas d'un dispositif fiscal. En même temps, comme dans ce dernier cas, ces droits individuels sont acquis sans aucune accumulation préalable : le flux permanent du salaire mutualisé à une très vaste échelle et à un taux très important suffit. Que cette démonstration de l'inutilité de l'accumulation lucrative concerne le cœur du rapport économique (et non pas seulement, comme dans le cas du budget de l'État, la marge des fonctions régaliennes) a une conséquence considérable, déjà évoquée à propos de la mutualisation de l'investissement, lequel gagnerait à ne relever lui aussi, comme le salaire, que d'une logique de flux : l'abstraction salariale est porteuse d'un usage exclusivement non patrimonial de la monnaie, rendue à sa seule fonction de circulation des produits du travail.

Enfin, en même temps qu'elle réserve la propriété à la seule propriété de jouissance et qu'elle conteste à la monnaie tout caractère de marchandise, l'abstraction salariale articule de façon tout à fait neuve la solidarité et la sécurité. Là encore, la propriété lucrative était la médiation traditionnelle depuis le XVIIIème siècle, et le reste dans les pays beveridgiens : ma sécurité repose sur la propriété lucrative acquise par mon travail (aujourd'hui sur la rente que je tire de l'accumulation de l'épargne salariale), et comme je suis en permanence menacé de tomber dans la pauvreté faute de pouvoir acquérir ou maintenir une telle propriété viagère, je paie des impôts de solidarité qui sont en quelque sorte la contrepartie de ce qu'a de privative de droits d'autrui la construction rentière de ma sécurité. Le travailleur d'une entreprise figurant au portefeuille d'un fonds de pensions alimente les rentes des retraités de ce fonds par une ponction sur le produit de son travail qui, loin de lui donner un quelconque droit, met en péril son salaire voire son emploi. Au contraire, le cotisant d'un régime de retraite en répartition acquiert des droits à la mesure du financement qu'il opère des pensions des retraités : ma sécurité est à la mesure de ma solidarité parce que la médiation de la propriété lucrative liée au travail a été remplacée par celle de la socialisation du salaire.

Le simple énoncé des traits de l'abstraction salariale montre combien nous sommes loin d'avoir mis en œuvre les potentialités du salaire socialisé, faute qu'ait été menée la bataille politique de leur inscription comme cœur des droits politiques. L'âpreté prévisible de cette bataille se mesure en considérant qu'elle conduira à rien moins qu'à interdire la propriété lucrative (à bien distinguer de la propriété de jouissance, droit qui n'est évidemment pas en cause) et l'usage patrimonial de la monnaie. Encore faut-il que nous fassions advenir le salariat comme expression politique du salaire socialisé (FRIOT, 1998d), en inversant l'actuel mouvement de rétraction du salaire qu'opèrent tant les revendications de discriminations positives en matière de protection sociale que leurs dénonciations. C'est le point que nous allons examiner en conclusion.

4. CONCLUSION : LES DISCRIMINATIONS POSITIVES REVENDIQUÉES PUIS RÉCUSÉES CONTRE L'ABSTRACTION SALARIALE

Nous disposons maintenant des éléments suffisants pour proposer une interprétation marxiste tant de la revendication que de la mise en cause des discriminations positives en matière de protection sociale. La thèse soutenue est la suivante : les discriminations positives sont d'abord revendiquées pour désarticuler le dispositif salarial, rétracter le champ du salaire socialisé, le rendre illisible et y instiller des segments de fiscalité redistributive et d'épargne salariale ; puis lorsque les exceptions ont atteint un poids spécifique suffisant, alors les discriminations positives sont récusées au nom de la « simplification », de « l'harmonisation », de « l'équité », de la « transparence du marché »... : l'essentiel est qu'un niveau suffisant de généralité de l'ordre nouveau, celui du binôme capitaliste propriété-solidarité, lui assure une visibilité et une normalité au nom desquelles la relégation du salaire socialisé sera accélérée.

Les discriminations positives revendiquées contre l'abstraction salariale depuis les années 70, et surtout 80, s'attaquent à ses caractéristiques essentielles.

Un usage massif des discriminations, selon l'âge (plans jeunes, encouragements aux cessations anticipées d'activité), le niveau de revenu (prestations familiales sous conditions de ressources), la durée du risque ou de l'emploi (chômage de longue durée, temps partiel), le bassin d'emploi ou la branche (zones franches, branches exposées), la qualité de l'employeur (première embauche des artisans, emplois familiaux), a rompu la généralité des règles et permis de multiplier les situations dans lesquelles :

• le salaire n'est plus socialisé : exceptions aux règles générales présidant au salaire direct comme le SMIC, exonérations de cotisations sociales « employeur » ;

• c'est l'État puissance publique, et non les instances politiques du salaire socialisé, qui définit les conditions d'emplois « aidés » ;

• la fiscalité se substitue au salaire, soit en cas d'emploi pour assurer tant le financement des cotisations que celui du salaire direct (crédit d'impôts pour les employeurs à domicile, emplois-jeunes et toutes les variétés d'emplois aidés), soit en cas de chômage (remplacement de l'allocation UNEDIC par le RMI, conventions FNE) ;

• la baisse des salaires consécutive à ces mesures est compensée par un recours au crédit à la consommation qui fait entrer « par le bas » les catégories populaires dans l'usage patrimonial de la monnaie (accroissement massif de l'endettement hors immobilier dans les années 90). Symétriquement, des discriminations fiscales ont encouragé, de manière ciblée, l'épargne salariale comme substitut du salaire (direct ou indirect) pour les salariés les plus qualifiés, ceux des entreprises privatisées (actionnariat).

À cette phase de discriminations positives succède aujourd'hui leur dénonciation partout où la mise en cause de l'abstraction salariale paraît suffisante pour tenter d'imposer explicitement la logique beveridgienne.

Ainsi, les aides ciblées aux entreprises sont dénoncées pour leur faible effet sur l'emploi... et remplacées par un dispositif général d'exonérations de cotisations patronales sur les bas salaires (FRIOT, 1998e), qu'il s'agisse du dispositif Giraud sur le SMIC (loi quinquennale de 1993) ou du projet Jospin de « reprofilage » des cotisations avec franchise sur les 5 000 premiers francs du salaire (campagne présidentielle de 1995). On observe le même phénomène avec le passage de la loi Robien (exonérations ciblées sur le temps partiel) à la loi des « 35 heures » (compensations fiscales générales sur la baisse du temps de travail).

De même, la multiplication des types de contrats dérogatoires est dénoncée comme stigmatisante tandis que sont préconisées ou mises en place des formes de soutien fiscal aux bas salaires à large spectre comme les emplois jeunes, le soutien fiscal au tiers secteur ou l'intéressement élargi concernant les minima sociaux. Ces derniers font l'objet d'une campagne en vue de leur harmonisation qui affirmera la visibilité de ce qui pourrait être une étape vers l'allocation universelle.

Une des plus massives mise en cause de la socialisation du salaire concerne le remplacement de la cotisation sociale au régime général par un impôt préaffecté généralisé. La cotisation dite « salarié », d'abord remplacée de manière ciblée par une contribution sociale généralisée (CSG) non déductible appliquée à telle portion de risque présentée comme « non liée à l'emploi » (comme si une telle expression avait un sens dans une logique de salaire socialisé), l'est aujourd'hui par une CSG déductible pour l'ensemble du risque maladie avec un projet de suppression à terme de toute cotisation salarié. Sur cette base, c'est maintenant la cotisation « employeur » au régime général qui est mise en cause, avec pour projet de remplacement par un impôt affecté partiellement ou totalement assis sur la valeur ajoutée. En même temps que s'opère la déconnexion entre protection sociale et salaire dans le régime général au bénéfice d'un financement fiscal, les régimes complémentaires sont invités à mettre de la cohérence dans les multiples formes de prévoyance, estimées trop peu transparentes et équitables, en adoptant des formes généralisées d'épargne salariale.

Ce creusement d'un fossé (jusqu'alors inexistant) entre un régime général fiscalisé et des régimes complémentaires financiarisés, cette généralisation symétrique du soutien fiscal aux bas salaires et à l'épargne salariale accompagnent la rétraction du champ du salaire et la promotion de la double figure des travailleurs allocataires et rentiers à la place des travailleurs salariés : contre les discrimations positives qui avaient été une étape indispensable dans la mise en cause de l'abstraction salariale se dessine l'abstraction fiscalo-financière dans sa double dimension d'assurance publique fiscalisée et de fonds communs de placements. Beveridge tente sa chance sur le continent.

Bernard Friot

BIBLIOGRAPHIE

AGLIETTA M. (1997), *Régulation et crises du capitalisme*, nouvelle édition, Paris, Odile Jacob (première édition Paris, Calmann-Lévy, 1976).

CASTEL R. (1995), *Les métamorphoses de la question sociale : une chronique du salariat*, Paris, Fayard.

DEJOURS Ch. (1998), *Souffrance en France : la banalisation de l'injustice sociale*, Paris, Seuil.

FRIOT B. (1998a), *Puissances du salariat, emploi et protection sociale à la française*, Paris, La Dispute éditeurs.

FRIOT B.(1998b), « Comment défendre le système de protection sociale ? Débat avec François Chesnais », *Carré rouge*, n°8, juin.

FRIOT B. (1998c), « Les principes politiques du salaire universel» in Monnier J.M. (coord.) *Appel des économistes pour sortir de la pensée unique*, à paraître, Syros.

FRIOT B. (1998d), « Le salariat, faut-il en faire son deuil ou lutter pour qu'il advienne ? » *Société française*, à paraître.

FRIOT B. (1998e), « Exonérations et reprofilage des cotisations sociales : même combat contre le salaire », *Pour un nouveau plein emploi*, Bulletin de l'Appel des économistes pour sortir de la pensée unique, n° 5, avril.

FRIOT B., ROLAND V. et VINOKUR A. (1997), *Pour de nouveaux outils d'analyse du rapport salarial*, ronéoté.

GAULLIER X. (1997), « La pluriactivité à tout âge », in *Le travail, quel avenir ?*, Paris, Gallimard.

ROLAND V. (1997), *Crise du travail ou crise de la force de travail ?*, communication au colloque « Marx aujourd'hui », Nanterre-Paris X, 27-28 novembre.

À propos des *poor laws* : la modernité d'un débat

Alain Clément, université de Tours

1. INTRODUCTION

Le paupérisme est un phénomène massif au dix-neuvième siècle. Alors que ce siècle enregistre une croissance sans précédent de la production tant pour ce qui concerne le secteur agricole que le domaine industriel, les historiens et les observateurs de l'époque font état d'un phénomène de pauvreté sans équivalent dans l'histoire, à l'exception peut-être de la période des grandes pestes. Or si le phénomène s'est amplifié, il est tout aussi important de souligner que le pauvre du dix-neuvième siècle n'est plus le pauvre du dix-septième ou du dix-huitième siècle, mendiant sans feu ni lieu, quémandant sa nourriture. Le nouveau visage du pauvre remet en question la forme d'aide et de secours qu'on peut et qu'on doit lui apporter. La politique sociale est redéfinie dans un sens beaucoup plus restrictif.

2. LA NOTION DE PAUVRE : UN CONCEPT DIFFICILE À DÉFINIR ET À MESURER

2.1. Pauvres et pauvres travailleurs : ampleur du phénomène

Au dix-neuvième siècle le travail n'est plus la seule source de richesse, la machine vient concurrencer l'homme si bien que ce dernier peut devenir inutile, à tel point que même les femmes et les enfants peuvent assurer le travail aussi bien que les artisans qualifiés mis au chômage technique. À la dégradation de la nature du travail doit s'ajouter la faiblesse des salaires versés et la grande précarité de l'emploi si bien que la différence entre pauvres et travailleurs devient une frontière très floue. Le travailleur passe par des périodes d'emploi et de chômage de manière assez fréquente si bien que l'évocation de la misère est entièrement liée à la situation de la classe ouvrière. Les ouvrages de l'époque font largement état de ce rapprochement (DE VILLERMÉ, 1840 ; BURET, 1840 ; ENGELS, 1971). Le phénomène est massif par ailleurs puisqu'environ 30 % de la population est considérée comme une population d'indigents, de travailleurs saisonniers. L'Angleterre compte 2 millions de détenus dans les *workhouses*, Thompson évalue à 40 % la population vivant en dessous du niveau de pauvreté en 1790 et 30 % en 1841 mais comme la population a augmenté entre temps cela fait 5 millions de pauvres. Sans vouloir faire état d'une comparaison absolue avec la situation contemporaine, on ne peut que constater certains parallèles évidents. La nouvelle pauvreté n'est plus, comme elle l'était encore dans les années 1960-1970, des agriculteurs marginalisés, des retraités, mais bien des jeunes, salariés ou en position de l'être et d'origine urbaine donc plus visible aussi. C'est une pauvreté qui frappe au cœur du système des catégories non pas en voie d'extinction mais pleines d'avenir, passant régulièrement du statut de salarié à celui de chômeur de façon très périodique, si bien qu'aujourd'hui la frontière demeure toujours aussi floue entre les pauvres et travailleurs d'autant que les salaires ont également diminué depuis le début des années quatre-vingt[1]. En prenant en compte le seuil usuel des 50 % des dépenses équivalentes à la moyenne nationale pour définir la pauvreté, le pourcentage pour la France est d'environ 14 % de pauvres ainsi que pour la Grande Bretagne et va jusqu'à 24,5 % pour le Portugal (PAUGAM, 1996). Nous ne sommes pas très loin des 30 % du dix-neuvième siècle.

Au dix-neuvième siècle la prolétarisation qui n'est pas simplement le fait d'individus mais de familles entières, de villages entiers, inquiète les classes dirigeantes. Cette population « *flottante des grandes villes que l'industrie ne peut occuper constamment* » s'assimile à leurs yeux à la mobilité, à l'indépendance, à l'imprévoyance, à la frugalité, à l'ignorance et à l'insubordination. Face à cette menace qui pèse sur le corps social tout entier, le prolétariat semble échapper à toute tentative de subordination, de contrôle. Faut-il alors dans ces conditions maintenir une politique d'aide aux pauvres qui profiterait plus à ces pauvres dangereux qu'aux pauvres honteux ? N'y aurait-il pas un risque politique à entretenir une classe perçue comme particulièrement dangereuse et qui loin de se renier prétend à des droits, réclame des secours ? Il convient dès lors de reconsidérer la politique sociale qui avait été mise en œuvre au siècle précédent et qui avait été peu sélective en matière de secours apportés aux pauvres (du travail ou des aides) en dehors de l'aspect valide/invalide ou pas sélective (système de *Speenhamland*). Faisons tout d'abord un détour par le système mis en place entre 1795 et 1834.

2.2. Une exception dans l'histoire sociale - la suppression des critères de secours aux pauvres : l'exemple de *Speenhamland*

Pour remédier au problème de la pauvreté, les pays avaient mis en place dans les périodes antérieures des systèmes d'aide sous forme de secours pour les invalides et d'emploi obligatoire pour les valides. La fin du dix-huitième siècle voit par exemple avec Turgot une politique de sélection des secours apportés aux pauvres. La création des ateliers de charité est faite dans l'intention d'obliger les gens à travailler, la rétribution devant être inférieure à celle du marché pour ne pas

---

[1] Pour de nombreux ménages d'ouvriers et d'employés le revenu annuel moyen par unité de consommation qui était de 61 000 francs en 1984 n'est plus que 58 000 francs en 1994 [en francs de 1995] ; le revenu des employés est passé de 83 000 en 1989 à 82 000 en 1994 ; à l'inverse pour les travailleurs indépendants le montant passe de 89 à 114 000 entre 1984 et 1994), *cf. Alternatives économiques,* janvier 1997.

perturber le fonctionnement du marché du travail. Les secours gratuits sont apportés aux invalides. Cette politique est assez répandue dans les pays européens depuis le seizième siècle ; les mercantilistes ont beaucoup insisté aussi sur le rôle utilitaire que pouvaient jouer les pauvres, et des mises au travail dans des ateliers destinés à concurrencer la production de biens produits à l'étranger sont déjà très fréquentes sous Richelieu, sous Colbert mais aussi en Angleterre et en Hollande.

Face à cette conception utilitariste et intégrationniste des pauvres, le dix-neuvième siècle marque une rupture en deux temps, particulièrement en Angleterre. En 1795 se met en place un système novateur plus généreux et connu sous le nom de *Speenhamland* ; ensuite une loi de 1834 marque un coup d'arrêt à cette politique sociale en l'orientant dans une direction beaucoup plus dure et sélective qu'auparavant.

Le système de *Speenhamland* fut mis en place pour tenter de mettre un frein à la paupérisation des masses. Le principe était d'assurer un revenu minimum aux pauvres indépendamment de leur travail, dans le cadre d'une paroisse. La garantie de ce revenu apparaissait sous forme de complément de salaire ou de substitut à l'absence de salaire accordé conformément à un barème indexé sur le prix du pain. Une telle politique tranchait avec ce qui précédait puisqu'elle se caractérisait par son côté général et automatique. Ce système devint très répandu surtout dans l'Est et le Sud de l'Angleterre. Il revenait en fait à soulager les pauvres tout en maintenant des bas salaires et à faire financer ces aides par tous les contribuables locaux, au profit des agriculteurs qui pouvaient ainsi employer de la main-d'œuvre à bon marché et de manière temporaire. Les contribuables pouvaient se dispenser de payer la taxe s'ils employaient à leur tour un pauvre (système du *roundsman*).

Ce système est approuvé par le Parlement en 1796 qui en légitime son fonctionnement, supprime l'épreuve par la *workhouse* et accepte dans certains cas les secours à domicile. Cette réforme qui vise à accorder un droit à vivre indépendamment du travail, une sorte de salaire social avant l'heure, est par certains côtés l'ancêtre du revenu minimum d'insertion (RMI). Mais la réforme est surtout marquée par une volonté de freiner les effets négatifs du développement industriel et peut constituer une réponse au problème important posé par la saisonnalité du travail agricole (BOYER, 1990). En effet, les travailleurs ruraux disposaient de trois sortes de revenus : celui issu du lopin de terre (autoconsommation), celui du travail artisanal à domicile et celui du travail agricole à proprement parler. Avec la disparition des deux premiers s'est posé le problème du revenu des travailleurs en période de faible activité. La solution du complément de salaire apparaissait comme une réponse bien adaptée. Cette solution apparaissait comme la moins coûteuse car minimisait les coûts du travail, le complément étant en fait supporté par l'ensemble des contribuables qu'ils soient employeurs agricoles ou pas. L'avantage revenait d'autant plus aux fermiers que la taxe sur les pauvres était mieux répartie sur un grand nombre de personnes, un peu d'ailleurs à l'image des licenciements pratiqués très facilement par des entreprises aujourd'hui, financés par l'ensemble des salariés et entreprises employeuses ou pas de main-d'œuvre. Ce système permit d'éviter une explosion sociale en rendant supportable le processus de développement économique (POLANYI, 1983) et en maintenant sur place une main-d'œuvre toujours disponible dont le secteur agricole allait progressivement se passer.

Sa dimension généreuse a été mise en cause par Polanyi et Thompson, en considérant de fait que les *poor rates* permettaient d'utiliser ou d'écarter les pauvres comme on le souhaitait, un peu à l'image de « *pommes de terre mises dans une fosse, et que l'on ne sortait que pour les utiliser lorsqu'on ne pouvait plus se passer d'eux* » (THOMPSON, 1988)[2]. De nombreux auteurs n'ont pas manqué de signaler les effets pervers qu'il produisit, contraires aux objectifs initiaux puisqu'il encourageait les entreprises à accorder des salaires en-dessous du niveau de subsistance et se transformait ainsi en un mécanisme d'utilisation des ressources publiques pour subventionner les entreprises privées, et surtout favorisant plus qu'éradiquant la pauvreté, ce que nous verrons dans notre deuxième partie. Les attaques de *Speenhamland* rappellent par certains côté les critiques accordées au RMI. Le RMI fut dès le départ accordé sans aucune autre condition que celle de ne pas avoir de ressources. Mais le principe une fois adopté fut tout aussitôt critiqué, y compris par ceux mêmes qui l'avaient approuvé. Son coût de plus en plus élevé fait que l'opinion réclame souvent que de plus en plus de « rmistes » se mettent au travail. À l'inverse une autre critique plus radicale est faite au RMI un peu comme elle le fut pour le système de *Speenhamland* : le RMI risque d'apparaître comme une solution à la gestion des salariés en activité intermittente, voire une manière de faire baisser les salaires versés et ce de façon d'autant plus probable que le maintien pendant un certain temps du RMI et du salaire semble désormais acquis (complément « en biseau »)

2.3. De la remise en cause de *Speenhamland* et des systèmes d'aide antérieurs[3] : le libéralisme triomphant

Le système de 1795 est très rapidement remis en cause, laissant place à un système encore beaucoup moins généreux envers les pauvres que les politiques qui

---

[2] L'auteur souligne d'ailleurs que la fosse fut remplacée par la *workhouse* à partir de l'abrogation du système de 1795.

[3] Les systèmes antérieurs relèvent successivement des lois de 1572, 1575, 1597, 1601, de l'*Act of settlement and removal* de 1662, et du *Gilbert 'Act* de 1782.

l'avaient précédé jusqu'à la fin du dix-huitième siècle. Suite aux enquêtes menées dans plus de 3 000 paroisses et au travail d'une commission présidée par l'évêque de Londres, un rapport sur les *poor laws* fut rédigé en la personne de Chadwick, disciple de Bentham et N. Senior, disciple de Ricardo. Sur cette nouvelle base, une véritable contre-révolution se met en place : un tour de vis et la fin des « libéralités » sont à l'ordre du jour :

- création d'une administration centrale et non plus sous la houlette des magistrats locaux ;
- suppression des secours à domicile et des compléments de salaire. Ceux qui demandaient une aide devaient accepter d'abandonner maison, meubles et famille pour être logés dans des *workhouses* où l'on procédait à la séparation des hommes et femmes ;
- l'aide à domicile est maintenue dans le cas des personnes âgées et infirmes.

Le nouvel objectif, radicalement contraire au précédent, est de rendre les pauvres maîtres de leur propre destin sans exiger un secours quelconque. Par exemple Thompson rapporte des propos très significatifs sur ce point : « *notre intention, disait un assistant, est de faire en sorte que les hospices ressemblent de plus en plus à des prisons* » (THOMPSON, 1988). En rendant les conditions des pauvres dans ces hospices moins acceptables, on incitait les pauvres à les quitter. Le travail libre devait apparaître comme la modalité la plus courante pour vivre ou plutôt pour survivre. En conséquence le travail réalisé dans l'enceinte des *workhouses* devait apparaître comme toujours moins intéressant et moins rentable que le travail proposé sur le libre. Les *workhouses* s'étaient converties en instruments de terreur afin d'inciter les individus à chercher par tous les moyens n'importe quel emploi pour n'importe quel salaire.

Cependant une deuxième remarque s'impose à l'encontre même de la loi. Il y a eu modération dans l'application de la loi après 1834. Le remplacement des secours à domicile par celui organisé dans les *workhouses* revint plus cher aux fermiers. En effet les fermiers devaient maintenir dans leur emploi des travailleurs qui auparavant revenaient à la charge de la communauté en saison morte (BOYER, 1990). Aussi dans les paroisses du Sud, on ignora purement et simplement la nouvelle loi. De même, dans les centres urbains textiles du Nord, le rôle majeur des *poor laws* était de fournir un complément aux ouvriers qui étaient licenciés temporairement durant les périodes de basse conjoncture. Les secours jouaient ici aussi le rôle d'assurance chômage. Le versement des *poor* rates permettait en fait tant aux fermiers concernés qu'aux industriels qui dominaient la vie locale dans les grandes régions industrielles de transférer les coûts d'entretien du travail durant les périodes de morte saison et de réduction d'activité à l'ensemble de la collectivité . Il faut rappeler que la nouvelle loi a été votée par un Parlement dominé par les propriétaires fonciers, dont les revenus étaient amputés par les charges grandissantes des *poor* rates. Ces derniers voyaient dans la nouvelle loi une occasion de se décharger financièrement des pauvres.

Les discussions parlementaires sur les *poor laws* ont donné l'occasion à de nombreux économistes de discuter du problème. Certains furent très actifs au parlement, d'autres prirent part au débat dans des revues comme l'*Edinburgh Review*, la *Westminster Review*, ou le *Morning Chronicle*, ou tout simplement dans les ouvrages d'économie politique. Les prises de position sur les deux systèmes sociaux dont l'opposition est franche sont à l'origine d'une importante production scientifique et d'une surprenante actualité. Il semble que les mêmes oppositions, les mêmes réticences à l'égard des politiques sociales ou en faveur de nouvelles dispositions parfois plus libérales refont surface avec des justifications récurrentes. Il apparaît aussi que les discours plus radicaux en faveur d'une politique sociale alternative, trouvent aujourd'hui un large écho dans le débat sur l'allocation universelle, le revenu minimum inconditionnel ou le revenu de citoyenneté, pour ne prendre que quelques exemples des formules proposées ici et là. L'objet de nos deux dernières parties est de retracer les termes de ce débat et d'en présenter les aspects les plus contemporains.

3. DES CRITIQUES LIBÉRALES AUX NOUVELLES PROPOSITIONS

3.1. La théorie des effets pervers

La principale critique qui revient souvent dans les écrits des économistes est l'existence d'un effet pervers des mesures envisagées. En réalité le secours aux pauvres, qu'il soit sous la forme d'une aide à domicile ou pas, crée plus de pauvreté qu'il n'en supprime. Il entretient le phénomène car même si cela part d'un bon principe, les lois sur les pauvres contribuent à amplifier la manifestation de comportements asociaux souvent observés chez les pauvres qui les prédisposent à refuser tout travail, se contentant des aides perçues et estimant qu'il est préférable d'être secouru même modestement plutôt que travailler pour gagner son argent.

Déjà, au début du dix-huitième siècle, Defoe pensait que les gens avaient tendance à se reporter sur les paroisses pour faire entretenir leur famille sans raison apparente. Il avait constaté qu'un individu travaillant dans une fabrique de tuiles et gagnant 16 à 20 shillings par semaine « *avait sa femme et ses enfants entretenus par la paroisse* » (DEFOE, 1704). Il en conclut que « *la pauvreté n'est pas liée au manque de travail et d'emploi, qu'en conséquence les workhouses, comme les emplois paroissiaux destinés à les mettre au travail, sont nuisibles aux affaires, appauvrissants pour ceux déjà employés, inutiles et ne parviendront pas au but recherché* » (DEFOE, 1704). Les emplois peuvent exister mais les gens, par paresse, ne cherchent pas à travailler, et profitent de la charité publique pour faire supporter à la collectivité leurs charges de famille. Le seul cas de pauvreté secourable est celui des invalides et des personnes âgées.

Ce thème du pauvre fainéant est repris tout au long du dix-huitième siècle par des auteurs comme EDEN (1967) ou TOWNSEND (1971) qui affirme « qu'il n'y a jamais eu tant de misère en Angleterre qu'à son époque et que jamais autant d'argent collecté pour la soulager ». Pour MALTHUS (1986 a) c'est un fait, ces lois sont également des machines à fabriquer des pauvres : « les lois créent les pauvres qu'elles assistent (...) le nombre de ceux qui ont recours à l'assistance doit augmenter sans cesse ». Ces avis convergent avec ceux d'auteurs comme RICARDO (1951-55) : « Les lois sur les pauvres ont rendu toute retenue superflue, et favorisé l'imprudence en accordant aux pauvres une part des salaires acquise par la prudence et l'effort au travail », ou LONGFIELD (1971) qui considère que le bien-être qui échoit normalement au travailleur va également profiter à celui qui a fait preuve d'imprudence et d'oisiveté, ou encore CHALMERS (1968). Ce discours est réitéré en France avec SAY (1972) : « l'Angleterre a subi les fâcheuses conséquences de ses lois sur les pauvres, elle a vu le nombre de gens ayant besoin de secours s'accroître à mesure qu'on augmentait les secours qu'on leur accordait » et des auteurs moins connus comme Dunoyer (cité dans BRETON et LUTFALLA, 1991) ou le suisse CHERBULIEZ (1853) car pour ce dernier, ces lois « placent au même niveau l'homme laborieux et le fainéant ».

Un siècle et demi plus tard, dans *Losing Ground*, Murray (1984), dans un propos rapporté par Hirschman (1991) ne dit pas de chose fondamentalement différente *« En essayant de faire plus pour les pauvres, nous avons réussi à faire plus de pauvres. En essayant de faire tomber les barrières qui interdisaient aux pauvres d'échapper à leur sort, nous leur avons par mégarde dressé un piège »* On a beaucoup parlé de l'effet pervers des allocations chômage et du RMI en ce sens qu'ils conduisent les gens à la paresse plus qu'au travail. L'argument reste le même, à la seule différence que celui-ci ne se développe plus dans le contexte d'une pensée démo-économique malthusienne.

3.2. Les contre-effets économiques des *poor laws*

L'échec des *poor laws* tient aussi au fait qu'elles s'inscrivent pour les libéraux en contradiction avec l'ordre économique. Le travail est une marchandise comme une autre dans la pensée libérale et il ne convient donc pas d'en modifier le niveau en exigeant soit des compléments soit des indexations de salaires (BURKE, 1893). Les lois économiques sont inviolables (EDEN, 1967) et vouloir ignorer la loi du marché et fixer un salaire minimum et des secours aux chômeurs conduira les employeurs à la faillite car ils cesseront de profiter du travail du salarié. La situation est également très paradoxale car à vouloir imposer un revenu minimum pour tous on aboutit à un abaissement du niveau général des salaires. L'argument est d'abord évoqué par Malthus (1986 a) dans le prolongement de sa théorie démographique et de la loi des rendements décroissants. Si les pauvres disposent de plus de richesses, ils souhaiteront augmenter leur demande, ce qui aura pour unique conséquence une hausse du prix en l'absence d'une augmentation possible de l'offre, *« il arrivera nécessairement qu'une partie des habitants auront beaucoup de peine à se nourrir eux et leurs familles, or ce sera toujours les plus pauvres qui seront dans ce cas »* Les lois auront donc eu pour résultat non pas d'améliorer la situation des pauvres mais d'appauvrir ceux qui se situent socialement juste au-dessus. Une modification de la répartition de la richesse ne crée donc pas plus de richesse. Notons que cet argument demeure encore valable de nos jours. Le RMI n'a pas permis de lutter contre la pauvreté, et a plutôt accompagné et facilité la dégradation des conditions salariales. Il est vrai qu'aujourd'hui l'argument est plutôt avancé par les radicaux que par les libéraux.

Longfield (1971) perçoit même une autre conséquence fâcheuse : selon lui, la loi sur les pauvres a mis au même rang les pauvres secourus et les pauvres travailleurs. En rendant la condition du pauvre plus attrayante, *« tous les travailleurs de cette classe rejoindront rapidement les pauvres »* ce qui dans un contexte contemporain revient à vouloir penser que le niveau des allocations chômage et des minima sociaux inciterait les travailleurs à se transformer en chômeurs ou rmistes. L'écart qui sépare SMIC et RMI est bien d'ailleurs un sujet de discussion dans le prolongement de ces analyses. Dans un article récent de *l'Expansion*[4] on pouvait lire le titre suivant : *« les rmistes ont-ils vraiment intérêt à retrouver un emploi ? »*. L'écart entre RMI et SMIC serait trop faible dans un cas sur cinq note-t-on dans l'article, à tel point que l'auteur s'interroge sur l'opportunité pour un rmiste de reprendre un travail. Une décision récente d'autoriser un maintien du RMI avec un revenu du travail même sur une période limitée suppose que cet argument est entendu, une manière aussi de ne pas voir se développer le phénomène des *working poors*.

Enfin un autre argument est avancé afin de justifier les dangers d'un revenu minimum version *Speenhamland*. Cet argument est d'ailleurs évoqué tant par les libéraux que les radicaux. Les entrepreneurs ont pu réduire le niveau des salaires car l'État permet d'apporter le complément indispensable note Malthus (1986a); Cherbuliez (1853b) note que dans leur application anglaise les *poor laws* ont été même détournées de l'objectif qu'elles

---

[4] *L'expansion*, avril 1997, n°546.

s'étaient fixées car « *la taxe est devenue, pour beaucoup de ceux qui y participent, un supplément aux salaires au lieu d'être un secours pour les nécessiteux* ». Marx (1996) en évoquant la question dans les Manuscrits, note que « *les industriels anglais avaient donc une attitude conséquente lorsque, avant l'amendement de 1834, ils déduisaient du salaire de l'ouvrier les aumônes publiques que celui-ci recevait par l'intermédiaire de la taxe des pauvres et les considéraient comme partie intégrante de la rémunération* » confirme bien cette tendance quand il note que certaines régions ont maintenu le système après son abrogation. L'aide aux pauvres soulageait les entrepreneurs qui pouvaient employer le personnel temporairement. Plus récemment Castel (1996) craint bien une incitation à la baisse des rémunérations salariales quand il voit dans le revenu minimum inconditionnel la possibilité pour les entreprises de se décharger d'une partie de la charge qui leur incombe, qui pourrait aboutir selon lui à une suppression du SMIC.

3.3. Des solutions libérales individuelles

L'idée sous-jacente à l'hostilité à l'égard des poor laws est que chacun doit se prendre en charge et surtout accepter le travail tel qu'il existe avec sa précarité et son niveau de salaire fixé par le marché. Et si le recours aux workhouses est selon les libéraux une solution meilleure que l'aide automatique, il doit cependant être davantage conçu plus comme un repoussoir que comme une solution durable : « secourir les plus nécessiteux certes, reconnaître le droit à l'assistance mais restreindre leur bien-être en les soumettant à une discipline rigide » (MILL, 1965). En effet la plupart des libéraux constate que le travail dans les workhouses est peu productif et rentre en concurrence avec le secteur privé. Ils voient plutôt la solution à l'emploi dans « la réparation des routes et aux travaux publics, et à la disposition des propriétaires et des gens riches, à bâtir, à améliorer, à embellir leurs domaines, et à employer des ouvriers et des domestiques à gages » (MALTHUS, 1986a). Ces solutions ne sont pas sans rappeler les propositions physiocratiques.

Le pauvre doit en fait trouver dans une issue personnelle une solution à sa situation dont il est en grande partie responsable « le peuple doit s'envisager comme étant lui-même la cause principale de ses souffrances » (MALTHUS, 1986a). Aussi doit-il réagir individuellement comme par exemple le célibat et l'abstinence quand les pauvres ne sont pas en mesure de nourrir une famille (GARNIER, 1846 ; FIX, 1845). Pour favoriser ces comportements prudentiels, Malthus propose de mettre en place un système d'éducation paroissiale pour diffuser la doctrine démographique et les conséquences qu'elle suppose. CHALMERS (1968) va dans une direction voisine avec l'ouverture d'écoles du samedi. Parfois une réponse institutionnelle peut accompagner ces comportements souhaités5 (SENIOR, 1965). Rossi suggère le développement des caisses d'épargne dont l'utilité paraît plus nettement profitable que toutes les autres institutions de charité. Ainsi en infléchissant les comportements des pauvres et en supprimant les lois sur les pauvres, on parviendra à un ralentissement de la croissance démographique qui permettra alors une remontée des salaires, seul moyen efficace de lutte contre la pauvreté.

Quelle parenté avec notre situation actuelle ? Certes la question démographique n'est plus sous-jacente mais on veut bien une fois de plus forcer les pauvres à travailler et l'idée d'une responsabilité individuelle est bien le fondement des politiques d'activation des dépenses sociales. Comme le rappelle Belorgey l'idée d'activation conduit à faire oublier que c'est la société qui est responsable du chômage et que l'on accuse les chômeurs et les pauvres de ne pas se donner assez de mal pour trouver du travail ou bien de ne pas prendre n'importe quel premier travail venu même si cela est éloigné de leur compétence initiale. Les conséquences d'un tel point de vue sont alors, parfois des sanctions financières pour les demandeurs d'emplois indemnisés ne manifestant pas suffisamment de zéle dans la recherche d'emploi, parfois la mise au travail des allocataires d'aide sociale comme c'est le cas aux Pays-Bas.

Tous les auteurs qui ont écrit sur cette question ne partagent pas bien sûr cette analyse. Pour certains (Sismondi, les socialistes ricardiens, les utopistes, Marx bien sûr mais aussi McCulloch pour n'en citer que quelques uns) le phénomène de pauvreté n'est pas une simple affaire de responsabilité individuelle, encore moins le résultat d'une politique sociale très généreuse. Quant aux solutions proposées pour sortir de cette paupérisation croissante, elles sont pour certaines d'entre elles d'une modernité incontestable.

4. DE LA REMISE EN CAUSE DU SYSTÈME ÉCONOMIQUE AUX SOLUTIONS COLLECTIVES

4.1. Les explications alternatives

Les analyses libérales, que ce soit celles portant sur les soit disant effets pervers ou celles sur les solutions à partager pour résoudre les questions de pauvreté sont d'emblée rejetées. Les arguments relèvent de trois ordres.

---

[5] Senior insiste sur les effets bénéfiques ou maléfiques des structures politiques (une absence de garantie de la propriété privée, la limitation de l'ascension sociale) ; voir aussi BASTIAT, (1850).

D'abord, ce n'est pas l'individu qui serait responsable de sa situation mais le système lui-même. Tout d'abord contre l'imprévoyance, Sismondi pense que les pauvres sont tout aussi prévoyants et attentifs aux revenus qu'ils perçoivent, et en aucun cas, s'en remettent volontairement à la charge de la société pour y pourvoir. Mais à la différence des riches, « *l'estimation de ce revenu ne dépend point d'eux, et chacune des classes supérieures de la société peut l'altérer ou le détruire sans même qu'ils en soient avertis. Le grand vice dans l'organisation sociale actuelle, c'est que le pauvre ne puisse jamais savoir sur quelle demande de travail il peut compter* » (SISMONDI, 1971). La grande industrie rend les ouvriers totalement dépendants et incapables de prévoir leurs revenus futurs, contrairement à ce qui se passait dans des structures artisanales.

Ensuite certains accusent les institutions dans la diffusion de mauvais comportements. Ainsi l'organisation du travail dans de grands ateliers ou dans des manufactures induit, selon Fix (1845) des comportements désordonnés (promiscuité, ivresse, débauche...). En l'absence de surveillance, « *le travailleur est livré à lui-même, ce qui n'était pas le propre du système des jurandes* ».

Enfin, la paupérisation du peuple tient enfin au système industriel qui crée une insécurité permanente mais aussi un appauvrissement en raison de la forte concurrence qui s'instaure entraînant une baisse des salaires et des niveaux de vie préoccupants. Chevalier accuse le système manufacturier d'être responsable de l'appauvrissement des ouvriers car le salaire résultant de l'affrontement entre des ouvriers de plus en plus nombreux devient insuffisant pour nourrir le travailleur et sa famille (voir aussi FOURIER, 1967 ; HODGSKIN, 1989 ; BRAY, 1968 ; MARX, 1996 ; CHERBULIEZ, 1853). Ces remarques et analyses tendent à minorer la responsabilité des pauvres dont le comportement imprévoyant serait la cause de leur propre malheur.

4.2. Des solutions collectives et positives

La responsabilité de l'état de pauvreté incombant au système, les solutions proposées ne peuvent que venir de l'État lui-même. Tout d'abord nous noterons l'idée d'un revenu minimum chez Fourier (1967) : « *Le premier droit, celui de récolte naturelle, usage des dons de la nature, liberté de chasse, pêche, cueillette, pâture, constitue le droit de se nourrir, de manger quand on a faim, ce droit est dénié en civilisation (...) puisqu'elle le dépouille du premier droit naturel, celui de la chasse, pêche, cueillette, pâture, elle lui doit une indemnité* »· Cette vision maximaliste est une exception dans un ensemble de propositions qui visent plutôt à maintenir le système de 1795. Cette solution est notamment retenue par le rédacteur en chef du *Morning Chronicle*, Black, puis par des auteurs socialistes comme Scrope, Hodgskin, et McCulloch. La position de McCulloch nous paraît d'autant plus intéressante que son jugement plutôt libéral en premier ressort a évolué progressivement vers un point de vue plus radical. Pour McCulloch le secours apporté aux pauvres invalides ne doit pas être refusé. C'est cependant sur la question des travailleurs valides que le point de vue est intéressant. La loi de 1834 avait pour but de les dissuader de demander secours. Or accorder des secours à des individus susceptibles de travailler mais livrés au chômage malgré eux, ne peut pas être considéré comme une incitation à la paresse et à l'indolence. C'est avant tout une mesure d'intérêt public. Il ne faut pas croire, pense McCulloch, que les pauvres sans travail demeurent passifs face à une situation qu'ils supportent douloureusement et qu'ils n'ont pas choisie : « *Il serait chimérique de s'imaginer que ceux qui ne possèdent rien se résigneront paisiblement à souffrir les horreurs du besoin sans attaquer la propriété d'autrui* » (MCCULLOCH, 1995).

Sur le plan individuel, une aide aux « sans-travail », conforte la dignité, l'indépendance, et l'intégrité car, plutôt que d'obtenir la vertu et la droiture à force de privations, on aboutirait à promouvoir des comportements symétriquement opposés. L'aide aurait plutôt comme but d'éviter l'amplification de comportements asociaux plus qu'elle ne favorise des comportements déviants et d'assistés. La démarche de McCulloch (1995) s'inscrit en faux contre l'opinion courante. Ce passage en est la preuve évidente : « *Il est inutile de parler d'indépendance d'un homme qui reçoit les dons de la charité, mais un individu entretenu par la taxe des pauvres ne peut, équitablement, être considéré sous le même point de vue. Cet individu reçoit simplement sa part d'un secours public dont l'État fait les frais (...) la fierté décente et l'indépendance du pauvre se conserveront plus vraisemblablement sous l'empire d'un pareil système, que si ce pauvre était obligé de compter sur la charité d'autrui* » Ces aides ne créent pas les effets pervers tant décriés plutôt, elles sont en fait une aide temporaire mais nécessaires pour raffermir la cohésion sociale et pour affirmer la solidarité d'un pays à l'égard d'une pauvreté provoquée par un système économique parfois incohérent. Il est évident que cette attitude assez progressiste fait le pendant aux mêmes critiques observées aujourd'hui à ceux qui voient dans le *workfare* une solution au chômage, et une incitation à l'acceptation d'un travail fut-il très faiblement rémunéré voire inutile. En fait si la notion de revenu d'existence n'a retenu que l'attention d'utopistes comme Fourrier, celle d'apporter un secours sans une contrepartie automatique est une alternative à une politique sociale libérale qui voit la solution au niveau individuel et non dans la mise en application d'une politique sociale digne de ce nom.

5. CONCLUSION

Deux siècles après *Speenhamland* le débat sur l'aide aux pauvres, sur l'aide aux chômeurs ne sort pas de cette opposition entre ceux qui voient dans les secours un moyen d'aggraver la situation et ceux qui voient dans l'aide un droit fourni par la société sans contrepartie en travail et sans que pèse une menace éventuelle sur le maintien de l'aide. Le débat ne sort pas non plus de cette opposition entre responsabilité individuelle et responsabilité collective. Les nombreuses réticences quant à l'évocation d'un revenu d'existence traduisent encore la permanence de la thèse de l'effet pervers chère à Hirschman. Le débat contemporain s'est toutefois enrichi car au-delà d'un débat qui opposerait les défenseurs d'un revenu minimum et ceux favorables à une gestion de la main-d'œuvre par un simple jeu du marché (voir Majnoni d'Intignano 1998) des positions nombreuses et contradictoires se sont exprimées notamment par la voix des libéraux conservateurs, des libéraux de gauche, des néokeynésiens ou des radicaux[6].

Alain Clément

BIBLIOGRAPHIE

ALRI J. (1996), *Vers un revenu minimum inconditionnel ?*, La revue du MAUSS, n°7.

BENTHAM J. *(1848), Outline of a Work Entitled Pauper Management Improved*, Londres, 1797, réédité dans Bowring, John (ed), *The Works of Jeremy Bentham*, 11 volumes, VIII.

BERAUD A. et FACCARELLO G. (édit.) (1992), *Nouvelle histoire de la pensée économique*, Paris, La découverte.

BOYER G.-R. *(1990), An Economic History of the English Poor Law, 1750-1850*, Cambridge, Cambridge University Press.

BRAY J. (1968), *Labour's Wrongs and Labour's Remedy*, 1839, réédition.

BRETON Y. et LUTFALLA M. (édit.) (1991), *L'économie politique en France au XIXème siècle*, Paris, Economica.

BURET E. (1840), *De la misère des classes laborieuses en France et en Angleterre : de la nature de la misère, de son existence, de ses effets, de ses causes*, Paris, Paulin.

BURKE E. (1893*), Thoughts and Details on Scarcity*, London, 1795, (s.e.) in *The Works of Edmund Burke*, Londres, George Bell & Sons, Volume 5.

CARRE J. (édit.) (1993), « Pauvreté et assistance en Europe à la fin du XVIIIème et au début du XIXe siècle », *Studies on Voltaire & the Eighteenth Century*, n° 311.

CARRE J. et REVAUGER J.-P. (édit.) *(1995), Écrire la pauvreté*, Paris, L'harmattan.

CASTEL R. *(1995), Les métamorphoses de la question sociale*, Paris, Fayard.

CASTEL R. (1996), « Débat sur le revenu minimum inconditionnel », in ALRIC J. *et al.* (1996), *Vers un revenu minimum inconditionnel*, La revue du MAUSS, n° 7.

CHALMERS Th. (1968*), On Political Economy*, Glasgow, William Collins, 1832, Reprint Augustus Mc Kelley, New York.

CHERBULIEZ A. (1853), « Taxe des pauvres » in *Dictionnaire de l'économie politique*, Paris, tome 2.

CHERBULIEZ A. (1853), « Paupérisme », in *Dictionnaire de l'économie politique*, Paris, tome 2.

CLEMENT A. (1998), *Nourrir le peuple : Entre État et marché (XVIème - XIXème siècles)*, Paris, L'Harmattan (à paraître).

---

[6] Les libéraux conservateurs veulent accentuer l'obligation de recherche d'emploi, et maintenir le minimum à un niveau très bas ; les libertaires exigent une allocation inconditionnelle d'un niveau suffisamment élevé ; les autres courants s'orientent plus vers un droit à l'emploi (contrat d'activité). Voir sur ce point les synthèses proposées par Coutrot (1998), Clerc (1996) et Gorz (1985).

DEFOE D. (1704), *Giving Alms no Charity and Employing the Poor,* Londres, 1704 (s.e.), Reprint, New-York, Johnson Reprint Corporation.

DE VILLERMÉ L. (1840), *Tableau de l'état physique et moral des ouvriers employés dans les manufactures de coton, de laine et de soie,* Paris, Renouard.

EDEN F. (1967), *The State of the Poor,* Fac similé, Londres, (1ère édition, 1797).

ENGELS F. (1973), *La situation de la classe laborieuse en Angleterre,* Paris, éditions sociales, (1ère édition 1845).

FIX Th. (1845), « Observations sur l'état des classes ouvrières », *JDE,* Paris, Guillaumin, vol. X et XII.

FOURIER CH. (1967), *La fausse industrie,* (1836), Rééd.

GARNIER J. (1846), « Position du problème de la misère », *JDE,* Paris, Guillaumin, vol. XV.

GEREMEK B. (1987), *La potence ou la pitié,* Paris, Gallimard.

GUTTON J.-P. *(1974), La société et les pauvres en Europe - XVIème-XVIIIème siècles,* Paris, Presses universitaires de France.

HIRSCHMAN A.-O. (1991), *Deux siècles de rhétorique réactionnaire,* Paris, Fayard.

HODGSKIN Th. (1989), *Labour Defended Against the Claims of Capital,* 1825, réédition.

LEVINE D. (édit.) (1984), *Policing the Early Modern Proletariat, 1450-1850,* New York, Academic Press.

LONGFIELD M. (1971), *Four Lectures on Poor Laws,* 1834, Dublin Reprint *The Economic Writtings of Mountifort Longfield,* A. Mc Kelley, New York.

MAJNONI B. (1998), *L'usine à chômeurs,* Paris, Plon.

MALTHUS T. R. (1980), *An Essay on the Principle of Population,* 1798, Londres, J. Johnson, Paris, INED

MALTHUS T. R. (1986) (1), *An Essay on the Principle of Population,* 1803, Londres, J. Johnson, Reprint, in Wrigley Edward Anthony & William Pickering (ed), *The Works of Thomas Robert Malthus,* Londres, 8 volumes, volumes 2 & 3.

MALTHUS T. R. (1986) (2), Principles *of Political Economy,* 1820, Londo J. Murray, Reprint in *The Works of T. R. Malthus,* V & VI.

DE MANDEVILLE B. (1924), *The Fable of Bees: or, Private Vices, Publick Benefits,* 1714, 2ème édition, Reprint F.B. Kaye, 1924, Oxford, Clarendon Press.

McCULLOCH J.R. (1995), *Collected works,* D.P. O'Brien (ed)

MARX K. (1996), *Les manuscrits de 1844,* Paris, Garnier Flammarion, réédition.

MILL J.-S. (1965), *Principles of Political Economy with Some of Their Applications of Social Philosophy,* Londres, 1848, rééd J. Robson.

PAUGAM S. (dir.) (1996), *L'exclusion : l'état des savoirs*, Paris, La découverte.

POLANYI K. (1983), *La grande transformation,* Paris, Gallimard.

POYNTER J.-R. (1969), *Society and Pauperism English Ideas on Poor Relief 1795-1834,* Londres, Routledge.

PROCACCI G. (1993), *Gouverner la misère,* Paris, Le Seuil.

RICARDO D. (1951-1955), *The Works and Correspondence,* ed by P. Sraffa, 10 vol, Cambridge, Cambridge University Press.

SASSIER Ph. (1990), *Du bon usage des pauvres,* Paris, Fayard.

SAY J.-B. (1972), *Traité d'économie politique,* Paris, 1803, réédition.

SISMONDI J.-Ch.-L. (1971), *Nouveaux principes d'économie politique*, 1ère édition Delaunay, Paris, 1819, réédition Paris, Calmann-Levy.

SENIOR N. (1965), *An Outline of the Science of Political Economy,* London, 1836, réédition Mc Kelley.

SMITH A. (1976/78), *The Glasgow Edition of the Works and Correspondence of Adam Smith,* R.L. Meek, D.D. Raphael & P.G. Stein (ed), 8 vol, Oxford, Oxford University Press.

THOMPSON E.-P. (1988), *La formation de la classe ouvrière anglaise,* Paris, Gallimard/Le Seuil.

TOWNSEND J.-A (1971), *Dissertation On The Poor Laws,* 1ère édition Londres, 1786, Reprint Berkeley, University of California Press.

VAN PARIJS *et al.* (1985), « L'allocation universelle », *La revue nouvelle,* n° 4.

Sélectivité et compensation en Sécurité sociale : éléments pour une interprétation normative

Dominique Greiner et Geert Demuijnck, (CRESGE-LABORES et Centre d'éthique contemporaine - Université catholique de Lille)

1. INTRODUCTION

Le débat sur la sélectivité des prestations sociales oppose traditionnellement les « universalistes », favorables au versement de prestations sans condition de ressources et les tenants du ciblage qui au contraire argumentent en faveur de l'instauration d'une telle condition. Ce débat a trouvé une nouvelle actualité avec le renforcement de la sélectivité dans l'accès aux prestations sociales. Selon les pays et les systèmes, on observe d'une part la mise en place de contrôles plus stricts des situations individuelles concernant les ressources et les besoins réels, et d'autre part un resserrement des conditions contributives.

Ce renforcement de la sélectivité peut être justifié par au moins deux types d'arguments. Le premier consiste à dire que la sélectivité donne une plus grande efficacité aux dépenses sociales, dans la poursuite d'un objectif comme la lutte contre la pauvreté. Le second, qui n'est pas délié du précédent, insiste sur les objectifs de justice sociale : une plus grande sélectivité oriente les prestations vers ceux qui en ont le plus besoin et contribue à une plus grande justice. Mais quelle que soit la justification avancée et son fondement, se pose la question de la pertinence économique et morale des critères mis en œuvre dans le processus de sélectivité. L'objet de notre contribution est de préciser les termes du débat et de poser quelques jalons pour clarifier les enjeux normatifs relatifs à la sélectivité.

La section 2 apporte quelques précisions conceptuelles au sujet de la sélectivité. La section 3 aborde la question des sources de l'inégalité. Nous montrons que les modalités de prise en charge de ces inégalités sont contraintes par la perception qu'en ont les gens d'un point de vue intuitif. Sur cette base, nous présentons un essai de typologie des critères de sélectivité en œuvre dans les systèmes de Sécurité sociale. La section 4 discute ensuite une série d'arguments positifs et normatifs avancés dans le débat économique sur la sélectivité. La section 5 dit les limites de ce débat en évoquant le problème non résolu de la compensation du handicap et seulement du handicap. La section 6 reprend en guise de conclusion les principaux acquis de la discussion.

2. SÉLECTIVITÉ ET CIBLAGE

Les essais de classification des prestations sociales sont pour la plupart du temps établis sur des oppositions simples : prestations d'assurance *vs* prestations d'assistance, prestations contributives *vs* prestations non contributives, prestations inconditionnelles *vs* prestations ciblées. Ces diverses oppositions ne se recouvrent pas nécessairement. Elles mettent l'accent soit sur la logique fondamentale qui sous-tend au fonctionnement des systèmes (assurance *vs* assistance), soit sur les modalités de financement des prestations (contributives ou non), soit encore sur les objectifs de la politique sociale (redistribution verticale ou non). Traiter de la sélectivité des prestations sociales oblige certainement à aborder conjointement ces divers aspects sans toutefois s'y laisser enfermer. C'est pourquoi nous commençons par trois remarques conceptuelles autour de la sélectivité et de ses modalités.

La première remarque est tout à fait triviale : toutes les prestations sociales sont soumises à des conditions. Mis à part le cas exotique de l'Alaska souvent cité dans le débat sur l'instauration d'un revenu minimum, il n'existe nulle part une prestation dite universelle au sens où elle serait versée inconditionnellement à tous les résidents ou tous les nationaux[1]. Les prestations versées par des systèmes dits universels sont toujours conditionnelles : l'accès aux prestations d'un système d'assurance-maladie universel suppose que le demandeur ait des problèmes de santé. La difficulté est précisément d'apprécier le rôle des diverses conditions dans le processus de redistribution, à commencer par exemple par l'appréciation de l'état de santé.

La deuxième remarque porte sur la notion de sélectivité en Sécurité sociale. Dans son acception la plus répandue, la notion de sélectivité renvoie à la présence de conditions de ressources : sont sélectives les prestations versées sous une telle condition. MATH (1996) propose une définition plus large de la sélectivité des prestations : « *Une prestation est sélective si la décision d'octroi dépend du niveau de ressources ou bien si le montant de la prestation en dépend* ». Le critère à retenir selon lui est la prise en compte des ressources dans l'accès ou le calcul des prestations. Cette extension de la notion de sélectivité a par ailleurs l'avantage de ne pas préjuger sur la nature sélective ou non des prestations versées par les systèmes d'assurance sociale : bien que fondées sur une logique contributive, elles ne sont pas toujours sélectives si le montant des ressources ne sert pas de référence dans le calcul du montant de la prestation. Sur la base de cette définition, MATH suivant une proposition d'ATKINSON (1989), établit une typologie des prestations en trois groupes :

---

[1] Grâce à la rente pétrolière, tous les habitants, des nouveau-nés aux vieux, reçoivent un chèque annuel (1 130, 68 dollars en 1996).

- les prestations sans condition de ressources, c'est-à-dire celles dont l'octroi et le mode de calcul reposent sur d'autres critères que le revenu ;
- les prestations dont le montant est modulé selon le niveau de ressources ;
- les prestations dont l'octroi dépend du niveau de ressources.

MATH (1996) reconnaît cependant qu'une telle typologie n'est pas entièrement satisfaisante dans la mesure où *« elle aboutit, d'une part, à distinguer des prestations très similaires dans leur mode d'attribution et d'autre part, à ranger dans la même catégorie des prestations fort différentes »* (MATH, 1996). Par exemple, il est clair que d'un point de vue empirique, la distinction entre prestations versées avec ou sans condition de ressources perd de sa pertinence si le critère de ressources est peu discriminant (plafond élevé).

La troisième remarque porte sur la distinction que l'on peut faire entre sélectivité et ciblage. La notion de ciblage est parfois utilisée avec une connotation plus extensive que celle de sélectivité. La COMMISSION EUROPÉENNE (1996) dans son rapport sur la protection sociale note à ce sujet : *« Bien qu'elle soit souvent utilisée (parfois comme euphémisme) pour désigner les régimes assortis de conditions de ressources, la notion de ciblage est beaucoup plus large et recouvre également les efforts visant à fournir une aide adéquate à des groupes spécifiques (comme les malades mentaux, les handicapés lourds ou les parents isolés) et à répondre à des besoins particuliers (comme le logement), en dehors de la liaison entre l'assistance et le niveau de revenu »*. Les critères de sélectivité – au sens de la définition de MATH – contribuent certainement à définir des populations-cibles, mais le ciblage peut se faire sur d'autres critères que le revenu. Ainsi une soupe populaire est certainement une mesure ciblée mais non pas sélective du moment où on ne procède à aucun test sur les ressources des demandeurs (SPICKER, 1998).

Quoi qu'il en soit de ces discussions conceptuelles, nous utiliserons dans la suite de l'exposé le terme générique de sélectivité dans son extension la plus large.

3. LA SÉCURITÉ SOCIALE FACE À LA MALCHANCE ET AUX INÉGALITÉS

La réduction des inégalités est certainement un des objectifs de la politique sociale. Nous faisons ici l'hypothèse que c'est effectivement un objectif important des systèmes de Sécurité sociale, sans préjuger de la poursuite d'autres objectifs. Cet objectif de réduction des inégalités peut cependant se décliner de deux manières, selon la nature des inégalités que l'on veut réduire : une redistribution verticale (des riches vers les pauvres) ou une redistribution horizontale (des célibataires et couples sans enfant vers les familles, des bien-portants vers les malades, des actifs vers les inactifs).

Les réponses institutionnelles ne sont pas déliées de la compréhension qu'ont les gens des inégalités observables. Il faut tenir compte de la psychologie morale, c'est-à-dire de ce que les gens croient au sujet de la justice et donc sur la façon de traiter les situations d'inégalités. Or les inégalités peuvent avoir des sources différentes que la psychologie morale traite de façon différente.

3.1. Les sources d'inégalités

La psychologie morale invite à faire une distinction entre les inégalités générées par la malchance et les inégalités issues de la répartition primaire des revenus. Les gens ont en effet des croyances au sujet de la justice qui appellent éventuellement la mise en œuvre de principes redistributifs. Ces croyances, qu'elles soient vraies ou fausses, sont socialement importantes dans la mesure où elles conditionnent l'appui politique que les gens voudront bien donner aux institutions chargées de la redistribution.

3.1.1. La malchance

Une première source d'inégalité est la malchance. Ce terme désigne l'effet de facteurs qui influent sur la vie des individus mais qui ne ressortent ni de la responsabilité des gens ni de celle de la structure de société. C'est par exemple le cas des personnes qui naissent handicapées ou qui le deviennent dans le cours de leur existence. Aucune responsabilité ne peut être imputée aux individus concernés, pas plus qu'à la société dans son ensemble.

Ceci ne veut pas dire que la société se désintéresse du sort des malchanceux. La psychologie morale ne fait pas obstacle à la mise en œuvre d'un système de compensation en leur faveur, du moins s'il peut être établi qu'ils ne sont pas responsables de leur état. Pour autant, ceci ne préjuge pas du type de prestations que les gens peuvent accepter. Il peut s'agir d'un système de redistribution pure en faveur des individus touchés par cette malchance (prestation en faveur des handicapés) ou d'un système d'assurance (prestation dépendance par exemple). Mais le problème de l'inégalité n'est pas nécessairement réglé. Comme le note NAGEL (1994) *« du point de vue de l'égalité sociale, le problème principal est celui du traitement de ces inégalités quand cette malchance individuelle frappe des personnes appartenant à différentes classes économiques »*.

3.1.2. Les inégalités socio-économiques

La malchance peut frapper différemment des personnes appartenant à des classes socio-économiques différentes. C'est dire qu'il existe d'autres sources d'inégalités que la malchance. Du point de vue des intuitions morales, ces inégalités ne sont pas toutes perçues de la même manière que la malchance. NAGEL (1994) décrit de façon assez générale le regard que porte la psychologie morale sur ces sources d'inégalités que sont la discrimination, l'origine sociale, le talent, et l'effort[2].

D'une manière générale, les sociétés contemporaines développées n'admettent plus les inégalités basées sur une discrimination (raciale ou sexuelle par exemple). Même ceux qui pourraient tirer avantage d'une telle discrimination partagent cette intuition (les hommes blancs par exemple). Il en est autrement des inégalités basées sur les origines sociales, alors même que les démocraties occidentales ont le souci d'égaliser les chances de départ (par exemple en garantissant un libre accès à l'enseignement supérieur pour tous). La légitimité reconnue à l'institution de l'héritage illustre ce point. Ceux qui héritent, et plus généralement ceux qui tirent avantage de leur condition sociale, ne se sentent pas forcément gênés, pas plus qu'ils ne font l'objet d'une condamnation morale généralisée. De même, la psychologie morale accepte largement les inégalités qui résultent d'une exploitation des talents différenciés et celles qui ont pour origine une différence d'effort entre les gens dotés des mêmes talents[3].

Les jugements intuitifs sur la légitimité des inégalités varient donc selon les causes de ces inégalités, et non pas forcément selon le degré de responsabilité qui peut être imputé aux individus dans la situation qui est la leur. Il est clair que les gens ne sont pas plus responsables de leur origine sociale et de leurs talents (ou de leurs handicaps) que de leur race ou de leur sexe. Seul l'effort (et encore) semble être sous le contrôle de l'individu. En fait ne sont unanimement rejetées, note NAGEL, que les causes de l'inégalité qui sont clairement extérieures à l'individu. C'est le cas de la malchance, mais aussi de la discrimination raciale : elle est tout à fait extérieure à l'individu qui en est victime. L'origine sociale et le talent sont moins externes à l'individu. La classe sociale est transmise par la famille, elle est liée à la naissance et donc à des relations intimes entre des individus. L'inégalité qui en résulte n'est pas délibérément imposée de l'extérieur. Le talent est quant à lui inné :

---

[2] Ces causes ne sont pas tout à fait indépendantes les unes des autres. On suppose cependant ici qu'on peut les distinguer, sans entrer plus avant dans la discussion.

[3] Il existe bien sûr des variations significatives entre classes sociales au sujet de l'appréciation de la légitimité des inégalités basées sur l'héritage, l'effort ou le talent. Toutefois, nous nous référons ici à la description très générale que fait NAGEL des intuitions largement partagées dans les sociétés occidentales. Les enquêtes qui essaient de mettre en évidence d'un point de vue empirique les différences entre groupes socio-économiques, confirment aussi le large consensus que décrit NAGEL. Ainsi, dans une étude sur l'appréciation du mérite des écarts des salaires en Belgique, BOUCKAERT (1990) révèle qu'il existe un consensus largement partagé par tous les groupes sociaux en faveur d'une plus grande égalisation, mais qu'il y a aussi un consensus moral pour respecter la hiérarchie existante entre les salaires. Les autres attitudes par rapport aux inégalités dues aux écarts de talent, d'effort, etc. y sont également confirmées (BOUCKAERT et al., 1990 ; cf. aussi OVERLAET et LAGROU 1981). Pour une approche expérimentale, cf. SCHOKKAERT et LAGROU 1983). Voir aussi le plus récent survey de TÖRNBLOM, 1992. Pour un débat normatif sur l'héritage, qui par ailleurs souligne la forte résistance du public à une taxation trop élevée, voir ERREYGERS et VANDEVELDE 1997.

l'inégalité générée par une exploitation de talents n'est pas le résultat d'une position sociale, mais résulte de ce que l'individu est lui-même (NAGEL, 1994).

3.2. Sécurité sociale et inégalités

La Sécurité sociale a un champ d'intervention limité à certaines formes de malchances ou d'inégalités. Son domaine est celui des risques sociaux, les risques qui affectent directement les capacités de gains des individus et que la société accepte de prendre en charge. En premier chef, on trouve parmi eux la vieillesse invalidante et la maladie.

La psychologie morale, telle que nous l'avons esquissée de façon schématique, reconnaît la légitimité d'une intervention sociale en faveur des populations affectées par ces risques, pour lesquels il est assez facile de faire la preuve de la non-responsabilité individuelle (maladie, handicap...) ou de l'imputer au fonctionnement de la structure sociale (accident du travail, chômage). Dans ces divers cas de figure, nous nous situons dans une perspective de redistribution horizontale. Mais les objectifs des programmes de Sécurité sociale sont plus larges et intègrent des perspectives de redistribution verticale. Preuve en est l'existence de conditions de ressources.

3.2.1. Trois principes distributifs

On peut en fait repérer trois principes ou critères sur lesquels repose la redistribution des systèmes de Sécurité sociale : la contribution, les besoins, le désavantage. Ces trois principes renvoient aux objectifs que peuvent poursuivre les systèmes de Sécurité sociale et que l'on peut rapidement résumer ainsi : maximisation du bien-être social, lutte contre la pauvreté (égalisation des résultats), réduction des inégalités (égalisation des ressources internes). Les systèmes de Sécurité sociale peuvent faire jouer conjointement plusieurs principes selon la nature des prestations versées ou pour une même prestation. Nous illustrons ce point à partir du schéma 1.

Schéma 1
Les trois principes distributifs du système de Sécurité sociale

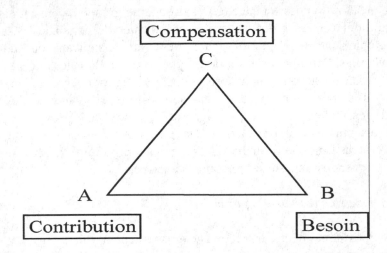

Les pointes du triangle correspondent aux trois principes distributifs :

- À chacun selon sa contribution (A) : certaines prestations sont versées sous condition que le demandeur puisse justifier d'une contribution antérieure. C'est notamment le cas des revenus de remplacement versés par les systèmes d'assurance sociale (en cas de chômage, de maladie). Ces prestations sont versées à la condition de pouvoir justifier du versement antérieur de contributions. Cette logique est poussée à son comble dans les systèmes d'assurance actuarielle ou de capitalisation où l'équivalence est stricte (à un taux de chargement près) entre contributions versées et prestations espérées. Dans un tel fonctionnement, il n'y a pas de redistribution ex ante entre individus : il y a seulement redistribution ex post par exemple entre ceux qui sont tombés malades et ceux qui sont restés en bonne santé, entre ceux qui ont perdu leur emploi et ceux qui l'ont conservé[4].

- À chacun selon ses besoins (B) : ces prestations ne sont plus versées sur base d'une contribution antérieure, mais en en fonction des besoins. Ces prestations non contributives sont généralement établies sur la base d'une évaluation sociale de ce que sont les ressources minimales pour que quelqu'un puisse subsister. Les

---

[4] Cependant, la logique contributive ne se réduit pas forcément au système actuariel et n'exclut donc pas la présence d'effets redistributifs ex ante. C'est par exemple le cas quand obligation est faite à tous les actifs de cotiser au même taux : il y a de fait une redistribution ex ante entre classes de risque. Mais cette redistribution ne se fait qu'entre gens qui contribuent : la circonscription de la solidarité est limitée, souvent à ceux qui exercent une activité professionnelle.

conditions de ressources interviennent ici pour tester l'adéquation entre les ressources d'un individu et ses besoins en fonction de sa situation.

- À chacun selon son désavantage (C) : le troisième groupe de prestations regroupe celles qui sont versées à des catégories spécifiques de personnes désavantagées, par exemple par ce qu'elles supportent un handicap ou des charges exceptionnelles. Pourraient relever de ce type de prestations les allocations versées en faveur des personnes handicapées ou dépendantes ou encore en faveur des chômeurs de longue durée qui ont épuisé leurs droits à l'assurance, dès lors que le niveau de ressources n'entre pas en ligne de compte. Dans ce type de prestations, l'accent est mis sur l'appréciation des ressources internes ou des capacités productives de l'individu, tandis que pour les prestations versées sur base des besoins, l'accent est mis sur les ressources externes.

3.2.2. La mise en œuvre de ces principes

Ces principes sont théoriques et existent rarement à l'état pur. Les modalités d'accès aux prestations sont le plus souvent une combinaison de plusieurs critères. Ce faisant, le niveau de ciblage s'affine et le degré de sélectivité devient plus fort. Du même coup, ceci accentue la redistribution verticale.

Les combinaisons peuvent être diverses : sur le segment BC de notre triangle, on trouve les prestations non contributives qui associent appartenance catégorielle et condition de ressources. Il ne suffit pas d'être handicapé : il faut aussi faire preuve de son manque de ressources. Sur le segment AB, on trouvera des prestations non contributives, mais dont l'accès est soumis à l'une ou l'autre forme de contribution, pas nécessairement financière, mais par exemple sous forme d'un effort. Les programmes de *workfare* relèvent de cette logique.

La position d'une prestation peut évoluer dans le temps. C'est par exemple le cas des prestations familiales en France. À l'origine, les allocations familiales pouvaient être rangées parmi les prestations contributives : elles étaient d'abord accessibles aux seuls salariés, puis à tous les chefs de famille exerçant une activité professionnelle. En 1978, l'accès aux prestations est généralisé : toute la population résidente a désormais droit aux prestations familiales sans avoir à faire valoir de critère d'activité. On passe ainsi d'un programme de type contributif (point A) à un programme non contributif fondé sur une conception catégorielle : ont désormais droit aux prestations tous les chefs de famille ayant des enfants à charge, quelles que soient les ressources de la famille (point C). Mais depuis le début de l'année 1998, mais de façon provisoire, l'accès aux prestations familiales est soumis à une condition de ressources : elles sont maintenant réservées aux ménages ayant des revenus modestes ou moyens. Avec cette évolution des conditions, on passe du pôle de la compensation à celui du besoin (point B), en écartant les plus hauts revenus du bénéfice des prestations familiales[5].

4. LA PERTINENCE ÉTHIQUE DES ARGUMENTS ÉCONOMIQUES

Jusqu'à présent, nous avons considéré la psychologie morale sous l'angle de la faisabilité d'une politique qui vise à réduire l'inégalité : bien que changeante avec le temps, la psychologie morale contraint les orientations de la politique sociale. Mais s'il est nécessaire que des institutions n'aillent pas à l'encontre des intuitions morales dominantes, la prise en compte de ces seules intuitions n'est pas satisfaisante d'un point de vue normatif.

D'un point de vue éthique, elles sont peut-être fondées. Peut-être ne le sont-elles pas. Notre propos ici n'est pas d'aborder la discussion méta-éthique sur la relation entre les intuitions largement partagées et le caractère bien fondé des principes éthiques qui les sous-tendent, ni le débat éthique sur l'inégalité. En revanche, nous voulons nous concentrer sur les arguments « économiques » pour ou contre la sélectivité. Ces arguments n'ont pas nécessairement de prétention normative, mais ils peuvent néanmoins être interprétés sous un angle normatif. Nous examinons successivement les principaux arguments avancés pour puis contre la sélectivité.

4.1. Arguments en faveur d'un système sélectif

Deux classes d'arguments en faveur de la sélectivité peuvent être repérées : un programme sélectif serait plus efficace au regard de l'objectif de réduction des inégalités ; un système sélectif serait à même de réduire le risque moral.

4.1.1. L'efficacité dans la réduction des inégalités

Le principal argument évoqué en faveur de la sélectivité est celui de l'efficacité dans la lutte contre les inégalités. C'est supposer que la protection sociale poursuit en premier lieu un objectif de redistribution verticale. Autrement dit, à budget social donné, la sélectivité permet d'améliorer la performance des transferts sociaux en termes d'amélioration de la situation des plus défavorisés. Ce programme économique peut aussi s'exprimer sous sa forme duale : obtenir les mêmes performances en termes de lutte contre la pauvreté avec un budget social moindre.

---

[5] Ces dernières années, plusieurs pays ont placé les allocations familiales sous condition de ressources : l'Espagne (1991), la Grèce et l'Italie (1995), le Portugal (1996). En Allemagne, la condition de ressources pour les allocations familiales a été supprimée depuis 1996.

Dans une perspective d'équilibre partiel, ces deux programmes sont effectivement identiques. Il en est cependant autrement dans une perspective d'équilibre général. Le propos de A. LEPLÈGE et E. PICAVET au sujet des dépenses de santé peut être étendu à l'ensemble du budget social : « *Si l'on raisonne à budget donné, en supposant que les arbitrages politiques nécessaires ont déjà été effectués, la notion de contrainte a un sens clair au point de vue économique : elle renvoie à la nécessité de trouver une allocation satisfaisante des ressources pour une enveloppe globale donnée. Mais cette clarté a un revers. On s'intéresse dans ce cas à un problème partiel, qui ne permet pas de donner ses vraies dimensions à la question de l'efficacité sociale des dépenses de santé, de sorte que nous ne devrons à nouveau poser cette question dans un contexte plus large* » (LEPÈGLE et PICAVET, 1997). Si un programme est plus sélectif, se pose la question suivante : qui en fin de compte va bénéficier des économies réalisées ? Est-on sur des résultats finaux en termes de réduction des inégalités ?

Dans le cadre d'un d'équilibre partiel, la question est maintenant de savoir vers qui et comment orienter les prestations étant donné l'objectif de réduction de la pauvreté (des inégalités). Dans une perspective welfariste (maximisation du bien-être social), les transferts doivent être orientés de façon à obtenir le plus grand avantage possible en termes de bien-être social. L'hypothèse d'utilité marginale décroissante du revenu conduit à orienter les transferts vers les populations ayant les revenus les plus faibles. La sélectivité sur la base des conditions de ressources contribue ainsi à augmenter le niveau de bien-être social. L'argument permet aussi de justifier un renforcement de la sélectivité sur la base des ressources quand la contrainte budgétaire est plus serrée : si l'on veut maximiser le bien-être social alors qu'il y a moins à redistribuer, alors il est économiquement rationnel de réserver les transferts aux plus faibles revenus. D'un point de vue normatif, cette règle d'allocation welfariste est sujette à critique à cause du lien qu'elle présuppose entre utilité et revenu. Il n'est pas sûr que le revenu soit un bon indicateur du bien-être individuel et donc qu'il faille nécessairement privilégier les individus les plus pauvres en termes de ressources externes. Nous reviendrons sur ce point dans la section 5 lorsque nous aborderons la question de la compensation.

4.1.2. Sélectivité et risque moral

L'argument précédent est lié à l'objectif de redistribution verticale que l'on peut supposer faire partie de ceux de la Sécurité sociale. La sélectivité peut cependant être justifiée sans qu'il soit nécessaire de faire cette hypothèse sur les objectifs de la redistribution.

L'argument central consiste à dire que la sélectivité doit permettre de réduire le risque moral. La sélectivité doit dissuader les gens de demander des prestations. Les conditions d'accès servent à augmenter le coût d'accès aux prestations en obligeant les gens à s'engager dans des procédures plus ou moins stigmatisantes (visite médicale pour accéder à des prestations d'invalidité), à subir des contrôles sur leur situation réelle (pointage régulier des chômeurs), à exiger d'eux des contreparties (recherche active d'emploi pour les chômeurs)... Dans cette logique de dissuasion, il s'agit d'éviter que les gens ne bénéficient de prestations auxquelles leur situation ne donne pas droit, mais plus fondamentalement, il s'agit aussi d'inciter les gens à sortir de leur situation présente. C'est supposer que les gens sont pour partie responsables de leur situation.

Cette justification a une dimension morale ou normative : elle suppose qu'il est préférable pour les individus (ou pour la société dans son ensemble) qu'ils prennent eux-mêmes en charge leur destin, plutôt que de dépendre des prestations versées par le système de Sécurité sociale. La sélectivité n'est donc pas que l'expression d'un pragmatisme sur le plan social (contrôler les dépenses sociales). Implicitement, elle révèle aussi une conception de ce qu'est la vie bonne : une vie autonome, tout au moins sur le plan financier. Mais une trop grande sévérité des critères d'accès pour réduire le risque moral peut avoir pour effet d'exclure de la prise en charge des populations en situation de besoins.

4.2. Arguments contre la sélectivité des systèmes

L'argumentation contradictoire critique davantage les limites de la sélectivité, plus qu'elle ne défend vraiment la mise en place d'un système non sélectif. Ces arguments portent sur l'inefficacité de la sélectivité : elle désincite au travail, elle est stigmatisante et elle sélectionne de façon partiellement adverse. À ces trois arguments de nature économique s'ajoute un argument de faisabilité politique.

4.2.1. Réduire les désincitations au travail

Les partisans de la sélectivité veulent limiter le risque moral en renforçant les conditions d'accès aux prestations. Les universalistes estiment quant à eux qu'un système non sélectif permettrait de réduire les effets désincitatifs des prestations. Les conditions de ressources ont pour effet de générer des distorsions dans les taux de taxation implicite (jusqu'à 100 %) qui sont de nature à désinciter les individus ayant de faibles ressources à se présenter sur le marché du travail. La mise en place d'un système non sélectif réglerait le problème (normatif) de l'inéquité fiscale et devrait inciter les gens à sortir du piège de la pauvreté.

4.2.2. Éliminer la stigmatisation

Le processus de sélectivité exige que l'on recueille des informations sur la situation réelle des demandeurs. Cette procédure peut être très invasive sur la vie personnelle des demandeurs et peut avoir un effet stigmatisant pour les individus de sorte que ceux-ci peuvent préférer renoncer à faire valoir leurs droits. Dans le même temps, l'information recueillie, parfois à un coût élevé, peut ne pas être traitée de façon pertinente par les gestionnaires des prestations. L'effet conjugué de ces éléments est un faible taux de prise en charge des individus qui pourraient pourtant prétendre aux prestations : en fin de compte, la sélectivité ne règle pas le problème de la prise en charge des individus qui ont vraiment besoin d'une aide.

La non-sélectivité aurait pour avantage de supprimer la stigmatisation avec ce qu'elle comporte de coût psychologique pour les individus et de régler le problème du faible *take-up* souvent observé, notamment avec les prestations versées sous conditions de ressources (*cf.* BLUNDELL *et al.* 1988 ; DUCLOS, 1997).

4.2.3. *Le paradoxe du ciblage*

L'argument précédent a déjà mis en exergue l'inefficacité du ciblage dans la réduction de la pauvreté. Un autre argument développé par KEEN (1992) va dans le même sens. Il pose le problème de l'hétérogénéité des groupes cibles de la politique sociale : une même ligne de pauvreté est fixée pour tous les groupes sociaux, alors que ceux-ci n'ont pas nécessairement les mêmes besoins. Mais si l'on veut prendre en compte l'hétérogénéité des populations, on aboutit à ce que Keen appelle « le paradoxe du ciblage » et qui se résume ainsi : si l'objectif de la politique sociale est de réduire le taux de pauvreté, il peut être plus optimal de réduire les prestations des groupes des plus défavorisés pour améliorer la situation des groupes un peu moins défavorisés. On peut illustrer ce point en reprenant l'exemple proposé par Keen.

On suppose trois individus (i = 1, 2, 3). Les individus 1 et 2 forment le groupe A (revenu de 81 avant transferts) et l'individu 3 le groupe B plus pauvre (revenu de 61 avant transferts). Le budget alloué à la lutte contre la pauvreté est au plus de 40. Deux cas de figure peuvent être alors retenus :

- le seuil de pauvreté est le même pour les deux groupes A et B : 100 ;
- le seuil de pauvreté est de 110 pour A et de 100 pour B.

Si l'objectif est de réduire le taux de pauvreté, la meilleure stratégie consiste dans le premier cas de figure à allouer 20 à chacun des individus du groupe A et 0 à B. Le nombre de pauvres passe de 3 à 1. Dans le second cas de figure, la meilleure stratégie est de transférer 40 à B et 0 à A.

	Groupe social		
	groupe A : LP* = 100		groupe B : LP = 100
ressources	individu 1	individu 2	individu 3
avant transferts	81	81	61
+ transferts	20	20	0
après transferts	101	101	61

	Groupe social		
	groupe A : LP = 110		groupe B : LP = 100
Ressources	individu 1	individu 2	individu 3
avant transferts	81	81	61
+ transferts	0	0	40
après transferts	81	81	101

* LP : ligne de pauvreté.

Le paradoxe du ciblage apparaît clairement. La définition d'une ligne de pauvreté unique, qui ne tiendrait donc pas compte de la différentiation des besoins entre groupes sociaux, conduit à exclure les populations ayant les besoins les plus importants du système de transferts. Ceci s'explique par le fait qu'un franc dépensé dans la lutte contre la pauvreté est plus efficace s'il est destiné à ceux dont les besoins sont relativement bas. En fin de compte, conclut KEEN, un ciblage efficace risque d'être sans pitié pour les plus nécessiteux.

4.3. La faisabilité politique

Les arguments contre la sélectivité sont sérieux mais se heurtent certainement à la psychologie morale : les gens ne sont prêts à considérer comme légitimes le versement de prestations que si les demandeurs peuvent être dégagés de tout soupçon de responsabilité. Cette contrainte morale renvoie tout droit à la question de la faisabilité politique[6]. Ce qui semble indiquer qu'un système absolument non sélectif ne serait pas viable.

---

[6] Cet argument n'est pas d'ordre normatif en soi : il est en effet possible qu'un système sélectif soit à tout point de vue (y compris le point de vue moral) meilleur qu'un système universel. Pour autant, ceci ne signifie pas qu'il serait politiquement viable. De facto, le manque de motivation morale de la population impose une contrainte au discours normatif.

Pour ATKINSON (1995), un système universel devrait bénéficier d'un soutien politique fort dans la mesure où la plus grande partie de la population est susceptible d'en « profiter ». Les résultats des études empiriques semblent aller effectivement dans ce sens[7]. Autrement dit, un système trop sélectif ne serait pas viable non plus.

Ces résultats peuvent être interprétés à la lumière de ce que nous avons dit des intuitions morales communément partagées. Celles-ci n'appuient pas franchement la redistribution verticale (les inégalités dues aux différences de talents sont acceptées...). Cependant malgré la suspicion à l'égard des demandeurs, la redistribution verticale reste moralement défendable. On comprend alors mieux la configuration des systèmes actuels de Sécurité sociale : le mélange d'objectifs de redistribution horizontale bien soutenue politiquement (tout le monde est susceptible de bénéficier des prestations) et d'objectifs de redistribution verticale (tout le monde ne touche pas la même chose) reflète cette tension. Les programmes qui ont explicitement pour objet la lutte contre la grande pauvreté doivent afficher des conditions d'accès restrictives pour obtenir un soutien politique. Ce sont effectivement ces programmes qui sont au centre du débat sur la sélectivité et qu'affectent le renforcement des conditions d'accès, comme s'ils devaient retrouver une légitimité perdue ou affaiblie.

5. UN PROBLÈME NON RÉSOLU : LA COMPENSATION

Nous voudrions maintenant élargir la réflexion en revenant à une réflexion normative, c'est-à-dire qui ne tienne pas compte des contraintes de la psychologie morale. Cette démarche se justifie dans la mesure où il est possible que les gens se trompent au sujet de ce qui est juste. Par exemple, même si une majorité de gens le croit, il n'est pas sûr d'un point de vue normatif que l'institution de l'héritage soit juste.

Il semble clair au terme de notre parcours qu'un système de Sécurité sociale qui a pour souci la justice sociale, ne peut se limiter à une approche fondée sur l'idée de contribution. Non qu'une solidarité ex post (comme dans un système d'assurance) ne soit pas pertinente moralement, mais elle ne règle pas le problème central de la compensation : ceux qui n'auraient jamais contribué (par exemple les personnes

---

[7] *« In addition, and potentialy fatally for the anti-poverty programme, a transition from a universal to a narrowly targeted programme may seriously erode its political support base. As Gesbach and Pritchett (1995) show, a classical social choice theory model, in which agents vote simultaneously over the level of taxation ant the degree of targeting, will have no equilibria with positive levels of targeted transfers and a voting equilibrium will exist with no targeting (but non-zero taxation and redistribution). Then they show that in a game in which the policymaker chooses the degreee of targeting while voters chose the level of taxation, the redistributive efficiency from targeting may well fail to outweigh the resulting reduction in funds available for redistribution. They cite empirical examples from food subsidy programmes in Sri lanka and Colombia to indicate that episodes of increased targeting have been followed by reductions in overall benefits »* (BARDHAN, 1996).

fortement handicapées) ne se verraient reconnaître aucun droit. Les arguments échangés, qu'ils soient contre ou pour la sélectivité n'apportent pas de réponse à la problématique de la compensation : comment compenser le handicap ou les charges et seulement le handicap ou les charges pour lesquels on n'est pas responsable – c'est-à-dire sans compenser l'absence d'efforts ou les goûts dispendieux ? Même la proposition d'une allocation universelle, qui veut dépasser les limites des prestations fondées sur l'idée de contribution ou de besoins, contourne le problème de compensation mais ne le règle pas.

Au-delà du dilemme universel/sélectif, la question demeure donc de savoir qui, comment et sur quelle base il faut compenser. D'un point de vue normatif, la compensation soulève trois problèmes :

- l'appréciation monétaire des talents ;
- le rôle du revenu dans la composition du bien-être ;
- l'indissociabilité effort-revenu.

Le premier problème est relatif à nos motivations morales. Nous considérons que nos talents sont intimement liés à notre personnalité : comme la beauté, le talent est reconnu et attire l'admiration – qui est une forme de rétribution naturelle. Dans une économie de marché, il est difficile de distinguer ce mode de rétribution des rétributions matérielles. Si le lien entre talent et admiration semble être soutenu d'un point de vue intuitif, il en est autrement du lien entre talent et revenu[8]. Mais en pratique, la distinction entre ces deux liens est difficile à établir. Par ailleurs, le problème se complique si l'on introduit la notion de mérite : il semble difficile voire impossible de séparer effort et talent (NAGEL, 1994).

Le deuxième problème est lié à l'identification des pauvres sur la base du revenu comme le font tous les programmes avec des conditions de ressources. Le revenu ne fournit pourtant qu'un *proxy* du niveau de satisfaction des individus et de leurs besoins éventuels restant à couvrir. De fait, l'accent est mis sur la seule capacité des agents de dégager des ressources monétaires, alors que d'autres caractéristiques entrent dans la composition du bien-être individuel (SEN, 1985).

Le troisième problème est d'ordre conceptuel. La justice exige, semble-t-il, deux principes distributifs : à effort égal, résultat égal ; à ressources égales, transferts égaux. Ces deux propositions sont pourtant dans bien des cas incompatibles. Il a été démontré formellement que cette incompatibilité est liée au caractère non

---

[8] Les gens reconnaissent la légitimité d'une hiérarchie des revenus en fonction des talents, mais elle ne doit pas être excessive.

additif du talent (des ressources internes) et de l'effort. Il semble donc impossible de compenser de façon indiscutablement équitable (FLEURBAEY, 1995).

6. CONCLUSION

Les systèmes de Sécurité sociale cherchent la plupart du temps à concilier deux objectifs : une redistribution horizontale et une redistribution verticale. Au terme de notre discussion des arguments positifs (psychologie morale et faisabilité politique), ce second objectif, considéré sous un angle réaliste et pragmatique, semble imposer la voie de la sélectivité. La psychologie morale s'oppose à l'universalité des prestations puisqu'elle impose un contrôle de l'absence de responsabilité de la part des bénéficiaires. La suspicion à l'égard des demandeurs (désincitation à l'autonomie) limite aussi le degré de générosité de tout système, qu'il soit universel ou sélectif : il y va de sa viabilité politique. D'un point de vue strictement normatif, l'argumentation va plutôt dans le sens d'un système non sélectif, dans la mesure où la distribution des ressources initiales est moralement arbitraire (appartenance sociale, talents). Par ailleurs, l'universalité est attendue éliminer les effets de stigmatisation et garantir le respect et la dignité de tous. Mais quelle que soit la stratégie choisie, sélectivité ou non, la discussion achoppe sur le problème de la compensation. À défaut de solution théorique, les systèmes de Sécurité sociale proposent aux populations les plus défavorisées des prestations hybrides, fondées sur un principe de compensation et de besoins.

Dominique Greiner, Geert Demuijnck

BIBLIOGRAPHIE

ATKINSON A.-B. (1989), « Social Insurance and Social Maintenance », in *Poverty and Social Security*, Hennel Hempstead, Harvester Wheatsheaf.

ATKINSON A.-B. (1995), *Incomes and the Welfare State. Essays on Britain and Europe*, Cambridge, Cambridge University Press.

BARDHAN P. (1996), « Efficiency, equity and poverty alleviation : policy issues in less developed countries », *The Economic Journal*, n° 106, Septembre.

BESLEY T. (1990), « Means Testing Versus Universal Provision in Poverty Alleviation Programmes », *Economica*, n° 57.

BLUNDELL R, FRY V. et WALKER I. (1988), « Modelling the take-up of means-tested benefits : the case of housing benefits in the United Kingdom », *Economic Journal*, n° 98.

BOUCKAERT L. *et al.* (1990), *Wie verdient meer ? Een opinie-onderzoek naar de rechtvaardigheid van inkomensverschillen*, Leuven, Acco.

COMMISSION EUROPÉENNE (1996), *La protection sociale en Europe*, Office des publications officielles des Communautés européennes.

DUCLOS J.-Y. (1997), « Estimating and testing a Model of Welfare Participation : the Case of Supplementary Benefits in Britain », *Economica*, n° 64.

DWORKIN R. (1981), « What is equality ? Part I : Equality of welfare », *Philosophy and Public Affairs*, n° 10(3).

ERREYGERS G. et VANDEVELDE T. (1997), *Is Inheritance Legitimate ? Ethical and Economic Aspects of Wealth Transfers*, Berlin, Springer.

FLEURBAEY M. (1995), « Equality and responsability », *European Economic Review*, n° 39.

GESBACH AND PRITCHETT (1995), « Does more for the poor mean less for the poor ? The politics of tagging », *The Word Bank*, non-publié.

KEEN M. (1992), « Needs and targeting », *The Economic Journal*, n° 102, january.

LEPEGLE A. et PICAVET E. (1997), « Les normes d'efficacité et d'optimalité dans l'évaluation des politiques de santé », *Journal d'Economie Médicale*, vol. 15(1).

MATH A. (1996), « La notion de sélectivité d'une prestation et ses mesures », *Economie et Prévision*, n° 122.

NAGEL T. (1994), *Egalité et partialité*. Paris, Presses universitaires de France.

OVERLAET B. et LAGROU L. (1981), « Attitude towards a redistribution of income », *Journal of Economic Psychology*, n° 1.

SCHOKKAERT E. et LAGROU L. (1983), « An empirical approach to distributive justice », *Journal of public economics*, n° 21.

SEN A. (1985), *Commodities and capabilities*, Amsterdam, North Holland.

SPICKER P. (1998), « Targeting and strategic intervention », *Paper presented to the 2nd International Research Conference on Social Security*, Jerusalem, 25-28 janvier 1998.

TÖRNBLOM K. (1992), « The social psychologie of distributive justice » in SCHERER K. (ed.) (1992), *Justice : Interdisciplinary Perspectives*, Cambridge, Cambridge University Press.

Justice globale et/ou justice locale : des fondements pour les politiques ciblées en santé ?

Claude Schneider-Bunner, (GRES/LATEC - Université de Bourgogne)

1. INTRODUCTION

La problématique des politiques sociales ciblées, qui consistent à octroyer prioritairement les prestations sociales à ceux que l'on juge les plus nécessiteux, s'impose épisodiquement dans le débat social. Contrairement à ce que l'on pourrait penser de prime abord, il ne s'agit pas simplement d'une solution technique – plus ou moins ponctuelle – destinée à faire face à des difficultés financières en limitant mécaniquement le nombre des bénéficiaires. Il s'agit plus fondamentalement d'un débat significatif de la transformation et de l'évolution des concepts de solidarité et d'égalité que les États-providence sont censés mettre en œuvre. En effet, le ciblage peut d'une part s'interpréter comme un renoncement aux principes d'universalité des prestations sociales et d'égalité des citoyens devant ces prestations, et il peut d'autre part être conçu comme un réaménagement de ces principes au nom d'une meilleure lutte contre les inégalités que l'universalité n'a pas permis de combattre avec suffisamment de succès[1].

Les politiques ciblées défient les théories de la justice : sont-elles en mesure d'apporter un éclairage pertinent ou restent-elles impuissantes face à cette double interprétation ? Sans apporter de réponse définitive ou exhaustive, ce papier entend interroger plus précisément les théories de la justice « globale » (et en particulier les théories rawlsiennes[2]) ainsi que les approches « locales » de la justice[3] (à travers les travaux de Elster et Walzer notamment). D'un côté, les théories de la justice globale sont des théories – à l'intersection de la philosophie et de l'économie politique – qui énoncent des principes de justice généraux sur le fonctionnement juste d'une société. De l'autre côté, les travaux sur la justice locale ou située s'intéressent plus précisément aux critères de décision des acteurs

---

[1] On peut se référer à l'éclairante présentation de cette évolution par AUDARD (1998).

[2] On regroupe sous cette appellation les travaux qui, à la suite de RAWLS (1971), s'opposent à la fois à la tradition utilitariste jusqu'alors dominante en philosophie politique, et au courant libéral de droite – les libertariens – dont la *Théorie de la justice* de Rawls a également suscité des développements. Parmi les rawlsiens, citons simplement DWORKIN (1981), SEN (1985), COHEN (1989), VAN PARIJS (1991 ; 1995).

[3] Dans la mesure où ces approches mettent en relief le contexte de la justice, il serait préférable d'utiliser des appellations telles que « justice localisée » – suggérée par ELSTER lui-même (1992b) – ou « justice située ». Cependant, c'est la traduction littérale « justice locale » du titre de ELSTER (1992) qui l'a emporté dans la littérature francophone.

sociaux impliqués dans des processus d'allocation des ressources et aux arguments que ces acteurs développent pour justifier leurs décisions[4].

Contrairement à d'autres domaines de la protection sociale, le domaine de la santé n'est pas un terrain d'application privilégié des politiques ciblées, du moins en France. L'analyse sera dès lors limitée à deux types de politiques ciblées : l'un concernant l'organisation de l'accès aux soins des défavorisés (si l'accès prend des formes différentes des modes d'accès du reste de la population), l'autre concernant le financement des soins (lorsque la participation des patients est modulée en fonction du revenu).

Dans un premier temps, il s'agit d'analyser les arguments et principes d'équité qui peuvent être évoqués explicitement ou qui restent implicites (section 2). Le dualisme du débat est mis en évidence à partir des deux exemples. Les politiques ciblées constituent-elles un subterfuge destiné à éviter que le démantèlement de l'État-providence égalitariste ne soit trop visible ou trop tragique pour certains ? Ou bien sont-elles l'expression de nouvelles solidarité, et de l'évolution nécessaire de la protection sociale ? Cette discussion révèle la tension entre le « global » (recours aux théories de la justice globale) et le « local » (arguments des acteurs, influence du contexte), ce qui conduit, dans un second temps, à s'interroger plus précisément sur les perspectives que peut ouvrir la confrontation des deux types d'approches (section 3).

2. LES POLITIQUES CIBLÉES : DISPOSITIFS ET ARGUMENTS

Opposées à l'universalisme, toutes les prestations sociales – à l'exception d'une allocation universelle inconditionnelle – sont au fond sélectives au sens où elles sont conditionnelles à la réalisation d'un risque social et/ou à l'existence d'un besoin social. GREINER et DEMUIJNCK (1998) distinguent trois types de conditions : la contribution, ouvrant droit à des revenus de remplacement dans une logique assurantielle (chômage, indemnités journalières) ; les ressources externes, réservant des prestations à ceux se trouvant en deçà d'un plafond ; et enfin la compensation des ressources internes, concernant certaines catégories devant faire face à un désavantage ou un handicap spécifique. Ces conditions peuvent évidemment être combinées.

On peut noter toutefois que l'usage du terme « sélectif » est souvent restreint aux prestations versées sous condition de ressources. Dans le même sens, la notion de

---

[4] Les approches de la justice locale sont proches du communautarisme dans la mesure où les critères d'équité choisis par les acteurs sont en fin de compte propres à chaque « communauté » constituée par le groupe prenant la décision. Les liens entre les deux courants sont cependant fluctuants. Elster se démarque clairement des communautariens, dont les théories sont trop floues à ses yeux. Par contre Walzer tient une place (à part) au sein de ce courant. Voir BERTEN et al. (1997).

ciblage évoque une catégorie – éventuellement définie de façon plus vague ou plus générale – pour laquelle des actions spécifiques peuvent être mises en œuvre. C'est en tout cas cette terminologie plus générale qui est retenue ici.

2.1. Les ciblages envisageables en santé

Les politiques ciblées ont défrayé la chronique dans leur application à la politique familiale. Le débat est également très fourni concernant les allocations de solidarité (autour du RMI notamment). En matière de santé cependant, les politiques catégorielles sont moins développées et en tout cas exclues pour les dépenses de santé les plus lourdes, la logique de l'équité horizontale (entre les malades et les bien-portants) l'emportant.

Les deux dispositifs de ciblage sur lesquels s'appuie cette analyse sont représentatifs des problèmes d'équité verticale en santé : l'un concernant le financement *ex post* des soins (une participation des malades proportionnée au revenu ?), l'autre concernant l'organisation de l'accès aux soins (un accès aux soins spécifique pour la catégorie des plus défavorisés ?)[5].

2.1.1. Des modes d'accès spécifiques pour les défavorisés

Les difficultés d'accès aux soins des personnes en situation de précarité ont essentiellement deux explications : d'une part les caractéristiques organisationnelles du système de santé – complexité des démarches administratives pour établir les droits, absence de tiers payant –, et d'autre part les mesures de régulation des dépenses de santé engagées pour pallier les difficultés de financement de la Sécurité sociale – diminution des taux de remboursement, instauration du forfait hospitalier notamment.

Le nombre de personnes concernées a peut-être pu être considéré comme faible ou marginal à l'apogée de la progression de la protection sociale, mais aujourd'hui cet argument n'est plus de mise, étant donné à la fois l'augmentation du nombre personnes en situation précaire[6] et l'importance de la part des soins laissés à la charge des patients (et de leur éventuelle couverture complémentaire).

Dans ce contexte, une forme de discrimination positive à l'égard des plus défavorisés consiste en l'établissement de réseaux de soins spécifiques plus ou

---

[5] Dans le cadre des aides destinées aux personnes âgées dépendantes, on pourrait également prendre l'exemple de la PSD (prestation spécifique dépendance) dont les critères de sélectivité tiennent compte à la fois des revenus et du niveau de dépendance (c'est-à-dire de l'appartenance à une catégorie).

[6] *Cf.* l'estimation par le Commissariat général du Plan s'élevant à 7 millions de personnes touchées par la précarité.

moins informels, et en tout cas différents de la procédure d'accès aux soins des assurés sociaux « normaux ». De telles expériences ont déjà pu avoir lieu localement : la collaboration des plusieurs acteurs du système de santé (caisses primaires d'assurance maladie, professionnels de santé, services sociaux et institutions sociales[7], milieu associatif) peut ainsi conduire à proposer des « itinéraires de soins », dans un « réseau » de partenaires associés dans un projet de suivi médical et social, éventuellement entendu comme une première étape vers la réinsertion. L'accès à ces réseaux peut être limité aux possesseurs de « cartes de santé » octroyés aux défavorisés repérés par les associations et/ou services sociaux.

À la limite, un tel type de discrimination positive, étendu sur une échelle importante, se rapprocherait du système irlandais qui est explicitement ciblé. Les irlandais les plus modestes (catégorie I, plus du tiers de la population) accèdent gratuitement aux soins du service public, essentiellement financés par l'impôt. Les autres (catégorie II) supportent une franchise pour les soins publics auxquels ils ont accès et doivent recourir à des prestataires privés pour les services de généralistes et certains soins spécialisés. Notons toutefois que ce système est très différent du modèle américain, parce que la catégorie II n'est exclue des soins publics que pour le « petit risque », et que les soins privés ne peuvent être couverts que par une assurance facultative offerte par un assureur public unique (le VHI, *Voluntary Health Insurance Board*).

2.1.2. Une participation des malades modulée selon le revenu

Le relèvement des tickets modérateurs a été en France, avec l'augmentation des taux de cotisation, le principal élément des plans de redressement qui se sont succédés depuis 1975. Si l'on a pu attendre de cette mesure une véritable régulation des dépenses de santé, son efficacité se trouve en réalité limitée à « effectuer un simple transfert de charge financière sur les ménages, sans parvenir, semble-t-il, à modérer leur consommation » (ROCHAIX, 1995).

De plus, le système des tickets modérateurs est inéquitable dans la mesure où ces derniers pèsent davantage sur les bas revenus, et cela à double titre : proportionnellement à leur revenu, et parce que la morbidité est plus concentrée sur ces catégories sociales. Les mesures, réalisées par FIUME-LACHAUD *et al.* (1996) sur des données de 1988, montrent une forte régressivité : les trois premiers déciles acquittent un peu plus de 22 % des tickets modérateurs alors que leur part dans le revenu est inférieure à 15 %, et, à l'autre extrémité de l'échelle des revenus,

---

[7] Centres sociaux, missions locales, Directions départementales de l'action sanitaire et sociale, Caisses d'allocations familiales, centres communaux d'action sociale, etc.

les trois derniers déciles dépensent certes davantage (un tiers des tickets modérateurs) mais cumulent plus de la moitié des revenus[8].

Outre cet impact anti-redistributif, les tickets modérateurs ont un impact sur la distribution des soins, renforçant les inégalités de recours aux soins (qui expliquent le plus faible pourcentage de tickets modérateurs acquittés par les premiers déciles). On note en effet des taux de renoncement aux soins d'autant plus importants que le revenu est faible et que la morbidité est élevée (CREDES, 1993), ainsi qu'une aggravation des inégalités de consommation de soins liées aux revenus (MORMICHE, 1995).

En complément du ticket modérateur proportionnel, d'autres formes de participation des malades sont utilisées en France : l'avance de frais, la franchise (forfait hospitalier) et le déconventionnement autorisant des dépassements d'honoraires (secteur 2). À l'exception du dernier cas, toutes ces mesures de responsabilisation des usagers sont susceptibles d'être modulées selon les caractéristiques des patients. Jusqu'à présent, la seule modulation possible est l'exonération, qui se fait uniquement sur la base de critères médicaux (équité horizontale), mais sans tenir compte de la solvabilité. Cependant, des aménagements en fonction de critères socio-économiques sont régulièrement évoquées voire envisagées dans les rapports sur le système de santé[9].

Il peut alors s'agir d'exonérations ou de plafonnement des dépenses pour certaines catégories, ou plus généralement de prises en charge différenciées selon le revenu, concernant tant le niveau des tickets modérateurs ou franchises, que l'avance des frais qui serait limitée aux hauts revenus pour lesquels un effet prix pourrait jouer, alors que le tiers-payant serait réservé aux catégories moins aisées pour lesquelles un effet revenu risque de les amener à renoncer à des soins nécessaires.

---

[8] Les parts de tickets modérateurs et de revenu de chaque décile figurent ci-dessous. L'indice de Kakwani est de - 0,215. (FIUME-LACHAUD, LETENO-LARGERON, ROCHAIX, 1996).

Décile	1	2	3	4	5	6	7	8	9	10	Total
TM	5,89	7,63	8,76	11,45	10,61	12,98	9,51	9,00	11,88	12,28	100 %
Revenu	3,25	4,94	6,08	7,14	8,10	9,14	10,24	11,8	14,59	24,73	100 %

[9] Notamment, les rapports du Commissariat général du Plan (1989 et 1993), SOUBIE, PORTOS et PRIEUR (1994). DUFOURCQ rappelle qu'une telle proposition avait déjà été faite en 1966, mais écartée par « crainte que ce système incite peu à peu à élever le ticket modérateur des classes aisées au point de faire disparaître le caractère collectif de notre dispositif de Sécurité sociale pour ne laisser demeurer qu'une modalité d'assistance pour les catégories les plus défavorisées » (Rapport Canivet, cité par DUFOURCQ (1994)). On peut noter que le ticket modérateur a effectivement augmenté... pour tout le monde !

Comme le souligne ROCHAIX (1995), « *l'efficacité de la mesure repose fondamentalement sur la capacité à cibler les instruments sur des sous-populations définies en fonction du revenu* », et éventuellement en fonction d'autres critères sociaux. Les catégories-cibles peuvent être définies en fonction du revenu (comme les irlandais de la catégorie I), en fonction d'une combinaison de critères sociaux et économiques (les « VIPO », veuves, invalides, titulaires d'une pension de vieillesse, orphelins, dont le revenu est inférieur à un plafond en Belgique ; le revenu et la taille de la famille au Portugal). L'Allemagne a instauré en 1988 un double système d'exonération et de réduction : d'une part, les chômeurs, les jeunes de moins de 18 ans, les étudiants et les personnes économiquement faibles sont exonérés de toute participation, et d'autre part, une « clause de limitation des charges » est en vigueur pour toute personne, mais est modulée (2 ou 4 % du revenu) en fonction du revenu et de la taille de la famille.

2.2. L'ambiguïté du ciblage

Le thème des politiques ciblées voit s'affronter les égalitaristes-universalistes et les partisans de la sélectivité. Pour les premiers, la sélectivité est la porte ouverte au libéralisme et aux mécanismes marchands, et ne consiste tout au plus qu'à adoucir la recherche d'efficacité par un peu d'assistance. Pour les seconds, l'obstination des premiers met en péril la protection sociale même, alors qu'il faut rechercher de nouvelles formes d'équité et apporter une réponse cohérente à des évolutions nouvelles de la société.

2.2.1. Des politiques assistantielles...

Le système de protection sociale a été construit sur des principes égalitaristes impliquant le refus de toute discrimination des prestations sociales entre les assurés : la conditionnalité des prestations ne doit reposer que sur la contribution. Ainsi, ce point de vue égalitariste « historique » soutient que les politiques ciblées constituent, au pire, une trahison des principes fondateurs, ou qu'elles reflètent, au mieux, une équité minimale impliquée par la recherche d'efficacité. Plus précisément, deux risques principaux sont évoqués : la stigmatisation des défavorisés et la destruction de la cohésion sociale.

Le risque de stigmatisation est en effet inhérent à tout ciblage des prestations. Comme l'indique DE FOUCAULD (1995) « *un recentrage sur les plus démunis risquerait d'introduire tout à la fois une stigmatisation négative des populations concernées, signe d'exclusion, et un système de soins fonctionnant à deux vitesses* ». Or, le modèle historique de la Sécurité sociale est précisément fondé sur l'universalisme et le refus de tout marquage social : « *La Sécurité sociale permet à l'individu de ne plus avoir à décliner son identité sociale pour bénéficier d'une protection. Elle produit de l'anonymat social et, par là, de la dignité. Elle met fin aux stigmates négatifs et rétablit l'honneur des pauvres* » (DUFOURCQ, 1994). Certes, l'absence d'unité des régimes contredit en pratique ce principe, mais il n'en reste pas moins que cette conception de l'égalité est fortement ancrée dans les représentations sociales.

On peut penser a priori que cette critique concerne essentiellement l'organisation de l'accès des défavorisés et relativement peu la modulation des tickets modérateurs dans la mesure où ce ciblage serait davantage perçu dans la population comme une participation différenciée au financement et non comme une discrimination dans les prestations offertes.

Le risque de *dilution de la cohésion sociale* se retrouve par contre dans les deux exemples. Tout d'abord, un accès aux soins différencié rongerait « *le sentiment de partager, face à la vie et la mort, fondamentalement le même destin* » et conduirait « *à la dilution du sentiment d'appartenir tous, les plus riches comme les plus pauvres, à une même société* », sentiment qui est au contraire entretenu par « *l'usage des mêmes hôpitaux, des mêmes centres médicaux* » (VAN PARIJS, 1994). Ensuite, la modulation de la participation des malades pourrait exclure du remboursement les personnes à revenus élevés, ajoutant à leur sentiment de payer deux fois (par les prélèvements obligatoires sur les revenus et par le paiement au moment du recours aux soins). Ainsi, le risque est de voir les hauts revenus rejeter le système de protection sociale existant et de renforcer leurs arguments pour réclamer un système privé[10].

Dans cette perspective de stigmatisation négative et de dilution de la cohésion sociale, tous les ingrédients seraient alors réunis pour que le principe présidant à l'organisation du système de santé dérive de la solidarité vers l'assistance.

2.2.2. ...ou l'expression de nouvelles solidarités ?

Le ciblage peut bien entendu être défendu dans une perspective d'équité libérale. Le respect des principes de liberté et responsabilité individuelles conduit à privilégier les mécanismes marchands et les protections individuelles, laissant le sort des plus pauvres à la charité privée ou à l'assistance publique. A défaut, si l'on se trouve contraint par un système largement socialisé, les libéraux défendent la thèse du traitement chirurgical du social et réclament une lisibilité de la redistribution exercée par le système de prestations, ce que permet précisément la mise sous condition de ressource des prestations. Notons cependant qu'il est peu

---

[10] À l'encontre de la modulation de la participation des malades, on évoque également des difficultés d'ordre plus technique : existence de coûts de gestion liés à la nécessité de connaître les revenus des assurés et problème de la maîtrise des effets de seuils (modération de la consommation avant le seuil, « effort » pour atteindre le seuil, non maîtrise au-delà).

probable que la modulation de la participation des malades soit justifiée d'un point de vue libéral sans que des contreparties soient accordées, comme par exemple un accroissement de la liberté de choix de l'organisme assureur[11].

Pour autant, le débat autour du ciblage n'est pas réductible au clivage entre universalisme et libéralisme. En effet, des interrogations sur les vertus de l'égalité émanent également du camp même des défenseurs des objectifs égalitaristes globaux des systèmes de santé, principalement à cause de ses performances limitées dans la lutte contre les inégalités. On peut rechercher de tels arguments d'une part dans les théories rawlsiennes et d'autre part dans l'analyse d'expériences locales.

Sans chercher à distinguer ici les argumentations en termes de maximin de liberté réelle (VAN PARIJS, 1995), d'égalité des capabilités de base (SEN, 1985) ou d'égalité des réalisations fondamentales (FLEURBAEY, 1995), il sera simplement fait référence au point de départ de la discrimination positive : le principe de différence de Rawls[12]. Ce principe justifie les inégalités qui favorisent les plus désavantagés parce qu'un individu n'a aucun mérite à posséder des capacités naturelles supérieures ou à bénéficier d'un point de départ plus favorable dans la société. Aussi « *ceux qui ont été favorisés par la nature, quels qu'ils soient, peuvent tirer avantage de leur chance à condition seulement que cela améliore la situation des moins bien lotis* » (Rawls, 1987).

En matière de santé, on pourrait penser de prime abord que les défavorisés sont exclusivement les personnes les plus malades (redistribution horizontale). Cependant, une redistribution verticale est tout aussi nécessaire : en effet, l'attention particulière aux plus pauvres est justifiée par le fait que le système de santé ne peut pas ignorer l'influence complexe des ressources externes (revenu et richesse) sur l'acquisition des soins et la transformation de ces soins en « réalisation ». Cette priorité en faveur des défavorisés peut se traduire par l'organisation d'un accès aux soins préférentiel et/ou par la progressivité du financement. Côté financement, précisons toutefois que la modulation des tickets modérateurs ne permettrait pas d'atteindre la progressivité, mais simplement de réduire la régressivité[13].

---

[11] La mise en concurrence des caisses de sécurité sociale et des assurances privées est d'ores et déjà réclamée par certains syndicats médicaux et les assureurs.

[12] Troisième principe de la théorie de Rawls, après le principe d'égale liberté et le principe de juste égalité des chances, le principe de différence indique que les inégalités sociales et économiques doivent être à l'avantage des membres les plus défavorisés de la société.

[13] Les simulations montrent par exemple que la modulation des franchises selon le revenu atténue effectivement la régressivité des tickets modérateurs (FIUME-LACHAUD *et al.*, 1996). Par ailleurs, la transformation de points de cotisation maladie en points de CSG contribue davantage à rendre le

Outre ces arguments théoriques, le ciblage peut être défendu plus concrètement sur la base de considérations pratiques. Il s'agit alors d'amender les principes égalitaristes pour une meilleure prise en compte de la particularité des situations, pour une solidarité plus efficace et plus cohérente. En effet, la modulation des tickets modérateurs en fonction du revenu permettrait d'effacer les effets de seuil existant de par la prise en charge complète dont bénéficient les RMIstes et qui est donc perdue dès qu'ils quittent le « statut » de RMIste. Certains conseils généraux ont d'ailleurs dors et déjà étendu à d'autres catégories de défavorisés la prise en charge du ticket modérateur via le paiement d'une couverture complémentaire.

De même, on remarque souvent que les structures d'accueil qui rencontrent le plus de succès de la part des défavorisés sont les centres de soins associatifs (Médecins du monde ou Médecins sans frontière, par exemple). Le travail de terrain réalisé par ces centres est particulièrement efficace, ce qui suggère de généraliser ces expériences et/ou de les compléter par des structures publiques semblables. On comprend dès lors la « gêne » d'un directeur de CPAM, contraint de conclure que « *bien sûr ce serait reconnaître un isolement des SDF, une atteinte au libre choix, mais au moins seraient-ils mieux soignés qu'actuellement* » (PETIT, 1997).

Les politiques ciblées pourraient ainsi trouver une justification dans le principe de différence rawlsien et dans un certain nombre d'arguments pratiques appelant la généralisation de pratiques locales qui ont fait la preuve de leur efficacité. Ces justifications ne sont pas libérales ou assistantielles par nature, mais tendent au contraire à défendre une plus grande égalité dans les faits et non pas seulement dans les principes.

Cependant, si les oppositions de principe semblent pouvoir être dépassées, le contenu des politiques ciblées reste ambigu. Plus précisément, selon l'ampleur de la sélectivité, selon la population et les prestations concernées par le ciblage, les politiques correspondront davantage à l'une ou à l'autre des interprétations (assistantielle versus nouvelles solidarités). Il semble donc qu'il s'agisse en fin de compte essentiellement d'une question d'appréciation et de mise en pratique, où le rôle du contexte d'application et des circonstances est essentiel. Or, cette confrontation de la théorie et de la pratique est également au coeur du débat entre justice globale et justice locale.

3. L'APPORT DU DÉBAT JUSTICE LOCALE-JUSTICE GLOBALE

L'irruption de la justice locale dans le débat sur la justice sociale est à demi provocatrice : alors que les philosophes s'efforcent, à grands renforts d'abstraction

---

prélèvement réellement proportionnel, grâce à l'élargissement de l'assiette de prélèvement. Cette dernière mesure serait en ce sens plus conforme aux objectifs de priorité en faveur des défavorisés.

et de raisonnements analytiques, de trouver un petit nombre de principes universels, la justice locale se présente « simplement » comme une observation – certes minutieuse – de ce que les acteurs décident, de leurs arguments. Ce contraste explique au moins partiellement les difficultés de confrontation des deux types d'approches.

Notons dès à présent pour éviter toute confusion qu'il ne saurait être question d'assimiler d'une part justice locale et sélectivité, et d'autre part justice globale et universalisme. D'un côté, la justice locale n'est pas pour ou contre le ciblage : elle observe simplement la diversité des situations et des réponses locales. De leur côté, les théories de la justice globale visent à déterminer des principes universels (valables indépendamment du contexte), mais ces principes peuvent éventuellement prôner une discrimination positive contrecarrant l'universalisme des prestations (comme c'est le cas pour le principe de différence de Rawls).

L'objectif de cette section est de voir dans quelle mesure le débat entre les deux types d'approches est susceptible de progresser, en particulier dans le cas des politiques ciblées. Nous opposerons tout d'abord les deux approches (partie 3.1.) avant de nous intéresser à leur réarticulation (partie 3.2.).

3.1. Justice locale *versus* justice globale ?

Plusieurs points d'opposition peuvent être mis à jour entre les deux approches. En quoi la justice locale s'oppose-t-elle à la justice globale, à quelles limites de cette dernière entend-elle répondre ? Nous nous concentrerons ici sur deux éléments principaux : d'une part la question de l'échelle d'application et d'autre part une différence de méthode impliquée par le niveau d'abstraction accepté[14].

3.1.1. Question d'échelle ?

Une première opposition entre la justice globale et la justice locale concerne le niveau étudié. Pour Elster par exemple, la justice locale s'intéresse aux décisions d'institutions plus ou moins autonomes qui réalisent directement une distribution, alors que les politiques de justice globale sont déterminées au niveau du gouvernement. Les termes et le champ d'étude peuvent induire un rapprochement du « global » au « macro » et du « local » au « micro », impliquant une répartition des tâches entre la justice globale et la justice locale. Cette répartition des tâches serait la suivante : la justice globale (macro-justice) serait chargée de déterminer la

---

[14] La justice locale au sens strict (c'est-à-dire au sens d'Elster) se distingue également par le fait que la distribution est une distribution en nature – greffons, places dans une crèche ou une maison de retraite, etc. – et non en espèce – par exemple la détermination du salaire par une entreprise n'est pas un problème de justice locale pour ELSTER (1992).

répartition générale des ressources en santé et les principes généraux de solidarité, alors que la justice locale (micro-justice) s'appliquerait à des décisions d'allocation des ressources dans des cas particuliers comme par exemple l'attribution de l'aide médicale dans les départements.

Cependant, si l'on s'en tenait à une telle répartition des rôles, comment pourrait-on assurer la cohérence des principes de justice mis en œuvre « localement » (forcément variables) avec des principes de justice définis « globalement » (donc théoriquement valables pour l'ensemble du système) ? « *La mosaïque des "petits choix" dessine en pointillés une image bien mal contrôlée* » (GAZIER, 1997).

Au départ, la démarche de Elster aurait pu aller dans ce sens puisqu'il espérait pouvoir déterminer une conception globale de la justice émanant des choix locaux. En effet, il achève son ouvrage par une confrontation de la justice locale et de la justice globale en décrivant une « *conception de sens commun de la justice* » (*commonsense conception of justice*) qui se présente au fond comme une synthèse des théories de la justice. Les conceptions privilégiées par les acteurs pourraient s'ordonner en une conception « globale »[15]. Ainsi, la coexistence des différentes conceptions serait explicable à défaut d'être cohérente au regard des critères habituels des théories globales.

Cependant, cette conception de sens commun est uniquement celle des acteurs de premier niveau, c'est-à-dire ceux qui déterminent la quantité du bien rare à répartir[16], et Elster reconnaît qu'il a dû abandonner l'idée d'une « *théorie générale des allocations locales* »[17]. Le problème de la cohérence et du passage entre micro-justice et macro-justice reste posé et ne peut pas être résolu sur la seule base de cette opposition d'échelle d'application. De fait, la différence entre le local et le global est davantage une différence de nature épistémologique qu'une différence d'échelle.

---

[15] La conception concernant le bien-être privilégie la maximisation du bien-être total (1), dont on peut s'écarter pour assurer un niveau minimum à chacun (2), à l'exception de ceux qui se trouvent en-dessous du minimum par leur propre choix (3), sauf si ses choix sont dus à des situations d'extrême pauvreté (4). (ELSTER, 1992).

[16] Dans le cas des systèmes de santé, les acteurs de premier niveau sont les ministres et parlementaires ainsi que les gestionnaires des assurances sociales. Elster les distingue des acteurs de second niveau (les membres des institutions redistributives qui réalisent concrètement la répartition, c'est-à-dire les médecins, gestionnaires hospitaliers, travailleurs sociaux) et des acteurs de troisième niveau (les bénéficiaires et plus généralement les citoyens et membres de l'opinion publique).

[17] GAMEL (1997) analyse ce renoncement.

3.1.2. La réalité locale comme alternative à l'abstraction globale

Plus fondamentalement que l'opposition d'échelle, la différence porte sur le niveau d'abstraction des théories. L'approche en termes de justice locale s'est développée principalement en réponse au manque d'opérationalité et à l'excessive abstraction des théories de la justice globale. En effet, la position strictement normative des théories de la justice globale contraste avec l'approche plus positive voire descriptive de la justice locale.

Les théories de la justice globale ont pour objectif de déterminer des principes formels et universels de justice. Le recours au voile d'ignorance chez Rawls est précisément « *l'opérateur de cette formalisation et de cette universalisation. Il s'agit de faire abstraction de tout élément empirique pour s'élever aux conditions transcendantales de possibilité d'une société juste* » (ROMAN, 1992).

L'objectif d'une théorie de la justice est très différent pour M. Walzer. « *La question que se poseront le plus probablement les membres d'une communauté politique n'est pas [comme le prétend Rawls] : que choisiraient des individus rationnels dans telle ou telle condition propre à garantir l'universalité de leur choix ? mais : que choisiraient des individus comme nous, dans la situation qui est la nôtre, partageant notre culture et déterminés à continuer à la partager ?* ». Walzer rajoute immédiatement : « *Et cette question se transforme rapidement en celle-ci : quelle sortes de choix avons-nous déjà faits durant notre vie commune ?* » (WALZER, 1983).

Il n'est pas certain que le passage opéré par Walzer soit aussi naturel : il nous semble au contraire hautement problématique dans la mesure où les différentes questions ne sont pas équivalentes. Cela dit, Walzer exprime ainsi clairement la critique qui motive la démarche des approches situées de la justice : elle porte précisément sur l'excessive abstraction des théories globales.

Leur niveau d'abstraction est effectivement tel qu'il est impossible d'en tirer des critères d'allocation des ressources précis (même au niveau macro). Comme le soulignent BELL et SCHOKKAERT (1992), « *la principale contribution pratique [des théories éthiques] au niveau macro est de structurer le débat sur les principes de justice qui devraient être adoptés et de rendre les différentes argumentations plus transparentes* ». La grande difficulté de ces théories tient en fait à ce qu'elles s'inscrivent dans un monde parfait, précisément parce qu'elles font abstraction des éléments empiriques susceptibles de dénaturer l'idéal de justice : « *le niveau de détail auquel les théories de la justice peuvent descendre pour formuler des prescriptions est très faible dans la pratique ; [...] dans des conditions idéales de fonctionnement, ces théories auraient réponse à tout* » (GAMEL, 1997).

Face à cet excès d'abstraction, les démarches de la justice locale ou située visent à ancrer les réflexions sur la justice dans les problèmes concrets, dans les situations réelles[18]. Si les différents travaux en présence ont chacun leurs caractéristiques propres, ils aboutissent tous à mettre en évidence une multiplicité des conceptions du juste, qu'il s'agisse des principes valables dans différentes sphères (WALZER, 1983), dans les différentes cités (BOLTANSKI et THÉVENOT, 1989), ou pour l'allocation des ressources rares (ELSTER, 1992). Cette variabilité des principes selon le contexte est plus fidèle à la réalité que la perfection dans laquelle se drapent les théories globales.

Cependant, GAZIER (1997) précise avec justesse qu'à l'indétermination des théories de la justice globale succède cette fois la surdétermination de la justice locale : « *D'un côté des principes univoques et cohérents conduisant à des conséquences concrètes multiples voire indécises ; de l'autre des décisions univoques (c'est le propre de la justice locale de trancher, de désigner des bénéficiaires et de réaliser des allocations), mais appuyées sur des principes multiples, redondants, superposés tout autant voire plus que rivaux* ». En fin de compte, la justice locale n'apparaît pas comme une réelle alternative, mais davantage comme une démarche complémentaire dont les enseignements doivent être combinés avec ceux de la justice globale.

3.2. Les voies d'une réarticulation du « local » et du « global »

Est-il possible de déterminer une conception intermédiaire, émergeant notamment entre les théories rawlsiennes de la justice globale et les approches descriptives de la justice située ? Dès lors que l'on veut appliquer la justice globale (par exemple le principe de différence de Rawls), ne se rapproche-t-on pas du positif de la justice locale ? Et inversement, si l'on veut trouver une légitimité à la justice globale (expliquer les principes choisis par les acteurs ; inscrire les sphères de justice ou les mondes dans une perspective théorique), ne faut-il pas recourir à des arguments ou des méthodes de la justice globale ?

Le principe d'une confrontation fructueuse repose sur une réarticulation des faits et de la théorie. Un double rapprochement est alors indispensable. En premier lieu, il faudrait rapprocher les approches globales des approches locales, c'est-à-dire aller du global vers le local en prenant en compte les conditions réelles de la justice, sans faire l'économie de la « discussion effective » des critères de justice, pour ancrer les décisions dans la réalité contrairement à la justice procédurale de Rawls où la discussion est fictive et pourrait à la limite être réalisé par une personne, un

---

[18] Une autre possibilité de recourir à des éléments empiriques consiste à mener des études expérimentales sur les perceptions du juste des individus (par exemple SCHOKKAERT et OVERLAET, 1989).

expert. En second lieu, il faudrait réaliser le rapprochement inverse, c'est-à-dire aller du local vers le global en donnant une « exigence normative » à la discussion éthique précédant la définition des critères de sélectivité, alors que cette normativité manque à la justice locale exclusivement descriptive.

3.2.1. Un « équilibre réflexif situé »

La méthode de l'équilibre réflexif consiste à étudier les implications des principes de justice (déduits des jugements moraux) et à les comparer avec les intuitions morales (mûries par la réflexion sur les principes). Présentée par RAWLS (1987), cette méthode décrit le travail du philosophe comme l'enchaînement répété des étapes suivantes.

• Il s'agit tout d'abord de déterminer les jugements bien pesés (*considered judgments*) sur la justice : ce sont les jugements dont on est assez sûr, ceux qu'une théorie de la justice doit absolument respecter (par exemple : la discrimination raciale est injuste, l'individu n'est pas un moyen mais une fin en soi, etc.). Ces convictions bien pesées constituent les « points fixes provisoires » de la réflexion.

• L'analyse de cette situation initiale conduit ensuite à l'élaboration de principes qui en rendent compte.

• Il convient alors de s'interroger sur la validité des principes que l'on a déduits. Le test de validité consiste à étudier leurs conséquences : sont-elles conformes aux jugements moraux que nous considérions comme des « points fixes » ?

• Si l'on constate des divergences, deux solutions sont possibles : ou bien l'on modifie les principes (c'est-à-dire l'analyse menée à partir des convictions bien pesées), ou bien l'on modifie les jugements moraux (qui n'étaient que des points fixes « provisoires »).

Selon Rawls, ce « processus d'ajustement » doit permettre l'obtention d'un équilibre réfléchi ou réflexif (*reflective equilibrium*)[19].

L'équilibre réflexif reste cependant dans la situation abstraite du contrat social hypothétique entre des individus parfaits. Or c'est également avec la réalité à laquelle elles s'appliquent qu'il importe de confronter ces réflexions. L'équilibre réflexif qui prendrait en compte le contexte deviendrait alors un « équilibre réflexif situé » et permettrait un rapprochement des analyses normatives et positives de la justice. La contextualisation prendrait en compte la démarche des acteurs de terrain : « il faut que chacun soit imaginatif pour trouver les solutions les plus adaptées aux réalités de sa zone d'action » (PETIT, 1997).

---

[19] « On peut parler d'équilibre parce que nos principes et nos jugements finissent par coïncider et il est le résultat de la réflexion puisque nous savons à quels principes nos jugements se conforment et que nous connaissons les prémisses de leur dérivation » (RAWLS, 1987).

Contestant la démarche de Walzer, Elster rejette cette possibilité de rapprochement : il n'accepte pas que « *l'analyse normative elle-même doive être contextuelle* » (ELSTER, 1992). Pour souhaitable qu'elle puisse paraître, cette contextualisation ne doit en effet pas faire l'impasse sur les difficultés qu'elle soulève.

3.2.2. Difficultés de la contextualisation

La démarche « intermédiaire » proposée est délicate dans la mesure où on ne se contente plus de décrire ce que font les acteurs réels ou de déduire ce que ferait des individus rationnels dans des conditions idéales. On se situe à l'intersection entre le positif (le choix des acteurs) et le normatif (la validité éthique du choix).

On pourrait penser de prime abord que les pratiques réelles (les décisions de justice locale) seraient plus robustes que les intuitions éthiques impliquées dans le processus de l'équilibre réflexif. Cependant, d'autres considérations que les considérations éthiques entrent dans les choix réels : les contraintes financières ou institutionnelles, les liens personnels et familiaux, etc. Les travaux de la justice locale ne peuvent donc prétendre à remplacer purement et simplement le rôle des jugements moraux bien pesés.

Ainsi une question essentielle consiste à savoir à quel point les faits (et quels faits) peuvent intervenir pour modifier l'équilibre réflexif. Les contributions des approches locales « *devraient être filtrées avant d'être utilisés comme inputs dans une théorie normative* » (ELSTER, 1992), de façon à éviter les « biais éthiques » des décisions particulières. Selon Gamel la seule solution réside dans une « *réflexion éthique personnelle inspirée par la méthodologie rawlsienne du "voile d'ignorance" : il faut faire effort d'abstraction sur les réalités non pertinentes que nous connaissons* » (GAMEL, 1997).
Pour reprendre le cas de la politique de modulation de la participation des malades en fonction du revenu, deux réalités pertinentes semblent devoir être prises en compte : leur régressivité et leur élévation. Ces arguments penchent fortement pour l'introduction de conditions de ressources. Bien entendu, les adversaires du ciblage peuvent rétorquer que le moyen le plus radical de répondre aux deux faits serait de réformer le financement en amont (le système des cotisations) de façon à éliminer la régressivité du financement, et de supprimer les tickets modérateurs. Mais là encore, la prise en compte du contexte conduit à modérer la recommandation (ROCHAIX, 1995) : la suppression du ticket modérateur n'est pas envisageable étant donné la part importante atteinte par cette source de financement et parce qu'aucune responsabilisation des usagers en amont (par des filières de soins, par exemple) ne préserverait le système d'un dérapage inflationniste.

Le ciblage peut alors aussi être justifié comme étant un aménagement provisoire, une première étape pour améliorer le système. Cette remarque nous conduit à une seconde question essentielle de la contextualisation : le temps de la réflexion et de la discussion n'est pas le temps de l'action. La mise en œuvre de réformes de fond visant à rendre le système conforme à ses objectifs généraux nécessite l'obtention un accord de l'ensemble des personnes concernées. Un tel consensus demande évidemment du temps, alors que les défavorisés, les personnes en situation précaire ont besoin de réaction immédiate[20]. Mais parallèlement, si l'on donne continuellement la priorité aux actions d'urgence, parce qu'il faut pallier telle ou telle situation, on risque de dériver vers un système qui fonctionne hors des objectifs de base. Cette préoccupation est réelle chez les acteurs sociaux qui, dans le traitement des défavorisés par exemple, cherchent généralement à répondre à des situations d'urgence en privilégiant la remise dans le « droit commun » par des modalités de prise en charge identiques à l'ensemble de la population.

4. CONCLUSION

Ce n'est pas trahir l'équité que d'introduire le contexte pour définir les principes des politiques sociales, même si l'on peut être amené à modifier des principes d'équité historiques, qui ont été valables à un moment donné, voire même pendant une longue période. Le cas des politiques ciblées en santé a servi d'exemple à notre réflexion.

Les pistes de travail reposent une réarticulation des faits et des théories (du contexte et des principes). Plus précisément, la recherche d'un équilibre véritablement réflexif (un équilibre entre les conditions réelles de la justice et les principes théoriques) pourrait à la fois relancer le débat et préciser la procédure selon laquelle le débat doit avoir lieu.

Par ailleurs, alors que les théories de la justice globale ne traitent que de la liberté et de l'égalité (bien qu'elles se réfèrent implicitement à une certaine pré-coordination), l'un des avantages de la contextualisation serait une meilleure prise en compte de la fraternité, c'est-à-dire précisément des liens sociaux préexistants (BASLÉ et TARTARIN, 1997), sans toutefois dériver vers des solidarités exclusivement locales ou « communautaires » remplaçant la solidarité nationale.

---

[20] À titre d'illustration, on peut également prendre l'exemple de l'évolution récente de la politique familiale. Le recul sur la mise sous condition de ressources est aujourd'hui expliqué de la façon suivante : le ciblage s'est imposé dans un premier temps pour des raisons financières, puis, dans un second temps, après négociation avec les partenaires concernés, la nouvelle politique se traduit par un retour à l'universalité des prestations, la redistribution passant par l'impôt sur le revenu par le biais de l'abaissement du plafond du quotient familial.

Enfin dans la perspective d'une meilleure compréhension de l'évolution les principes d'équité en fonction du contexte, il serait intéressant de mobiliser les apports de l'institutionnalisme commonsien, qui se révèle adapté à l'analyse des évolutions et des variations des institutions sociales, puisque, selon MOREL (1997), « *compte tenu de sa propre genèse, l'institutionnalisme n'est pas déstabilisé, mais plutôt enrichi, par la confrontation aux "faits" émanant de la diversité des configurations nationales* » et, peut-on rajouter, émanant des décisions ou expériences locales.

Claude Schneider-Bunner

BIBLIOGRAHIE

AUDARD C. (1998), "Justice et solidarité", *Le Monde*, 4 février.

BASLÉ M. et TARTARIN R. (1997), "La pré-coordination d'agents et les droits de propriété : R. Nozick, J. Rawls et la fraternité", in *Les avancées théoriques en économie sociale et leurs applications* (vol. 1), actes des XVIIe journées de l'Association d'Économie sociale, IREDU-LATEC, Dijon.

BELL J. ET SCHOKKAERT E. (1992), "Interdisciplinary theory and research on justice", *in* SCHERER K.R. (éd.), *Justice : interdisciplinary perspectives*, Cambridge University Press.

BERTEN A., DA SILVERA P. et POURTOIS H. (éds) (1997), *Libéraux et communautariens*. Paris, Presses universitaires de France.

BOLTANSKI L. et THÉVENOT L. (1991), *De la justification. Les économies de la grandeur*, Paris, Gallimard, collection NRF Essais.

COHEN G.A. (1989), "On the Currency of Egalitarian Justice", *Ethics*, vol. 99.

Commissariat général du Plan (1989), Protection sociale, Rapport de la Commission présidée par M. Teulade, *Investir dans la gestion du système de santé*, Rapport du groupe technique "Système de santé et assurance maladie", Xe Plan, 1989-1992, Paris, La Documentation française.

Commissariat général du Plan (1993), *Santé 2010. Équité et efficacité du système*, travaux d'ateliers, Paris, La Documentation française.

CREDES (1993), *Opinions sur l'avenir de l'assurance maladie et accès aux soins*, Paris, CREDES, biblio n° 991.

DANIELS N. (1985), *Just Health care*, Cambridge University Press.

DUFOURCQ N. (1994), "Vers un État-providence sélectif", *Esprit*, n° 207.

DWORKIN R. (1981), "What is equality ? Part II : Equality of Resources", *Philosophy and Public Affairs*, vol. 10, n° 4.

ELSTER J. (1992a), *Local Justice*, New-York, The Russel Sage Foundation.

ELSTER J. (1992b), "Introduction", *in* ELSTER J. et HERPIN N. (Èd.), *Éthique des choix médicaux*, Arles, Actes Sud.

FIUME-LACHAUD C., LARGERON-LETÉNO C. et ROCHAIX L. (1996), "*Simulation de l'impact en termes d'équité d'une mesure de franchise à la consommation des soins de santé*", communication aux journées des Économistes français de la santé, Dijon, 25-26 janvier 1996.

FIUME-LACHAUD C., LARGERON-LETÉNO C. et ROCHAIX L. (1997). "Franchise à la consommation des soins de santé et équité verticale : une approche par microsimulations", *in* MIRE, *Comparer les systèmes de protection sociale en Europe du Sud*, actes des Rencontres de Florence, extrait publié *in Problèmes Économiques*, n°†2.554, février 1998.

FLEURBAEY M. (1995), "Equal Opportunity or Equal Social Outcome ?", *Economics and Philosophy*, n° 11.

DE FOUCAULD J.-B. (1995), *Le financement de la protection sociale*, rapport au Premier ministre, Commissariat général du Plan, Paris, La Documentation française.

GAMEL C. (1997), "*L'articulation 'justice globale'/'justice locale'. Commentaires sur l'ouvrage d'Elster*", note de Recherche du GRASCE n° 97-15, université d'Aix-Marseille III, (intervention aux Ateliers Jean-Nicod, Marseille, 26-27 juin).

GAZIER B. (1997), "Les bases cognitives des théories économiques normatives : le tournant des années 1970", *in* BROCHIER *et al., L'économie normative*, Paris, Economica.

GREINER D. et DEMUIJNCK G. 1998. "La sélectivité en sécurité sociale : éléments pour une interprétation normative", 2ᵉ Conférence internationale de recherche en sécurité sociale, Jérusalem, 25-28 janvier.

MOREL S. (1997), "Le workfare et l'insertion : une application du cadre théorique commonsien", *in Les avancées théoriques en économie sociale et leurs applications* (vol. 1), actes des XVIIe journées de l'Association d'économie sociale, IREDU-LATEC, Dijon.

MORMICHE P. (1995), "L'accès aux soins : évolution des inégalités entre 1980 et 1991", *Économie et Statistique*, n° 282.

PETIT J.-L. (1997), "Les difficultés d'accès aux soins des SDF. Liberté, égalité ou charité ?", *Regards*, n° 13.

RAWLS J. (1987), *Théorie de la justice*, Paris, Le Seuil.

ROCHAIX L. (1995), "Le financement par les particuliers : la boîte de Pandore", *Revue d'Économie Financière*, n° 34.

ROMAN J. (1992), "Le pluralisme universaliste de Michael Walzer", *in* AFFICHARD J. et DE FOUCAULD J.-B. (éd.), *Justice sociale et inégalités*, Paris, Esprit-Le Seuil.

SCHOKKAERT E. et OVERLAET B. (1989), "Moral Intuitions and Economic Models of Distributive Justice", *Social Choice and Welfare*, n° 6.

SEN A.K. (1985), *Commodities and Capabilities*, Amsterdam, North Holland.

SEN A.K. (1993), *Éthique et économie et autres essais,* Paris, Presses universitaires de France, (traduction française de *On Ethics and Economics*, 1987, Oxford, Blackwell).

SOUBIE R., PORTOS J.-L. et PRIEUR C. (1994), *Livre blanc sur le système de santé et d'assurance maladie*, Paris, La Documentation française.

VAN PARIJS P. (1991), *Qu'est-ce qu'une société juste ? Introduction à la pratique de la philosophie politique,* Paris, Le Seuil.

VAN PARIJS P. (1994), "Y a-t-il des limites à la prise en charge des soins de santé par la solidarité ?", *in* HALLET J., HERMESSE J. et SAUER D. (éd.), *Solidarité, santé, éthique*, Louvain, Garant.

VAN PARIJS P. (1995), *Real Freedom for All. What (if anything) can justify capitalism ?,* Oxford University Press.

WALZER M. (1983), *Spheres of Justice. A defense of Pluralism and Equality,* Oxford Clarendon Press (traduction française 1997, *Sphères de justice. Une défense du pluralisme et de l'égalité*, Paris, Le Seuil).

La difficile définition de la catégorie « jeunes »

Illustration avec les dispositifs publics en faveur des jeunes

Isabelle Amrouni, (Caisse nationale des allocations familiales (CNAF), ADEPS[1], Université de Nancy 2.)

1. INTRODUCTION

La mise en oeuvre d'une politique publique en direction des jeunes passe préalablement par la définition de sa cible, c'est-à-dire par la définition de critères qui permettent de considérer qu'un individu y répondant appartient à la catégorie « jeunes » de cette politique. Or, les « jeunes » forment un ensemble flou du fait de l'extrême hétérogénéité des profils et des trajectoires des individus qui le composent. S'en tenir au seul critère d'âge pour définir cet ensemble est certes pratique mais cela se révèle insuffisant.

Définissant la jeunesse comme un processus de transition entre deux états, qui plus est multidimensionnel, l'objet du présent travail est d'analyser ces multiples dimensions et facettes en s'appuyant sur la littérature qui a été consacrée à chacune d'entre elles. Cet exercice nous permettra de comprendre toute la difficulté qu'il y a à définir la catégorie « jeunes ».

Et ensuite, nous nous intéresserons à la prise en compte par les pouvoirs publics de cette population, en soulignant la diversité des définitions retenues dans les dispositifs en faveur des jeunes.

2. LA DIFFICILE DÉFINITION DE LA CATÉGORIE « JEUNE »

2.1. La jeunesse : une période transitoire vers l'état adulte

La jeunesse est définie comme une période se positionnant entre l'enfance et l'âge adulte. Au cours de cette phase de la vie, les individus se forment, recherchent un emploi, acquièrent leur indépendance financière, quittent le foyer parental, se mettent en couple, etc. Ils s'affranchissent de leur famille d'origine tant d'un point de vue financier et matériel (logement autonome, ressources propres) qu'en termes de liens affectifs (constitution de son propre foyer, mise en couple, venue d'enfant).

Dans les générations précédentes, cet affranchissement était relativement borné et l'enchaînement des étapes de transition s'effectuait de façon régulière : la fin des études et le service militaire représentaient la borne initiale de cette séquence ;

---

[1] Analyse dynamique des effets des politiques sociales.

ensuite s'enchaînaient la prise d'emploi, le mariage et le départ de la famille d'origine qui clôturait cette période de transition.

Au cours de ces dernières décennies, en lien avec la prolongation de la scolarité et les difficultés accrues rencontrées lors de l'entrée sur le marché du travail, la période de transition vers l'âge adulte s'est modifiée. Il y a une indétermination croissante des bornes qui cadrent la jeunesse, ainsi qu'un allongement et une désynchronisation des différentes étapes de transition. On est en présence d'un processus complexe dans la mesure où les changements de situations sont progressifs, multiples, réversibles et la palette des états accessibles est beaucoup plus ouverte comparativement aux périodes antérieures (GALLAND, 1991 ; MAUGER *et al.,* 1994).

À la sortie de ce processus de transition, les individus acquièrent une nouvelle place dans la société en tant qu'adulte. Cet « état adulte » serait atteint lorsque les étapes marquantes de la phase de transition se sont réalisées, c'est à dire quand les trajectoires professionnelle, résidentielle et familiale se stabilisent et que les individus ont acquis les moyens de leur indépendance économique.

2.2. Une catégorie multidimensionnelle qui s'inscrit dans le temps...

La catégorie « jeunes » est difficile à définir du fait de son hétérogénéité et de son caractère multidimensionnel. Chaque trajectoire individuelle se décline en plusieurs dimensions : les dimensions scolaire-professionnelle, résidentielle, familiale et économique. Sur chacune de ces dimensions, les parcours individuels sont très variés : les changements de situations se déroulent sur des périodes plus ou moins longues et à des âges différents selon les personnes, avec éventuellement des retours en arrière.

Pour illustrer ces propos, prenons deux exemples de parcours ; ils sont représentés schématiquement dans le tableau 1. En ayant bien conscience de toutes les limites de cette représentation, celle-ci nous permet d'apprécier dans quelle mesure deux trajectoires peuvent se distinguer. Sur chacune des dimensions des trajectoires, la durée des différents états et leur enchaînement sont variables : l'individu 1 termine ses études à 19 ans. Il passe plusieurs années avant d'arriver à stabiliser sa situation professionnelle ; et vers l'âge de 23 ans, lorsqu'il a acquis son indépendance économique, il quitte le foyer parental pour s'installer avec son conjoint dans un logement indépendant. L'individu 2 prolonge plus tardivement ses études ; en conséquence, il accédera à l'emploi stable et à l'autonomie économique vers 26 ans. Mais, il aura eu, plus précocement que l'individu 1, l'accès à un logement autonome, en partie pris en charge par ses parents. Cette indépendance résidentielle ne sera d'ailleurs pas définitive puisqu'il y a un retour au foyer parental à la fin des études. On pourrait ainsi démultiplier les exemples et arriver à une palette de trajectoires très large.

Tableau 1

Représentation schématique de trajectoires de jeunes adultes

individu 1	16 ans	18 ans	20 ans	22 ans	24 ans	26 ans	28 ans	30 ans
activité	étudiant	étudiant	emploi ponctuel chômage	emploi ponctuel chômage	emploi stabilisé	emploi stabilisé	emploi stabilisé	emploi stabilisé
résidence	foyer parental	foyer parental	foyer parental	foyer parental	logement autonome	logement autonome	logement autonome	logement autonome
famille	célibataire	célibataire	célibataire	couple	couple	couple	couple +1 enfant	couple +1 enfant
situation économique*	pas de ressources	pas de ressources	faibles ressources	faibles ressources	ressources correctes	ressources correctes	ressources correctes	ressources correctes

individu 2	16 ans	18 ans	20 ans	22 ans	24 ans	26 ans	28 ans	30 ans
activité	étudiant	étudiant	étudiant	étudiant	étudiant emploi ponctuel	emploi ponctuel chômage	emploi stabilisé	emploi stabilisé
résidence	foyer parental	foyer parental	foyer parental	logement autonome	logement autonome	foyer parental	logement autonome	logement autonome
famille	célibataire	célibataire	célibataire	célibataire	célibataire	célibataire	célibataire	couple
situation économique	pas de ressources	pas de ressources	pas de ressources	pas de ressources	faibles ressources	ressources correctes	ressources correctes	ressources correctes

* La situation économique correspond au niveau de ressources dont l'individu dispose personnellement (éventuellement cumulé des revenus de son conjoint s'il vit en couple), indépendamment d'éventuelles aides versées par ses parents.
Les notions de « faibles ressources » et « ressources correctes » sont subjectives. La notion de faibles ressources est utilisée pour traduire une situation financière de semi-indépendance vis-à-vis des parents. Et la notion de ressources correctes est employée dans le sens où les ressources permettent à l'individu de payer un loyer, pouvoir subvenir à ses besoins et donc d'être indépendant économiquement de ses parents.

2.3. ...qui ne peut être uniquement définie par un critère d'âge

Du fait de cette diversité et du caractère multidimensionnel des trajectoires, la catégorie « jeunes » ne peut être déterminée uniquement par une tranche d'âge. C'est certes pratique, mais une telle définition mélange des situations individuelles très hétérogènes, rendant parfois insignifiante la catégorie ainsi définie. La jeunesse doit plutôt être spécifiée par une combinaison de critères se rapportant aux différentes dimensions des trajectoires individuelles, c'est-à-dire l'activité, la situation résidentielle, la situation économique et éventuellement la situation familiale[1]. Au-delà de l'appartenance à une certaine classe d'âge, la jeunesse peut être définie, par exemple, par les critères suivants : être en fin d'études ou être à la recherche d'un premier emploi stable, ne pas disposer de moyens suffisants pour subvenir à ses besoins et ne pas avoir de logement indépendant[2]. Cette définition peut être enrichie d'autres aspects, tels ceux se rapportant aux trajectoires conjugale et familiale des jeunes.

Par la suite, nous analyserons les différentes dimensions des trajectoires des jeunes afin de mieux cadrer cette population et d'essayer d'en sortir des critères permettant de délimiter cette catégorie « jeunes ».

3. LES DIFFÉRENTES DIMENSIONS DE LA JEUNESSE

3.1. La dimension « activité » : les parcours scolaires s'allongent

Les trajectoires scolaires des jeunes adultes se sont allongées ces dernières décennies : de plus en plus de jeunes prolongent leurs études comparativement aux générations précédentes. Cette évolution a profité aussi bien aux jeunes femmes qu'à leurs pairs et tous les milieux sociaux ont été concernés.

Tableau 2
Taux de scolarisation des jeunes par classes d'âge au 01/01/93

	Hommes	Femmes	Ensemble
16 ans (nés en 1976)	97,0 %	96,4 %	96,7 %
17 ans (nés en 1975)	90,7 %	91,7 %	91,2 %
18 ans (nés en 1974)	79,6 %	84,1 %	81,8 %
19 ans (nés en 1973)	63,5 %	71,2 %	67,3 %
20 ans (nés en 1972)	45,0 %	52,2 %	48,5 %
21 ans (nés en 1971)	32,5 %	37,9 %	35,2 %
22 ans (nés en 1970)	23,8 %	26,9 %	25,3 %
23 ans (nés en 1969)	15,3 %	17,0 %	16,2 %
24 ans (nés en 1968)	9,3 %	11,5 %	10,4 %
25 ans (nés en 1967)	7,3 %	8,0 %	7,7,%

Champ : France métropolitaine, enseignement public + privé, y compris l'apprentissage.
Source : DEP (LE BRIS-MARTINEZ et VIALLA, 1994).

---

[1] D'autres dimensions, non abordées ici, pourraient également être prises en compte : les pratiques culturelles, la sociabilité, etc.
[2] la notion de « logement indépendant » fait référence à un logement pris en charge par le jeune lui-même (et éventuellement son conjoint).

Cependant, ces évolutions n'induisent pas une homogénéisation des parcours scolaires individuels ; ils demeurent diversifiés de par leur durée et leur contenu (niveau d'études et filières). Cette diversité des parcours est liée aux choix et capacités individuels, mais aussi à une certaine inégalité d'accès aux différents parcours : les moyens disponibles pour financer le prolongement des études ainsi que les capacités d'aide, d'incitation et de conseil de la part des parents (GOUX et MAURIN, 1997) peuvent influer les trajectoires.

3.2. Et les trajectoires professionnelles se compliquent

Une situation professionnelle stable est synonyme de la perception régulière d'un revenu. Ainsi, la place du travail demeure prépondérante dans la trajectoire d'accès à l'état adulte ; accéder à un emploi stable est un moyen d'acquérir son autonomie économique vis-à-vis de ses parents, son indépendance résidentielle, etc.

Les trajectoires professionnelles des jeunes se sont fortement modifiées et diversifiées. Dans un contexte économique où le taux de chômage est élevé, l'insertion professionnelle des jeunes adultes est difficile : l'accès à un emploi relativement stable[3], directement à la suite des études, est devenu rare. Les jeunes passent souvent par des phases intermédiaires constituées de périodes de chômage, d'emplois précaires (CDD, temps partiel), de stages ou d'emplois aidés (GAUTIÉ, 1994 ; CASES et LAGARDE, 1996). Ces périodes intermédiaires sont plus ou moins longues selon les individus. Leur durée est fortement liée à leur niveau de diplôme : l'insertion professionnelle des moins diplômés est plus chaotique et plus longue à se réaliser. Ils sont plus durablement exposés au chômage et se trouvent même, pour certains, dans une situation de chômage persistant. Les plus diplômés semblent plutôt concernés par du chômage intermittent ou des emplois déqualifiés que par une exclusion durable du marché du travail.

---

[3] La notion de situation professionnelle stabilisée est relative ; elle ne signifie pas dans l'absolu une situation figée mais plutôt une situation professionnelle ayant une forte probabilité de ne pas être remise en cause trop rapidement.

Tableau 3
Destinations en mars 1994 des jeunes sortis du système éducatif en 1993

| | Niveau d'études (*) | | | | |
	Niveaux VI-Vbis	Niveau V	Niveau IV	Niveaux I à III	Ensemble
Emploi	9 %	26 %	34 %	49 %	32 %
Chômage	22 %	37 %	31 %	16 %	26 %
Apprentissage	44 %	12 %	4 %	2 %	12 %
Stage	8 %	7 %	8 %	5 %	7 %
Service militaire	3 %	13 %	18 %	25 %	17 %
Inactivité	14 %	5 %	5 %	3 %	6 %
Total	100 %	100 %	100 %	100 %	100 %

* Niveaux VI et Vbis : sorties sans qualification professionnelle.
Niveau V : sorties des seconds cycles courts professionnels (CAP-BEP) et abandons de la scolarité du second cycle long avant la classe de terminale.
Niveau IV : sorties des classes terminales du second cycle long et abandons des scolarisations post-Bac avant d'atteindre le niveau III.
Niveau III : sorties avec un diplôme de niveau Bac + 2 ans (DUT, BTS, DEUG et équivalent).
Niveaux II et I : sorties avec un diplôme de second ou troisième cycle universitaire ou un diplôme de grande école.
Source : Bilan formation-emploi 1993-94, Insee (BALAN et MINNI, 1995).

Mais au-delà du niveau de diplôme, c'est l'ensemble du parcours scolaire antérieur, c'est-à-dire la spécialisation du diplôme ainsi que les modes d'enseignement (apprentissage, suivi de formation en alternance, etc.), qui influencent l'insertion sur le marché de l'emploi. La diversité des trajectoires professionnelles prolonge en quelque sorte celle des parcours scolaires. Cependant, les personnes ayant un parcours scolaire identique n'ont pas nécessairement les mêmes parcours professionnels. Les choix individuels expliquent en partie ces différences, mais il y a également d'autres facteurs qui interviennent : la proximité des parents vis-à-vis du marché de l'emploi et l'origine sociale de la personne qui traduisent implicitement la capacité à recourir à des réseaux professionnels, familiaux ou amicaux constitués par l'entourage familial (EPIPHANE et MARTINELLI, 1997). La situation locale du marché du travail est aussi un facteur influençant la trajectoire professionnelle des individus.

3.3. La dimension « économique » : elle est liée à l'activité, mais pas uniquement

L'accès à l'autonomie des jeunes est fortement lié à la disponibilité de ressources financières propres. Au cours de la jeunesse, l'individu passe d'un statut d'enfant à la charge de ses parents à un statut de personne autonome financièrement. L'acquisition de ce nouveau statut est une des clefs du passage à l'état adulte dans la mesure où elle est souvent nécessaire à l'acquisition d'un logement autonome ainsi qu'à la constitution de sa propre famille (vie en couple et venue d'enfant).

La trajectoire économique des jeunes est liée à leur activité puisque les revenus du travail sont une composante importante de leurs ressources financières. Le statut d'étudiant est souvent associé à une dépendance financière vis-à-vis des parents puisque la majorité des jeunes en cours d'études n'ont pas de revenus d'activité ; et ceux qui cumulent études et emploi perçoivent généralement de faibles revenus du fait de la nature de leur activité (travail à temps partiel, petits boulots ponctuels). Mais le fait de ne pas être étudiant n'est pas synonyme d'indépendance financière : parmi les jeunes actifs, les situations sont loin d'être homogènes. Comme pour les autres actifs, le niveau de revenu est très variable selon le statut de l'emploi occupé : dans le cas d'un emploi à temps complet, en CDI, l'individu perçoit des revenus d'un montant se situant au minimum au niveau du SMIC. Par contre, lorsqu'il s'agit d'une activité à temps partiel, en intérim, en CDD, ou d'emploi aidé, le niveau de rémunération et sa variabilité ne garantissent pas nécessairement l'indépendance économique de la personne.

Ainsi, la perception de salaires et leur niveau est très variable : parmi les 18-29 ans la proportion de ceux percevant un revenu d'activité est de 44 % en mars 1992[4] (CAUSSAT, 1995). Cette proportion moyenne est très variable selon l'âge : parmi les jeunes âgés de 20 ans, moins de un sur dix perçoit un revenu d'activité ; à 24 ans, il sont un sur deux et plus des deux tiers à 28 ans. Et en termes de niveau de revenu, les disparités sont importantes : parmi les 18-29 ans percevant un revenu d'activité en mars 1992, un sur dix perçoit un salaire net inférieur à 2 700 francs tandis que un sur dix a un revenu supérieur à 9 400 francs par mois.

Les revenus d'activité ne sont pas la seule source de revenu des individus. Les jeunes peuvent également bénéficier de revenus de transfert (allocations logement, bourses scolaires, RMI, prestations familiales, etc.) ainsi que d'aides financières versées par leur entourage.
L'aide apportée par la famille peut aller de l'assurance du couvert et du logis jusqu'à des aides financières régulières permettant parfois aux jeunes adultes d'acquérir une indépendance résidentielle (situation de décohabitant dépendant) ; c'est en effet lors de l'installation du jeune dans un logement indépendant que ces aides sont les plus fréquentes. Après 25 ans, leur montant décroît fortement (DE BARRY et al.,1996). Ces aides tendent à accentuer les écarts de situation entre individus dans la mesure où elles concernent plus fréquemment ceux issus de milieux favorisés.

Les revenus de transfert sont également l'une des composantes des ressources des jeunes. Certains étudiants reçoivent une bourse pour les aider à financer leurs

---

[4] D'après les données de l'enquête emploi 1992.

études : à peine un jeune sur dix âgé de 18-25 ans perçoit ce type d'aide (ECKERT-JAFFÉ, 1995). Cette population peut aussi bénéficier de prestations familiales et des allocations logement. Le versement de ces prestations s'accroît avec l'âge des individus : à 20 ans, environ un quart des jeunes est couvert par les prestations familiales ou aides au logement ; à 24 ans, cette proportion passe à 39 %[5] (AMROUNI, 1995) .

Ces éléments nous montrent combien les trajectoires économiques peuvent être différentes selon les individus : les niveaux de ressources disponibles sont très variables, ainsi que leur composition et évolution au cours du temps. Ces trajectoires doivent s'apprécier aussi au regard des revenus du ménage dans lequel les individus résident, ce qui tend à élargir la palette des situations.

Pour compléter ce cadrage sur la dimension économique, il faut souligner que la situation financière de cette population est difficile à connaître du fait de la variabilité des ressources et leur composition[6]. De plus, la diversité des situations résidentielle et familiale de cette population rend particulièrement délicate la connaissance de ses revenus : lorsque l'individu a un logement autonome, ses revenus peuvent être correctement saisis dans le cadre d'une enquête. Mais lorsqu'il réside chez ses parents, ses ressources ne seront pas nécessairement bien appréhendée, la connaissance des revenus du ménage étant souvent polarisée sur les revenus de la personne de référence et de son conjoint. Et une prise en compte globale du revenu du ménage ne permet pas toujours d'identifier précisément les apporteurs de ressources.

3.4. La dimension « logement» : les trajectoires résidentielles tendent à se « brouiller »

Comme pour les autres aspects de la trajectoire des jeunes adultes, l'aspect « logement » a évolué : la cohabitation avec les parents se prolonge. Parmi les jeunes âgés de 20 ans, 75 % d'entre eux résident chez leurs parents ; cette proportion passe à 56 % à 22 ans, 38 % à 24 ans et 22 % à 26 ans[7] (DESPLANQUES, 1994). Outre son report, l'installation dans un logement autonome s'effectue plus fréquemment dans le cadre d'un processus progressif, avec éventuellement des périodes de retours temporaires ou durables au sein du foyer parental. L'organisation des trajectoires résidentielles des jeunes est de fait très variable en termes de temporalité (décohabitation volontairement temporaire) et de prise en charge par l'entourage familial. La décohabitation doit être prise en compte au regard de l'autonomie financière du jeune : l'installation dans un logement

---

[5] D'après les données de l'enquête emploi et de l'échantillon CNAF de l'année 1992.

[6] La composante « aides financières versées par l'entourage familial » n'est pas toujours bien identifiable ce qui est gênant dans la mesure où cette source de revenu peut être importante pour certains jeunes.

[7] D'après les données du recensement de la population de 1990.

autonome n'est pas équivalente lorsque le loyer (ou autres dépenses courantes) est totalement pris en charge par la famille et lorsque le jeune assume seul, éventuellement avec son conjoint, la charge du loyer et les dépenses de la vie courante .

La connaissance des trajectoires résidentielles des jeunes apparaît parfois complexe[8] et elle nécessite en amont une réflexion sur la notion de décohabitation. Selon les définitions retenues, l'âge moyen de décohabitation est en effet très variable (voir le tableau 4).

La diversité et les changements plus fréquents de situations élargissent la palette des trajectoires résidentielles. Cependant, certaines situations classiques demeurent : les étudiants résident plus fréquemment chez leurs parents, et lorsqu'ils décohabitent afin de poursuivre leurs études, ils reviennent souvent ponctuellement au sein du foyer parental, voire durablement en fin d'études. Parmi les jeunes actifs, ceux qui n'ont pas encore stabilisé leur situation professionnelle restent plus fréquemment au sein du foyer parental comparativement aux jeunes ayant un emploi. Et le départ du jeune, lorsqu'il s'effectue après la scolarité, donne moins souvent lieu à retour.

L'environnement familial peut également influer la trajectoire résidentielle : la mise à disposition d'un logement ou le versement régulier d'aides financières permettent d'anticiper la décohabitation. A contrario, lorsque la famille ne peut aider financièrement l'installation du jeune adulte, celui-ci devra attendre d'avoir les moyens de subvenir à ses besoins pour pouvoir s'installer dans son propre logement.

---

[8] La notion même de lieu de résidence peut parfois devenir imprécise du fait d'allers-retours entre différents logements

Tableau 4
Age médian lors de l'installation dans un logement indépendant en fonction du type de logement

	Hommes		Femmes	
	1er départ : logement payé par les parents	1er départ : logement indépendant (2)	1er départ : logement payé par les parents	1er départ : logement indépendant (2)
Répartition / sexe	20 %	80 %	22 %	78 %
Âge médian à l'installation dans :				
- le 1er logement autre que celui des parents (sauf internat)	19,3	21,5	19,0	21,4
- le 1er logement personnel (1)	19,5	23,8	19,0	21,4
- le 1er logement indépendant (2)	24,7	23,8	23,4	21,4
Âge médian au début du service militaire (pour ceux qui l'on fait)	21,8	20,0	-	-

(1) : logement personnel (hors foyer parental, internat et caserne) qui peut être payé par les parents.
(2) : logement indépendant, pris en charge par le jeune lui-même ou mis à sa disposition par son employeur (sauf caserne).
Source : Enquête emploi, 92 (VILLENEUVE-GOKALP, 1997).

Indépendamment de l'activité et de l'environnement familial des personnes, les trajectoires résidentielles des hommes et femmes diffèrent : celles-ci se mettent plus tôt en couple, ce qui induit une décohabitation plus précoce. De plus, les jeunes hommes ont parfois tendance à retarder le départ du foyer parental pour des raisons économiques : le chômage est un frein très net à l'indépendance résidentielle pour les jeunes hommes alors que l'instabilité professionnelle ou l'inactivité volontaire n'empêchent pas certaines jeunes femmes de quitter leurs parents (DESPLANQUES, 1994).

3.5. La dimension « familiale » : la mise en couple et la venue d'enfant complètent le processus d'accès à l'état adulte

Au cours de la jeunesse, les individus quittent généralement leur famille d'origine et constituent leur famille de procréation ; ce passage induit la mise en couple (nommée ici trajectoire conjugale) et la venue d'enfant (nommée ici trajectoire familiale). Cependant, certains jeunes adultes acquièrent leur autonomie économique et résidentielle sans pour autant se mettre en couple ou/et avoir des enfants. La mise en couple et le rôle de parents sont-ils des conditions nécessaires pour accéder à l'état adulte ?

Les dimensions conjugale et familiale des trajectoires des jeunes doivent être prises en compte lorsque l'on s'intéresse à cette population[9], d'autant plus que celles-ci interagissent sur les autres facettes du processus de transition. Mais, ces dimensions apparaissent en quelque sorte en mode mineur dans l'accès à l'autonomie : la mise en couple et la venue d'enfant peuvent éventuellement compléter ce processus mais ce ne sont pas des événements nécessaires à sa réalisation.

3.6. Les interactions entre les dimensions compliquent le cadrage de la catégorie

La catégorie « jeunes » est difficile à définir du fait des différentes dimensions à prendre en compte et, à l'intérieur de chacune de ces dimensions, de l'éventail relativement large des trajectoires possibles. Cette difficulté est amplifiée par l'existence d'interactions entre dimensions. Les trajectoires professionnelle, économique, résidentielle et familiale des jeunes ne sont pas indépendantes ; elles interagissent les unes sur les autres, de façon variable selon les individus.

Certaines relations peuvent intuitivement être identifiées : par exemple, les relations entre parcours scolaire et parcours professionnel ou bien les liens existant entre situation professionnelle et situation économique. Pour ce type de relation, le sens de la causalité entre événements est relativement connu et stable d'un individu à l'autre. Mais dans d'autres cas, les interactions entres les différentes facettes des trajectoires sont moins évidentes à apprécier dans la mesure où elles n'existent pas nécessairement et qu'elles ne jouent pas toujours dans le même sens. Les liens entre activité et situation familiale en sont un bon exemple : l'articulation entre trajectoire familiale et trajectoire professionnelle des jeunes ne sont pas de même nature selon le genre mais aussi selon le parcours scolaire antérieur. Pour les hommes, il y a un certain enchaînement entre ces deux dimensions : ils cherchent le plus souvent à stabiliser leur situation professionnelle avant de constituer leur famille (BATTAGLIOLA et al., 1997). Par contre, pour les jeunes femmes, les deux dimensions se gèrent soit en parallèle soit l'une au dépend de l'autre : certaines privilégieront leur trajectoire familiale indépendamment du fait d'avoir ou non stabilisé leur situation professionnelle ; alors que d'autres favoriseront leur insertion professionnelle en différant la venue du premier enfant, voire en l'excluant. Ce choix est lié en partie au niveau

---

[9] Voir en annexe 1 quelques éléments de cadrage sur les trajectoires conjugale et familiale des jeunes.

d'études des jeunes femmes et à leur degré d'insertion professionnelle sur le marché du travail.

Les relations entre les trajectoires résidentielle et économique sont également complexes et variables. Décohabitation et indépendance économique ne coïncident pas toujours. Pour une majorité de jeunes, l'indépendance résidentielle se réalise lorsque l'individu dispose d'un revenu suffisant pour assurer son indépendance économique. Cependant, dans certains cas, la décohabitation se réalisera malgré l'absence de ressources propres ; l'autonomie résidentielle sera alors prise en charge par la famille. Et inversement, parmi les jeunes percevant un revenu régulier, certains continuent de vivre chez leurs parents bien qu'ils aient les moyens de prendre un logement autonome.

Définir la catégorie « jeunes » renvoie à la détermination des étapes nécessaires à l'accès au statut adulte, en se référant aux différentes dimensions des trajectoires individuels.

En privilégiant une lecture plutôt économique de cette phase de la vie, l'accès à l'état adulte peut se définir comme l'acquisition par l'individu des moyens de son indépendance financière et résidentielle vis-à-vis de son entourage familial. Ainsi, la catégorie « jeunes » englobe les individus encore dépendants financièrement et matériellement de leur entourage. Dans ce type de définition, l'accès à un emploi stable est central dans la mesure où il procure les revenus nécessaires à l'autonomie[10]. D'autres définitions sont possibles ; certains auteurs (BATTAGLIOLA *et al.*, 1997 ; GALLAND, 1995) intègrent également les dimensions familiales des individus : la venue du premier enfant concrétiserait le passage à l'âge adulte.

L'objet n'est pas ici de trancher pour l'une ou l'autre des définitions mais de montrer plutôt toute la difficulté qu'il peut y avoir à définir la catégorie « jeunes ». Faute de se mettre d'accord sur des limites relativement claires et satisfaisantes de catégorie, on ne sait pas toujours ce qu'englobe la catégorie « jeunes ».

Ce problème de définition apparaît également lors de l'analyse des dispositifs publics en faveur des jeunes : ils s'adressent à chaque fois aux « jeunes », mais derrière ce vocable commun, ce sont des « sous-catégories » différentes qui sont concernées. Il n'y a pas, en effet, une seule et unique définition des jeunes dans les politiques publiques mais une palette de définitions combinant différents critères, variables selon les dispositifs et les domaines d'intervention.

---

[10] Mais ce n'est pas le seul moyen ; certains jeunes, essentiellement des jeunes femmes, acquièrent leur autonomie par la mise en couple.

4. LES DISPOSITIFS PUBLICS EN FAVEUR DES JEUNES : UNE POPULATION CIBLE TRÈS VARIABLE

La jeunesse est une période de la vie qui s'est allongée et les trajectoires individuelles se sont fortement diversifiées. Face à ces évolutions, l'action publique a essayé d'adapter son système d'aides. Cette adaptation s'est essentiellement polarisée dans le domaine de l'emploi, avec la multiplication des dispositifs en faveur de l'insertion professionnelle des jeunes. Dans le domaine scolaire, l'augmentation des moyens (bourses, crédits de fonctionnement, locaux, etc.) a plus ou moins suivi la progression des effectifs. Et pour répondre aux besoins des jeunes et de leurs familles, les dispositifs d'aides au logement[11] et d'aides à la famille[12] ont quelque peu évolué.

4.1. Un système d'aide segmenté en fonction des domaines d'intervention

Pour faire face à cette hétérogénéité de situations et de besoins, les aides publiques en faveur des jeunes sont très diversifiées. Il n'y a pas un dispositif spécifique d'aide en faveur des jeunes mais une multitude de dispositifs concernant différents domaines. Ils sont organisés par secteur d'intervention : certains dispositifs concernent l'éducation, d'autres l'emploi, ou bien le logement, la famille, la santé, la justice ou encore la culture et les loisirs. Derrière chaque domaine d'action, il y a une ou plusieurs institutions concernées : le ministère de l'Enseignement Supérieur et de la Recherche pour les aides concernant la scolarité, le ministère de l'Equipement, des Transports et de la Ville pour les aides aux logement et la gestion des foyers, le ministère de l'Emploi et de la Solidarité pour les aides à l'emploi, mais aussi les mesures en faveur de la famille et de la santé, etc. (LABADIE et DE LINARÈS, 1995). L'action publique apparaît ainsi relativement segmentée par les différents intervenants et les domaines dans lesquels ils agissent. Mais cette sectorisation n'est pas toujours stricte dans le sens où certains dispositifs peuvent avoir une entrée plus transversale et être à la croisée de plusieurs domaines à la fois : par exemple, les aides en faveur des logements étudiants touchent au secteur du logement mais aussi à l'éducation puisqu'il s'agit de faciliter l'accès à un logement autonome aux étudiants afin qu'ils puissent poursuivre leur scolarité là où ils le souhaitent sans être nécessairement dépendants du lieu de résidence de leurs parents.

---

[11] Extension de l'allocation de logement sociale aux étudiants aux début des années 90.

[12] Pour aider les familles à assumer la charge de leurs « grands enfants » qui demeurent plus tardivement au sein du foyer, l'âge limite des enfants pris en compte pour le calcul des prestations familiales et les allocations logement a été reculé : il est passé de 17 à 18 ans en 1990 et de 18 à 19 ans en 1998. Et l'allocation de rentrée scolaire a été étendue aux enfants de 16 à 18 ans en 1990. Par ailleurs, des mesures fiscales ont été mises en place permettant certaines déductions pour les foyers ayant des enfants poursuivant des études.

Cette sectorisation des domaines d'action correspond en quelque sorte aux différentes dimensions des trajectoires : les intervenants et institutions concernés s'intéressent et agissent généralement sur l'une des facettes de la vie des jeunes sans prendre nécessairement en considération les autres dimensions.

Cette organisation segmentée rend parfois difficile sa lisibilité mais aussi sa cohérence ; la juxtaposition de définitions diverses de la catégorie « jeunes » en est l'une des illustrations.

4.2. Chaque domaine d'action, voire chaque dispositif, a sa propre définition de la catégorie « jeunes »

Les dispositifs en faveur des jeunes se distinguent selon leurs domaines d'action et objectifs mais également en fonction de leurs modalités de fonctionnement[13] et de la définition de la catégorie « jeunes » retenue. Chaque mesure s'adresse à un public bien spécifique : ce ne sont pas les jeunes dans leur ensemble qui sont visés, mais à chaque fois une « sous-catégorie » de cette population comme les étudiants, les apprentis, les primo-demandeurs d'emploi, les jeunes en difficulté, etc.

Les critères permettant de définir les publics visés diffèrent selon les dispositifs : certains déterminent leur population cible en fonction de l'âge, du niveau scolaire, de la situation financière de l'individu, et éventuellement de celles de ses parents, ou bien des conditions de logement, de la situation familiale, etc.

La combinaison de critères retenue pour délimiter la population cible des différentes mesures est liée au domaine d'intervention. Dans le domaine scolaire, les mesures s'adressent exclusivement aux étudiants. L'obtention de bourses ou d'autres aides sociales en direction des étudiants est conditionnelle à la situation scolaire des individus, mais également à leur situation familiale, sociale et géographique. La cible de ces mesures correspond à une population d'étudiants issus plutôt de milieux modestes[14].

Les dispositifs axés sur l'emploi concernent les jeunes actifs non occupés. Ils ont comme principal objectif de permettre à leurs bénéficiaires de s'insérer durablement sur le marché de l'emploi par le biais d'incitations à l'embauche (contrat emploi-solidarité ou contrat initiative-emploi) éventuellement combinée à

---

[13] Les modalités de fonctionnement des dispositifs concernent la nature de l'aide (services subventionnés, aide en nature, allégements de charges ou bien aides financières), l'envergure du dispositif (dispositifs nationaux ou locaux), la durée du versement s'il y a et le bénéficiaire de ce versement (le jeune lui-même, ses parents ou son employeur).

[14] La perception des bourses de l'enseignement supérieur, délivrées sur critères sociaux, décroît effectivement avec la progression du milieu social des étudiants. Mais pour les bourses remises sur critères universitaires (pour les étudiants de troisième cycle), le constat est différent : leur caractère redistributif disparaît dans la mesure où les revenus parentaux ne sont pas pris en compte ; on observe parfois même un effet redistributif inversé (EICHER et GRUEL, 1997).

une formation (contrat de qualification, contrat d'adaptation, etc.). Selon les dispositifs, la catégorie « jeunes actifs non occupés » visée est variable en termes de niveau scolaire et d'âge : par exemple, les contrats initiative-emploi s'adressent, en partie, aux moins de 26 ans non diplômés, sans emploi et non indemnisés. Par contre, les contrats d'adaptation concernent les 16-25 ans ayant une formation générale, voire une première formation technologique ; les bénéficiaires ont d'ailleurs majoritairement le baccalauréat ou au-delà.

Dans le domaine des aides à la famille, la population « jeunes » peut être définie de façon différente : soit en tant que « grands enfants », soit en tant que jeunes parents. Pour certaines prestations telles que les allocations familiales, le complément familial, etc., les prestations sont versées, sous certaines conditions, aux familles ayant des enfants de moins de 20 ans à leur charge effective[15]. Dans ce cas, les jeunes concernés ouvrent droit à prestations mais ce sont les parents qui sont allocataires en titre et perçoivent donc les prestations. L'autre sous-catégorie de jeunes concernée par les prestations familiales est celle des jeunes parents ; la charge d'enfant leur permet de bénéficier des prestations en tant que bénéficiaires en titre.
Dans le domaine du logement, la population cible des allocations est la sous-catégorie des jeunes ayant une charge de logement et de faibles revenus. À ces conditions s'ajoutent des critères concernant la localisation et le type de logement occupé (location dans le parc privé, foyer, etc.).

Ce survol des dispositifs en faveur des jeunes et la détermination de chacune des sous-catégories concernées est résumé brièvement dans le tableau suivant.

---

[15] Et n'ayant pas acquis son indépendance financière, puisque le jeune ne doit pas percevoir un revenu régulier supérieur à 55 % du SMIC.

Tableau 5
Quelques exemples de « sous-catégories » de jeunes
visées par les dispositifs publics

Domaine d'intervention	Sous-catégorie visée	cible en fonction des dispositifs
Domaine scolaire	Les jeunes scolarisés	Les aides en nature (cantine) : Les jeunes scolarisés.
		Bourses sur critères sociaux : Les jeunes issus de milieux modestes, scolarisés en premier ou second cycle universitaire.
		Bourses sur critères universitaires : Les jeunes scolarisés de troisième cycle.
Domaine professionnel	Les jeunes actifs non occupés	Contrat de qualification : Les jeunes de 16 à 25 ans
		Contrat d'adaptation : Les jeunes de 16-25 ans ayant accompli un cycle complet de première formation technologique ou ayant une formation générale.
		Emploi-jeune Les jeunes de 18-26 ans
Domaine familial	Les jeunes à la charge effective de leurs parents	Allocations familiales : Les jeunes de moins de 20 ans ne bénéficiant pas de revenu supérieur à 55 % du SMIC
	Les jeunes ayant charge de famille	Allocation pour jeune enfant : Les jeunes ayant au moins un enfant de moins de 3 ans et de faibles revenus.
Domaine logement	Les jeunes ayant une charge de logement	Allocations logement : Les jeunes ayant une charge de logement et faibles ressources.

Chaque dispositif a sa propre définition de la catégorie « jeunes ». Le choix des critères déterminant les populations cibles est lié au domaine d'intervention : les dispositifs d'aide à l'emploi privilégient les critères d'âge, d'activité et de niveau scolaire. Pour les aides à la famille, leur versement est conditionnel à la situation familiale ainsi qu'aux ressources du ménage, etc. Les dispositifs délimitent leur population cible en se référant à certains aspects de la trajectoires des jeunes, variables selon les domaines. Bien que les « sous-catégories » ainsi définies ne regroupent pas nécessairement des individus différents, il est complexe de faire le lien entre elles. L'appréciation des dispositifs est en conséquence délicate ; il est difficile de déterminer dans la catégorie « jeunes » qui bénéficie des différentes aides et cela d'autant plus si l'on adopte une optique dynamique.

5. CONCLUSION

La catégorie « jeunes » est délicate à définir de par son caractère multidimensionnel et dynamique. Elle englobe des individus qui progressivement s'affranchissent du milieu familial d'origine pour acquérir une nouvelle place dans la société en tant qu'adulte. Cette transition s'effectue dans des conditions et sur des périodes très variables selon les individus. Aussi, retenir une tranche d'âge pour délimiter cette catégorie paraît insuffisant. D'autres types de critères se référant aux différentes dimensions des trajectoires individuelles doivent être intégrés ; il s'agit de conditions concernant l'activité des personnes, leur situation résidentielle et économique, éventuellement leur statut familial, etc.

Ne pas identifier clairement les limites de la catégorie « jeunes » conduit à englober sous ce même vocable des populations parfois très différentes. Ce problème se retrouve lors de l'analyse des dispositifs publics en faveur des jeunes. Chaque dispositif définit sa population de jeunes bénéficiaires en se référant à certains aspects des trajectoires des individus. La catégorie « jeunes » est ainsi découpée en sous-catégories qui regroupent parfois les mêmes individus, mais pas nécessairement. Certains jeunes peuvent rentrer dans plusieurs sous-catégories au cours de leur jeunesse et parfois au même moment : ils peuvent être étudiant boursier et bénéficiaire d'allocation logement ou bien répondre aux conditions d'enfants à charge et ouvrir droit aux allocations familiales puis bénéficier d'une mesure d'aide à l'emploi, etc. L'appréciation du dispositif public en faveur des jeunes est, en conséquence, complexe puisque le lien entre les populations bénéficiaires est difficile à réaliser : il est possible d'apprécier le nombre de bénéficiaires d'une mesure à un moment donné, mais il est délicat d'apprécier dans le temps le nombre de jeunes ayant bénéficié d'au moins l'une des mesures du système d'aides publiques.

Isabelle Amrouni

CADRAGE SUR LES TRAJECTOIRES
CONJUGALE ET FAMILIALE DES JEUNES

La mise en couple et de la venue du premier enfant s'effectuent plus tardivement parmi les jeunes générations, mais la précocité des jeunes femmes en terme de trajectoires conjugale et familiale persiste.

La mise en couple est un événement qui a été soumis à différents changements : il a lieu plus tardivement du fait du décalage des autres étapes du processus d'accès à l'état adulte. Les hommes se mettent en couple, en moyenne, aux alentours de 24-25 ans et les jeunes femmes autour de 22-23 ans.

Le processus de vie en couple a évolué : le principal mode d'entrée dans la vie en couple devient la cohabitation hors mariage, l'attrait pour le mariage étant ressenti plus tardivement dans la trajectoire conjugale.

Situations conjugales lors de l'enquête (mars 1994)

	Célibataire	En couple marié	En couple non marié	Ensemble
hommes				
20-24 ans	76,3 %	4,1 %	19,5 %	100 %
25-29 ans	37,0 %	29,9 %	33,1 %	100 %
30-34 ans	20,0 %	56,2 %	23,8 %	100 %
femmes				
20-24 ans	59,4 %	12,3 %	28,3 %	100 %
25-29 ans	23,0 %	45,5 %	31,5 %	100 %
30-34 ans	18,9 %	60,1 %	21,0 %	100 %

Source : Enquête de l'Ined effectuée en 1994 sur les situations familiales. (DE GUILBERT-LANTOINE et al., 1994).

Conjointement à la moindre fréquence du mariage comme étape préliminaire à la vie en couple, l'enchaînement des étapes s'est transformé : pour les générations précédentes, la décohabitation apparaissait comme une condition préalable à la mise en couple. Aujourd'hui, la mise en couple n'est pas nécessairement liée à une prise de logement autonome commun. En effet, parfois les jeunes vivent en couple sans avoir leur propre logement ; ils vivent ensemble mais au sein de l'un des foyers parentaux. Ou bien certaines personnes vont déclarer vivre en couple bien qu'elles aient chacune leur propre logement ou bien qu'elles ne partagent pas toujours le même logement (vie partagée entre le foyer parental et le logement du conjoint(e)). Ces formes de vie commune peuvent résulter de choix ou bien être subies du fait de contraintes extérieures.

Ces différentes évolutions soulèvent la signification de la notion de mise en couple : C'est vivre ensemble dans un même logement (avec éventuellement ses parents), c'est partager l'existence de son conjoint tout en conservant son autonomie résidentielle, etc. « *La gamme de modes de vie en couple est aujourd'hui étendue. Même en se limitant à ceux qui partagent le même logement, délimiter et dénombrer les couples n'est pas choses facile* »

(DESPLANQUES et SABOULIN, 1990). Et cela, sans doute particulièrement en début de vie commune : le caractère encore instable de certaines situations et les contraintes extérieures (fin d'études, impossibilité de prise en commun d'un logement...) ont tendance à accroître la diversité des situations. Ainsi, ce que l'on a tendance à prendre pour un report de vie en couple n'est peut-être, en fait, que le report des formes clairement identifiables de mise en couple.

La naissance du premier enfant est un événement qui suit logiquement la mise en couple des jeunes adultes. Il y a eu, ces dernières décennies, une élévation de l'âge de la mère lors de l'arrivée du premier enfant. L'âge moyen de la mère à la première naissance est passée de 24 ans en 1970 à 26 ans en 1989[16]. L'écart d'âge entre conjoints étant relativement constant dans le temps, l'âge du père lors de la venue du premier enfant a connu ce même décalage. En 1992, L'âge médian du père lors de la première naissance est de 28,3 ans et il est de 26,7 ans pour la mère[17]. Ce report de la première naissance est lié au report de la mise en couple. De plus, les jeunes couples ont tendance à vivre une période de plus en plus longue avant d'avoir leur premier enfant.

Mais, ce recul de la première naissance n'est pas de la même ampleur pour toutes les femmes : celles qui ont le plus investi dans les études tendent à retarder plus que les autres jeunes femmes le moment de la naissance du premier enfant. Cela s'explique par l'âge atteint à la fin des études, mais également par un certain choix qui s'opère entre situation professionnelle et venue d'enfant. Il ne s'agit pas d'un choix au sens strict dans la mesure où l'on supprime l'un des éléments au profit de l'autre, mais il s'agit d'un choix de calendrier.

---

[16] Source : Insee (COUET et TAMBY, 1994).
[17] Source : Insee, Enquête emploi (GALLAND, 1995).

BIBLIOGRAPHIE

AMROUNI I. (1995), « 20 ans, un âge charnière », *Recherches et Prévisions*, n° 40, juin 1995, CNAF.

BALAN D. et MINNI C. (1994), « Les 16-25 ans : plus nombreux à l'école que sur le marché du travail », *Insee Première*, n° 323, juin.

BATTAGLIOLA F., Brown E. et JASPARD M. (1997), «Etre parent jeune : quels liens avec les itinéraires professionnels ? », *Economie et statistique*, n° 304-305, 1997-4/5.

BLÖSS T. (1994), « L'entrée dans la vie résidentielle », *Informations sociales,* n° 34.

BOZON M. et VILLENEUVE-GOKALP C. (1995), « L'art et la manière de quitter ses parents », Population et sociétés, *Bulletin mensuel de l'Ined*, n° 297, janvier.

CASES C. et LAGARDE P. (1996), « Activité et pauvreté », *Insee Première*, n° 450, mai.

CAUSSAT L. (1995), « Les chemins vers l'indépendance financière », *Economie et statistique,* n° 283-284.

COUET C. et TAMBY I. (1994), « La situation démographique en 1993», collections Insee Résultats, *Démographie et société*, n° 49-50.

DE BARRY C., ENEAU D. et HOURRIEZ J.-M. (1996), « Les aides financières entre ménages », *Insee Première*, n° 441, avril.

DE GUILBERT-LANTOINE C., LÉRIDON H., TOULEMON L. et VILLENEUVE-GOKALP C. (1994), « La cohabitation adulte », *Population et société*, n° 293, septembre.

DESPLANQUES G. (1994), « Etre ou ne pas être chez ses parents », Population et sociétés, *Bulletin mensuel de l'Ined*, juillet-août 4.

DESPLANQUES G. et DE SABOULIN M. (1990), « Les familles aujourd'hui », *Données Sociales*, Insee.

EICHER J-C et GRUEL L. (1997), *Le financement de la vie étudiante*, Paris, La Documentation française, Collection Les Cahiers de l'OVE.

ECKERT-JAFFE O. (1995), *Ce que coûtent les jeunes de 18 à 25 ans*, sous la direction de Ined, rapport final.

EPIPHANE D. et MARTINELLI D. (1997), « Famille, petites annonces, ANPE... L'accès à l'emploi des diplômés de l'enseignement supérieur », Formation Emploi, n° 58.

ESTRADRE M.-A. (1995), « Les inégalités devant l'école : l'influence du milieu social et familial », *Insee Première,* n° 400, septembre.

EVEN M. et REBIÈRE C. (1997), « La situation des jeunes lycèens 7 mois après la fin de leurs études », Note d'information n° 97.08, mars 1997, du ministère de l'Éducation nationale, DEP.

GALLAND O. (1991), « Sociologie de la jeunesse, l'entrée dans la vie », Paris, Armand Colin, collection U, série « Sociologie ».

GALLAND O. (1995), « Une entrée de plus en plus tardive dans la vie adulte », *Economie et Statistique*, n° 283-284.

GAUTIÉ J. (1994), « Le chômage des jeunes en France, un problème de formation », *Futuribles*, n° 186.

GOUX D. et MAURIN E. (1997), « Démocratisation de l'école et persistance des inégalités », *Economie et statistique*, n° 203.

LABADIE F. et DE LINARÈS C. (1995), « Financements de l'État et politiques de jeunesse », *Recherches et prévisions*, n° 40.

LE BRIS-MARTINEZ F. et VIALLA A. (1994), « La soclarisation des jeunes de 16 à 25 ans en 1992-1993) », Note d'information n° 94.20, mais 1994, du ministère de l'Éducation nationale, DEP.

MARTINOT-LAGARDE P. (1997), « D'une famille à l'autre », *Projet*, n° 251, septembre.

MAUGER G., BENDIT R. et VON WOLFFERSDORFF (textes réunis par) (1994), «Jeunesses et sociétés : Perspectives de la recherche en France et en Allemagne », Paris, Armand Colin.

POULET P. (1997), « Repères sur l'emploi des jeunes», Note d'information n° 97.09, mars 1997, du ministère de l'Éducation nationale, DEP.

PRIOUX F. (1994), « La naissance du premier enfant », *Population et Société*, Ined, n° 287, février.

REBIÈRES C. (1996), « L'entrée dans la vie active des jeunes issus de l'enseignement secondaire », *Education et Formations*, n° 45.

VILLENEUVE-GOKALP C. (1997), « Le départ de chez les parents : définition d'un processus complexe », *Economie et Statistique,* n° 304-305, 4/5.

La prise en charge du handicap

Les enjeux d'une politique catégorielle

Jean-Pierre Marissal, (CRESGE-LABORES-université catholique de Lille)
Dominique Greiner, (Centre d'éthique contemporaine-université Catholique de Lille). Caroline Carlier, (IESEG-université catholique de Lille)

1. INTRODUCTION

Les théories de la justice sociale s'intéressent aux problèmes d'allocation des ressources, droits, devoirs, opportunités et obligations qui se posent au niveau global d'une société. Cette question théorique de la macrojustice serait, si l'on en croit Kolm (1996), sinon résolue, du moins en passe de l'être. Il en est autrement pour les problèmes dits de « micro justice », de justice « *in the small* » (YOUNG, 1994), de « justice locale » (ELSTER, 1992). Ceux-ci posent la question des décisions d'allocation prises non pas de manière globale à l'échelle d'une société, mais dans des situations sociales concrètes. Par exemple, comment allouer un bien rare et indivisible comme un greffon parmi des patients inscrits sur une liste d'attente.

La réflexion sur la microjustice cherche à clarifier les conditions dans lesquelles des acteurs diversement regroupés et hiérarchisés élaborent et expriment leurs choix. Selon Gazier (1997), il y a dans ce nouvel intérêt pour la justice plus qu'une simple redistribution de la stratification entre le global et le local, qui se ferait en faveur de ce dernier. Le local est devenu une dimension, un point de passage névralgique que les théories globales, abstraites et avant tout soucieuses de cohérence interne, avaient négligé.

Mais entre les théories globales et les approches locales, il semble exister un gouffre qu'aucun pont ne franchit encore et qu'il semble pourtant urgent de commencer à construire. La présente contribution s'inscrit dans l'optique d'une telle construction. Il ne s'agit pas tant d'une élaboration conceptuelle ou théorique de ce qu'on peut appeler la « méso-justice »[1] que d'une réflexion sur la manière dont les institutions réelles procèdent à la répartition des droits et des avantages dans des contextes particuliers, des situations singulières, en tentant de rendre compte des comportements stratégiques des acteurs décentralisés. Procéder de la

---

[1] « *Finally, a number of issues of specific justice acquire a global distributive scope and importance because the problem they raise is widespread anf factually important. This is notably the case of various questions concerning the human capital such as education or health, or various aspects of general basic needs. These issues can be said to constitute the intermediary field of mesojustice.* » (KOLM, 1996).

sorte, c'est aussi aborder de front la question de la sélectivité : qui (quelle population, quels individus) en fin de compte va bénéficier de la distribution des droits et des avantages ?

Un champ particulier d'analyse est retenu, celui de la prise en charge du handicap en France et, plus précisément, des décisions prises par l'institution des commissions techniques d'orientation et de reclassement professionnel (COTOREP). Ce choix doit être motivé. Deux arguments peuvent être avancés. Tout d'abord, la réflexion sur la prise en charge du handicap nous situe au cœur du débat post-rawlsien sur la justice globale : comment prendre en charge le handicap et seulement le handicap ? Sans couvrir l'ensemble du champ, les COTOREP jouent, en France, un rôle majeur dans cette prise en charge. Or, les COTOREP – et ceci est notre second argument – sont des institutions décentralisées en contact direct avec leur public. Elles doivent mettre en œuvre des grands principes distributifs tout en tenant compte de la singularité des situations dans lesquelles se trouvent les demandeurs. Ainsi, la reconnaissance et l'appréciation de la sévérité du handicap peuvent se fonder sur des variables autres que médicales, ne serait-ce que la situation économique du demandeur. Il semble donc que nous soyons bien dans le champ intermédiaire de la mésojustice.

La deuxième partie précise quelques notions relatives au handicap. En partant du schéma de Wood, nous rappelons la difficulté d'appréhender la réalité duale du handicap : variables médicales et non médicales. La troisième partie présente les grands principes de prise en charge du handicap défini dans son acception la plus large. La quatrième partie aborde de façon détaillée le fonctionnement des COTOREP comme producteur de statut à partir d'un *input* multidimensionnel et en propose une interprétation. La cinquième partie conclut brièvement sur les perspectives qu'ouvre une telle réflexion.

2. LE HANDICAP : ASPECTS CONCEPTUELS

Les estimations de la prévalence du handicap, des déficiences et des incapacités en France donnent des chiffres allant de 2,2 % et 10 % de la population française, variant, notamment, selon les définitions retenues (présence d'un handicap sévère pour l'enquête de l'Institut national d'études démographiques (INED), présence d'un handicap, d'une gêne ou d'un handicap lourd donnant droit à des prestations spécifiques pour l'enquête santé, présence d'une déficience physique, sensorielle ou motrice pour l'enquête sur les conditions de vie des ménages ou présence d'une reconnaissance administrative du handicap pour l'enquête de la Direction générale des impôts (DGI) et la Caisse nationale d'assurance maladie des travailleurs salariés (CNAMTS)) (*cf.* tableau 1).

Tableau 1
Les estimations de la prévalence du handicap en France

Source	Population étudiée	Effectif	
Lenoir (1974)	Inadaptés physiques	Total	2 300 000
Lévy (1976)	Adultes handicapés sévères	Total	1 104 000
Enquête INED (1980)	Handicapés sévères de moins de 60 ans	• Total • Dont 15-59 ans :	1 213 776 1 104 000
Enquête santé (1980-1981)	Population vivant dans un ménage ordinaire	• Présence d'un handicap ou d'une gêne : • Présence d'un handicap lourd reconnu :	5 135 151 806 374
Enquête sur les conditions de vie des ménages (1986-1987)	Population vivant dans un ménage ordinaire	Présence d'un handicap (tous âges)	3 189 000
Direction générale des impôts (1987)	Détenteurs d'une carte d'invalidité		1 236 000
CNAMTS (1990)	Bénéficiaires des allocations ou pensions ci-contre	• Allocation aux adultes handicapés : • Pensions militaires d'invalidité : • Allocation compensatrice :	519 000 692 000 206 000

Blanc (1990)	Adultes handicapés sévères	Total :
		Dont
		    - inaptes au travail
		    - chômeurs
		    - en milieu ordinaire de travail
			1 100 000
			
			400 000
			200 000
			500 000

Cette variabilité des concepts constatée dans l'épidémiologie du handicap se retrouve dans les quelques études françaises menées sur le retentissement du handicap, tant pour la société que pour le handicapé lui-même. Tantôt approché par la notion de maladie (voir, CHARRAUD et CHOQUET, 1984) effectué à partir de l'enquête santé 1980-1981, qui utilise la présence d'une maladie incapacitante comme indicateur d'incapacité), tantôt approximé par une difficulté ou une impossibilité à accomplir un certain nombre d'actes jugés élémentaires (COLVEZ *et al.*, 1984, CHARRAUD et CHOQUET, 1984) pour l'enquête santé 1980-1981 ; GUIGNON (1990) pour l'enquête « Conditions de vie des ménages 1986-1987 »), le handicap constitue un concept difficile à mesurer et qui ne peut pas se ramener à une simple variable dichotomique. Il est, d'un point de vue économétrique, une variable latente.

Une illustration de la complexité de la mesure du handicap est donnée par la classification actuelle du concept de handicap, retenue par l'Organisation mondiale de la santé (1980), qui fait du handicap la donnée de trois notions différentes articulées entre elles selon une architecture logique : la déficience, l'incapacité et le désavantage social (*cf.* schéma 1)[2].

La déficience correspond à « *toute perte de substance ou altération d'une fonction ou d'une structure psychologique, physiologique ou anatomique* ». On notera que la notion de déficience est plus large que celle de trouble en ce qu'elle incorpore des pertes de substances comme l'amputation d'un membre ou la perte d'un organe, ainsi que des altérations mentales et psychologiques et qu'une déficience peut être durable ou provisoire.

L'incapacité est constituée, quant à elle, par « *toute réduction (résultant d'une déficience), partielle ou totale, de la capacité à accomplir une activité d'une façon ou dans les limites considérées comme normales pour un être humain* ». L'incapacité est ici considérée comme un écart dans l'aptitude ou le comportement des personnes déficientes par rapport à la « norme », au regard d'un certain nombre d'actes choisis arbitrairement, mais censés représenter un ensemble d'activités élémentaires (marche, hygiène corporelle, etc.) ou de dispositions à la sociabilité de l'individu (capacité à communiquer, conscience, etc.).

Enfin, le désavantage est considéré comme « *le préjudice résultant d'une déficience ou d'une incapacité qui limite ou interdit l'accomplissement d'un rôle considéré comme normal compte tenu du sexe, de l'âge et des facteurs socioculturels* ». Il s'interprète donc comme la conséquence sociale d'une déficience ou d'une incapacité, mesurée par l'écart entre les potentialités de l'individu, mais également de ses proches, et leurs aptitudes effectives dans la réalisation de leur « rôle social ».

Au fil du déroulement du schéma développé par l'Organisation mondiale de la santé (OMS), nous voyons comment s'opère l'intégration des variables médicales, conduisant à des incapacités lorsque l'individu est confronté à son écosystème, dans la sphère économique et sociale. Néanmoins, peu d'éléments sont connus sur le processus de transformation des prérequis médicaux en expression sociale du handicap. La notion même de désavantage développée par l'OMS – qui correspond le mieux, selon nous, à la notion de handicap – apparaît floue. Ainsi, le désavantage social est-il défini comme « *le préjudice résultant d'une déficience ou d'une incapacité qui limite ou interdit l'accomplissement d'un rôle considéré comme normal compte tenu du sexe, de l'âge et des facteurs socioculturels* ». Il en

---

[2] Cette classification, d'abord expérimentale, a été adoptée officiellement par l'OMS en 1993 afin de pouvoir débuter son processus de révision, dont l'achèvement est en cours (CNIS, 1997).

découle, par conséquent, que la notion de désavantage est éminemment plus difficile à cerner que les concepts de déficience et d'incapacité, car la définition d'une « norme sociale » est beaucoup plus subjective qu'une norme de fonctionnement physiologique ou psychologique ou qu'une norme d'aptitude à réaliser certaines activités. Elle dépend, d'abord, du niveau potentiel d'aptitude de l'individu dont la définition du désavantage social nous apprend qu'il est fonction de l'âge, du sexe et d'un vecteur indéterminé de variables socioculturelles. La définition d'une telle norme sociale n'est donc pas stable dans le temps et dans l'espace, car elle est conditionnée par le milieu culturel et économique ambiant, lui-même dépendant des variations démographiques, des chocs historiques, etc. Tout ceci fait que la littérature recourt plus volontiers aux concepts de maladie incapacitante ou de gêne lorsqu'elle se penche sur la notion de handicap.

Schéma 1
Schéma de Wood et action médico-sociale

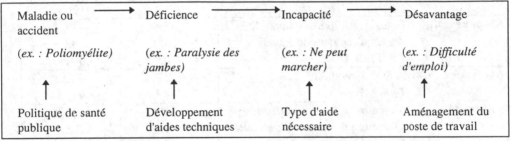

Maladie ou accident	Déficience	Incapacité	Désavantage
(ex. : Poliomyélite)	(ex. : Paralysie des jambes)	(ex. : Ne peut marcher)	(ex. : Difficulté d'emploi)
Politique de santé publique	Développement d'aides techniques	Type d'aide nécessaire	Aménagement du poste de travail

Source : MORMICHE (1996).

La définition de Wood a certainement l'avantage de présenter le handicap dans sa complexité. Mais elle n'a pas de contenu opérationnel puisqu'elle conduit, en fin de compte, à conclure qu'il n'y a de handicap que de situation. Cette dimension subjectiviste du handicap semble incontournable, mais il est possible de lui associer une dimension objective. C'est ce que fait, par exemple, NORDENFELT (1995) dans le cadre de sa théorie de la santé, dans laquelle il développe une théorie de l'invalidité jouant un rôle central dans son approche. Il insiste fortement sur la dimension subjective de l'invalidité : l'invalidité (disability) est, en effet, définie comme les non capacités (non-abilities) qui peuvent empêcher un individu de poursuivre ses propres buts vitaux. Est considéré comme invalide celui qui ne peut pas ou n'a pas les opportunités de poursuivre ses objectifs vitaux.

La théorie de Nordenfelt est donc résolument orientée vers le sujet. Mais dans le même temps, elle tient qu'il y a une classe substantielle de buts vitaux que vise tout agent rationnel pour continuer à vivre. Ceci inclut notamment la poursuite de besoins biologiques et d'un bonheur minimum (minimal happiness). Cette introduction des besoins fondamentaux ou de base introduit une dimension objective qui, de fait, se trouve prise en tension avec l'aspect subjectif.

3. LA COMPENSATION DES DÉFICIENCES

Cette tension entre objectivisme et subjectivisme est au cœur de la problématique de la compensation du handicap. Les institutions sociales compétentes ont en effet la charge d'apprécier les situations des demandeurs pour leur attribuer le statut de personne handicapée et les avantages qui y sont attachés. En France, la prise en charge du handicap s'est structurée progressivement autour de trois principes qui renvoient à autant de conceptions de la responsabilité individuelle ou sociale dans l'apparition des situations handicapantes. Avec ROTMAN (1994), nous pouvons distinguer les prestations en espèces selon qu'elles relèvent d'une responsabilité imputée, de l'assurance ou de l'invalidité (cf. tableau 2)[3].

Tableau 2

Prestations sociales en espèces versées au titre du handicap, de l'invalidité et des accidents du travail (en milliards de francs courants)

		Comptes de la protection sociale	
		1990	1996*
Responsabilité	Pensions militaires d'invalidité	12,6	11,3
	Rentes d'accident du travail	31,4	33,3
	Total (%)	*44,0 (43 %)*	*44,6 (40 %)*
Assurance	Rentes d'invalidité	32,7	37,0
	Total (%)	*32,7 (32 %)*	*37,0 (33 %)*
Solidarité	Allocation aux adultes handicapés	15,3	21,2
	Allocation d'éducation spéciale	1,3	1,7
	Allocation compensatrice	6,2	3,0
	Garantie de ressources	3,3	4,9
	Total (%)	*26,1 (25 %)*	*30,8 (27 %)*
Total (%)		**102,8 (100 %)**	**112,4 (100 %)**

* : Données provisoires.
Source : Comptes de la protection sociale, Service des statistiques, des études et des systèmes d'information du ministères des Affaires sociales et de la Solidarité.

3.1. Responsabilité

Deux régimes relèvent du principe de responsabilité : celui des anciens combattants et victimes de guerre et celui des accidentés du travail. Le premier a été créé par la loi de 1924 : la Grande guerre a fait plus de 3 200 000 blessés dont la moitié environ restera mutilée. Ces hommes ne peuvent être considérés comme responsables de leur état. C'est pourquoi la Nation, dans une logique de responsabilité assumée, est amenée à les prendre en charge financièrement. Le régime des accidents du travail est issu de la loi de 1898 et consacre la responsabilité des employeurs.

---

[3] À ces prestations en espèces s'ajoutent des prestations en nature (38,6 milliards de francs en 1996) et des prestations versées par les collectivités locales notamment au titre de la dépendance (près de 30 milliards de francs).

3.2. Assurance

La rente d'invalidité est destinée à compenser partiellement la perte de revenus consécutive à une capacité de travail réduite de façon importante à la suite d'une maladie ou d'un accident non professionnel. Les assurés sociaux, actifs au moment de la maladie ou de l'accident, reçoivent donc un revenu de remplacement de la part de leur régime d'assurance maladie. Ce système de compensation, issu de la législation de 1930, fonctionne sur le principe de l'assurance sociale.

3.3. Solidarité

Quatre prestations relèvent du principe de la solidarité. La plus importante est l'allocation aux adultes handicapés (AAH). Elle est versée sous conditions de ressources aux personnes de plus de vingt ans présentant un taux d'incapacité permanente de 80 % ou reconnues par la COTOREP dans l'incapacité de travailler ou dans l'impossibilité de trouver un emploi à cause de leur handicap (sous réserve d'un taux d'incapacité au moins égal à 50 %). Les autres prestations sont l'allocation d'éducation spéciale (AES), l'allocation compensatrice et la garantie de ressources. L'AES est versée aux ménages ayant à charge un enfant handicapé de moins de vingt ans (éducation, soins de haute technicité et recours à une tierce personne) (TRIOMPHE *et al.*, 1994).

L'allocation compensatrice est versée par l'aide sociale et vient, le cas échéant, en complément de l'AAH. Elle compense les frais occasionnés par le recours à une tierce personne ou facilite l'exercice d'une activité professionnelle. Enfin, la garantie de ressources est une allocation complétive visant à assurer un revenu minimum aux travailleurs handicapés exerçant une activité professionnelle.

3.4. Handicap versus inadaptation sociale

La distinction des modes d'imputation de la responsabilité ne fait cependant que relancer la problématique de la reconnaissance du handicap, notamment sous son versant solidarité. Au cours des dernières années, la tendance a été, en effet, au rapprochement entre les notions de handicap et d'inadaptation à la vie sociale et, plus précisément, à l'insertion sur le marché du travail. Ceci a contribué à rendre de plus en plus floues les frontières entre le handicap stricto sensu et l'inadaptation sociale, à mesure que les tendances lourdes de l'économie et de la société ont généré des catégories de laissés pour compte. Ainsi, dans le langage de certains parlementaires, y a-t-il une assimilation entre chômage de longue durée et handicap (EBERSOLD, 1995).

L'étude du processus de reconnaissance du handicap devrait permettre de mieux évaluer cette évolution dans la construction sociale du handicap. Ceci suffit à justifier une ligne de recherche sur les critères sous-jacents aux décisions de reconnaissance ou non de la qualité de personne handicapée et, notamment, sur la part de subjectivité qu'elle recouvre. Nous pouvons définir, a priori, cette part de subjectivité relativement au rôle que peuvent jouer les variables non médicales dans la décision d'octroi ou de refus du statut de handicapé par les instances décisionnelles.

Ces variables non médicales valent non seulement en termes d'importance dans la prise de décision, mais aussi en termes normatifs en ce qu'elles sont démonstratives de ce que la société considère relever du handicap dans la sphère sociale. Une interrogation sur les fondements de la prise de décision dans le domaine de la reconnaissance sociale du handicap visant à analyser les critères médicaux et non médicaux entrant dans le processus de sélection entre les postulants, d'une part, et, parmi les postulants, entre les catégories de sévérité du handicap, d'autre part, apparaît justifiée, mais se heurte à la confidentialité des données et des milieux où se prennent les décisions. Une première réflexion sur le fonctionnement des COTOREP permet d'affiner la problématique de la construction sociale du handicap et des enjeux d'une politique catégorielle.

4. LA RECONNAISSANCE SOCIALE DU HANDICAP : LES COTOREP

La reconnaissance sociale du handicap, acte par lequel la société reconnaît à l'individu postulant la qualité de personne handicapée et les droits qui en découlent, est assurée, dans le cadre français, par les commissions départementales d'orientation et de reclassement professionnel (COTOREP). Les COTOREP ont été instituées par la loi d'orientation en faveur des personnes handicapées de 1975, qui érige en obligation nationale l'éducation, la formation, l'emploi et l'intégration des personnes handicapées dans la société et qui est unanimement considérée comme le pilier de la législation telle qu'on la connaît aujourd'hui.

Composées de vingt membres, dont au moins trois médecins, les COTOREP se réunissent deux fois par an. Comme pour mieux signifier qu'elles sont un lieu de collaboration entre les administrations du travail et des affaires sociales, les COTOREP sont théoriquement présidées, en alternance par le directeur départemental du Travail, de l'Emploi et de la Formation professionnelle (DDTEFP) et le directeur départemental des Affaires sanitaires et sociales (DDASS). Les COTOREP se composent d'un secrétariat permanent (chargé d'accueillir et d'enregistrer les demandes, de planifier les réunions, etc.) et d'au moins une équipe technique par section.

4.1. Les deux sections de la COTOREP

Composée d'un noyau de base (médecins, assistante sociale, représentant du service public de l'emploi) entouré de professionnels aux compétences diverses et complémentaires (psychologues, prospecteurs placiers), l'équipe technique instruit le dossier et transmet son avis à la commission de section qui avalise.

Les COTOREP sont investies d'un pouvoir de décision exécutoire, les organismes de prise en charge ou de travail adapté devant se conformer à leurs conclusions. Leur place centrale dans le dispositif mis en place par les textes législatifs votés depuis 1975 fait qu'elles ont en charge des activités diverses pouvant, néanmoins, être regroupées en deux grandes catégories, d'où le découpage de chaque COTOREP en deux sections, dont les prérogatives sont bien délimitées.

La première section gère la reconnaissance du statut des personnes par rapport au marché du travail. La seconde section gère l'accès aux diverses prestations attachées à la condition de handicapé. Nous présentons succinctement les prérogatives de chacune des sections de la COTOREP avant de nous interroger sur la pertinence de la segmentation de l'activité de cette institution en deux départements aux attributions différentes.

4.1.1. La première section

La première section de la COTOREP est en charge de la gestion des relations directes entre le handicap et le monde du travail. Les activités de la COTOREP recouvrent l'orientation professionnelle des personnes handicapées en milieu protégé ou en milieu ordinaire de travail (concours administratif aménagé, abattement de salaire accordé aux entreprises, reconnaissance de la qualité de travailleur handicapé (RQTH)), ainsi que la formation professionnelle des handicapés.

L'activité liée à la RQTH a connu un regain d'intérêt depuis la promulgation de la loi du 10 juillet 1987. Cette loi oblige les entreprises occupant au moins 20 salariés à employer un quota de personnes handicapées égal à 6 % de l'effectif salarié. Cette loi comporte un certain nombre de dispositions novatrices par rapport aux dispositifs légaux régissant l'emploi des personnes handicapées qui l'ont précédée depuis 1919. Ainsi, elle institue une obligation d'emploi qui n'est plus restreinte aux seuls mutilés de guerre : les dispositions de la loi sont, en effet, élargies aux travailleurs reconnus handicapés par les COTOREP, aux accidentés du travail ayant une incapacité permanente d'au moins 10 % disposant d'une rente d'accident du travail et aux personnes handicapées disposant d'une pension d'invalidité.

Les dispositions de la loi démontrent également la volonté du législateur de promouvoir l'emploi des catégories de personnes handicapées les plus lourdement atteintes, ce que le mode de calcul du taux d'emploi de personnes handicapées défini par le texte de la loi met en lumière : plus le handicap de la personne employée est lourd et plus le coefficient qui lui est attaché (ou son équivalent en termes d'unités bénéficiaires[4]) sera important dans le calcul de l'effort effectivement accompli par l'établissement assujetti pour l'emploi de personnes handicapées (par exemple, un travailleur reconnu dans la catégorie C (handicap lourd) par la COTOREP compte, en termes d'unités bénéficiaires, pour 2,5 fois plus qu'un travailleur reconnu dans la catégorie A (handicap léger), de même pour un accidenté du travail dont le taux d'incapacité est supérieur à 85 % comparé à un homologue dont le taux d'incapacité physique permanente est inférieur à 67 %) (*cf.* tableau 3).

Si la relation entre le niveau d'incapacité physique permanente et son équivalent en termes d'unités bénéficiaires est rendue objectivable par l'emploi d'un barème chez les accidentés du travail, il en va différemment en ce qui concerne les personnes faisant l'objet d'une RQTH, pour lesquelles le classement en catégorie A, B ou C semble réalisé selon l'appréciation des « limitations fonctionnelles qui entravent la vie professionnelle de la personne handicapée » (DEVEAU, 1995), ce qui n'est pas sans rappeler la notion de désavantage social définie par l'OMS vue par le prisme du marché du travail.

Nous noterons, néanmoins, l'importance que revêt, dans la pratique, la sélection opérée par le classement en catégorie A, B ou C au sein de la population des personnes reconnues travailleurs handicapés, dans la mesure où une telle classification permet, en théorie, une plus grande visibilité du handicap sur le marché du travail.

De plus, ce classement donne droit à l'octroi d'une prime à l'emploi des personnes handicapées les moins adaptées au milieu de travail ordinaire par le jeu des unités bénéficiaires. Ce dernier point est essentiel quant on sait, au vu des résultats de l'application de la loi de 1987, que le rapport du nombre d'unités bénéficiaires sur le nombre de personnes employées ne cesse de croître et que le nombre d'unités bénéficiaires constitue bien une variable cible pour les entreprises assujetties à la loi.

---

[4] L'« unité bénéficiaire » représente l'unité de compte de l'emploi de personnes handicapées dans l'entreprise mise en place par la loi. Il s'agit, en l'occurrence, d'une valeur attachée individuellement à l'emploi effectif d'un individu handicapé, fonction du degré de sévérité du handicap de ce dernier et de son ancienneté dans l'entreprise.

Tableau 3
Table de correspondance entre la catégorie de personne handicapée employée et le nombre d'unités bénéficiaires

Catégorie d'employé handicapé	Nombre d'unités bénéficiaires
Accidentés du travail*	
IPP ≥ 10 % et < 67 %	1,0 unité
IPP ≥ 67 % et ≤ 85 %	1,5 unités
IPP > 85 %	2,5 unités
Travailleurs handicapés COTOREP	
Catégorie A (handicap léger)	1,0 unité
Catégorie B (handicap modéré)	1,5 unités
Catégorie C (handicap lourd)	2,5 unités
Formation professionnelle de 500 heures ou plus**	0,5 unité supplémentaire
Âgé de moins de 25 ans ou de plus de 50 ans**	0,5 unité supplémentaire
Embauché au sortir d'un atelier protégé, d'un institut médico-professionnel, d'un centre d'aide par le travail, d'un centre de distribution du travail à domicile ou d'un centre de formation professionnelle**	0,5 unité supplémentaire l'année de l'embauche et l'année suivante
Invalide pensionné	1,0 unité
Mutilé de guerre ou assimilé	1,0 unité

* Non cumulables avec les unités bénéficiaires attribuées au titre de la reconnaissance de la qualité de travailleur handicapé par la COTOREP.
** Valable uniquement pour les travailleurs handicapés reconnus par la COTOREP.
Source : *Les droits spécifiques des personnes handicapées*, ministère de l'Emploi et de la Solidarité, décembre 1997.

4.1.2. La seconde section

La seconde section apprécie, au titre des prestations, le taux d'incapacité de la personne handicapée et décide de l'attribution de l'allocation aux adultes handicapés (AAH), de l'allocation compensatrice et de l'allocation logement.

Au titre de l'admission dans un établissement médico-social, elle se prononce sur l'orientation du demandeur et son admission dans un établissement ou service spécialisé, foyer d'hébergement ou maison d'accueil spécialisé (MAS). L'utilisation d'un barème facilite la lisibilité des décisions prises dans ce cadre.

Les demandes de seconde section relatives aux allocations représentent, avec 71,7 % des demandes déposées en 1995, l'essentiel des requêtes présentées devant les COTOREP (BORREL et GOSSELIN, 1997). Pour autant, le volume d'activité des COTOREP selon la section, mesuré par le nombre de réunions tenues, n'est pas proportionnel aux demandes. Ainsi, 41 % des réunions des COTOREP de 1991 concernaient la première section (BLANC, 1995).

4.2. La reconnaissance sociale du handicap : un processus de production aux multiples *inputs* ?

Comme nous avons pu le voir précédemment, la reconnaissance sociale du handicap et les droits qui en découlent (essentiellement RQTH et allocations) font l'objet de décisions prises sur la base de données qui ne sont vraisemblablement pas réductibles aux seules variables médicales. Cet état de fait est d'autant plus marqué dans le cas des activités liées à la RQTH pour lesquelles ce n'est pas moins que la définition d'une norme sociale d'adaptation, voire d'adaptabilité, au marché du travail qui doit être définie.

En l'état actuel de la connaissance du fonctionnement des COTOREP, il est impossible d'apprécier le poids respectif des facteurs médicaux et des variables sociales dans les rendus de décision des COTOREP, ce qui nécessiterait d'étudier l'activité de ces organismes. Néanmoins, nous pouvons avancer un faisceau d'arguments laissant penser que le poids des variables non médicales n'est pas négligeable, même dans les activités relevant de la seconde section bénéficiant d'un barème : la faiblesse des taux de refus, des disparités régionales marquées, la difficulté d'appréciation des inputs médicaux.

4.2.1. La faiblesse des taux de refus

En matière de reconnaissance de la qualité de travailleur handicapé, les demandes sont, dans leur grande majorité, acceptées. Ainsi, en 1991, 89,6 % des dossiers étudiés se voyaient octroyer une reconnaissance du handicap, tandis que seuls 4,1 % des dossiers étaient déboutés, le restant faisant l'objet d'un placement en milieu protégé. Ce type de demande apparaît donc presque toujours justifié (BLANC, 1995).

Les demandes d'allocations spécifiques aboutissent elles aussi, dans une large mesure, à une attribution : toujours pour 1991, 77 % des demandes d'allocation ont abouti à un octroi (BLANC, 1995).

La faiblesse caractéristique des taux de refus dans les décisions d'attribution du statut ou des allocations pose question et appelle deux ordres d'explication :

• soit une présélection des candidatures est opérée en amont de la soumission à la COTOREP par les travailleurs sociaux ou le médecin traitant, de telle sorte que seules les personnes qui sont légitimement concernées déposent un dossier ;
• soit les critères de sélection sont peu restrictifs, ne s'appuyant que sur des prérequis médicaux minimaux et sur des données autres que les seuls facteurs médicaux.

4.2.2. Des disparités régionales marquées

Les disparités entre les décisions prises d'un département à l'autre sont importantes. En 1987, tandis que 710 personnes étaient reconnues travailleurs handicapés pour 100 000 habitants en Lozère, 23 pour 100 000 l'étaient en Haute-Garonne, la moyenne nationale s'établissant à 274 personnes pour 100 000 habitants (BLANC, 1995).

De même, des différences régionales marquées sont à mentionner en matière d'attribution de l'AAH : en 1987, on pouvait noter des densités fortes de personnes percevant l'AAH dans le quart Sud-Ouest de la France, alors qu'elles étaient particulièrement faibles en Ile-de-France et dans le quart Nord-Est du pays (BLANC, 1995). Les conditions locales d'emploi semblent expliquer dans une large mesure de telles disparités géographiques. Les COTOREP présentent en effet l'avantage de savoir s'adapter à leur environnement et de remplir avec souplesse leur rôle d'expert.

4.2.3. Des inputs *médicaux d'une teneur difficile à apprécier*

Il existe peu d'études permettant d'apprécier la teneur des critères médicaux sur la base desquels les décisions sont prises. En principe, toute demande doit être accompagnée d'une évaluation de l'état clinique du patient par le médecin traitant, sur la base d'un questionnaire répertoriant le type de déficience et une appréciation de l'autonomie du patient à partir d'une échelle simple. Néanmoins, ces données sont difficilement exploitables du fait de leur caractère confidentiel. Ceci explique qu'il faille remonter à 1987 pour obtenir de telles statistiques.

L'examen des bordereaux de décision de 78 COTOREP a montré que les critères médicaux sur lesquels les dossiers sont en partie jugés pèchent souvent par leur imprécision, ce qui, à notre sens, restreint la portée de ce type de critères en tant que base objective de prise de décision (FARDEAU et LEVAILLANT, 1991). En effet, concernant l'origine du handicap motivant la demande, nous constatons la prédominance de la catégorie résiduelle « autres maladies » (63,7 %), ce qui témoigne des difficultés associées au traitement de l'information médicale.

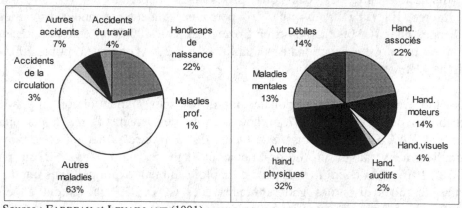

Graphique 1
Origine et type de handicaps des dossiers examinés en 1987

Source : FARDEAU et LEVAILLANT (1991).

Du reste, des débats se font jour, notamment dans les pays scandinaves, concernant le rôle joué par les médecins généralistes en tant que fournisseurs de l'information médicale, qui tendent à démontrer que ceux-ci pourraient biaiser l'information médicale apportée aux instances décisionnelles. Plusieurs explications sont avancées afin de rendre compte de ce type de comportement, l'inférant soit à la relation de clientèle existant entre le médecin et son patient (SHORTT, 1997), soit aux doutes exprimés par les médecins traitants sur l'intérêt des modes alternatifs de prise en charge du handicap, notamment l'aide à la réinsertion professionnelle, (GETZ et WESTIN, 1995 ; GETZ *et al.*, 1994).

Ce dernier point nous apparaît important, dans la mesure où les médecins disposent, dans la configuration actuelle du processus de reconnaissance sociale du handicap en France, d'un pouvoir conséquent, dans la mesure où les décideurs n'ont qu'un pouvoir de contrôle restreint quant à l'information qui leur est fournie (moins d'un quart des dossiers soumis font, en effet, l'objet d'une expertise, concernant essentiellement des dossiers médicaux imprécis).

Ceci tend à accréditer l'idée que les décideurs sont amenés à construire la notion de handicap dans un contexte d'asymétrie d'information (BOADWAY *et al.*, 1997). De tels soupçons sont renforcés par le fait que la demande de reconnaissance sociale du handicap est une démarche volontaire, dans la mesure où il revient au postulant de retirer, de compléter et de déposer le dossier, en s'efforçant de recueillir les pièces nécessaires au traitement, moyennant un coup de constitution du dossier relativement restreint.

Ainsi, nous pouvons légitimement nous interroger sur l'aptitude de la société à fournir une définition valide de la notion de handicap, dans la mesure où les instances décisionnelles font face à des biais importants dans l'information dont ils disposent (autosélection des demandeurs et asymétrie d'information sur le volet médical).

4.3. Entre subjectivisme et objectivisme

L'approche de NORDENFELT (1995) évoquée plus haut met en évidence la tension apparemment irréductible entre objectivisme et subjectivisme dans l'appréciation de l'invalidité et du handicap. Cette tension traverse à l'évidence une institution comme la COTOREP : celle-ci est, en effet, structurée de manière à distinguer assez clairement les aspects subjectifs et objectifs du handicap. La première section met l'accent sur la dimension subjective puisqu'en quelque sorte c'est à l'individu demandeur qu'est imputée la charge de la preuve de son (in)aptitude à occuper tel ou tel poste de travail dans telle ou telle configuration de l'environnement de travail (milieu ordinaire ou protégé). Pour les finances publiques, cette subjectivité ne pose pas de difficulté dans la mesure où le statut de travailleur handicapé n'a pas d'autre coût que celui de l'instruction et du suivi du dossier.

La deuxième section accentue la dimension objective, en mettant en œuvre un barème, d'une part, et en imposant une condition de ressources, d'autre part. Ainsi un minimum d'objectivité est-il requis quant à l'état de santé, d'une part, et quant aux besoins, d'autre part. Ceci est cohérent avec le fait qu'une réponse favorable conduit à l'attribution de prestations ou d'avantages supportés par les finances publiques.

Dans la réalité, la tension entre objectivisme et subjectivisme subsiste, ne serait-ce que sous la pression des demandeurs. En effet, nombre de dossiers sont déposés conjointement devant les deux sections. Il n'y a peut-être pas là qu'une dissonance cognitive sur les modalités d'instruction des dossiers : les demandeurs doivent préciser la nature de leur demande (section 1 ou section 2). La procédure normale veut générer un premier niveau de sélectivité entre deux types de populations. Il est attendu que la section 1 accueille les individus les plus employables et ayant une référence à l'emploi (déjà occupé ou potentiel), tandis que la section 2 devrait accueillir les personnes en situation de retrait par rapport au marché du travail et économiquement faibles.

5. CONCLUSION

Les modalités de compensation du handicap se heurtent à une difficulté majeure : l'appréciation du handicap. En effet, le handicap demeure pris dans une tension entre objectivisme et subjectivisme. Il échappe pour partie aux tentatives d'objectivation. Le rapprochement entre les notions de handicap et d'inadaptation à la vie sociale met en avant la dimension subjective, tandis que le rapprochement avec le chômage de longue durée pourrait souligner la dimension objective du handicap : l'incapacité (*non-ability*) à accéder aux besoins fondamentaux que sont la nourriture et le logement...

La structure duale des COTOREP apparaît, de ce point de vue, cohérente. Elle reconnaît, d'une part, l'objectivité d'un état de besoins lié à des déficiences physiques, psychiques ou sensorielles et, d'autre part, les difficultés d'adaptation à l'emploi. Le compromis institutionnel proposé par les COTOREP apparaît, en fin de compte, comme une réponse élégante au problème de la compensation. Il tient l'exigence d'un principe distributif fondé sur les besoins tout en reconnaissant l'existence de situations particulières qui ne peuvent être traitées que localement.

La question est, aujourd'hui, de savoir si la distribution des avantages liés à l'état de santé a encore une pertinence. D'une part, le rationnement de la demande de travail n'affecte pas que les travailleurs handicapés et, d'autre part, les personnes handicapées ne sont pas les seules en situation de besoin. Ceci invite à une réflexion approfondie sur la multiplicité et l'(in)cohérence des modes de prise en charge des populations défavorisées. La mise en place d'une allocation universelle aurait certainement l'avantage de simplifier l'ensemble du système de redistribution. L'instauration d'un principe de redistribution global et unique, joint aux règles du marché, serait une façon de contourner la tension entre objectivisme et subjectivisme. Mais ce serait du même coup nier la réalité du handicap comme variable ayant des effets propres sur la vie des handicapés. Une des tâches de la réflexion sur la mésojustice nous semble pourtant être de poursuivre la réflexion sur l'articulation des principes de justice globaux et locaux. Dans ce programme de recherche, l'analyse des configurations institutionnelles et des compromis existant nous semble prometteuse.

Jean-Pierre Marissal, Dominique Greiner, Caroline Carlier

BIBLIOGRAPHIE

ABRAMOVICI G. et SAUNIER J.-M. (1997), « Plus de 150 milliards de francs de prestations sociales liées à l'invalidité, au handicap et aux accidents du travail en 1996 », *Solidarité santé*, n° 4.

BLANC A. (1995), *Les handicapés au travail*, Dunod, Paris.

BOADWAY R., MARCEAU N. et SATO M. (1997), « An Agency Model of Welfare and Disability Assistance », *Cahier de recherche CREFE-UQAM*, n°46.

BORREL C. et GOSSELIN E. (1997), « Les personnes handicapées et l'emploi », *Solidarité santé*, n° 4.

CHARRAUD A. et CHOQUET O. (1984), « L'inégalité devant les incapacités physiques », *Économie et statistique*, n° 170.

CNIS (1997), *Handicap et dépendance. L'amélioration nécessaire du système statistique*, Conseil national de l'information statistique, n° 35.

COLVEZ A., ROBINE J.-M., MOREL B. et LELAIDIER S. (1984), « Incapacité et handicap dans la population française vivant à domicile », *Solidarité santé*, n° 3.

DEVEAU A. (1995), « Un nouveau barème », *Informations sociales,* n° 42.

EBERSOLD S. (1995), « Le travailleur handicapé : de l'invalide à l'exclu », *Handicap et inadaptations. Les cahiers du CTNERHI*, n° 65/66.

EDWARDS S.-D. (1998), « Nordenfelt's Theory of Disability », *Theoretical Medicine and Bioethics*, n° 19(1).

ELSTER J. (1992), *Local Justice. How Institutions Allocate Scarce Goods and Necessity,* Cambridge University Press, Cambridge.

FARDEAU M. et LEVAILLANT M. (1991), « Pour une analyse de la politique sociale en faveur des handicapés : l'activité des COTOREP », *Handicap et inadaptations. Les cahiers du CTNERHI*, n° 65/66.

FELDER C. (1993), « Les décisions COTOREP concernant les personnes handicapées », *Informations rapides*, n° 35.

GAZIER B. (1997), « Les bases cognitives des théories économiques normatives : le tournant des années 70 », *in* BROCHIER H., FRYDMAN R., GAZIER B. et LALLEMENT J. (éd.), *L'économie normative*, Economica, Paris.

GETZ L., WESTIN G.-M. et PAULSEN B. (1994), « Physician and Expert, a Conflict situation? General Practitioners Work with Disability Pension's Errands in a Time of Restraint Policy », *Tidsskr Nor Laegeforen*, n° 114(12).

GETZ L. et WESTIN S. (1995), « Assessment by Consulting Physicians and General Practitioners about Complex Disability Pension Matters », *Tidsskr Nor Laegeforen*, n° 115(14).

GUIGNON N. (1990), « Les incapacités déclarées par les personnes vivant à domicile », *in* ministère des Affaires sociales et de la Solidarité (éd.), *Les handicapés : chiffres repères 1990,* La Documentation française, Paris.

KOLM S.-C. (1996), *Modern Theories of Justice,* MIT Press, Cambridge Massachussets, London, England.

LÉVY E. (1983), « À propos du handicap sévère », *Prospective et santé*, n° 26.

MORMICHE P. (1996), « L'information sur le handicap et la dépendance en France », *Cahiers de sociologie et de démographie médicales*, n° 36(4).

NORDENFELT L. (1995), *On the nature of health*, Dordrecht, Kluwer.

ROTMAN G. (1994), « Plus de 150 milliards de francs pour les personnes handicapées, les invalides et les accidentés du travail », *Solidarité santé*, n° 2.

SHORTT S. (1997), « Too much money wasted on frivolous applications for CPP disability benefits », *CMAJ*, n° 156(1).

TRIOMPHE A., DEVEAU A., FLORI Y.-A. et HAUMESSER G. (1994), « L'évaluation de la politique en faveur des enfants handicapés. L'exemple du troisième complément d'allocation d'éducation spéciale », *Cahiers de sociologie et de démographie médicales*, n° 34(1).

YOUNG H.-P. (1994), *Equity in Theory and Practice,* Princeton University Press, Princeton, New Jersey.

CHAPITRE 2

ÉDUCATION - INSERTION

Les étudiants et le premier cycle universitaire : de l'analyse des échecs à leur prévention ?

L'exemple des filières Administration économique et sociale (AES) et sciences économiques à l'université de la Méditerranée

Colette Accabat, (Faculté des sciences économiques, université de la Méditerranée)

1. INTRODUCTION

Parler d'échec massif en premier cycle en globalisant[1], comme il est fait parfois de l'extérieur de l'université, c'est considérer cette dernière comme une organisation intrinsèquement sous-productive, qui n'active qu'à 30 % ou 50 % ou 60 % (selon les taux d'échec que l'on avance) le potentiel de réussite d'une population uniforme d'étudiants. À l'inverse, attribuer l'échec aux examens d'un grand nombre d'étudiants à la somme d'incapacités strictement individuelles, comme il peut être tentant de le faire à l'intérieur de l'université, élimine tout questionnement sur la contribution de l'institution à l'amélioration de la qualification de la jeunesse bachelière.

Posons une hypothèse centrale pour orienter l'exploitation de données monographiques : les étudiants engagent un cursus avec un plus ou moins grand potentiel d'échec ou de réussite, qui est plus ou moins activé dans leur confrontation avec les conduites des acteurs (enseignants, administration) et les logiques d'action (institution universitaire et système de formation) qui surdéterminent l'enseignement proprement dit et les résultats aux examens. Notre travail consiste à évaluer ce potentiel pour fonder une analyse de sa confrontation.

2. LE POTENTIEL INDIVIDUEL D'ÉCHEC OU DE RÉUSSITE : MÉTHODOLOGIE DE L'ÉTUDE

Les données monographiques que nous avons recueillies portent sur les étudiants inscrits en 1997-1998 à la faculté des sciences économiques de l'université de la Méditerranée (Aix-Marseille II) en première année, soit dans la filière Administration économique et sociale (AES), soit dans la filière Sciences économiques (SCE), dans l'un ou l'autre des deux centres d'implantation (Aix-en-Provence et Marseille). Les 1 036 inscrits (désigné « P1036 ») se répartissent entre les quatre publics de la façon suivante :

---

[1] La Direction de l'évaluation et de la prospective (DEP), devenue la Direction de la programmation et du développement (DPD), évalue globalement le taux d'accès en deuxième cycle à 60 %, et donc l'échec à 40 %. En étudiant les cohortes des primo-inscrits en 1990, 1991 et 1992, nous avons abouti à un taux du même ordre pour la faculté (ACCABAT, 1998).

Tableau 1

Répartition des 1 036 inscrits selon la filière et le centre

	AES	SCE	Total
Aix-en-Provence	249	174	423
Marseille	401	212	613
Total	650	386	1 036

Deux sources d'observation ont été combinées.

2.1. Les observations et leur cadre de référence

2.1.1. Le fichier administratif des inscrits (P1036)

Outre les principales informations de base que les étudiants déclarent lors de l'inscription (telles que : date de naissance, série du Bac, nationalité, etc.), le fichier administratif comporte les notes obtenues aux examens du premier semestre.

2.1.2. Une enquête par questionnaire

Une enquête par questionnaire, auto-administré, a été effectuée, dans le cadre des groupes de travaux dirigés[2] (TD), lors de la troisième semaine de l'année universitaire. Elle a permis de recueillir des informations sur le cursus scolaire, les perspectives de formation, le milieu familial et social, les conditions de vie, et quelques pratiques culturelles. 887 questionnaires ont été recueillis. Il a ensuite été possible de mettre en relation les deux sources pour 842 étudiants.

2.1.3. Identification de groupes de niveau (aux examens du premier semestre)

Pour pouvoir comparer des données hétérogènes, nous avons centré les moyennes individuelles (en appliquant les coefficients du règlement d'examen aux notes obtenues dans chaque matière) sur la moyenne obtenue par le public d'appartenance[3]. Nous avons défini six groupes de niveau, que nous regroupons ici en trois : « E ou F » lorsque la moyenne individuelle est inférieure à la moyenne d'ensemble moins un demi écart-type ; « C ou D » lorsqu'elle est dans un intervalle de un écart-type autour de la moyenne d'ensemble ; « A ou B » lorsqu'elle est supérieure à la moyenne d'ensemble plus un demi écart-type.

---

[2] L'incitation à répondre était forte... À quelques individualités près, ceci ne semble pas avoir perturbé les réponses.
[3] Il y a quatre publics, puisque chacune des deux filières (AES et SCE) est organisée dans deux centres (Aix-en-Provence et Marseille). Les programmes sont identiques à Aix-en-Provence et à Marseille dans chacune des filières, mais les équipes pédagogiques diffèrent.

2.2. Des « capitaux » à leurs indicateurs

Si on examine l'abondante littérature sur l'échec dans le domaine éducatif (LEMOINE, 1998), elle reste largement dominée par la réflexion sur la corrélation toujours prégnante entre milieu social et échec scolaire[4] et par la théorisation de BOURDIEU ET PASSERON (1966) en termes de capital culturel, habitus et reproduction sociale.

Faut-il considérer que la démonstration de la corrélation n'est plus à faire ? Sans doute ; mais cela ne signifie pas qu'elle ne soit plus d'actualité (GOUX et MAURIN, 1998). Doit-on considérer que l'approche en termes de reproduction sociale n'est plus de mise dans l'université de masse ? C'est peut-être la pratique dominante, contrairement à ce que l'on observe, dans le primaire et le secondaire[5], où des politiques catégorielles de discrimination positive expriment clairement que « massification » n'équivaut pas à « égalité sociale des chances ». Le discours sur l'université[6], et plus encore les pratiques quotidiennes en son sein[7], n'accordent guère de portée effective à cette problématique. Doit-on alors la considérer comme obsolète et ne s'intéresser qu'à des théories plus récentes (Lemoine 1998) et plus pointues ? Pour notre part, nous retiendrons volontiers certaines notions récentes fécondes, telles celles de mobilisation et d'affiliation (voir ci-après). Mais, si elles nous semblent utiles pour comprendre les mécanismes proprement dits de l'échec – et pour répondre à la question « comment ? » – l'impact de la proposition : les étudiants sont inégaux devant la réussite et l'échec aux examens car ils sont inégaux socialement n'est pas émoussé, il est à mettre en situation.

2.2.1. Un potentiel de départ en termes de « capitaux » disponibles

Le potentiel avec lequel chaque étudiant engage son cursus résulte de l'accumulation antérieure de plusieurs « capitaux »[8] : scolaire, linguistique, projectionnel, culturel et socioculturel, ainsi qu'économique. Notons que :

• linguistique renverra ici – de façon très restrictive – à l'appartenance à une communauté linguistique et culturelle autre que française ;

• projectionnel désignera la projection dans l'avenir de l'étudiant, c'est-à-dire le niveau de formation, le type de qualification et le genre d'emploi visé qu'il

---

[4] En témoigne le numéro des *Cahiers français*, « Le système éducatif » (n°285, mars-avril 1998) où, sous la plume de signatures qui font autorité dans le domaine, la proposition est maintes fois affirmée.
[5] C'est le cas de la politique des Zones d'éducation prioritaire (ZEP), du plan de rattrapage pour la Seine.
[6] Excepté lorsqu'on compare Grandes écoles, université et enseignement technologique.
[7] Les expériences de différenciation pédagogiques à l'intérieur des universités, des UFR, des filières, des enseignements (pour aller du plus global au plus détaillé) ne sont pas légion.
[8] Le concept de capital est ici démultiplié. Ce faisant, il prend un peu de distance avec sa stricte interprétation en termes d'héritage transmis par le milieu.

formule, ou ne formule pas, à partir de la façon dont il se situe actuellement dans la société ;

• le capital culturel pointe un rapport de plus ou moins grande proximité avec la culture légitime sous-jacente à la formation suivie (telle que le primat de l'écrit, par exemple) ;

• le capital socioculturel désigne la position sociale dans laquelle se situe le milieu familial. Le terme de position sociale mériterait développement ; posons qu'il désigne implicitement une plus ou moins grande proximité avec les élites de la culture et du pouvoir , sous le postulat que l'objectif de formation des élites reste, fondamentalement, ancré dans les pratiques universitaires, et que, si l'université des années quatre-vingt-dix n'est plus une université d'« héritiers », les non-héritiers sont néanmoins toujours confrontés à ce modèle.

2.2.2. Indicateurs observés

L'enquête portait sur plusieurs thèmes[9]. Les indicateurs qui ont été utilisés en priorité sont les suivants[10] :

Thème (tel qu'exprimé vis-à-vis des étudiants)	
Items	Sens attribué - commentaire
« Vous et votre cursus scolaire »	
Langue maternelle	Indicateur de capital linguistique de la réponse « double langue maternelle : français + une autre » ou « langue maternelle unique différente du français »
Série du Bac	Indicateur de capital scolaire
Redoublements avant la terminale	Indicateur de capital scolaire
Rattrapage au Bac, redoublement de la terminale, mention au Bac	Indicateurs de capital scolaire
Temps de latence entre Bac et primo-inscription	(Identifie les étudiants qui sont en réorientation)
Primo entrant ou redoublant (triplant)	
« Avez-vous étudié avec intérêt, avec plaisir, certaines matières ? Si oui, lesquelles ? »	Indicateur de mobilisation scolaire

---

[9] D'autres thèmes étaient absents. Ainsi par exemple, les notes du Bac n'ont pas été demandées et aucun test intellectuel n'a été organisé : les difficultés cognitives des étudiants ne peuvent être appréhendées.
[10] Les questions approchant la mobilité géographique n'ont pas été exploitées. De même, les questions sur la composition de la famille. Certaines questions sur les conditions de vie et les conditions d'études ne sont pas reprises.

« Les études dans lesquelles vous vous engagez »	
Diplôme visé	Indicateur de capital projectionnel
Projet de poursuite d'étude après le diplôme universitaire	Indicateur de capital projectionnel
Tentatives antérieures d'orientation vers d'autres cursus (en particulier à sélection)	Indicateur de capital projectionnel (la faculté, un second choix par rapport aux cursus à sélection ?)
Aide à l'orientation en amont	(La multiplicité des aides est souvent signe que l'étudiant a mûrement réfléchi)
	Partiellement, indicateur de niveau socioculturel (la réponse « amis et camarades » ou « frères ou soeurs » est souvent signe que les parents ne peuvent pas baliser le paysage du système de formation postbac)
« Votre famille »	
Trois questions pour le père, idem pour la mère permettant de situer le milieu social : statut, niveau de formation, catégorie socioprofessionnelle	Indicateurs de capital socioculturel
Situation de la famille vis-à-vis du logement	Indicateur de capital économique
Possession de certains biens culturels écrits	Indicateurs de capital culturel
« Vos conditions de vie »	
Logement étudiant	En partie un indicateur de capital économique Donne aussi une indication sur la rupture (pouvant avoir des conséquences opposées sur les conditions d'études) par rapport au milieu familial
Bénéfice de bourses (au lycée, à l'université)	Indicateurs de capital économique
Jobs pendant l'année universitaire	Indicateur de capital économique
Habitudes de partir en vacances	Indicateur de capital économique
« Votre vie en dehors de la Fac »	
Activités extra-universitaires	Susceptible de donner des indications sur des investissements concurrents du travail universitaire ; peut, dans certaines conditions, être interprété comme un indicateur socioculturel
Cinq questions sur des pratiques culturelles liées à la lecture	Indicateurs de capital culturel

2.3. Des capitaux aux handicaps

Engager un cursus universitaire précis et faire ce qui est nécessaire pour réussir aux examens, nécessite de mobiliser différents capitaux.

2.3.1. Atouts et handicaps

Les dotations initiales dans les divers capitaux représentent, de par leurs qualités et leurs quantités, un plus ou moins grand *potentiel d'échec* que l'on peut appréhender, a posteriori, en constatant les résultats aux examens des uns et des autres ; les étudiants ont, de ce fait, des *atouts* ou des *handicaps* face à la réussite.

2.3.2. Mesure relative des atouts et handicaps

L'appréciation de ce qui est atout ou handicap ne peut se faire que de façon relative ; la référence est en partie une norme extrinsèque aux étudiants, à savoir les exigences de l'institution universitaire (exemple : maîtriser la syntaxe et un certain vocabulaire savant sans lesquels il ne peut y avoir de conceptualisation ; ou maîtriser le langage formalisé et sa forme d'abstraction, etc.) ; mais la référence est en partie une norme intrinsèque à la population étudiante : telle sous-population est érigée en population-type, en noyau dur à qui est destiné l'enseignement défini par ses promoteurs – le ministère qui donne le cadre de l'habilitation et les enseignants qui le mettent en oeuvre dans les conditions contingentes qui sont les leurs. Les caractéristiques de ce noyau dur sont alors prises comme la référence par rapport à laquelle mesurer, selon une échelle à définir, les atouts et les handicaps relatifs.

Les primo-inscrits ayant un Bac ES[11] seront pris ici comme norme intrinsèque de référence. La première raison est institutionnelle. En effet, l'université est, d'abord et avant tout, ouverte aux Bacs généraux (alors que les Bacs technologiques et professionnels conduisent, institutionnellement, à des cycles courts de l'enseignement technologique et à l'enseignement professionnel). Ce faisant, les étudiants issus de ES, qui ont témoigné au lycée – fusse de façon contrainte – d'un certain intérêt pour les questions économiques et sociales, sont a priori susceptibles de se conformer à la norme extrinsèque[12]. Néanmoins, nous limiterons l'analyse aux primo-inscrits ; les redoublants, même issus de ES, seront laissés en dehors de la référence puisqu'ils ont prouvé qu'ils ne s'étaient pas (pas encore ?) conformés à la norme extrinsèque. La deuxième raison qui nous fait choisir cette référence est tout simplement que, statistiquement, c'est la sous-population la plus nombreuse.

---

[11] Il s'agit du Bac série « sciences économiques et sociales ». La désignation Bac ES a remplacé la désignation Bac B en 1996.
[12] Nous n'ouvrons ici pas la discussion sur les critiques émises à l'encontre de l'enseignement de sciences économiques et sociales (*cf. Le Monde*, 3 juin 1998).

3. LES INSCRITS : UN NOYAU DUR ET SES PÉRIPHÉRIES, AINSI QUE DES SATELLITES

La non-sélection à l'entrée fait de l'université un système ouvert, donnant à tous un droit théorique d'accès à l'enseignement supérieur. Les avantages – en termes démocratiques – de ce principe, ont été affirmés à l'occasion de tous les grands débats nationaux sur l'organisation de notre système d'enseignement[13]. Les inconvénients en ont été dénoncés, désignés souvent comme « erreurs d'orientation » : s'il n'y a pas une auto-sélection suffisante, la sélection a posteriori – par l'échec – sanctionnera les chances statistiques faibles qu'ont tel ou tel type d'étudiants de réussir tel ou tel type de cursus. Parler d'erreur d'orientation présuppose une offre de formation suffisante et parfaitement transparente et un mécanisme d'ajustement de la demande de formation à l'offre préexistante, de façon à ce que chaque étudiant trouve le « bon » cursus dans lequel s'inscrire ; cela présuppose également que l'offre de formation n'a pas de responsabilité dans l'échec. C'est toutefois une façon de voir la population étudiante autrement que comme un tout indifférencié auquel appliquer une offre tout aussi indifférenciée. Ce que nous allons faire aussi.

3.1. Déconstruire l'ensemble des 1 036 inscrits

3.1.1. Pourquoi ?

Partons de l'idée que les 1 036 inscrits [P1036] constituent la réunion de sous-populations hétérogènes, dont les risques statistiques de manquer l'objectif (réussir aux examens de première année) sont fortement inégalitaires. Ceci posera la question : le droit théorique d'accès à l'enseignement supérieur est-il un droit réel, compte tenu des capitaux dont elles disposent ? Pour ce faire, déconstruisons P1036, en isolant certaines sous-populations ayant une homogénéité à la fois statistique et théorique, tant du point de vue des risques d'échec encourus que du point de vue des capitaux dont elles disposent.

3.1.2. Comment ?

Étape par étape, la déconstruction de P1036 consiste tout d'abord à isoler – pour des raisons statistiques – les 842 enquêtés étudiés au sein des 1 036 inscrits, puis différentes sous-populations satellites : les 34 étudiants qui ne se sont pas présenté aux examens (c'est-à-dire les véritables abandons en cours de premier semestre, que nous ne pouvons pas, statistiquement et théoriquement, étudier comme les autres) puis les 84 « étrangers » (leur individualisation en tant que groupe répond à une logique statistique, mais aussi théorique : leur capital linguistique nécessite une réflexion particulière) puis les 121 redoublants (dont les résultats du premier

---

[13] Le discours démocratique – offrir à chacun sa chance – risque aussi de glisser vers le discours libéral : puisque chacun a sa chance, ceux qui en seront éliminés l'auront été de leur seul fait.

semestre méritent d'être confirmés au second) puis 24 étudiants dits ici hétérodoxes (ils se sont inscrits dans une filière autre que celle où les étudiants ayant la même série du Bac qu'eux s'inscrivent généralement). On retient finalement une population de 579 primo-inscrits, constituée d'un noyau dur de 402 Bacs « économie » et trois groupes que nous dirons périphériques : 88 Bacs « scientifique », 74 Bacs « gestion » et 48 Bacs « professionnel »[14].

3.2. L'échec global comme addition d'échecs différents

3.2.1. Reconstruction récapitulative de la population des inscrits

Partons du « noyau dur », puis ajoutons progressivement les différentes sous-populations : quelle est la répartition par niveau de chaque groupe d'étudiants ?

Tableau 2
Risques d'échec / chances de réussite – Indications données par les résultats du premier semestre pour chacune des sous-populations de P1036

	% d'étudiants qui sont				
	peut-être en difficulté		a priori en bonne posture		
	en AES	en SCE	en AES	en SCE	
				le 100% de la ligne correspond à :	
402 Bacs « économie »*	8 %	11 %	26 %	15 %	402
55 Bacs « scientifique »**	-	15 %	-	53 %	55
74 Bacs « gestion »***	51 %	-	0 %	-	74
48 Bacs « professionnel »****	94 %	-	0 %	-	48
P579	20 %	9 %	18 %	15 %	579
24 hétérodoxes	13 %	37 %	25 %	0 %	24
P603	20 %	10 %	19 %	15 %	603
121 redoublants	12 %	6 %	37 %	12 %	121
P724	19 %	10 %	22 %	14 %	724
84 étrangers	25 %	25 %	10 %	6 %	84
P808	19 %	11 %	20 %	13 %	808
34 abandons	100 %		-		34
P842	18 %	11 %	20 %	13 %	842
(P887)	18 %	10 %	19 %	12 %	887
118 inconnus	?40 %?	?40 %?			118
76 fantômes	100 %		-		76
P1036	30 %	28 %	27 %	29 %	1 036

* Ils sont isolés (par élimination des « satellites ») parmi les 589 Bacs « économie » que l'on compte au sein des 1 036 inscrits.
** Ils sont isolés parmi les 88 Bacs « scientifique » que l'on compte au sein des 1 036 inscrits.
*** Ils sont isolés parmi les 171 Bacs « gestion » que l'on compte au sein des 1 036 inscrits.
**** Ils sont isolés parmi les 98 Bacs « gestion » que l'on compte au sein des 1 036 inscrits.

---

[14] Nous appelons Bacs « économie » les étudiants qui ont un Bac ES (ou série assimilée : B), Bacs « scientifique » ceux qui ont un Bac S (ou séries assimilées : C, D, etc.), Bacs « gestion », ceux qui ont un Bac STT - Sciences et technologies tertiaires - (ou séries assimilées : G, F, etc.), Bacs « professionnel », ceux qui ont un Bac professionnel.

3.2.2. Conclusion d'étape

Les Bacs « économie » primo-inscrits ne sont pas spécialement en difficulté, mais plutôt en bonne posture, sans toutefois être vraiment homogènes. Par rapport à ce groupe de référence, les groupes périphériques ont des risques d'échec et des chances de réussite extrêmement différentes, et les groupes satellites s'atomisent dans des configurations de risques/chances très diverses.

Pour comprendre ce qui se passe, étudions les principaux groupes[15] du point du vue des capitaux qu'ils peuvent mobiliser. Quelles caractéristiques ont ceux dont les risques d'échec sont élevés par opposition à ceux dont les chances de réussite sont fortes ? Plus précisément, quelles caractéristiques relatives ont-ils ?

4. LES PÉRIPHÉRIES COMPARÉES AU NOYAU DUR : CULTURELLEMENT DIFFÉRENTES

Nous avons posé les primo-inscrits ayant un Bac « économie » comme référence à laquelle comparer les autres sous-populations. Il est alors logique de poser d'entrée de jeu quelques repères les concernant. Mais l'essentiel sera de mettre en évidence le fait que certains groupes sont culturellement plus défavorisés (les Bacs « professionnel » et « gestion ») ou plus favorisés (les Bacs « scientifique ») que les Bacs « économie ». Nous pourrons, sur ces bases, revenir sur l'analyse des échecs et des réussites au sein même de ces derniers (*cf.* section 5.).

4.1. Les Bacs « économie » : quelques repères

589 d'entre eux ont été inscrits en première année SCE (242) ou AES (347) à la faculté, dont 112 comme redoublants (39 en SCE, 73 en AES). 7 % d'entre eux sont défaillants aux examens du premier semestre. 522 ont répondu au questionnaire et 67 n'ont pas été interrogés. 402 se sont présentés aux examens. Leur répartition par niveau est la suivante.

Tableau 3
Le noyau dur - Répartition selon la filière et le niveau

	A ou B (en %)	C ou D (en %)	E ou F (en %)	Total (en %)	Total (effectifs)
en SCE	34	40	26	100	178
en AES	47	38	15	100	224

Donnons, à grands traits, leurs caractéristiques les plus robustes.

---

[15] On se limitera aux groupes périphériques.

Tableau 4

Le noyau dur – Prévalence des principaux indicateurs

Proportion d'étudiants ayant une double langue étrangère (le français + une autre)	9 %
Taux d'étudiants ayant redoublé avant la terminale	33 %
Proportion de ceux qui visent Bac+4	42 %
Part de ceux dont la mère a un niveau de formation supérieur ou égal au Bac	40 %
Part de ceux dont le père est cadre ou profession libérale, prof. intermédiaire ou enseignant	48 %
Part de ceux dont la mère est cadre ou profession libérale, prof. intermédiaire ou enseignante	32 %
Part de boursiers au lycée	23 %
Part de boursier en 97/98	32 %

Ayant ces données de base en tête, examinons les groupes périphériques.

4.2. Les Bacs « professionnel » : culturellement « défavorisés » et sans échappatoire à la faculté ?

98 étudiants issus d'un Bac professionnel ont été inscrits en première année AES[16]. 14 % sont défaillants aux examens du premier semestre ; soit deux fois plus que pour les Bacs « économie » : sans doute s'agit-il d'abandons par découragement[17] ou par entrée dans la vie active. Parmi les 98 en question, 29 n'étaient pas présents le jour où le questionnaire a été administré (une partie d'entre eux ne se sont inscrits à la faculté que fin octobre, avec un mois de retard sur les autres étudiants) ou ont remis des questionnaires inexploitables (par des refus de répondre ou des incohérences entre réponses).

Concentrons-nous sur les primo-inscrits en AES étudiés dans l'enquête. 48 d'entre eux se sont présentés aux examens. Il s'agit de jeunes filles dans 73 % des cas (contre 49 % pour les Bacs « économie ») et l'âge moyen dans le groupe est 21,3 ans (contre 18,9 ans pour les Bacs « économie »). Leur répartition par niveau est éloquente : 0 % en « A ou B », 6 % en « C ou D », 94 % – bref, l'écrasante majorité – en « E ou F ».

Regroupons dans un tableau quelques données de base.

Tableau 5

Les Bacs « professionnel » – Handicaps linguistiques et scolaires ; projets limités

Double langue maternelle (français + autre langue)*	7,1
Avoir une nationalité étrangère	8,5
Redoublement d'au moins une classe avant la Terminale	2,3
Absence de mobilisation scolaire	3,3

---

[16] Sauf trois d'entre eux qui se sont inscrits en SCE.
[17] Entrent dans cette catégorie les possibles départs au service militaire, alors que ces étudiants auraient pu être encore sursitaires.

Diplôme visé : Bac+2	2,6
Ne sait pas quel diplôme viser	2,8
Poursuite d'études : diplômes comptables	2,6
Aucune poursuite d'étude envisagée	1,3
A demandé à entrer en BTS	3,9

* C'est le plus souvent une langue arabe, le comorien, ou le vietnamien.

Note de lecture : les Bacs « professionnel » sont proportionnellement 7,1 fois plus nombreux que les Bacs « économie » à avoir double langue maternelle.

Ces étudiants ont saisi la chance (est-ce bien une chance ?) de venir à l'université, mais leur inscription est issue d'un parcours comportant un certain nombre d'échecs et se fait sous le signe d'un espoir limité, si ce n'est d'un échec annoncé.

Leurs handicaps culturels le donnent à penser. Ils sont 4,2 fois plus nombreux à déclarer que leur famille possède moins de 50 livres, 3,4 fois plus nombreux à ne lire aucun quotidien : leur rapport à l'écrit et à la culture de l'école est loin de la figure du bon élève[18]. Ajoutons qu'ils sont 2,8 fois plus nombreux à n'avoir aucune activité extra-scolaire : l'accès à une pratique artistique, l'intérêt porté à leur corps au point de pratiquer un sport, la possibilité d'une sociabilité orientée vers un but (dans une association, un club, etc.) leur sont étrangers. À moins qu'ils ne leur soient inaccessibles ; et, compte tenu des structures publiques et associatives qui auraient pu les intégrer, dans l'école ou dans leur quartier, les barrières sont peut-être plus culturelles qu'économiques.

Certes, les ressources de la famille sont plutôt faibles. Ces étudiants sont 5,6 fois plus nombreux (toutes proportions gardées) que les Bacs « économie » à habiter dans un HLM, 4,4 fois plus à envisager d'avoir un emploi rémunéré à mi-temps pendant l'année universitaire (alors qu'ils ne sont qu'en première année de DEUG), 3,8 fois plus à appartenir à une famille n'ayant pas de voiture, 3,7 fois plus à avoir été boursier au lycée, 2,7 fois plus à ne pas partir en vacances l'été, 2,2 fois plus à être boursier en 1997-1998. Il est difficile d'apprécier la pauvreté de ces étudiants et de leur famille, mais la question est en filigrane. Le fait qu'ils soient proportionnellement plus nombreux que les Bacs « économie » à vivre chez leurs parents (88 % contre 69 %) peut se comprendre comme le signe que, même avec les aides sociales auxquelles la majorité d'entre eux a droit, la solution la moins chère pour pouvoir poursuivre reste la mutualisation des charges vitales entre parents et enfants. Le niveau culturel et le niveau économique sont liés au niveau social. Celui-ci est nettement plus bas dans l'échelle sociale pour eux que pour les Bac « économie ».

---

[18] Il est vrai que nos indicateurs sont très parcellaires. Pourtant, ils sont symptomatiques.

Tableau 6
Les Bacs « professionnels » – Un milieu familial peu favorisé

Père ouvrier ou mère ouvrière	4,5
Ne sait pas quelle est la CSP du père	2,1
Ne sait pas quelle est la CSP de la mère	4
Père retraité*	3,4
Père inactif	4
Père stagiaire, sous contrat aidé ou chômeur	2,1
Mère stagiaire, sous contrat aidé ou chômeur	2
Mère inactive	1,5
Père sorti de l'école avant la troisième	1,6
Mère sortie de l'école avant la troisième	1,3

* On peut se demander dans quelle proportion il s'agit, pour ces pères, de retraite anticipée pour licenciement ou maladie professionnelle et d'invalidité. D'autant qu'une autre information mérite attention : les Bacs « professionnel » sont 12 % à être orphelins (de père ou de mère), contre 5 % pour les Bacs « économie ». La surmortalité parentale ne peut-elle être mise en relation avec la dangerosité du travail ?

Relativement à leurs condisciples et aux exigences culturelles de l'université, on peut certainement dire que ces étudiants sont culturellement défavorisés. La concomitance des caractéristiques est masquée par les réponses « ne sait pas situer père ou mère » dans la nomenclature des statuts ou celle des niveaux de formation. Mais la fréquence élevée de cet item est, en elle-même, signe de handicap culturel ; elle est signe d'incompréhension de la nomenclature proposée, ou de refus d'afficher une réponse risquant d'être « non légitime », à moins qu'elle ne soit révélatrice d'une situation où les enfants n'ont pas eu de communication avec leurs parents autour de cette question – laquelle, au quotidien, ne présente sans doute aucun intérêt. La question du statut social des parents est soit douloureuse, soit reléguée au second plan des interrogations sur le monde environnant.

> Au total donc, l'analyse statistique des étudiants ayant un Bac professionnel dessine la figure d'une jeune fille, issue de l'immigration, dont les parents ont un niveau socioculturel très éloigné du monde et de la culture universitaires, qui vit dans une certaine pauvreté économique. Elle est à la faculté sans illusions sur l'avenir qu'elle peut s'y forger.

4.3. Les Bacs « gestion » : mal armés culturellement pour poursuivre leur projet ?

171 étudiants issus d'un Bac « gestion » ont été inscrits en première année AES[19], dont 26 comme redoublants. 14 % d'entre eux sont défaillants aux examens du premier semestre, deux fois plus que pour les Bacs « économie » : abandons par

---

[19] Sauf 8 d'entre eux qui se sont inscrits en SCE.

découragement pour une part, mais aussi doubles inscriptions de précaution pour ceux qui ont été acceptés tardivement en STS ou en IUT. Seuls 108 étudiants (parmi les 171) sont pris en compte dans l'enquête : les 63 autres (9 redoublants et 60 primo-inscrits) n'ont pas ou ont mal rempli le questionnaire.

Concentrons-nous sur les primo-inscrits en AES étudiés dans l'enquête. 74 d'entre eux se sont présentés aux examens. À dominante féminine, puisqu'il comporte 57 % de jeunes filles, le groupe a en moyenne 20,1 ans (contre 18,9 ans pour les Bacs « économie »). Sa répartition par niveau donne 0 % en « A ou B », 49 % en « C ou D » et 51 % – bref, la moitié – en « E ou F ».

Les Bacs « gestion » sont 4,1 fois plus nombreux (toutes proportions gardées) que les Bacs « économie » à avoir une double langue maternelle, 4 fois plus à être de nationalité étrangère, 2,4 fois plus à avoir redoublé au moins une classe avant la terminale, 1,6 fois plus à déclarer n'avoir été intéressé par aucune matière au lycée. Les indicateurs de base en matière de capital linguistique et scolaire montrent donc que le groupe entame le cursus AES avec un handicap relatif important par rapport aux Bacs « économie ». De plus, ils sont 2,6 fois plus nombreux (toutes proportions gardées) que les Bacs « économie » à être en réorientation, après un an (ou plus) passé dans un autre cursus de l'enseignement supérieur.

Leurs ambitions universitaires sont proportionnées à leurs handicaps scolaires : ils sont 2,9 fois plus nombreux (toutes proportions gardées) que les Bacs « économie » à ne pas viser un diplôme au-delà du DEUG, 1,8 fois plus à envisager de présenter des diplômes comptables, 1,3 fois plus à vouloir se présenter à des concours administratifs autres que ceux de l'enseignement. A contrario, ils sont moitié moins nombreux (toutes proportions gardées) à envisager une maîtrise.

Il est vrai que la faculté est peut-être un choix contraint : ils étaient 2,8 fois plus nombreux (toutes proportions gardées) que les Bacs « économie » à avoir postulé en STS (qui est le prolongement d'études cohérent avec leur formation). Dans ces limites, ils ont un avenir universitaire à construire ; il y a même urgence (compte tenu des handicaps ?) à y réfléchir : ainsi sont-ils beaucoup moins nombreux (ratio : 0,4) que les Bacs « économie » à déclarer qu'ils ne savent pas quel niveau universitaire viser. Ils sont donc moins enclins à avoir une attitude passive (immature ?) consistant à passer dans la classe supérieure tant que « ça passe », et à voir ensuite au cas où « ça casse ».

Tous les indicateurs de capital culturel montrent qu'ils ont moins d'atouts, a priori, que les Bacs « économie ». Regroupons quelques indicateurs dans un tableau.

Tableau 7
Les Bacs « gestion » – Des pratiques culturelles moins développées

La famille possède moins de 50 livres	2,5
N'a pas d'activité artistique, sportive ou associative	1,9
Ne lit aucun quotidien	1,4

Note de lecture : la part des étudiants dont la famille possède moins de 50 livres chez les Bacs « gestion » est égale à 2,5 fois ce qu'elle est pour les Bacs « économie ».

Le niveau socioculturel des parents le confirme. La prévalence des statuts « défavorisés » est beaucoup plus élevée que pour les Bacs « économie ».

Tableau 8
Les Bacs « gestion » - Des situations défavorisées

Père stagiaire, sous contrat aidé ou chômeur	1,7
Mère stagiaire, sous contrat aidé ou chômeur	1,4
Père retraité	2
Père inactif	4
Ne sait pas quel est le statut du père	1,6
Ne sait pas quel est le statut de la mère	2,3
Ne sait pas quel est le niveau de formation du père	1,7
Ne sait pas quel est le niveau de formation de la mère	2,6
Niveau de formation du père supérieur au Bac	0,6
Niveau de formation de la mère supérieur au Bac	0,4
Père ouvrier	2,5
Mère ouvrière	4
Ne sait pas quelle est la CSP du père	2,1
Ne sait pas quelle est la CSP de la mère	4
Père enseignant	2,5
Mère enseignante	4
Père cadre supérieur ou profession libérale	0,5
Mère cadre supérieur ou profession libérale	0,6
Père artisan, commerçant, chef d'entreprise	0,5
Mère artisan, commerçant, chef d'entreprise	0,2

Sur le plan économique, comme sur le plan socioculturel, le groupe des Bacs « gestion » ressemble au groupe des Bacs « professionnel » ; sa différence par rapport aux Bacs « économie » est toutefois moins exacerbée : la part de ceux qui habitent en HLM est multiplié par 2,7 par rapport aux Bacs « économie », le risque d'avoir été boursier au lycée est multiplié par 2,5 et celui d'être boursier en 1997-1998 par 1,9. Ces étudiants sont 2,3 fois plus nombreux (toutes proportions gardées) à envisager un travail rémunéré à mi-temps pendant l'année universitaire, 2,3 fois plus nombreux à ne pas avoir l'habitude de partir en été, 1,7 fois plus en ce qui concerne les petites vacances.

Au total, l'analyse statistique des étudiants ayant un Bac « gestion » dessine une figure certes moins défavorisée – culturellement parlant – que celle des jeunes ayant un Bac professionnel, mais dont la distance au monde et à la culture universitaires reste grande. Trop grande sans doute, en l'état, pour compenser le handicap d'une scolarité pas toujours brillante et d'une formation où les matières opérationnelles (commerce, comptabilité, etc.) ont fini par prendre le pas sur celles qui manient l'abstraction, la culture générale, l'entraînement à l'argumentation théorique. Préoccupé de son avenir, cet étudiant aurait sans doute préféré le construire en STS, mais il cherche, avec sérieux, une voie réaliste dans l'université.

4.4. Les Bacs « scientifique » : culturellement aptes à utiliser l'université d'élite ?

88 étudiants issus d'un Bac « scientifique » ont été inscrits en première année SCE[20] à la faculté, dont 12 comme redoublants. 19 % d'entre eux sont défaillants aux examens du premier semestre, ce qui est trois fois le taux des Bacs « économie » : il y a là des doubles inscriptions de précaution. 71 étudiants ont répondu au questionnaire.

Concentrons-nous sur les primo-inscrits en SCE étudiés dans l'enquête[21]. 55 d'entre eux se sont présentés aux examens. Leur répartition par niveau est (en %) : 53 % – soit une majorité – sont en « A ou B », 33 % en « C ou D », 14 % en « E ou F ».

Avoir une double langue maternelle est plus fréquent dans ce groupe que parmi les Bacs « économie », mais, à une exception près, la deuxième langue est européenne.

Le parcours scolaire a été, en moyenne, un peu plus rapide (ratio : 0.9 pour les redoublements avant la terminale). Pourtant, leur âge moyen en entrant à la Fac est de 19,2 ans contre 18,9 ans pour les Bacs « économie » ; la raison essentielle est que la proportion de ceux qui sont en réorientation, après avoir fait un an (ou plus) dans un autre cursus de formation, est 2,5 fois plus forte : une part non négligeable des Bacs « scientifique » qui s'inscrivent à la Fac ont subi un échec dans l'enseignement supérieur (on peut penser que ce sont des déçus de Médecine, DEUG Sciences, voire peut-être des classes préparatoires aux grandes écoles (CPGE)).

Il n'empêche : l'essentiel des différences entre eux et les Bacs « économie » portent sur les ambitions ; les Bacs « scientifiques » sont 1,9 fois plus nombreux

---

[20] Excepté 8 d'entre eux qui se sont inscrits en SCE.
[21] On ne tient pas compte, dans ce qui suit, de 5 primo-inscrits ayant des caractéristiques hétérodoxes.

(toutes proportions gardées) à viser a priori Bac+5 et, plus largement, ils sont 1,2 fois plus à viser au moins un Bac+4. Ils ont le « syndrome de la filière sélective » : ils sont 1,8 fois plus nombreux à avoir postulé en CPGE, 1,6 fois plus à envisager ultérieurement une école de commerce et 1,6 fois plus un diplôme comptable (de niveau expertise ?). Ils se détournent du secteur public, que ce soit pour l'enseignement – ratios 0,7 pour le Certificat d'aptitude au professorat des écoles (CAPE) et 0,6 pour les Certificats d'aptitude pédagogique à l'enseignement secondaire (CAPES) ou technique (CAPET) – ou pour les concours administratifs (ratio : 0,4).

Les indicateurs culturels ne sont pas très sensiblement différents des Bacs « économie ». Ils ont cependant moins de handicaps culturels familiaux (plus de dictionnaires, d'encyclopédie, etc.) et font plus souvent des activités extra-scolaires où ils s'impliquent (plus de 4 heures par semaine).

De façon systématique, quand on les interroge sur leurs parents, le ratio pour l'item « ne sait pas » est plus faible : ils situent mieux leurs parents dans l'environnement social. Ceci étant dit, la prévalence des statuts à problèmes est parfois plus grande que pour les « économie » : 1,4 fois pour « père : stagiaire, en emploi aidé ou chômeur », 4 fois pour « père inactif », 1,1 fois pour « mère : stagiaire, en emploi aidé ou chômeur ». Mais il y a chômeur et chômeur parmi les parents... Les Bacs « scientifique » sont un tiers de moins – toutes proportions gardées – à avoir un père de niveau inférieur au Bac et 40 % de moins à avoir une mère de ce niveau ; a contrario, ils sont 1,6 fois plus nombreux que les Bac « économie » à avoir un père de niveau supérieur ou égal au Bac, et 1,3 fois en ce qui concerne la mère ; on peut penser que s'il y a des chômeurs ou retraités ou inactifs parmi leurs parents, ce ne sont pas des personnes soumises à un fort risque d'exclusion sociale. Par ailleurs, les Bacs « scientifique » ont plus de chances d'avoir un père enseignant (2,2 fois) ou une mère enseignante (2 fois), un père commerçant, artisan ou chef d'entreprise (1,3 fois) ou une mère commerçante (2,5 fois), un père ou une mère employé (1,1 fois), un père cadre supérieur (1,1 fois).

Sur le plan économique, compte tenu de l'intervalle de confiance dû à l'échantillonnage, on peut dire que, globalement, Bacs « économie » et Bacs « scientifique » sont sensiblement du même milieu social.

Au total, l'analyse statistique des étudiants ayant un Bac « scientifique » dessine une figure typique qui ressemble, culturellement et socialement, à celle des Bacs « économie », tout en semblant un peu plus proche, culturellement, familialement, symboliquement, des élites. C'est peut-être pourquoi l'étudiant typique est plus battant et plus ambitieux, transposant le modèle (qu'il n'a pas voulu, ou pas pu, suivre) Bac scientifique→ classes préparatoires→ grandes écoles→ accès aux élites.

5. AU COEUR DU NOYAU : LES HÉRITIERS ET LES AUTRES

Jusqu'ici, nous avons pris comme norme de référence le groupe des Bacs « économie » considéré comme un tout. Mais il n'est pas homogène. La question qui se pose alors est la suivante : les risques d'échec et les chances de réussite ayant pu être mis en relation, pour les trois autres Bacs, avec leur position dans le champ social et culturel, peut-on, de façon similaire, mettre en évidence des différences d'ordre social et culturel entre les Bacs « économie » qui sont en difficulté et ceux qui sont en bonne posture à l'issue des examens du premier semestre ?

Si on reste dans le seul champ scolaire, on constate par exemple, que le nombre de classes redoublées avant le Bac est plus fréquent pour les « E ou F » que pour les « A ou B » – 1.5 fois en SCE, 3 fois en AES. Un capital scolaire antérieur de médiocre qualité explique sans doute certains échecs de bacheliers « économie ». Mais suffit-il de constater qu'ils ne sont pas très bons à l'université parce qu'ils ne sont pas très bons à l'issue du secondaire ? Non ; si on cherche des issues à ce cercle vicieux, il faut aller chercher ailleurs des leviers sur lesquels agir.

On constate que la fréquence du handicap constitué par la double langue maternelle est plus forte pour les « E ou F » – 3 fois plus en SCE et 10 fois plus en AES – que pour les « A ou B ». C'est bien un handicap pour les « E ou F » d'AES, puisque l'autre langue maternelle a non seulement une fréquence significative, mais de plus, dans la grande majorité des cas, est une langue arabe ou asiatique, alors que pour les autres, la fréquence est faible, et la deuxième langue est plutôt une langue européenne. Compte tenu de ce que représente l'immigration en provenance des communautés de langue arabe et asiatique dans les représentations sociales françaises actuelles, il s'agit bien là d'un handicap spécifique pour s'intégrer à un univers culturel encore fondé sur le modèle de l'université d'élite.

On constate également que les « E ou F » ont 1,4 fois plus de chances d'avoir un père de niveau inférieur au Bac que les « A ou B » en SCE ; ils ont 2,3 fois plus de risques de ne pas savoir situer le niveau de formation de leur père en AES. En ce qui concerne les chances d'avoir une mère de niveau inférieur au Bac, les chiffres sont respectivement 1,7 en SCE et 2,6 en AES. D'autres indicateurs de capital culturel donnent la même tendance. Par exemple, la fréquence des familles qui ont une bibliothèque de moins de 50 livres est, pour les « E ou F » 2,4 fois ce qu'elle est pour les « A ou B ». Et, en AES, la fréquence des étudiants qui ont moins de 10 livres dans leur bibliothèque personnelle est 3 fois celle qui prévaut parmi les « A ou B ».

Moindre capital scolaire, moindre capital linguistique, moindre capital culturel... Les « E ou F » ont aussi un moindre capital économique. En témoigne, en AES, la fréquence du logement en HLM (égale à 4 fois celle des « A ou B »), la fréquence des étudiants qui étaient boursiers au lycée (en SCE, 1,8 fois plus ; en AES, 3,4 fois plus) ou boursiers en 1997-1998 (en SCE, 2 fois plus ; en AES, 2,3 fois).

La multiplication des angles d'approches confirme que les mécanismes sociaux que l'on a vu jouer d'une série du Bac à l'autre se font également sentir au sein des Bacs « économie » : les risques d'échec augmentent à mesure que l'on s'éloigne du modèle socioculturel de l'Héritier.

6. CONCLUSION

Lorsque, sous la troisième République, l'université avait comme mission fondamentale de former les élites – enseignants, élites intellectuelles de la recherche et , pour partie, élites du pouvoir, les objectifs de formation posés par l'institution universitaire étaient congruents à ce qu'étaient les étudiants qui y accédaient. Dans l'université de masse que nous connaissons actuellement en premier cycle, les missions se sont diversifiées[22]. Posons toutefois l'hypothèse que les objectifs de l'institution universitaire en matière de formation intellectuelle sont, pour l'essentiel, restés les mêmes ; on est alors fondé à penser qu'entre les non-héritiers et l'université, une distance s'est fait jour. Une distance que l'on désignera par culturelle, car l'essentiel de « pourquoi les échecs ? » est là : dans les habitus qui rendent la plupart des non-héritiers étrangers au monde du savoir universitaire et de ses objectifs à long terme, faisant obstacle à ce que soient comblées d'autres distances, moins dirimantes, la distance économique[23] et même une distance – considérée par le sens commun enseignant courant comme prééminente – la distance cognitive[24].

La distance est culturelle en ce sens qu'elle provient de représentations sociales, c'est-à-dire de *« systèmes d'interprétation régissant [les] rapports au monde et aux autres »* (JODELET, 1997), *à propos* du savoir et *dans le champ même* du savoir, ainsi qu'à propos du pouvoir qui est lié au savoir. Les représentations en jeu sont doubles : ce sont celles des étudiants – plus précisément, celles des différents sous-groupes d'étudiants – et celles des acteurs de l'institution universitaire (les enseignants essentiellement, mais aussi les agents administratifs). La distance intervient précisément dans l'écart qui existe entre les deux.

Elle n'est sans doute pas observable en soi ; mais elle se manifeste à travers les obstacles que les étudiants rencontrent à leur affiliation (COULON, 1997) et à leur mobilisation (CHARLOT *et al.*, 1992). L'affiliation désigne le processus par lequel

---

[22] Au moins dans les termes de la loi (culture générale, formation continue, professionnalisation, etc.).

[23] Les boursiers – autre figure étudiante classique selon DUBET – montrent que la distance économique n'est pas insurmontable dans certaines conditions. Plus généralement, les travaux récents de l'Observatoire de la vie étudiante et de l'INSEE montrent que l'obstacle est tout à fait second.

[24] Les stagiaires de formation continue sont une autre figure étudiante désormais classique, permettant de méditer positivement sur les possibilités de combler efficacement certaines distances cognitives (prérequis, capacités d'abstraction, capacités de travail, capacités d'expression, etc.).

l'étudiant s'approprie les règles – intellectuelles, organisationnelles, culturelles, etc. – du monde universitaire et entre de plain-pied dans ce pour quoi il est à l'université : l'apprentissage d'un certain savoir grâce à un certain travail. La mobilisation correspond au processus par lequel l'étudiant donne suffisamment de sens au savoir et à la perspective qu'il lui offre pour se mettre efficacement au travail. L'analyse des obstacles que les étudiants rencontrent suppose de mettre au jour les normes explicites et implicites que l'institution, ses acteurs et ses logiques d'action posent dans le jeu consistant à produire, à court terme, des admis aux examens et, à long terme, des « savants ».

L'enjeu est d'importance, pour les étudiants, pour l'institution, et finalement pour le corps social. En effet, une politique ministérielle est engagée, depuis 1992, pour que les taux de réussite aux examens augmentent (avec la semestrialisation[25], la capitalisation[26], la compensation[27] et le tutorat[28], ainsi que le renforcement de l'orientation[29]). Il s'agit alors de spécifier concrètement et localement cette politique catégorielle en ciblant ses objectifs et en adaptant ses moyens – en particulier le tutorat et l'orientation – aux obstacles rencontrés par les différents groupes susceptibles d'en bénéficier.

Colette Accabat

BIBLIOGRAPHIE

ACCABAT C. (avec la contribution de ATTIA R. et RIZOULIÈRES R.) (1998), *L'échec aux examens en Premier Cycle à travers l'analyse du Fichier Historique*, Aix-en-Provence, Université de la Méditerranée, Contribution au projet RUE.

ACCABAT C. (1998), *Les étudiants de Première année : quels échecs ? - Rapport analytique de l'enquête d'octobre 97*, Aix-en-Provence, Université de la Méditerranée, Contribution au projet RUE.

BOUDON R. (1991), « Les causes de l'inégalité des chances scolaires », *Problèmes économiques*, n° 2221, 17 avril.

BOURDIEU P., PASSERON J.-Cl. (1966), *Les Héritiers - Les étudiants et la culture d'étudiant - L'entrée dans la vie universitaire*, Paris, Presses universitaires de France.

CHARLOT B., BAUTIER E., ROCHEX J.-Y. (1992), *Ecole et savoirs dans les banlieues... et ailleurs*, Paris, A. Colin.

COULON A., (1997), *Le métier d'étudiant - L'entrée dans la vie universitaire*, Paris, Presses universitaires de France.

DUBET F. (1994), « Dimensions et figures de l'expérience étudiante dans l'université de masse », *Revue française de sociologie, n° XXXV-4*, octobre-décembre.

---

[25] L'enseignement est découpé en « unités d'enseignements » semestrielles.

[26] Si un étudiant a réussi à certaines unités d'enseignements, il conserve cet acquis lors de ses réinscriptions ultérieures.

[27] La réussite complète aux examens est prononcée en prenant en compte la moyenne des notes, sans note éliminatoire.

[28] Il s'agit de faire assurer un soutien aux nouveaux étudiants par des étudiants plus avancés.

[29] À l'issue du premier semestre de première année, les étudiants devraient pouvoir changer de cursus s'ils le désirent (dans la limite des possibilités offertes par l'établissement où ils sont inscrits).

DURU-BELLAT M., MINGAT A. (1988), « Les disparités de carrières individuelles à l'université : une dialectique de la sélection et de l'auto-sélection », *L'année sociologique*, n° 38.

GAYET D. (1997), *Les performances scolaires : comment on les explique*, Paris, l'Harmattan.

GOUX D., MAURIN E. (1998), « Démocratisation de l'école et persistance des inégalités », *Economie et Statistique*, n° 306, juin.

JODELET D. (sous la dir. de) (1997), *Les représentations sociales*, Paris, Presses universitaires de France, Coll. « Sociologie d'aujourd'hui », 5ème édition.

LAHIRE B. (1995), *Tableaux de famille*, Paris, Le Seuil, Coll. « Hautes études ».

« Le premier cycle du supérieur » (1997), *Éducation et Formation*, n°50, juin (numéro thématique).

LEMOINE R. (1998), *L'échec scolaire et universitaire : état des lieux de la question*, Aix-en-Provence, Université de la Méditerranée, Contribution au projet RUE.

MARTINELLI D., STŒFFLER-KERN F. (éditeurs) (1998), *Parcours de formation et insertion professionnelle des étudiants – Sources et méthodes*, Marseille, Céreq, *documents Observatoire*, n°134.

RAULIN E., YAHOU N. (1997), « De l'entrée à l'université au second cycle : taux d'accès réel et simulé », *Les dossiers de l'éducation*, n° 78.

VINCENS J., KRUPA S. (1994), « Réussite et échec dans des filières universitaires », *Revue économique*, mars.

Le comportement stratégique de la demande d'éducation

Le cas de la poursuite d'études à l'issue d'un BTS et d'un DUT

Bénédicte Gendron, Laboratoire d'économie sociale (LES-Céreq Ile-de-France), URA CNRS, université de Paris I, Panthéon-Sorbonne

1. INTRODUCTION

Dans un contexte d'incertitude sur les revenus futurs ou sur les débouchés professionnels, le modèle de la théorie du capital humain prévoit une baisse du taux de rendement des diplômes universitaires. En conséquence, dans le contexte actuel de dégradation des perspectives professionnelles et de rationnement de l'emploi, *« une partie des jeunes bacheliers aurait dû être découragée et se porter directement sur le marché du travail »* (LÉVY-GARBOUA, 1979). Or, la réalité ne vérifie pas ces prédictions. À l'inverse, on constate un essor de la poursuite d'études.

Dans ce cadre, et sans remettre en cause l'apport considérable de l'approche individualiste de Becker en matière d'investissement en capital humain, la demande d'éducation devrait être appréhendée dans un contexte de rationnement de l'emploi, comme relevant de décisions stratégiques plus que comme simples décisions individuelles d'allocation des ressources en fonction des fins poursuivies. La poursuite d'études à l'issue de filières courtes de l'enseignement supérieur à vocation terminale, telles les filières préparant aux Brevets de techniciens supérieurs (BTS) et aux Diplômes universitaires de technologie (DUT), illustre un tel comportement combinant stratégie de formation et/ou stratégie d'employabilité pouvant allier minimisation des risques (d'échec en filière universitaire) et maximisation des avantages concurrentiels (via, entre autres, la valeur ajoutée de la compétence technique dispensée dans ces formations en termes de singularisation sur le marché du travail du candidat par rapport aux autres candidats concurrents à l'emploi qui ne présenteraient pas cette caractéristique). Cette approche en termes de stratégies permettrait d'expliquer l'essor de la poursuite d'études. C'est dans cette perspective combinée à une approche en termes de décision séquentielle que nous avons tenté dans un travail de thèse, d'appréhender la poursuite d'études à l'issue d'un BTS et d'un DUT (GENDRON, 1997).

Aussi, l'ambition de cet article s'avère ici nécessairement plus modeste. Dans ce texte, nous tenterons de vérifier si la demande d'éducation à travers la poursuite d'études des BTS et DUT peut être appréhendée en termes de « stratégie » d'un point de vue conceptuel. Nous testerons également l'hypothèse de comportement stratégique à partir de données empiriques. Il s'agira de mettre en évidence si la demande d'éducation relève plus d'un choix simple d'allocation optimale des ressources en fonction des fins poursuivies motivé par une rentabilité comparable à un investissement de nature financière ou alors d'un choix stratégique justifié, dans un contexte de rationnement de l'emploi ou d'étanchéité de certaines positions dans le système d'emploi, par la forte concurrence sur le marché du travail.

2. LA POURSUITE D'ÉTUDES : « SIMPLE » ALLOCATION DES MOYENS OU COMPORTEMENT STRATÉGIQUE ?

La notion de stratégie recouvre des concepts différents par « *leur sens, leur champ d'application, les calculs et les évaluations auxquels ils donnent lieu* » (SAINT-SERNIN, 1973). D'ailleurs, il est désormais peu de discours politiques ou d'études ou travaux de recherches qui ne contiennent le mot de stratégie. La mode et le succès ou « *la contamination croissante* » (GAZIER et LALLEMENT, 1993) de cette notion ont pour effet d'en obscurcir le sens ou « *se traduit par des dérives* » (PAULRÉ, 1993). Aussi, il ne s'agit pas ici de faire un inventaire de ces principales acceptions. À cet effet, nous avons retenu particulièrement l'approche conceptuelle de PAULRÉ (1993). Partant de là, il nous faut voir dans une première partie si le comportement de poursuite d'études vérifie les critères de la « stratégic » définis par PAULRÉ ou autrement dit, si ce comportement relève d'une décision stratégique ou d'une simple allocation des moyens en fonction des fins poursuivies. Pour cela, nous définirons les critères et les caractéristiques de la « stratégie » au sens de PAULRÉ (1993) et verrons si le comportement de poursuite d'études vérifie ces derniers.

2.1. La stratégie : quelles définitions, quels critères ?

2.1.1. La stratégie : d'une empreinte militaire à son application au champ de l'économie

La définition usuelle de « stratégie » est empreinte d'une origine militaire. Dans le domaine militaire, la stratégie politico-militaire a pour objet d'appliquer la pensée et le calcul à la résolution de situations évolutives de conflit. En mathématique, elle apparaît dans les années vingt surtout avec les travaux de VON NEUMANN, pour qui le concept de stratégie recouvre les plans d'action complets en face d'un ou plusieurs adversaires intelligents tenant compte, à chaque issue possible, de l'utilité de chaque joueur. C'est à la suite de ses travaux et dans le cadre d'un travail collectif mené avec MORGENSTERN (1944) qu'en théorie économique la notion de stratégie apparaît dans leur ouvrage intitulé *Theory of Games and Economic Behavior*. La notion de stratégie y est définie, via une situation de jeux qui s'apparente à des plans d'action associant à toute action de l'adversaire une parade qui serait, à son tour, un chaînon dans le déroulement d'une conduite optimale.

Via ces quelques différents sens, on observe déjà une variabilité des moyens et des milieux dans la stratégie militaire qui contraste avec la stabilité du cadre et des règles dans la théorie des jeux des sciences mathématiques. Si les sciences ont joué dans l'histoire, et encore aujourd'hui, le rôle de réducteur d'incertitude, elles ne sont toutefois pas parvenues à l'éliminer complètement étant donné que « *l'action des hommes s'accomplit dans le monde concret, (et) que l'incertitude ne peut jamais être complètement subsumée sous des modèles scientifiques* » (SAINT-SERNIN, 1973). En conséquence, « *le stratège ne peut s'appuyer sûrement sur aucun précédent et (...) ne peut disposer d'aucune unité de mesure stable (...) et il se doit de procéder sur des hypothèses et de créer ses solutions par de véritables inventions* » (BEAUFRE, 1963). La stratégie en économie doit donc être caractérisée par sa liaison essentielle avec la nature incertaine de l'environnement du décideur ; ce que considère PAULRÉ à travers deux critères : l'« altérité » et la « combinatoire ».

2.1.2. Comment distinguer un choix stratégique d'un choix simple ? Par « l'altérité » et la « combinatoire ».

Paulré observe deux caractères dans la stratégie la distinguant d'un choix simple : l'altérité et la combinatoire. À partir de l'analyse de différentes acceptions de la stratégie, il note que le contenu de la notion rassemble en principe plusieurs élément : « *une action qui s'oppose à celles d'autres entités* » (notion d'altérité), « *des moyens et des modalités qu'il s'agit de combiner, de rendre cohérents, et pour cela, qu'il faut hiérarchiser, ordonner dans des séquences ou des programmes* » (ce qu'il nomme «combinatoire») (PAULRÉ, 1993). Nous examinerons successivement les significations de ces deux caractères et tenterons de vérifier s'ils s'appliquent au comportement de poursuite d'études.

Comportement stratégique ou simple allocation des ressources en fonction des fins poursuivies : une question « d'altérité » ?

L'altérité, selon PAULRÉ, est nécessaire à l'action stratégique pour la distinguer de l'« *allocation des moyens en fonction des fins poursuivis* » (PAULRÉ, 1993) (ou encore des choix simples).

Dans la théorie des jeux, l'altérité est présentée comme « *une théorie des conflits d'intérêts c'est-à-dire du type de problème qui se pose lorsqu'un individu se trouve dans une situation à laquelle peuvent être associées plusieurs issues vis-à-vis desquelles il exprime des préférences et telle qu'il ne contrôle pas toutes les variables déterminant l'issue effective, une partie de ces variables échappant à son contrôle direct et étant manœuvrables par un ou plusieurs autres individus qui ont leur propre échelle de préférence, une autre partie d'entre elles dépendant de facteurs exogènes de nature aléatoire* ». Les différentes alternatives, leurs issues, l'interdépendance et le conflit sont ainsi trois éléments émergeant de cette caractéristique que nous allons tenter d'isoler dans le comportement de l'étudiant.

En matière d'alternatives de formation, le système de l'enseignement supérieur français offre plusieurs possibilités. Outre le choix entre diverses disciplines, l'étudiant a le choix entre plusieurs filières pour répondre à ses aspirations scolaires et professionnelles, une même aspiration professionnelle pouvant être réalisée de différentes manières[1]. Cependant, l'étudiant n'a pas la maîtrise du futur ou ne peut connaître par avance les futures alternatives ou les futures opportunités de formation ou de passerelles de formation.

Par ailleurs, relativement à l'issue effective, en termes de débouchés professionnels, l'issue de ces formations peut s'avérer différente de celle attendue du fait d'une incertitude plurielle – échappant à son contrôle – résultant d'une évolution de l'« environnement interne et externe » de l'étudiant. La trajectoire de l'étudiant dépend ainsi autant de facteurs exogènes (on peut imaginer par exemple, suite à une décision administrative, une fermeture des passerelles entre les formations BTS/DUT et des niveaux de formation supérieurs, éliminant ainsi du champ des possibles de l'étudiant l'alternative de poursuite d'études ou encore, l'évolution du marché du travail vers une raréfaction des emplois pour ces diplômés...) que de facteurs endogènes (l'évolution des préférences de l'étudiant, maturation...).

À la définition donnée de l'altérité dans la théorie des jeux, il faut adjoindre selon PAULRÉ (1993) un élément supplémentaire – celui de l'interdépendance des consciences – au risque que « *chaque joueur puisse être remplacé par un représentant* » ou autrement dit, au risque qu'il y ait jeu sans joueur[2]. Car, selon la définition donnée de la stratégie par MORGENSTERN et VON NEUMANN (1944), dans le jeu, l'adversaire est présent mais sa subjectivité et ses attitudes psychologiques y sont absents ou n'apparaissent pas. Autrement dit, « *une fois que les joueurs ont choisi leurs stratégies, c'est-à-dire qu'ils ont rempli leurs listes, celles-ci peuvent être remises à un arbitre qui peut jouer la partie toute entière et en annoncer le résultat* » [(MASSÉ, 1964)].

Cette interdépendance des consciences – et « l'incertitude stratégique »[3] (ORLEAN, 1994) qu'elle génère – est bien présente chez l'étudiant. Elle s'illustre fortement dans le choix de son investissement en capital humain, du fait d'une part, que son choix engage son « moi » et d'autre part, dans la mesure où son choix scolaire est aussi un choix professionnel dont « *(l'un des) enjeux est le statut social* » (DOSNON, 1996) ou sa position dans le système d'emploi. Autrement dit, de cette

---

[1] Nous soulignons ici la non stricte correspondance ou adéquation « emploi-formation » ; des filières, des niveaux différents pouvant alimenter une même catégorie d'emploi (par exemple les emplois des catégories intermédiaires pouvant être pourvus par différents niveaux de formation).

[2] Du fait que la liste des alternatives est déjà établie avant tout jeu, les joueurs peuvent s'absenter.

[3] L'incertitude à laquelle est confronté chaque joueur n'a pas seulement son origine dans les aléas de la « nature » : c'est l'autre joueur qui en est également la cause puisque l'utilité de chacun dépend des choix retenus par les autres. C'est la raison pour laquelle Orléan parle « d'incertitude stratégique » : « *dans une situation de jeux le choix de l'individu dépend centralement de la manière dont il anticipe que l'autre jouera* ».

conscience en dépendent sa place parmi les autres sur le marché du travail et, corollairement, dans la société, ou, pour reprendre la métaphore de « l'échelle » de JAROUSSE et MINGAT (1985), sa place sur un des barreaux de « l'échelle hiérarchique sociale ».

La conscience (en termes de concurrents ou d'adversaires) qu'a l'étudiant des autres qui l'entourent pourrait se trouver ainsi résumée en une conscience agrégée des autres, telle dans celle au moins de la demande d'emploi sur le marché du travail. Cette dernière s'illustre clairement dans le comportement de poursuite d'études « par révision » où cette adaptation peut dénoter une appréhension de la concurrence de l'autre sur le marché du travail. Et le but, via la poursuite d'études, serait donc de (dé)placer la concurrence sur une autre échelle ou sur un autre barreau de l'échelle – celui de l'expérience ou du diplôme. Cette idée renvoie à l'incertitude de l'action de l'autre ; ou d'« incertitude stratégique » au sens de ORLÉAN (1994) ou ce que, encore, WALLISER (1985) étudie sous la notion « d'anticipations croisées »[4] nécessitant la prise en compte de l'apprentissage.
La demande d'éducation, et particulièrement le comportement de poursuite d'études, du fait de l'altérité identifiée dans l'autre ne peut relever, selon nous, dans un contexte de concurrence et de rationnement de l'emploi, d'une simple allocation des ressources en fonction des fins poursuivies mais plus d'une demande stratégique pour contrer un concurrent agrégé dans la demande d'emploi sur le marché du travail ; demande émanant particulièrement de candidats concurrents sur les mêmes emplois, ou postulant aux emplois auxquels l'étudiant candidate.

La cohérence du comportement de poursuite d'études : l'objet de la « combinatoire »

La notion de « combinatoire » définie par PAULRÉ (1993) renvoie originellement au domaine militaire et réside dans l'idée suivante : « *faire la guerre, c'est réfléchir, combiner des idées, prévoir, raisonner profondément, employer des moyens... Pour former des projets, la stratégie combine le temps, les lieux, les moyens et les divers intérêts et met en considération tout...* ». La stratégie est également une « *méthode de raisonnement avant d'être un mode d'action : la représentation intellectuelle de la fin et des moyens est antérieure à l'action et la domine : elle assure seule l'action convergente des moyens hétérogènes* ».

Ainsi, un aspect « combinatoire » se manifeste dans la procédure de mise en cohérence des actions, dit mode « procédural », et un mode « déclaratif » qui consiste à « *vérifier la cohérence, en son contenu, du système des principes d'actions et à en exprimer le sens ou la logique* » (PAULRÉ, 1993). En d'autres termes, le mode procédural consiste pour l'auteur à formuler la stratégie comme

---

[4] Les situations de représentations croisées se retrouvent dans la littérature dès qu'un personnage essaie de se mettre à la place d'un autre.

« *processus intellectuel de résolution de problème* » et le mode déclaratif comme vérification *de « la cohérence des objectifs intermédiaires en lesquels se décompose la stratégie »*.

Rapporté au modèle économique de la théorie des jeux, l'idée de la combinatoire – dans son mode procédural de la stratégie – est présente mais est d'un intérêt limité parce que, d'une part, la stratégie y est définie d'abord comme « un processus intellectuel » avant d'être un « processus concret ». Cette distinction renvoie à l'image « du jeu sans joueur » ou encore d'un « temps logique » contre « un temps réel » pour PAULRÉ (1993) ; différence qui fait l'objet central de l'analyse de VATÉ (1976) à partir de laquelle il définit des « séquences de décisions » contre des successions de décisions ou des successions de coups pour l'exemple de la théorie des jeux.

D'autre part, cette conception n'autorise pas la révision et encore moins la « maturation » de l'individu car « quel que soit le type de jeu qu'elle cherche à résoudre, du plus simple au plus complexe, la théorie des jeux ne définit jamais une règle de comportement que dans l'instant » (MOUCHOT, 1978). Ainsi, la liste des alternatives serait déjà établie avant tout jeu et l'évolution des préférences de l'étudiant – tel pour son projet professionnel – pouvant justifier sa révision du comportement ou du choix initial ne pourrait être pris en compte. La version de la combinatoire dans la théorie du jeu s'avère donc pauvre et limitée (du fait qu'elle postule la non-révision) et conduit PAULRÉ (1993) à s'intéresser à celle des théories du management, en l'occurrence aux travaux de ANSOFF (1968).

La méthode combinatoire – pour son aspect procédural – que propose ANSOFF (1968) consiste à « *examiner les caractéristiques de la situation générale afin d'en tirer les règles de décision pour la recherche et l'évaluation des voies d'action possibles* »[5]. Sa démarche heuristique[6] réalise un compromis dans la mesure où elle autorise la révision « *à la fois, des objectifs et de l'appréciation de la situation effective en conséquence des découvertes faites au cours de la marche vers la solution* »[7]. Il en va ainsi pour l'étudiant lors de son choix d'orientation scolaire (et professionnelle) à l'issue du baccalauréat. Il doit également procéder à cette démarche heuristique : quelle formation ? Quelle filière ? Formation courte ou

---

[5] Mis entre tirets par nous pour ne garder que son sens général. ANSOFF (1968), cité dans PAULRÉ (1993).

[6] Le choix stratégique selon ANSOFF (1968) correspond d'abord à un choix d'options de base (répondant à plusieurs questions élémentaires : quel domaine d'activité ? Quelle trajectoire dans ce domaine (choix du vecteur de croissance : diversification, expansion, type de diversification...) ? Quel est l'avantage compétitif sur lequel nous allons nous appuyer ? Quelles synergies pouvons-nous exploiter pour nous diversifier ? Devons-nous étendre nos activités par croissance interne ou par croissance externe ? Ensuite, une fois ces options de base définies, ces critères de décision sont appliqués pour évaluer et filtrer les projets d'investissements stratégiques (projets examinés à mesure de leur arrivée puis lors de l'évaluation des projets en cours de réalisation) (PAULRÉ, 1993).

[7] ANSOFF, cité dans PAULRÉ (1993).

longue ? Formation générale ou technique ? École, université, instituts ? Quelle discipline ? Quel parcours ? Quels débouchés ? Quelle poursuite d'études possible ?

La stratégie dans son aspect combinatoire « déclaratif » se manifeste au travers des choix dont les formes et le contenu sont variés, tels les plans (au contenu détaillé) ou les programmes (dont la séquence et l'affectation spatio-temporelle des actions par lesquelles la stratégie est mise en œuvre sont précis). Cet aspect apparaît comme ordonnateur de la stratégie et émerge, dans chaque domaine, sous la notion de plan ou programme. PAULRÉ (1993) donne comme exemple de forme de mise en cohérence traditionnelle, l'élaboration de plans et de budgets. Pour ANSOFF (1968), ce peut être un ensemble de choix interdépendants ayant une certaine cohérence et dont l'ensemble exprime le choix d'une certaine « logique d'action ». Pour le cas de l'étudiant, cela renvoie à la « logique de formation » (DUBAR, 1991) que sous-tend son orientation (réflexion sur la manière d'effectuer ses études : études à plein temps ou à mi-temps, par étape propédeutique ou cursus normal et direct ?), en cohérence avec sa finalité (par exemple, son projet professionnel (BÉRET, 1983 ; MÉRIOT, 1993).

Enfin, tout comme l'altérité, la combinatoire est nécessaire selon PAULRÉ (1993) pour rendre compte d'une stratégie au risque que les différentes actions menées ne soient pas mises en cohérence entre elles, c'est-à-dire soient non totalisées ou non globalisées, et, interprétées et considérées comme incohérentes[8]. Il en va ainsi de l'interprétation du comportement de poursuite d'études dans le cadre de l'univers clos de la décision isolée et des choix uniques de la théorie standard.

En résumé, dans la théorie des jeux, la stratégie désigne un ensemble de réponses possibles que le joueur envisage d'apporter à toutes les éventualités devant lesquelles il peut se trouver dans toutes les phases du jeu. Ces choix sont instantanés dans leur réalisation ; ce qui fait qu'il n'y a pas de révision possible ou autrement dit *« il n'y pas de période intermédiaire pendant lesquelles les choses peuvent changer, pendant lesquelles il peut y avoir hésitation voire révision des décisions précédentes. C'est un enchaînement des situations logiques se succédant dans l'ordre spécifié par les règles du jeu »* (PAULRÉ, 1993). Au contraire, dans l'analyse managériale de ANSOFF (1968), la stratégie est mise au service d'un contexte évolutif et chargé d'informations croissantes justifiant l'évolution du comportement de l'individu par l'occurrence de nouvelles opportunités d'action (projets) et ainsi le comportement de poursuite d'études.

---

[8] Ce que VATÉ (1976) exprime par « *résultat sous-optimal (...) vraisemblable en vertu du principe de séquentialité* » ou encore MASSÉ (1964) : « *Dans le monde de l'incertitude (...) nous ne pouvons pas non plus prendre aujourd'hui notre décision présente en laissant nos décisions futures complètement arbitraires, car le calcul de l'optimum à long terme ne pourrait être effectué.* ».

Dès lors, la stratégie serait « *une forme d'action par laquelle une entité stratégique conjoint d'une part, une dynamique orientatrice et relationnelle tournée vers d'autres entités avec lesquelles elle se trouve en conflit d'intérêt, et d'autre part, un ordonnancement des actions à engager, de l'usage des ressources et de l'évolution des capacités et des compétences dont elle dispose ou dont elle souhaite se doter* » (PAULRÉ, 1993).

2.2. La stratégie : quelles caractéristiques ?

Si la stratégie doit vérifier les critères de l'« altérité » et de « la combinatoire », elle présente également plusieurs caractéristiques : entre autres, elle est « médiation » et « adaptation ».

La stratégie « *en tant que forme est une médiation dans le sens où elle éclaire la corrélation et l'ajustement complexe des conditions et des fins ; elle structure et oriente l'activité dans les limites des situations et des Autres ; elle soumet les choix au possible. Elle met en correspondance les situations avec ce qu'elles représentent d'obstacles ou d'antagonismes potentiels, avec les comportements. Mais les possibilités ne sont pas vues comme données, elles sont construites en un double sens dans la mesure où elles sont imaginées et conçues d'une part ; l'action intervient dans un environnement pour le faire évoluer et le transformer, pour instaurer un ordre préférable d'autre part* » (PAULRÉ, 1993).

Aussi, la stratégie est un « processus adaptatif ». Dans la mesure où l'information et la connaissance dont dispose l'agent pour concevoir sa stratégie ne sont en effet pas données de façon définitive, les stratégies évoluent. L'acquisition d'information ou d'expérience (l'apprentissage) sont à l'origine de gains futurs d'information qui peuvent être ou non attendus. Or, une solution optimale dans un contexte donné, ne l'est évidemment plus si ce contexte évolue d'une façon non prévisible. Pour ces raisons, « *la décision stratégique relève davantage d'un processus adaptatif, étalé sur plusieurs périodes et éventuellement régénératif, que d'une décision d'ensemble directement prise en une seule étape* » (PAULRÉ, 1993). L'adaptation[9] renvoie au fait de « *ne pas prendre parti immédiatement sur toutes les activités du problème et à jouer sur des variables reportables et différables ou à jouer sur des décisions facilement révisables. L'agent peut être conduit à s'engager sur certains points et se ménager une marge de manœuvre ou de flexibilité sur les points restant en suspens parce qu'il estime qu'entre l'instant présent et le moment où la décision ne sera plus différable, la connaissance ou la situation auront été modifiées* » (PAULRÉ, 1993). Enfin, cette caractéristique de la stratégie, outre qu'elle pose l'intérêt de la révision, renvoie aux notions d'irréversibilité et de flexibilité mais surtout à la nécessité de raisonner en séquence dans l'incertain. Elle justifie la « *décomposition de l'action stratégique en une série d'actes enchaînés temporellement* » ou autrement dit, légitime le

---

[9] KOOPMANS (1964) est le premier économiste à proposer une formalisation de l'hypothèse de préférence pour la flexibilité.

raisonnement en termes de séquence de décisions que nous pouvons observer à travers le comportement de poursuite d'études (approche que nous ne développerons pas ici, pour des détails sur ce point cf. GENDRON, 1997).

En conclusion, la demande d'éducation à travers particulièrement le comportement de poursuite d'études illustrerait plus une réaction stratégique vis-à-vis de la concurrence, ou d'« adversaires » agrégés dans la demande d'emploi (d'étudiants de même profil si on considère non pas un marché du travail mais des marchés du travail segmentés), sur le lieu de valorisation potentiel du capital humain, qu'est le marché du travail, qu'une simple allocation des ressources en fonction des fins poursuivis. C'est ce que nous tenterons de vérifier de manière empirique dans une seconde partie.

3. LES MOTIVATIONS À LA POURSUITE D'ÉTUDES

Dans cette dernière partie, il s'agit de rendre compte à partir de données empiriques des motivations à la poursuite d'études, c'est-à-dire si la demande d'éducation relève plus d'un choix simple d'allocation optimale des ressources en fonction des fins poursuivies motivés par une rentabilité comparable à un investissement de nature financière ou alors d'un choix stratégique justifié, dans un contexte de rationnement de l'emploi et d'étanchéité de certaines positions dans le système d'emploi, par la forte concurrence sur le marché du travail. En d'autres termes, il s'agira de voir si le comportement de poursuite d'études s'avère principalement motivé par la rentabilité de l'investissement soit par l'appât du gain, et plus exactement par le gain supplémentaire issu du complément de formation (appréhendé entre autres par la variable salaire) ou si il apparaît que des tensions sur le marché du travail issues d'une massification des diplômés dans un contexte de rationnement de l'emploi et d'étanchéité de certaines positions dans le système d'emploi, autrement dit des difficultés d'évolution de carrière, peuvent venir expliquer ce comportement de poursuite d'études. Pour cela, à partir des données du Centre d'études et de recherches sur les qualifications (Céreq) que nous allons détailler dans une première section, nous tenterons de voir si la concurrence, autrement dit l'appréhension de la situation sur le marché du travail n'est pas sans incidence sur le comportement des étudiants en matière de poursuite d'études en mettant en évidence, dans une seconde section, à l'aide de modèles de régression logistique les déterminants de la poursuite d'études en particulier des diplômés d'Instituts universitaires de technologie (IUT) et de Sections de techniciens supérieurs (STS).

3.1. Les données mobilisées : l'enquête Céreq menée en 1991 auprès des diplômés en 1988 d'un DUT ou d'un BTS

L'enquête mobilisée pour notre analyse concerne l'enquête de cheminement de l'Observatoire des entrées dans la vie active (EVA) du Céreq portant sur les diplômés de 1988 de l'enseignement supérieur interrogés en mars 1991. Aussi, notre analyse s'est restreinte exclusivement aux diplômés d'IUT et de STS (GENDRON, 1997 ; 1998). Sur la base de données définies ci-dessus, nous avons opéré des filtres ou autrement dit, des restrictions :

- d'une part, nous n'avons retenu que les personnes déclarant être en étude à temps plein (où, par hypothèse dans la théorie du capital humain, ils pourraient être assimilés à des chefs d'entreprise s'investissant complètement dans une activité sans tenter de diminuer les coûts d'opportunité par une autre activité ou un autre placement, comme par exemple le fait de travailler, diminue le coût d'opportunité de l'investissement en études) ;

- d'autre part, nous avons retenu la population déclarant avoir obtenu un BTS ou un DUT uniquement. Ainsi, les étudiants à double cursus sont éliminés. Cette restriction permet d'isoler l'effet réel du profil BTS ou DUT des biais qui pourraient être générés par la prégnance de double profil ou de profils antérieurs. Ces restrictions font, d'une part, que nos effectifs sont légèrement plus faibles que ceux mentionnés par DUBOIS (1993) ou par les sources Céreq, en général. D'autre part, les taux de poursuite d'études de notre échantillon s'avèrent plus élevés car ont été enlevés les étudiants effectuant des études à mi-temps, moins enclins à poursuivre des études, et les étudiants à double cursus dont la probabilité d'arrêter leurs études est plus forte que les autres car le second diplôme mené de manière parallèle peut correspondre à une volonté de terminer ses études par une formation technique ; tel étudiant ayant obtenu un Diplôme d'études universitaires générales (DEUG) pourra désirer suivre un DUT en année spéciale afin d'obtenir une spécialisation technique et se présenter ensuite sur le marché du travail.

3.2. Les déterminants de la poursuite d'études : les variables du test et leurs influences

Lors de l'analyse de comportements d'individus, la régression logistique est une méthode nécessaire qui permet d'expliquer une variable (Y) – la poursuite d'études pour notre propos – par l'action simultanée, « toutes choses égales par ailleurs », de plusieurs variables explicatives (x1, x2, x3...) qui entretiennent des relations et/ou qui sont porteuses de l'effet d'autres variables et que nous allons définir dans ce qui suit.

3.2.1. Les variables explicatives de la poursuite d'études

Parmi les variables explicatives pouvant intervenir dans les déterminants de la poursuite d'études, nous avons retenu dans notre modèle, des variables liées à la signalétique de l'étudiant, d'autres à l'environnement économique et social (tensions sur le marché du travail et caractéristiques de l'emploi). Certaines ont nécessité, d'un point de vue statistique, un traitement particulier comme celui des recodages (détaillés en annexe) et d'autres variables ont été ajoutées aux modèles (par inférence d'information).

Les variables signalétiques individuelles retenues sont l'âge à l'obtention du BTS ou DUT, la situation familiale, la situation au regard du service militaire pour les hommes, la profession et catégorie sociale (PCS) des parents, l'origine bachelière, la zone académique d'études supérieures, la filière et la spécialité de formation (BTS ou DUT et spécialité secondaire ou tertiaire). Ces variables vont permettre de mettre en avant des profils particuliers de poursuite d'études selon leur plus ou moins forte influence.

L'âge, par exemple, via le retard scolaire, peut jouer en défaveur de la poursuite d'études. Des échecs scolaires antérieurs peuvent en effet conditionner les choix par auto-sélection.

De même, en ce qui concerne la situation familiale, le fait d'être marié peut jouer en défaveur de la poursuite d'études ou d'études longues ; parce que la vie de couple implique certaines dépenses (loyer, naissance d'un enfant), elle peut rendre plus urgente l'insertion professionnelle (l'effet jouant en sens inverse pour le célibataire).

Pour le service militaire, le fait de ne pas encore être dégagé de cette obligation peut jouer en défaveur de la poursuite d'études et d'autant plus en études longues ; à l'inverse, le jeune homme libéré de ses obligations militaires pourra envisager des études longues. Mais on peut également penser que l'étudiant ne désire pas interrompre ses études par son service national et alors demande un report suffisamment long lui permettant d'envisager des études longues.
La PCS des parents joue de plusieurs manières. Le fait d'être issu d'un milieu modeste peut avoir un effet sur le choix de poursuite d'études courtes (soit pour des raisons culturelles, pour ne pas être en rupture avec le milieu familial, soit pour des raisons financières...). Et l'activité de la mère, au regard de ce qui ressort des travaux de DURU-BELLAT (1978), peut également avoir des conséquences sur les choix éducatifs de la fille.

La série du baccalauréat, et en particulier le fait d'avoir un baccalauréat général, peut inciter à poursuivre des études, car le choix du BTS ou du DUT peut-être un choix « modeste » volontaire où la formation bac+2 était envisagée comme première séquence de formation (propédeutique) afin de réduire le risque d'échec en filière « ouverte ».
Le lieu d'études repéré par l'académie joue un rôle via l'offre de formation. Si l'académie propose une offre de formation variée et importante, on peut supposer que l'individu fera un choix adapté à ses capacités intellectuelles mais qu'à l'inverse, si l'offre est réduite, l'individu pourra effectuer un choix de proximité s'avérant plus modeste. Dès lors, l'ouverture de formation bac+3 dans la zone pourra inciter et répondre à la demande de l'étudiant.
Enfin, nous posons que ces différentes variables socio-économiques individuelles ne seront pas sans influence sur la poursuite des études.

Les variables exprimant les tensions sur le marché du travail, en tant que reflet de la concurrence dans l'emploi sur le marché du travail et sur les positions dans le système d'emploi en termes d'évolution de carrière, vont intervenir, comme nous l'avons exposé dans la première partie de ce papier, dans la motivation à la poursuite ou non d'études des étudiants. On peut poser l'hypothèse réaliste qu'ils mettent en balance le devenir des étudiants des promotions précédentes entrés dans la vie active et l'image que ces premiers ont et anticipent de leur future vie d'adulte.

Ainsi, en se référant aux diplômés du BTS ou du DUT sortis des promotions précédentes et entrés sur le marché du travail, reflétant l'état du marché du travail et donc de la concurrence sur celui-ci, l'étudiant peut anticiper qu'en poursuivant il améliorera son employabilité. On fait donc l'hypothèse que l'étudiant au cours de sa dernière année de formation au BTS ou au DUT s'informera sur les emplois disponibles sur le marché du travail à son niveau de formation (emploi de niveau III) et des modalités d'insertion et des évolutions de carrière de leurs camarades des promotions précédentes (ce que nous avons évoqué dans la première partie par l'expression « appréhension de l'autre », ou des « concurrents agrégés dans la demande de travail »).

Aussi, l'étudiant peut porter une attention particulière, et ce d'autant plus pour les diplômés de STS, au marché du travail local. On peut faire l'hypothèse, en effet, que l'étudiant raisonne dans un environnement géographique proche c'est-à-dire à un niveau local plutôt que national.

Quant aux variables « caractéristiques de l'emploi occupé » et toujours dans l'idée de l'appréhension de la concurrence sur le marché, les étudiants ne sont pas indifférents au temps d'accès au premier emploi, au taux de chômage à l'issue de ces formations via l'expérience des camarades des promotions précédentes. Nous faisons également l'hypothèse qu'ils porteront une attention particulière au statut du premier emploi occupé (CDI, contrat précaire...), au salaire perçu au premier emploi et son évolution et particulièrement à leur possibilité d'évolution vers des postes de cadre au terme de quelques années d'expérience professionnelle. Ainsi, nous avons fait l'hypothèse que l'ensemble des variables énoncées précédemment exerce un effet sur la décision de « poursuite d'études dans les différentes filières» (qui est la variable à expliquer). Aussi, avant d'examiner plus en détails les résultats qui viendront valider ou non les hypothèses intuitives ci-avant émises, il nous faut évoquer brièvement les traitements statistiques qui ont été effectués à la base (pour le détail de la méthode du test de régression logistique, nous renvoyons en bibliographie à GENDRON, 1998).

3.2.2. Le traitement statistique et informatique de la population étudiée

Nous avons effectué des traitements séparés selon le sexe et selon les filières d'origine (DUT ou BTS) et inféré des informations sur les conditions d'insertion professionnelle des diplômés des promotions précédentes.

Des traitements séparés ont été effectués par filières (BTS et DUT) afin de vérifier si les nombreuses similitudes entre les deux filières se poursuivaient au-delà, dans le comportement de poursuite d'études. L'analyse et les traitements qui sont menés, distinguent les hommes et les femmes afin d'éviter l'effet important du service militaire.

Pour les variables de tension sur le marché du travail, nous avons supposé que l'étudiant, pour décider de sa poursuite d'études, s'est basé sur les informations disponibles relatives aux difficultés d'insertion professionnelle de ses camarades des promotions précédentes ; soit l'hypothèse d'inférence à profil identique ou d'informations parfaites sur des indicateurs d'insertion professionnelle des promotions précédentes. Cette hypothèse peut paraître vraisemblable étant donné que ces informations sont disponibles et diffusées par les services universitaires d'information et d'orientation et que chaque année, il n'est pas rare que d'anciens étudiants rendent visite et par là, rendent compte à leur école d'origine de leur devenir scolaire et professionnel à l'issue de telle ou telle formation aux promotions plus jeunes en phase d'orientation, ou encore à travers les informations circulant par les bureaux ou associations d'anciens élèves.

À cet effet, nous avons procédé à une inférence d'information et utilisé à cette fin l'enquête précédente sur les diplômés de l'enseignement supérieur du Céreq et particulièrement les données portant sur des diplômés de DUT ou BTS de 1984 interrogés en 1987. Sur cette population, nous avons calculé des indicateurs de tension sur le marché de travail et d'évolution dans l'emploi au bout de 33 mois (temps d'accès à l'emploi, salaire, taux de chômage, part d'emplois de cadre...), et ceci par filières, spécialités, sexes, et académies. Ensuite, nous avons inféré ces données comme informations connues et détenues par les diplômés de 1988 de même profil et nous avons fait l'hypothèse que ces informations ont servi à leur prise de décision en matière de poursuite d'études ou non.

Cette procédure revient à faire, de manière générale, l'hypothèse d'une information parfaite et pour notre étude, l'hypothèse que les étudiants diplômés du BTS ou du DUT en 1988 connaissaient un certain nombre d'informations au moment de leur prise de décision de poursuite d'études, telles que : la proportion de diplômés d'IUT ou de STS de 1984 devenue « cadres » au bout de 33 mois d'expérience (information révélatrice des possibilités d'évolution vers le statut de cadre), la part de diplômés de 1984 encore au chômage en 1987, la part de premières embauches sous CDI et sous statut précaire, la part des diplômés ayant connu plus de six mois de chômage sur les 33 mois, la durée moyenne totale de chômage sur les 33 mois, et la valeur modale des salaires perçus à 33 mois, ceci pour des étudiants de même filière, spécialité, sexe et académie que l'étudiant en question. Ainsi, par exemple, nous avons calculé la part (la moyenne de l'ensemble) de premières embauches sous CDI des sortants diplômés d'un DUT en gestion des entreprises et des administrations (GEA) en Ile-de-France pour les femmes diplômées en 1984, et avons inféré cette donnée comme « information connue » à l'étudiante ayant le même profil dans l'enquête de 1991 (femme diplômée d'un DUT de la spécialité GEA de l'Ile-de-France dans l'enquête 1991). De la sorte, nous avons calculé et inféré un certain nombre d'indicateurs portant sur le marché du travail.

En émettant l'hypothèse que l'étudiant possède une information sur ce que sont devenus ses camarades des promotions précédentes de même profil un an et demi après leur sortie du système éducatif, ceci revient à ajouter un certain nombre de réponses à des pseudo-questions dans l'enquête de 1991.

Pour ce qui concerne le codage des variables (pour les détails nous renvoyons à l'annexe sur les modèles « logit »), l'âge a été saisi à travers l'absence de retard scolaire, le baccalauréat en distinguant celui technique de celui général, les spécialités de formations en les regroupant en formations tertiaires ou industrielles, la situation de famille par le fait d'être célibataire, le service militaire par le fait d'être sursitaire, la PCS des parents par le fait d'être cadre pour le père et d'être en activité pour la mère.

Quant aux académies d'études, nous avons découpé la France en cinq zones : Sud, Nord, Centre, Ouest et Ile de France.

Quant aux informations inférées aux diplômés concernant les variables de tension sur le marché du travail et l'emploi occupé correspondant à des variables continues, nous avons effectué des découpages en classes. Pour cela, nous avons procédé à l'étude de la fonction de répartition de chaque variable à mettre en classe et ceci pour les populations BTS et DUT. Les classes retenues ont été faites en sorte que la répartition entre les deux populations reste pertinente pour les deux populations afin d'avoir des parts d'effectifs homogènes dans chaque classe des deux populations. Fréquemment, un découpage en trois classes maximum a été retenu. Ce découpage concerne les variables liées aux conditions d'insertion professionnelle (situation du marché du travail et caractéristique de l'emploi occupé) suivantes : durée totale moyenne de chômage sur les 33 mois, part de chômeurs de plus de six mois avant le premier emploi, part de jeunes sortants percevant un salaire supérieur au salaire médian, part d'emplois précaires à 33 mois, part d'emplois occupés comme cadre à 33 mois, et part d'embauches directes sous contrat à durée indéterminée (CDI).

Le choix des variables de référence relève selon les cas d'un arbitrage entre les situations les plus courantes mises en référence et autrement, la classe comportant l'effectif le plus important. Les tests ont été effectués de telle sorte qu'ils soient significatifs au seuil de 5 % et les paires concordantes (écart entre la valeur théorique et celle réellement observée) se situent autour de 96 %.

Ainsi, nous avons étudié distinctement la poursuite d'études des femmes et des hommes en BTS et en DUT. Dans d'autres modèles, les différents types de poursuite d'études telles en filières courtes professionnalisées, en filières longues professionnalisées, et en filières longues générales traditionnelles, ont été envisagés mais leurs résultats ne seront pas développés ici (pour les résultats sur ces modèles, *cf.* GENDRON, 1997 ; 1998).

3.3. Les motivations à la poursuite d'études des diplômés en 1988 d'un BTS ou d'un DUT

À partir des données de l'enquête Céreq de 1991, il ressort des modèles des influences différenciées, « toutes choses égales par ailleurs », selon les sous-populations de l'échantillon étudié mais en revanche une certaine homogénéité des influences à la poursuite d'études quant aux variables signalétiques de l'étudiant.

3.3.1. L'influence des caractéristiques signalétiques de l'étudiant

L'analyse des effets qui suit se réfère aux tableaux 1 et 2 présentés en annexes.

La poursuite d'études est le fait de jeunes diplômés n'ayant pas subi d'échec dans leur parcours éducatif antérieur. En effet, quels que soient le sexe et la filière, la poursuite d'études est d'autant plus forte que le diplômé ne présente pas de retard scolaire. Cet effet est légèrement plus fort pour les jeunes hommes diplômés d'un BTS par rapport aux DUT et à l'inverse pour les diplômés femmes d'IUT par rapport aux diplômées de STS. Ces résultats peuvent mettre en avant le fait que la poursuite d'études s'inscrit désormais dans une prolongation logique des études dans le système éducatif. Par ailleurs, comme nous avons pu le noter dans le cadre d'une enquête sur les Formations complémentaires d'initiative locale (GENDRON, 1995), les jeunes appréhendent l'entrée sur le marché du travail du fait qu'« *ils se trouvent trop jeunes pour l'affronter et pas suffisamment armés[10]* ». Dès lors, la poursuite d'études viendrait pallier cette crainte en retardant la sortie du système éducatif et en leur permettant d'ajouter « *d'autres cordes à leur arc* [11] ».

La propension à poursuivre des études est plus forte parmi les bacheliers de l'enseignement général que parmi les bacheliers de l'enseignement technique. La poursuite d'études étant déjà plus forte à l'issue du baccalauréat général que technique, cette distinction se retrouve à l'issue du BTS et DUT. Celle-ci est cependant moins forte pour les étudiants hommes titulaires d'un BTS.

Les diplômés qui poursuivent sont souvent célibataires. Le fait d'être marié (ou d'avoir été marié ou vivant maritalement) pour l'étudiant implique de pouvoir

---

[10] Propos recueilli auprès d'un proviseur.
[11] Propos recueilli auprès d'un professionnel.

subvenir à un certain nombre de charges financières liées à la vie en couple, et ce d'autant plus lorsqu'il y a des enfants. Dans cette situation, la poursuite d'études s'avère plus difficile comparativement à l'étudiant célibataire pour qui la poursuite d'études s'inscrit dans le même contexte que celui des années antérieures. Ce facteur joue d'autant plus pour les femmes.

Quelle que soit la filière, la propension à poursuivre des études est d'autant plus grande que l'étudiant est sursitaire. Aussi, ce résultat peut trouver une justification dans le fait que le service militaire lorsqu'il intervient, peut constituer une rupture dans le processus éducatif de l'étudiant à l'image de celle dans l'emploi. Ainsi, les études seraient suivies sans rupture et toute rupture limiterait ainsi la reprise d'études.

La poursuite d'études se différencie selon l'académie d'obtention du BTS ou du DUT. Ainsi, la propension à poursuivre des études est plus forte pour les femmes diplômées d'un BTS dans le sud et le nord de la France par rapport à l'Ile de France. À l'inverse, la poursuite d'études est moins fréquente pour les autres diplômés quelle que soit la zone d'obtention du diplôme par rapport à l'Ile de France. On peut trouver une explication à ces résultats négatifs par le fait que l'Ile de France est mise en référence et forme au BTS déjà plus d'un quart des diplômés du tertiaire. En outre, la probabilité que des passerelles de formation existent à l'issue de ces formations est plus importante dans les zones où la formation au BTS est développée (sachant que la mobilité joue assez peu pour ces diplômés, MARTINELLI, 1995).
La poursuite d'études se fait dans la continuité de la spécialité des études précédentes. La probabilité de poursuivre des études est d'autant plus forte pour les hommes, quelle que soit la filière, qu'ils ont reçu une formation en spécialité industrielle et dans le cas d'une formation en spécialité tertiaire pour les femmes mais dans une moindre mesure. Ainsi, l'effet spécialité joue plus fortement que l'effet filière.

Alors que les effets sont semblables dans leur intensité pour les autres variables hormis le baccalauréat, l'origine sociale joue un rôle plus important chez les titulaires d'un BTS comparé à leurs homologues universitaires. Ainsi, la propension à poursuivre des études est plus forte lorsque le père occupe un emploi de cadre et que la mère est en activité pour l'étudiante diplômée d'un BTS. Tout se passe comme si l'effet de l'origine sociale venait compenser l'effet du « baccalauréat » chez ces diplômés. Là où le baccalauréat influence de manière non négligeable la poursuite d'études des diplômés d'IUT, on trouve l'origine sociale chez les diplômés des STS. Doit-on en déduire que la poursuite d'études serait le fait des étudiants plus aisés chez les diplômés du BTS au lieu du mérite scolaire chez les diplômés d'IUT ? En fait, la poursuite d'études du diplômé de STS ne serait permise qu'à la condition d'en avoir les moyens financiers alors que pour celle des diplômés d'IUT, ce facteur jouerait dans une moindre proportion étant donné les filtres déjà effectués durant le cursus scolaire jusqu'à l'obtention du baccalauréat en enseignement général.

3.3.2. L'influence des informations sur les tensions sur le marché du travail et des caractéristiques de l'emploi sur la poursuite d'études

Si les variables signalétiques expliquent en partie la poursuite d'études, il importe ici de vérifier maintenant par rapport à notre hypothèse de départ quel est l'impact des tensions sur le marché du travail sur la motivation à la poursuite d'études, comparé à celui des motivations pécuniaires appréhendées, entre autres, par la variable « salaire ».

Quelles que soient les variables de tension sur le marché du travail, les diplômés d'IUT et de STS semblent sensibles aux conditions d'insertion professionnelle à l'issue de leur formation dans le choix de la poursuite d'études ainsi qu'aux possibilités d'évolution de carrière. Les motivations salariales pouvant en être une déclinaison, justifient également la poursuite d'études mais dans une moindre mesure. En effet, concernant le risque de non-valorisation du capital humain accumulé, la propension à poursuivre les études progresse lorsque la part de chômeurs augmente parmi les diplômés des promotions antérieures et ce quels que soient la filière ou le sexe, hormis pour les femmes diplômées d'un BTS. De même, les femmes, quelle que soit la filière d'origine (BTS ou DUT), poursuivraient d'autant plus leurs études que la durée totale moyenne de chômage croît. Les femmes seraient ainsi plus sensibles à la durée de chômage qu'au risque de chômage lui-même.

Aussi, les hommes semblent plus encore sensibles aux indicateurs s'inscrivant dans le long terme (part d'emploi stable, type d'emploi occupé..) que de court terme tandis que le choix de poursuite d'études des femmes semble relié aux indicateurs liés au premier emploi ou plus généralement dit, relevant plus du court terme (salaire perçu, temps d'accès au premier emploi...). En effet, les hommes semblent moins sensibles aux variables liées à l'accès à l'emploi qu'aux caractéristiques de l'emploi lui-même. En outre, cette distinction est d'autant plus forte que l'étudiant est titulaire d'un DUT. La propension à poursuivre des études est d'autant plus forte pour les titulaires d'un DUT que la probabilité d'obtenir un emploi de cadre au bout de 33 mois est faible.

On note des distinctions entre filières pour un même sexe. Telle la décision de poursuite d'études du titulaire d'un BTS, qui semble assez sensible à la précarité des emplois, contre l'accès direct à un emploi sous CDI pour les diplômés d'IUT.

Les indicateurs de court terme et de long terme qui renvoient respectivement à l'appréhension de la concurrence sur le marché du travail et à l'appréhension de la concurrence dans le système d'emploi, soit en termes d'évolution de carrière, sont appréhendés de manière différente selon les filières chez les hommes. Ainsi, les hommes diplômés du BTS s'avèrent significativement sensibles au risque de la précarité de l'emploi tandis que leurs homologues universitaires, sans ignorer la précarité, attachent une importance particulière à l'évolution de carrière vers des emplois de cadre et dans une moindre mesure au niveau des salaires.

La différence est plus flagrante chez les femmes où la tension sur le marché du travail semble motiver fortement leur poursuite d'études plus que les caractéristiques de l'emploi. Il en va ainsi des femmes diplômées d'un BTS, pour qui la durée totale moyenne de chômage s'avère un indicateur fortement pris en compte. Aussi, pour les diplômées d'un DUT, le risque d'être au chômage à l'issue de la formation s'avère constituer une motivation significative à la poursuite d'études.

Enfin, en ce qui concerne les motivations pécuniaires, via la variable salaire, celles-ci jouent positivement dans la poursuite d'études et ce quelle que soit la filière mais dans une moindre mesure ; l'appréhension des « possibilités » de valorisation du capital humain (ou l'employabilité) devançant dans l'ordre de leurs considérations celle du « prix » de sa valorisation.

4. CONCLUSION

Les modèles de régression logistique ont permis de mettre en évidence des profils différenciés de motivations à la poursuite d'études, selon d'une part, les caractéristiques signalétiques des diplômés et d'autre part, leur appréhension des tensions sur le marché du travail et selon la considération de la concurrence dans le système même d'emploi, particulièrement les possibilités d'évolution de carrière. Il ressort que le comportement de poursuite d'études ne peut être qu'appréhendé en termes de stratégie dans un contexte de rationnement de l'emploi et de concurrence sur le marché du travail et dans le système d'emploi, où l'employabilité tiendrait lieu d'objectif de premier ordre, au lieu de la maximisation première des gains dans un contexte d'information parfaite et de certitude d'embauche (ou de valorisation du capital humain) qui prime dans le modèle théorique de base du capital humain. Et ceci d'autant plus que la rentabilité de l'investissement en capital humain ne peut s'opérer que si il y a – possibilité de – valorisation, d'où l'importance de l'employabilité.

Ainsi, dans un contexte de raréfaction de l'emploi et de concurrence sur le marché du travail, la poursuite d'études ne peut se justifier que dans le cadre d'un comportement stratégique où la poursuite d'études interviendrait comme pour se différencier ou défier le concurrent, concurrents agrégés dans la « demande de travail » sur le marché du travail, en tentant par la poursuite d'études ou la révision du choix initial de formation de (dé)placer – pour reprendre la métaphore de « l'échelle » de JAROUSSE et MINGAT (1985) – la concurrence sur une autre échelle ou sur un autre barreau de l'échelle : celui de l'expérience ou celui du diplôme dans le cas de la poursuite d'études à l'issue d'un BTS et d'un DUT.

Bénédicte Gendron

Tableau 1

Modèle expliquant la probabilité de poursuivre des études pour un homme ayant un BTS ou un DUT

Variables de référence	Variables actives	BTS Coefficient	BTS Signe	DUT Coefficient	DUT Signe
Constante		-0,75		1,3	
Signalétique individuelle					
Ile de France	Sud	-0,24	-	-0,54	--
	Centre	0,11	ns	-0,28	-
	Nord	-0,16	ns	-0,08	ns
	Ouest	-0,19	-	-0,65	--
Retard scolaire	Âge normal	0,93	++	0,72	++
Marié, divorcé	Célibataire	0,64	++	0,55	++
Père non cadre	Père cadre	0,54	++	0,22	+
Mère non active	Mère active	0,14	+	-0,04	ns
Libéré, exempté	Sursitaire	3,48	+++++	4,07	+++++
Bac technique	Bac général	0,25	+	0,73	++
Spécialité tertiaire	Spécialité industrielle	0,69	++	0,73	++
Tension sur le marché du travail					
Part de chômeurs faible*	-moyenne	0,22	+	0,24	+
	-forte	0,11	ns	-0,50	--
Durée totale moyenne de chômage faible*	-moyenne	-0,19	-	-0,43	-
	-forte	-0,68	--	-0,22	-
Part de chômeurs de plus de six mois avant le premier emploi faible*	- moyenne	-0,07	ns	0,21	+
	-forte	-0,31	-	0,09	ns
Caractéristique de l'emploi					
Salaire>salaire médian*	Salaire<=salaire médian	-0,16	-	0,13	+
Part d'emplois précaires faible*	- moyenne	0,48	+	0,33	+
	- forte	0,72	++	0,20	+
Part de cadres forte*	- faible	-0,02	ns	0,39	+
Part d'embauches directes sous CDI forte	-faible	0,17	ns	0,40	+
	-moyenne	-0,14	-	0,53	++

* en mars 1987 ns : non significatif au seuil de 5 %. Paires concordantes BTS et DUT : 75,7 % et 82,3 %. Source : données Céreq 1991, traitement LES.

Tableau n°2
**Modèle expliquant la probabilité de poursuivre des études
pour une femme ayant un BTS ou un DUT**

Variables de référence	Variables actives	BTS		DUT	
		Coefficient	Signe	Coefficient	Signe
Constante		-0,44		0,07	
Signalétique individuelle					
Ile de France	Sud	0,63	++	-0,4	-
	Centre	0,09	ns	-0,43	-
	Nord	0,24	+	-0,73	--
	Ouest	-0,41	-	-0,36	-
Retard scolaire	Âge normal	0,72	++	0,82	++
Mariée, divorcée	Célibataire	1,23	+++	1,24	+++
Père non cadre	Père cadre	0,57	++	0,48	+
Mère non active	Mère active	0,13	+	-0,03	ns
Bac technique	Bac général	0,62	++	0,67	++
Spécialité industrielle	Spécialité tertiaire	0,17	+	0,40	+
Tension sur le marché du travail					
Part de chômeurs faible*	-moyenne	-1,13	---	0,61	++
	-forte	-0,39	-	0,16	ns
Durée totale moyenne de chômage faible*	-moyenne	0,81	++	0,32	+
	-forte	1,64	+++	-0,49	-
Part de chômeurs de plus de 6 mois avant le premier emploi faible*	- moyenne	-0,83	--	0,12	ns
	-forte	-0,73	--	-0,17	ns
Caractéristique de l'emploi					
Salaire>salaire médian*	Salaire<=salaire médian	0,15	+	0,29	+
Part d'emplois précaires faible*	- moyenne	-0,43	-	0,32	+
	- forte	-0,18	ns	0,71	++
Part de cadres forte*	- faible	-0,18	-	-0,27	-
Part d'embauches directe sous CDI forte	-faible	0,18	+	0,004	ns
	-moyenne	0,54	++	-0,16	ns

* en mars 1987. ns : non significatif au seuil de 5 %. Paires concordantes pour les BTS et les DUT : 71,1 % et 70,9 %. Source : données Céreq 1991, traitement LES.

Pour le tableau 1, il faut lire par exemple pour la variable « Libéré, exempté/Sursitaire » : un homme sursitaire titulaire d'un BTS a une propension significativement plus forte qu'un jeune libéré des obligations militaires de poursuivre ses études.

Pour le tableau 2, il faut lire par exemple pour la variable « Mariée, divorcée/Célibataire » : la propension à poursuivre ses études à l'issue du BTS pour une femme célibataire est plus forte que celle des femmes mariées ou divorcées.

BIBLIOGRAPHIE

ANSOFF H.-I. (1968), *Stratégie du développement de l'entreprise*, Editions Hommes et Techniques.

BEAUFRE (1963), *Introduction à la stratégie*, Paris, Armand Colin.

BEAUFRE (1966), *Stratégie de l'action*, Paris, Armand Colin.

BECKER G.-S., (1964), *Human Capital. A theoretical and empirical analysis, with special references to education, Chicago*, The University of Chicago Press.

BERET P. (1983), *Analyse stratégique et demande d'éducation, essai de construction du concept de projet*, thèse de troisième cycle en économie des ressources humaines, université d'Aix-Marseille II.

DUBAR C. (1991), *Diplômés de niveau III et population active occupée*, Céreq, Collection Études, n° 60.

DURU-BELLAT M. (1991), « L'orientation à l'école, des choix scolaires ou des stratégies de distinction ? », *Revue de Sciences Humaines*, n° 10.

DOSNON O. (1996). « L'indécision face au choix scolaire ou professionnel : concepts et mesures », in « *L'orientation scolaire et professionnelle, décision et orientation* », vol. 25/1, mars.

DUBOIS M. (1993), *Après un DUT ou un BTS : poursuite d'études ou entrée dans la vie active*, Céreq, Documents de travail, n° 87.

GAZIER B. et LALLEMENT M. (1993), « Stratégie et théories de l'action », contribution au séminaire Métis *Autour de la Stratégie*, 16 et 17 novembre.

GENDRON B. (1998) « Cheminement de formation dans l'enseignement supérieur : l'exemple des diplômés de STS et d'IUT. Une tentative d'analyse des déterminants de la poursuite d'études à l'issue de ces formations », *Actes des 5èmes Journées d'Études de l'analyse longitudinale du marché du travail*, Strabourg, mai.

GENDRON B. (1997), *D'une stratégie de formation à une stratégie d'employabilité : tentative d'analyse de la poursuite d'études après le BTS et le DUT* , thèse de doctorat en sciences économiques, université de Paris 1 Panthéon-Sorbonne.

GENDRON B. (1995), « Négociation et construction des Formations Complémentaires d'Initiative Locale (FCIL) de niveau III », *Formation Emploi*, n° 52, octobre-décembre.

JAROUSSE J.-P. et MINGAT A. (1985), « Un réexamen du modèle de gain de Mincer », *Revue économique*, n° 37.

KOOPMANS T.-C. (1964), « On flexibility of future preference », in SHELLY M. et BRIAN G. (eds.), *Human judgments and optimality*, Wiley.

LEVY-GARBOUA L. (1979), « Marché du travail et marché de l'enseignement supérieur » in EICHER J.-C. et LÉVY-GARBOUA L. (éditeurs) (1979), *Economique de l'Education*, Paris, Economica.

MASSE P. (1964), *Le choix des investissements*, 2ème édition, Paris, Dunod.

MARTINELLI D. (1995), *Note méthodologique sur l'enquête auprès des diplômés de l'enseignement supérieur conduite par le Céreq en 1994-95*, Céreq, mai.

MERIOT P. (1993), *La stratégie d'insertion professionnelle*, thèse de doctorat en sciences économiques, université de Rennes I.

MORGENSTERN O. et VON NEUNAMNN (1944), *Theory of Games and Economic Behavior*, Princeton University.

MOUCHOT C. (1978), *Temps et sciences économiques*, Paris, Economica.

ORLEAN A. (1994), *Analyse économique des conventions*, Paris, Presses universitaires de France.

PAULRE B. (1993), « Formes de la stratégie en économie, ébauche d'épistémologie », contribution au séminaire Métis *Autour de la Stratégie*, 16 et 17 novembre.

SAINT-SERNIN B. (1973), *Les mathématiques de la décision*, Paris, Presses universitaires de France.

VATE M. (1976), *Temps de la décision*, Presses universitaires de Lyon.

WALLISER B. (1985), *Les anticipations, équilibres et rationalité économique*, Paris, Almann-Lévy, collections « Perspectives de l'économie ».

Demande d'enseignement universitaire des étudiants de l'université de Rennes 1

Pascale Mériot, (CREREG UMR CNRS C6585, université de Rennes 1)

1. INTRODUCTION

La stratégie des élèves se modifie peu à peu et s'accorde à la volonté politique d'allongement des études. Que cherchent les nouveaux bacheliers à l'université : un savoir professionnel, une culture générale, une alternative au chômage ? Ont-ils un objectif précis exprimé en termes de diplôme, lui-même inscrit dans une finalité professionnelle ou décident-ils année après année, face à l'évolution de leur environnement, de poursuivre ou stopper leurs études ? L'objet de cette intervention est donc de souligner les déterminants de la demande d'enseignement supérieur. Pour mieux comprendre ces déterminants, il est nécessaire de construire un modèle de comportement des agents. Ce modèle doit permettre de comprendre le choix de la spécialité et la durée des études. Il doit donc expliquer le caractère différencié des cursus observés tant en quantité qu'en qualité (nombre d'années d'études, type de filière suivie). La première étape de ce travail consiste à définir le cadre théorique de la demande d'enseignement universitaire. La théorie du capital humain fournit un point de départ à l'élaboration du modèle. Il est toutefois nécessaire de modifier ce cadre d'analyse afin d'intégrer les liens entre la durée et l'objectif final des études. Ce modèle doit tenir compte non seulement de l'aspect investissement des études mais aussi de ses autres facettes. De plus, les étudiants sont à la fois des consommateurs et des producteurs, cette spécificité peut éclairer le comportement des étudiants. Au niveau empirique, il s'agit de tester les prédictions du modèle théorique. Ce test s'effectue sur des données issues d'une enquête sur les étudiants de l'université de Rennes 1 inscrit en DEUG. Il est réalisé en deux étapes : la première consiste à repérer les déterminants du choix de la filière suivie ; la seconde à repérer les déterminants de la durée souhaitée des études. Lors de ces deux étapes, l'accent est mis sur le pouvoir explicatif des objectifs alloués aux études et l'origine socio-économique des étudiants.

Cette intervention est ainsi articulée en deux parties. La première présente un modèle théorique de demande d'enseignement supérieur, où l'objectif de l'agent-étudiant n'est pas seulement de réaliser un investissement lucratif. La seconde partie est une application sur un échantillon d'étudiants inscrits à l'université de Rennes 1.

2. LE MODÈLE THÉORIQUE

Le modèle proposé s'inspire largement de la théorie du capital humain et de ses prolongements. Après avoir rappelé dans un premier paragraphe les bases de la théorie du capital humain, le modèle théorique proposé est exposé.

2.1. Le cadre d'analyse

Pour expliquer le caractère différencié des scolarisations observées tant en quantité qu'en qualité (nombre d'années d'études, type de filière suivie), les économistes raisonnent implicitement ou explicitement en termes de demande d'éducation. La question est de déterminer les raisons pour lesquelles les individus accumulent des connaissances. Le concept de base, pour y répondre, est de considérer l'ensemble de ces connaissances comme du capital ; du fait qu'il ne peut être dissocié de la personne qui le possède, il est qualifié d'humain. De même que pour la théorie générale du capital, l'acquisition de capital humain suppose l'utilisation de ressources rares, donc coûteuses ; il faut qu'un gain futur vienne compenser ce coût pour que cet investissement soit entrepris. Les coûts d'un investissement universitaire sont de deux sortes :

- les coûts monétaires ou directs, c'est-à-dire les coûts d'entretien et frais de scolarité assurés généralement par la famille, nets des subventions qu'elle peut obtenir de la part de la collectivité (c'est-à-dire les bourses d'enseignement, les allocations familiales et les déductions fiscales) ;

- les coûts d'opportunité ou indirects, c'est-à-dire le montant du salaire auquel l'individu renonce pour étudier. Ils seront d'autant plus importants que le niveau d'éducation atteint est élevé ou que la durée des études est importante.

Les rendements sont également de deux sortes :

- les rendements monétaires constitués par la différence entre le salaire perçu après l'investissement et le salaire perçu sans investissement ;

- les rendements non monétaires liés à la nature de l'emploi (satisfactions tirées de l'occupation de l'emploi, conditions de travail...) et liés aux activités hors du travail.

La prise en compte de ces coûts et rendements permet de calculer un taux de rendement privé qui servira de critère pour la décision d'investissement.

Au départ, l'étudiant est, donc, considéré comme un investisseur. BEN PORATH (1967) prolonge l'analyse en considérant l'étudiant comme un entrepreneur : il possède une fonction de production et ainsi détermine son plan optimal de formation sur l'ensemble de sa vie active. LÉVY-GARBOUA (1979 b) complète l'analyse à partir de la constatation suivante : les étudiants affluent dans les universités, bien que le nombre d'échecs soit considérable et que cet afflux dévalorise le diplôme qu'ils essaient d'obtenir. Il propose d'interpréter cette contradiction à partir d'une analyse précise de leurs demandes. Il dépasse ainsi l'interprétation économique traditionnelle de la demande d'éducation en lui ajoutant des considérations sociologiques d'éligibilité ; outre une demande d'éducation pure, l'étudiant cherche des satisfactions immédiates que seule la vie universitaire peut lui procurer. Le comportement des étudiants s'analyse comme une quête d'éligibilité sur deux marchés : le marché des « élites » et le marché de la « qualité de vie ». Le marché des élites correspond aux biens futurs qui pourront être consommés par les étudiants s'ils obtiennent leur diplôme ; par exemple, des biens de luxe ou de meilleures conditions de travail. Le marché de la qualité de vie fait référence aux biens que produit immédiatement la vie étudiante. Cela comprend toutes les activités qui sont coûteuses en temps et donc peu compatibles avec une vie professionnelle, par exemple, des activités culturelles. La mesure de ces avantages est liée directement au temps que l'étudiant consacre à l'étude et aux loisirs. En fonction des modifications de l'environnement, les étudiants vont moduler leur emploi du temps entre l'étude, le loisir indépendant et le travail rémunéré. Ils agissent à la fois comme des producteurs et des consommateurs. C'est sur cette base qu'est construit notre modèle.

2.2. Un modèle de demande d'éducation

L'étudiant est supposé à la fois consommateur et producteur. La production de capital humain est réalisée en vue de mieux consommer ultérieurement, elle représente implicitement la consommation future de l'agent. Pour une période donnée, cette production dépend du niveau de capital humain accumulé en début de période (K), du temps consacré à la production du nouveau capital humain (T_e) et des services éducatifs offerts (C_e, C_e est supposé exogène). À la suite des travaux de BEN-PORATH, cette fonction de production est une fonction de Cobb-Douglas et elle s'écrit :

$$Q = a(T_e.K)^{\alpha_1}.C_e^{\alpha_2}$$

où a, α_1 et α_2 sont des paramètres qui dépendent des capacités de l'individu et des conditions institutionnelles. α_1 et α_2 sont positifs et leur somme est inférieure à 1 : la fonction de production a donc des rendements d'échelle décroissants. T_e est le temps affecté à la production de capital humain. $T_e.K$ est donc la quantité de capital humain utilisée à cette fin.

L'étudiant, producteur de capital humain, est aussi un consommateur. Il bénéficie des avantages de la vie étudiante, en particulier, un temps de loisir modulable. De plus, les études constituent une activité alternative à la recherche d'emploi lorsque le marché du travail est déprimé. Les études fournissent une forme particulière de consommation qui est d'éviter le coût psychologique et monétaire du chômage. Nous allons donc considérer une fonction de consommation C_0 qui dépend du temps de loisir (T_l) et des autre biens notés C.

$$C_0 = bT_l^{\beta_1} . C^{\beta_2}$$

Ainsi, l'étudiant doit assurer des dépenses traditionnelles (logement, alimentation, loisirs, etc.) notées p.C et des dépenses liées aux études notées $p_e.C_e$. Il est donc soumis à une contrainte budgétaire. Ses revenus peuvent être de deux sortes ; il peut percevoir une dotation (D) et/ou un salaire fonction du temps consacré à une activité salariée (T_w). La contrainte budgétaire s'écrit :

$$p.C + p_e.C_e = w.T_w + D$$

où p et p_e sont les prix respectivement du panier de consommation courante et des biens éducatifs offerts, w est le taux de salaire.

En outre, l'étudiant, comme tout agent économique, fait face à une contrainte de temps. Il partage son temps disponible T entre les activités d'éducation, de loisirs et de travail salarié. T_e, T_l et T_w sont alors respectivement les temps consacrés aux études, aux loisirs et au travail salarié. La contrainte temporelle s'écrit :

$$T_e + T_l + T_w = T$$

Sous les quatre contraintes présentées ci-dessus, l'étudiant maximise une fonction d'utilité qui dépend du niveau de consommation et du niveau produit de capital humain. La fonction d'utilité retenue a une forme de Cobb-Douglas et s'écrit :

$$U(Q, C_0) = c.Q^{\gamma_1} . C_0^{\gamma_3}$$

où c est une constante et γ_1, γ_2 sont fonction des individus et positifs.

Le programme complet de l'étudiant s'écrit :

$$\underset{Q,C_0}{Maximiser} \quad U(Q, C_0) = c.Q^{\gamma_1} . C_0^{\gamma_3}$$

sous les contraintes :

$$Q = a(T_e.K)^{\alpha_1} . C_e^{\alpha_2}$$

$$C_0 = bT_l^{\beta_1}.C^{\beta_2}$$

p.C+p_e.C_e=w.T_w+D

$T_e + T_l + T_w = T$

Après résolution, les quantités optimales Q* et C_0* s'écrivent :

$$Q^* = a\left[\frac{\gamma_1.\alpha_1.(D + w.T - p_e.C_e)}{w.(\beta_2\gamma_2 + \beta_1.\gamma_2 + \alpha_1.\gamma_1)}\right]^{\alpha_1} K^{\alpha_1}.C_e^{\alpha_2} \qquad (1)$$

$$C_0^* = b.\left(\frac{\beta_1\gamma_2}{w}\right)^{\beta_1}\left(\frac{\beta_2\gamma_2}{p}\right)^{\beta_2}.\left(\frac{D - p_e.C_e + w.T}{\beta_2.\alpha_2 + \beta_1\gamma_2 + \alpha_1\gamma_1}\right)^{\beta_1+\beta_2} \qquad (2)$$

Dans la contrainte de temps, seul T, le temps total disponible, est une donnée pour l'individu. T_e* est le temps d'études nécessaire pour produire le niveau de capital humain Q*, il se déduit donc de la fonction de production :

$$T_e^* = \frac{\alpha_1\gamma_{12}}{(\beta_2.\gamma_2 + \beta_1.\gamma_2 + \alpha_1.\gamma_1).w}(D - p_e.C_e + w.T) \qquad (3)$$

$$T_l^* = \frac{\beta_1\gamma_2}{(\beta_2.\gamma_2 + \beta_1.\gamma_2 + \alpha_1.\gamma_1).w}(D - p_e.C_e + w.T) \qquad (4)$$

$$C^* = \frac{\beta_2\gamma_2}{(\beta_2.\gamma_2 + \beta_1.\gamma_2 + \alpha_1.\gamma_1).p}(D - p_e.C_e + w.T) \qquad (5)$$

Le temps de travail salarié est obtenu grâce à la contrainte temporelle :

T_w*=T-T_l*-T_e* \qquad (6)

Les valeurs d'équilibre sont différentes, à la fois, selon les individus et l'environnement économique ; elles peuvent donner lieu à une analyse de statique comparative.

L'analyse comparative a pour objet de faire apparaître les différences interindividuelles existant dans l'explication de la demande d'enseignement universitaire. Parmi les variables susceptibles de discriminer les individus, deux ont été retenues. La dotation initiale, D, représente la richesse de l'individu ; le taux de salaire en vigueur, w, est un indicateur du coût d'opportunité des études et de l'environnement économique.

L'analyse des dérivées premières donne les résultats suivants :

$$\frac{\partial Q}{\partial D} = a.\alpha_1 \left[\frac{\gamma_1.\alpha_1}{w.(\beta_2\gamma_2 + \beta_1.\gamma_2 + \alpha_1.\gamma_1)} \right]^{\alpha_1} .\left(D + w.T - p_e.C_e\right)^{\alpha_1-1} K^{\alpha_1}.C_e^{\alpha_2} > 0$$

$$\frac{\partial C_0}{\partial D} = b(\beta_1 + \beta_2)\left(\frac{\beta_1}{w}\right)^{\beta_1} \left(\frac{\beta_2}{p}\right)^{\beta_2} \left(\frac{\gamma_2}{\beta_2\alpha_2 + \beta_1\gamma_2 + \alpha_1\gamma_1}\right)^{\beta_1+\beta_2} (D - p_e C_e + wT)^{\beta_1+\beta_2-1} > 0$$

Lorsque D, la dotation, augmente la consommation présente, C_0, et le capital humain produit Q s'accroissent, toutes choses égales par ailleurs. En outre, comme le niveau de capital humain à produire est plus élevé, le temps d'études augmente et le temps de travail salarié diminue. Ce résultat est conforme à l'intuition : plus l'individu est riche, plus il consomme et moins il consacre de temps au travail salarié et ainsi substitue du temps d'études et du temps de loisir au temps de travail rémunéré.

$$\frac{\partial Q}{\partial w} = -\alpha_1 a \left[\frac{\gamma_1.\alpha_1.K}{(\beta_2\gamma_2 + \beta_1.\gamma_2 + \alpha_1.\gamma_1)} \right]^{\alpha_1} .C_e^{\alpha_2}.\left(D + w.T - p_e.C_e\right)^{\alpha_1-1} w^{-\alpha_1-1} < 0$$

$$\frac{\partial C}{\partial w} = \frac{\beta_2\gamma_2.T}{(\beta_2.\gamma_2 + \beta_1.\gamma_2 + \alpha_1.\gamma_1).p} > 0$$

$$\frac{\partial T_l}{\partial w} = \frac{-\beta_1\gamma_2}{(\beta_2.\gamma_2 + \beta_1.\gamma_2 + \alpha_1.\gamma_1).w^2}\left(D - p_e.C_e\right) < 0$$

L'augmentation du taux de salaire, w, induit une diminution du niveau de capital humain produit. Le temps d'études décroît suite à cette réduction. Ce résultat est conforme à la théorie du capital humain : un taux de salaire plus élevé correspond à un coût d'opportunité des études plus important et induit un temps plus faible d'études. Les étudiants investissent dans les études dans l'espoir de faire face, ultérieurement à un marché du travail plus favorable.

De même, le temps de loisir T_l est réduit si le taux de salaire en vigueur augmente. En revanche, une hausse de salaire produit un accroissement du niveau de consommation des autres biens. L'individu substitue donc du travail salarié au temps de loisir et cette hausse induite de revenu permet à l'individu de se procurer plus de biens de consommation courante. L'effet global sur la qualité de vie étudiante C_0 est donc indéterminé, il dépend du signe de l'expression :

$$\frac{\partial C_0}{\partial w} < 0 \text{ si } w < \beta_1(D - P_e C_e)/\beta_2 T \text{ et } \frac{\partial C_0}{\partial w} > 0 \text{ sinon}$$

Ainsi, plus le taux de salaire de départ est élevé plus grande est la probabilité que la qualité de vie étudiante s'améliore suite à une augmentation du taux de salaire. Il est vraisemblable que pour une majorité des étudiants cette dérivée soit positive. Sous l'hypothèse que le taux de salaire en vigueur est représentatif de la situation sur le marché du travail, un taux faible de salaire correspondant à un taux élevé de chômage, des signaux défavorables issus du marché de l'emploi incitent les individus à accroître leur niveau de capital humain et vraisemblablement à réduire la qualité de la vie étudiante. Conformément au modèle de Lévy-Garboua, il existe ici un ajustement entre la consommation future symbolisée par la production de capital humain et la consommation présente suite à une modification de l'environnement.

3. ANALYSE EMPIRIQUE

Les données utilisées dans cette étude proviennent d'une enquête réalisée auprès de l'ensemble des étudiants inscrits en 1995-1996 dans une université bretonne, enquête commanditée par le conseil régional de Bretagne. Cette enquête a été réalisée par T.M.O. et a été exploitée pour l'université de Rennes 1 par J. Gravot. Nous avons retenu les étudiants inscrit en DEUG à l'université de Rennes 1 ; le choix de l'université est arbitraire, en revanche, le choix du niveau, le DEUG, doit permettre une analyse plus fine de la durée des études et du choix de la filière.
L'étude de la demande de formation de ces jeunes est quelque peu faussée dans la mesure où ils sont interrogés alors que leur cursus universitaire est entamé. Aussi, ils ont une idée plus précise du contenu de la formation suivie.

L'analyse de la demande d'enseignement universitaire est réalisée, dans un premier temps, du point de vue qualitatif, le choix de la discipline et, dans un second temps, du point de vue quantitatif, la durée souhaitée des études.

3.1. Le choix de la filière

Parmi l'ensemble de ces étudiants, environ 20 % ont cherché à entrer dans une autre filière sans y parvenir ; pour une grande majorité, leur premier souhait était de s'inscrire en Section de techniciens supérieurs (STS) ou un département d'Institut universitaire de technologie (IUT), c'est-à-dire une filière courte et professionnalisée. La première étape a donc consisté à chercher les facteurs de ces autres projets. Ensuite, tous les étudiants confondus, nous tenterons de dégager les variables explicatives de la filière suivie.

3.1.1. Analyse de « Autre projet »

Parmi les 1 064 étudiants, 213 avaient émis un autre projet que celui de s'inscrire à la faculté sans pouvoir le réaliser. Il nous a paru intéressant de réaliser un modèle Logit sur cette variable dichotomique. Les résultats sont les suivants :

Tableau 1

Résultats du modèle Logit sur la variable « Autre projet »

Variable	Coefficient	t-Student
Constante	-0,20703	-1,117
Droit	-0,78119	-3,979
Économie	-0,78681	-2,147
Satisfait	-0,30425	-1,760
Assiduité	-0,36645	-2,168
Motif des études : objectif professionnel	-0,45665	-2,529
Rôle de l'université : savoir pour un métier	-0,33660	-1,985
Secteur d'emploi : public	-0,35377	-2,161
R^2_{MF} = 0,0582		

Le pouvoir explicatif du modèle n'est pas très élevé, néanmoins ce modèle souligne trois traits caractéristiques. En premier lieu, il semble exister une cohérence dans les préférences exprimées. Ainsi, les étudiants qui n'ont pas réalisé leur choix alternatif ne sont pas satisfaits de leurs études et ne les suivent pas assidûment. La discipline suivie exerce également une influence sur cette variable, une inscription en Économie ou en Droit agit négativement sur la probabilité d'avoir émis un autre choix. Enfin, un troisième groupe de facteurs explicatifs apparaît, leur point commun est relatif à l'emploi : la probabilité d'avoir réalisé son premier choix est d'autant plus forte que l'étudiant suit ses études dans un objectif professionnel, qu'il désire travailler dans le secteur public et qu'il considère que le rôle de l'université est d'abord de permettre d'acquérir des savoirs préparant à des métiers. Ce dernier résultat s'explique vraisemblablement par l'opposition entre les filières courtes et la filière universitaire, les premières étant associées à une entrée rapide dans la vie active. Nous retrouvons donc de nouveau une certaine cohérence dans la demande d'éducation : leur stratégie d'insertion professionnelle a été contrariée et ils se retrouvent à l'université par dépit.

Ce résultat est un premier constat de l'opposition entre les avantages présents et futurs de la vie étudiante. Ces étudiants contrariés dans leur plan de formation semblent privilégier l'activité de consommation au détriment de la production de capital humain. Cette préférence pour le présent est, vraisemblablement, confortée à leurs yeux par des perspectives professionnelles faibles.

3.1.2. Analyse du choix de la spécialité

Comme pour le modèle précédent, une spécification Logit a été choisie pour analyser le choix de la spécialité. Les résultats sont les suivants (pour chaque variable figure la valeur du coefficient et, en dessous, le t de Student) :

Tableau 2

Analyse du choix de la spécialité par une spécification Logit

		AES*	Biologie	Droit	Économie	Maths	Physique
Constante	Coefficient	0,993	-4,301	-2,328	-5,732	-8,248	-5,751
	t-Student	1,751	-5,675	-4,902	-5,293	-7,618	-9,933
Baccalauréat L**	Coefficient	-1,869					
	t-Student	-3,953					
Baccalauréat ES***	Coefficient				2,6615		
	t-Student				2,570		
Baccalauréat S****	Coefficient	-3,285	4,498	-2,641	3,1704	4,9808	3,0282
	t-Student	-9,841	6,235	-13,63	3,089	4,946	6,498
Mention au bac	Coefficient	-0,90					0,4841
	t-Student	-2,852					2,280
Doublement au collège ou au lycée	Coefficient				0,7805		
	t-Student				2,163		
Doublement en faculté	Coefficient		-0,707				0,8274
	t-Student		-2,585				3,623
Autre projet	Coefficient	0,751		-0,789			
	t-Student	2,613		-3,157			
Assiduité	Coefficient	-0,889		0,8410			
	t-Student	-3,319		3,846			
Intéressé par les études	Coefficient	-0,918		1,2194			
	t-Student	-2,379		3,412			
Difficulté	Coefficient	-0,65		0,5618			0,5704
	t-Student	-1,870		2,037			1,956
Satisfait	Coefficient		-0,569			0,4664	
	t-Student		-2,712			2,102	
Motif études : intérêt pour la discipline	Coefficient		0,746				
	t-Student		2,528				
Motif des études : obtention du diplôme	Coefficient	0,626	0,813			0,7313	
	t-Student	2,465	3,663			2,451	
Motif des études : objectif professionnel	Coefficient				-0,829	1,0387	
	t-Student				-2,715	3,529	
Rôle de l'université : culture, connaissances	Coefficient	0,907		-0,448			
	t-Student	3,463		-2,456			
Rôle de l'université : savoir pour un métier	Coefficient				0,5291		
	t-Student				1,990		
Débouchés	Coefficient	-1,501	-1,693	2,2156	1,2881		-0,781
	t-Student	-5,374	-6,083	11,672	4,422		-3,271
Secteur d'emploi : public	Coefficient				-1,715	0,7020	
	t-Student				-5,381	3,386	
Sexe masculin	Coefficient	-0,684	-0,933			0,5599	1,0422
	t-Student	-2,550	-4,551			2,866	5,075
Âge : à l'heure	Coefficient		-0,460	-0,427	0,8087	0,6382	
	t-Student		-2,110	-2,320	2,456	3,317	
Boursier	Coefficient		-0,608		-0,999		0,7494

	t-Student		-2,584		-2,498		3,524
Diplôme du père : postbac	Coefficient t-Student					-0,391 -1,711	
Diplôme de la mère : postbac	Coefficient t-Student		0,408 1,718	0,7087 3,522			
Père cadre	Coefficient t-Student		-0,414 -1,718				
Père profession intermédiaire	Coefficient t-Student					0,3714 1,508	
Père employé, ouvrier	Coefficient t-Student					0,5690 2,383	
Mère artisan, agriculteur	Coefficient t-Student			0,6491 1,879			
$R^2_{MF} =$		0,3354	0,3186	0,4206	0,2138	0,268	0,2277

* Administration économique et sociale. ** Littéraire. *** Économique et social. **** Scientifique.

Contrairement au modèle précédent, les prédictions de ces modèles sont très correctes. Un premier résultat attendu se vérifie : les variables relatives au passé scolaire sont déterminantes dans le choix de la discipline choisie : la série de baccalauréat a une influence très forte sur les choix de spécialité. Ainsi, il existe une continuité dans la demande d'éducation, à supposer que les orientations scolaires n'aient pas été contraintes. De même, nous constatons une répartition usuelle par sexe : les filles s'inscrivent plus facilement en AES ou Biologie qu'en Mathématiques ou Physique.

Un second groupe de variables agit sur la probabilité de choisir une filière particulière : leur opinion sur les études suivies. Ainsi, les étudiants d'AES sont globalement mécontents de leurs études, jugées pourtant peu difficiles. Ce comportement est à l'opposé des étudiants en Droit intéressés et assidus. Cette opposition est à relier à la variable « autre projet » qui influence positivement la filière AES et négativement la filière Droit. Comme il a déjà été souligné, ces interprétation sont à manipuler avec précaution puisqu'il s'agit d'un jugement ex-post des études.

Un troisième groupe de variables concerne les objectifs alloués à ces études. Les étudiants d'AES et de Biologie poursuivent leurs études principalement pour obtenir un diplôme, bien qu'ils estiment que leurs filières n'offrent pas de débouchés importants. Ces facteurs ont une influence inverse sur la spécialité Droit. De même, il existe une certaine opposition entre les filière Économie et Mathématiques. Schématiquement, les étudiants mathématiciens recherchent un diplôme qui leur permettra d'entrer dans la fonction publique, les débouchés étant jugés faibles ; tandis que les apprentis économistes visent le secteur privé et ils pensent faire face à un marché du travail favorable.

Enfin, les variables représentatives de l'origine sociale des étudiants n'influencent que trois filières : Biologie, Droit et Mathématiques. Avoir une mère diplômée du supérieur favorise la probabilité de s'inscrire en Biologie ou en Droit ; les étudiants inscrits en Mathématiques semblent d'une origine plus modeste (repérée à la fois par le diplôme et la profession du père).

Ces modèles se révèlent très instructifs sur le choix de la filière. Ils confirment une cohérence globale de leur stratégie de formation et les prédictions du modèle. En effet, les variables « assiduité », « intéressé par les études » et « débouchés » agissent dans le même sens sur la probabilité de choisir une filière particulière (dans notre échantillon les filières AES et Droit). Une activité d'étude intensive est associée à des débouchés professionnels importants : l'aspect investissement des études est privilégié à l'aspect consommation. La question est maintenant de déceler les facteurs explicatifs de la durée des études.

3.2. Les déterminants de la durée des études

Alors que les étudiants sont déjà inscrits en premier cycle à l'université, il semble intéressant de déterminer s'ils ont une idée claire de la durée souhaitée de leurs études et si cette durée s'inscrit, à la fois, dans une stratégie professionnelle précise et dans leur origine sociale. C'est l'objet des deux analyses suivantes.

3.2.1. Analyse des non-réponses

Environ 25 % des étudiants constitutifs de notre échantillon n'ont pas répondu à la question suivante : « Quel est le niveau d'étude le plus élevé que vous envisagez d'obtenir à la fin de vos études ? ». Il s'agit ici d'en analyser les facteurs. Dans le tableau ci-dessous la variable expliquée prend la valeur 1 si l'étudiant n'a pas répondu et 0 sinon.

Tableau 3
Analyse des non-réponses

Variable	Coefficient	t-Student
Constante	-0,43485	-1,091
Filière : Économie	-0,85522	-2,383
Doublement en faculté	-0,45004	-2,332
Satisfait	-0,54108	-2,902
Intéressé	0,65752	2,368
Motif des études : intérêt pour la discipline	0,45678	2,270
Motif études : objectif professionnel	-0,69884	-3,618
Secteur d'emploi souhaité : public	-0,88710	-4,941
Secteur d'emploi souhaité : privé	-1,3082	-5,624
Sexe masculin	0,41120	2,623
Père : études primaires, BEPC[*]	1,4604	2,543
Père : CAP[**] ou BEP[***]	1,5536	2,689
Père : bac	1,2786	2,155
Père : postbac	1,8245	3,157
Mère : études primaires, BEPC	-1,6924	-3,004
Mère : CAP ou BEP	-1,7479	-3,084
Mère : Bac	-1,6815	-2,906
Mère : postbac	-1,2840	-2,248
Mère cadre	-0,65298	-2,539
$R^2_{MF} = 0,13$		

[*] Brevet d'études du premier cycle. [**] Certificat d'aptitude professionnelle. [***] Brevet d'études professionnelles

Il est souvent observé que les modalités « ne sait pas » sont corrélées entre elles. Nous observons ici le même phénomène. Les étudiants qui n'ont pas encore émis de vœux sur le secteur d'emploi souhaité et/ou qui n'ont pas su ou voulu dire le niveau d'éducation de leur père ni de leur mère ont une propension plus grande à ne pas savoir quelle sera la durée de leurs études. Par ailleurs, les variables « Économie », « doublement en faculté », « satisfait » et « motif des études : objectif professionnel » influencent positivement la probabilité d'avoir une idée précise de la durée souhaitée des études. En revanche, les étudiants qui sont intéressés par leurs études et les ont entamées par intérêt pour la discipline ont une propension plus grande à ne pas avoir répondu à cette question sur la durée souhaitée de leurs cursus. Ces deux derniers points sont délicats à interpréter surtout l'influence opposée des variables « satisfait » et « intéressé ». Ce modèle est peu instructif et la qualité de l'ajustement n'est pas très bonne. L'analyse de la durée souhaitée des études fait l'objet du paragraphe suivant.

3.2.2. Analyse de la durée annoncée des études

Cette variable peut prendre quatre modalités : « DEUG ou licence », « Maîtrise », « DEA ou DESS » et « bac + 6 et plus ». Elle peut donc être considérée comme une variable polytomique ordonnée ou non ordonnée. Ces deux cas ont été testés et comparés. De plus, un biais de sélection basé sur l'étude des non-réponses a été introduit dans chacun de ces modèles. Finalement, la modélisation retenue est celle d'une variable ordonnée sans biais de sélection. Les résultats sont les suivants :

Tableau 4
Analyse de la durée annoncée des études

Variables	Coefficients	t-Student
Constante	0,85401	2,094
AES	-0,58330	-2,572
MATHEMATIQUES	-0,53755	-2,604
Baccalauréat S	0,36031	2,320
Mention au baccalauréat	0,27789	1,900
Doublement au collège ou au lycée	-0,43044	-2,766
Satisfait	0,67410	4,279
Motif des études : obtention du diplôme	-0,73229	-3,752
Motif des études : objectif professionnel	-0,64533	-3,299
Rôle de l'université : savoir pour un métier	0,80263	2,946
Rôle de l'université : culture, connaissances	0,55267	2,132
Secteur d'emploi : public	-0,38845	-2,678
Sexe masculin	0,47042	3,246
Père : études primaires, BEPC	1,0086	3,226
Père : CAP ou BEP	0,90457	2,945
Père : bac	0,62240	1,947
Père : postbac	0,95160	3,368
Mère : études primaires, BEPC	-0,68036	-3,088
Mère : CAP ou BEP	-0,40808	-1,800
Mère : bac	-0,61299	-2,852
Père employé, ouvrier	-0,40675	-2,463
Mère artisan, agriculteur	-0,48248	-1,936
Mère cadre	0,43841	1,939
MU(1)	2,0129	17,978
MU(2)	3,9622	26,150
R^2_{MF} = 0,0907		

Conformément aux attentes, les variables relatives à la qualité du passé scolaire influencent positivement la probabilité de désirer des études longues. De même, il n'est pas surprenant de constater que plus l'individu est satisfait et porte de l'intérêt pour la discipline, plus la durée annoncée des études s'allonge.

Pour le choix de la spécialité, nous n'avons pas constaté une influence généralisée des variables représentatives de l'origine sociale des étudiants. En revanche, ces variables interviennent dans l'explication de la durée désirée des études. Plus les parents sont diplômés et ont une profession à revenu élevé, plus les étudiants ont une probabilité forte de souhaiter prolonger leur cursus.

Il est intéressant de noter la présence des deux filière AES et Mathématiques, dont nous avons déjà souligné les particularités. La présence dans la filière AES est caractérisée par une tendance à être quelque peu désabusé et il est donc peu surprenant que cette variable joue dans le sens d'études courtes. La filière Mathématiques se distingue par la volonté d'obtenir un diplôme en vue d'entrer dans la vie active et plus particulièrement dans le secteur public. Aussi, la présence dans cette spécialité est corrélée négativement avec la durée des études.

4. CONCLUSION

Cet article analyse les déterminants de la demande d'éducation. Cette analyse est menée à deux niveaux, un niveau théorique et un niveau empirique. Le modèle théorique développé s'inspire de la théorie du capital humain et met l'accent sur les deux aspects de l'activité d'éducation : l'investissement et la consommation. Plus la dotation initiale de l'individu est élevée, plus il profite de ces deux aspects et, en contrepartie, le temps de travail rémunéré diminue. En revanche, une dégradation sur le marché du travail, symbolisée par une baisse du taux de salaire, peut avoir des effets opposés : le coût d'opportunité des études diminue et la production de capital humain augmente ; la baisse du taux de salaire génère une diminution de la consommation présente des individus et, ainsi, de la qualité de vie étudiante. Au niveau empirique, la demande d'enseignement universitaire a été analysée des points de vue qualitatif et quantitatif. Bien que l'enquête utilisée n'ait pas été construite en vue de vérifier les prédictions du modèle théorique, par certaines approximations, des résultats intéressants apparaissent : lorsque les débouchés professionnels sont considérés comme restreints par les étudiants, alors ils semblent privilégier l'aspect consommation des études et plus l'origine sociale est modeste, plus les étudiants envisagent des études courtes. Les étudiants semblent moduler leur emploi du temps à la fois en fonction de la situation actuelle sur le marché de l'emploi mais également en fonction des débouchés que pourront leur offrir leur formation.

Le modèle théorique exposé dans cet article est un modèle statique, les résultats empiriques nous incitent à le développer en le rendant dynamique ; il sera ainsi possible de distinguer l'environnement économique présent des perspectives professionnelles ultérieures.

Pascale Mériot

BIBLIOGRAPHIE

ARROW K.-J. (1973), « Higher Education as a Filter », *Journal of Public Economics*, vol. 2, n° 3.

BAUDELOT C. et GLAUDE C. (1989), « Les diplômés se dévaluent-ils en se multipliant ? », *Économie et Statistique*, n° 225.

BECKER G.-S. (1964), « Human Capital », N.B.E.R.

BEN-PORATH Y. (1967), « The production of Human Capital and the life cycle of Earnings », *Journal of Political Economy*, vol. 75.

BOUMAHDI R., FLORENS J.-P. et PLASSARD J.-M. (1992), « Rendements de l'éducation et biais de selection », *Note 121 du CEJEE*, université des sciences sociales Toulouse 1.

DOMINITZ J. et MANSKI C.-F. (1996), « Eliciting Student Expectations of the Returns to Schooling », *The Journal of Human Resources*, vol. 31, n° 1.

FULLER W.-C., MANSKI C.-F. et WISE D.-A. (1982), « New Evidence on the Economic Determinants of Postsecondary Schooling Choices », *The Journal of Human Resources*, vol. 17, n° 4.

GRAVOT J. (1997), *Etre étudiant à l'université de Rennes 1*, rapport à la faculté des sciences économiques de Rennes 1.

GULLASON E.-T. (1989), « The Consumption Value of Schooling an Empirical Estimate of One Aspect », *The Journal of Human Resources*, vol. 24, n° 2.

LEVY-GARBOUA L. (1979 a), « Les demandes de l'étudiant ou les contradictions de l'université de masse », in *l'Economique de l'éducation*, Paris, Economica.

LEVY-GARBOUA L. (1979 b), « Marché du travail et marché de l'enseignement supérieur » in Eicher et Lévy-Garboua (1979).

MICKLEWRIGHT J. (1989), *Choice at Sixteen*, Paris, Economica, vol. 56, n° 221.

L'apport de la prise en compte de variables latentes dans l'explication des phénomènes éducatifs

Sophie Morlaix, (IREDU-CNRS-université de Bourgogne)

1. INTRODUCTION

Lorsque l'on analyse la genèse des inégalités de réussite scolaire, le fonctionnement du système amène à considérer avec attention la transition entre primaire et secondaire. Différentes études (DURU-BELLAT, JAROUSSE et MINGAT, 1992) ont en effet mis en évidence une très forte accentuation des écarts sociaux et des différences de réussite entre élèves au cours des deux premières années du collège. Si on s'intéresse plus particulièrement aux élèves en échec scolaire (notamment aux élèves issus de milieu populaire) dans la perspective d'améliorer de façon significative les résultats du processus éducatif, on peut viser une modification de l'enseignement (contenus de programmes, méthodes et organisation du temps) soit i) au niveau de l'école primaire de sorte à ce que les élève sortants du primaire soit mieux préparer à aborder le collège, soit ii) au niveau du collège de façon à adapter l'enseignement aux élèves et notamment à ceux témoignant de difficultés notables. La question qui se pose alors est d'estimer la pertinence respective de ces actions en ces deux moments de la scolarité, et de déterminer la stratégie à privilégier dans l'optique d'améliorer les résultats des élèves les plus en difficulté, et l'efficacité du système.

Dans la perspective de répondre à cette interrogation et d'instruire un choix sur la validité des deux niveaux d'intervention considérés, à l'école primaire comme au collège, on peut s'employer à agir sur i) les méthodes pédagogiques, sur ii) les contenus de chacune des matières, et sur iii) l'allocation du temps scolaire à chacune de ces matières. Dans cette recherche, on s'attachera essentiellement à la troisième composante, c'est-à-dire à la question de l'allocation de temps aux deux niveaux éducatifs considérés, puisqu'il est largement admis que le temps joue un rôle essentiel dans le processus d'apprentissage de l'élève. Cela ne veut pas dire pour autant que la question des contenus et des méthodes soit dénuée d'intérêt, mais ces éléments sont considérés ici comme exogènes et aléatoires (au moins dans un premier temps).

En matière d'allocation et de répartition du temps entre les différentes activités, des choix et des arbitrages sont réalisés de façon normative ou consensuelle par des instances compétentes qui imposent un cadre réglementaire à l'activité pédagogique. Dans la mesure où les programmes définissent de façon institutionnelle, les contenus et horaires à mettre en œuvre à l'intérieur des classes, on pourrait penser qu'il existe peu de différences entre les classes dans la répartition et l'utilisation du temps scolaire. Toutefois, lorsque l'on observe la réalité, force est de constater l'existence d'une variété d'ampleur étonnante dans l'application des directives officielles. Au niveau du primaire, les travaux menés de façon récente (ALTET *et al.*, 1996 ; SUCHAUT, 1996 ; MORLAIX, 1997, 1998) ont souligné qu'en dépit des directives ministérielles supposées être suivies dans les différents lieux d'enseignement, il existe une importante variété dans l'utilisation et la répartition du temps entre les différentes disciplines. Par exemple, l'utilisation du temps en CM2 est ainsi affectée d'une importante variabilité qui peut s'étendre de 5,9 heures à 13,8 heures en français et de 2 à 7,5 heures en maths. Au niveau du collège, la variété est a priori moins grande eu égard à la spécialisation des enseignants et des enseignements. Une variété plus ordinaire existe néanmoins.

Le fait que la réalité offre une certaine variété dans la répartition et l'utilisation du temps entre les classes permet de se placer dans une perspective positive d'analyse, et d'isoler les pratiques qui sont conjointement les plus efficaces et les plus équitables eu égard aux acquisitions des élèves. Les pratiques mises en oeuvre seraient en effet différemment efficaces et équitables, certains enseignants ayant des productivités plus faibles que d'autres en terme de production de connaissances. Ces différences de productivité pourraient s'expliquer d'une part par des choix d'allocations de ressources variables (temps affecté aux différents apprentissages) et d'autre part, par une efficacité différente dans l'utilisation des ressources disponibles, l'utilité finale du temps dépendant « *non seulement de sa durée mais de sa capacité à la valoriser et à en user* » (MARMOZ, 1992). Nous nous intéresserons ici à l'allocation du temps scolaire entre ses différents usages.

Les allocations de temps qui sont conjointement les plus efficaces et les plus équitables au regard du niveau moyen d'acquisitions de la classe, reposent sur un arbitrage adéquat entre les différentes activités composant le programme. L'optimisation du temps scolaire passe en fait par l'évaluation de l'efficacité du temps et celle de son usage alternatif (BECKER, 1965).

2. LA RECHERCHE D'OPTIMISATION DU TEMPS SCOLAIRE

La recherche d'optimisation du temps scolaire consiste à trouver l'arbitrage le plus efficace entre les différents usages du temps, de façon à ce que les élèves d'une même classe atteignent le niveau moyen de connaissances le plus élevé, et que les différences de réussite entre eux soient les plus réduites. Dans une perpective économique, et de façon rationnelle, on pourrait penser que les enseignants[1], comme le décideur politique cherchent à ce que le temps scolaire soit alloué de façon à en maximiser l'efficacité globale (prenant en compte la dimension d'équité). Pour l'enseignant (ou pour le décideur politique qui cherche à optimiser

---

[1] On sait toutefois, que si les enseignants sont des individus rationnels, leur pratique pédagogique « *reste faite, même dans la classe la plus ordonnée et contrôlée, d'une succession de micro-décisions de tous ordres* » (PERRENOUD, 1983) qui peut rendre difficile la maximisation de l'efficacité du temps.

le temps dont dispose l'enseignant), l'optimum sera atteint lorsque l'utilité marginale du temps (en termes d'acquisitions) sera la même dans toutes les activités, aucun gain supplémentaire d'utilité ne pouvant être obtenu par une réallocation de la ressource temporelle. Ce postulat implique une comparaison des coûts d'opportunité des différents temps alloués aux disciplines, de façon à déterminer ce que procure, en termes de connaissances, une unité supplémentaire de temps dans une matière donnée, comparativement à la perte occasionnée dans les autres disciplines, moins de temps leur étant imparti.

Il semble cependant assez difficile de connaître la valeur relative du gain obtenu (en termes d'acquisitions) par une allocation supplémentaire de temps à un domaine particulier, comparativement au bénéfice que cette même allocation pourrait produire dans un autre domaine si ce supplément de temps lui avait été alloué. Sauf à avoir un jugement de valeur subjectif, cette comparaison des gains et des pertes potentiels dans différentes disciplines paraît délicate, et il est a priori impossible de trancher. La détermination d'un numéraire commun à chacune des disciplines composant le programme s'avère utile dans le sens où il constituerait un critère de choix instrumental.

Une approche visant à développer un critère de jugement explicite et objectif amènerait à supposer que la valeur scolaire de l'élève résulte d'une fonction de production dans laquelle les principaux arguments seraient ses caractéristiques personnelles et le temps d'apprentissage dont il dispose dans les différentes activités composant le programme. La combinaison de ces différents éléments dans la fonction de production de l'élève produirait i) des connaissances générales[2] et ii) d'autres plus spécifiques à chacune des matières. L'idée sous-jacente serait de considérer que les connaissances générales alors produites (et dont l'acquisition serait commune aux différentes activités proposées à l'élève) influeraient directement d'une part sur le niveau d'acquisitions atteint par l'élève en fin d'année (fin de CM2), et d'autre part sur sa capacité d'insertion au niveau éducatif plus élevé (intégration en classe de 6e et plus généralement au collège).

Dans les deux cas, l'élève aurait besoin d'acquérir des compétences communes et transversales aux différentes activités composant le programme scolaire (savoir analyser, savoir rédiger, savoir s'exprimer…) que le temps alloué à chacune des disciplines contribuerait à construire. Par la mise en évidence de ces numéraires communs et transversaux aux différentes activités, l'évaluation de l'impact marginal d'une unité de temps allouée à différents domaines d'activité sur les acquisitions et sur la carrière ultérieure de l'élève, pourrait être envisageable. Ainsi, l'allocation du temps dans le primaire pourrait légitimement être jaugée en référence au niveau atteint en fin d'année ou à l'aune de l'intégration des élèves au

---

[2] On pourrait en effet penser que certains objets d'enseignements peuvent être traités en commun par des enseignants de différentes disciplines ou soient traités indifféremment par les enseignants de telle ou telle discipline (BOISSINOT et al., 1996).

collège. Le fait de disposer d'un critère commun à chacune des disciplines rendra alors possible une comparaison jusqu'alors dénuée de sens.

3. LE TEMPS SCOLAIRE, PRODUCTEUR DE COMPETENCES TRANSVERSALES ?

L'une des idées implicites de l'analyse amène donc à penser que le temps alloué aux différentes activités contribuerait à produire des compétences qui serviraient à l'élève soit directement (niveau d'acquisitions atteint au terme d'une période donnée), soit indirectement (l'impact de ces compétences étant évalué eu égard à l'intégration de l'élève au niveau scolaire plus élevé). Toutefois, si elle réduit le champ de comparaison, la mise en évidence de ces compétences communes aux différentes activités ne constitue qu'une étape intermédiaire dans la détermination d'un critère de comparaison (étape1), dans la mesure où il est vraisemblable que les compétences transversales mises à jour ne soient développées chacune que dans certaines activités (on pourrait par exemple penser que le «savoir rédiger» s'acquiert principalement dans les matières littéraires...). La seconde hypothèse consiste alors à supposer que ce sont les différentes compétences transversales identifiées qui sont les indicateurs pertinents d'un numéraire unique. Ce numéraire unique pourrait être assimilé à l'insertion de l'élève au niveau éducatif plus élevé (étape 2). L'insertion ultérieure de l'élève constituerait alors pour le décideur politique, un critère de comparaison pour évaluer l'efficacité du temps et celle de son usage alternatif dans les différentes activités composant le programme scolaire (graphique1).

Si la détermination d'un critère de comparaison est finalement établie, l'une des principales difficultés de cette approche réside dans le fait que les compétences transversales sont par nature inobservables directement. De même, l'insertion des élèves au niveau éducatif supérieur (dans cette étude au collège) peut être instrumentalisée. C'est pourquoi, ces différentes variables devront être évaluées par des indicateurs dont on dispose d'une mesure concrète. De sorte à pouvoir disposer d'une évaluation correcte de ces aptitudes et de l'insertion de l'élève au collège, la modélisation envisagée devra avoir recours à des méthodes économétriques appropriées (type modèle LISREL, *cf.* encadré méthodologique), de façon à développer des modèles de mesure pertinents de ces compétences latentes au sein du processus éducatif. Deux étapes seront donc envisagées dans la recherche de l'allocation optimale de temps entre les différentes activités. La première visera à identifier les compétences latentes et transversales aux différentes activités et à mettre en relation la production de ces compétences avec l'utilisation du temps en primaire, tandis que la seconde établira une relation entre les aptitudes mises à jour et la variable latente : « insertion de l'élève au niveau éducatif supérieur ».

Graphique 1
Recherche d'un critère de comparaison commun aux différentes activités pour évaluer l'efficacité du temps

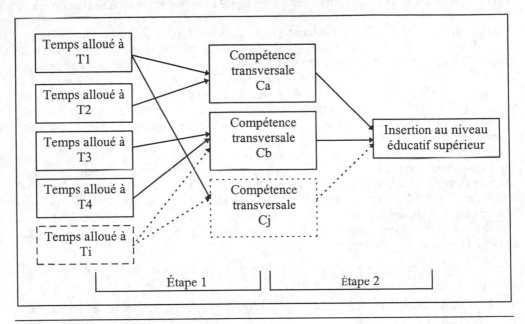

Encadré méthodologique
Généralités sur les modèles LISREL

L'analyse des structures de covariances, plus connue sous le vocable LISREL (linéar structurel relationship) présente cinq spécificités principales, et lui permettent de faire partie de ce que certains auteurs, tel Valette-Florence (1988) qualifient de « *méthodes d'analyse multivariée de la deuxième génération* » (par opposition aux analyses plus classiques et traditionnelles, telles que l'analyse factorielle, la régression multiple, l'analyse de variance… qui peuvent présenter l'une ou l'autre des spécificités énoncées ci-après sans jamais les posséder toutes). Ces méthodes d'analyse multivariée, dites de la seconde génération, permettent ainsi conjointement :

i) d'introduire dans l'analyse des variables latentes (ou non observables),

ii) de spécifier la nature des relations entre ces variables latentes et leurs mesures,

iii) d'offrir la possibilité de préciser le type de relations envisagées entre variables latentes,

iv) d'analyser les inférences causales entre plusieurs ensembles de variables explicatives et expliquées,

v) de se placer dans une démarche confirmatoire.

L'un des principaux apports des modèles LISREL réside dans la prise en compte de variables latentes dans l'explication des relations entre plusieurs variables. L'une de ses particularités essentielles est d'expliquer une matrice de variance-covariance entre des variables que l'on a observées, en formulant l'existence d'une structure causale sous-jacente à l'ensemble du modèle, et en supposant alors que les corrélations entre variables observées (indicateurs) ramènent à une (ou plusieurs) dimension(s) latente(s).

L'utilisation de modèles LISREL (et du logiciel du même nom) permet en fait de rendre explicite une dimension latente des phénomènes, en postulant l'existence de variables inobservées (ou inobservables) qui rendent compte des relations entre variables observées.

Une démarche du type LISREL contraint à la formulation d'un modèle théorique postulé a priori dont le test va permettre de comprendre dans quelle mesure ce modèle théorique rend compte des relations (corrélations) entre les variables observées. « *L'analyse de structures de covariance vise à vérifier la validité d'une théorie causale préalablement formulée en testant l'ajustement d'un modèle mathématique à des données observées.* » (AISH et al.,1997). Le modèle LISREL repose sur une analyse confirmatoire. Il relève d'une démarche hypothético-déductive dans laquelle on formule des hypothèses *a priori* que l'on va confronter avec les faits.

Soumettre une structure causale hypothétique à l'épreuve de l'observation implique plusieurs étapes, dans la mesure notamment où LISREL se décompose en deux modèles : le modèle de mesure d'une part, qui établit les relations entre les concepts et les indicateurs de ces concepts et le modèle structurel d'autre part, qui détermine les liaisons entre les variables latentes (concepts). Les différentes étapes du test d'une structure causale hypothétique sont les suivantes :

1) le développement d'un modèle théorique (l'exposé d'une théorie principale, la spécification d'une théorie auxiliaire),

2) la formalisation en modèles mathématiques (et la traduction des équations sous forme de diagramme),

3) l'analyse statistique du modèle,

4) l'évaluation du modèle (prise en compte des indicateurs de l'ajustement global du modèle, et des indicateurs de l'ajustement local).

Dans cette première démarche, l'identification de variables latentes se fait à deux niveaux. On suppose d'une part, que le temps alloué à chacune des activités en CM2 produit des aptitudes transversales et communes à chacune des activités, qui sont par nature inobservables et que ces variables sont d'autre part, des variables prédictives de l'insertion ultérieure de l'élève au collège, l'insertion de l'élève au niveau éducatif supérieur, n'étant pas observée directement.

3.1. Le temps scolaire : mesure directe de compétences transversales acquises par l'élève ?

Le temps alloué aux apprentissages (tant au primaire qu'au collège) est envisagé comme un facteur contribuant à construire des compétences communes (savoir raisonner, savoir rédiger, savoir analyser...) à chacune des disciplines, ces aptitudes étant par nature inobservables directement. Ainsi, le temps scolaire apporterait « *sinon des connaissances, des attitudes qui pourraient contribuer in fine à améliorer les résultats scolaires* » (PERROT, 1987). Le temps serait envisagé comme un facteur produisant outre des connaissances spécifiques à chacune des disciplines (dont l'acquisition peut être évaluée par des tests nationaux ou des évaluations plus ponctuelles), d'autres compétences plus générales par nature inobservables, dont l'acquisition serait commune à différentes activités. L'une des principales difficultés de cette approche résulte dans le fait que les compétences transversales, servant de numéraires communs à l'ensemble des disciplines, ne sont pas directement observables et constituent des variables latentes (concepts théoriques) pour lesquelles on ne dispose pas a priori d'une mesure directe. Elles devront être évaluées par des indicateurs dont la mesure est valide. L'identification et la mesure de ces variables inobservables peuvent être effectuées par une analyse en structure de covariance telle qu'elle est développée dans les modèles LISREL.

Le choix de certains indicateurs dont on dispose d'une mesure doit être fait. Si les variables latentes que l'on cherche à définir sont les aptitudes transversales que le temps alloué à chacune des activités contribuerait à construire, les variables observées qui vont servir à mesurer ces variables latentes doivent être spécifiées. On suppose ainsi que les scores obtenus par les élèves aux différents items de français et de mathématiques en fin d'année de 6ème constituent de bons indicateurs de l'insertion de l'élève au collège. Son âge est également considéré comme un bon indicateur de sa réussite future. Le temps alloué à chacune des activités en primaire serait quant à lui, un bon indicateur de compétences communes à différentes activités. Le modèle ainsi testé prend la forme présentée graphique 2.

L'étude des modèles de mesure (modèles mettant en relation chacune des variables latentes avec ses indicateurs) permet de mettre à jour des relations significatives entre variables inobservées et variables observées. Trois variables latentes exogènes sont ainsi mises en évidence. Le temps alloué au français serait l'indicateur d'une première variable latente exogène. Cette variable mesurée par le temps alloué au français en CM2 peut représenter des compétences littéraires. Une seconde variable latente exogène est mesurée par le temps affecté aux mathématiques, aux sciences et à la technologie en CM2. Cette variable caractérisera des compétences scientifiques. Enfin, une troisième variable latente exogène est mise à jour. Dans la mesure où ses indicateurs sont les temps alloués en CM2 à l'histoire et la géographie, à l'éducation civique, aux études dirigées et aux récréations, on suppose que ces différents temps produisent chez l'élève, des aptitudes relatives à leur comportement par rapport aux autres, et à l'apprentissage de la vie en groupe. Ces compétences seront désignées par la suite comme les compétences dites « sociales ». L'insertion est quant à elle définie par des indicateurs tels que l'âge de l'élève, son score en français en fin de la classe de 6ème, son score en maths en fin de 6ème[3].

Graphique 2

Modèle théorique mettant en relation allocation du temps scolaire et production d'aptitudes transversales

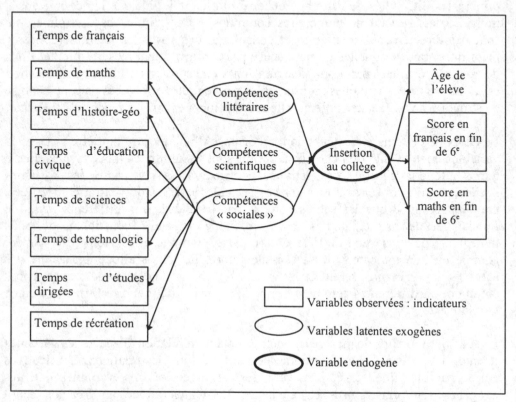

Le modèle structurel mettant en relation l'acquisition de ces différentes compétences (littéraires, scientifiques, sociales) avec l'insertion de l'élève au niveau éducatif supérieur donnent des résultats acceptables, les indices d'adéquation du modèle étant satisfaisants ; toutefois, les relations structurelles entre chacune des compétences acquises et l'insertion ne sont pas significatives. C'est pourquoi ce modèle n'est pas détaillé dans la mesure où une modélisation alternative a du être envisagée pour tester la relation entre acquisitions de compétences transversales et insertion de l'élève. En effet, le temps alloué à chacune des activités en CM2 ne serait pas directement producteur de ces compétences. On pourrait alors supposer que si les différents temps d'apprentissage exercent un effet sur le niveau d'acquisitions en fin de CM2

---

[3] Les résultats des différents modèles de mesure ne sont pas détaillés ici, ils pourront l'être lors de la présentation du texte.

(mesuré par les scores à différents items de l'évaluation de fin d'année), c'est le niveau de réussite atteint par l'élève à l'entrée en 6ème qui reflète les compétences transversales acquises.

3.2. Le niveau de l'élève à l'entrée en 6ème, signal des compétences acquises ?

3.2.1. Présentation du modèle

Dans cette approche alternative, le temps d'apprentissage est envisagé comme un facteur de production. Il serait, associé à d'autres facteurs, une composante de la fonction de production de connaissances de l'élève. Pour l'année de CM2, cette fonction d'apprentissage pourrait se matérialiser de la façon suivante :

Niveau fin CM2 = f(NI, caractéristiques de l'élève, caractéristiques. de la classe de CM2, caractéristiques de l'enseignant, allocation du temps aux différentes activités)

dans laquelle le niveau final de l'élève au terme de l'année de CM2 serait fonction de son niveau initial, de ses caractéristiques personnelles, des caractéristiques de l'enseignant et de la classe, et de l'allocation de temps aux différentes matières composant le programme.

Le temps entrerait ainsi dans la fonction de production de connaissances de l'élève. Le niveau de connaissances atteint par l'élève en fin d'année serait mesuré par les scores qu'il obtient aux différents items de l'évaluation de fin d'année. Une équation réduite du phénomène viserait à étudier la relation entre le niveau atteint par l'élève à chaque item et le temps d'apprentissage alloué à chacune des activités :

Niveau atteint à l'item i = f(NI, temps alloué à chacune des activités j)

Avec NI : niveau initial de l'élève.

Le niveau d'acquisitions atteint par l'élève dans chaque item en fin de CM2, serait le reflet de compétences acquises et utilisables dans différents domaines. Ces compétences seraient de bons indicateurs de l'insertion ultérieure de l'élève au niveau éducatif plus élevé :

Graphique 3
**Modèle théorique mettant en relation l'acquisition de compétences
transversales et la carrière ultérieure de l'élève**

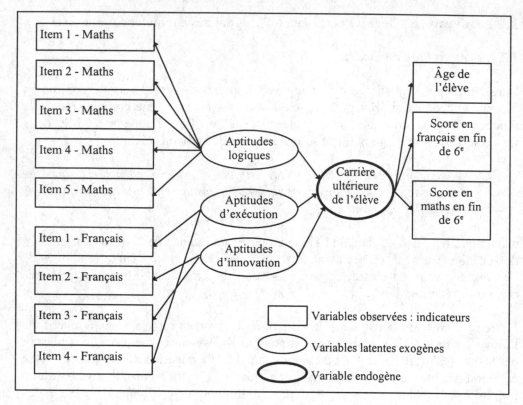

L'étude des modèles de mesure des construits exogènes permet, en fait, de distinguer trois groupes d'aptitudes transversales. La première commune aux cinq items de mathématiques (item 1 : numération et décimaux, item 2 : techniques opératoires, item 3 : problèmes numériques, item 4 : figures géométriques, item 5 : traitement de l'information) pourrait représenter des compétences scientifiques ou logiques (savoir raisonner, savoir analyser un problème...). Ces compétences sont désignées par la suite comme « les aptitudes logiques ». Le score des élèves aux items 1 et 4 de français (respectivement item 1 : compréhension, item 4 : outils lexicaux et grammaticaux), mesurent ensemble une seconde variable latente exogène, reflétant des compétences acquises dans le domaine des attitudes, et de l'apprentissage de la vie sociale, caractérisant le fait que l'élève comprend une situation donnée et sait appliquer des règles. Les deux items représentent en fait des tâches d'exécution (comprendre un énoncé, appliquer et utiliser des règles...). Ces aptitudes seront désignées par la suite « d'aptitudes d'exécution ». Enfin la dernière variable latente exogène mise à jour, est appréhendée par les items de français 2 et 3 (à savoir respectivement production de textes, et outils de production de textes). Cette aptitude peut s'apparenter à la capacité de l'élève à produire un texte. On peut penser par ailleurs que ces aptitudes font appel à un « savoir inventer » ou un « savoir innover » qui traduit la créativité de l'élève et une certaine autonomie. Ces aptitudes seront désignées par la suite comme étant des « aptitudes d'innovation ».

La variable latente endogène (insertion de l'élève au niveau éducatif supérieur, dans cet exemple, au collège), est mesurée par trois indicateurs : le score de l'élève en français en fin de 6ème, le score en maths en fin de 6ème et l'âge de l'élève. Les résultats des quatre modèles de mesure (mettant en relation chacune des variables latentes endogène ou exogènes avec leurs indicateurs) ne seront pas détaillés ici. Ceux du modèle structurel, mettant en relation les différentes compétences transversales acquises (aptitudes logiques, aptitudes d'exécution, aptitudes d'innovation) avec l'insertion de l'élève au collège paraissent plus intéressants.

3.2.2. Les résultats du modèle structurel

Les résultats donnés par LISREL mettent en évidence l'acceptabilité du modèle structurel, même si l'ajustement aux données n'est pas parfait. Quelques-uns des indices témoignant de cette acceptabilité sont les suivants :

Tableau 1

Indices d'ajustement global du modèle théorique

DDL	X²	GFI	AGFI	NFI	NNFI	RMSEA	RMR
45	118,69	0,97	0,95	0,97	0,97	0,049	0,026

L'un des premiers critères qui permet d'évaluer l'ajustement global du modèle théorique aux données est celui du khi-deux. Le test du khi-deux permet en fait de tester l'hypothèse H$_0$ selon laquelle la matrice des covariances observées est générée par le modèle théorique *postulé a priori* contre l'hypothèse alternative H$_1$ selon laquelle la matrice des covariances est une matrice sans restriction (sur les paramètres du modèle). Le rejet de l'hypothèse nulle implique que la matrice des covariances basée sur le modèle ne reproduit pas de façon acceptable la matrice des covariances observée (GODARD, 1996). D'aucuns pensent toutefois que le test de cette hypothèse est trop restrictif, dans la mesure où la question posée reste l'adéquation du modèle en termes de compatibilité au sens large (BLANCHARD *et al.*, 1997).

De plus, une contrainte existe quant à la validité de cette statistique du X² dans la mesure où, s'il permet de comparer les deux matrices, il reste très sensible à la normalité des variables de mesure, et à la taille de l'échantillon. L'indicateur du X^2 est en effet « *dépendant du nombre de sujets et du nombre de paramètres du modèle* » (BLANCHARD *et al.*, 1997). Le test est valide uniquement avec l'utilisation des covariances, il ne s'applique pas aux corrélations. Jöreskog et Sörbom recommandent alors de l'utiliser comme une mesure de l'ajustement plutôt que comme une épreuve de signification et de le comparer à son degré de liberté, utilisé comme terme de référence pour juger de sa grandeur (BACHER, 1987). Il sera ainsi utile pour comparer deux modèles s'appliquant aux mêmes données, différant uniquement par le nombre de contraintes imposées au modèle (modèles emboîtés)[4].

De façon à pallier les difficultés liées à l'utilisation du X^2, JORESKOG et SÖRBOM (1982) proposent d'autres indicateurs (GFI, AGFI) indépendants de l'effectif et du nombre de paramètres du modèle, permettant d'apprécier l'adéquation du modèle théorique aux données. Ils sont ainsi couramment employés pour évaluer l'ajustement global d'un modèle théorique. Les indices GFI (Goodness of Fit Index) et AGFI (Adjusted Goodness of Fit Index) indiquent la proportion de la matrice de variance-covariance des variables observées qui peut être expliquée par le modèle théorique. Ces indices doivent être le plus près de 1. Une valeur de 0,9 est généralement considérée comme satisfaisante.

Bentler et Bonnet (1980) ont notamment développé d'autres indices : NFI (Normed Fit Index), PNFI (*Parsimony Normed Fit Index*). Les indices NFI (*Normed Fit Index*) et NNFI (*No Normed Fit Index*) sont des indicateurs basés sur l'écart à un modèle non explicatif. L'indice NFI mesure l'accroissement d'ajustement entre deux modèles emboîtés appliqués aux mêmes données par rapport à l'ajustement que l'on obtiendrait avec un modèle nul contraint au maximum. Une valeur proche de 1 témoigne du pouvoir explicatif du modèle. Toutefois, la justification de l'utilisation de ces indices est controversée (problème de définition du modèle contraint au maximum notamment).

D'autres indicateurs (RMR, RMSEA) relatifs aux résidus (écarts entre les deux matrices) permettent de tester l'ajustement global du modèle théorique aux données empiriques. Ainsi, l'indice RMR (*Root Mean Square Residuals*) indique la valeur moyenne des résidus du modèle. C'est une mesure de la moyenne des variances et covariances résiduelles. Sa valeur, comprise entre 0 et 1, doit être la plus petite possible. L'indice RMSEA (*Root Mean Square Error of Approximation*) se rapporte à la significativité des résidus. L'approximation est

---

[4] Si, par exemple, on supprime une contrainte en libérant un des paramètres précédemment fixé, l'ajustement sera généralement amélioré, mais on aura perdu un degré de liberté. « *Dans la mesure où la baisse du X^2 est importante par rapport à la différence de degrés de liberté, le gain est sans doute réel.* » (BACHER, 1987).

acceptable si la valeur du RMSEA est inférieure ou égale à 0,05. D'autres indicateurs existent et sont donnés par LISREL. Seuls les plus fréquemment employés ont été présentés ici.

Dans le modèle mettant en relation acquisitions de compétences transversales et insertion ultérieure de l'élève, l'une des premières constatations se rapporte au fait que la valeur du Chi Deux est relativement élevée comparativement au nombre de degré de liberté du modèle. Toutefois, cet indice ne constitue pas un bon indicateur de l'acceptabilité du modèle dans la mesure notamment où il dépend de la taille de l'échantillon (ici N=672) et n'est pas utilisable lorsque l'on travaille avec des corrélations (cas échéant). Les autres indices d'ajustement global du modèle sont relativement bons, les indices GFI, AGFI, NFI et NNFI étant supérieurs à 0,9. Les indices concernant les résidus qui doivent être les plus faibles possibles, en particulier l'erreur d'approximation RMR se situe dans la zone d'acceptabilité (=0,026). L'ajustement du modèle n'est certes pas parfait. Toutefois, à la lecture des informations données par les différents indicateurs d'ajustement global, le modèle théorique est acceptable. Les relations entre la variable latente endogène et les construits théoriques exogènes sont les suivantes :

Tableau 2
Modèle expliquant l'insertion de l'élève en fonction de l'acquisition de compétences transversales

Variable à expliquer Variables explicatives	Insertion de l'élève	
	coefficient	**t**
Aptitudes logiques	0,63	***
Aptitudes d'exécution	0,10	n.s.
Aptitudes d'innovation	0,08	*
R^2 (en %)	0,96	

A la lumière des résultats présentés, est à souligner l'effet positif de l'acquisition de compétences transversales sur l'insertion de l'élève au collège. Toutefois, l'effet des compétences d'exécution sur la carrière ultérieure de l'élève n'est pas significatif. Si les compétences d'innovation acquises par l'élève au primaire permettent de favoriser son insertion au collège, les aptitudes logiques paraissent être celles qui ont le poids le plus important et le plus significatif sur la réussite de l'élève au niveau éducatif supérieur. Notons de plus que l'ensemble des aptitudes transversales mises à jour permet d'expliquer une forte part de l'insertion future de l'élève (96 %).

Si deux des aptitudes transversales mises à jour (aptitudes logiques et aptitudes d'innovation) ont un effet significatif sur l'insertion de l'élève au collège, il est important de souligner que certains indicateurs de ces aptitudes (scores obtenus aux différents items) jouent un rôle prédominant dans la détermination de ces compétences. On peut ainsi isoler pour les aptitudes d'innovation et les aptitudes logiques, les items qui les reflètent le mieux. Dans la mesure où on a déterminé la relation qui lie le temps alloué à chacune des activités en CM2 avec le score obtenu par les élèves aux différents items, il est alors possible d'identifier les allocations temporelles favorables à la réussite de ces items. La réussite à ces items témoigne de l'acquisition de compétences transversales (logiques et d'innovation) qui facilitent l'insertion au niveau éducatif supérieur.

4. CONCLUSION

Le but de la démarche présentée dans cette analyse était de rechercher l'allocation de temps entre les différentes activités en primaire qui permette de maximiser les connaissances des élèves tout en minimisant les différences de réussite entre eux. Dans cette optique, et de façon à comparer ce qu'apporte le temps alloué à telle ou telle activité eu égard aux acquisitions des élèves, on a cherché à identifier des critères de comparaison permettant d'évaluer l'efficacité du temps. Ces critères s'apparentent à des compétences transversales non observables directement, que l'élève pourrait réutiliser par la suite au niveau éducatif plus élevé. Si les résultats présentés ici, gardent un caractère très général (ils pourront être détaillés lors de la présentation du texte), ils visent essentiellement à apporter quelques éléments de réflexion nouveaux pour qui s'intéresse au fonctionnement du système et à son efficacité. Ils témoignent toutefois de limites assez importantes, dans la mesure où la méthodologie utilisée pour répondre à l'interrogation posée reste encore assez peu utilisée.

Sophie Morlaix

BIBLIOGRAPHIE

AISH AM *et al.* (1997) : « Faut il chercher aux causes une raison ? L'explication causale dans les sciences humaines », sous la direction de R.Franck, Institut Interdisciplinaire d'Etudes Epistémologiques, collection science-histoire-philosophie, Librairie philosophique Vrin.

ALTET M., BRESSOUX P., Bru M., LAMBERT C (1996), « Etude exploratoire des pratiques d'enseignants en classe de CE2 », *Les dossiers Education et Formation* n°70, mai 1996. DEP-MEN.

BACHER F.(1987), « Les modèles structuraux en psychologie. Présentation d'un modèle : LISREL. Première partie », *Le travail humain*, tome 50, n°4.

BACHER F.(1988), « Les modèles structuraux en psychologie. Présentation d'un modèle : LISREL. Deuxième partie », *Le travail humain*, tome 51, n°4.

BECKER G.S.(1965), « A theory of the allocation of time » *Economic journal*, vol. 75.

BLANCHARD S., VRIGNAUD P., LALLEMAND N., DOSNON O., WACH M. (1997), « Validation de l'échelle de motivation en éducation auprès de lycéens français », *L'orientation scolaire et professionnelle*, vol 26, n°1.

BOISSINOT A., BORNE D., FERRY L., MERLAUD C., SAFRA M., VIALA A. (1996), « A quoi servent les programmes », *Revue Internationale d'Education de Sèvres*, n°12, déc. 1996. Collection CIEP.

Direction des Lycées et des Collèges (1995), *Vers le nouveau collège, programmes de la classe de sixième*. Paris, décembre 1995.

DURU-BELLAT M., JAROUSSE J.P., MINGAT A. (1992), *Les scolarités de la maternelle au lycée: étapes et processus dans la production des inégalités sociales*, université de Dijon, IREDU-CNRS, mars 1992

GODARD L.(1996), *Conseil d'administration, stratégie et performance financière,* thèse de doctorat en sciences de Gestion, mention finance, université de Bourgogne, janvier 1996.

JORESKOG K., SÖRBOM D. (1982), « Recent Developments in Structural Equation Modeling », *Journal of Marketing Research*, vol. XIX, novembre 1982.

MARMOZ L. (1992), « Le temps scolaire et le temps contraint en économie libérale », Communication au colloque de L'AFIRSE « *Le temps en économie et formation* », Lyon, 28-29-30 mai 1992.

MORLAIX S. (1997), « Optimiser l'utilisation du temps scolaire pour répondre à la diversité des élèves », communication au colloque international de l'Association d'Education comparée, 21-23 mai 1997, Louvain La Neuve (Belgique) , *in Education Comparée* n°52, mai 1998.

MORLAIX S. (1998), « Utilisation du temps scolaire et progressions des élèves en classes de 6ème », apport aux principaux d'établissements IREDU-CNRS, février 1998.

PERRENOUD P. (1992), « Curriculum : le formel, le réel, le caché », faculté de psychologie et de sciences de l'éducation et service de la recherche sociologique, Genève, 1992.

PERRENOUD P. (1983), « La pratique pédagogique entre l'improvisation réglée et le bricolage. Essai sur les effets indirects de la recherche en éducation », n°2.

PERRENOUD P. (1984), *la fabrication de l'excellence scolaire: du curriculum aux pratiques d'évaluations*, librairie Droz, Genève- Paris.

PERROT J. (1987), « L'influence de l'utilisation du temps sur la réussite scolaire: une revue de la littérature », IREDU Dijon-LABREV, université du Québec Montréal, document de travail.

SUCHAUT B. (1996), « la gestion du temps à l'école maternelle et primaire: diversité des pratiques et effets sur les acquisitions des élèves », *L'année de la recherche en Sciences de l'éducation, 1996*

VALETTE-FLORENCE P. (1988), « Spécificités et apports des méthodes d'analyse multivariée de la deuxième génération », *Recherche et applications en marketing*, vol. III, n°4.

VUARIDEL R.(1959), « Le rôle du temps et de l'espace dans le comportement économique », *Revue économique*, n°6.

Vers une définition empirique de la période d'insertion

Jean-François Giret, (LIRHE, Céreq, université des sciences sociales de Toulouse)

1. INTRODUCTION

Les recherches sur l'insertion professionnelle des jeunes ont fait l'objet de multiples travaux dans le domaine des sciences sociales. Avec des approches différentes, sociologues, psychologues, pédagogues, économistes, ont tous souligné la complexité de ce domaine de recherche. Les travaux de Vincens ont permis de clarifier certains concepts associés à ce champ de recherche (VINCENS, 1997 ; 1998). La définition d'un état initial et d'un état final pour la période d'insertion devient problématique dès qu'elle tend vers une définition objective, acceptable et reconnue par tous les chercheurs. Fin d'une période de transition, intégration, stabilisation professionnelle ou accès à l'emploi, cette définition peut dépendre *in fine* des objectifs du chercheur.

D'un point de vue empirique, le problème dépend en dernier ressort des enquêtes utilisées par le chercheur. Les enquêtes qualitatives présentent sur ce point un avantage évident (NICOLE-DRANCOURT, 1991 ; TROTTIER *et al.*, 1996) : la richesse des informations recueillies par le chercheur permet de comparer une analyse statistique de l'insertion à une analyse subjective basée sur la perception individuelle. Néanmoins, ces études échappent difficilement au cadre contextuel dans lequel elles s'inscrivent et n'ont souvent aucune vocation à être représentatives.

Devant la diversité des parcours individuels, l'insertion ne peut donc se résumer à l'étude d'un seul indicateur moyen comme par exemple l'accès au premier emploi. Il convient de préciser ce qui caractérise la fin de période d'insertion (DOLTON *et al.*, 1994 ; TAHAR, 1998). Pour Vernières (1993 ; 1997), l'insertion peut se définir comme *« un processus par lequel un individu ou un groupe d'individus, qui n'a jamais appartenu à la population active, atteint une position stabilisée dans le système d'emploi »*. Plusieurs questions peuvent néanmoins se poser : que signifie l'accès à une position stabilisée ? Quand cesse-t-on de parler d'insertion des jeunes ? Peut-on dire qu'un individu n'accédant jamais à l'emploi est inséré dans le chômage ou l'inactivité ? Aucune définition conventionnelle n'est clairement établie. Alors que l'on mesure le taux de chômage des jeunes d'une manière plus ou mois précise mais largement reconnue, on ne mesure pas la fin de la période d'insertion.

Bien que le début de la période d'insertion soit plus consensuel, choisir la date de sortie du système éducatif ouvre également la voie à de nombreuses questions. Un étudiant qui travaille n'a-t-il pas commencé sa carrière professionnelle (LIGHT,

1998) ? Un jeune qui reprend ses études doit-il être considéré comme inséré ? La recherche d'emploi durant le parcours scolaire ne constitue-t-elle pas une première étape déterminante dans l'entrée dans la vie active ?

L'enjeu de cette communication sera d'apporter des éléments de réponse à ces différentes questions à partir d'une enquête longitudinale du Céreq sur des jeunes de niveau IV ayant passé un bac en 1988. Dans une première partie, nous essayerons d'établir quelques critères qui nous permettront de mieux cerner empiriquement la fin de la période d'insertion, avant de mesurer l'influence de certaines caractéristiques individuelles sur la probabilité d'accès à cette position stabilisée. Dans une seconde partie, nous nous focaliserons sur le début de la période d'insertion. Nous utiliserons dans ces deux parties des techniques économétriques à partir de modèles de durée.

2. DÉFINIR L'ACCÈS À UNE POSITION STABILISÉE

Définir empiriquement la notion de position stabilisée dans le cadre de l'insertion professionnelle ouvre d'emblée la voie à de nombreuses critiques, tant le concept peut s'avérer subjectif (BONNIEL et LAHIRE, 1994)[1]. Notre objectif sera cependant de proposer dans cette section plusieurs définitions empiriques de ce que pourrait être l'accès à une position stabilisée sur le marché du travail. Il est évident que ces définitions restent dépendantes des données utilisées, de la durée de l'enquête et des critères retenus pour rendre compte de la stabilité.

La lecture de la théorie économique nous a néanmoins conduit à privilégier certains indicateurs : la durée d'accès à l'emploi, le salaire, le statut et la durée de l'emploi, l'adéquation de la formation à l'emploi, les logiques de mobilité... À partir de ces indicateurs, nous retiendrons dans un premier paragraphe sept définitions de la durée d'insertion, dont nous examinerons la pertinence dans le cadre de nos données. Le second paragraphe sera consacré au rôle joué par les caractéristiques individuelles sur ces durées d'insertion.

2.1. La construction de sept définitions de la durée d'insertion

Les premiers travaux empiriques sur l'insertion ont souvent considéré la durée d'insertion comme la durée d'accès au premier emploi ou au premier emploi sur CDI. Cependant, avec l'existence d'emplois d'attente et l'évolution des modes de recrutement des entreprises, la durée d'accès au premier emploi ne peut à elle seule

---

[1] Ainsi, dans leur approche sociologique de la notion d'insertion, Bonniel et Lahire rejettent d'emblée toute tentative de définition générale de l'insertion : « *Il serait absurde de prétendre pouvoir mesurer scientifiquement le niveau d'insertion (à la manière des économistes), à partir de définitions arbitraires, et jamais objectives (mêmes si elles en comportent toutes les caractéristiques apparentes) qui ne font souvent que rendre implicitement une définition particulière socialement déterminée* » (BONNIEL et LAHIRE, 1994).

rendre compte d'une position stabilisée. Nous proposons sept définitions de la durée d'insertion.

- D1 : la durée d'accès au premier emploi
- D2 : la durée d'accès à une période de six mois consécutifs[2] d'emploi sur des contrats à durée indéterminée (CDI)
- D3 : la durée d'accès au premier emploi si l'individu passe moins de 25 % de son temps au chômage lors de ces deux premières années sur le marché du travail
- D4 : la durée d'accès au premier emploi si le premier salaire[3] est égal au salaire moyen de l'échantillon (4 274 francs environ), sinon la durée d'accès à une période d'au moins six mois d'emploi sur des CDI
- D5 : la durée d'accès au premier emploi s'il existe une adéquation entre la spécialité du bac[4] et la spécialité du premier emploi, sinon la durée d'accès à une période d'au moins six mois d'emploi sur des CDI
- D6 : la durée d'accès à l'emploi sur un CDI
- D7 : la durée d'accès à six mois d'emploi consécutifs (CDD ou CDI)

La construction de ces différentes durées est en partie arbitraire, et n'est évidemment pas exhaustive. D'autres définitions, correspondant à des paliers « clés » dans l'étude de la trajectoire d'insertion, auraient pu être proposées[5]. Notre objectif se limite à montrer la variabilité des parcours d'insertion (si elle existe), en proposant une approche descriptive puis explicative de l'accès à une période de stabilité.

Nous recherchons ici une définition individuelle de l'insertion et non pas collective (VINCENS, 1997). L'enjeu n'est pas de savoir à quelle date la cohorte est globalement insérée, mais si un individu doit être considéré comme inséré à une date donnée. Ces différentes définitions sont donc basées sur la trajectoire individuelle[6].

D'un point de vue théorique, l'insertion renvoie à la notion de stabilité. La théorie de l'appariement suggère, par exemple, que l'insertion se termine quand la relation d'emploi s'inscrit sur une certaine durée : l'individu se trouve inséré lorsque lui et son employeur sont satisfaits de l'appariement (JOVANOVIC, 1979 ; TOPEL et WARD, 1992 ; FLINN, 1986). Le salaire est également un critère déterminant de

---

[2] L'individu peut éventuellement changer d'employeur au cours de ces six mois consécutifs, mais sans avoir connu dans ce cas, une autre situation que le CDI.
[3] L'enquête ne fournit des informations que sur le salaire du premier emploi.
[4] Le bac étant le « fait » fédérateur de la cohorte de jeunes de niveau IV, nous avons choisi la spécialité du bac pour étudier l'adéquation entre les études et l'emploi.
[5] En retenant par exemple comme critère la catégorie socioprofessionnelle, le temps partiel...
[6] Seule la durée D4 se base sur le salaire moyen de la cohorte, et n'est pas donc strictement individuelle si l'on se réfère aux deux types de définitions proposés par Vincens 1997).

l'insertion dans la mesure où l'individu se trouve satisfait de sa situation lorsque son salaire réel dépasse son salaire de réservation. Plus générale, la notion d'utilité de réservation, englobant le salaire, le statut de l'emploi et d'autres caractéristiques non monétaires, peut être tout aussi pertinente pour expliquer la stabilité de l'individu. Enfin, l'adéquation de la formation à l'emploi peut correspondre à un signal de rentabilité de la formation et de satisfaction de l'individu. Au contraire, une non-adéquation peut indiquer un emploi « alimentaire », souvent temporaire, permettant par exemple aux jeunes de financer de futures recherches. Cependant, si l'emploi se pérennise dans le temps, l'effet de l'inadéquation sur l'insertion peut être remis en cause dans la mesure où le jeune semble se stabiliser.

Ainsi, avoir un emploi stable et durable, obtenir un « bon » salaire, connaître peu de périodes de chômage, avoir un emploi en rapport avec sa formation peuvent se révéler des critères pertinents pour définir l'accès à *une position stabilisée* sur le marché du travail. Dans tous les cas, une situation d'emploi est prééminente dans l'explication de la période d'insertion, même si elle n'est pas exclusive. En revanche, un individu ayant atteint une position stabilisée dans le chômage ou l'inactivité ne sera pas considéré dans nos définitions comme inséré[7].

D'un point de vue technique, certaines de ces définitions sont emboîtées[8] : ainsi, toutes sont inclues dans la première, puisque le critère le moins restrictif commun à toutes les définitions est de trouver un premier emploi. D'autres sont plus ou moins alternatives comme D3, D4 et D5. Dans ce cas, il est intéressant de comparer la cohérence de ces définitions en fonction des différents indicateurs choisis. Quels individus se trouvent insérés dans toutes les définitions ? Quels autres sont exclus dans une des définitions et inclus dans les autres ? Quels individus sont enfin exclus de l'ensemble des définitions ? Les tableaux 1, 2, et 3 révèlent une forte hétérogénéité des taux d'insertion en fonction des définitions retenues. Ainsi, le critère d'un salaire moyen minimum ou à défaut une période de six mois d'emploi consécutifs sur CDI exclut 20 % de jeunes de la cohorte. En revanche, ce même critère permet de considérer comme insérés 4 à 10 % de jeunes qui ne l'auraient pas été avec d'autres critères. La comparaison des trois définitions alternatives montre que 5 à 20 % des jeunes de la cohorte peuvent être écartés en fonction de la définition à laquelle on se réfère. Autrement dit, le choix des indicateurs est loin d'être neutre dans l'évaluation de la durée d'insertion de la cohorte.

Toutes ces durées sont censurées au vingtième mois d'observation puisque dans quatre des huit durées d'insertion étudiées, l'individu peut être inséré s'il accède à

---

[7] Un tel cas correspondrait davantage à une situation d'exclusion que d'insertion professionnelle.

[8] Calculer ces durées d'insertion nous a conduit à écarter des individus dont on ne connaît pas exactement leur situation mois après mois, sur le chronogramme, durant une période au moins égale à 25 mois après leur sortie du système éducatif (service militaire non compris). En définitive, 4 529 individus ont été retenus.

six mois d'emploi stable avant la fin de son insertion. Ainsi, un individu qui accède au cours du dix-neuvième mois à une période de six mois d'emploi stable consécutifs est considéré comme inséré. En revanche, un individu qui n'y accède qu'au vingtième mois, aura une durée d'insertion censurée, puisqu'il ne sera pas possible d'observer si sa situation s'est prolongée jusqu'au vingt-sixième mois.

Tableau 1
Les taux d'insertion selon les différentes définitions

	Critères d'insertion	Personnes insérées (total : 4 528)	Durées moyennes d'accès (en mois) (individus non censurés)	Écarts-types des durées (individus non censurés)	Durées moyennes (en mois) (individus censurés au vingtième mois)[*]
D1	Premier emploi	4 395 (97,1 %)	2,18	3,49	2,71
D2	Six mois consécutifs d'emploi sur CDI	2 562 (56,6 %)	12,01	8,13	12,24
D3	Premier emploi et moins de 25 % de chômage	3 607 (79,7 %)	1,39	2,39	5,18
D4	Premier emploi si salaire moyen sinon six mois consécutifs d'emploi sur CDI	3 211 (70,9 %)	4,25	5,31	8,91
D5	Premier emploi si adéquation sinon six mois consécutifs d'emploi sur CDI	3 902 (86,2 %)	2,76	4,19	5,18
D6	Premier emploi sur CDI	2 631 (58,1 %)	6,13	5,88	11,9
D7	Six mois d'emploi consécutifs (CDD ou CDI)	4 143 (91,5 %)	3,34	4,58	4,83

[*] Dans les deux dernières colonnes, les individus n'accédant pas à l'emploi avant la fin de la période d'observation sont considérés comme atteignant l'emploi le vingtième mois (à l'exception des durées D3 et D4, où ce sera le quatorzième mois).

Tableau 2
Insertion et non-insertion pour 3 définitions alternatives

	Insérés D3	Insérés D4	Insérés D5
Non insérés D3		422	629
Non insérés D4	842		868
Non insérés D5	343	162	

Tableau 3

Taux d'insertion et caractéristiques individuelles

% d'insérés	Garçons	Filles	Échec au bac	Sortie directe	Accès à l'université	Filière technologique	Filière scientifique	Filière littéraire	Études en province	Études en Ile-de-France
D1	97,8*	96,59	95,7	98,2	97	97,7	93,1	97,4	97	97,54
D2	61,9	53,14	54,7	57,4	57,2	57,8	49,9	54,5	54,3	74,1
D3	87	74,9	78,6	82,6	77,8	80,9	70,7	83,3	78,3	89,4
D4	77,4	65,8	66,3	68,8	75	71,7	63,9	65,9	68,3	86
D5	85,67	86,17	82,5	89,3	85,6	89,5	65,4	84,1	85,4	90,5
D6	63,1	54,9	56,6	58,4	59	59,2	52,6	55,7	58,8	75,2
D7	92,22	90,31	89,2	94,3	89,5	92,1	85,4	89,4	90,8	93,1

% d'insérés	Mère active occupée	Mère chômeuse ou inactive	Âge en terminale supérieur à 20 ans	Âge égal ou inférieur à 20 ans	Avoir un père cadre	Ne pas avoir un père cadre	Mobilité régionale après les études	Pas de mobilité
D1	97,37	94,98	97,77	96,7	96,28	97,12	99,4	96,4
D2	57,29	51,3	61,8	54,45	57,7	56,5	62,9	54,9
D3	77,7	79,9	82,4	78,5	80,74	79,58	80,8	79,3
D4	70,93	66,3	75,25	68,42	75,68	70,01	76,4	69,9
D5	86,3	83,6	89,01	84,75	83,45	86,15	88	85,4
D6	58,8	52,97	63,64	55,87	59,80	57,99	65,5	56,2
D7	91,35	88,8	91,54	90,86	90,2	91,12	93,3	90,4

* Cette case montre que 97,8 % des garçons sont insérés si l'on se réfère à la définition D1 de l'insertion.

2.2. Une analyse économétrique des durées d'insertion

Nous nous proposons d'utiliser l'économétrie des modèles de durées afin de saisir l'aspect temporel du processus d'insertion et de tenir compte des durées censurées. Une première analyse non paramétrique permettra de décrire l'évolution de l'insertion des individus aux cours de la durée de l'enquête. Ensuite, nous examinerons l'influence des caractéristiques individuelles sur les probabilités d'accéder à une position stabilisée au cours de la période d'observation.

2.2.1. Notations générales

Rappelons brièvement la formalisation. Nous nous référons à une présentation générale des modèles de durées développés dans la littérature (LANCASTER, 1990 ; COURGEAU et LELIÈVRE, 1989[1]).

L'ensemble des individus est susceptible de connaître un événement (la fin de l'insertion) à la date T. T est donc une variable aléatoire positive dont on peut étudier la distribution de probabilité conditionnellement à la date de réalisation de l'événement. Nous spécifierons cette distribution de trois manières :

- la fonction de survie (ou de séjour) $S(t)$, définie comme la probabilité que l'échéance T soit supérieure ou égale à une date t donnée. Cette probabilité représente à chaque date, la proportion :

$$S(t) = P(T \geq t)) \qquad 0 < t < \infty$$

Cette fonction est non croissante et continue à gauche avec $S(0) = 1$.

- si la distribution T est continue, la densité de probabilité $f(t)$ peut être définie comme la limite lorsque $\delta t \to 0$ de la probabilité pour que l'échéance T soit comprise dans l'intervalle [t, t+δt] divisée par δt :

$$f(t) = \lim_{\delta t \to 0} \frac{P(t \leq T < t + \delta t)}{\delta t}, \text{ soit encore : } f(t) = -\frac{dS(t)}{dt} = -S'(t)$$

inversement on aura :
$$S(t) = \int_t^\infty f(s)ds$$

- le quotient instantané d'occurrence (ou fonction de risque) $h(t)$: la densité conditionnelle définit à la date t, le quotient instantané d'occurrence de l'événement conditionnellement au séjour jusqu'en t, par :

$$h(t) = \lim_{\delta t \to 0} \frac{P(t \leq T < t + \delta t / T \geq t)}{\delta t}$$

Le numérateur correspond à la probabilité d'avoir accédé à l'emploi entre t et $t + \delta t$, sachant que les individus n'ont pas accédé à l'emploi avant l'instant t.

---

[1] Les différentes estimations ont été effectuées sur le logiciel SAS.

Cette densité de probabilité conditionnelle peut également représenter le taux instantané de saut, sachant que l'on a séjourné dans l'état jusqu'en t. Il est souvent appelé taux de hasard. $h(t)$ peut également s'écrire en fonction de $f(t)$ et de $S(t)$:

$$h(t) = \frac{f(t)}{S(t)} = -\frac{\dfrac{dS(t)}{dt}}{S(t)} = -\frac{dLogS(t)}{dt}$$

La vraisemblance correspond à la probabilité d'observer des données effectivement recueillies. La fonction de séjour étant continue, une observation d'occurrence à la date t contribue à la vraisemblance par $f(t)$, la densité de probabilité d'occurrence en t. En revanche si l'observation est censurée (ou tronquée) en t_i, sa contribution correspond à la probabilité de séjour au-delà de la date t_i, soit $S(t_i)$. La vraisemblance pour l'ensemble de n individus de la population s'écrit alors :

$$L = \prod_{i=1}^{n} f(t_i)^{C_i} S(t_i)^{1-C_i}$$

ou $C_i = 0$ si la durée est censurée, et 1 dans le cas contraire.

Une modélisation non paramétrique permet de tenir compte de la nature des données, censurées à droite, sans poser aucune hypothèse quant au rôle joué par les caractéristiques des individus sur la distribution des échéances au cours du temps. La méthode permet de déterminer des effets seuils dans le processus d'insertion des individus en fonction des différentes définitions retenues. La répartition au cours du temps des sorties d'observation et des événements qui surviennent dans la population peut faire l'objet de différentes hypothèses et donc de différentes estimations. Nous avons utilisé l'estimation actuarielle[2] qui permet de supposer que les échéances ont lieu uniformément entre t_i et t_{i+1}. Autrement dit, le quotient instantané et le risque de censure restent constants au cours de cet intervalle de temps.

---

[2] Si d_i représente l'effectif des individus entre t_i et t_{i+1}, m_i le nombre de sorties d'observation au cours de l'intervalle de temps et N_i l'effectif des individus en t_i, l'estimateur du risque h_i qui rend maximum l'équation du logarithme de la vraisemblance est alors : $h_i = \dfrac{d_i}{N_i - \dfrac{1}{2}(d_i + m_i)}$. La probabilité de connaître l'événement au cours de l'intervalle de temps sachant que les individus n'ont pas encore connu cet événement avant t_i est : $q_i = \dfrac{d_i}{N_i - \dfrac{1}{2}m_i}$.

L'examen des fonctions de survie pour les différentes définitions retenues montre que la probabilité de ne pas accéder à une position stabilisée décroît rapidement au cours du premier mois, puis diminue moins rapidement jusqu'au dixième mois. Après le dixième mois, les courbes deviennent très légèrement décroissantes. Ainsi pour les durées D3 et D5, la probabilité de ne pas accéder à une situation stabilisée est d'environ 50 % après le premier mois, et d'environ 20 % au dixième mois. Au seizième mois cette probabilité reste à 20 % pour la durée D3 jusqu'au dernier mois d'observation, et tombe à 16 % pour la durée D5. De manière générale, le seizième mois se caractérise par une quasi-stagnation des chances d'accès à une position stabilisée quelle qu'elle soit. Il est enfin possible de constater que, dans l'ensemble, la hiérarchie des degrés de sévérité de chaque définition est relativement stable au cours du temps : une définition initialement très restrictive de l'insertion – et donc de faibles chances d'accès à l'emploi au niveau du premier mois – le reste également à la fin de la date d'observation[3].

Graphique 1
Fonctions de survie de l'ensemble de l'échantillon
pour les différentes durées d'insertion

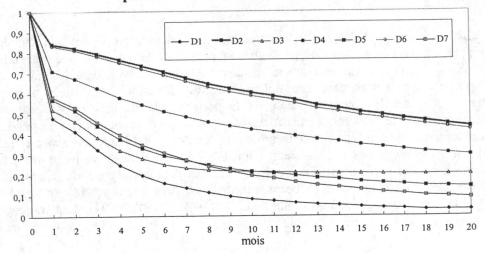

2.2.2. Insertion et caractéristiques individuelles

La cohorte de niveau IV est constituée de différentes sous-populations dont on peut douter de l'homogénéité au regard de la probabilité d'insertion. La théorie économique propose plusieurs pistes de recherche pour expliquer ces disparités individuelles d'insertion. Examinons les principaux facteurs susceptibles d'être discriminants dans le cas des jeunes de niveau IV.

---

[3] Seule la durée D7 fait exception : la probabilité de ne pas accéder à une position stabilisée définie par D7 est plus élevée jusqu'au huitième mois que celle définie par D5, puis moins élevée.

Ces jeunes peuvent d'abord se différencier en fonction de la nature de leur investissement en capital humain. Les différences de niveaux d'études et de filières sont dans ce cas des indicateurs d'une productivité potentielle plus ou moins importante. La théorie du capital humain suggère, par exemple, que les jeunes ayant accédé à l'université, même lorsqu'ils échouent en premier cycle, ont acquis une formation générale leur procurant une productivité supérieure. En revanche, le passage par l'enseignement supérieur peut les inciter à augmenter leur salaire de réserve et à refuser certains emplois, augmentant ainsi leur durée d'accès à une position stabilisée. Quant aux jeunes échouant au niveau du baccalauréat, la théorie du signal laisse présager qu'ils peuvent souffrir d'une discrimination par rapport aux autres[4].

Les spécialités de formation lors de l'année de terminale peuvent également être déterminantes dans l'insertion des jeunes. Les filières technologiques, où l'enseignement est plus professionnalisé, permettent sans doute une valorisation plus rapide sur le marché du travail que des filières littéraires ou scientifiques, dont le principal objectif est de fournir un niveau d'éducation générale pour l'accès à l'université.

L'effet de la mobilité géographique après les études demeure plus ambigu dans la mesure où l'accès à l'emploi peut être la cause ou la conséquence de cette mobilité[5]. Cependant, on peut présumer que cette mobilité révèle dans les deux cas d'une stratégie de recherche d'emploi plus étendue du jeune. Cette mobilité peut être directe dès les premiers mois de la période d'insertion ou forcée après plusieurs mois de recherches infructueuses. Dans le premier cas, le jeune cherche directement un emploi sur l'ensemble du territoire national, et accepte les premières opportunités qui s'offrent à lui. Dans le second cas, le jeune n'a pas trouvé d'emploi sur son marché local du travail et décide d'élargir son champ de recherche à d'autres zones géographiques, à d'autres régions (JAYET, 1988 ; ALLAIRE et TAHAR, 1995 ; DESSENDRE, 1994 ; BÉDUWÉ, 1994). Les logiques d'insertion seront donc distinctes : lorsqu'elle est directe, la mobilité sera

---

[4] Cette valeur de signal de l'éducation, très forte lors de l'accès aux premiers emplois, risque cependant de décroître au fur et à mesure que les employeurs auront la possibilité d'observer la productivité réelle de l'individu sur le marché du travail (BELMAN et HEYWOOD, 1997).

[5] Cette variable a été construite en fonction de la région de fin d'études et la région du premier emploi. Pour les individus qui n'ont pas accédé à l'emploi au cours de l'enquête, nous considérons leur lieu d'habitation à la date de la fin d'enquête. Il est évident que, dans certains cas, la mobilité ne peut avoir aucun lien direct avec l'accès à l'emploi, lorsqu'il s'agit par exemple d'une mobilité familiale. Dans d'autres cas, l'individu a pu chercher dans d'autres régions sans y trouver d'emploi. De plus, il nous est impossible de savoir les raisons de cette mobilité : le jeune est-il mobile parce ce qu'il a obtenu un emploi ou afin d'obtenir un emploi ? Néanmoins, si elle a un impact significatif sur la période d'insertion, la décision de mobilité peut correspondre à une volonté du jeune de quitter son marché local du travail pour chercher à s'insérer en partie liée à une stratégie de recherche plus efficace.

certainement liée à une insertion plus rapide[6], mais dans le second cas, elle sera associée à un parcours plus chaotique.

Les disparités d'insertion peuvent également provenir d'autres caractéristiques observées ou non observées dans l'enquête, et notamment d'indices si l'on reprend la terminologie de Spence. L'âge au moment du bac est par exemple un indice du parcours scolaire du jeune dans le secondaire. Un âge élevé révèle un parcours atypique souvent jalonné de redoublements ou de réorientations, sans cependant être forcément pénalisant[7] pour l'accès à l'emploi. L'influence du sexe est également difficile à interpréter. Les performances des jeunes filles en matière d'insertion s'expliquent par deux effets souvent interdépendants (SOFER, 1985) : un effet de discrimination des employeurs et un comportement de retrait par rapport au marché du travail (NICOLE-DRANCOURT, 1991). La catégorie sociale des parents est en revanche un indicateur des réseaux familiaux et sociaux dont peut bénéficier le jeune dans l'accès à une position stabilisée (GRANOVETTER, 1974 ; MARRY, 1992). Avoir des parents actifs, qui travaillent et qui appartiennent à des classes sociales de cadres est généralement un facteur favorable. Enfin, l'origine géographique des jeunes, même à un niveau très agrégé, est souvent un indicateur du dynamisme du marché du travail (GRELET et al., 1994).

L'influence de ces caractéristiques individuelles n'a cependant aucune raison d'être stable tout au long du parcours d'insertion. Elle peut s'estomper au profit de caractéristiques plus professionnelles au fur et à mesure que le jeune se construit une histoire dans le parcours d'insertion. Elle peut également s'inscrire dans des logiques de recherche et, par conséquent, varier en fonction de la définition retenue de l'insertion. Ainsi, un jeune diplômé ne voulant accéder qu'à de l'emploi « bien rémunéré », aura une durée d'insertion plus courte si l'on retient le salaire de l'emploi comme critère d'insertion. Par contre, il peut connaître une durée d'insertion plus élevée si l'on considère le nombre de mois passés en emploi comme critère d'insertion.

Deux tests statistiques nous permettent de comparer les distributions des échéances entre les différentes sous-populations afin de préciser la pertinence des facteurs d'hétérogénéité. Le test de Wilcoxon est une généralisation des tests de rangs à des données pouvant être censurées, le principe étant d'ordonner les durées observées de chaque échantillon. Le test du Log-Rank ou test de Savage est assez semblable au précédent ; il est cependant plus sensible aux différences entre les distributions en fin de période d'observation que le test de Wilcoxon, plus sensible aux différences en début de période. Les deux statistiques dans leur généralisation

---

[6] JAYET (1988) et DESSENDRE (1994) montrent cependant que le jeune n'est pas forcément inséré directement après une mobilité géographique en zone urbaine. Elle débute parfois par un premier emploi sur le marché secondaire, auquel succède rapidement l'emploi « stabilisateur ».

[7] Le jeune peut avoir obtenu un diplôme de niveau V, avoir arrêté ses études ou avoir effectué son service militaire.

à la comparaison de plusieurs groupes sont approximativement distribuées selon une statistique du χ^2 à n-1 degrés de liberté (si n est le nombre de groupe). L'hypothèse H_0 posée est que les distributions sont homogènes. Les résultats des tests d'homogénéité via un χ^2 pour chaque sous-population sont présentés dans le tableau 4. Lorsque le χ^2 obtenu est largement supérieur à celui de la table, l'hypothèse nulle est rejetée en faveur d'une différence significative des fonctions de survie au critère de stratification (voir graphiques 2 et 3).

Graphique 2
Fonctions de survie selon le sexe

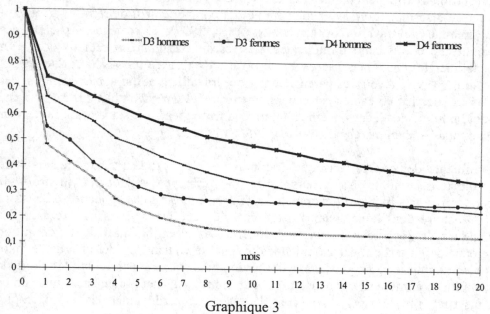

Graphique 3
Fonctions de survie selon le niveau scolaire

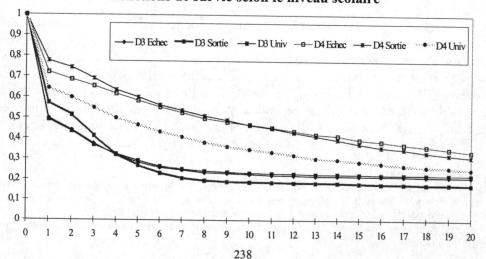

238

Tableau 4
L'homogénéité de différentes sous-populations

	Sexe	Niveau études	Spécialité du bac	Études à Paris	Avoir un père cadre	Avoir une mère active occupée	Mobilité après les études	Âge au moment du bac
D1								
Log-Rank	7,7138	0,9108	27,0907	8,8797	0,5978	8,441	44,5205	4,2781
(signif.)	*(0,005)*	*(0,6342)*	*(0,0001)*	*(0,0029)*	*(0,4394)*	*(0,0037)*	*(0,0001)*	*(0,038)*
Wilcoxon	5,4061	18,6470	13,8706	7,0515	0,310	2,3955	22,0284	4,6922
(signif.)	*(0,020)*	*(0,0001)*	*(0,001)*	*(0,0079)*	*(0,5777)*	*(0,1217)*	*(0,0001)*	*(0,0303)*
D2								
Log-Rank	37,5494	4,9904	12,9298	107,7340	0,3600	7,4413	12,4422	27,4939
(signif.)	*(0,0001)*	*(0,4825)*	*(0,0016)*	*(0,0001)*	*(0,5485)*	*(0,0064)*	*(0,0004)*	*(0,0001)*
Wilcoxon	33,3709	11,8106	10,9721	103,5225	0,2378	8,2172	4,4697	32,0896
(signif.)	*(0,0001)*	*(0,0027)*	*(0,0041)*	*(0,0001)*	*(0,6258)*	*(0,0041)*	*(0,0345)*	*(0,0001)*
D3								
Log-Rank	79,8072	1,4116	30,1579	38,5384	0,0155	1,9466	4,2729	8,5164
(signif.)	*(0,0001)*	*(0,4937)*	*(0,0001)*	*(0,0001)*	*(0,900)*	*(0,1630)*	*(0,0387)*	*(0,0035)*
Wilcoxon	43,3598	6,5439	21,7869	20,9307	0,0302	0,8193	7,1532	8,1492
(signif.)	*(0,0001)*	*(0,0379)*	*(0,0001)*	*(0,0001)*	*(0,862)*	*(0,3654)*	*(0,0025)*	*(0,0043)*
D4								
Log-Rank	93,1963	54,7575	17,8352	113,7471	5,2601	4,3954	14,7794	29,2485
(signif.)	*(0,0001)*	*(0,0001)*	*(0,0001)*	*(0,0001)*	*(0,0218)*	*(0,0360)*	*(0,0001)*	*(0,0001)*
Wilcoxon	87,1897	78,0101	15,6884	96,6731	3,0099	3,3400	6,7964	31,5933
(signif.)	*(0,0001)*	*(0,0001)*	*(0,0004)*	*(0,0001)*	*(0,0828)*	*(0,0676)*	*(0,0091)*	*(0,0001)*
D5								
Log-Rank	0,0035	14,0859	223,4641	20,9381	1,8468	3,0994	4,5773	20,7935
(signif.)	*(0,9526)*	*(0,0009)*		*(0,0001)*	*(0,1742)*	*(0,0783)*	*(0,0324)*	*(0,0001)*
Wilcoxon	0,2316	3,0480	*(0,0001)* 173,0455	17,2851	2,3979	1,9145	3,5756	19,4937
(signif.)	*(0,6304)*	*(0,2178)*	*(0,0001)*	*(0,0001)*	*(0,1215)*	*(0,1665)*	*(0,0586)*	*(0,0001)*
D6								
Log-Rank	34,3355	5,2379	9,3356	106,7693	0,9440	7,2733	18,9116	29,7528
(signif.)	*(0,0001)*	*(0,0729)*	*(0,0094)*	*(0,0001)*	*(0,331)*	*(0,0070)*	*(0,0001)*	*(0,0001)*
Wilcoxon	31,2660	13,088	7,6366	104,6812	1,1802	8,3991	8,7349	33,7782
(signif.)	*(0,0001)*	*(0,0004)*	*(0,022)*	*(0,0001)*	*(0,2773)*	*(0,0038)*	*(0,0031)*	*(0,0001)*
D7								
Log-Rank	9,0757	15,5416	36,3246	10,4344	0,4984	3,3514	3,0031	2,4982
(signif.)	*(0,0026)*	*(0,0004)*	*(0,0001)*	*(0,0001)*	*(0,4802)*	*(0,0671)*	*(0,083)*	*(0,114)*
Wilcoxon	8,7410	0,5661	25,2794	8,9244	1,3032	1,4440	0,5581	6,2596
(signif.)	*(0,0031)*	*(0,753)*	*(0,0001)*	*(0,0001)*	*(0,2536)*	*(0,2295)*	*(0,455)*	*(0,0124)*

Le niveau d'études semble être un facteur important de disparités au sein de la population de jeunes de niveau IV. L'observation des fonctions de survie et des tests montre que généralement, les jeunes passant dans l'enseignement supérieur paraissent avoir une probabilité légèrement plus forte d'accéder à une position stabilisée. Cet effet est cependant contrasté dans le temps. Les statistiques des tests de Wilcoxon et du Log-Rank font apparaître parfois des résultats opposés. Ainsi, si l'on définit la durée d'insertion par les définitions D1, D2, D3 et D6, les différences d'insertion liées au niveau d'études s'estompent avec le temps[8]. En fin de période, l'effet du niveau d'études s'inverse, et les jeunes sortant directement après le bac, tirent leur épingle du jeu, notamment si l'on retient comme définitions D3 et D7. L'échec au bac paraît en général pénalisant, mais là encore, de manière assez variable dans le temps. Ces jeunes connaissent plus de facilité à s'insérer en début de période, par rapport aux jeunes sortant directement après l'obtention du bac. En revanche, dès que la durée d'insertion se prolonge, ces jeunes non-bacheliers se trouvent alors fortement défavorisés. L'échec au baccalauréat ou en premier cycle universitaire n'est donc pénalisant qu'en fin de période d'insertion. Cela peut s'expliquer par une recherche d'emploi plus précoce de ces jeunes, dès le parcours scolaire. Dans ce cas, leur activité de recherche peut leur permettre de trouver un emploi au détriment des études, l'échec scolaire devenant alors la cause ou la conséquence d'une réussite professionnelle. Par contre, lorsque le jeune ne « profite » pas des études pour commencer son activité de recherche, il semble que l'échec constitue un signal pénalisant pour les éventuels employeurs[9]. En général, les jeunes ayant accédé à l'enseignement supérieur quittent le système éducatif un ou deux ans après le début de l'enquête et peuvent bénéficier d'une conjoncture plus favorable. Cette première analyse ne permet donc pas de trancher clairement sur l'effet réel du niveau d'éducation sur l'accès à une position stabilisée.

La spécialité du bac est un facteur fortement discriminant dans l'accès à l'emploi. Pour l'ensemble des durées, les jeunes issus de baccalauréats technologiques connaissent une insertion plus rapide, suivis ensuite des jeunes issus de terminales littéraires et enfin de terminales scientifiques. Ce résultat *a priori* paradoxal pour une filière parfois considérée comme élitiste, s'explique par la nature de la population étudiée : le niveau IV[10]. En général, les bacheliers scientifiques poursuivent – et réussissent – majoritairement leurs études dans l'enseignement supérieur. Il est donc logique de penser que les jeunes issus de filières scientifiques de niveau IV ont connu des problèmes d'orientation ou des problèmes d'ordre plus personnel se répercutant sur leur recherche d'emploi.

Le sexe est également une caractéristique particulièrement discriminante de la durée d'accès à une position stabilisée. À l'exception de la durée D5, le fait d'être

---

[8] Elles ne sont pas significatives en fin de périodes d'observation alors qu'elles le sont au début.
[9] L'évolution de la conjoncture économique lors de l'entrée sur le marché du travail des jeunes doit conduire à une certaine prudence quant à l'interprétation de la variable éducation. Elle ne semble pas cependant modifier sensiblement les conditions d'insertion des jeunes de cette cohorte (GIRET, 1998).
[10] Ces résultats sur les bacheliers scientifiques sortant au niveau IV sont d'ailleurs analogues à ceux obtenus par (ECKERT et HANCHANE, 1997).

une femme est un facteur pénalisant dans la probabilité de « s'insérer » rapidement sur le marché du travail. Il est néanmoins difficile à ce niveau de formalisation, de trancher sur la nature de ce phénomène, entre des pratiques discriminatoires des employeurs et/ou des comportements de retrait du marché du travail.

Avoir fait ses études à Paris, ou avoir changé de région lors de son accès à l'emploi sont également deux facteurs favorables pour l'insertion des jeunes. D'abord, être originaire de la région parisienne pour ses études augmente les chances d'une insertion rapide. Ainsi, pour une population de niveau IV, moins mobile que celles des niveaux I, II, et III, le fait de se trouver en Ilc-de-France, dans un marché du travail plus « porteur », facilite l'accès à une position stabilisée.

La mobilité régionale, après la fin des études, apparaît le plus souvent comme un facteur favorable dans l'explication de la rapidité d'insertion, notamment en fin de période d'observation. Au-delà du constat, l'explication est délicate. On ne peut exclure ni l'hypothèse d'une mobilité « forcée » en fin de période, ni l'hypothèse d'une mobilité directe dès l'entrée sur le marché du travail.

Les variables liées à la catégorie socioprofessionnelle des parents (avoir un père cadre ou une mère active occupée) paraissent n'avoir qu'une influence limitée sur la durée d'insertion[11]. Dans la majorité des cas, l'activité professionnelle de la mère semble favoriser l'accès à l'emploi « stable ». En revanche, une profession d'encadrement pour le père de famille n'apparaît pas, en général, comme un facteur favorable, à l'exception de D4, lorsque l'on introduit un critère salarial dans la définition de l'insertion. Il y a là, comme pour l'activité de la mère, un effet favorable du réseau familial.

L'âge en terminale est également une variable qui discrimine l'accès à une position stabilisée. Paradoxalement, les individus qui connaissent quelques années de retard tirent plus facilement leur épingle du jeu sur le marché du travail. Cet effet d'âge n'est cependant pas contre-intuitif sur un marché du travail peu qualifié où l'employeur peut privilégier la maturité du jeune par rapport à d'autres variables plus académiques.

Finalement, cette première approche non paramétrique permet de mettre en évidence une forte hétérogénéité au niveau des sous-échantillons de la population étudiée. Les caractéristiques individuelles influencent les sept fonctions de survie proposées, le plus souvent dans le même sens pour les sept définitions retenues.

---

[11] Les résultats obtenus restent néanmoins spécifiques à la nature de la population étudiée : il s'agit de jeunes de niveau IV qui n'ont pas décroché de diplômes universitaires, soit parce qu'ils n'ont pas eu les moyens intellectuels, soit parce qu'ils n'ont pas envisagé cette possibilité en raison par exemple de conflits familiaux. Dans ce cas, on peut penser qu'un enfant de cadre en situation d'échec scolaire, ne soit pas aidé dans sa recherche d'emploi par le statut social de ses parents.

Cependant des caractéristiques pénalisantes ou non significatives, pour certaines durées d'insertion, en début ou en fin de période, peuvent s'avérer pour d'autres définitions particulièrement favorables.

3. LE DÉPART DU SYSTÈME ÉDUCATIF COMME DÉBUT DE LA PÉRIODE D'INSERTION ?

L'insertion des jeunes s'inscrit dans une dynamique temporelle, qui se construit progressivement tout au long du parcours. Comme nous l'avons rappelé dans la partie précédente, les caractéristiques initiales du jeune sont alors déterminantes pour expliquer la diversité des modes d'accès vers une position stabilisée.

Nous avons cependant constaté qu'une partie importante des jeunes de niveau IV (environ 50 %), accèdent directement à l'emploi lors de leur sortie du système éducatif. Or, la recherche d'emploi est nécessairement construite dans le temps, ne serait-ce que pour l'entretien préalable au recrutement. Il est possible que ces jeunes aient commencé leur quête d'emploi avant de quitter l'école. La stratégie de recherche d'emploi à l'intérieur du système éducatif est parfaitement rationnelle (FANG, 1993) dans la mesure où le jeune peut profiter des avantages liés au statut d'étudiant et investir en capital humain tout en cherchant un emploi. S'il est retenu pour un emploi, le jeune peut choisir d'abandonner immédiatement le système éducatif indépendamment des exigences du cursus académique. Dès lors, l'abandon des études, sanctionné par un échec, n'est qu'apparent, et correspond au contraire à une réussite professionnelle. Les résultats de la partie précédente ne nous permettent pas de réfuter cette hypothèse et montrent au contraire un effet différencié de l'échec scolaire durant le parcours d'insertion, favorable dans un premier temps, pénalisant ensuite.

Existe-t-il alors deux catégories d'étudiants : l'une correspondant au schéma traditionnel de l'étudiant, s'investissant à temps complet avec pour seul objectif l'obtention du diplôme final, et l'autre profitant du statut d'étudiant pour chercher un emploi « sans perdre de temps » ? Cette question n'est pas dénuée d'intérêt dans la mesure où les coûts d'opportunité des études ont diminué sensiblement avec l'augmentation du chômage. Le passage à l'enseignement supérieur de masse et les politiques éducatives ont largement influencé les mécanismes de poursuite d'études à l'université comme dans l'enseignement secondaire (LEVY-GARBOUA, 1976 ; JAROUSSE, 1988). Avec plus de la moitié d'une classe d'âge obtenant le baccalauréat, le problème de l'orientation postbaccalauréat et les forts taux d'échec en premier cycle peuvent infléchir la stratégie du jeune et l'inciter à rechercher activement un emploi.

La frontière est souvent floue et extrêmement complexe entre étudiant, salarié et demandeur d'emploi. Les jeunes commencent parfois à travailler dès le système éducatif, et peuvent continuer naturellement ce travail à la sortie du système éducatif (BÉDUWÉ et CAHUZAC, 1997). Il faut donc s'interroger sur les caractéristiques spécifiques des jeunes qui obtiennent directement un emploi à la sortie de leurs études. Cela nous a conduit à adopter une spécification tobit pour la modélisation de la durée de recherche, comparable à celle proposée par (FOUGÈRES et SÉRANDON, 1992). Nous nous sommes restreints dans ce cas à l'étude de la primo-insertion, c'est-à-dire à l'accès au premier emploi obtenu par l'individu, indépendamment de critères sur sa durée ou son statut.

3.1. Présentation du modèle tobit

Nous supposons que l'observation de la durée exacte ou censurée à droite de la recherche est basée sur un critère qualitatif latent (non observable) noté $y*_{2i}$ $(i = 1, ..., N)$. Si ce critère est positif, nous observons la durée T_i de la période de recherche après la sortie de l'école.
Le modèle peut donc s'écrire :

$$y_i = \begin{cases} y_{1i} = \ln T_i = X'_{1i}\,\beta_1 + u_{1i} & si \quad y*_{2i} = X'_{2i}\,\beta_2 + u_{2i} > 0, \\ 0, & sin\,on. \end{cases}$$

où $y*_{1i}$ est le logarithme népérien de la durée de recherche qui est une variable latente, observable seulement lorsque l'activité de recherche intervient après la sortie du système scolaire,

X_{1i} et X_{2i} représentent les vecteurs des variables explicatives[12], β_1 et β_2 sont les vecteurs des paramètres associés à ces variables, et u_{1i} et u_{2i} sont les termes d'erreurs.
Nous supposons que :

$$\binom{u_{1i}}{u_{2i}} \sim N\left[\binom{0}{0}, \binom{\sigma_1^2 \quad r\sigma_1\sigma_2}{r\sigma_1\sigma_2 \quad \sigma_2^2}\right], i = 1, ..., N, r \in [-1,\ 1], \sigma_1, \sigma_2 > 0$$

où r est le coefficient entre les deux termes stochastiques. σ_2 est posé égal à 1 pour assurer l'identifiabilité des paramètres.

La contribution à la fonction de vraisemblance pour un individu i $(i = 1, ..., N)$ s'écrit alors :

---

[12] Les variables explicatives introduites dans les deux parties du modèle doivent en général être différentes.

$$l_i = \left[prob\left(y^*_{2i} \leq 0\right)\right]^{e_i}$$

$$\times \left[\left[prob\left(y_i = y^*_{1i} \ et \quad y^*_{2i} > 0\right)\right]^{c_i} \times \left[prob\left(y^*_{1i} \geq y_i \ et \quad y^*_{2i} > 0\right)\right]^{(1-c_i)}\right]^{(1-e_i)}$$

où $\quad e_i = \begin{cases} 1 & si \quad y^*_i = 0 \\ 0 & sin\,on \end{cases}$ et $c_i = \begin{cases} 1 & si \quad la \quad durée \quad est \quad observée \\ 0 & si \quad la \quad durée \quad est \quad censurée \end{cases}$

Le premier terme de cette expression est la contribution à la fonction de vraisemblance d'un individu ayant une durée de recherche nulle. Sa forme analytique est :

$$prob\left(y^*_{2i} \leq 0\right) = \Phi(-X'_{2i}\,\beta_2)$$

où Φ représente la fonction de répartition d'une loi normale standard univariée $N(0,1)$.

Le second terme correspond à la contribution à la vraisemblance pour un individu ayant une durée de recherche positive exactement observée. Son expression analytique est :

$$prob\left(y_i = y^*_{1i} \ et \quad y^*_{2i} > 0\right) = \frac{1}{\sigma_1}\,\phi\!\left(\frac{\ln T_i - X'_{1i}}{\sigma_1}\right)$$

$$\times \quad \Phi\!\left(\frac{1}{(1-r^2)^{1/2}}\left[X'_{2i}\,b_2 + \frac{r}{\sigma_1}\left(\ln T_i - X'_{1i}\,\beta_1\right)\right]\right)$$

où $\phi(x) = (2\pi)^{-1/2}\exp(-0.5x^2)$, représente la fonction de densité d'une distribution standard normale univariée $N(0,1)$, et T_i est la durée (en mois) de la période de recherche pour un individu i, ayant trouvé un premier emploi au moment de l'enquête.

Le troisième terme est la contribution à la vraisemblance d'un individu i avec une durée de recherche positive mas censurée à droite. Il s'écrit alors :

$$prob\left(y^*_{1i} \geq y_i \ et \quad y^*_{2i} > 0\right) = prob\left(\frac{u_{2i}}{\sigma_1} \geq \frac{\ln T_i - X'_{1i}\,\beta_1}{\sigma_1} \quad et \quad u_{21} \geq -X'_{2i}\,\beta_2\right)$$

$$= 1 - \Phi\!\left(\frac{\ln(T_i - X'_{1i}\,\beta_1)}{\sigma_1}\right) - \Phi\!\left(-X'_{2i}\,\beta_2\right) + \Phi_r\!\left(\frac{\ln T_i - X'_{1i}\,\beta_1}{\sigma_1};-X'_{2i}\,\beta_2\right)$$

Les estimations sont obtenues en maximisant la fonction de log-vraisemblance sous le logiciel GAUSS[13].

3.2. Interprétation des résultats

Les premiers résultats (tableau 2) montrent que le niveau de diplôme a un effet contrasté sur la sortie vers l'emploi. Les universitaires de niveau IV et les jeunes ayant échoué au bac possèdent une probabilité plus élevée d'obtenir immédiatement un emploi. Paradoxalement, s'ils n'accèdent pas directement à l'emploi, ils ont alors une chance plus élevée que leurs camarades sortis directement après l'obtention du bac, de connaître une longue période de chômage avant l'accès à l'emploi.

Ce résultat pourrait aller dans le sens de deux utilisations différentes du temps réservé aux études pour les jeunes de niveau IV. Il semble que l'échec scolaire ne soit pénalisant que si le jeune ne cherche pas d'emploi durant les premières années passées dans l'enseignement supérieur ou au cours de son année de terminale. Cette recherche d'emploi peut d'ailleurs être considérée comme la cause, mais peut-être aussi la conséquence, d'un parcours scolaire médiocre. Le jeune diminue son temps alloué aux études pour consacrer son activité à la recherche d'emploi. L'abandon des études n'apparaît pas alors comme un signal négatif, mais correspond au contraire à l'obtention d'un emploi. Pour ces jeunes, la phase d'insertion a commencé avant la sortie du système éducatif.

---

[13] Pour contraindre le paramètre r à appartenir à intervalle admissible, il convient en général de poser :

$$r = \frac{e^{\rho} - e^{-\rho}}{e^{\rho} + e^{-\rho}} \quad , \quad r \in \left]-1, \; 1\right[, \rho \in \Re.$$ Cependant, dans le cas de nos données, nous n'avons pas eu besoin de contraindre r à appartenir à cet intervalle.

Tableau 5
Les résultats du modèle tobit

	Partie qualitative (probit)	Partie quantitative (modèle de durées)
Constante		1,696*** (0,104)
Sexe féminin		0,054* (0,042)
Niveau d'études Réf. : bac et sortie directe		
Bac et enseignement supérieur	0,147*** (0,032)	0,119*** (0,043)
Échec au bac	0,151*** (0,029)	0,171*** (0,047)
Filière du bac Réf. : bac technique		
Bac général scientifique	-0,233*** (0,051)	
Avoir une mère active occupée		-0,196*** (0,058)
Avoir effectué une mobilité après les étud.	0,106*** (0,043)	-0,238*** (0,051)
Avoir effectué ses études à Paris		-0,148*** (0,06)
r	0,256*** (0,108)	
- 2 log-vraisemblance	15666,88	
Taille de l'échantillon	4528	

*** Significatif au seuil de 1 % ; ** Significatif au seuil de 5 % ; * Significatif au seuil de 10 %.
Dans la première colonne, un signe positif du coefficient, signifie que la variable augmente la probabilité de trouver directement un emploi sans passer par le chômage. Dans la seconde colonne, un signe positif signifie au contraire que cette variable augmente la probabilité de connaître une longue période de recherche avant d'accéder à l'emploi.

En revanche, les jeunes de niveau IV en situation d'échec semblent particulièrement pénalisés lorsqu'ils n'ont pas accédé immédiatement à l'emploi[14]. Dans ce cas, l'échec scolaire joue certainement un rôle de signal négatif notamment pour les non-bacheliers. Pour les universitaires, il est encore difficile de savoir s'ils accèdent ou non aux mêmes emplois. Indépendamment de la nature de cet emploi, leur durée de recherche est cependant plus longue que les jeunes sortant directement après le bac, lorsqu'ils n'ont pas obtenu immédiatement d'emploi.

Les autres résultats ne remettent pas en cause ceux de la section précédente. Les variables comme le sexe, l'activité de la mère, le fait d'avoir effectué ses études en Ile de France, introduites seulement dans la partie quantitative du modèle corroborent les résultats des estimations non paramétriques. Être un garçon[15], avoir

---

[14] Le parcours scolaire n'a pas été pour ces jeunes l'occasion de chercher et de trouver un emploi, soit parce qu'ils ne le voulaient pas, soit parce qu'ils n'en ont pas eu la possibilité. On ne peut trancher sur ce point. Cependant, quelle que soit l'explication retenue, leur accès à l'emploi sera plus long que les jeunes sortis directement après le bac.
[15] Il est difficile d'établir *a priori* l'impact du service militaire sur l'accès direct à l'emploi : les garçons n'ayant pas encore effectué leur service militaire sont sans doute moins motivés pour chercher un

une mère qui travaille, et vivre en région parisienne augmentent la probabilité d'accéder rapidement à l'emploi. L'effet de la mobilité semble aller dans le sens d'une mobilité directe des jeunes dès la première phase de leur recherche, lorsque l'on n'introduit pas de critère restrictif sur la nature du premier emploi. Que les jeunes cherchent un emploi durant leurs études, ou lors de leur entrée dans la vie active, le fait d'être mobile procure toujours un avantage décisif sur l'accès au premier emploi.

Enfin, le coefficient de corrélation r entre les termes d'erreurs (u_{1i}, u_{2i}) est significatif et positif. Il indique par conséquent qu'un jeune possédant une plus forte probabilité de trouver un emploi directement à la sortie de l'école, resterait en moyenne moins longtemps au chômage s'il ne pouvait pas éviter finalement une période transitoire de chômage. Ce résultat n'invalide pas notre première observation sur l'effet différencié du niveau d'éducation, mais montre qu'en moyenne, un jeune qui trouve un emploi dès le système éducatif, se serait aussi bien débrouillé s'il avait connu une période de chômage.

4. CONCLUSION

Au terme de ce travail basé sur la construction de définitions empiriques de l'insertion, les différentes méthodes proposées ont d'abord permis de mettre en évidence la variabilité des parcours professionnels des jeunes.

Dans un premier temps, l'accent a été mis sur l'importance accordée à la sélection d'indicateurs susceptibles de caractériser la stabilisation professionnelle du jeune. En fonction des indicateurs choisis, il est possible de considérer comme non insérés entre 5 et 20 % des jeunes d'une cohorte. Ce simple constat a d'autant plus d'intérêt qu'il n'existe pas de définition générale de l'insertion qui soit applicable statistiquement. L'accès à une position stabilisée – définition de l'insertion proposée par Vernières (1993) – peut se décliner de multiples manières et pose de nombreux problèmes. La théorie économique nous a cependant permis d'apporter quelques éléments de réponse et de préciser différents critères susceptibles de mieux cerner empiriquement cette notion de stabilisation.

Les modèles utilisés pour analyser la durée d'accès à une position stabilisée, dont on teste sept versions, montrent que plusieurs variables sont particulièrement discriminantes. Le sexe, la spécialité du bac, l'origine géographique, la mobilité

---

emploi sachant qu'ils ont leur service militaire à effectuer. Ils peuvent parfois profiter de formations ou d'aides à la recherche d'emploi (MANSUY et HERPIN, 1995). Néanmoins, l'introduction d'une variable service militaire au cours de la période d'insertion pour les garçons n'est pas significative dans l'explication de l'accès direct à l'emploi. Être un fille, être un garçon exempté, réformé, libéré des obligations militaires, ou devoir faire son service militaire dans les années qui suivent la fin des études ne paraissent pas avoir une influence sur l'accès immédiat à l'emploi pour les jeunes de niveau IV de notre échantillon.

géographique, l'âge ont des effets significatifs sur la durée d'insertion. En revanche, d'autres variables comme le niveau d'éducation ou même la catégorie socioprofessionnelle des parents possèdent un effet plus contrasté.

La seconde partie de cette communication nous a conduit à nous interroger sur le début de la période d'insertion. Il convient d'être prudent lorsque l'on assimile le début de cette période à la date de sortie du système éducatif. Ainsi, près de 50 % des jeunes de la cohorte étudiée accèdent immédiatement à l'emploi sans connaître de période de chômage après leur départ du système éducatif. L'estimation d'un modèle tobit nous a amené à relativiser l'influence d'un échec scolaire ou universitaire dans les parcours professionnels des jeunes. La possibilité de chercher un emploi au sein du système éducatif, souvent au détriment des études, leur permet d'accéder immédiatement à l'emploi. En revanche, s'ils n'ont pas utilisé leur temps d'étude pour chercher et trouver un emploi, l'échec devient alors un signal pénalisant dans l'accès à l'emploi, notamment pour les non-bacheliers.

Jean-François Giret

BIBLIOGRAPHIE

ALLAIRE G. et TAHAR G. (1995), « Les différences urbain-rural dans la modélisation de l'insertion professionnelle des jeunes de bas niveaux scolaire », Colloque *Territoires ruraux et Formation*, Dijon, 7-8-9 février.

BALSAN D., HANCHANE S. et WERQUIN P. (1996), « Mobilité professionnelle initiale : éducation et expérience sur le marché du travail », *Économie et statistique*, n° 299.

BÉDUWÉ C. (1994), « La mobilité géographique des étudiants diplômés », *Formation Emploi*, n° 48, octobre-décembre.

BÉDUWÉ C. et CAHUZAC E. (1997), « Première expérience professionnelle avant le diplôme », *Formation emploi*, n° 58, avril-juin.

BELMAN D. et HEYWOOD J.-S. (1997), « Sheepskin Effects by Cohort : Implications of Job Matching in a Signaling Model », *Oxford Economic Papers*, n° 49.

BONNIEL J. et LAHIRE B. (1994), « Remarques sociologiques sur la notion d'insertion » in Guth S. (1994), *L'insertion sociale*, Paris, L'Harmattan.

COURGEAU D. et LELIÈVRE E. (1989), *Analyse démographique des biographies*, Paris, INED.

DEGENNE A., FOURNIER I., MARRY C. et MOUNIER L. (1991), « Les relations sociales au cœur du social », *Société contemporaine*, n° 5.

DESSENDRE C. (1994), *Mobilité géographique et insertion professionnelle des jeunes d'origine rurale : une approche par le capital et son lien à l'espace*, thèse de doctorat de sciences économiques, Dijon.

DOLTON P.J., MAKEPEACE G.-H. et TREBLE J.-G. (1994), « The Youth Training Scheme and the school to work transition », *Oxford Economic Papers*, vol. 46, n° 4.

ECKERT H. et HANCHANE S. (1997), « Temporalité de l'insertion professionnelle : une approche longitudinale », *Formation emploi*, n° 60, octobre-décembre.

FANG C. (1993), « Schooling as a Job Process » *Economics Letters,* n° 41.

FLINN C.-J. (1986), « Wages and Job Mobility of Young Men », *Journal of Political Economy,* vol. 94, n° 3.

FOUGÈRE D. et SÉRANDON A. (1993), « La transition du système éducatif à l'emploi en France : le rôle des variables scolaires et sociales », *Revue d'économie sociale,* n° 12.

GIRET J.-F. (1998), *Pour une analyse économique de l'insertion professionnelle des jeunes,* thèse de doctorat de sciences économiques, université Toulouse 1.

GRANOVETTER M.-S. (1974), *Getting a Job,* Cambridge, Harvard University Press.

GRELET Y., HILLAU B. et MARTINELLI D. (1994), *Portraits régionaux de l'emploi et de l'insertion des jeunes,* Documents Céreq, Série Observatoire, n°95.

HERPIN N. et MANSUY M. (1995), « Le rôle du service national dans l'insertion des jeunes », *Économie et statistique,* n° 283-284.

JAROUSSE, J.-P. 1988, « Working Less to Earn More, an Application to the Analysis of Rigidity in Educational Choices », *Economics of Education Review,* vol. 7, n° 2.

JAYET H. (éditeur) (1988), *L'Espace économique français,* INSEE.

JOVANOVIC B. (1979), « Job Matching and the Theory of Turnover », *Journal of Political Economy,* vol. 87, n° 5.

LANCASTER T. (1990), *The Econometric Analysis of Transition Data,* New-York, Econometric Society Monographs, Cambridge University Press.

LE GOFF J.-M. (1995), « Le rôle du premier emploi dans le processus d'entrée des jeunes dans la vie active », XVèmes Journées d'économie sociale, Nancy, septembre.

LEVY-GARBOUA L. (1976), « Les demandes de l'étudiant ou les contradictions de l'université de masse », *Revue française de sociologie,* n° XVII.

LIGHT A. (1998), « Estimating the Return to Schooling : When Does the Career Begin ? », *Economics of Education Review,* vol. 17, n° 1.

NICOLE-DRANCOURT C. (1991), *Le Labyrinthe de l'Insertion,* Paris, La Documentation française.

MARRY C. (1992), « Les jeunes et l'emploi : forces et faiblesses des liens forts » in COUTROT L. et DUBAR C. (1992), *Cheminements professionnels et mobilités sociales,* Paris, La Documentation Française.

SOFER C. (1985), *La division du travail entre hommes et femmes,* Paris, Economica,.

TAHAR G. (1998), « Contribution à la modélisation de l'insertion professionnelle », *Formation emploi,* n° 62, avril-juin.

TOPEL R.-H. et WARD M.-P. (1992), « Job mobility and the careers of young men », *Quaterly Journal of Economics,* vol. 107, n° 2.

TROTTIER C., LAFORCE L. et CLOUTIER R. (1997), « Les représentations de l'insertion professionnelle chez les diplômés », *Formation emploi,* n° 58, avril-juin.

VERNIÈRES M. (1993), *Formation emploi,* Paris, Cujas.

VERNIÈRES M. (1997), *L'insertion professionnelle, analyse et débats,* Paris, Economica.

VINCENS J. (1997), « L'insertion professionnelle des jeunes : délimiter un champ de recherche », *Formation emploi,* n° 60, octobre-décembre.

VINCENS J. (1998), « L'insertion professionnelle des jeunes : quelques réflexions théoriques », *Formation emploi,* n° 61, janvier-mars.

L'insertion professionnelle des débutants

Vers une définition micro-économique...

Jean-Michel Espinasse, (LIRHE, université de Toulouse I)

1. INTRODUCTION

Il est de bon ton, chez les plus orthodoxes et les plus académiques de nos collègues, de souligner le caractère flou, imprécis et ascientifique des analyses de l'insertion professionnelle. Ainsi PLASSARD parle *« d'un objet non totalement identifié qui cherche désespérément des éléments constitutifs de définition »*. Cette glose peut se comprendre, car l'observation des parcours d'insertion des débutants conduit à s'interroger sur quelques-uns des postulats les plus solides de la pensée dominante : homogénéité du facteur travail, apurement du marché par les prix, absence de chômage involontaire...

VINCENS, qui préfère l'analyse de la réalité sociale, a longuement travaillé sur le thème de l'insertion professionnelle ou – si on préfère – de la transition entre l'école et le travail. En effet, même si le balisage du champ pose des problèmes théoriques, l'évidence des difficultés d'insertion des jeunes constitue en soi un fait social et donc un objet d'études pour les sciences sociales.

Le propos n'est pas ici, encore que cela eut été fort intéressant, de retracer les contributions décisives de VINCENS à la conceptualisation et au développement des dispositifs de mesure. Il est tout simplement tentant de prolonger les travaux très récents (1997 et 1998) dans lesquels il réexamine les définitions de l'insertion.

Dans ces textes, VINCENS dresse un inventaire des définitions données – le plus souvent dans le cadre de contributions empiriques – par différents auteurs. Il constate que ces définitions peuvent être regroupées en deux grandes classes :

- les définitions objectives *« où l'auteur de l'étude choisit l'événement initial et l'événement final »* du processus d'insertion en fonction de sa problématique. Il y aurait donc autant de définition de l'insertion que de centres d'intérêt (disciplinaire, instrumental, opérationnel...).

- les définitions subjectives *« où l'auteur de l'étude demande à l'individu de définir lui-même le début et la fin de l'insertion »*. Il y aurait donc ici autant de définition de l'insertion qu'il y a d'individus en cours d'insertion même si de toute évidence un travail typologique peut réduire cette diversité (TROTTIER *et al.*, 1997)

Au-delà de ces définitions opérationnelles, contingentes à des dispositifs d'études particuliers, peut-on proposer une définition plus générale, plus proche de la théorie, mieux fondée sur des assises micro-économiques ?

2. QUELQUES CERTITUDES EMPIRIQUES...

Quelques observations générales aident à définir le champ classique de l'analyse de l'insertion.

Les jeunes ont des caractéristiques statistiques, au regard du marché du travail, qui les distinguent nettement de la population adulte: taux de chômage plus élevé, salaires plus faibles, changement d'emploi (de situations) plus fréquent, fréquence plus élevée des contrats de travail précaire et/ou à statut atypique. Cela s'observe en coupe instantanée en comparant les caractéristiques des jeunes et celles des groupes d'âge supérieurs. Cela peut également s'observer en analyse longitudinale, en analysant des cohortes de sortants du système éducatif. On constate alors que, en règle générale, les indicateurs évoqués ci-dessus sont plus défavorables pour les « débutants » que l'ensemble des jeunes actifs. Par transitivité, ces indicateurs sont plus défavorables que ceux observés sur la population adulte. Cette observation est vraie en France pour toutes les catégories de jeunes sortants du système éducatif, quel que soit le niveau de diplôme. Elle est également vraie dans la quasi-totalité des pays développés (seule l'Allemagne fait partiellement exception). Elle constitue une observation statistique particulièrement robuste qui correspond sans ambiguïté à un fait social majeur.

Le parcours des jeunes entrants sur le marché du travail n'est pas homogène. En règle générale les plus diplômés s'insèrent mieux. Mais au-delà de cette observation, quand on analyse une cohorte homogène en termes de cursus scolaire, à travers les méthodes des trajectoires types (ESPINASSE, 1994 ; DEGENNE et al. 1994), on constate que les parcours sont très fortement différenciés. Certains accéderont très vite à l'emploi et le conserveront durablement. D'autres n'y accéderont qu'après une période longue de chômage, d'autres encore après une succession d'emplois à statuts atypiques (mesures pour l'emploi, intérim...). D'autres enfin n'accéderont pas à l'emploi (au moins sous sa forme typique de CDI) et s'enfermeront dans des trajectoires de « galère » en marge de l'emploi si ce n'est en marge de la société. Cela est vrai apparemment pour toutes les populations, de celles du niveau V à celles des diplômés du supérieur, même si le poids des différents types de trajectoires est spécifique à chaque type de cohorte. Si en moyenne les parcours d'accès à l'emploi sont difficiles pour les jeunes, il n'existe ni homogénéité ni surdétermination.

L'atypisme caractérisant la situation professionnelle des jeunes en général et des « débutants » en particulier se résorbe relativement rapidement. La singularité initiale d'une cohorte est temporaire. Elle a vocation à disparaître et les jeunes ont vocation à se fondre dans l'ensemble de la population. L'observation des cohortes réelles montre que, dans les trois ou quatre ans que couvre en général la période d'observation, une grande partie de la convergence est réalisée. Cela ne signifie pas que les jeunes observés n'ont plus d'histoires professionnelles, cela signifie que les règles (les régularités) qui régissent ces histoires ne sont plus spécifiques et obéissent aux règles générales régissant les parcours des actifs adultes. La perturbation initiale se réduit asymptotiquement et elle le fait relativement rapidement au moins du point de vue de l'analyste. En effet quand les caractéristiques d'un individu sont suffisamment proches de la norme, il cesse d'être un objet d'étude spécifique. Si on préfère, son étude spécifique devient non rentable. L'atypisme peut s'assimiler à un effet d'âge ou plus exactement à un effet d'ancienneté sur le marché.

Contrairement aux idées reçues les jeunes trouvent facilement des emplois. Tout au moins plus facilement que leurs aînés en situation de chômage. Il suffit de consulter les données de l'ANPE pour constater que les jeunes sont plus employables (ont une plus forte probabilité de sortie de chômage). Ils sont également beaucoup plus vulnérables (ont une probabilité plus forte de tomber en chômage). D'autre part les niveaux de mobilité inter-emploi très élevés des jeunes montrent qu'ils disposent d'opportunités relativement nombreuses même en périodes de fort rationnement global. Les difficultés de stabilisation dans l'emploi proviennent, au moins pour large part, de la difficulté à conserver un emploi soit que le jeune démissionne, soit qu'il soit licencié, soit enfin que le contrat précaire arrive à son terme.

3. DE LA STABILISATION DE LA COHORTE...

Globalement, il est possible de définir la fin de l'insertion d'une cohorte à partir de la notion de limite. Toute cohorte tend à terme vers les caractéristiques moyennes de la population adulte ayant les mêmes caractéristiques de base. Il devient donc inutile d'observer la cohorte quand la majorité des indicateurs caractérisant cette cohorte sont égaux ou voisins de ceux de la population de référence. En effet, à cet instant, l'observation spécifique de la cohorte n'apporte plus d'information par rapport à celle de la population elle-même.

L'ensemble des données disponibles révèle que pour chaque cohorte la valeur des principales variables change rapidement dans une première phase de son existence. Le changement se ralentit ensuite pour se stabiliser sur longue période. Il suffit, sur données transversales, de construire la courbe des taux de chômage par âge comme l'a fait VINCENS (1998), pour observer ce phénomène. La courbe traduit clairement un effet d'âge – d'ancienneté sur le marché – disparaissant rapidement.

Au niveau macroscopique, l'insertion est donc un processus qui conduit des individus – initialement clairement différenciés (par exemple par les taux de chômage, les taux de mobilité, les niveaux de salaire...) – à converger vers les caractéristiques générales de la population de référence. Sans doute la durée de convergence n'est pas la même pour tous les indicateurs ce qui introduit une dose d'ambiguïté sur la fin de la période d'insertion. Il n'en est pas moins clair que la notion de sortie de l'insertion par convergence asymptotique vers les caractéristiques de la population est une manière de donner une définition conceptuelle de la fin de l'insertion. Elle permet également de donner une définition plus générale de l'insertion globale d'une cohorte : c'est la période durant laquelle une population de jeunes entrants sur le marché du travail présente des caractéristiques atypiques statistiquement mesurable à un degré de précision donné.

Globalement, l'étude de la transition s'apparente à la notion de transition de phase en physique : c'est l'ensemble des phénomènes atypiques, souvent brutaux, qui accompagnent le passage d'un état stable à un autre.

4. ...À CELLE DE L'INDIVIDU

L'existence d'écarts, au niveau global, entre les indicateurs prélevés sur la cohorte et ceux prélevés sur l'ensemble de la population se traduit, en espérance, par des lois de probabilité différentes pour le jeune en cours d'insertion et pour l'adulte déjà inséré. Le jeune aura une plus forte probabilité de chômage, une espérance de gain plus faible, une mobilité plus grande, une plus forte probabilité de travailler sur un emploi précaire ou à statut dérogatoire... De même, quand les indicateurs globaux de la cohorte auront convergé vers ceux de la population de référence, les lois de probabilité de chaque jeune relatives aux indicateurs évoqués au paragraphe ci-dessus tendront vers celles des actifs déjà insérés.

La convergence observée sur la cohorte dans son ensemble garantit la convergence en moyenne des individus vers la situation de leurs aînés. Mais vue dans ce sens l'observation n'a pas de réel intérêt. C'est parce que les jeunes convergent vers leurs aînés et que leurs lois de probabilités rejoignent progressivement la moyenne, que la convergence macroscopique est observée. L'observation globale doit être expliquée micro-économiquement à travers une analyse de la stabilisation individuelle dans l'emploi. En effet les jeunes, pris dans leur ensemble, n'ont des indicateurs plus défavorables que dans la mesure où cette catégorie comporte davantage de débutants et d'individus en cours de stabilisation.

Expliquer pourquoi les jeunes ont des lois de probabilité différentes de leurs aînés, expliquer pourquoi ces différences se réduisent dans le temps pour disparaître, au moins asymptotiquement, est une manière de construire une analyse micro-économique de l'insertion.

5. DU SINGULARISME INITIAL DU DÉBUTANT...

Pour répondre à cette question, regardons ce qui se passe sur le marché du travail. Les entreprises ont besoin de main-d'œuvre et offrent donc des emplois. Les différents types de main-d'œuvre entrent en compétition pour accéder à ces emplois. Les entreprises font faire leur sélection sur le critère de compétence ou si on préfère sur l'aptitude à accomplir des ensembles de tâches avec des niveaux de productivités satisfaisants. Ces compétences sont pour partie acquises dans le système éducatif. Le jeune est doté de cette composante de la compétence tout autant – et en moyenne davantage – que ses concurrents plus âgés. Mais l'école ne fournit qu'une partie d'une compétence qui a, au moins, une seconde composante : l'expérience professionnelle. Cette dernière, par définition, ne peut être acquise qu'en situation de travail. Certes une partie des jeunes a déjà travaillé avant de quitter l'école et/ou l'université et on constate d'ailleurs que, dans ce cas, leur insertion est plus facile. Mais il est clair que pour obtenir le tout premier emploi, il faut vaincre l'obstacle que constitue une absence totale d'expérience professionnelle.

L'étude de l'insertion se ramène donc à l'étude des modalités d'accès à l'emploi d'une catégorie particulière de main-d'œuvre qui a pour caractéristique d'avoir un vecteur de compétence incomplet avec une de ses composantes (l'expérience) nulle. Cette caractéristique ne peut que placer cette catégorie de main-d'œuvre dans une situation concurrentielle globalement défavorable. Elle interdit l'accès à certains emplois qui impliquent la possession d'une expérience professionnelle. Pour les autres elle constitue un handicap, particulièrement sensible à une période où un important chômage assure une large disponibilité d'individus expérimentés.

Imputer les difficultés des débutants et des quasi-débutants à une carence d'expérience est une solution simple mais qui demande à être précisée. Elle peut en effet être comprise de deux manières :

dans un univers classique – celui de la théorie du capital humain – la productivité dans l'emploi du débutant ne dépend que de la formation scolaire suivie. De plus cette productivité est directement observable aussi bien par l'employeur que par le salarié. L'observation du diplôme (du cursus scolaire) est un indicateur non ambigu de la capacité productive du jeune. Le salaire perçu permet au jeune de vérifier directement la rentabilité de son investissement en capital humain. Les difficultés d'insertion ne peuvent donc provenir que d'une productivité trop faible, elle même directement imputable au système éducatif qui se révèle incapable de présenter sur le marché des jeunes aux conditions normales de productivité.

- dans un univers où la condition d'information parfaite est levée, l'inexpérience du débutant prend un tout autre sens.

La productivité n'est plus observable ex ante avant l'embauche. Une fois celle-ci réalisée, la mesure de la productivité (quand elle est effectivement possible) demande du temps. Le recrutement devient probabiliste. L'entrepreneur embauche sur la base de la distribution de la productivité escomptée. Cette distribution est établie sur la base des « valeurs d'inspection » qui sont constituées par des signaux et des indices. Les paramètres de cette distribution sont déterminés par l'observation statistique des individus présentant des indices et des signaux analogues. L'individu n'est pas recruté sur ses caractéristiques propres mais sur les caractéristiques moyennes du groupe auquel il appartient ou auquel il peut être assimilé. Cette procédure est risquée pour les entreprises. L'embauche implique des coûts de transaction, une erreur d'embauche augmente ces coûts. La règle de décision sera telle que la probabilité d'embaucher un jeune à une productivité insuffisante soit inférieure à un seuil donné. À productivité moyenne donnée, on voit immédiatement que l'embauche sera d'autant moins probable que l'écart-type de la distribution sera fort. Cet écart-type sera d'autant plus fort que le jeune sera plus inexpérimenté. Les entreprises chercheront à minimiser ce risque et donc privilégieront les candidats expérimentés. Choisir un débutant est une opération risquée. Pour se prémunir de ce risque les entreprises doivent s'assurer. Une méthode pour s'assurer est de recourir aux CDD et/ou aux emplois aidés.

Symétriquement, le jeune doit également gérer une situation d'information imparfaite. Considérons le modèle élémentaire de recherche d'emploi. Le processus dépend de la fréquence des offres d'emploi et de la distribution de salaire tous deux supposés connus en probabilité. La stratégie optimale est alors de fixer un salaire de réserve et « d'attendre » une offre assortie d'une proposition salariale supérieure ou égale à ce salaire de réserve. Un tel modèle peut-il s'appliquer au débutant ? La fréquence des offres qui lui seront adressées et la distribution correspondante des salaires dépend de la situation du marché et du rationnement qui y règne. La distribution des salaires dépend des caractéristiques du jeune, des pratiques de gestion du personnel de l'entreprise et des conditions de concurrence du marché. Les deux distributions – leurs paramètres – sont connues par le jeune avec une marge d'incertitude d'autant plus forte que son inexpérience du marché est grande. Le jeune court deux risques : celui de se déqualifier en faisant des hypothèses trop pessimistes sur ces deux paramètres. En sous-estimant les paramètres de salaires et d'offre d'emploi il peut être amené à déterminer un salaire de réserve trop faible. De même en péchant par excès d'optimisme il peut être amené à établir un salaire de réserve trop élevé au regard des vrais paramètres et donc de différer indéfiniment son entrée dans l'emploi. Seule l'expérience du marché et de sa réalité permet de connaître avec une meilleure précision les paramètres de l'offre d'emploi et de la distribution de salaires associée.

Méconnaître le marché n'est qu'un des aspects des problèmes d'information imparfaite auxquels le débutant est confronté. Il ne connaît qu'avec une forte marge d'incertitude ce qu'il peut effectivement faire dans une entreprise, ce que sera son niveau de productivité effectif, comment il se situera par rapport aux normes courantes... De même il ne connaît qu'avec une forte marge d'incertitude ce qu'il a réellement envie de faire, ses réactions aux contraintes qu'il subira dans un environnement professionnel, sa perception de la satisfaction que lui apportera tel ou tel type d'emploi... Intégrer cette dimension de l'incomplétude de l'information dans le cadre théorique habituel est difficile car il s'agit là de dimensions assez rarement prises en compte. Dans la théorie de la quête il faut passer par la notion d'actualisation. Une fois connus sans ambiguïté les paramètres des distributions d'offre d'emploi et de salaires, la détermination du salaire de réserve optimum est une fonction directe du taux d'actualisation. Une préférence pour le présent trop forte diminue le salaire de réserve et conduit à accepter des emplois éventuellement sous-qualifiés. Une préférence pour le futur trop forte conduit au contraire à augmenter le salaire de réserve et à allonger le délai de prise d'emploi. Déterminer un taux d'actualisation adéquat revient, d'une certaine manière, à accumuler de l'expérience sur soi-même.

La double incertitude sur l'information à laquelle est confronté le jeune risque de fausser l'ensemble de ses anticipations lors des prises de décision initiales et seule l'acquisition d'expérience – au sens le plus large du terme – peut lui permettre d'adapter ses anticipations et d'optimiser son comportement.

6. ...À LA BANALISATION DE SON COMPORTEMENT

On sait que les difficultés spécifiques au débutant se résorbent relativement rapidement. On sait également que ces difficultés ne sont pas homogènes et que les parcours d'insertion sont très différents d'un jeune à l'autre. On a vu enfin que le processus d'insertion, caractérisé par une forte instabilité, peut se décrire comme une convergence en probabilité vers les caractéristiques des actifs déjà insérés.

Quatre domaines théoriques permettent de situer le cadre de cette convergence.

La théorie traditionnelle du calcul économique est une théorie de l'optimisation permanente. L'individu cherche à maximiser son utilité sous un ensemble de contraintes qui, en dernière approche, peuvent se ramener à une seule : la gestion de l'information disponible. À chaque acquisition nouvelle d'information, la stratégie – et le comportement qui en découle – est révisée. C'est une théorie de l'insatisfaction permanente et dans ce cadre le jeune ne peut jamais se stabiliser puisque le flux d'information qu'il reçoit en permanence lui ouvre sans cesse de nouvelles opportunités. Si on admet qu'un jeune entrant sur le marché collecte un flux d'informations nettement plus important que ses aînés, on peut comprendre qu'il ait un comportement de mobilité plus fort. Mais force est de constater que le jeune se stabilise effectivement – au moins en moyenne – et il faut donc en conclure que s'établissent des conditions dans lesquelles la pérennisation de la relation d'emploi devient, pour un temps au moins, la solution optimale. Même si on admet que les choix professionnels sont un processus qui reste ouvert tout au long de la vie (GINZBERG, 1976), il faut également admettre que ce processus connaît des paliers et supporte des équilibres intermédiaires. Il faut donc s'interroger sur les causes et les modalités de tels équilibres.

La théorie du capital humain explique, dans son univers d'information parfaite, comment et pourquoi le jeune peut être conduit à un comportement stabilisé. Il suffit pour cela que l'investissement qu'il a consenti soit rentabilisé. Certes, il a toujours en théorie la possibilité de consentir un investissement additionnel mais, si on admet que les capacités d'investissement ne sont pas continues, on voit bien comment un équilibre stable peut être trouvé. Il suffit que les perspectives de rentabilisation de l'investissement nouveau soient mauvaises.

La théorie de la quête qui repose sur un univers probabiliste permet également de comprendre comment un débutant peut se stabiliser dans l'emploi. La recherche d'emploi – la recherche d'information qui lui est associée – est coûteuse. Elle doit être rentabilisée et une nouvelle recherche suppose d'assumer un nouvel investissement qui peut ne pas être rentable. Ici aussi, on voit comment un équilibre stable peut être trouvé. Dans ses formes de base la théorie de la quête suppose même la pérennité complète de l'emploi accepté. Dans ses formes étendues il en est de même dès lors qu'on associe un coût fixe.

La théorie du turn-over a été construite pour expliquer deux évidences empiriques particulièrement fortes et universelles :
- il existe une relation négative entre les ruptures de contrat de travail d'une part et l'ancienneté dans l'emploi d'autre part. Cette relation existe aussi bien pour les départs volontaires que pour les licenciements ;
- il existe une relation inverse entre turn-over et âge des titulaires du contrat de travail. Cette relation perdure après élimination de la covariation entre âge et ancienneté dans l'emploi.

Examinée sous cet angle la théorie du turn-over peut être vue, de par ses objectifs mêmes, comme une théorie de l'insertion. Elle décrit en effet un phénomène de stabilisation dans l'emploi ce qui est – très largement – l'objet même de l'analyse de l'insertion. L'insertion vue comme un processus séquentiel d'accès et de stabilisation dans l'emploi ne serait donc qu'un cas particulier des règles générales affectant le turn-over des actifs. L'insertion ne se justifie alors comme objet de recherche spécifique que par l'ampleur de l'écart entre comportement de turn-over des débutants et des non-débutants. Dire que les jeunes s'insèrent revient à dire qu'ils rejoignent progressivement un comportement de turn-over normal. L'analyse de l'insertion est – n'est que – l'analyse de cette convergence.

7. DE LA MODÉLISATION DU TURN-OVER...

Cette analyse repose sur l'hypothèse centrale d'imperfection de l'information : ce sont toujours de nouvelles informations (respectivement sur l'emploi en cours et sur les emplois alternatifs) qui viennent rompre la relation d'emploi et engendrent le turn-over. Plus encore, elle repose, dans les modèles de « match », sur une symétrie de l'imperfection de l'information pour les deux acteurs, ce qui correspond particulièrement bien aux situations d'insertion des débutants. En effet comme nous l'avons vu, les recrutements réalisés au cours de cette phase sont des opérations risquées aussi bien pour l'employeur que pour le candidat. Se placer sur le terrain de l'information imparfaite est donc particulièrement opportun pour étudier l'insertion des jeunes.

Revenons plus en détail sur la théorie du turn-over. Elle repose sur deux types de modèles (JOVANOVIC, 1978) :
- les modèles de recherche pure qui considèrent que les relations d'emploi sont rompues à cause de nouvelles opportunités d'emploi plus satisfaisants. Les emplois sont conclus sur la base des seuls éléments d'inspection. Ils sont rompus (par le salarié) si ce dernier peut maximiser son gain en changeant d'emploi ;
- les modèles selon lesquels le turn-over découle d'information sur la qualité de la relation d'emploi en cours. Ce sont des modèles où le jugement sur la qualité de l'emploi est un bien d'expérience. Il n'existe qu'une seule manière de savoir si un emploi est satisfaisant : essayer et tester. La relation d'emploi perdurera s'il existe un match satisfaisant.

Le premier type de modèles est bien illustré par la démarche de BURDETT (1978). Il développe un modèle généralisé de recherche d'emploi qui offre la possibilité au travailleur de chercher un nouvel emploi tout en continuant à travailler. Les résultats obtenus permettent de déduire une théorie du turn-over sans avoir à utiliser la notion de capital humain spécifique. Il part de l'idée que la cause unique de la rupture d'un contrat de travail est la démission du salariée due à l'obtention d'un emploi mieux rémunéré. Les salariés recherchent un autre job, même s'ils sont satisfaits du leur, dans le cadre d'une stratégie d'optimisation à long terme des carrières. Pour obtenir une proposition d'emploi mieux rémunéré il faut évidemment que le salarié recherche un emploi et donc qu'il investisse du temps et de l'argent. Plus la période de recherche sera longue, plus l'investissement sera lourd et, dans une problématique de « search » classique, moins sa rentabilité sera probable. La probabilité de rupture sera donc une fonction décroissante de la durée passée dans l'emploi.

Deux types de modèles de « match » offrent une explication de la diminution de la probabilité de rupture de la relation de travail en raison inverse de sa durée. MORTENSEN (1978) l'explique en faisant l'hypothèse d'une croissance exogène du stock de capital humain spécifique à l'appariement. JOVANOVIC (1978) le présente comme une conséquence de l'acquisition dans le temps d'information sur la qualité de l'appariement courant. Dans les deux cas, plus le temps passe et mieux les partenaires se connaissent, moins l'apparition d'une information dirimante pouvant compromettre la stabilité du contrat est probable.

Opposer les deux types de modèles est réducteur. Il convient de considérer qu'en pratique le salarié va simultanément collecter de l'information sur l'emploi qu'il occupe et sur les emplois alternatifs susceptibles de lui procurer une situation plus satisfaisante. Il faut donc combiner modèles de match et modèle de « search ». Cela a été fait, entre autre, par WILDE (1979) et par JOVANOVIC lui-même (1979, 1984). Le problème posé est celui de l'arbitrage que doit effectuer le salarié entre l'accumulation de capital humain (en particulier l'expérience spécifique à la firme) qu'il réalise dans son emploi et l'abandon de ce capital pour accéder à un emploi dans une autre firme. Cet abandon d'une partie de l'expérience accumulée apparaît comme un coût qui vient s'additionner aux autres coûts liés à la mobilité et en particulier à l'aléa sur la qualité du « match » ultérieur. La prise en compte de l'imparfaite transférabilité de l'expérience explique pour partie la réduction tendancielle du turn-over : ceux qui ont un bon appariement et/ou accumulent beaucoup de capital humain spécifique consacrent moins de temps et d'efforts à la recherche. Cela diminue la probabilité pour que la relation d'emploi soit rompue par l'apparition d'une alternative rentable.

8. ...À UNE DÉFINITION DE LA STABILISATION

Comment tirer une définition de l'insertion de la théorie du turn-over ? Une solution pourrait être de considérer le jeune comme inséré au premier « match » satisfaisant.

Cela suppose que le jeune et l'employeur sont simultanément satisfaits par la relation d'emploi existant entre eux. Le jeune ne cherchera plus à trouver ailleurs un meilleur emploi, l'employeur ne cherchera pas à se séparer de son salarié pour embaucher un autre travailleur plus productif. Le jeune aura atteint alors une *« position stabilisée dans le système d'emploi »* (VERNIERES, 1993) au sens où aucune pression particulière ne menacera la pérennité de sa situation. Il s'agit bien d'une position – au sens ou l'utilise Vernières – parce que le caractère satisfaisant du match ne pourra être observé qu'à terme, après échange d'information et acquisition bilatérale d'expérience sur la qualité de l'appariement. On déconnecte ainsi clairement la notion de fin d'insertion de celle d'obtention d'un premier emploi.

Cela ne signifie évidemment pas que la relation d'emploi courante sera éternelle. D'une part des événements contingents (difficultés économiques, maladies...) peuvent venir rompre le contrat de travail. D'autre part l'équilibre de match est fonction de la quantité d'information disponible et il est donc, comme tout calcul économique, susceptible de révision. Cela signifie simplement que, sur une certaine période de temps, il s'établit un équilibre de Nash, conduisant employeur et employé à choisir une stratégie de pérennisation de la relation.

Cet équilibre n'implique pas que la productivité du débutant soit conforme aux normes moyennes de productivité. Elle peut s'établir, dans un premier temps, à un niveau nettement plus faible dès lors que l'employeur accepte d'investir dans la formation additionnelle (la « mise au travail ») du jeune. L'équilibre n'implique pas non plus une rémunération à la productivité marginale. Il est en effet compatible avec les modèles à paiements différés. Il suffit que le salarié, accepte de cofinancer sa phase de « mise au travail ». Enfin l'existence d'un tel équilibre n'est pas directement liée au statut juridique du contrat de travail. Un équilibre de « match » peut parfaitement s'instaurer dans le cadre d'un CDD ou d'un emploi aidé. S'il s'établit dans le cadre d'un tel emploi il sera consolidé, au terme du contrat courant, sous la forme d'un CDI. Les formes particulières d'emploi sont alors une simple garantie que l'employeur prend dans l'hypothèse où l'équilibre ne serait pas atteint.

L'interprétation en termes de match permet de rendre compte de la diversité des trajectoires d'insertion. Pour qu'il y ait match, il faut d'abord qu'il y ait emploi. Dans une économie où l'emploi est rationné, l'accès à l'emploi est structuré en files d'attente, qui étalent dans le temps les dates de prise d'emploi. Ces dernières ont donc un caractère partiellement aléatoire et on a montré (ESPINASSE et VINCENS, 1997) que la simple prise en compte de cette dimension aléatoire permet à elle seule d'expliquer une partie de la diversité des parcours professionnels des jeunes. Une fois l'embauche conclue sur la base des informations d'inspections, l'apprentissage bilatéral des caractéristique de l'appariement commence. Dans une optique de type Jovanovic, chaque individu aura une productivité et un niveau de satisfaction différents en fonction du job qu'il occupe. Symétriquement, chaque travailleur aura une productivité différente pour un emploi donné. Le problème « *is one of optimally assigning workers to jobs* » (JOVANOVIC, 1979). En d'autre termes la qualité de l'appariement – spécifique à un ensemble de tâches et à un travailleur donnés – est également et pour partie une donnée aléatoire, dont la dispersion est très imparfaitement maîtrisée par la procédure de sélection initiale. Les « mariages heureux » vont se pérenniser et entraîner les bénéficiaires sur des trajectoires stables statistiquement caractérisées par une continuité de CDI ou, si l'employeur s'est « couvert » par un CDD ou un emploi aidé, par des séquences CDD-CDI. Les autres vont se rompre et conduire les jeunes vers des séquences de chômage récurrent et de « galère ». Considérer la relation d'emploi dans sa durée, en termes d'apprentissage mutuel, est une solution – probablement la seule – pour expliquer, dans une optique longitudinale, l'enchaînement des situations que connaissent les jeunes et les dynamiques cumulatives que l'on observe et qui conduisent certains jeunes à des insertions apparemment immédiates et sans difficultés, et d'autres à des situations d'exclusion. La dynamique de différentiation apparaît comme une combinaison d'effets de rente – trouver des emplois, y réaliser un bon « match » – et d'effets d'apprentissage – acquérir du savoir-faire, apprendre à évaluer ses propres possibilités et la réalité du marché.

9. CONCLUSION

Nous avons essayé de décrire l'insertion comme un processus séquentiel d'accès et de stabilisation dans l'emploi en le considérant comme un cas particulier des règles générales affectant le turn-over et la gestion des carrières. Le particularisme des jeunes – plus exactement des débutants – est dû à leur inexpérience qui intensifie la mobilité liée à l'imperfection de l'information. L'insertion est donc définie comme une phase d'apprentissage, d'adaptation des anticipations, d'ajustement du projet professionnel. La fin de l'insertion est caractérisée par la *« première destination satisfaisante »* (*satisfactory first destination*) pour reprendre l'expression de JOHNES et TAYLOR (1989).

Telle qu'elle est exposée, la démarche que nous proposons est compatible avec les principales évidences empiriques qui caractérisent l'insertion. Elle permet de rendre compte de la diversité des parcours d'insertion. Elle permet également de porter un éclairage nouveau sur des débats qui traversent les définitions empiriques (rôle du premier emploi, statut du contrat de travail...). Elle permet enfin de donner plus de consistance à la notion de « situation stabilisée » qui constitue un standard en matière de définition de l'insertion.

D'un point de vue plus théorique, elle permet de mobiliser un nouveau champ (la théorie du turn-over) pour définir – et expliquer – l'insertion. Ce champ, qui constitue une véritable théorie de la stabilisation professionnelle, est particulièrement fécond dès lors qu'on veut bien nous suivre dans notre tentative de définition et qu'on privilégie l'imperfection de l'information comme explication des difficultés spécifiques d'insertion.

Jean-Michel Espinasse

BIBLIOGRAPHIE

BURDETT K. (1978), « A theory of employee Job Search and Quit Rates », American Economy Review, 68-1, March.

DEGENNES A., LEBEAUX M.-O. et MOUNIER L. (1994), « Essai d'une typologie des cheminements d'entrée dans la vie active », in *L'analyse longitudinale du marché du travail*, OURTEAU M., WERQUIN P. (éditeurs), Marseille, Céreq.

ESPINASSE (1994), « Enquêtes de cheminement, chronogrammes et classification automatique » in *L'analyse longitudinale du marché du travail*, Ourteau M., Werquin P. (éditeurs), Marseille, Céreq.

ESPINASSE J.-M. et VINCENS J. (1997), « Rationnement de l'emploi et trajectoires d'insertion », in *L'analyse longitudinale du marché du travail : Les politiques d'emploi*, DEGENNE *et al.* (éditeurs), Marseille, Céreq.

PLASSARD J.-M. et CAHUZAC E. (1977), « L'insertion professionnelle des diplômés de l'enseignement supérieur : quelques éléments de cadrage », *Travail et Développement*, n° 12, Tunis.

GINZBERG (1976), *The Manpower Connection. Education and work*, Harvard University Press.

JOHNES J. et TAYLOR J. (1989), « The first destination of graduates : comparisons between Universities », *Applied Economics*, n° 21.

JOVANOVIC B. (1978), « Job matching and the Theory of Turnover », *Journal of Political Economy*, 87-5, Part 1, October.

JOVANOVIC B. (1979), « Firm-specific Capital and Turnover », *Journal of Political Economy*, 87-6, December.

JOVANOVIC B. (1984), « Matching, Turnover and Unemployment », *Journal of Political Economy*, Vol n° 92-1.

MORTENSEN D. (1978), « Specific Capital and Labor Turnover », *Bell Journal of Economics 9*, n° 2.

TROTTIER C., LAFORCE L. et CLOUTIER R. (1996), *Les représentations de l'insertion professionnelle chez les diplômés de l'Université*, faculté des sciences de l'éducation, université Laval.

VERNIERES (1993), *Formation emploi, enjeu économique et social*, Paris, éditions Cujas.

VINCENS J. (1997), « L'insertion professionnelle des jeunes. A la recherche d'une définition conventionelle », *Formation Emploi*, n° 60, octobre-décembre.

VINCENS J (1998), « L'insertion professionnelle des jeunes : quelques réflexions théoriques », *Formation Emploi*, n° 61, janvier-mars.

WILDE L. (1979), « An Information-theoretic Approch to Job Quits », in S.A. Lippman and J.J. McCall : *Studies in the Economics of Job Search*, edited by, New-York, Elsevier-North Holland.

CHAPITRE 3

MODÈLES D'ENTREPRISES
ET GESTION DES MARCHÉS INTERNES

Le rôle des entreprises de travail temporaire sur le marché du travail

L'intermédiation en questions

Catherine Faure-Guichard, (LEST-CNRS)

1. INTRODUCTION

L'objectif l'article est d'examiner quelques unes des conséquences ambivalentes de la présence des entreprises de travail temporaire (ETT par la suite) sur le marché du travail, à partir de l'analyse des diverses modalités de la « fonction d'intermédiation » qu'elles remplissent. Les résultats présentés ici sont extraits d'une thèse soutenue récemment (FAURE-GUICHARD, 1998) et qui s'est appuyée sur deux types de matériaux complémentaires : d'une part, une quarantaine d'entretiens semi-directifs à caractère biographique auprès de salariés intérimaires dans quatre agences de la région PACA ; d'autre part, des entretiens à caractère informatif avec des salariés permanents d'une vingtaine d'agences dans la région PACA et dans la région grenobloise, ainsi qu'une observation directe en agence effectuée en juillet 1996. L'étude de la relation entre salariés intérimaires et agences de travail temporaire, qui constituent l'employeur *de jure,* permet ainsi de mettre en évidence la façon dont les ETT sont des intermédiaires parmi d'autres sur le marché du travail, qui participent de fait à la gestion de la « transition professionnelle » (ROSE, 1994) et structurent des espaces-temps de mobilité. Après avoir brièvement rappelé le contexte du développement du travail intérimaire, en lien avec l'éclatement du système d'emploi, nous analyserons la double fonction d'intermédiation de l'entreprise de travail temporaire, par rapport à la demande de travail et par rapport à l'offre de travail, avant de nous interroger sur la signification de ces résultats au regard des débats traditionnels sur la segmentation du marché du travail.

2. LE CONTEXTE DU DÉVELOPPEMENT DU TRAVAIL INTÉRIMAIRE

2.1. Cadrage juridique et statistique

2.1.1. Définition juridique du travail temporaire

Le travail temporaire se caractérise par la relation triangulaire qu'il crée entre l'employeur (c'est-à-dire l'entreprise de travail temporaire)[1], l'entreprise utilisatrice,

---

[1] Selon l'article L.124 du Code du travail, résultant de la loi du 3 janvier 1972, « *est au sens du présent chapitre un entrepreneur de travail temporaire, toute personne physique ou morale dont*

cliente de l'ETT qui signe avec celle-ci un contrat de mise à disposition, contrat commercial prévoyant les conditions de mise à disposition du salarié intérimaire[2], et le salarié en mission, celui que l'on nomme couramment l'intérimaire qui signe avec l'ETT, son employeur *de jure* un contrat de mission.

Le dispositif légal a été modifié à trois reprises depuis 1972 : en 1982, dans un sens restrictif ; en 1985 et 1986, dans le sens d'un assouplissement ; et en 1990 dans le but d'éviter la substitution d'emplois temporaires à des emplois permanents, de faire respecter la parité de rémunération entre intérimaires et permanents de l'entreprise utilisatrice, d'accroître la sécurité des intérimaires, de renforcer les moyens de formation des intérimaires. La définition légale des contours du cadre législatif a été le produit d'une interaction croissante entre la loi et la négociation collective au niveau de la branche, et se traduit aujourd'hui par l'existence d'un statut de l'intérimaire garantissant un ensemble de droits (à la protection sociale, à la formation...)[3], qui fait de l'intérim une forme d'emploi institutionnalisée.

2.1.2. Les trois acteurs de la relation d'emploi intérimaire

Les entreprises de travail temporaire

Le secteur des ETT, très ouvert dans les années soixante et soixante-dix, connaît un fort mouvement de concentration depuis les années quatre-vingt. Au 31 décembre 1994, le secteur comptait 993 ETT et environ 4 000 agences sur le territoire national, employant plus de 12 000 permanents. Mais les 27 ETT de plus de 1 000 salariés constituent 3 % de l'ensemble, possèdent 54 % des agences ; emploient les deux tiers des salariés, 65 % des intérimaires, et réalisent 65 % du chiffre d'affaires et de la valeur ajoutée de la profession (en 1996, le chiffre d'affaires s'élève à 60 milliards, soit le double du niveau de 1988, ce qui fait de la France le numéro deux mondial de l'intérim derrière les États-Unis).

Les entreprises utilisatrices

Il existe un usage différencié de l'intérim et une grande hétérogénéité des pratiques des entreprises (MICHON et RAMAUX, 1992). Trois secteurs (le bâtiment et génie civil, l'industrie de biens d'équipement et l'industrie de biens intermédiaires) rassemblent à eux seuls deux intérimaires sur trois ; les plus fortes proportions d'intérimaires se retrouvent dans la transformation plastique, la construction navale

---

l'activité exclusive est de mettre à la disposition provisoire d'utilisateurs, des salariés qu'en fonction d'une qualification convenue elle embauche et rémunère à cet effet ».
[2] En l'état actuel de la législation, les clauses sont le motif du recours, le terme de la mission, les clauses de modification du terme, les caractéristiques particulières du poste à pourvoir, la qualification professionnelle, le lieu de la mission et les horaires, l'adresse du garant, la durée de la période d'essai.
[3] Pour plus de précision sur le cadre législatif, voir CAIRE (1993).

et l'armement, le caoutchouc, le papier carton, la fonderie, l'extraction de minerais non ferreux, la sidérurgie, les conserves et le bâtiment, avec des taux d'intérimaires de l'ordre de 4 %.

Les intérimaires

Le volume d'activité du travail temporaire représente environ 300 000 « équivalents en emplois à temps plein » mais on peut estimer qu'environ un million de personnes transitent chaque année par l'intérim (c'est-à-dire effectuent au moins une mission). La population intérimaire est majoritairement masculine et jeune, ce qui s'explique par le fait que l'intérim concerne prioritairement l'industrie et le BTP et les emplois les moins qualifiés.

2.2. L'éclatement du système d'emploi

Le contexte du développement du travail intérimaire est celui des déstabilisations quantitatives et qualitatives affectant le système d'emploi depuis la fin des années soixante. Ce que nous appelons l'éclatement du système d'emploi s'enracine dans l'évolution du système productif français, qui rejaillit sur la configuration productive des entreprises, se caractérisant par un mouvement structurel d'externalisation hors de l'entreprise de toutes les activités considérées comme annexes par rapport à la véritable spécialité de l'entreprise. Pour résumer en quelques mots ce mouvement de fond qui balaie l'évolution du système productif, nous pourrions dire qu'après avoir pendant un siècle « discipliné » les individus, les entreprises cherchent dorénavant à les « flexibiliser ». L'emploi est devenu une variable d'ajustement pour les entreprises, ce qui signifie une recherche permanente d'un abaissement du coût du travail[4], mouvement qui se traduit par la multiplication de la filialisation, de la sous-traitance, de l'externalisation (d'une part croissante des activités de recherche, production, entretien, distribution) et de l'essaimage pour sortir de leur giron, conventionnel et contractuel, des millions de salariés. Le discours des professionnels de l'intérim est à cet égard tout à fait significatif de cette évolution des pratiques de gestion du personnel. Si dans les années soixante, caractérisée par l'imposition du modèle du salariat, les entreprises de travail temporaire cherchaient à vendre de la liberté aux salariés avec le slogan « Travaillez quand vous le décidez », dans les années quatre-vingts, elles vendent de la flexibilité aux entreprises sur le thème « Embauchez quand vous avez besoin ».

Les transformations du système productif entraînent de fait ce qu'on pourrait appeler un « décentrage de la relation d'emploi », comme le définit ERBES-SEGUIN (1996). Si, en valeur absolue, le salariat sous contrat à durée indéterminée est majoritaire (55 % de la population active), en flux, la réalité est toute autre : 70 % des embauches de jeunes en 1994 l'ont été sous contrat « précaire », pendant qu'un

---

[4] Ou, plus exactement, du coût de l'emploi salarié.

million de CDI ont disparu entre 1982 et 1990. Le système d'emploi est aujourd'hui marqué indubitablement par le retour de l'individualisation du contrat, à travers l'importance croissante des statuts dérogeant au droit commun du contrat à durée indéterminée. La montée en puissance des marchés externes dans la gestion de la main-d'œuvre peut être considérée comme une des facettes de l'évolution de la relation salariale : mais ce marché n'est pas pour autant libre de toute institution et l'on peut émettre l'hypothèse que les institutions sont même au principe de son fonctionnement (ROSE, 1994). C'est maintenant ce que nous allons envisager en considérant le rôle des entreprises de travail temporaire sur le marché du travail.

3. LA DOUBLE FONCTION D'INTERMÉDIATION DES ETT SUR LE MARCHÉ DU TRAVAIL

Nous voulons illustrer l'idée selon laquelle l'ETT est un véritable acteur intervenant sur le marché du travail local, une institution qui structure selon certaines modalités le marché du travail, aux côtés d'autres dispositifs institutionnels intervenant toujours plus dans la gestion du système d'emploi. De même que les politiques publiques de l'emploi depuis vingt ans participent à une segmentation de l'offre de travail par le ciblage des mesures prises successivement, l'ETT participe à l'organisation des modalités de la transition professionnelle (ROSE, 1994). La position de l'ETT comme centre de profit la place plutôt du côté de la demande de travail émanant des entreprises utilisatrices, la « tournant » naturellement vers ses clients, demandeurs de ses services en termes de prestations d'heures de travail, qui lui ouvrent des marchés rémunérateurs. Dès lors, l'ETT remplit prioritairement une fonction de prestataire par rapport à la demande de travail émanant du système productif, son objectif étant la satisfaction immédiate des besoins des entreprises, en fournissant une force de travail immédiatement utilisable[5].

3.1. L'intermédiation par rapport à la demande de travail

L'ETT peut-être définie comme une institution qui participe à l'organisation du marché pour le compte des organisations que sont les entreprises (BELKACEM, 1997). C'est cette fonction que nous allons maintenant envisager, dans deux de ses dimensions principales.

3.1.1. Le rôle de l'ETT dans la sélection de la main-d'œuvre

Nous souhaitons insister ici sur la fonction d'intermédiation des ETT qui se situent à la charnière des organisations et du marché dans les procédures de recrutement du personnel. La légitimité de cette fonction est à rechercher dans l'incomplétude du

---

[5] « *Il faut être opérationnel tout de suite, on est pas l'ANPE nous [...]* », extrait d'un entretien avec un responsable d'agence.

contrat de travail, source d'incertitude pour l'entreprise. C'est le découplage entre le moment où la ressource est achetée (signature du contrat de travail) et le moment de sa mise en œuvre dans le processus de production[6], qui est potentiellement source d'incertitude. En recourant à l'ETT qui garantit et spécifie le plus possible la « qualité » de cette ressource, c'est-à-dire en déléguant le choix de la ressource, l'entreprise utilisatrice tend à réduire cette incertitude ainsi que les coûts de prospection et de recherche d'information sur les spécifications de la main-d'œuvre désirée. L'ETT peut donc être considérée comme un vecteur d'information sur le marché du travail et fait figure d'institution de drainage de main-d'œuvre pour les entreprises utilisatrices, en recrutant et classant des candidats potentiels, comme si sa garantie avait valeur de signal pour les entreprises utilisatrices. En matière de recrutement de personnel aux qualifications spécifiques, les ETT disposent de réseaux informationnels par le biais de l'outil informatique, qui leur permettent de mettre en commun leurs ressources en main-d'œuvre.

3.1.2. L'ETT participe à la gestion différenciée de la force de travail : sous-traitance de la gestion de la force de travail par les entreprises utilisatrices

Dans les relations qui se nouent entre les entreprises utilisatrices et les entreprises de travail temporaire, on peut considérer que l'ETT remplit la fonction d'entreprise sous-traitante en ce qui concerne la gestion de la force de travail[7]. « *Les entreprises de travail temporaire peuvent s'apparenter en quelque sorte à des sous-traitants de capacité qui participent à la répartition des charges* » BELKACEM (1997)[8]. Dès lors, c'est une relation d'autonomie contrôlée qui lie l'ETT à l'entreprise utilisatrice, relation dans laquelle le contrôle n'est pas un contrôle direct de nature hiérarchique, mais un contrôle de l'entreprise utilisatrice sur l'ETT qui est de nature stratégique et se manifeste par les objectifs à remplir par l'ETT, portant sur la fourniture d'intérimaires « aux qualifications et expériences demandées en temps et moment voulu » BELKACEM (1997). L'autonomie juridique et économique de l'ETT se paye cependant d'une dépendance par rapport à l'entreprise utilisatrice, dépendance qui est celle de toute entreprise prestataire de services, avec la particularité qu'à la suite du contrat commercial liant l'ETT et l'entreprise utilisatrice, il y a « *délégation temporaire de l'autorité de l'entreprise de travail temporaire sur le travailleur à l'entreprise utilisatrice* » BELKACEM (1997). La fonction d'intermédiation entre le marché et les entreprises que remplissent les ETT se traduit concrètement par les

---

[6] « *Ce qui caractérise le contrat de travail, c'est qu'il porte non pas sur la livraison de produit du travail, mais sur la mise à disposition de la force de travail. Il en résulte qu'au moment de l'échange sur le marché, les deux parties ignorent quelle sera l'issue finale de cet échange* », selon GARNIER (1986) p. 315.

[7] Cet argument constitue le cœur de la démonstration de BRODA (1977). C'est aussi en partie la position défendue très récemment par BELKACEM (1997).

[8] BELKACEM (1997) oppose les sous-traitants de capacité aux sous-traitants de spécialité chargés de la mise en œuvre de technologies différentes et complémentaires.

268

pratiques de fonctionnement des agences, dont l'objectif prioritaire aux yeux des permanents est de parvenir à la définition adéquate du poste de travail qui sera confié aux intérimaires. Cette recherche de la définition la plus précise possible du profil du poste suppose tout un travail en amont avec les directeurs des ressources humaines des entreprises utilisatrices, dans le but de faire apparaître les exigences, même lorsqu'elles sont implicites. Ce travail en amont participe en quelque sorte à la construction de la qualification du poste et de la personne qui sera employée sur ce poste : en ce sens, l'ETT participe, à des degrés divers selon les cas, à la construction de la demande de travail dans ses multiples dimensions. Il s'agit bien là d'une fonction clef qui positionne l'ETT comme un acteur central.

Ces résultats peuvent être confrontés à certains travaux fortement inspirés par le courant théorique de l'économie des conventions, qui définissent aussi les ETT comme des formes d'intermédiation ou plus exactement comme des « *supports de coordination* » (TURQUET, 1997) parmi d'autres, jouant un rôle d'interface local. Dans ce cadre théorique, l'accent est surtout mis sur l'hétérogénéité de la nature des médiations, sur la variété des types de liens existant entre les entreprises de travail temporaire et les entreprises utilisatrices, les variables discriminantes étant la taille et la spécialisation de l'ETT d'un côté, le type d'emploi, le secteur d'activité et le motif de recours de l'autre. TURQUET (1997) distingue ainsi les grandes ETT des petites, correspondant chacune à des « *conventions de qualité* » différentes, à des formes de coordination se référant à des principes différents d'évaluation de la qualité du bien (le bien marchand étant dans ce cas précis un service). Les petites ETT se caractérisent par l'importance des liens personnels de proximité et l'existence d'une confiance renouvelée à une ou quelques personnes (de l'entreprise utilisatrice envers l'ETT, de l'ETT envers l'intérimaire). Les relations entre les petites ETT et les entreprises utilisatrices renvoient à des dispositifs commerciaux qui ne relèvent pas simplement d'une logique marchande mais comprennent aussi des objets et des relations domestiques. Les grandes ETT disposent d'un personnel spécialisé par secteur et ont recours à un réseau informatisé qui permet une « *déterritorialisation nécessitant une certaine standardisation des procédures et des profils de compétence des candidats, inconnus de l'entreprise de travail temporaire qui les recrute* » (TURQUET, 1997). Ces ETT inscrivent leurs relations avec les entreprises utilisatrices dans la durée, sur la base d'un cahier des charges clairement défini. Si petites et grandes ETT ont un objectif identique qui est de soustraire les échanges à une forme de coordination purement marchande et de développer la confiance, dans un cas, la poursuite de cet objectif repose sur un ancrage territorial fort et la pérennité des interlocuteurs et, dans l'autre cas, sur l'affinement et la standardisation des procédures de recrutement. Pourtant, sans nier l'existence de logiques de conventions différentes, nos propres investigations incitent plutôt à penser que la diversité des relations entre les ETT et les intérimaires ne dépend pas fondamentalement de la taille des ETT et notamment de leur appartenance à un groupe national voire international. En ce sens, ce qui est dit à propos des petites ETT quant aux liens de proximité et à la prédominance d'une logique domestique nous paraît généralisable à toutes les agences entretenant une relation suivie avec une partie de leurs intérimaires : ce phénomène apparaît lorsqu'on s'intéresse à l'autre face de la médiation, la fonction d'intermédiation de l'ETT par rapport à l'offre de travail.

3.2. L'intermédiation par rapport à l'offre de travail

3.2.1. L'ETT collecte l'information sur le marché du travail pour les salariés

Cette fonction, dans la théorie néo-classique du marché du travail, est le pendant de la fonction de sélection de la main-d'œuvre qu'opère l'ETT pour les entreprises utilisatrices. On peut appréhender cette fonction en la replaçant dans le cadre de la théorie du *Job search* appliquée à l'intérim, théorie selon laquelle « *en recourant aux services d'une entreprise de travail temporaire, les travailleurs intérimaires mettent en œuvre une stratégie optimale de recherche d'information sur les emplois et les entreprises* ». L'ETT, par les missions qu'elle propose, offre des opportunités d'emploi et place directement les intérimaires, fonction traditionnellement dévolue aux ANPE. Mettant en contact offre et demande de travail, l'ETT se substitue à l'offreur de travail dans sa recherche d'information sur les entreprises. Elle est donc un vecteur d'informations pour ceux qui recherchent un emploi ; vecteur qui, de plus, prend en charge « *les procédures et donc les coûts de prospection auprès des utilisateurs de travail intérimaire, d'éventuels employeurs stables pour les intérimaires* » (BELKACEM, 1997) en se substituant aux mécanismes du marché du travail. L'ETT évite ainsi aux individus les démarches auprès des employeurs potentiels et constitue un filtre qui substitue son propre recrutement à celui des employeurs.

Le fait qu'un intermédiaire se glisse entre l'offreur et le demandeur de travail modifie les règles d'embauche en vigueur sur le marché du travail, même s'il faut noter que pour certains postes, les ETT jouent davantage le rôle de cabinet de recrutement (ce qui ne fait qu'ajouter un filtre supplémentaire dans la procédure d'accès à l'emploi), en étant contraintes de fournir plusieurs candidats à l'entreprise utilisatrice qui se réserve le droit de choisir le « meilleur » candidat pour le poste au vu de ses propres critères. C'est la raison pour laquelle certaines personnes ne franchissent pas l'obstacle que constitue le traditionnel entretien d'embauche, pour des raisons tenant à leur âge par exemple, mais aussi à leur origine sociale ou ethnique, mais peuvent espérer « décrocher » des missions d'intérim, en fonction des relations qui se créent avec le permanent responsable du recrutement de l'agence. Les ETT assument l'incertitude du contrat de travail et les risques pris lors d'une embauche traditionnelle par les entreprises utilisatrices, ce qui de fait peut donner la possibilité à certaines catégories de la population (jeunes, chômeurs de plus de quarante ans...) d'accéder à l'emploi, dans la mesure où les critères de recrutement ne sont pas exactement les mêmes, puisque l'agence de travail temporaire va tester le candidat sur différentes missions. Même si les critères de diplôme et d'expérience émanent de l'entreprise utilisatrice, ceux qui ont trait à l'aspect physique ou à la personnalité du candidat peuvent être laissés à l'appréciation de l'ETT[9]. Ainsi, certaines ETT ou plus exactement certains responsables du recrutement sont parfois prêts à prendre le risque de déléguer un individu bien connu de l'agence et qui a sa confiance, même si son profil ne correspond pas exactement au profil initial souhaité.

3.2.2. L'ETT participe à la construction de la qualification des travailleurs intérimaires

Cette deuxième dimension de la médiation peut être appréhendée par rapport à la théorie néo-classique de l'offre de travail appliquée au travail intérimaire, selon laquelle « *au travers des différentes missions qu'on leur propose, les travailleurs intérimaires réalisent des investissements dans leur propre capital humain* » (BELKACEM, 1997). Certes, il est très facile de montrer le caractère très idyllique de cette théorie du capital humain appliquée au travail intérimaire : le moins que l'on puisse dire, au vu de la différence de rémunération entre intérimaires et permanents pour un même poste de travail, c'est que cet investissement en capital humain que constituerait la multiplication des missions d'intérim n'est guère rémunéré au moins dans le cours terme ! Cependant, les récits que nous avons recueillis prouvent que les ETT ont le pouvoir de construire la qualification d'intérimaires qui n'ont pas nécessairement de formation théorique de base, en leur proposant des missions au cours desquelles ils accroissent leur savoir-faire et leur savoir être : c'est particulièrement vrai dans le secteur du BTP, où la variété des situations de travail participe de la polyvalence, qui elle-même est à la base de la qualification. L'ETT est donc un intermédiaire qui, en assumant un risque lors de la délégation d'un intérimaire, offre la possibilité à cet intérimaire de confirmer ou non la confiance placée en lui et de mettre en pratique ses capacités.

SALAIS (1976) définit la qualification d'un individu donné comme « *la résultante de sa formation initiale acquise dans le système d'éducation et de son expérience professionnelle éventuellement complétée d'une formation ultérieure* », mais prend soin de noter que « *tout dépend de la séquence d'emplois de la filière suivie -*

---

[9] « *Il nous arrive de vendre des intérimaires qui n'auraient jamais été embauchés s'ils s'étaient présentés seuls à l'entreprise. Il faut faire admettre [...] Je peux garantir à un client qu'une intérimaire qui n'a jamais utilisé Windos peut s-y mettre en une demi-heure et que cela se passera très bien. Mais je ne peux faire cela que si je connais très bien la personne, je ne ferai jamais cela avec une nouvelle intérimaire bien sûr* ». Extrait d'entretien cité par TURQUET (1997).

emploi initial conforme ou non, séquence d'emplois qualifiante c'est-à-dire permettant de développer ou de maintenir la qualification initiale, mais qui peut s'accompagner de changements de types de qualification ou non ». Il constate que les liens entre formation initiale et expérience professionnelle peuvent être rendus plus lâches par certaines formes de mobilité qui *« s'effectuent dans des filières d'emploi qui permettent d'acquérir une qualification professionnelle fondée sur l'expérience ».* DUBAR (1990) remarque quant à lui que les salariés dits du marché secondaire ne sont pas exclus de toute logique de carrière dans la mesure où *« existent des itinéraires de socialisation professionnelle propres aux salariés précaires, du fait notamment des systèmes d'insertion appuyés sur les réseaux locaux, en dépit de ce que recouvre la réalité brute de la précarité ».* Nos observations montrent que dans cette forme de construction de la qualification, l'intérim joue un rôle déterminant : les ETT forment un réseau local en lien avec les entreprises utilisatrices (et depuis l'accord officiel avec l'ANPE[10], en lien avec les agences locales pour l'emploi), dans lequel s'inscrivent des itinéraires individuels de socialisation.

Cette fonction de construction de la qualification est bien sûr plus directe, ou plus explicite, lorsqu'elle est le résultat d'actions de formation proposées à certains intérimaires. Généralement initiées pour satisfaire les entreprises clientes qui ont besoin de qualifications difficiles à trouver sur le marché du travail et non pour répondre aux revendications des intérimaires qui expriment peu leurs besoins en la matière, ces formations s'adressent aux intérimaires les plus « fidèles » qui disposent d'une relative ancienneté dans la profession. De même, cette fonction de construction de la qualification est particulièrement visible lorsqu'il s'agit d'actions d'insertion ou de réinsertion en faveur de publics cibles.

3.2.3. Forme « paternelle » de la relation d'emploi

Il existe donc des itinéraires de socialisation professionnelle à partir de « carrières » en intérim : toutes les limites de cette « médiation » sont liées au caractère individuel de ces itinéraires et à leur inscription localisée dans le temps et dans l'espace. Si les ETT parviennent à donner une lisibilité locale aux compétences des « fidèles », favorisant ainsi une reconnaissance par les employeurs, il s'agit d'une reconnaissance sur un marché du travail local, aux contours bien définis, étroitement circonscrite. Cette reconnaissance est individualisée, elle repose sur les relations privilégiées entretenues avec une ETT voire un permanent, elle s'ancre dans la construction d'une relation d'emploi que nous qualifions de « paternaliste », au sens où elle ne crée pas de repères collectifs, identifiables et lisibles quels que soient le lieu et le temps.

---

[10] Accord datant du 10 novembre 1994.

Le paternalisme s'accompagne d'une augmentation de ce que l'on peut appeler le contrôle social de la main-d'œuvre, qui se traduit dans la relation d'emploi intérimaire par l'instauration d'un lien personnalisé entre l'agence et l'intérimaire et souvent par l'effacement de la frontière entre vie privée et vie publique[11] : ainsi, une responsable d'agence tertiaire reconnaît : « *On essaie d'avoir un service personnalisé, on s'intéresse aux femmes, aux enfants, on essaie de rentrer dans sa vie privée, pour savoir dans quelle entreprise le mettre, on voit par exemple s'il peut y avoir un problème de voiture [...]* ». Dans ce cas, la pratique paternaliste est une des modalités de la domination d'une logique commerciale (elle-même liée à une logique financière), qui vise la satisfaction du « client » qu'est l'entreprise utilisatrice et impose une connaissance parfaite des caractéristiques de la personne déléguée. C'est bien ainsi que LE GOFF (1985) définit le paternalisme tel qu'il se met en place dans les entreprises dès le début du vingtième siècle : une tentative de substitution d'un rapport de type affectif au rapport juridique, avec pour conséquence « *l'oblitération de l'objet principal de la relation de travail – un échange d'obligations juridiquement définies – au profit d'un jeu nébuleux du sentiment remettant en cause le droit lui-même [...] et l'extrême individualisation des rapports, hyperpersonnalisation des liens de dépendance fondée sur une connaissance personnelle de chacun des ouvriers et de sa famille* ».

Après avoir présenté les diverses dimensions de la fonction d'intermédiation des entreprises de travail temporaire sur le marché du travail, nous examinerons quelles en sont les conséquences principales.

4. LES CONSÉQUENCES DE L'INTERMÉDIATION : LA THÉORIE DE LA SEGMENTATION EN QUESTIONS

4.1. L'institutionnalisation du marché « secondaire »

4.1.1. Le marché secondaire du travail est organisé

L'analyse de la double fonction d'intermédiation des ETT relativise la théorie de la segmentation qui assimile le marché « secondaire » à un marché de concurrence pure et parfaite, espace régulé par les seules variables marchandes, où la flexibilité du salaire assure l'équilibre de l'offre et de la demande. Les pratiques des ETT structurent le marché des emplois externes, organisent son fonctionnement, parallèlement aux dispositifs publics des politiques de l'emploi[12]. En effet, l'ETT

---

[11] « Lorsque la relation de travail est conçue comme un lien personnel, la dépendance qu'elle engendre ne peut-être située dans le temps et dans l'espace, elle marque la personne même du salarié qui est tenu toujours et partout d'un devoir de loyauté et de fidélité vis-à-vis de son employeur » (SUPIOT, 1994).

[12] « *Le marché externe apparaît de plus en plus organisé sous l'impact des interventions publiques du législateur et des conventions collectives, et même d'institutions comme les ETT ou l'ANPE* »,

participe à la construction de la demande de travail selon différentes modalités : participation à la définition du poste, définition du montant de la rémunération et plus généralement participation à la construction des différentes qualifications correspondant aux postes définis. Elle modèle également l'offre de travail, par sa fonction de sélection des candidats potentiels et de tri de la main-d'œuvre, par sa fonction de labellisation des compétences individuelles qu'elle valide *a priori* et *a posteriori* en accordant ainsi une reconnaissance localisée. Enfin et surtout, l'ETT organise les modalités de la rencontre entre offre et demande de travail, sur un segment du marché du travail, et en ce sens participe à la définition des règles d'usage de la force de travail.

L'analyse du rôle des ETT sur le marché du travail permet aussi de relativiser l'assimilation parfois effectuée par les théoriciens de la segmentation entre emplois du marché secondaire et emplois périphériques, sous-qualifiés, n'exigeant pas de compétence spécifique. En d'autres termes, le recours à la main-d'œuvre intérimaire ne correspond pas uniquement à un mode de flexibilité quantitative : les intérimaires peuvent être utilisés pour occuper des postes qualifiés et des fonctions à responsabilité exigeant un savoir-faire ou un savoir-être spécifique en matière d'encadrement d'équipes de travail par exemple.

4.1.2. Pour une redéfinition du marché secondaire ?

DUBAR (1990) considère le marché secondaire comme la structuration d'un nouveau système de formation-emploi alternatif et complémentaire du marché dit « primaire », qui repose sur des « *apprentissages concrets, permettant une adaptabilité à des formes diverses de travaux peu spécialisés et une mobilité horizontale entre des emplois instables liés aux incertitudes du marché* » (et non pas comme la résultante d'un mouvement d'exclusion des marchés fermés considérés comme marché primaire du travail). Au vu de ce que nous avons dit précédemment, la définition de DUBAR semble pouvoir être à la fois adoptée et élargie : elle ne rend compte que de certaines formes d'intérim, et pas par exemple de l'intérim professionnel de ceux qui sont considérés comme très qualifiés et très spécialisés sur le marché du travail. Les pères fondateurs de la théorie de la segmentation du marché du travail (DOERINGER et PIORE, 1971) reconnaissaient que « *presque tout travail implique une qualification spécifique, notamment par la familiarité avec l'environnement physique spécifique de l'atelier ou, dans le cadre d'un travail collectif, par la capacité à coopérer effectivement avec les membres donnés d'une équipe* »[13]. Ce qui est vrai dans le cas des marchés internes l'est aussi dans le cas des marchés externes : ce type de qualification apparaît particulièrement important pour la réussite des missions d'intérim, ce qui introduit la possibilité de

---

(LE GOFF, 1985).
[13] Cités dans SALAIS *et al.* (1986).

concevoir effectivement la nécessité d'apprentissages, quel que soit le contenu effectif de la mission[14], ce qui nuance fortement la conception traditionnelle des marchés externes. En raison de l'évolution du système productif, le dualisme ne rend plus vraiment compte des manifestations de flexibilité : ainsi, la flexibilité concerne la totalité des emplois, les formes d'emploi instables font de plus en plus office de substituts aux formes d'emploi stables (et non plus de compléments), il n'y a pas d'étanchéité entre les segments du marché du travail (mobilités entre formes d'emploi que traduisent bien les parcours d'intérimaires que nous avons rencontrés).

4.2. Une segmentation accrue du marché du travail

L'intervention des ETT sur le marché du travail apparaît bien comme un Janus à deux faces, la deuxième face consistant dans l'accentuation d'une certaine segmentation du marché du travail en fonction principalement du sexe et de l'âge : en d'autres termes, la relation d'emploi intérimaire caricature des tendances déjà fondamentales du marché du travail. En effet, le rôle de l'ETT dans la construction de l'offre et de la demande de travail peut se traduire par une spécification croissante des postes et de la main-d'œuvre, le souci de transformer la main-d'œuvre en pure force de travail, c'est-à-dire quasiment en marchandise, qui redonne une importance de premier ordre à des caractéristiques individuelles physiques. Si on peut soutenir que « *certaines entreprises de travail temporaire jugent que les entreprises de travail temporaire doivent contribuer à modifier les conceptions et les comportements des entreprises afin de lutter contre la pénurie de "main-d'œuvre" et de faciliter l'accès des jeunes à une mission [...] reste que le travail temporaire répond la plupart du temps aux besoins de flexibilité externe exprimés par les entreprises. Cela contribue à renforcer leurs exigences en termes d'expériences et ne fait pas de l'intérim un tremplin pour l'entrée dans la vie active, exception faite pour les emplois non qualifiés de manutentionnaires et de manœuvres* » (TURQUET, 1997).

4.2.1. Le caractère sexué du recours à la main-d'œuvre intérimaire

La division sexuelle des emplois est une caractéristique socio-économique importante du marché du travail. Ainsi, au fur et à mesure que s'est produit un mouvement de relative convergence des taux d'activité masculin et féminin depuis les années soixante, s'est maintenue voire développée une répartition sexuée de l'emploi, qui concentre hommes et femmes dans des secteurs d'activité spécifiques.

Si l'on isole certaines formes particulières d'emploi, on peut mettre aussi en évidence ce mécanisme de répartition sexuée des tâches. Il est d'une part lié aux

---

[14] « *L'apprentissage doit se faire principalement* on the Job context, *la connaissance impliquée dans le travail étant impossible à décrire et à transmettre hors de ce contexte* » (SALAIS *et al.*, 1986).

déterminants sexués de l'offre de travail ; ROSE, souligne, à partir de l'exemple des offres d'emploi de l'ANPE, l'importance des critères individuels de recrutement. Ainsi, la plupart des caractéristiques de l'offre d'emploi sont différentes selon le sexe recherché, ce qui détermine des profils d'emploi bien spécifiques (ROSE, 1984). Ces déterminants sexués sont encore accentués, en outre, lorsqu'un intermédiaire s'immisce dans la relation d'emploi, dans la mesure où comme nous l'avons évoqué dans le cadre de la fonction d'intermédiation remplie par les ETT, l'intermédiaire participe à la construction conjointe de la demande de travail en révélant les exigences même implicites des employeurs. À propos des associations intermédiaires, positionnées sur ce plan-là comme les agences d'intérim, GUERGOAT (1988) : explique de cette façon la sur-représentation masculine. « *La nature des besoins à couvrir localement, mais aussi la nécessité pour les associations intermédiaires, comme pour les agences d'intérim notamment, de se soumettre aux représentations des utilisateurs sur le savoir-faire selon le sexe, déterminent donc la distribution des activités masculines et féminines, et finalement la sur-représentation des hommes* ». Le marché du travail temporaire apparaît lui aussi comme particulièrement sexué. La répartition des agences en fonction du secteur d'activité conduit à leur spécialisation : les agences tertiaires, spécialisées dans le secrétariat, délèguent une main-d'œuvre quasi exclusivement féminine, et comme par un jeu de miroirs, le personnel permanent de ces agences est presque complètement féminin (il faut souligner, qu'à chaque fois que nous avons rencontré une femme responsable d'agence, il s'agissait d'une agence tertiaire). Les agences « industrie », ou plus encore « BTP », délèguent, elles, une main-d'œuvre essentiellement masculine.

Les agences d'intérim, tournées vers leur marché, c'est-à-dire vers leurs clients que sont les entreprises utilisatrices, sont préoccupées, nous l'avons déjà suggéré, de parvenir à la définition du poste de travail la plus précise possible et la moins ambiguë, en s'efforçant de faire révéler aux employeurs leurs préférences, et parfois en anticipant leurs représentations sur le savoir-faire selon le sexe : dès lors elles participent activement à la distribution sexuée des postes de travail. Ainsi, lorsque l'entreprise, pour une mission donnée, ne précise pas le sexe de la personne dont elle a besoin, c'est le permanent de l'agence qui lui fait préciser, créant ainsi une exigence spécifique quant au profil du poste. On peut donc dire que toutes les missions d'intérim sont spécifiées en fonction du sexe[15]. Ainsi, les pratiques des ETT reproduisent voire accentuent le caractère sexué du marché du travail, et ce, en

---

[15] « *Un poste de manutentionnaire exige des particularités ; par exemple, le conditionnement exige de grandes mains, donc on prendra des femmes de grande taille [...] La manutention lourde est réservée aux hommes, le physique entre en jeu quand même [...]* », extrait d'un entretien avec un responsable d'agence, novembre 1994.

informant, au-delà même des missions d'intérim, les pratiques en matière de gestion du personnel et de recrutement des entreprises, sur la base d'une tendance à la spécification extrême du profil des emplois. L'influence des ETT s'exerce donc sans doute au-delà de leur stricte sphère d'activité, dans le sens d'une augmentation de la segmentation du marché du travail en fonction du sexe.

4.2.2. Un marché du travail des « jeunes » ?

Ce que nous voudrions mettre en évidence ici, c'est le rôle joué par les entreprises de travail temporaire dans la construction et la pérennisation d'un véritable marché du travail des jeunes, compartiment relativement étanche du marché du travail, dont nous esquisserons d'abord brièvement les contours. L'expression de marché du travail des jeunes ne signifie pas évidemment que la jeunesse forme une véritable catégorie sociale homogène : l'origine sociale et le niveau de diplôme obtenu sont des facteurs de différenciation très nets des conditions d'emploi des « jeunes ». Cependant, il existe une tendance de fond sur le marché du travail qui touche peu ou prou tous les jeunes, l'explosion scolaire et universitaire face au rationnement des offres d'emploi émanant du système productif ayant des conséquences pour tous sans distinction (déclassement pour les uns, chômage pour les autres). Au fur et à mesure du développement de la crise économique, les « jeunes » tendent à former une catégorie spécifique sur le marché du travail, notamment en termes d'accès à l'emploi, de taux de chômage, de statuts d'emplois occupés et de comportements de mobilité. Ainsi, les 15-24 ans sont fortement exposés au chômage dès leur sortie du système éducatif (ils présentent une forte vulnérabilité), mais ils sont relativement protégés du chômage de longue durée (ayant de fortes probabilités, une fois au chômage, de retrouver un emploi, ils présentent une forte employabilité). En d'autres termes, c'est l'instabilité qui caractérise leur position sur le marché du travail, instabilité qui se traduit par l'alternance de situations variées par rapport à l'emploi, de périodes de formation, de chômage, d'emploi atypiques, de petits boulots. L'instabilité est cependant une fonction décroissante du niveau de diplôme possédé et du niveau de qualification des jeunes se présentant sur le marché du travail. En ce sens, il existe une mobilité professionnelle des jeunes particulière aux emplois dits « non qualifiés » [16], à tel point que pour beaucoup de jeunes, les emplois non qualifiés constituent un véritable mode d'insertion dans la vie active. Les enquêtes sur l'insertion professionnelle montrent que les spécialités de formation qui sont le plus favorables à l'insertion des jeunes sortants de l'enseignement professionnel sont « *celles qui ouvrent sur des emplois comportant une rotation des personnels*

---

[16] Bien qu'il n'existe pas de définition usuelle des emplois non qualifiés (qui concernent environ 4 500 000 actifs en mars 1994), ceux-ci se caractérisent par une faible autonomie dans le travail, et une grande pénibilité des tâches, par des contraintes horaires plus importantes (travail de nuit, du samedi, du dimanche) et peu de formation professionnelle, alors que les conventions collectives établissent des nomenclatures distinguant ouvriers qualifiés et ouvriers non qualifiés, faisant référence à la qualification "reconnue", c'est-à-dire celle qui est liée au salaire. *Cf.* BISAULT (1994).

élevée, telles les formations de l'hôtellerie, et plus spécifiquement pour les garçons, les formations des métiers du BTP et celles des métiers de bouche » (MINNI et VERGNIES, 1994). Ainsi, certains secteurs d'activité, caractérisés généralement par un important turn-over, proposant donc des emplois instables sont aussi ceux qui sont le plus ouverts aux débutants : ces secteurs constituent en quelque sorte pour nombre de jeunes un passage obligé pour l'entrée dans la vie active et occupent une place particulière dans le système d'emploi, constituant des espaces dans lesquels se déroule la transition professionnelle. Le système productif français a fonctionné pendant la période dite des « Trente Glorieuses » sur une logique de marché interne, qui a permis l'intégration d'une main-d'œuvre peu formée dans un contexte de forte croissance[17]. Mais avec la crise du milieu des années soixante-dix, on peut observer que les marchés internes se replient sur les âges intermédiaires, ce qui entraîne un rationnement global de l'offre d'emploi pour les plus jeunes (avec l'apparition du phénomène de la file d'attente pour accéder au marché du travail et l'augmentation du déclassement à l'entrée sur le marché du travail) et les plus âgés. Donc, de fait, c'est l'emploi des jeunes qui constitue la variable d'ajustement pour les entreprises, et la principale variable sur le marché du travail, en raison de la relative rigidité des salaires et de la complexification des grilles salariales, ce dans la mesure où les plus âgés sont exclus progressivement du système productif par les différentes mesures de préretraites.

Cette relégation de l'emploi des jeunes sur le marché secondaire du travail est indissociable du rôle fondamental joué par l'État dans la gestion du système d'emploi des jeunes. Comme le souligne VERDIER (1996), *« que ce soit par ses interventions directes (l'aide à l'insertion) ou indirectes sur le marché du travail par absorption de la main-d'œuvre potentielle, l'État (maintenant avec la région[18]) apparaît clairement être le tuteur du marché du travail des jeunes »*. Ainsi, le système de mobilité à la française subit des changements « mécaniques »[19], c'est-à-dire qu'il vise à focaliser le poids des ajustements sur sa périphérie, à savoir les jeunes les moins dotés scolairement, sans faire évoluer les régulations préexistantes des marchés internes. L'État, dans une deuxième phase de la crise économique, est donc intervenu de manière toujours plus importante sur le fonctionnement du marché du travail des jeunes, par le biais du dispositif des

---

[17] Voir notamment les explications proposées par l'analyse sociétale, (MAURICE *et al.* 1982).

[18] Depuis la loi quinquennale sur l'emploi, la formation et l'insertion professionnelle de mars 1993, ce sont les régions qui disposent de l'entière maîtrise des dispositifs de formation professionnelle en direction des jeunes.

[19] Dynamisant les résultats de l'analyse sociétale, SILVESTRE (1986) cherche à appréhender l'évolution des systèmes de mobilité français, allemand et nippon dans la crise, et à distinguer trois types de changements possibles : les changements organiques, les changements structurels et les changements mécaniques. Seuls ces derniers n'affectent en rien les principes de fonctionnement fondamentaux des structures sociétales car ils se produisent « à la périphérie de la réalité structurelle ».

« mesures jeunes ». Il nous semble que les entreprises de travail temporaire, qui amortissent les conséquences du choc que constitue le mouvement d'externalisation à l'œuvre au sein du système productif, vivent elles aussi de cette pérennisation du segment secondarisé du marché du travail et contribuent donc d'une certaine façon à cette pérennisation, par les conséquences de la fonction d'intermédiation qu'elles remplissent. Par leur position sur le marché du travail, à l'intersection de l'offre et de la demande de travail, par leur situation de « sas » entre le système éducatif et les entreprises, les entreprises de travail temporaire participent à l'organisation des filières de mobilité par lesquelles un certain nombre de jeunes, surtout ceux sortis du système scolaire avec un niveau de formation inférieur ou équivalent au baccalauréat, transitent, à moins qu'ils ne s'installent durablement sur ce compartiment du marché du travail. En tant qu'institution gérant le marché des emplois périphériques, l'ETT se spécialise dans le recrutement de la main-d'œuvre la plus flexible possible, une partie de la main-d'œuvre jeune : les jeunes sont sur-représentés parmi la population intérimaire et la majorité des missions d'intérim concernent des tâches « non qualifiées », qui exigent, ainsi que le souligne un des responsables d'agence rencontrés, une « ardeur au travail ». La marchandisation de la force de travail, qui résulte du travail conjoint de l'entreprise utilisatrice et de l'entreprise de travail temporaire de spécification du profil des postes de travail se traduit, là encore, par la prise en compte de critères physiques dans le recrutement : les tâches de manutention, ponctuelles, requièrent des « qualités » physiques, comme la force pour les hommes, ou la minutie et la rapidité pour les femmes (qui ne sont pas valorisées socialement et reconnues dans le cadre des missions d'intérim, puisqu'elles ne sont pas rémunérées au même titre que des compétences intellectuelles) appartenant en propre à la jeunesse[20]. Dès lors, si « *dans des proportions croissantes, et pour des durées allongées, les jeunes cheminent sur le marché secondaire des emplois aidés et/ou précaires, pour lesquels ils sont concurrencés par d'autres catégories de main-d'œuvre, notamment les chômeurs âgés* » (VERDIER, 1996), on peut dire que certains emplois intérimaires appartiennent à ce marché secondaire, la relation d'emploi intérimaire accentuant la segmentation de la population active sur le marché du travail.

5. CONCLUSION : L'INTERMÉDIATION EN QUESTIONS

La fonction d'intermédiation remplie par l'entreprise de travail temporaire sur le marché du travail est significative de l'évolution de la relation d'emploi. Ainsi, le fonctionnement actuel du système productif, qui repose sur une tendance à l'externalisation hors de l'entreprise d'un certain nombre de fonctions, ne peut

---

[20] Il est à noter que sur le marché du travail temporaire, les jeunes diplômés débutants, de plus en plus nombreux à franchir les portes des agences, trouvent relativement peu à s'employer, du moins sur des missions correspondant à leurs qualifications, et sont concurrencés par les moins diplômés pour les missions sans qualification où le diplôme n'est pas un signal positif.

perdurer que si des institutions prennent en charge toutes ces ressources humaines exclues du noyau dur de l'entreprise, et maintiennent ces ressources humaines à la disposition des entreprises. Les entreprises de travail temporaire exercent elles aussi des fonctions de gestion de la transition entre diverses situations par rapport à l'emploi. En ce sens elles participent, implicitement, à l'organisation des « marchés transitionnels de l'emploi » analysés par SCHMID (1995). Elles jouent un rôle important dans l'organisation de la transition entre l'école et le système productif – c'est-à-dire entre la formation et l'emploi – pour les jeunes (même si, rappelons-le, il ne s'agit que d'une conséquence de leur activité principale qui est de fournir de la main-d'œuvre à des entreprises qui sont leur clientes)[21]. Elles peuvent intervenir de fait sur d'autres marchés transitionnels : elles participent à la transition entre les activités domestiques et l'emploi, lorsqu'elles « accueillent » des femmes cherchant à reprendre une activité professionnelle et leur proposent des missions même très ponctuelles, à la transition entre l'emploi et la retraite, lorsqu'elles délèguent en entreprise des personnes exclues du marché primaire et trop âgées pour espérer retrouver un emploi sur contrat à durée indéterminée, et bien entendu à la transition entre emploi et chômage (puisque de fait, les intérimaires alternent périodes de chômage et missions d'intérim et que la fin des contrats de mission constitue l'un des plus important motif d'entrée dans le chômage).

Nous avons évoqué le fait que la relation d'emploi triangulaire caractéristique du travail intérimaire pouvait durcir certaines des caractéristiques fondamentales du marché du travail et notamment sa polarisation et sa segmentation, en fonction de l'âge et du sexe. Ce processus de segmentation accrue des emplois et de la main-d'œuvre rentre en contradiction avec la logique qui sous-tend la gestion des marchés transitionnels. En effet, au lieu d'organiser la mobilité et de répartir les conséquences de la flexibilisation de la relation d'emploi sur toute la population active, le marché du travail intérimaire concentre certaines catégories de la population et les affecte à certains emplois, d'une manière qui peut être durable : les jeunes, sans qualification initiale, qui ont passé cinq ou dix ans de leur existence en intérim, apparaissent ainsi fortement stigmatisés aux yeux d'éventuels employeurs. Il apparaît que le statut de l'emploi et les possibilités d'accéder à des postes qualifiés pour les ouvriers sont étroitement liés : ainsi, une recherche menée sur les possibilités d'évolution des jeunes de niveau V de formation embauchés comme ouvriers non qualifiés révèle que « *62 % des accès directs à la qualification se sont faits sur contrat à durée indéterminée, alors que 75 % de ceux qui n'ont pu bénéficier sur la période d'une stabilisation dans l'emploi sont toujours ouvriers non qualifiés* » (PODEVIN et VINEY, 1991). En d'autres termes, et même si l'intérim se développe pour les catégories plus qualifiées et touche ponctuellement de plus en

---

[21] Par exemple, dans le cadre des contrats de mission formation ou qualification mis en place avec différents partenaires, les permanents des ETT exercent véritablement la fonction de « tuteur » et doivent alors suivre des formations pour accomplir au mieux cette fonction.

plus de personnes, ce sont quasiment toujours les mêmes individus qui se retrouvent à la périphérie, avec peu de chances d'accéder au noyau dur des entreprises.

Médiatisant la rencontre entre l'offre et la demande de main-d'œuvre temporaire, l'agence d'intérim est un acteur central sur le marché du travail local : les conséquences de la double intermédiation décrite précédemment sont parfois inattendues, autant en ce qui concerne le rôle joué dans la construction de la qualification et dans l'organisation de « carrières » au profit de certains intérimaires dits « professionnels », qu'en ce qui concerne la fonction d'institution de socialisation que certaines agences remplissent auprès de jeunes concernés par l'intérim d'insertion. Il n'en reste pas moins que la marge d'autonomie des entreprises de travail temporaire est limitée, dans la mesure où elles évoluent dans un environnement de plus en plus concurrentiel : réussissant parfois à imposer un candidat dont le profil n'est pas totalement adéquat auprès d'entreprises avec lesquelles elles ont noué des liens de fidélité, elles sont contraintes de se soumettre aussi aux exigences des entreprises utilisatrices pour ne pas perdre un marché important au profit d'un concurrent. En tout état de cause, la relation d'emploi intérimaire telle que nous venons de l'analyser témoigne de la croissance des flux de mobilité modifiant la condition salariale, conséquence directe des transformations du système productif, et des dispositifs intermédiaires plus ou moins institutionnalisés qui gèrent directement ou indirectement ces flux de mobilité, en participant à la segmentation du marché du travail.

Catherine Faure-Guichard

BIBLIOGRAPHIE

AMAT F. et GEHIN J.-P. (1987), « Accès des jeunes à l'emploi et mobilité des actifs : le cas des emplois d'exécution », *Formation Emploi*, n° 18, avril-juin.

BELKACEM R. (1997), *La relation salariale dans l'intérim*, Thèse pour le doctorat en sciences économiques, université de Paris I-Panthéon-Sorbonne.

BELLOC B. et LAGARENNE C. (1996), « Emplois temporaires et emplois aidés » *Données sociales 1996*, Paris, INSEE.

BESSY C. et EYMARD-DUVERNAY F. (dir.) (1997), *Les intermédiaires du marché du travail*, Paris, PUF, coll. « Les cahiers du Centre d'études et de l'emploi ».

BISAULT L., DESTIVAL V. et GOUX D. (1994), « Emploi et chômage des " non qualifiés " en France », *Économie et statistique*, n° 273, INSEE.

BRODA J. (1977), *Problématique de la sous-traitance et du travail temporaire, analyse d'un cas : la zone de Fos et le système SOLMER*, thèse pour le doctorat de 3ème cycle.

CAIRE G. (1993), *Le travail intérimaire*, Paris, PUF, coll. « Que sais-je ? ».

COUTROT L. et DUBAR C. (dir.) (1992), *Cheminements professionnels et mobilité sociale*, Paris, La Documentation française.

DOCUMENT TRAVAIL-EMPLOI (1988), *L'évolution des formes d'emploi*, actes du colloque de la revue *Travail et emploi* des 3 et 4 novembre, Paris, La Documentation française.

DOERINGER P.-B. et PIORE M.-J. (1971), *Internal Labor Market and Manpower Analysis*, Lexington, D.C. Heath and Compagny, VIII-214.

DUBAR C. (1990), « L'évolution de la socialisation professionnelle », *in* MICHON F. et SEGRESTIN D. (dir.) (1990), *L'emploi, l'entreprise et la société. Débats économie-sociologie*, Paris, Economica.

ERBES-SEGUIN S. (1996), « Les lieux de centralité de la relation d'emploi », *in* B. FRIOT et ROSE J. (dir.), *La construction sociale de l'emploi en France*, Paris, L'Harmattan.

ERBES-SEGUIN S. (dir.) (1994), *L'emploi : dissonances et défis. Sociologues et économistes en débat*, Paris, L'Harmattan, coll. « Logiques sociales ».

FAURE-GUICHARD C. (1998), *La relation d'emploi intérimaire : identités professionnelles et sociales en questions et mobilités sur le marché du travail*, thèse pour le doctorat (nouveau régime) sous la direction de G. Roustang, Aix-en-Provence, LEST-CNRS.

FRIOT B. et ROSE J. (dir.) (1996), *La construction sociale de l'emploi en France, les années soixante à aujourd'hui*, Paris, L'harmattan, coll. « Forum de l'IFRAS ».

GARNIER O. (1986), « *La théorie néo-classique face au contrat de travail : de la " main invisible " à la " poignée de main invisible "* », in SALAIS R. et THEVENOT L., *Le travail. Marchés, règles, conventions*, Paris, Economica.

GUERGOAT J.C. (1988), « En passant par l'association intermédiaire », *L'évolution des formes d'emploi*, actes du colloque de la revue *Travail et emploi*, 1988.

LALLEMENT M. (1990), *Des PME en chambre. Travail et travailleurs à domicile d'hier et d'aujourd'hui*, Paris, L'Harmattan, coll. « Logiques sociales ».

LE GOFF J. (1985), *Du silence à la parole. Droit du travail, société, État (1830-1985)*, Quimper, Calligrammes-La digitale.

MAURICE M., SELLIER F. et SILVESTRE J.-J. (1982), *Politique de l'éducation et organisation industrielle en France et en Allemagne. Essai d'analyse sociétale*, Paris , PUF.

MICHON F. et RAMAUX C. (1992), « CDD et intérim, bilan d'une décennie », *Travail et emploi*, n° 52.

MICHON F. et SEGRESTIN D. (dir.) (1990), *L'emploi, l'entreprise et la société. Débats économie-sociologie*, Paris, Economica.

MINNI C. et VERGNIES J.-F. (1994), « La diversité des facteurs de l'insertion professionnelle », *Économie et statistique*, n° 277-278, juillet-août 1994.

PODEVIN G. et VINEY Y. (1991), « Sortir de la catégorie des ouvriers non qualifiés pour les jeunes de niveau V : promotion et/ou reclassement ? », *Formation Emploi*, n° 35, juillet-septembre.

ROSE J. (1984), *En quête d'emploi. Formation, chômage, emploi*, Paris, Economica.

ROSE J. (1994), *La transition professionnelle continue*, note de synthèse en vue de l'habilitation à diriger les recherches en sociologie, université de Nancy, GREE-CNRS.

SALAIS R. (1976), « Qualification individuelle et qualification de l'emploi. Quelques définitions et interrogations », *Économie et statistique*, n° 81-82, septembre-octobre 1976.

SALAIS R. et THEVENOT L. (édit.) (1986), *Le travail, marchés, règles, conventions*, Paris, Economica.

SALAIS R., BAVEREZ N. et REYNAUD B. (1986), *L'invention du chômage*, Paris, PUF, coll. « Économie en liberté ».

SCHMID G. (1995), « Le plein-emploi est-il encore possible ? Les marchés du travail " transitoires " en tant que nouvelle stratégie dans les politiques d'emploi », *Travail et emploi,* n° 65, décembre 1995.

SILVESTRE J.-J. (1986), « Marchés du travail et crise économique », *Formation Emploi,* n° 14, avril-juin.

STINCHCOMBE A.-L. (1979), « Social Mobility in Industrial Labor Markets », *Acta Sociologica,* vol. XXII, n° 3-1979.

SUPIOT A. (1994), *Critique du droit du travail,* Paris, PUF, coll. « Les voies du droit ».

TURQUET P. (1997), « L'entreprise de travail temporaire : un intermédiaire local sur le marché du travail. Enquête auprès des " agences d'intérim " du bassin de Rennes », *in* BESSY C. et EYMARD-DUVERNAY F. (dir.), *Les intermédiaires du marché du travail,* Paris, PUF, coll. « Les cahiers du Centre d'études et de l'emploi ».

VERDIER E. (1996), « L'insertion des jeunes " à la française " : vers un ajustement structurel ? », *Travail et emploi,* n° 69, avril.

L'entreprise comme catégorie des politiques publiques

Le cas des aides au développement de la formation

Damien Brochier, (Centre d'études et de recherches sur les qualifications (Céreq))

1. INTRODUCTION

Les travaux consacrés à la genèse et au développement des politiques sociales depuis le milieu du XIXème siècle en France mettent en évidence le rôle majeur et multidimensionnel de « *l'intervention protectrice* » de l'État vis-à-vis des individus composant la société, et notamment ceux considérés comme les plus vulnérables (JOIN-LAMBERT *et al.*, 1997). Cette orientation s'est avérée particulièrement nette dans le champ des relations de travail, en se traduisant par l'édiction progressive d'un ensemble de règles, structurant de manière de plus en plus étroite le contrat de travail.

L'action publique dans le champ de la formation professionnelle des adultes (ou formation professionnelle continue) semble à première vue s'inscrire dans un tel schéma. Grâce à un arsenal législatif conséquent, dont l'origine remonte à plus d'un quart de siècle[1], la formation est désormais reconnue comme un droit individuel, offrant notamment la possibilité de compenser au cours de sa vie sociale et professionnelle un faible niveau de formation initiale. La loi soumet en outre les entreprises à une obligation de participation financière à l'effort de formation des salariés, dont le montant correspond à un pourcentage de leur masse salariale. Cependant, si cette contrainte d'ordre fiscal a permis de créer une source de financement importante au service de la formation des adultes, elle n'a pas pour autant assuré la correction des inégalités d'accès des individus à cette ressource. Les entreprises disposent en effet d'une autonomie quasi totale dans l'utilisation des fonds ainsi dégagés et ne sont pas réellement attaquées à ce problème.

C'est précisément dans l'objectif d'améliorer la portée qualitative de son action que l'État a élaboré à partir du milieu des années quatre-vingt un mode d'intervention original faisant des politiques de formation continue des entreprises sa cible principale. De leur position de contribuables passifs sommés de respecter des règles quasi automatiques, les entreprises vont acquérir un statut différent aux yeux des pouvoirs publics : elle deviennent elle-même l'objet d'une politique publique, dans le sens où l'État cherche désormais à les aider financièrement, tout en conditionnant

---

[1] Tous les analystes de la formation d'adultes s'accordent à considérer la loi du 16 juillet 1971 comme un tournant majeur dans l'élaboration du système français de formation professionnelle continue.

l'attribution des fonds publics au respect d'un certain nombre d'engagements. Cette politique, dite contractuelle, suscite plusieurs types de questions : de quelle manière les services de l'État construisent-ils la catégorie Entreprise ? Quels problèmes spécifiques sont soulevés dans sa mise en œuvre, notamment en terme de ciblage des entreprises bénéficiaires ? Enfin, quelle place y prennent les relais « traditionnels » de l'action publique dans le champ du travail que sont les branches professionnelles ?

L'objet de cette communication est précisément de donner un éclairage sur ces différentes questions, en s'appuyant sur les résultats d'une étude menée par le Céreq sur les engagements de développement de la formation[2] qui constituent depuis 1985 le principal outil de cette politique contractuelle de formation (*cf.* encadré 1).

Encadré 1
Le cadre méthodologique de l'étude sur les EDDF

Pour tenir compte du caractère complexe de la politique contractuelle, lié à l'ancienneté de cette politique (environ 10 ans au moment de l'étude) et des multiples acteurs qu'elle met en jeu, la démarche d'étude s'est orientée dans une double direction. D'une part, des investigations ont été menées dans une perspective historique, afin de reconstituer la genèse et les points d'inflexion de cette politique. D'autre part, l'analyse du fonctionnement actuel du dispositif s'est focalisée sur trois branches dont les organisations professionnelles ont signé des contrats avec l'État : la métallurgie, la plasturgie et la grande distribution. Pour chacune d'elles, l'intervention publique a été analysée à différents niveaux : national, régional et local.
Les matériaux de l'étude ont été constitués par des entretiens avec 64 personnes impliquées directement dans la conduite de cette politique. De très nombreux documents d'archives ont été consultés. Enfin, des membres de l'équipe de recherche ont pu assister à des réunions du « groupe Politique contractuelle », instance nationale tripartite qui supervise l'ensemble de la politique contractuelle.
L'ensemble du travail a été réalisé par une équipe composée de membres du Céreq et de ses centres associés de Clermont Ferrand (CER) et Aix-en-Provence (LEST) :D. Brochier, J.P. Cadet, S. Hanchane, M. Lecoutre, K. Mirochnitchenko, E. Verdier, I. Vernoux.

Les résultats complets de cette étude ont été publiés par le Céreq (VERDIER et BROCHIER, 1997)

---

[2] Nous adressons nos remerciements à Eric Verdier, qui a assuré avec nous le pilotage de cette étude. Merci également à Philippe Méhaut, qui nous a apporté des pistes de réflexion intéressantes pour la rédaction du présent texte. Nous signalons également que la dimension du paritarisme et de la négociation sociale, à bien des égards essentielle dans le domaine de la formation continue, a cependant été volontairement laissée de côté, pour ne pas dénaturer l'axe principal de ce texte. Pour plus de précisions sur la place des partenaires sociaux, *cf.* BROCHIER et VERDIER, 1996.

2. LES POLITIQUES PUBLIQUES DE FORMATION DES ADULTES EN QUÊTE DE NOUVEAUX MODES D'INTERVENTION

Pour bien situer la place nouvelle accordée à l'entreprise dans le cadre de la politique contractuelle de formation professionnelle, une présentation de la genèse de cette politique est nécessaire. Elle passe par la description sommaire de la loi de 1971 et surtout de ses effets, dont certains sont à l'origine de la création du cadre législatif de 1984 qui va servir de support à la mise en place des engagements de développement de la formation (EDDF dans la suite du texte).

2.1. La loi de 1971 : un droit des individus et un devoir des entreprises

À lui seul, le titre de la loi du 16 juillet 1971 symbolise la volonté particulière du législateur vis-à-vis de ce domaine des politiques sociales. En *« portant organisation de la formation professionnelle dans le cadre de l'éducation permanente »*, la loi affirme en effet clairement la complémentarité entre la formation comme instrument d'adaptation aux mutations des entreprises et du système productif et la formation comme ressource mise au service de la promotion sociale et du développement culturel des individus. Cependant, l'analyse de la mise en œuvre du nouveau système montre que celui-ci s'est développé sur la base d'une forte dualité des objectifs de la formation et des moyens mis en oeuvre pour les atteindre (MERLE, 1996).

À travers la mise en œuvre du congé individuel de formation (CIF), la loi a d'abord matérialisé l'exercice du droit individuel à la formation. Cependant, le CIF a essentiellement servi à la réalisation de projets personnels sans lien avec le développement des capacités professionnelles des salariés dans l'entreprise. De ce fait, il n'a connu qu'un développement extrêmement limité au plan du nombre d'individus concernés[3].

Les entreprises, pour leur part, se sont vues soumises à une obligation de financement de la formation, reposant sur un principe simple : toute entreprise de 10 salariés et plus devait désormais affecter un pourcentage de sa masse salariale au financement de la formation des salariés. La loi a ainsi largement contribué à une structuration des pratiques des entreprises dans ce domaine, tout en les focalisant sur une perspective d'adaptation des salariés aux mutations de leur environnement productif. Compte tenu de son impact important, cette contrainte normative a largement structuré l'action publique au cours des vingt dernières années, notamment à travers le relèvement progressif du plancher financier (qui est passé de

---

[3] En 1995, 34 000 individus ont bénéficié d'un CIF, ce qui représente environ 1 % du total des stagiaires partis en formation dans le cadre des dispositifs légaux (BENTABET et ZYGMUNT, 1997)

0,8 % à 1,5 %) et l'extension de son champ, qui inclut désormais les entreprises de moins de 10 salariés (pour une obligation, il est vrai, d'un niveau moindre).

Mais, dès les années soixante-dix, les critiques se sont accentuées à l'égard de cette approche strictement prescriptive de l'action publique. L'obligation légale était perçue communément, surtout parmi les PME, comme une taxe supplémentaire sur les salaires, quelque peu contradictoire avec le projet initial qui consistait à inciter les petits employeurs à voir dans la formation de leurs salariés une ressource utile pour l'entreprise. Elle avait tendance de ce fait à devenir une obligation de dépenser et non de former, les entreprises ayant la possibilité de « liquider » leur obligation légale sans forcément procéder à des actions de formation en direction de leur propre personnel. On a pu ainsi constater qu'en 1981, soit dix ans après l'instauration de l'obligation légale, seulement 19 % des entreprises de 10 à 19 salariés et 37 % des entreprises de 20 à 50 salariés avaient eu des stagiaires, les autres s'acquittant de leur dû en le versant à des organismes de « mutualisation »[4] ou au Trésor Public (VERDIER, 1987). Enfin, pour la plupart des grandes entreprises, l'obligation apparaissait inutile dans la mesure où leur budget de formation se situait d'emblée au delà de l'obligation légale.

Constitutive, pour une part, de dépenses « passives », l'obligation apparaissait donc progressivement quelque peu contradictoire avec son objectif initial que Joseph Fontanet avait exprimé avec force dans l'exposé des motifs de la loi de 1971 en considérant qu'il n'était pas « *d'investissement plus productif pour l'entreprise que la formation* ». Mais les pouvoirs publics, concentrés sur l'instauration d'une logique de contrôle du respect de la norme quantitative à travers la création et l'organisation d'une administration spécifique (le Groupe National de Contrôle), s'avéraient dans l'impossibilité totale d'infléchir des orientations pourtant problématiques. Ils ne pouvaient notamment pas intervenir pour contrecarrer la baisse tendancielle de la durée moyenne des stages (passée de 62 heures en 1974 à 54 heures en 1981) ou le maintien des inégalités d'accès à la formation selon la catégorie socio-professionnelle d'appartenance des salariés.

2.2. L'État et les entreprises : de l'obligation normative au contrat négocié

Exprimant une volonté de réguler de manière plus active le champ des politiques d'entreprise en matière de formation, les pouvoirs publics vont profiter de la loi du 24 janvier 1984, réformant plusieurs aspects du dispositif originel de 1971, pour

---

[4] Il s'agit d'organismes qui collectent auprès d'entreprises tout ou partie de leurs contributions obligatoires, et qui affectent les ressources ainsi recueillies au financement d'actions de formation pour des entreprises appartenant à une même branche ou situées sur un même territoire. Ces organismes, dénommés initialement Fonds d'Assurance Formation (FAF) ou Associations de Formation (ASFO) portent depuis 1995 le titre d'Organismes Paritaires Collecteurs Agréés (OPCA).

introduire un nouveau système d'incitation publique auprès des entreprises. L'option retenue va consister à introduire, à côté de l'obligation légale, une aide financière à la formation dans les entreprises, moyennant la négociation des objectifs à atteindre avec les représentants de l'État (*cf.* Encadré 2). Il s'agissait pour les entreprises, éventuellement regroupées dans un cadre professionnel ou interprofessionnel, de négocier avec l'État un contrat, d'où le terme de politique contractuelle de formation couramment utilisé pour qualifier ce dispositif. Du côté de l'État, cette « *politique de contrat a été considérée unanimement comme un moyen d'incitation à privilégier* ». Elle apparaissait comme « *le moyen [...] d'afficher un certain nombre de priorités, et d'avoir une action démultipliée par les entreprises, ses crédits servant de levier* » (COMMISSARIAT GÉNÉRAL DU PLAN, 1985).

Encadré 2

Les Engagements de développement de la formation

Les Engagements de développement de la formation (EDDF) ont été institués par la loi du 24 février 1984. Ils ont constitué le premier instrument de la politique contractuelle de l'État en matière de formation continue.

Un EDDF peut être défini comme une aide financière de l'État au développement de la formation dans une entreprise, conditionnée à la négociation et la passation d'un contrat entre les deux parties, qui impose un certain nombre d'exigences.

Ainsi l'entreprise doit réaliser une programmation pluriannuelle des actions de formation. De plus, son engagement doit correspondre à une augmentation nette de ses dépenses de formation par rapport aux années antérieures. Enfin, les actions de formation envisagées doivent être conçues dans le cadre d'un projet qui s'articule avec la stratégie globale de développement de l'entreprise.

En contrepartie, l'État s'engage à apporter sa contribution financière, selon des taux de prise en charge déterminés par la négociation (qui peuvent s'élever jusqu'à 70 % du montant des dépenses).

Les représentants des salariés sont consultés afin de donner leur avis sur le projet de convention.

Sources : (GÉRARD *et al.*, 1993 ; VERDIER, 1990)

---

3. LA CONSTRUCTION DE LA CATÉGORIE ENTREPRISE : UN PROCESSUS SIMPLE EN APPARENCE

Les pilotes de la politique contractuelle de formation, dès leur origine, se sont trouvés confrontés au problème récurrent de toute politique catégorielle : celui du choix optimal de l'allocation nécessairement limitée des crédits publics accordés par la direction du Budget[5] à des bénéficiaires potentiellement très nombreux. Ce repérage des entreprises-cibles ne constituait pas a priori un obstacle majeur, dans un système aussi institutionnalisé et régulé que celui de la formation continue des salariés.

3.1. Le recours à un appareillage statistique perfectionné

Pour identifier les entreprises susceptibles de constituer les cibles de la politique contractuelle de formation, les pouvoirs publics bénéficient en effet d'un appareillage statistique conséquent, issu en particulier de l'exploitation annuelle des déclarations fiscales des employeurs.

Celle-ci est réalisée depuis 1972 par le Centre d'études et de recherches sur les qualifications (Céreq), organisme public placé notamment sous la tutelle du ministère du travail. Les données fournies permettent de constituer une série d'indicateurs quantitatifs relatifs à l'effort de développement de la formation continue dans les entreprises françaises (BENTABET et ZYGMUNT, 1997). L'indicateur central, au coeur de la loi de 1971, est bien sur le taux de participation financière des entreprises qui rapporte leurs dépenses de formation au total des salaires versés. D'autres indicateurs permettent quant à eux d'évaluer les chances d'accès à la formation de telle ou telle catégorie de salariés. Enfin une appréciation sommaire des modalités de la formation est rendue possible par la mesure de la durée des stages de formation. Lorsqu'ils sont croisés avec les critères de la taille des entreprises, de leur secteur d'activité économique ou encore de leur localisation géographique, ces indicateurs contribuent à identifier de manière fine la nature des déficits existants pour une catégorie d'entreprise donnée.

Ce système d'information a notamment permis d'établir au milieu des années quatre-vingt les constats d'une faiblesse de l'usage de la formation dans les PME et d'un accès très inégal à cette ressource selon la catégorie socioprofessionnelle : « *la formation continue a d'abord profité aux salariés bien insérés dans des entreprises de taille importante ou des administrations situés dans des branches ou secteurs professionnels en développement ayant une gestion active de leur personnel et de*

---

[5] D'un montant de 53 millions de francs lors de l'année de lancement des EDDF, le coût de ce dispositif pour l'État s'est élevé pour osciller finalement à partir de 1989 entre 300 et 400 millions de francs selon les années.

sa formation ». Par ailleurs, on observe « *la persistance d'une forte inégalité des chances d'accès à la formation professionnelle continue (FPC), selon la catégorie sociale des adultes concernés [...]. Un ingénieur ou cadre supérieur a environ trente-cinq chances sur cent [...], soit trois fois et demi plus qu'un OS de bénéficier de la FPC* » (DUBAR, 1984).

3.2. Une incitation conditionnée par la passation d'un contrat

Le mécanisme des engagements de développement de la formation constitue un prolongement logique de ces constats. Il repose en effet sur un principe de conditionnalité de l'aide publique : l'attribution d'une subvention à une entreprise et surtout la fixation de son montant[6] dépend d'une « *discussion des termes de l'échange* » qui consiste « *d'une part à déterminer les actions de formation touchées par l'aide publique, d'autre part à fixer la part de financement public en fonction du caractère "stratégique" de ces dernières et de leur adéquation avec les objectifs de la DFP* »[7] (MIROCHNITCHENKO et VERDIER, 1997). Rentrent donc en ligne de compte dans la négociation du contrat des éléments facilement objectivables comme la nécessité d'une augmentation significative des dépenses de formation de l'entreprise par rapport à sa « trajectoire » antérieure, ou encore la priorité à accorder à une catégorie d'entreprises et/ou de salariés par rapport à d'autres.

D'autres dimensions, renvoient aux objectifs propres de l'État en matière d'appui de la politique contractuelle aux autres domaines de l'action publique (l'emploi, le développement technologique, etc.). Elles apparaissent moins directement opératoires, et surtout sont susceptibles d'évoluer en fonction des orientations politiques spécifiques de chaque gouvernement. Une lecture attentive des différentes circulaires consacrées aux EDDF entre 1984 et 1993 montre par exemple que les référents qui ont guidé l'action publique ont varié au moins trois fois au cours de cette période.

Dans un premier temps, la formation continue s'est ainsi vue attribuer le statut d'instrument d'adaptation des salariés aux nouvelles technologies. Elle a ensuite été érigée en facteur direct de la compétitivité des entreprises, en étant placée au rang d'investissement immatériel stratégique. Enfin, sa contribution au développement des entreprises a été perçue à travers son rôle possible d'établissement d'un compromis viable entre efficacité économique et intégration sociale, dans le contexte de la politique dite de « Modernisation Négociée ».

---

[6] L'aide peut couvrir entre 10 et 70 % des dépenses de supplémentaires de formation hors salaires, selon le type d'engagement négocié.
[7] Il s'agit de la Délégation à la Formation Professionnelle, qui est l'instance publique responsable de la signature et du suivi des EDDF.

Cependant, ces variations ont surtout consisté à décliner les différentes contributions possibles de la formation continue à un même impératif de développement de la compétitivité des entreprises, qui a finalement constitué l'orientation majeure et jamais remise en cause de la stratégie des pouvoirs publics en matière de politique contractuelle[8].

4. LA MISE EN ŒUVRE DE LA POLITIQUE CONTRACTUELLE : DES PROBLÈMES DE CIBLAGE

En dépit de ce contexte général largement favorable au repérage des cibles de la politique contractuelle de formation, les observations portant sur sa mise en oeuvre dans les dix années ayant suivi son lancement soulignent l'existence de problèmes quant au ciblage de la population des bénéficiaires. Deux d'entre eux peuvent être particulièrement mis en évidence.

4.1. Un paradoxe : la nécessité de mobiliser les bénéficiaires potentiels

Le premier concerne les modalités de sensibilisation et de mobilisation des catégories d'entreprises repérées comme des bénéficiaires potentiels de l'aide publique. Les observations effectuées dans différents secteurs mettent en évidence un premier paradoxe : les entreprises les plus rapidement ouvertes à la dynamique contractuelle ne constituent que rarement la cible d'emblée privilégiée par les pouvoirs publics, et pourtant elles sont souvent signataires d'EDDF. Comment expliquer ce résultat ? Il s'agit en fait de grandes ou de très grandes entreprises (leurs effectifs comprennent plusieurs milliers de salariés) couvrant l'ensemble du territoire national, et possédant des directions fonctionnelles richement dotées dans le domaine des ressources humaines ou de la formation. Celles-ci établissent régulièrement des contacts directs avec des techniciens de différents ministères, et notamment celui du travail, ces relations pouvant parfois être qualifiées de véritables réseaux. Dans ces situations, la négociation d'un EDDF ne constitue pas un problème nouveau. Elle vient plutôt conforter la dynamique d'un réseau d'acteurs publics et privés déjà constitué en lui donnant l'occasion de tester sa cohérence, à travers la mise en oeuvre d'un nouveau projet commun. On ne peut ici qu'être frappé par la similitude du constat réalisé à propos d'un autre type d'aides à la formation émanant des pouvoirs publics, à savoir celles qui émanent du Fonds National de l'Emploi (FNE) : « *certaines sociétés sont habiles à présenter un projet correspondant aux normes de l'administration et tendent à devenir des consommatrices attitrées des aides du FNE. (Ce) sont plutôt des grandes entreprises industrielles* » (CADET et KIRSCH, 1994).

L'existence d'entreprises « *initiées* », au sens d'une sensibilisation ex-ante aux enjeux de l'EDDF, possède cependant des avantages indéniables. Elle permet en

---

[8] Pour plus de détails sur ce point, voir le chapitre I de (VERDIER et BROCHIER, 1997)

particulier aux services de l'État de rendre rapidement visible l'intérêt d'une mesure d'incitation publique aux yeux des PME ne possédant pas de procédures organisées de captation des informations relatives aux aides publiques. Cela nous conduit à la formulation d'un second paradoxe concernant les EDDF : ceux-ci nécessitent incontestablement la mise en place de procédures destinées à mobiliser les entreprises pour leur faire bénéficier de l'aide publique. C'est souvent à ce niveau que les organisations professionnelles de branche, parfois en collaboration avec leur OPCA, jouent un rôle central. À titre d'exemple, dans le secteur de la plasturgie, l'UNIMAP ([9]) réalise un important travail d'intéressement à travers des activités d'information et de promotion du dispositif auprès des entreprises adhérentes, par voie de mailings et de réunions collectives. Cela lui permet dans un second temps de mener une activité d'incitation et de « vente » des EDDF en direction de certaines entreprises, présélectionnées en quelque sorte au regard de leur situation a priori compatible avec les objectifs et les exigences du dispositif. Enfin, en cas d'acceptation de la part de l'entreprise, l'organisation professionnelle va conduire une mission consistant à traduire ses projets en dossiers a priori recevables aussi bien du point de vue du fond (compatibilité avec ce qui apparaît éligible) que du point de vue de la forme (mode de présentation des projets).

Cependant, cette activité de sensibilisation n'est pas toujours couronnée de succès. Dans le secteur de la grande distribution alimentaire par exemple, la réalisation d'une plaquette d'information sur les EDDF, diffusée à l'ensemble des établissements du secteur (environ 10 000 envois) est loin d'avoir produit les résultats escomptés puisque aucune signature d'EDDF n'en a résulté. Ce cas souligne le faible effet incitatif que représente l'information directe sur l'aide publique en matière de formation, dès lors qu'elle n'est pas accompagnée de relais actifs permettant d'en expliquer les enjeux concrets au niveau du terrain.

4.2. L'ambiguïté de l'objectif : une aide à l'entreprise... ou aux salariés ?

Ces problèmes de ciblage se rencontrent à un autre moment clé de la politique contractuelle : celui de la définition des termes du contrat. S'agit-il pour l'État d'aider une entreprise à mieux intégrer la formation comme une composante de sa stratégie industrielle ? L'aide publique vise-t-elle plutôt à l'amélioration du niveau de formation de certains publics-cibles, en vue d'améliorer leur employabilité sur un espace plus large que celui de l'entreprise, notamment la branche ? Ou peut-on trouver un compromis viable entre ces deux objectifs ?[10]. Cette question apparaît

---

[9] Union nationale des industries des matières plastiques : c'est l'organisation patronale de la branche de la plasturgie.

[10] Là encore, la question est loin de concerner les seuls EDDF. Dans le cas des aides du FNE, sont évoqués également les problèmes liés à « *la double finalité du FNE qui cherche à concilier des préoccupations d'équité sociale et d'efficacité économique (...). Ces deux objectifs, de nature consensuelle (...) ne sont pourtant pas toujours aisément conciliables* » (CADET et KIRSCH, 1994).

particulièrement cruciale quand on remarque qu'en 1989, l'État a clairement réorienté le dispositif des EDDF en donnant un rôle prééminent aux organisations professionnelles de branche, qui sont appelées explicitement à participer à la gestion et au suivi du dispositif dans leur domaine de compétence. La réponse à ce type d'interrogation conduit en fait à souligner les ambiguïtés dont est porteur ce dispositif contractuel du point de vue de ses objectifs, et les incertitudes qu'il fait peser sur la nature du contrat.

En effet, si c'est l'entreprise qui constitue la cible première (à travers la volonté de soutien des pouvoirs publics à sa stratégie par exemple), le contrat vaut bien valeur d'engagements réciproques : l'État calibre et " cible " des moyens, l'entreprise met en oeuvre des actions de formation inscrites dans son projet stratégique qui lui-même contribue à un objectif de la politique publique industrielle (par exemple, permettre à des PME de répondre plus facilement aux exigences de leurs donneurs d'ordre en terme de qualité, ou encore favoriser l'accès de ce type d'entreprises à l'exportation). Le plan " compétences-compétitivité " qui est l'instrument majeur de la convention passée entre l'État et l'UIMM[11] entre 1993 et 1996 illustre clairement cette approche. L'article 7 de la convention définit bien l'esprit dans lequel est développé cet outil : situé en amont du plan de formation et en aval du projet industriel, ce plan permet *" d'éclairer au mieux les choix d'organisation en fonction des compétences et des capacités à évoluer des salariés "*. C'est donc l'instrument qui précise les finalités de la formation et formalise ainsi l'intégration du programme de formation dans la stratégie économique de l'entreprise. Les directions à suivre sont donc tracées par les objectifs industriels, ce qui illustre le fait que le référent de cette construction est bien celui du renforcement de la compétitivité de l'entreprise. En outre, la définition des compétences est a priori à formuler en référence à l'organisation de l'entreprise et sa traduction au niveau des individus n'est pas explicitement prévue. La référence au marché du travail ou plus immédiatement à la transférabilité des compétences ne constitue pas un objectif explicite. Il s'agit donc bien d'un instrument formalisé et commun à l'ensemble des entreprises éligibles mais qui s'inscrit dans une perspective explicitement micro-économique, au plus près de la spécificité de chaque entreprise.

Dans d'autres cas, on constate que l'objectif premier de la politique publique est d'abord constitué par des publics " prioritaires ". C'est par exemple le cas dans la plasturgie où sont privilégiées les formations qualifiantes visant en priorité les salariés du secteur ayant les plus bas niveaux de qualification (classés en niveaux I et II dans la convention collective). Figurent parmi ces formations les opérations dites ADC (Action de Développement des Compétences), dont l'objectif est de requalifier les personnes les moins qualifiées du secteur, tout en aidant à l'insertion de demandeurs d'emploi, embauchés pour les remplacer lors des périodes de

---

[11] Union des industries métallurgiques et minières : c'est l'organisation patronale de la métallurgie.

formation. Ces opérations débouchent sur un « certificat ADC » reconnu par la branche pour les salariés et les demandeurs d'emploi qui en bénéficient. Cet exemple illustre le fait que le contrat peut se définir d'emblée à un niveau interentreprises, en dégageant donc un ensemble de prescriptions (en termes de durées de formation, de certification, etc.) qui tendront à s'imposer à celles-ci. L'engagement de l'entreprise peut alors devenir une sorte de contrat d'adhésion si l'intermédiaire (l'organisation professionnelle en règle générale) introduit systématiquement ces clauses générales dans chaque convention d'entreprise.

La présentation de ces deux registres radicalement différents d'inscription de la politique contractuelle dans la dynamique du tissu économique nous fait retrouver ici un dilemme classique auxquelles sont confrontées bon nombre de politiques publiques d'emploi et de formation : celui de chercher à répondre aux demandes des entreprises, souvent focalisées sur les dimensions financières et économiques de leur activité, pour parvenir à intégrer en leur sein des publics dits « prioritaires » (jeunes sans qualification, chômeurs de longue durée, etc.) plutôt atypiques par rapport à leurs profils classiques de recrutement ou leurs actions standard de formation.

Cette « stratégie » est particulièrement évidente de la part des gestionnaires du service public de l'emploi en matière de gestion des formations en alternance : « *il leur faut d'un côté trouver auprès des entreprises les moyens de requalifier une partie des jeunes sortant du système éducatif sans diplôme pour leur permettre de trouver un emploi, et de l'autre tenir compte des demandes des entreprises qui réclament de manière incantatoire une diminution des charges qui pèsent sur l'embauche des jeunes* » (BROCHIER, 1992). En autorisant les entreprises à recruter des jeunes à des niveaux de salaires inférieurs au SMIC, en contrepartie d'un engagement de leur part à les « libérer » pour une part du temps en vue de suivre des formations, les pouvoirs publics ont résolu en partie le problème, selon un principe finalement assez proche de celui adopté dans la politique contractuelle. Pour autant, la nature du contrat ne constitue qu'une faible protection face aux nombreux effets d'aubaine possibles de la part des entreprises.

5. ENTRE L'ÉTAT ET L'ENTREPRISE : LE RÔLE NÉCESSAIRE MAIS CONTROVERSÉ DES RELAIS DE L'ACTION PUBLIQUE

À travers l'analyse de la politique contractuelle apparaît finalement un problème de base pour les politiques publiques ciblées sur les stratégies d'entreprises : celui des mécanismes institutionnels assurant l'intermédiation entre la base et le sommet de ce type d'action publique. L'appareil d'État dispose certes d'une administration déconcentrée, mais celle-ci semble encore loin de posséder des pouvoirs et des moyens d'action suffisants[12]. Si elle s'avère donc pratiquement indispensable, la

---

[12] Ce que confirme largement une enquête de presse récente sur le thème du fonctionnement de

médiation des branches professionnelles demeure quant à elle encore largement controversée.

5.1. Les limites de l'action publique déconcentrée

Pour mettre en oeuvre ses politiques, et notamment la politique contractuelle, l'administration du travail dispose d'un maillage territorial conséquent à travers les échelons départementaux et régionaux du ministère du travail[13]. Ceux-ci se voient confier des missions opérationnelles de plus en plus importantes, qu'il leur est cependant bien difficile de remplir pour au moins trois raisons.

La première tient à la difficulté à reconnaître et à assumer la forte diversité des rationalités des agents locaux en matière de gestion des mesures publiques, bien étudiée dans des travaux récents consacrés aux Contrats Emploi Solidarité (CENTRE D'ÉTUDES DE L'EMPLOI, 1995). Bien souvent, le respect hypothétique de la norme publique nuit à l'efficacité réelle de la mise en oeuvre des mesures sur le terrain.

Une deuxième raison est liée à l'existence de « *problèmes encore mal résolus de répartition des responsabilités* » entre les DDTEFP et les DRTEFP, du fait d'une réorganisation encore trop récente de l'administration du travail : « *une complémentarité efficace entre les deux niveaux, bien qu'indispensable, se révèle délicate à organiser* », ce qui nuit incontestablement à la qualité du service (IGAS, 1996).

Enfin, la dernière raison, plus classique, tient à la difficulté de communication existant entre l'échelon central et les différents échelons locaux du ministère. Conçue quasi exclusivement sur un mode « descendant », la circulation de l'information ne permet pas le développement de processus d'apprentissage collectif issus de la capitalisation des expériences locales de mise en oeuvre des politiques publiques.

5.2. Les branches professionnelles : un relais efficace mais controversé

Dans un tel contexte, le fait que l'État ait cherché à s'appuyer sur les branches professionnelles comme relais dans la mise en oeuvre de la politique contractuelle n'a en soi rien de surprenant. Il importe cependant, à la suite de ce qui a été évoqué plus haut (*cf.* chapitre 4.2), de mieux appréhender la nature des stratégies des organisations professionnelles de branche, pour tenter de comprendre le sens de leur intervention. Sur ce point, la mise en œuvre des engagements de développement de la

---

l'État : R. Rivais, « Le monopole du pouvoir », *Le Monde*, 26 juin 1998

[13] Il s'agit respectivement des directions départementales du travail, de l'emploi et de la formation professionnelle (DDTEFP) et des directions régionales du travail, de l'emploi et de la formation professionnelle (DRTEFP).

formation montre qu'une organisation de branche a grosso modo deux stratégies alternatives à sa disposition.

Elle peut d'abord se définir comme un instrument relativement « neutre » destiné à mettre en relation les entreprises et les acteurs publics. C'est visiblement la stratégie adoptée par l'UIMM à travers la signature de quatre accords-cadre successifs avec les pouvoirs publics[14]. Cela ne signifie pas, loin de là, un désengagement de l'organisation patronale. Bien au contraire, celle-ci va se positionner comme l'interlocuteur unique des services de l'État au niveau central, ce qui va en faire rapidement un acteur incontournable. En procédant de la sorte, la métallurgie s'est placée dans la position de capter le maximum de fonds publics. Ces derniers deviennent des points d'appui majeurs de la politique nationale de l'organisation en matière de formation. En fournissant au niveau local (celui des structures locales de l'organisation, appelées chambres syndicales territoriales) des moyens financiers, l'organisation de branche renforce sa légitimité auprès de ses mandants. Elle peut alors d'autant plus accorder une forte autonomie à ses structures dans l'appréciation des entreprises les plus aptes à bénéficier de l'aide publique. Dans un tel cadre, l'action des correspondants locaux de l'organisation en matière de formation devient à la fois décisive et très influencée par les besoins singuliers des entreprises.

Une organisation professionnelle de branche peut a contrario se concevoir comme un intermédiaire actif, dont les capacités de coordination et d'animation de « ses » entreprises adhérentes en matière de gestion de l'emploi vont être mobilisées au service d'une amélioration globale de la formation des salariés du secteur. Ainsi, dans le cas déjà évoqué de la plasturgie, l'optique privilégiée consiste à améliorer la qualification de publics-cibles, non seulement au regard des besoins des entreprises qui les emploient, mais aussi d'une employabilité plus large et de plus long terme (qualification transférable). La cohérence de la politique se situe donc d'emblée au niveau de la branche et l'aide publique est concentrée sur certaines composantes de la politique de formation de l'entreprise, dans la mesure où elles concernent ces publics-cibles. L'entreprise devient ainsi un terrain d'application et de mise en oeuvre d'objectifs déterminés à un niveau collectif, celui de la branche dans son entier.

6. CONCLUSION

En prenant pour objet une politique publique confrontée à la gestion d'une catégorie particulière, à savoir les entreprises, on débouche finalement sur la nécessité d'intégrer de manière irréductible le niveau et les stratégies des branches professionnelles. Dans une période ou le gouvernement et le législateur souhaitent entraîner dans les délais les plus brefs le maximum d'entreprises dans la dynamique

---

[14] Le dernier accord a été signé en mai 1997. Il porte sur la période 1997-2001.

de réduction de la durée du travail, notamment à coups d'incitations financières, l'expérience de la politique contractuelle fournit un aperçu intéressant des acquis et des limites des politiques publiques de ce type.

Damien Brochier

BIBLIOGRAPHIE

BENTABET E. et ZYGMUNT C. (1997), *La formation professionnelle continue financée par les entreprises - exploitation des déclarations fiscales des employeurs n°24-83 pour l'année 1995*, Céreq, document n° 130.

BROCHIER D. (1992), « L'utilisation des formations en alternance dans les stratégies d'emploi des PME », *Les Cahiers de Syndex*, n° 1.

BROCHIER D. et VERDIER E. (1996), « Action publique et formation continue : entre contrôle et responsabilisation des partenaires sociaux », communication aux journées d'étude du Céreq : La formation professionnelle continue : tendances et perspectives, Nancy, 30-31 mai.

CADET J.-P. et KIRSCH E. (1994), « Les aides à la formation du Fonds national pour l'emploi - Plasticité et ambiguïtés d'une intervention publique négociée », *Formation Emploi*, n° 48, octobre-décembre.

CENTRE D'ETUDES DE L'EMPLOI (1995), « Les politiques publiques d'emploi et leurs acteurs », *Cahiers du Centre d'études de L'emploi*, n° 34, Paris, Presses universitaires de France.

COMMISSARIAT GÉNÉRAL DU PLAN (1985), *Développer la formation en entreprises*, Paris, La Documentation française

DUBAR C. (1984), *La formation professionnelle continue*, Paris, La Découverte, 1e édition.

GÉRARD D., LHOTEL H., MOUY P. et SERFATY E. (1993), *Contribution à l'évaluation des engagements de développement de la formation*, Rapport final, Céreq, Marseille.

IGAS (1996), Inspection générale des affaires sociales, rapport annuel 1996, La Documentation française

JOIN-LAMBERT M.-T. *et alii.* (1997), *Politiques sociales*, Presses de Sciences po et Dalloz (2e édition).

MERLE V. (1996), « Formation professionnelle, un nouveau compromis social à construire », *Éducation permanente*, n° 129/1996-4.

MINISTÈRE DU TRAVAIL ET DES AFFAIRES SOCIALES et UNION DES INDUSTRIES MÉTALLURGIQUES ET MINIÈRES (1996), « La compétence moteur de la compétitivité, accord de développement des ressources humaines dans les entreprises de la métallurgie », 1993-1996, brochure (15 p. + annexes).

MIROCHNITCHENKO K. et VERDIER E. (1997), « Contrat et action publique - Le cas de la formation professionnelle continue », *Travail et Emploi*, n° 72, 3/97.

VERDIER E. (1987), « Incitation publique, mutualisations et comportements privés : le cas de la formation continue », *Formation Emploi*, n° 20, octobre-décembre.

VERDIER E. (1990), « L'efficacité de la formation continue dans les PME », *Sociologie du travail*, n° 3/90.

VERDIER E. et BROCHIER D. (éditeurs) (1997), *Les aides publiques à la formation continue dans les entreprises : quelles modalités d'évaluation ?*, Céreq, collection Documents, n° 124.

Le paradoxe des organisations de l'économie sociale : à la recherche de modèles alternatifs de compétitivité

Le cas du Crédit mutuel méditerranéen

Ariel Mendez, (LEST-CNRS, université d'Aix-Marseille 3),
Nadine Richez-Battesti, (CEFI, université de la Méditerranée)

1. INTRODUCTION

Cette communication pose la question de la difficulté pour une organisation de l'économie sociale d'articuler ses spécificités alors qu'elle évolue dans un système concurrentiel. Dans un organisme d'économie sociale, la notion de compétitivité n'existe pas au sens classique du terme puisque ce sont des organisations qui ont une mission de solidarité et d'intérêt général (WILLARD, 1995). Or, de plus en plus, ces organisations sont en concurrence avec des organisations à but lucratif. Il importe alors d'identifier comment ces organisations tentent de résoudre ce paradoxe. Une réflexion portant notamment sur les modes de construction de la confiance semble susceptible d'offrir des pistes de réponse puisque l'une des spécificités des organismes de l'économie sociale repose sur des relations de ce type. ANHEIER (1995) souligne en effet, que dans les théories qui traitent des organismes sans but lucratif, la notion de risque s'est substituée à celle de confiance. Cette évolution théorique reflète une évolution empirique.

Nos analyses sont issues de l'étude d'une banque, le Crédit mutuel méditerranéen (CMM) (MENDEZ et RICHEZ-BATTESTI, 1997 a). Le CMM est l'une des dix-huit fédérations de la Confédération nationale du Crédit mutuel. C'est une banque de l'économie sociale : elle appartient au secteur coopératif, s'inspire des valeurs mutualistes. Mais dans le même temps, elle évolue dans un secteur bancaire de plus en plus concurrentiel car soumis à un double mouvement de déréglementation/reréglementation. Comme la plupart des autres banques de l'économie sociale, elle affiche des performances économiques et financières exceptionnelles comparé aux autres établissements du secteur bancaire. Ce qui traduit donc la force du modèle compétitif mis en œuvre à un moment donné.

Le CMM, comme d'autres organismes de l'économie sociale, est donc confronté au paradoxe solidarité versus concurrence. Le CMM est un établissement de crédit *mutuel*. Cela signifie que bien qu'ayant une activité de type bancaire, il obéit à un objectif d'intérêt général et de solidarité. Mais dans le même temps, il évolue dans un champ concurrentiel qui lui impose ses normes de compétitivité. La question est donc de savoir en quels termes le CMM a posé l'équation de résolution de ce paradoxe. Dans le temps, celui-ci n'a pas eu la même intensité. À l'origine, l'activité du CMM était même relativement protégée. Le paradoxe était peu prégnant. Mais, dans le secteur bancaire, la réglementation a évolué au cours du temps. Le rôle de l'État a notamment été de transformer dans le secteur bancaire la place des organismes de l'économie sociale et du marché. Au cours du temps, on observe également que la stratégie, le comportement et l'organisation du CMM changent en lien avec ces transformations.

Aujourd'hui, il semblerait que l'avantage concurrentiel dans le secteur bancaire soit lié au degré de globalisation des banques, c'est-à-dire à leur capacité à fournir une offre diversifiée pouvant satisfaire tous les segments du marché (FERRARY, 1997). Nous avons pu observer cette évolution au CMM, c'est-à-dire que l'adaptation du CMM à l'accroissement de la concurrence a notamment consisté à diversifier son offre de produits et services, accroissant du même coup les risques liés à l'exercice de son activité. Les transformations effectuées par le groupe pour s'adapter aux évolutions réglementaires se cristallisent d'ailleurs partiellement dans cette substitution confiance-risque.

Les évolutions stratégiques et organisationnelles du CMM peuvent être lues à partir de cette grille d'analyse. En vingt ans, cette banque est passée de "l'artisanat bancaire" à une véritable activité structurée et professionnalisée. Ce passage n'est pas uniforme et peut lui-même être découpé en trois grandes périodes qui correspondent à des modèles d'efficacité ou de compétitivité différents. A chaque période, le modèle d'efficacité dominant repose sur une certaine conception de la confiance, et partant, de l'organisation et des compétences spécifiques.

Nous verrons donc dans un premier temps pourquoi et comment la question théorique de la confiance est susceptible de devenir un paramètre essentiel de l'analyse des performances des organisations de l'économie sociale, et ce, de façon renforcée dans le cadre du paradoxe évoqué. Puis dans une deuxième partie, nous traiterons du cas spécifique du CMM. Les différentes périodes identifiées successivement correspondent à la fois à des apprentissages distincts, mais aussi à une certaine conception du métier, voire à partir d'une certaine époque à un modèle de compétitivité qui, de plus en plus se pose en alternative au modèle bancaire classique. Nous verrons que la mise en œuvre d'un tel modèle pose un problème d'organisation mais également de construction et de mise en œuvre des compétences et repose sur des formes renouvelées de confiance.

2. LA CONFIANCE AU CŒUR DE LA RÉSOLUTION DU PARADOXE DES ORGANISMES DE L'ÉCONOMIE SOCIALE ET D'UNE CONCEPTION RENOUVELÉE DE LA COMPÉTITIVITÉ

2.1. Des avancées théoriques au service de l'économie sociale

2.1.1. Des organisations de l'économie sociale

L'économie sociale peut se définir par le statut juridique des organisations qui la composent : associations, mutuelles, coopératives, fondations et éventuellement dans son acception plus large, comités d'entreprise. La diversité des opérateurs présents a pour conséquence une hétérogénéité très forte des structures. Elle se caractérise aussi par des principes : notamment la non-domination du capital, le principe d'un homme-une voix et donc d'une forme particulière de relation pouvoir-capital, l'exigence d'associer et la gestion collective. Elle remplit enfin un certain nombre de fonctions, de missions et donc se définit par un projet : fonction d'avant-garde ou d'innovation sociale et donc de révélateur des besoins, fonction de création de gratuités, fonction de socialisation, d'accompagnement des personnes démunies.

Les organisations de l'économie sociale se situent aussi à l'intersection de différentes institutions et à l'articulation de différentes logiques. Elles interviennent entre l'État et le marché, bien qu'un certain nombre d'entre elles assurent des missions de service public en liaison avec des administrations publiques tandis que la plupart d'entre elles fonctionnent dans le cadre du marché. On est dans une situation où coexistent des institutions de l'économie sociale, du secteur classique et du secteur public, où chacune d'entre elles entretient avec les autres des relations de concurrence et/ou de coopération. Ces organisations tentent aussi d'articuler justice sociale et efficacité économique, et satisfaction des besoins collectifs et/ou des besoins individuels. Elles mettent en œuvre des principes de solidarité et s'inscrivent en référence à l'intérêt général ou collectif (WILLARD, 1995). Elles ont donc un caractère complexe que la seule logique marchande ou étatique ne suffit pas à expliquer et qui rend difficile l'appréhension de leurs performances à l'aune d'outils traditionnels.

L'économie sociale s'inscrit dans un contexte particulier aujourd'hui caractérisé par la généralisation du marché qui conduit tout à la fois à la dénonciation des « privilèges » notamment fiscaux associés à ces organismes, à des pressions concurrentielles nouvelles dans des champs traditionnellement protégés et à un mouvement de banalisation (GAZIER, 1993). Le secteur bancaire en est une bonne illustration. Ces trois tendances combinées imposent aux acteurs de l'économie sociale de réfléchir sur leurs spécificités et leurs avantages comparatifs et compétitifs. Ils ouvrent aussi des pistes de réflexion renouvelées pour les chercheurs.

2.1.2. Des théories pour aborder l'économie sociale

Les 20 dernières années ont donné lieu à des développements importants de la théorie économique dans le champ des organisations de l'économie sociale. Moins centrées sur l'économie sociale comme contre-modèle, les réflexions actuelles portent plus sur la coexistence au sein d'une économie marchande de formes originales mais non exclusives de coordination. Certains travaux s'inscrivent en référence à la théorie standard élargie, d'autres au contraire se développent dans le champ de la théorie non standard. Les premiers sont largement marqués par la prédominance de travaux de type anglo-saxon. Les seconds reposent sur des analyses issues de l'approche de la régulation, de la socio-économie, de l'économie solidaire ou de l'économie des conventions. Dans ce second courant, la théorie des organisations a permis des avancées intéressantes dans l'appréhension des modes de fonctionnement internes de ces organisations, tandis que le renouvellement des approches des formes originales de coordination rendait possible l'analyse des spécificités de l'économie sociale.

Une autre façon de présenter les apports récents consiste à les articuler autour des questions auxquelles ces analyses s'efforcent d'apporter des réponses. En reprenant la distinction proposée par DI MAGGIO et ANHEIER (1990), on observe que les problématiques issues de ces travaux s'inscrivent dans deux dimensions : les premières tendent à répondre à la question du « pourquoi ces organisations existent-elles », les secondes analysent les comportements de ces organisations et leurs différences avec les autres formes d'organisation marchandes et/ou publiques.

Il ne s'agit pas ici de revenir de façon exhaustive sur l'ensemble des analyses menées sur le champ mais de pointer certains éléments susceptibles d'éclairer notre objet. Indubitablement ces analyses tentent de comprendre l'originalité d'une forme non marchande de coordination que ce soit du point de vue de la production effective des organisations de l'économie sociale ou de l'analyse de leurs comportements ou de leurs raisons d'être. Certains analysent ces organisations comme productrices de biens publics, d'autres justifient leur existence du fait des asymétries informationnelles et donc en référence aux « échecs contractuels » du marché ou par rapport aux coûts de transaction. Certains s'intéressent à l'hétérogénéité de la demande. D'autres tentent d'articuler des logiques d'offre et de demande à travers la théorie des stake-holders (ENJOLRAS, 1995 ; ANHEIER, 1995).

Ces analyses reviennent de façon directe ou indirecte sur la question de la confiance que ce soit pour répondre à l'échec du marché, ou pour la mettre en liaison avec la contrainte de non-distribution des profits (HANSMANN, 1987). Il nous semble cependant que substituer le concept de confiance à celui de risque dans le prolongement des travaux de HANSMANN (HANSMANN, 1987 ; ANHEIER, 1995), apparaît réducteur, et limite les perspectives d'une analyse des formes de coordination propres au champ de l'économie sociale.

2.2. La confiance : une dynamique sous-estimée ?

La conjonction du renouvellement des approches théoriques et des questionnements qui traversent l'économie sociale d'une part et la monographie réalisée sur le CMM d'autre part nous amènent à approfondir plus spécifiquement la question de la confiance.

2.2.1 La confiance : un objet d'analyse ?

Dans les 20 dernières années, nombre d'auteurs se sont intéressés à la notion de confiance dans les sciences économiques et sociales. Kenneth Arrow soulignait dès 1974 l'existence « *d'institutions invisibles* », dont les relations de confiance entre les individus constituent l'une des composantes. Cet intérêt nouveau s'inscrit dans le double dépassement de la théorie standard au profit de la théorie standard élargie d'un coté et des différents holismes de l'autre imputable dans les deux cas à l'introduction de l'interactionnisme.

Du point de vue de la première entrée théorique, ce renouvellement prend effet dans l'analyse non plus d'une rationalité instrumentale pour laquelle l'individu opère ses choix indépendamment de ceux des autres, mais d'une rationalité stratégique dont le développement de la théorie des jeux est l'un des emblèmes centraux (CAHUC, 1993). Le relâchement d'un certain nombre d'hypothèses par l'introduction d'une rationalité imparfaite, de comportements possiblement altruistes qui apparaissent plus efficaces du point de vue de la satisfaction individuelle et des asymétries de l'information ouvrent ainsi un champ d'analyse fécond dont les perspectives se déclinent autour de plusieurs entrées : de la théorie des jeux aux approches néo-institutionnalistes en passant par la théorie de l'agence, la nouvelle théorie de l'information. Cependant ces approches occultent largement la dynamique procédurale qui conduit à la production des équilibres et des compromis (FAVEREAU, 1994), elles s'inscrivent mal dans un temps historique (LALLEMENT 1994). Plus encore la confiance ne peut être abordée que dans le cadre de jeux non coopératifs, sans réflexion sur l'identité sociale des joueurs et à travers des interactions qui se limitent à des relations de défiance.

La théorie non standard, quant à elle, se déploie dans l'élargissement de l'analyse de la seule perspective des marchés concurrentiels vers l'organisation, l'institution et les normes sociales ainsi que le souligne FAVEREAU (1989) et dans l'introduction de réflexion sur les modes de coordination de l'action et sur les conventions. Ces travaux apportent leur contribution à l'analyse des formes non marchandes de coordination, de production et d'allocation des ressources. Ils s'inscrivent alors en référence à « *l'incomplétude de la logique marchande pure* » (ORLÉAN, 1994 a, b). Ainsi, la nouvelle économie institutionnelle, issue des travaux fondateurs de Simon, met l'accent sur les mécanismes organisationnels et notamment sur les règles de coordination. Elle intègre une conception procédurale de la rationalité, et sort de la seule logique de l'optimisation et de l'intérêt. Les développements des analyses sur l'action collective dans la production de biens collectifs, dont Olson est à l'origine, mettent quant à eux en évidence qu'il ne suffit pas que les individus aient un intérêt commun pour qu'ils agissent ensemble pour l'atteindre. Les approches en termes de conventions permettent quant à elles de « *comprendre comment se constitue une logique collective et quelles ressources elle doit mobiliser pour se stabiliser* » (ORLÉAN, 1994 a) ou évoluer. Elles mettent au cœur de leurs préoccupations la production de règles et la question de l'action collective et des apprentissages (REYNAUD, 1997).

C'est dans ce contexte marqué à la fois par l'hétérogénéité des soubassements théoriques et la diversité des champs disciplinaires en présence que la réflexion sur la confiance s'est développée. La plupart des auteurs soulignent que la relation de confiance s'inscrit dans un temps long, dans le cadre d'actions répétées, et qu'elle met en jeu des relations personnelles. Cependant, au-delà de ces trois éléments, cette notion est loin de susciter l'accord, provoque de larges débats d'idées et n'est pas dénuée d'ambiguïté. Ainsi WILLIAMSON (1993) note que l'existence d'intérêts réciproques et convergents entre les individus, rend superflue la référence à la confiance pour que la coopération s'instaure. En effet les comportements des individus sont déterminés par un calcul des risques et des gains associés aux différentes opportunités qui s'offrent à eux. On peut alors revenir à un simple calcul de maximisation, évacuant ainsi la question de la confiance. La référence à la confiance ne vaut que lorsque les situations de calcul sont inexistantes. On considère alors la confiance comme une forme de coordination spécifique et non comme une composante des différentes formes de coordination. On mesure aussi que la question des relations entre confiance et intérêt et entre confiance et calcul est centrale (ORLÉAN, 1994 a, b). La question de la confiance a aussi été instrumentée dans le prolongement de la théorie des jeux autour de deux notions : la réputation et la crédibilité. Si l'on fait l'hypothèse que le comportement de l'agent est influencé par les conséquences de son choix sur le comportement d'autres partenaires potentiels, il va rechercher, dans le cadre de son jeu, à acquérir une réputation. Il en résulte un « effet de réputation » (KREPS et WILSON, 1982), la réputation suscitant la confiance. Quand à la crédibilité, elle apparaît liée à la réputation (BACKUS et DRIFFILL, 1985 ; BARRO et GORDON, 1983). En effet plus la réputation de l'agent sera élevée, plus son comportement sera crédible et les risques de défaut des partenaires limités. On reste cependant dans ce contexte analytique dans le cadre d'une rationalité substantielle et en référence à des situations d'équilibre.

À l'opposé, un certain nombre d'auteurs font état d'une conception de la confiance comme mode autonome d'interaction, qui n'est pas réductible aux seuls intérêts individuels supposés trop fragiles (ORLÉAN, 1994 a, b). On se situe alors dans un contexte d'incertitude radicale et de rationalité limitée qui rend a priori difficile la définition des engagements des différentes parties et accroît donc les risques liés à l'opportunisme. Face à l'imprévisibilité des comportements qui en résulte, la coordination suppose soit de mettre en œuvre des modes d'interaction continue pour permettre des ajustements permanents, soit de laisser des marges d'autonomie pour permettre l'adaptation à des situations non envisagées. Incertitude radicale et rationalité limitée induisent donc à la fois des conséquences sur l'analyse des formes de transaction et sur celle des comportements. La confiance apparaît alors comme composante originale des formes organisationnelles et comme facteur d'efficacité organisationnelle et substitut (partiel ou total) à des dispositifs complexes et coûteux (BROUSSEAU *et al.*, 1997 ; KREPS, 1991). Elle impose de mener une réflexion sur l'apprentissage, dès le moment où les procédures ne sont plus déterminées a priori mais susceptibles d'adaptation et d'appropriation par les acteurs en présence. En s'intéressant aux processus d'interaction dans un contexte d'incertitude, et donc à l'apprentissage de ces processus, on ne peut alors évacuer la question de l'origine et celle de la construction de la confiance (tout en risquant de retomber sur celle du calcul et de l'intérêt). L'apprentissage apparaît alors soit comme le moyen de révéler le comportement des agents (les fondements de la confiance sont alors externes et l'apprentissage se limite à l'acquisition d'information), soit comme le moyen de les transformer (les fondements de la confiance sont alors internes et l'apprentissage est dynamique) (BROUSSEAU *et al.*, 1997). Il nous semble donc important de noter que l'appréhension de la notion de confiance ne peut se faire sans une réflexion approfondie sur les processus d'apprentissage et de production des règles, dès le moment où l'on accepte l'hypothèse d'incertitude radicale qui confère aux acteurs des marges d'autonomie dans le cadre de la coordination. Dans ce cas, la production de la confiance est indissociable des processus d'apprentissage, qu'il importe d'identifier.

C'est dans le cadre de ces approches non standards que nous positionnerons notre analyse. Une fois défini le cadre analytique de référence, il s'agit maintenant d'identifier des dimensions d'analyse empirique pour aborder la confiance.

2.2.2 La construction de la confiance, sa mise en œuvre et la transformation des liens de confiance

Nous nous sommes ici largement inspirées du travail de SERVET (1994). Il fait reposer le lien de confiance sur trois éléments fondamentaux qui s'articulent les uns aux autres : la foi, des éléments de validation et de preuve de la parole donnée et la mémoire.

Rentrons un peu plus dans le détail. Toujours selon SERVET (1994), la foi implique trois conditions : une légitimité des règles relatives à un projet et des mécanismes de sanction en cas de non respect des règles, la croyance dans l'autre et dans l'organisation, la transparence (un certain degré de savoir et d'information) et le savoir commun ou connaissance commune. Les éléments de validation et de preuve du contrat implicite ou explicite passé peuvent être soit écrits soit informels. La mémoire est à la fois individuelle et collective. Elle repose sur un processus d'apprentissage et de formation qui s'appuient sur les expériences passées et les routines. Mais elle est aussi mémoire collective à travers les expériences accumulées en commun ou sur des objets proches.

Au-delà de l'analyse des fondement de la relation de confiance, un certain nombre d'autres éléments peuvent être utilisés pour qualifier la confiance. La « confiance-système » permettrait d'appréhender l'ensemble du contexte et donc des structures sociales dans lequel se situe la relation économique et sociale, alors que la « confiance relationnelle » concernerait un simple face à face entre les parties et donc s'inscrirait dans le champ des relations personnelles (BROUSSEAU *et al.*, 1997). On peut aussi prendre en considération les « réseaux » de relations personnelles, et se situer ainsi à mi-chemin entre ces deux conceptions de la confiance, en soulignant le rôle de l'encastrement des relations économiques dans les rapports sociaux (GRANOVETTER, 1994). Dans tous les cas, la question se pose de l'articulation entre confiance entre individus et confiance dans l'organisation. En référence aux configurations hiérarchiques des organisations, Servet différencie une confiance verticale en tant que relation hiérarchique entre subordonnés et supérieurs, et une confiance horizontale entre semblables (SERVET, 1994). Il souligne aussi l'existence d'une confiance directe ou médiatisée, et l'importance du degré de confiance, susceptible d'évoluer dans le temps. Il note enfin la dimension spatiale de la confiance à la fois en termes de proximité géographique, relationnelle ou institutionnelle. Ainsi il met en évidence que « *la confiance entretient une relation dialectique avec la proximité* » (SERVET, 1994). L'ensemble de ces qualificatifs permet d'observer la nature et donc le type de confiance à l'œuvre à un moment donné du temps.

Ainsi, le fait de dépasser la seule logique des marchés concurrentiels et de s'intéresser aux phénomènes organisationnels, et aux formes non marchandes de coordination permet à la fois de mieux appréhender les organisations et de dépasser une conception devenue classique de la compétitivité-prix au sein de laquelle le vecteur prix serait déterminé dans le cadre d'un processus de tâtonnement centralisé (le rôle du commissaire priseur dans le modèle walrassien). L'introduction des interactions et des décisions décentralisées comme celle de l'incertitude radicale avec pour corollaire l'autonomie relative des acteurs et leur capacité de produire en commun des règles explicites ou implicites d'organisation et de production nous permettent de repérer un certain nombre de paramètres susceptibles d'appréhender de façon renouvelée la compétitivité. Au sein de ces paramètres, le mode de construction et de transformation de la confiance semble occuper une place significative. C'est ce que nous tenterons d'illustrer dans la seconde partie, à partir d'une étude du cas du CMM.

3. LES MODÈLES DE COMPÉTITIVITÉ DU CMM : LA CONSTRUCTION DE LA CONFIANCE COMME LIEU DE CRISTALLISATION DU PARADOXE DES ORGANISATIONS DE L'ÉCONOMIE SOCIALE

Incontestablement le CMM, tout au long de ces 20 années a fait preuve d'une capacité d'adaptation et d'innovation étonnantes largement centrée sur l'expérimentation, au prix parfois d'une insuffisante cohérence de l'institution. La marge importante d'autonomie des acteurs, les capacités d'apprentissage et d'innovation, la stabilité de l'équipe dirigeante et la prédominance d'une logique de l'adversité sont autant d'éléments qui mettent la confiance au cœur de l'analyse de la compétitivité du CMM.

3.1. 1976-1987. Le développement d'une banque mutualiste : confiance et proximité

Le CMM commence son activité en 1976 dans un relatif contexte de protection. Il fait partie des banques de l'économie sociale qui exercent les mêmes fonctions que les banques inscrites mais disposent d'un statut spécial en matière fiscale ou concernant la distribution de certains produits qui leur sont propres. C'est la transformation de ce statut qui est à l'origine des transformations de la banque.

Dans cette première période, la construction du lien de confiance s'appuie sur trois éléments. La foi dans les personnes et l'institution liée à une logique de proximité repose sur la construction et la légitimité des règles de fonctionnement en interne, la croyance dans l'autre s'appuie sur une relative transparence de l'information tandis que se constitue un savoir commun issu à la fois des expériences passées des deux acteurs de l'institution (les salariés et les administrateurs) et des apprentissages en commun d'un métier, à l'origine du CMM. À cela se rajoutent des éléments de validation de la preuve largement marqués par l'oralité et la constitution d'une mémoire collective qui se cristallise autour du projet solidaire, « faire de l'argent autrement ».

On mesure ici l'importance de l'apprentissage. *« Tout acteur social qui crée une régulation fait par-là même un apprentissage* » (REYNAUD, 1989). Dans cette première période, l'apprentissage est essentiellement un apprentissage d'élaboration et de mise en œuvre de règles communes. L'entreprise se constitue des éléments de stabilité. Il s'agit notamment de construire des règles de fonctionnement (et donc des repères) entre le premier et le second degré : normes de travail (autour des produits, des pratiques), normes de communication (on privilégie les relations informelles et l'oralité), normes éthiques (culture de la solidarité qui s'exprime notamment dans les publics visés). Les partenaires construisent un ensemble de règles et de routines qui constituent des « *engagements implicites* » (LIVET et REYNAUD, 1995). Ces règles ont à la fois une fonction cognitive et de réduction d'incertitude. C'est donc une période d'apprentissage de la « vie ensemble » pour des individus qui, même s'ils partagent les principes de crédit mutuel, s'opposent sur bien des questions (le CMM réunit des caisses d'obédiences politique et religieuse très différentes). Cet apprentissage conduit d'ailleurs à l'élaboration d'un modèle de fonctionnement qui a une grande cohérence tant que l'environnement ne change pas significativement les règles du jeu.

À l'origine, des administrateurs, de tous horizons militants, s'entendent autour des principes de crédit mutuel, sur l'entraide et la solidarité, même s'ils divergent sur les publics spécifiques à viser dans leur action au-delà des seules familles (travailleurs ou artisans). L'argent n'est qu'un moyen, un instrument de la solidarité. Il n'est d'ailleurs pas neutre que l'accord entre les différents acteurs de l'institution se fasse sur l'argent : « *donner du crédit c'est croire, avoir du crédit s'est être cru, honorer sa dette, c'est remplir l'obligation morale* » (SERVET, 1994). L'intérêt du sociétaire est recherché avant toute autre chose. Les personnes en présence se caractérisent par leur capacité à privilégier ou à préserver l'intérêt général. Le choix des premiers présidents peut être interprété dans ce sens. Il n'existe pas de comportement « opportuniste » de la part de l'organisation. Les dirigeants et les présidents aux niveaux des caisses et de la fédération se caractérisent le plus souvent soit par un parcours maison, soit par une culture militante. Ils appartiennent ainsi à un club très sélectif défini par des normes précises. Cette modalité de recrutement des dirigeants et des présidents apparaît comme un réducteur d'incertitude, comme une forme de contrat et « *donc d'évaluation positive des capacités à respecter un engagement* » (SERVET, 1994). Dans le même temps, la diversité des hommes en présence est à l'origine d'une formidable capacité d'adaptation de l'organisation (KOENIG, 1994).

Lors de sa création, le CMM se caractérise par une monoactivité sur un seul marché : le Livret bleu aux particuliers. Lors de chaque opération, les montants engagés sont peu importants. Ceci a des conséquences sur la transparence de l'information. Alors que le champ de l'argent et des placements (donc des services) reste caractérisé par une forte incertitude critique, cette orientation monoproduit en limite l'occurrence et apparaît donc comme un facteur de réduction de cette incertitude. Cet effet réducteur est renforcée par une construction du sociétariat fondée sur la proximité, réduisant ainsi les comportements opportunistes.

Ce mode de fonctionnement monoproduit rejaillit aussi sur la nature des compétences dont la Fédération a besoin. La gestion des livrets est une activité peu complexe et n'exige pas une main-d'œuvre très qualifiée. Cette faible technicité bancaire se répercute sur les critères de recrutement. Il n'y a pas d'exigence sur la qualification des futurs salariés, en particulier en termes de diplôme. Les personnes sont donc principalement évaluées par rapport à leur réputation dans un réseau de relations personnelles (EYMARD-DUVERNAY, 1990). C'est la proximité (familiale ou militante) et/ou l'intégration dans le tissu économique et social qui fonde la valeur des personnes. Le réseau de relations personnelles est donc privilégié. L'objectif est d'amener les particuliers à ouvrir un livret. Les clients (alors essentiellement sociétaires) viennent au CMM parce qu'ils sont introduits par des proches. On est bien là dans un monde où domine le besoin de proximité, de relation entre les personnes, ce qui rejaillit sur la manière dont se construisent la confiance et le mode de coordination à l'intérieur de la banque.

En effet, la relation élémentaire est la confiance entre les individus sur la base de la proximité des personnes. En ce sens, au CMM, dans cette première période, la confiance repose sur la proximité – dans le sens sociétaire-banque – : on connaît les personnes qui sollicitent un crédit ; et sur les principes de crédit mutuel – dans le sens banque-sociétaire – : la banque réaffirme sans cesse la primauté de l'intérêt du sociétaire sur ses intérêts propres. On retrouve ici l'un des fondements de l'éthique mutualiste (ANHEIER, 1995). La confiance est donc à la fois individuelle (en direction des personnes) et collective (dans l'institution), mais aussi horizontale (entre semblables) et verticale (en termes de hiérarchie). Par ailleurs, la confiance avec les clients et sociétaires se construit dans un apprentissage réciproque qui suppose du temps et de l'expérience (LORENZ, 1996), même si l'importance de ces deux éléments est réduite compte tenu de la proximité. Dans cette période, il n'est pas besoin de ratio de rentabilité pour garantir au sociétaire que la banque met tout en œuvre pour gérer au mieux ses intérêts. La confiance repose sur un code de l'honneur. *« Faire crédit, c'est faire confiance »*. Cette affirmation résume bien l'esprit de cette première période.

Ce qui vient aussi fonder la confiance est la nature de l'information. Le CMM, dès l'origine, utilise plutôt une communication orale, en accord avec la proximité. Il y a peu de choses écrites et la mémoire de l'organisation est plutôt dans celle des hommes. Cette préférence pour l'oral correspond généralement au mode de fonctionnement des petites entreprises où le nombre de personnes dont il faut coordonner l'action n'exige pas la mise en place d'une communication écrite, formalisée. On est dans un ajustement mutuel (MINTZBERG, 1982). Elle s'explique aussi par l'idée au CMM que l'écrit fige les situations, et ne permet pas de réagir dans l'instant. Elle est enfin peut-être à mettre sur le compte du parcours des dirigeants, militants ou autodidactes, pour qui la parole est essentielle.

Cette primauté de l'oral se retrouve dans les structures : pas d'organigramme écrit ; des définitions de fonction floues pour les personnels ; pas de planification stratégique jusque dans les années quatre-vingt-dix ; une faible standardisation des procédures jusqu'au milieu des années quatre-vingt. Elle est cependant à relativiser par l'abondance de données écrites (de nature politique) accumulées sous forme de comptes rendus des différentes assemblées générales et bureaux du niveau fédéral. Ils apparaissent comme autant d'éléments de validation et de preuve. Associés au rôle essentiel de l'oralité qui place les témoins en situation de faire foi de l'opération, et aux relations de proximité qui s'appuient sur le rôle de la parole donnée et sur la cooptation, ils contribuent à l'émergence d'un savoir commun et de la mémoire collective de l'institution.

Cette mémoire est encore extrêmement forte aujourd'hui, puisqu'un certain nombre des tous premiers administrateurs restent présents, de la même manière que les présidents antérieurs contribuent à jouer un rôle central dans les assemblées générales. La mémoire est donc individuelle mais aussi collective. C'est particulièrement le cas pour les administrateurs. D'une part les traditions militantes sont autant d'antécédents qui deviennent partagés et communs, au fil du temps. D'autre part, les assemblées générales constituent à la fois un élément de rencontre, d'échange et de confrontations au sein duquel se construit la mémoire collective de l'institution. En ce sens, les CA, bureaux et autres espaces d'échanges contribuent aux processus d'apprentissage d'une part et de formation de cette mémoire d'autre part. Pour les salariés, la culture de proximité apparaît là encore comme constituant le ciment de cette mémoire collective. Pour tous sur cette période, les expériences passées et les habitudes de travail en commun fédérées par le fait de porter un projet de solidarité contribuent à la fois à l'apprentissage d'un savoir commun et à la constitution d'une mémoire qui reste vive aujourd'hui.

Tout ceci va être remis en question dans les années quatre-vingt à la fois par les modifications réglementaires et concurrentielles et par l'accroissement de la taille de l'entreprise. Si les « *règles établies donnent consistance à des repères en situation de crise* » et « *sont des procédures de révision du type d'action* » (LIVET et THÉVENOT, 1994), on mesure les atouts du CMM pour construire son adaptation.

3.2. 1984-1990. Vers la banalisation de l'activité : une confiance basée sur des éléments de défiance

Dans les années quatre-vingt, la réponse aux évolutions de l'environnement a fait basculer le rapport de force entre le projet solidaire et l'activité bancaire. En 1984, la loi bancaire introduit en effet une libre concurrence entre les différents réseaux (banques inscrites et non inscrites). À cela s'ajoute la disparition de l'encadrement du Crédit à la fin de l'année 1986 et l'émergence d'une réglementation prudentielle destinée à limiter le risque de défaillance bancaire (ratios de solvabilité, etc.). Les nouvelles dispositions conduisent à une banalisation des financements et des établissements mettant en difficulté les plus spécialisés. Enfin, la désintermédiation et la titrisation transforment le comportement des usagers à l'égard du financement de leurs activités. Ce contexte introduit une dichotomie croissante entre les principes mutualistes et les pratiques bancaires. Il s'accompagne d'une transformation progressive de la nature et des liens de confiance au sein de l'institution.

En réponse à ces changements, le groupe accroît la gamme de ses produits (Sicav, PEL, PEP, etc.) et services (agences libre-service) en direction des particuliers qui sont ses clients traditionnels, puis élargit et segmente sa clientèle. Il s'oriente notamment vers le crédit aux professionnels, ce qui représente une véritable rupture dans son activité. L'élargissement de l'activité à de nouveaux produits et surtout à une catégorie de clientèle a amené le groupe à prendre en compte des risques nouveaux et surtout croissants. Le volume des sommes engagées lors des crédits professionnels et la difficulté plus importante à apprécier la solvabilité de l'emprunteur accroît les risques pour la banque. La Fédération n'a en outre pas cessé de croître, recrutant de nouveaux salariés et ouvrant de nouvelles caisses. Toutes ces transformations se sont alors traduites dans de nouvelles relations entre les personnes, de nouveaux modes d'évaluation, en un mot, dans de nouveaux principes de confiance.

L'accroissement des risques et de la taille du groupe rend en effet les fondements antérieurs de la confiance partiellement caduques. Il n'est plus question désormais de faire reposer la relation entre la banque et le client (qui est de moins en moins un sociétaire) sur la confiance mutuelle. La proximité, si importante auparavant, ne joue plus. À l'inverse, les relations se fondent sur une défiance mutuelle et sur des comportements opportunistes qui caractérisent le fonctionnement dominant dans l'activité bancaire classique.

Comment se matérialisent ces nouvelles relations ? Tout d'abord, dans le sens sociétaire-banque, le « recrutement » des emprunteurs ne se fait plus selon des critères de proximité. Un de nos interlocuteurs a souligné que, dans le cas des crédits professionnels, le risque de défaillance du débiteur était encore accru par le fait que

311

le professionnel fait passer son propre intérêt avant celui de la banque, ce qui est en soi normal, le vrai problème étant que le professionnel « *se fiche de planter la banque* ». Il n'y a donc là ni moralité, ni confiance possible. Entre la banque et le client, la relation de confiance est instrumentée par des éléments techniques, objectifs : les dossiers sont examinés à l'aune de critères spécifiques (examen des projets d'investissement, des bilans, etc.). On passe d'une logique de l'honneur à une logique de la rigueur. Le lien devient fonctionnel. Le savoir commun aux personnes repose dorénavant sur des objets techniques (informatique, ratios, études statistiques). Il en résulte une augmentation des coûts de transaction qui renforce l'impératif de maîtrise des frais généraux.

Dans le même temps, on assiste à la construction de supports contractuels plus robustes avec la clientèle pour encadrer les risques de défauts et limiter les asymétries d'information, en situation de renforcement de l'incertitude critique. Cette instrumentalisation de la prise en charge des risques va de pair avec le développement d'éléments de validation technique et de preuves d'efficacité largement marqué par la priorité des ratios financiers. L'oralité et les relations interpersonnelles toujours présentes, s'accompagnent dorénavant d'un mouvement de production de normes explicites en direction des sociétaires et des caisses.

À l'inverse, le client ne peut plus avoir confiance dans sa banque car elle n'est plus un objet affectif pour lui (le client ne vient plus parce qu'il s'agit du Crédit *mutuel*). En outre, la pression concurrentielle et les difficultés du système bancaire dans son ensemble suscitent la méfiance chez les usagers. Là, également la relation se construit sur des éléments objectifs, techniques, rigoureux. Le législateur est ici largement responsable de la diffusion de normes du fait de la mise en place de la réglementation prudentielle qui oblige toutes les banques à respecter les ratios définis. Toutefois le CMM s'efforce de restaurer les liens de confiance avec ses usagers en tentant d'améliorer le service au client à la fois par un usage important de l'informatique et le développement de agences libre-service, ainsi que par des tentatives de meilleure adaptation des produits aux usagers. On est ainsi en présence d'une reconstruction de la confiance autour d'une technicité qui vise aussi à fidéliser une clientèle devenue moins captive et plus centrée sur un calcul d'intérêt personnel que sur un ancrage sur un projet social.

L'obligation de respecter les ratios établis par le législateur, la prise en compte de nouveaux risques ont à leur tour un impact sur la qualification des salariés et sur l'organisation. Alors, qu'à l'origine, ils étaient recrutés pour leur proximité, désormais, ils le sont d'abord pour leur technicité, leur compétence, dans une culture plus technique que sociale. Dans les années quatre-vingt, la population des salariés se clive donc autour de la professionnalité des salariés entendue comme « *les capacités nécessaires à l'exercice d'une activité et la manière de se situer par rapport au travail* » (D'IRIBARNE, 1989). La pression concurrentielle change l'objectif de l'organisation : la recherche de performance et d'efficacité devient première, la recherche de l'intérêt général s'effaçant dans un contexte de difficultés économiques. La confiance dans l'institution s'inscrit désormais en référence aux différents ratios qui apparaissent comme autant d'éléments de validation de la preuve mais aussi de réduction d'incertitudes. À partir de la deuxième moitié des années quatre-vingt, on observe également une standardisation des procédures et un double mouvement de centralisation-déconcentration (introduction d'un échelon intermédiaire entre les caisses et la Fédération) qui sont autant de signes de la professionnalisation de l'activité. Il s'agit d'impulser des comportements homogènes et formalisés par la construction de règles explicites, qui rompent avec la prédominance antérieure de l'informel sans pour autant le faire disparaître. La taille de l'entreprise, la nature des risques rencontrés font que la communication orale et les règles informelles ne suffisent plus à assurer à l'entreprise un fonctionnement satisfaisant. L'action des caisses s'inscrit dans un cadre formalisé en vertu d'un principe d'efficacité. Dans cette période la Banque prend le pas sur le Mouvement, l'Organisation « mange » peu à peu l'Institution.

Ce mouvement s'accompagne d'une spécialisation des structures (constitution d'un réseau spécialisé en direction des entreprises ou de publics particuliers et donc de lieux d'expertise spécifiques) et d'une nouvelle division du travail qui met au cœur des dispositifs la fonction commerciale. Il s'agit de décharger les personnels des caisses de toutes les tâches qui pourraient entraver l'activité de production de crédits : d'où la mise en place des centres de traitement administratif et des agences libre-service (rationalisation des moyens au niveau administratif et décentralisation au niveau commercial). Ce mouvement n'est pas spécifique au CMM, puisque la tendance à la spécialisation des réseaux tend à se généraliser (BONIN, 1997). Le législateur a une part de responsabilité importante dans l'émergence de ce mouvement. En effet, en plaçant la banque en concurrence directe avec l'ensemble des autres, il incite à un comportement commercial « agressif » visant à préserver ou à prendre des parts de marché. Dans la période, émerge également de façon marquée la référence à un mode de fonctionnement de type marchand : le déplacement du sociétaire vers le client (qui souscrit de moins en moins de parts sociales) traduit le passage d'une relation reposant sur la solidarité et la confiance vers une relation exprimant un pur échange marchand. En outre, une fraction des parts sociales est désormais rémunérée. Quand le sociétaire n'avait en contrepartie de sa part sociale « que » la possibilité de participer à la gestion de sa banque (ce qui est déjà considérable), l'échange n'avait pas de connotation monétaire. Dès lors que le sociétaire reçoit une rémunération, l'échange change de nature et la logique globale dans laquelle s'inscrit la relation également.

L'augmentation de la taille du réseau du CMM, et donc du nombre de salariés et de sociétaires contribue donc à la mise à l'épreuve de la confiance et se traduit donc par une évolution du degré et de l'étendue de la confiance. Cependant, cette moindre proximité est compensée à la fois par des proximités relationnelles et des connaissances partagées par les dirigeants et les administrateurs qui réduisent les distances effectives. Reste néanmoins que l'évolution des modalités de recrutement au CMM a pour conséquence une dichotomie croissante entre les personnels de l'organisation qui rend nécessaire un renouvellement de la construction des liens de confiance. Or celle-ci ne semble pas apparaître sur cette période autrement que dans l'instrumentation technique de la présentation des résultats financiers de la structure et du respect des ratios. On perçoit que la logique de l'adversité qui traverse le groupe depuis son origine suffit à maintenir les liens de confiance antérieurs à l'intérieur de l'institution et évite ainsi une reconstruction des liens de confiance. De la même manière, l'écart croissant entre les principes de solidarité (au cœur du projet originel du CMM et largement véhiculés par les discours présidentiels lors des assemblées générales) et des pratiques relativement banalisées ne déstabilise qu'à la marge l'institution : « *il faut des moyens pour pouvoir faire autre chose* ». Les discours et la mémoire de l'institution continuent à porter le projet social indépendamment des réalités effectives des engagements parfois frileux du CMM en la matière. Relever le défi de la survie et de l'indépendance pour le CMM apparaît comme un objectif indispensable et préalable à la mise en œuvre d'une quelconque éthique mutualiste. Il rend à lui seul légitime la production de règles techniques, prudentielles ou d'organisation qui apparaissent comme des vecteurs d'information accessibles à tous et des preuves institutionnelles de validation. Le savoir commun ne se limite plus au projet social mais s'inscrit aussi dans une dynamique technique et professionnelle légitimée par des administrateurs, garant de la mémoire de l'institution. En ce sens le faible renouvellement des administrateurs et la stabilité de l'équipe dirigeante contribuent à garantir la crédibilité de la trajectoire du CMM. À un apprentissage de la vie en commun succède donc un apprentissage comme processus d'adaptation à l'environnement et de construction de compétences techniques. La professionnalisation de la structure qui s'accompagne d'une définition de règles précises coexiste avec une culture de l'informel qui reste encore significative. Sans doute est-ce la coexistence de règles formelles et informelles (REYNAUD, 1989) qui a donné sa forte capacité d'expérimentation au CMM et ses marges d'adaptation. Mais se pose la question de la cohérence du projet dans un contexte de pression croissante de l'environnement.

On perçoit alors la fragilité de l'édifice : une confiance reconstruite partiellement sur la défiance, qui coexiste cependant avec une confiance-proximité, un écart croissant entre les discours et les pratiques qui n'est pas sans susciter des tensions aussi bien pour les salariés que pour les bénévoles, un écart croissant aussi entre les règles (explicites et implicites) et les actions menées susceptibles à tout moment d'entrer en conflit, des repères techniques croissants et donc des savoirs communs, mais en référence à une seule des logiques de l'institution, enfin une mémoire collective entretenue par l'institution mais qui tend à se diluer du fait de la prise de pouvoir de la technostructure sur la sphère politique (c'est-à-dire démocratique) représentée par les administrateurs. Dans ce contexte, la période qui s'ouvre au début des années quatre-vingt-dix autour du concept de banque régionale mutualiste peut être interprétée comme la recherche d'un nouveau compromis et d'un degré de cohérence plus élevé.

3.3. 1990-1997. La réconciliation de la banque et du mouvement : confiance et professionnalisation de la proximité ?

Au cours des années quatre-vingt, l'enjeu pour le CMM avait été de transformer son organisation et de se doter de compétences techniques afin de s'adapter au nouveau contexte concurrentiel. Le vrai problème pour le CMM dans les années quatre-vingt-dix est plutôt celui de sa cohérence interne. En effet, la banalisation de l'activité dans les années quatre-vingt et la montée des « pratiques gestionnaires » ont notamment conduit à un sentiment d'insatisfaction et de frustration pour un certain nombre d'acteurs qui continuent à penser le CMM dans sa spécificité initiale. La diversification de l'activité, le recrutement à l'extérieur de salariés provenant d'établissements bancaires ou financiers non mutualistes ont fait du CMM une mosaïque dont les fragments ne recouvrent pas ceux de départ. Au sein de la Fédération, cohabitent des individus ayant des niveaux de qualification très différents, pour lesquels les perspectives de carrière sont distinctes et surtout qui ont des parcours professionnels très éloignés : certains ont fait toute leur carrière au CMM tandis que d'autres viennent d'autres banques. Cela se traduit par des approches différentes de la banque, de la relation au client, du rôle possible des administrateurs, etc.. Pour le CMM, l'enjeu est de trouver un projet susceptible de rassembler et de mobiliser des individus dont les motivations et les attentes vis-à-vis de la banque sont très éloignées les unes des autres. Cet écart se retrouve aussi pour les administrateurs : les nouveaux n'y viennent pas avec le même esprit, l'intérêt personnel prend souvent le pas sur l'intérêt général. Ici la diversité des hommes ne sert plus d'atout mais suscite des tensions qui s'exacerbent dans la question du projet du CMM. Entre ceux qui ont fait le choix du Crédit mutuel dans le cadre d'un prolongement de leur engagement militant, et ceux qui y viennent comme dans n'importe quel autre organisation bancaire, il importe de reconstruire des mécanismes de coopération et des principes communs.

Le groupe organise une réflexion sur lui-même car il perçoit qu'adopter le même comportement et adhérer aux mêmes principes que les banques classiques peut lui être fatal. L'enjeu est de réinventer une place pour une dynamique solidaire. Les années quatre-vingt-dix peuvent donc être considérées comme un réinvestissement des logiques dominantes à l'origine, mais dans un double but stratégique et politique.

Cela prend la forme de la construction d'un concept – la banque régionale mutualiste – qui apparaît dans les discours politiques à partir de 1991. Le terme de banque régionale mutualiste a un sens stratégique car il contribue à la mise en œuvre d'un effet de niche dans un environnement concurrentiel autour de logiques de « *proximité et solidarité* » (CMM, Assemblée générale, mai 1994). Le concept positionne le CMM au cœur des projets de développement locaux et participe à la redéfinition de son image. Mais, il contribue surtout à la reconstruction de la cohérence du groupe en interne. En effet, le concept proposé semble commun aux différentes tendances qui s'expriment au CMM : il permet de maintenir la référence aux principes originels (la dimension mutualiste est clairement affirmée) et d'intégrer les développements opérés dans les années quatre-vingt en direction du crédit professionnel et du financement des collectivités locales et territoriales. Il est donc construit comme une rationalisation a posteriori de l'activité. Le groupe fait ici un apprentissage de nature politique, c'est-à-dire qu'il cherche à construire un référent commun à tous les membres de l'organisation, un cadre mobilisateur de toutes les tendances qui s'expriment dans la banque puisqu'il se déploie sur deux dimensions : professionnalisme/rigueur et proximité/confiance. Cette tentative de mise en cohérence suppose en effet de mettre en œuvre « *des codes communs de communication et des procédures coordonnées de recherche de solutions* » (DOSI *et al.*, 1990). Il n'est d'ailleurs pas neutre que sur cette troisième période, on tente à la fois de mobiliser les administrateurs et les salariés autour d'une grande réflexion sur l'avenir du CMM en réactivant la mémoire collective lors des assises régionales décentralisées. Ces réunions en interne ainsi que celles qui sont organisées en direction des acteurs du développement et de l'économie sociale sont autant de productions symboliques qui affichent l'ancrage de l'institution dans les principes de l'économie sociale et la réappropriation de ces mêmes principes (participation, responsabilité et démocratie). Elles apparaissent comme une forme de production d'intermédiaires, c'est-à-dire d'informations partagées par un collectif. Elles participent enfin de la mise en œuvre du changement dans la continuité. Ces stratégies s'accompagnent donc du développement de la communication en interne et en externe (gestion des hommes et des compétences et gestion des réseaux). L'introduction d'une forme de planification stratégique sur la même période peut se lire à fois par sa souplesse comme le moyen de préserver la culture de l'instabilité mais aussi par le cadre qu'elle fixe comme un élément de mise en cohérence, et de construction d'un cadre commun. Tous ces éléments contribuent à la fois à réancrer le projet du CMM dans une dynamique citoyenne, à développer un savoir commun dans une implication dans un projet fédérateur.

Ce renouveau des valeurs anciennes telles qu'elles apparaissent dans le concept actuel de banque régionale mutualiste n'est pas anodin. Il correspond à un nouvel état de la société civile. Après des années de banalisation et de concentration, il semble que l'on parvienne à un épuisement de ces mouvements technocratiques, centralisateurs, qui laminent les spécificités. La vitalité du mouvement associatif, la demande de proximité de la part de nombre d'usagers en réaction à l'automatisation vont dans le même sens. Dans ce contexte, comment interpréter ce mouvement au CMM ?

Le CMM est aujourd'hui pris entre deux référents qui se télescopent. L'ancien était vu dans les années quatre-vingt comme un archaïsme dont il fallait peut-être se débarrasser pour permettre la modernisation de l'institution dans un contexte de concurrence. *Aujourd'hui, le nouveau référent semble devoir lui aussi être repositionné. Il ne s'agit plus d'opposer la modernité contre l'archaïsme mais plutôt de réactiver le référent le plus ancien avec une technicité acquise dans la décennie précédente. Le concept de banque régionale mutualiste doit être considéré comme le réinvestissement du projet de départ assorti d'un nouveau professionnalisme qui est, lui, encore à définir. La question de la confiance est au cœur de ce professionnalisme qui est à réinventer, mais il y a fort à parier qu'elle ne croisera pas celle de la proximité selon les mêmes critères qu'il y a vingt ans. « On ne vient pas au Crédit mutuel par hasard ».* Cette confiance dans la relation banque-sociétaire apparaît en effet comme l'un des vecteurs de compétitivité du CMM, puisqu'il limite le risque de comportements opportunistes. De la même manière, la relation de confiance et de partenariat construite avec les collectivités locales autour de projets de développement et de création d'emplois est, à bien des égards, essentielle. Elle traduit l'implication du CMM, d'une part, dans une dynamique d'« intérêt général », et d'autre part, dans les nécessaires transformations du paysage économique et social. Dans tous les cas, ces relations de confiance constituent une « niche » que le CMM tente de valoriser et qui lui confèrent une image « citoyenne ». Elles participent du maintien d'une forme institutionnelle spécifique, et donc de la construction de son avantage compétitif, alors même que l'environnement institutionnel impose des standards (ORLÉAN, 1994).

Les éléments de confiance dans la dernière période reposent sur trois dimensions. Tout d'abord une réputation construite, liée à des résultats financiers corrects et au respect des ratios prudentiels d'une part, et à une garantie d'emploi en interne d'autre part (le groupe contrairement à d'autres a non seulement maintenu l'emploi mais continué à embaucher, l'accord du 27 novembre 1997 sur la réduction du temps de travail devant se traduire par 90 emplois supplémentaires). Elle est aussi relative à une offre de services qui se veut de qualité (offre adaptée aux individus : *« on ne vend pas n'importe quel produit »*). Elle est enfin construite en référence à un usage particulier de l'argent, non spéculatif au service du territoire et des hommes. Ces éléments apparaissent comme autant de mécanismes institutionnels pour réduire l'incertitude, mais aussi de relégitimation des règles et de redéfinition d'un savoir commun, dont les différents acteurs de l'institution s'affirment partie prenante. Une fois ces éléments posés, très clairement, l'enjeu semble être aujourd'hui pour le

CMM de construire (car elles n'existent pas y compris en externe) les compétences qui lui permettraient de tenir le pari d'une banque régionale mutualiste.

Il semble qu'un autre défi se profile à l'horizon : le rachat du CIC (groupe bancaire de taille équivalente) par le Crédit mutuel Centre Est Europe va se traduire par la rencontre, voir le choc de deux cultures. Cette croissance externe du groupe dans son ensemble s'inscrit positivement dans la dynamique bancaire actuelle de concentration. Mais elle est susceptible d'introduire de nouveaux facteurs de déstabilisation et de banalisation qui affecteront directement ou indirectement le CMM. On mesure ainsi que la capacité d'apprentissage et d'innovation du CMM sera à nouveau largement sollicitée dans les années à venir.

4. CONCLUSION

Incontestablement, la confiance, sous différentes formes, a joué un rôle essentiel dans les performances et la compétitivité du CMM. Cette notion prend toute son importance dans le contexte de banalisation et d'accroissement de la concurrence, de fragilisation d'un certain nombre d'établissements bancaires et d'asymétrie de l'information entre le producteur de produits bancaires et son client. Ce sont alors les nouvelles formes de construction des liens de confiance qui résolvent largement le paradoxe.

Au CMM, la relation de confiance entre la banque et ses clients (ses sociétaires), prégnante lors de sa création en 1976, a été mise à mal par le mouvement de déréglementation amorcé par la loi de 1984. Le paradoxe émerge avec force. La mesure du risque se substitue de plus en plus à l'élaboration de la confiance. Les transformations opérées par le CMM dans les années quatre-vingt peuvent alors apparaître comme une banalisation de son comportement en relation avec le mouvement général qui affecte le secteur bancaire. Les préoccupations du groupe sont de s'adapter à la nouvelle donne réglementaire. En revanche, la réappropriation d'une dynamique solidaire au cours de la période la plus récente peut apparaître comme une tentative de construire un modèle alternatif de compétitivité à la fois citoyen et efficace. Le concept de banque régionale mutualiste qui se développe au CMM dans les années quatre-vingt-dix peut être interprété comme une manière de surmonter le paradoxe. Il répond à la question : comment être compétitif tout en respectant la mission spécifique de crédit mutuel ?

Des modes de construction renouvelés de la confiance apparaissent donc comme déterminants dans l'évolution et les performances du CMM. Sur l'ensemble des trois périodes, le CMM a réalisé des apprentissages et introduit des innovations (en termes de produit et d'organisation) qui lui ont permis non seulement de subsister mais également de se développer dans un environnement de plus en plus concurrentiel (MENDEZ et RICHEZ-BATTESTI, 1997-b). Ces résultats, non généralisables en l'état, nous semblent cependant ouvrir des perspectives significatives dans l'ensemble du champ de l'économie sociale et fournir des pistes de réflexion alternatives en matière de compétitivité.

Ariel Mendez et Nadine Richez-Battesti

BIBLIOGRAPHIE

ANHEIER H. (1995), « Pour une révision des théories économiques du secteur sans but lucratif », *Recma, Revue Internationale de l'Economie sociale*, n° 257.

BOLTANSKI L. et THÉVENOT L. (1991), *Les économies de la grandeur*, Paris, Gallimard.

BACKUS D. et DRIFFILL J.(1985), « Rational expectations and policy credibility following a change regime », *Review of Economic Studies*, LII.

BARRO R.-J. et GORDON D.-B (1983), « Rules, discretion and reputation in a model of monetary policy », *Journal of Monetary Economics*, n° 12.

BONIN H. (1997), *La crise bancaire française et mondiale*, Paris, Presses universitaires de France.

BROUSSEAU E., GEOFFRON P. et WEINSTEIN O. (1997), « Confiance, connaissance et relations inter-firme », in GUILHON *et al.* (dir.) (1997), *Economie de la connaissance et organisations*, Paris, L'Harmattan.

CAHUC P. (1993), *La nouvelle micro-économie*, Paris, La Découverte.

DI MAGGIO P. et ANHEIER H. (1990), « The sociology of non profit organisations », *Annual Review of sociology*, n° 16.

DOSI G., TEECE D. et WINTER S. (1990), « Les frontières des entreprises : vers une théorie de la cohérence de la grande entreprise », *Revue d'Economie Industrielle*, n° 51, premier trimestre.

ENJOLRAS B (1995), « Comment expliquer la présence d'organisations à but non lucratif dans une économie de marché, une théorie socio-économique des organisations non lucratives », *Annals of Public and Cooperative Economics*, vol. 66, n° 4.

EYMARD-DUVERNAY F. (1990), « Modèles d'entreprises et ajustement des politiques d'emploi », *La lettre d'information du CEE*, n° 16, juin.

FAVEREAU O. (1994), « Règles, organisation et apprentissage collectif : un paradigme standard pour trois théories orthodoxes », in ORLÉAN A. (dir.) (1994), *Analyse économique des conventions*, Paris, Presses universitaires de France.

FAVEREAU O. (1989), « Marchés internes, marchés externes », *Revue Economique*, numéro spécial, « L'économie des conventions », mars.

FERRARY M. (1997), « Banques à réseaux : à la recherche de l'avantage concurrentiel », *Revue Française de Gestion*, n°†116, novembre-décembre.

GAZIER B. (1993), « L'économie sociale dans l'économie mixte aujourd'hui », *RECMA*, n° 44-45.

GRANOVETTER M. (1994), « Les institutions économiques comme construction sociale », in Orléan A. (dir.) (1994), *Analyse économique des conventions*, Paris, Presses universitaires de France.

IOZIA J. (1996), *Le Crédit Mutuel Méditerranéen dans son espace régional : une pluralité de logiques d'acteurs*, mémoire de DESS, université de la Méditerranée.

IRIBARNE (D') A. (1989), *La compétitivité : défi social, enjeu éducatif*, Presses du CNRS, Collection Sociétés en mouvement.

KOENIG G. (1994), « L'apprentissage organisationnel : repérage des lieux », in *Revue Française de Gestion*, janvier-février.

KREPS D.-M. et WILSON R.(1982), « Reputation and imperfect information », *Journal of Economic Theory*, n° 27.

KREPS D.-M. (1991), « Corporate culture and economic theory », in ALT J.-E.et SHEPSLE K.-A. (ed) (1991), *Perspectives on Positive Political Economy*, Cambridge, Cambridge University Press.

LALLEMENT M. (1994), « Théorie des jeux et équilibres sociaux », *Revue du Mauss*, n° 4, deuxième semestre.

LIVET P. et THÉVENOT L. (1994), « Les catégories de l'action collective », in Orléan A. (dir.) (1994), *Analyse économique des conventions*, Paris, Presses universitaires de France.

LIVET P. et REYNAUD B. (1995), « La confiance indécidable et ses versions en économie », séminaire interdisciplinaire *confiance, apprentissage et anticipation économique*, université technologique de Compiègne, 23-26 janvier.

LORENZ F. (1996), « Confiance, contrat et coopération économique », in *Sociologie du travail*, n° 4/96.

MENDEZ A. et RICHEZ-BATTESTI N. (1997 a), *Les vingt ans du Crédit Mutuel Méditerranéen, quelles stratégies d'adaptation pour une banque régionale mutualiste ?*, Rapport pour le compte du CMM, juillet.

MENDEZ A. et RICHEZ-BATTESTI N. (1997 b), « Quelles stratégies d'adaptation pour une banque régionale de l'économie sociale ? », Actes des XVIIIes journées de l'AES, Dijon, 11-12 septembre.

MINTZBERG H. (1982), *Structure et dynamique des organisations*, Les Editions d'organisation.

ORLÉAN A. (dir.) (1994 a), *Analyse économique des conventions*, Paris, Presses universitaires de France.

ORLÉAN A. (1994 b), « Sur le rôle de la confiance et de l'intérêt dans la constitution de l'ordre marchand », *Revue du MAUSS*, n° 4, deuxième semestre.

REYNAUD B.(dir.) (1997), *Les limites de la rationalité, Tome 2, Les figures du collectif*, Paris, La Découverte.

REYNAUD J.-D. (1989), *Les règles du jeu de l'action collective : l'action collective et la régulation sociale*, Paris, Armand Colin.

SERVET J.-M.(1994), « Paroles données : le lien de confiance », in *Revue du MAUSS*, n° 4, deuxième semestre.

WILLARD J.-C. (1995), « L'économie sociale face à l'Etat et au marché : interrogations sur quelques mots-clés », *Recma, Revue Internationale de l'Economie sociale*, n° 257.

WILLIAMSON O.-E. (1993), « Calculativeness, trust and economic organisation », *Journal of Law and Economics*, vol. XXXVI, avril.

Une approche multidimensionnelle de l'action du salarié au travail dans l'organisation à travers le concept d'effort

Bénédicte Berthe, (CREREG, CNRS, université de Rennes I)

1. INTRODUCTION

Comment analyser l'action du salarié au travail dans l'organisation ? Comment l'économie peut-elle appréhender ce comportement économique fondamental ? Le concept d'effort apparaît pertinent pour répondre à ce questionnement. Ce concept essentiel est dispersé dans la théorie économique, sa définition est rarement clairement établie, son approche peut souvent être utilement complétée. Ce papier a pour objet de proposer la construction d'une représentation du concept d'effort. La démarche adoptée consiste à considérer l'effort comme une « totalité » (au sens de MOUCHOT (1996)) et comme une entité globale dotée de spécificités complexes et humaines qu'il convient de ne pas négliger. On ne se cantonne pas à l'analyse d'un seul modèle mais on se confronte à l'ensemble des théories qui traitent de l'effort et on tente de restituer une analyse globale de l'effort.

L'effort représente toute l'action du salarié finalisée par son travail et exercée à l'occasion de sa présence dans l'organisation[1]. L'effort caractérise l'ensemble des prestations du salarié quelles qu'elles soient. Ainsi répondre au téléphone, remplir un formulaire mais aussi établir le diagnostic d'une panne, la prise d'initiative sont des exemples d'effort. L'effort est aussi bien quantitatif que qualitatif, et physique qu'intellectuel. À propos de l'étendue et de la matérialisation de l'effort, la mise en œuvre d'un effort et son actualisation sont confondues. L'effort émane fondamentalement et uniquement du salarié, qui est perçu comme un producteur d'effort. Nous allons, dans un premier temps, exposer la proposition d'une représentation de l'effort. L'effort peut se concevoir dans un espace à trois dimensions. L'effort peut prendre trois formes : intensité, qualité, activité. Il peut être produit selon trois logiques : l'intérêt, l'obéissance et la confiance. L'effort possède trois types : le type entreprise, le type groupe et le type personnel. Trois dimensions qui se déclinent chacune en trois, on obtient donc une triple triade. Tout effort peut se concevoir comme une combinaison particulière de cette triple triade. Il est commode de le représenter à l'aide d'un cube (*cf.* figure 1). Dans un deuxième

---

[1] Le concept d'effort est utilisé pour l'étude de toute la conduite du salarié et non pas, comme pourrait l'entendre le sens commun, uniquement pour l'étude d'un surplus de travail, comme si le travail que fournit déjà le salarié était « normal » et que la question de l'effort concernait uniquement le travail « en plus ».

temps, nous présenterons quelques-uns des résultats d'une enquête concernant un seul aspect de cette analyse de la production d'effort. Il s'agit de l'effort de type entreprise produit selon la logique de la confiance (*cf.* figure 2). Cette enquête a été réalisée au Centre de tri de La Poste de Rennes Airlande (CTPRA) sur la base d'un questionnaire qui tourne autour de la notion d'effort.

Figure 1   Figure 2

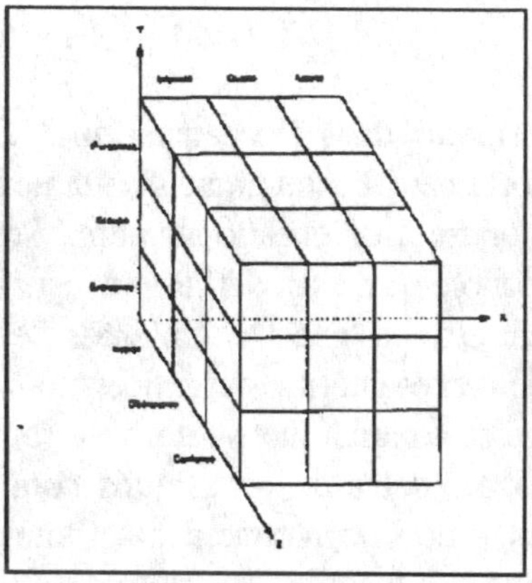

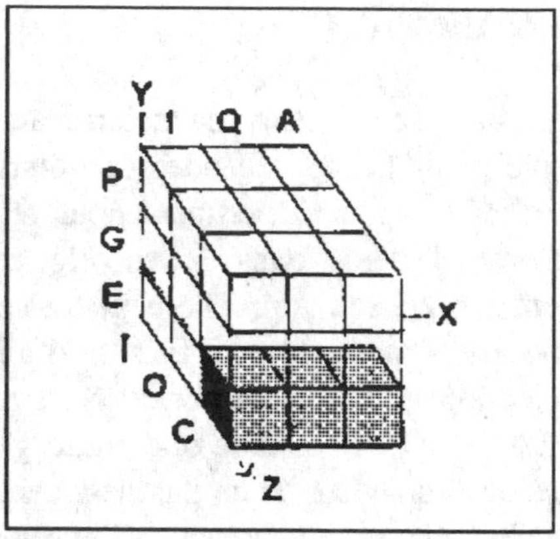

2. UN MODE D'ANALYSE TRIDIMENSIONNEL DU CONCEPT D'EFFORT

Nous utilisons les termes de forme, logique et type pour désigner ces trois dimensions. Pour une représentation synthétique et globale de l'effort, nous proposons ainsi de construire les fondements du concept d'effort sur la base de ces trois axes. Nous nous attarderons ici davantage sur les logiques de l'effort et aborderons plus rapidement les formes et les types d'effort.

2.1. L'effort prend trois formes

L'effort prend trois formes : intensité, qualité, activité. La caractérisation des diverses formes que peut prendre l'effort facilite sa description. Cette distinction abstraite est utile à l'analyse ; par exemple, elle permet de souligner que telle politique organisationnelle n'a souvent d'effet que sur une seule forme de l'effort ou encore que l'une des formes de l'effort est négligée par un modèle théorique.

En avançant que l'effort prend trois formes, nous suivons la typologie de LEIBENSTEIN (1976). D'abord la forme intensité qui rend compte de l'aspect quantitatif de l'effort. Elle décrit le degré d'effort dépensé par le salarié au cours du temps, la rapidité de l'exécution de l'effort. Ensuite, la forme qualité, relative à l'application du salarié, à l'aspect qualitatif de l'effort. Enfin, la forme activité, quant à elle, correspond à la manière dont le salarié exécute une tâche, dont il s'y prend pour la réaliser.

Ces trois formes de l'effort ne correspond pas implicitement à un cadre préétabli pour le salarié, à un cadre figé de ses différentes possibilités. Nous ajoutons ainsi une distinction supplémentaire à la typologie établie par Leibenstein en introduisant l'aspect créatif de l'effort. La création (ou l'invention) est une action du salarié et, en tant que telle, est une partie constituante de son effort. Si nous considérons ainsi la forme créative comme une forme particulière d'effort, elle ne représente néanmoins qu'un ensemble d'efforts qui composent un sous-groupe à chacune des trois formes identifiées ci-dessus. L'effort créatif est l'effort nouveau pour le salarié. Il peut avoir existé auparavant ou ailleurs mais du point de vue du salarié, il découvre et agit comme il ne l'a jamais fait, sans indication et sans imitation.

2.2. L'effort possède trois logiques

Nous proposons de considérer que la production d'effort du salarié est guidée par trois logiques comportementales : celle de l'intérêt, celle de l'obéissance et celle de la confiance. Ces trois logiques de l'effort permettent de caractériser trois modalités comportementales, trois modes de comportement qui ont leur propre logique de fonctionnement, chacune à sa façon déclenchant la production d'effort. Pour traiter de ces trois logiques, nous nous limitons au cas de l'effort de type entreprise. Il s'agit de l'effort attendu ou défini par l'entreprise, et dont la production est influencée par l'entreprise. Nous allons voir que la théorie de l'incitation ne traite pratiquement que de ce type d'effort. Par contre, pour l'instant, nous restreignons l'étude de la contrainte et de la confiance au cas de l'effort de type entreprise.

2.2.1. La logique de l'intérêt

La logique de l'intérêt correspond au comportement hédoniste et égoïste du salarié, à l'optimisation de sa satisfaction (la recherche calculée et rationnelle de l'utilité la plus grande). Le salarié peut produire des efforts par intérêt et par conséquent l'entreprise, qui souhaite recueillir des efforts de la part du salarié, peut solliciter son intérêt à déployer des efforts à travers l'élaboration de mécanismes incitatifs. Ce mode d'obtention de l'effort se trouve analysé par les théories de l'incitation en général et la théorie du salaire d'efficience en particulier. La théorie de l'incitation se décline en de nombreux modèles. La problématique centrale de ces modèles est qu'au moment de la signature du contrat de travail, l'employeur n'acquiert qu'une promesse de comportement futur et n'obtient pas une certaine quantité de travail une fois pour toute. Pendant le déroulement de l'échange salarial, l'effort est alors à la discrétion du salarié, il est modulable. Des comportements stratégiques s'engagent entre employeur et employé. Les salariés sont supposés fournir le moins d'effort possible, l'employeur élabore des mécanismes dits incitatifs pour stimuler l'intérêt du salarié à produire des efforts.

Les modèles de la théorie des incitations qui traitent de l'effort sont très nombreux (STIGLITZ, 1976 ; SHAPIRO et STIGLITZ, 1984 ; AKERLOF et YELLEN, 1988 ; AKERLOF et YELLEN, 1990 ; CASSON, 1991...). Cependant la théorie de l'incitation ne permet pas à elle seule de mener une analyse globale de l'effort qui soit pleinement satisfaisante pour au moins deux raisons :

• Premièrement, un ensemble d'efforts primordiaux pour le bon fonctionnement de l'organisation ne sont pas analysés par la théorie de l'incitation. D'abord, cette dernière néglige les efforts de forme qualitative et créative. Par exemple, les récompenses découragent la prise de risque. Les efforts de formes particulières telles que la création, l'exploration, l'intuition sont ainsi évités (KOHN, 1993). Ensuite, à de rares exceptions près (AKERLOF, 1982), la théorie de l'incitation écarte l'analyse du groupe. Même lorsque le groupe est inclus dans le modèle (MAC AFEE et MAC MILLAN, 1991), (HOLMSTROM, 1982), en réalité la façon dont le groupe est considéré revient à ne lui reconnaître aucune existence en tant que tel, aucune action propre. De plus, la théorie de l'incitation ne rend pas compte des efforts qui sont déterminés non pas en fonction des attentes de l'entreprise mais en fonction de référentiel individuel du salarié et des efforts qui rapportent au salarié des contreparties d'ordre personnel, non fournies par l'entreprise. En fait, cette théorie ne traite que de l'effort de type entreprise. L'effort étudié est celui souhaité par l'entreprise. D'ailleurs, pour tous les modèles, l'effort correspond bien au nouvel *input* de la fonction de production.

• Deuxièmement, la théorie de l'incitation comprend, de manière sous-jacente, une représentation insatisfaisante du comportement du producteur d'effort. D'abord, le salarié est réduit à une chose. Par exemple, le salarié n'est qu'un instrument du système productif, il est réduit à un mécanisme dont il suffit d'identifier l'unique rouage qui permet le déclenchement de la production d'effort. Autre exemple, le travailleur a une existence qui s'apparente surtout à celle d'un consommateur potentiel. Ensuite, la théorie de l'incitation se caractérise par la domination du principe de minimisation de l'effort. Mais pourquoi la production d'effort devrait-elle uniquement être réduite à une peine, à une souffrance ? Des aspects physiquement pénibles du travail ont eu tendance à disparaître ou à se réduire avec notamment les progrès de l'ergonomie. Tout ce qui a trait à la mise en œuvre de son intelligence constitue aussi des formes d'effort. Pourquoi considérer que la mobilisation de son intelligence est une peine en soi ? Ces interrogations prennent appui sur un certain nombre d'auteurs qui évoquent la possibilité que le travail procure des sentiments différents de celui de la peine, par exemple KNIGHT (1923), VEBLEN (1978), EDWARDS (1979), MARGLIN (1975). Par ailleurs, un ensemble d'appuis empiriques (LANE, 1994) soulignent l'importance de l'activité de travail dans des enquêtes portant sur les satisfactions retirées globalement de l'existence. Par exemple, les plaisirs issus du travail arrivent juste après ceux que procurent la famille ou les amis mais juste avant les activités de loisirs.

En outre, le questionnement des origines historiques du principe de minimisation de l'effort montre également ses limites (BERTHE, 1998). Par exemple, on trouve dans le principe de minimisation de l'effort, une conception de la nature humaine d'origine physicaliste. Le principe de moindre effort domine les analyses historiques de l'effort, il découle d'une transcription directe du principe physique de moindre action, issu des théories de l'énergétique (BERTHE et RENAULT, 1997 ; RENAULT 1996).

La représentation du comportement du producteur d'effort, pose donc un certain nombre de difficultés dans la théorie de l'incitation. Mais, en fait, la construction globale de notre modèle d'analyse de l'effort permet de tenter d'y répondre. En effet, l'introduction des autres logiques et des autres types d'effort permet d'une part de donner plus d'épaisseur à l'existence du salarié (il va se retrouver avec un passé et être relié aux autres) et permet d'autre part de dépasser l'exclusivité du principe de minimisation de l'effort. Par exemple, l'effort de type personnel produit selon la logique de l'intérêt permet de considérer que le salarié peut déployer ses efforts par lui-même, pour des mobiles qui lui sont propres, sans intervention extérieure.

Finalement, la théorie de l'incitation éclaire l'effort de type entreprise produit selon la logique de l'intérêt et son obtention par l'élaboration de mécanismes incitatifs de la part de l'entreprise. Mais la théorie de l'incitation ne permet d'appréhender qu'une partie seulement des efforts potentiels du salarié. Examinons à présent les autres sortes d'efforts délivrés par le salarié.

2.2.2. La logique de l'obéissance

La logique de l'obéissance décrit le comportement du salarié qui se plie à des indications extérieures qui peuvent lui être imposées ou auxquelles il peut adhérer. Ainsi, il délivre un effort par exemple en se soumettant à ce qui lui est ordonné ou en se conformant à un certain nombre de conventions. Ce sont des mécanismes dits de contrainte qui permettent à l'organisation de recueillir ces efforts particuliers. La contrainte est ici un terme générique qui décrit tout procédé utilisé dans l'entreprise pour induire le salarié à agir dans une certaine direction.

Deux sortes d'obéissance sont identifiées : elle peut être absolue ou relative. À propos de la contrainte absolue, se sont les radicaux américains (EDWARDS 1979 ; BOWLES et EDWARDS, 1990) qui permettent de comprendre ce phénomène.

L'entreprise peut parfois disposer d'un pouvoir suffisamment fort pour obtenir certains efforts du salarié en ayant recours à des dispositifs d'ordre technique ou physique comme le commandement ou la cadence de certaines machines. L'entreprise dispose alors d'une force contre laquelle la lutte de l'individu isolé a peu de poids. Dire que le salarié délivre un effort par obéissance absolue signifie que cet effort n'est pas choisi par le salarié mais imposé avec force par l'extérieur.

Seul le cas de la contrainte relative est retenu et étudié ici. La contrainte est qualifiée de relative lorsque son adoption par le salarié n'est pas automatique mais dépend de sa pleine adhésion. Le salarié intériorise la contrainte avant de s'y plier. L'obéissance du salarié procède de son consentement préalable. La contrainte relative n'est jamais considérée comme un dispositif auquel aurait exclusivement recours l'organisation pour la coordination des efforts. La contrainte relative comprend les directives, les indications, les prescriptions... qui orientent et déterminent la production d'effort. La contrainte relative s'exprime ainsi, par exemple, à travers l'autorité hiérarchique telle que SIMON (1957) l'a développée. Mais la figure emblématique de la contrainte relative est surtout la convention. Pour en traiter, deux champs théoriques peuvent être exploités. Le premier repose sur la théorie de « l'efficience-X » développée par Leibenstein. Cet auteur offre une étude approfondie de l'effort du salarié et des différentes voies organisationnelles qui permettent de le recueillir. Il est évoqué dans le cadre de la contrainte relative en premier lieu parce que la convention est l'élément, parmi ceux qui mènent à la production d'effort, le plus central dans sa théorie et en second lieu parce que Leibenstein intègre différentes logiques comportementales pour le salarié, différents moyens pour l'entreprise de recevoir l'effort ; il combine la contrainte relative avec d'autres processus [2]. Le second champ théorique utilisé est la théorie économique française des conventions (SALAIS et THÉVENOT 1986, *Revue économique*, 1989 ; ORLÉAN, 1994 ; FAVEREAU 1986 ; FAVEREAU, 1989 ; SALAIS, 1989). Elle a aussi beaucoup à apporter à l'analyse des conventions d'effort dans l'organisation.
La contrainte relative dans l'organisation ne régule pas la totalité des efforts. D'une part, la contrainte relative n'a pas de prise sur un ensemble d'efforts. Par exemple, même lorsque tout se passe au mieux, les résultats de l'autorité en matière d'effort ne peuvent être que de type entreprise par définition. Mais en fait ce niveau d'effort souhaité ne peut pas être atteint par le seul exercice de l'autorité à cause des problèmes de transmission et de réception de l'ordre (AOKI, 1994). Par exemple, les conventions n'apportent qu'un nombre limité de réponses à la question de la conduite du salarié. Les conventions ne sont pas susceptibles d'anéantir l'incertitude sur l'effort du salarié. Le travailleur garde une zone d'autonomie (SALAIS, 1994), (FAVEREAU, 1989). D'autre part, l'obéissance relative laisse une place à d'autres

---

[2] La richesse de l'analyse leibensteinienne de l'effort ne permet pas de la cantonner seulement à l'effort de type entreprise produit selon la logique de l'obéissance relative cependant les écrits les plus récents de LEIBENSTEIN (1987) ont essentiellement trait à la contrainte relative.

modes de comportement. Ces auteurs n'excluent pas que d'autres logiques comportementales puissent cohabiter avec elle. Ainsi le fait que l'adoption et le suivi d'une convention ne soient pas le fruit d'un calcul n'écarte pas la possibilité que, à côté et par ailleurs, le comportement puisse se caractériser par un calcul rationnel (GOMEZ, 1994). Finalement l'effort dépend à la fois de l'incitation et des dispositifs de contrainte relative qui sont déployés dans l'organisation (LEIBENSTEIN, 1987), (WEIERMAIR, 1990). Incitation et contrainte relative ne sont pas incompatibles mais au contraire peuvent se combiner.

2.2.3. La logique de la confiance

Le premier point traité ci-dessus repose sur le principe que le salarié est mû par la recherche calculée de son intérêt ; en réponse l'entreprise met en place un dispositif incitatif. Le deuxième point s'appuie sur le principe selon lequel le salarié est guidé par l'obéissance ; en retour l'entreprise élabore la contrainte. Ce troisième point se fonde sur le principe que le salarié est orienté par quelque chose qui appartient au registre du lien social ; en réponse l'entreprise prépare la confiance.

Nous sommes arrivés précédemment à la conclusion qu'il subsistait une grande partie des efforts qui s'exerçaient dans une zone d'incertitude dont ne rendent compte ni l'incitation, ni la contrainte. Or, la confiance est un mode de coordination des comportements qui ne s'exerce que dans le cadre d'une incertitude radicale. Nous allons donc examiner quels enseignements apporte la confiance à l'étude de l'effort du salarié.

Le thème de la confiance suscite actuellement l'attention de certains économistes et a fait récemment l'objet d'une série de nombreux colloques[3]. Ses contours sont encore mal dessinés. Notre objectif est ici de tenter de rapidement caractériser la confiance et, en parallèle, de l'appliquer à l'étude de l'effort, puis d'exposer brièvement les raisons qui nous poussent à développer une certaine réserve à l'égard de cette nouvelle théorie de la confiance.

La confiance est un concept économique aujourd'hui en plein développement. « *Nul ne contestera que la théorie économique fait actuellement un usage de plus en plus intensif de la notion de confiance* » (REYNAUD, 1996). La confiance est l'objet, en ce moment, de nombreuses réflexions et est en cours d'élaboration théorique. Comme toute théorie en gestation, elle nécessite d'être justifiée pour être utilisée. Même si la confiance est abordée par de nombreux auteurs contemporains, son

---

[3] La confiance était ainsi le thème de colloque au centre Thomas More le 19 novembre 1994, de nombreux ateliers dont celui du 7 juin 1995 à l'école des Mines qui ont abouti au congrès annuel de l'ADSE à Aix-en-Provence les 22-23 mars 1996, et des séminaires du 23-26 janvier 1995 à l'Université de Compiègne.

emploi ne va pas encore de soi. Nous pouvons énoncer trois arguments qui légitiment le recours à la confiance.

• La confiance est une nécessité conceptuelle. La confiance « *va permettre de conclure le contrat puis de coopérer jusqu'au terme du projet, en faisant face à tous les imprévus, toutes les inconnues, tous les aléas, tous les changements, toutes les erreurs, maladresses, incompréhensions, difficultés inattendues de tout ordre qui va susciter sa réalisation et sur lequel le contrat ne peut être que muet* » (LE CARDINAL, 1995).

Le modèle qui s'appuie seulement sur la recherche de l'intérêt a atteint ses limites et appelle un nouveau modèle. ORLÉAN, « *[...] remet en cause la soi-disant évidence selon laquelle l'existence d'intérêts mutuels puissants, clairement perçus par les protagonistes, suffirait à promouvoir la coopération* » (1994). « *[...] Désormais la fragilité est du côté des intérêts. C'est précisément parce que ceux-ci constituent un ciment social par trop instable et précaire que la confiance devient essentielle* » (ORLÉAN, 1994). L'autorité n'est pas, elle non plus, satisfaisante pour rendre compte de toute la coordination des comportements (BAUDRY, 1994, 1996) (elle entraîne une cascade de coût, le contrôle est impossible à réaliser entièrement...). Le contrat est incomplet, l'incitation et la contrainte ne permettent pas à elles seules d'expliquer l'ensemble de la coordination des efforts dans l'organisation. Un autre système doit être pensé, c'est précisément là qu'intervient la confiance (BAUDRY, 1995). Autorité, incitation et confiance vont se combiner. La confiance apparaît dans l'espace d'incertitude où l'incitation et l'autorité n'ont pas pu tout régir (BAUDRY, 1994).

• La confiance est une réalité empirique. La confiance est présente, elle ne peut être ignorée. Les économistes traitent de la confiance « *pour donner un statut théorique à cette notion dont ils ne peuvent nier ni l'existence ni l'importance, parfois contre leur gré* » (REYNAUD et LIVET, 1995). De plus, « *si la spécificité de la confiance est (ici) inférée logiquement, elle peut également être confirmée empiriquement* » (REYNAUD et LIVET, 1995). Un certain nombre d'études empiriques insistent sur l'existence de la confiance (SAKO, 1995 ; ESTADES, 1995 ; LORENZ, 1996). Par exemple, le contrat prévoit souvent des sanctions en cas de litige notamment entre donneur d'ordre et sous-traitant, pourtant il est souvent constaté que les difficultés sont réglées à l'amiable sans l'application de sanctions. La confiance permet d'expliquer ce phénomène (BAUDRY, 1994).

• La confiance est un besoin contextuel. La nature du travail actuel peut faire ressentir le besoin d'une représentation des relations de travail en terme de confiance. En effet, la prise d'initiative, l'autonomie, etc., sont demandées aux salariés. La perception des relations de travail en terme conflictuel peut difficilement apporter des solutions favorables à ces attentes. Faire appel à la confiance apparaît plus approprié. L'étude de la confiance se popularise à cause des prises de décisions décentralisées et apparaît avec la prise d'initiative dans un environnement incertain (SAKO, 1995).

Nous proposons de définir la confiance à travers une quinzaine de caractéristiques :
1) La confiance apparaît dans une zone d'incertitude radicale (elle est en aucun cas le fruit d'une procédure calculatoire) (CORIAT et GUENNIF, 1996).
2) Mais la confiance est compatible avec l'intérêt individuel.
3) Le comportement est alors guidé, orienté par le lien social (BONNAFOUS-BOUCHER, 1996).
4) Elle est liée à un processus d'apprentissage.
5) Elle est vérifiable,
6) réversible,
7) cumulative.
8) Elle est composée tout à la fois d'explicite et d'implicite.
9) Elle est toujours située dans un espace et dans un temps.
10) Elle se conçoit selon divers degrés qui vont de la défiance à la foi.
11) Elle est multiforme (de nombreuses typologies ont été établies à son sujet).
12) Elle contient une part de subjectivité.
13) La figure de l'entreprise est, pour le salarié, l'ensemble des éléments qui symbolisent l'entreprise selon lui.
14) Cette caractérisation permet aussi de positionner la confiance par rapport à d'autres notions économiques comme la convention [4], ou la réputation[5].

Le développement de la confiance dans l'organisation est permis d'abord par l'élaboration de garanties (une étude empirique montre que la confiance va de pair avec une vigilance mutuelle (SAKO, 1995)), ensuite par la réciprocité (pour BAUDRY (1995), la réciprocité est un mécanisme qui produit de la confiance), et enfin passe par une conception des agents salariés qui leur restitue une place d'être humain. La confiance n'a pas lieu d'être envers des comportements similaires à ceux d'une machine (COORDONNIER, 1994 ; CAILLÉ, 1994).

Ainsi, la confiance est un mode particulier de coordination des comportements dont celui du producteur d'effort. La confiance peut même entraîner la production d'effort qui n'aurait pas lieu dans le cadre strict de l'incitation ou de la contrainte. Par exemple, selon la logique de l'intérêt calculé, le salarié ne délivre un effort qu'en

---

[4] La confiance concerne davantage le type de l'entreprise en l'occurrence le type entreprise et la convention porte davantage sur les formes de l'effort. De plus, la convention est beaucoup plus locale que la confiance...
[5] La distinction entre réputation et confiance la plus opérationnelle consiste à poser que la première est le fruit d'un calcul, contrairement à la seconde ; divers auteurs s'accordent sur ce point (ORLÉAN, 1994).

échange de son exacte contrepartie. La confiance permet de comprendre le processus de production d'un effort en dehors d'un échange strictement équilibré. Par exemple, selon la logique de l'obéissance, le salarié produit un effort qui correspond à une indication. Or, tout effort ne possède pas forcément toujours de repère précis. La confiance assure le fonctionnement de la production d'effort alors que l'effort n'est plus systématiquement codifié. Par exemple on est amené à penser que la confiance est favorable à l'épanouissement d'effort de forme créative, ne serait-ce parce que l'expression de la confiance dans l'organisation est surtout présente dans le cadre d'activités de découverte, d'adaptation, de modification et non pour des comportements qui subissent passivement leur environnement (SAVALL et ZARDET, 1995).

Finalement après la tentative de clarification de la théorie de la confiance, on arrive à la conclusion que cette théorie est, certes, prometteuse mais qu'elle possède encore des insuffisances. Il subsiste encore beaucoup de points qui incitent à la prudence quant à l'utilisation de cette théorie pour au moins deux raisons que nous allons avancer ici.

Contrairement à notre démarche précédente qui examinait quelques unes des limites des autres dispositifs générateurs d'effort principalement en ce qui concerne leurs effets sur l'effort, il s'agit ici de mettre en relief deux des limites de la théorie de la confiance elle-même.

• Premièrement, on peut se demander pourquoi la confiance ? En effet, un autre concept ne lui est-il pas substituable, sa définition ne peut-elle pas s'appliquer à une autre notion ? Finalement au départ, la solution recherchée consiste à trouver quelque chose qui lie les individus, qui les engage au-delà du contrôle absolu et au delà du calcul absolu. Pourquoi serait-ce forcément de la confiance ? Pourquoi ce lien ne serait-il pas la justice, le devoir moral, l'honnêteté... ? Par ailleurs, le concept de confiance est très proche (BERTHE, 1998) du concept de sympathie développé par SMITH (1759), de la notion de loyauté établie par SIMON (1957), de l'idée de « clan » tel qu'en traite OUCHI (1980), et de « l'élément moral » indispensable au fonctionnement d'une organisation dont parle BARNARD (1938).

• Deuxièmement, la confiance est un concept fragile car il est en équilibre au centre de plusieurs axes et dès lors qu'elle s'éloigne un peu trop du centre, elle risque de perdre son statut de confiance. Le problème qui se pose est de savoir ce qu'elle devient lorsqu'elle atteint l'une de ses extrémités ? À partir de quand ne peut-on plus parler de confiance ? La définition de cette zone est vite insoluble. Prenons seulement deux exemples de ces axes : la confiance s'accompagne de garanties mais avec trop de garanties, on ne peut plus vraiment parler de confiance. La confiance peut donner lieu à des habitudes et pourtant elle est, par définition, réversible. Au bout du compte, la confiance reste relativement insaisissable.

2.2.4. La cohabitation de l'incitation, de la contrainte et de la confiance comme dispositifs organisationnels générateurs d'effort

Ainsi incitation, contrainte et confiance sont trois dispositifs qui s'articulent dans l'organisation pour recueillir les efforts de la part du salarié. Par exemple la confiance complète les deux autres procédés qui interviennent dans la stimulation de la production d'effort ; couplée aux deux autres moyens, la confiance a un effet de synergie sur l'effort. Ainsi par exemple, la confiance peut intervenir lorsqu'une sanction prévue n'est pas appliquée à l'agent qui n'obéit pas à une règle. La confiance évite alors de rompre le contrat sans arrêt en esquivant le conflit possible et explique la tolérance à l'égard du salarié qui ne respecte pas les contraintes à la lettre. La confiance apporte donc, dans ce cas là, souplesse et efficacité à la contrainte qui s'exprime par une règle directive.

La pluralité des dispositifs générateurs d'effort à pour corollaire la nécessité d'une cohérence organisationnelle. La puissance du fonctionnement du système organisationnel qui suscite la production d'effort dépend de l'harmonie entre les trois dispositifs. Cette cohérence dépend des salariés qui composent l'entreprise et est aussi fonction de chaque entreprise. Par exemple, la confiance n'a pas de place dans une organisation taylorienne du travail car elle se fonde sur un principe de méfiance vis à vis de l'homme ; le premier présupposé du taylorisme est que le salarié est paresseux, vil, aimant l'argent et détestant le travail (SAVALL et ZARDET, 1995). Les exemples d'incompatibilités potentielles entre les outils qui permettent de stimuler la production d'effort sont nombreux ; ainsi l'entreprise qui n'agit que par opportunisme, qui a cassé la confiance en ne respectant pas ses engagements, aura des difficultés à instaurer l'incitation à l'effort par des promotion car celles-ci passent par la promesse de statuts supérieurs dans le futur (ce qui nécessite la présence d'un minimum de confiance).

À ce stade, nous sommes amenés à considérer qu'incitation, contrainte et confiance sont trois dispositifs qui coexistent dans l'organisation et qui sont utilisés pour stimuler la production d'effort. Nous rejoignons l'idée d'une triple coordination des comportements développée par divers auteurs. Pour CASTRO, GUÉRIN et LAURIOL (1995), à côté des conventions et des contrats, la confiance ou un lien social est indispensable dans la conduite de la coordination au sein de l'organisation. Pour BAUDRY (1992), l'entreprise entretient des relations avec ses homologues qui sont régulées aussi bien par les prix, l'autorité ou la confiance et il en va de même pour les relations entre l'organisation et les employés. BRADACH et ECCLES (1989), sur la base de très nombreuses études empiriques démontrent que trois mécanismes de régulation gouvernent les transactions économiques entre acteurs. Il s'agit du prix, de l'autorité et de la confiance. Contrairement aux approches conventionnelles qui perçoivent le marché ou l'autorité comme mutuellement exclusifs « *nous argumentons que prix, autorité et confiance sont indépendants et peuvent être combinés de diverses façons* » (BRADACH et ECCLES, 1989). Dans les situations empiriques, ces trois mécanismes de régulation sont « entrelacés », « imbriqués », « encastrés », « emboîtés ». CORIAT et GUENNIF (1996) ne démentent pas non plus l'existence d'un triple mécanisme de coordination qui régule les comportements « [...] *il est présupposé que la relation de confiance ne peut s'affranchir complètement de l'usage pertinent de l'autorité et des incitations.* » (CORIAT et GUENNIF, 1996).

Ayant admis la simultanéité et la nécessité de l'existence au niveau de l'organisation de trois vecteurs générant la production d'effort de la part du salarié, un modèle comportemental qui permette d'harmoniser, au niveau individuel, les trois logiques de l'intérêt, de l'obéissance et du lien social reste à construire. Ce questionnement est un champ de recherche ouvert pour l'étude économique en général et pour celle de la production d'effort en particulier. Les auteurs que nous avons examinés jusqu'à présent, qui émettent l'idée de la coexistence de l'incitation, de la contrainte et de la confiance dans l'organisation, n'apportent pas de réponse complète pour une approche intégrée des trois logiques comportementales au niveau individuel. Cependant deux cadres théoriques semblent pouvoir être susceptibles d'œuvrer dans la direction de ce questionnement. Il s'agit de celui développé par SIMON (1957) et de celui de MOUCHOT (1996), BOLTANSKI et THÉVENOT (*cf.* également Quinet (1994) et THÉVENOT (1989)).

2.3. L'effort est de trois types

Nous proposons de considérer trois types d'effort : l'effort de type entreprise, l'effort de type groupe et l'effort de type personnel. Le type de l'effort spécifie la source dont est issue la logique de l'effort. Le type de l'effort caractérise l'agent qui est à l'origine du déclenchement de la logique de l'effort. Le travailleur qui se meut dans une organisation existe en tant que membre de l'entreprise, en tant que membre d'un groupe de travail, et en tant qu'individu. La direction de son action est aimantée par ces trois pôles. D'abord les types de l'effort dépendent de la source d'influence qui est à l'origine de la logique de l'effort [6]. Ensuite, de cet aspect qui prévaut pour caractériser le type de l'effort, découle un autre aspect : le type de

---

[6] Pour illustrer ceci, on peut se référer à l'effort de type entreprise que nous avons évoqué jusqu'à présent. L'effort de type entreprise peut concerner un effort produit selon la logique de l'intérêt lorsque l'avantage retiré du déploiement de cet effort est fourni par l'entreprise ; il peut aussi dépeindre un effort produit selon la logique de l'obéissance et dans ce cas, la contrainte est exercée par l'entreprise ; il peut également caractériser un effort produit selon la logique du lien social si ce lien est celui qui unit le salarié à son entreprise.

l'effort distingue le référentiel de l'effort [7]. Considérer les trois types de l'effort n'empêchent pas qu'ils puissent, dans certaines situations, être semblables. Un effort peut avoir une configuration qui soit de deux ou même de trois types en même temps.

2.3.1. L'effort de type groupe

L'entreprise a longtemps été considérée comme une « boîte noire » par la théorie économique standard. En soulevant le couvercle de cette boîte noire, la théorie standard s'est penchée sur les relations entre l'employé et son employeur. Mais les relations entre l'employé et son groupe de travail sont restées encore très négligées. « *Un groupe de production au sein d'une entreprise, par exemple, est habituellement traité comme une « boîte noire »* » (CASSON, 1991). Une autre boîte dans la boîte en somme.

Le travailleur ne délivre pas ses efforts par rapport à l'entreprise mais également par rapport à son groupe de travail. Il existe bien un effort spécifique défini par le groupe (LEIBENSTEIN, 1987) et cet effort là a même un impact déterminant pour l'efficience organisationnelle. Pourtant la littérature économique est à la fois très peu développée à ce sujet et très dispersée (elle va de Aoki à Leibenstein, de Akerlof à Casson, elle passe aussi par Barnard ou les radicaux américains).

Nous pouvons essayer de dépasser l'enchevêtrement des relations qu'entretient le salarié-producteur d'effort avec son groupe de travail, en proposant une façon particulière d'analyser ce phénomène. Pour étudier l'impact du groupe sur l'effort du salarié, nous suggérons de l'appréhender de la manière suivante. Le groupe agit en tant qu'unité autonome de coordination, aux mobiles propres. Des expériences montrent que le groupe n'est pas la somme des comportements individuels (GUIMONT, 1994). Le groupe a une existence en tant que tel, il est une entité, un agent à lui seul. Le groupe est considéré comme un agent capable d'orienter la production d'effort du salarié par l'intermédiaire de la stimulation des trois logiques comportementales (celle de l'intérêt, celle de l'obéissance et celle du lien social). Ainsi, le groupe peut inciter le salarié à produire des efforts en lui offrant, en contrepartie, certaines satisfactions telles que le plaisir d'être affilié à un groupe (DUBE, 1994). Par exemple, parmi les développements du modèle de AKERLOF (1982), se trouve l'illustration de l'existence d'efforts de type groupe et l'existence d'utilité qui dérive de l'appartenance à un groupe. Le groupe peut contraindre le salarié à délivrer des efforts, par exemple en ayant recours à des conventions d'effort (LEIBENSTEIN, 1987). Le groupe peut développer un climat de confiance propice au déploiement de certains efforts (REYNAUD, 1996).

---

[7] Ainsi, l'effort de type entreprise concerne l'effort requis du point de vue de l'entreprise. Pour déterminer l'effort à produire le salarié peut ainsi se référer à ce qui attendu par l'organisation.

Considérer le groupe comme une entité coordinatrice d'effort et déterminer un cadre d'analyse de l'impact du groupe sur l'effort du salarié présente divers intérêts. En particulier cela permet de s'interroger sur les effets de la confrontation entreprise-groupe en matière d'efforts finalement délivrés par le salarié [8].

2.3.2. L'effort de type personnel

L'effort de type personnel est lui aussi un paramètre essentiel pour l'efficience organisationnelle. Son cas nécessite des approfondissements interdisciplinaires mais reste indissociable d'une analyse globale de l'effort. L'effort de type personnel correspond à celui que le salarié met en oeuvre pour des motifs qui lui sont propres et ne proviennent ni de l'entreprise ni du groupe. À nouveau, comme tout effort, celui de type personnel est produit selon les trois logiques de l'intérêt, de l'obéissance et du lien social. Ainsi, le salarié peut déployer un effort de type personnel selon la logique de l'intérêt lorsqu'il en retire des satisfactions d'ordre strictement personnel (MAC GREGOR, 1966)[9] ou selon la logique de l'obéissance lorsqu'il obéit à des contraintes qui émanent de lui même. Enfin, l'effort de type personnel produit selon la logique du lien social permet d'appréhender la production d'effort qui est influencée par l'appartenance du salarié, par le fait qu'il est relié à une société, à une communauté qui dépasse le cadre de l'entreprise (LEIBENSTEIN, 1988).

3. ÉTUDE EMPIRIQUE D'UNE PIÈCE DE CE MODE D'ANALYSE DE L'EFFORT, C'EST A DIRE L'EFFORT DE TYPE ENTREPRISE PRODUIT SELON LA LOGIQUE DE LA CONFIANCE

Le mode d'analyse de l'effort que nous venons d'évoquer peut servir de support à de nombreuses applications qu'il serait intéressant d'exploiter[10]. Pour l'instant, nous

---

[8] On peut ainsi construire un cadre d'analyse synthétique sous la forme d'une grille où la première entrée concerne le positionnement de l'effort de type groupe par rapport à celui de type entreprise (l'effort de type groupe est inexistant, est similaire à celui de l'entreprise, ou est différent de celui de l'entreprise) et la seconde entrée expose les différentes attitudes de l'entreprise vis à vis du groupe (elle le néglige, l'encourage ou le combat). Cette seconde entrée se décompose en moyens d'action (incitation, contrainte et confiance). Chacune de ces situations peut alors être successivement étudiée en mobilisant les différentes approches qui leur correspondent et peut faire apparaître des conclusions générales sur l'effort finalement obtenu du salarié.

[9] Par exemple, le concept de « motivation intrinsèque » signifie qu'il existe une source de plaisir dans le simple fait d'exécuter une tâche mais aussi dans le fait de pouvoir agir sur son environnement.

[10] Par exemple, penser l'effort selon notre triple triade permet de nuancer immédiatement les réponses qui s'appuient sur une réflexion unidimensionnelle. Ainsi, au lieu de se contenter d'avancer que la menace du chômage est un moyen d'obtenir davantage d'effort de la part du salarié (comme l'avance la théorie de l'incitation (SHAPIRO et STIGLITZ, 1984) qui se focalise sur l'effort de

nous sommes contentés de mener une enquête sous la forme d'un questionnaire de quatre-vingt-douze questions adressées aux 450 salariés d'un centre de tri de La Poste de Rennes Airlande (CTPRA[11]). Ce questionnaire a été adressé par voie postale et a reçu un taux de réponse de 25 % (par ailleurs nous avons assuré une longue présence sur le terrain). L'objet de cette enquête est tout simplement de venir illustrer notre modèle d'analyse de l'effort. Nous avons choisi ici d'exposer quelques uns de ses résultats parmi ceux qui ne concernent pas que le thème de la confiance et plus précisément l'effort de type de type entreprise produit selon la logique de la confiance. Si la relation de confiance interfirmes a fait l'objet de nombreuses enquêtes, la relation de confiance intrafirme, entre employeur et employé est moins étudiée par l'économie empirique.

Notre enquête qui s'appuie sur les réponses des salariés comprend un certain nombre de limites. Par exemple, se posent des problèmes d'interprétation de la part du salarié de notion comme celle de confiance. Par exemple, il ne s'agit que de déclaration d'intention ou que d'opinion des salariés et en aucun cas de réalisation effective ou d'acte réel. Mais le questionnaire est un mode d'enquête acceptable dans la mesure où d'une part, l'effort est, de toutes façons incommensurable, par définition[12]. D'autre part, l'effort est uniquement délivré par le salarié-producteur d'effort et c'est l'avis du salarié qui nous importe.

L'utilisation de cette enquête à propos de la confiance présente deux limites. En premier lieu, l'enquête n'apporte pas la preuve de l'existence de la confiance au CTPRA. La démarche est telle qu'elle présuppose la présence a priori de la confiance dans la coordination des comportements. Deux raisons le justifient. D'abord cette approche est similaire à l'analyse économique qui postule l'existence

---

type entreprise produit par intérêt), notre modèle révèle que la menace du licenciement peut aussi avoir d'autres effets sur l'effort. On peut envisager celui de nuire au déploiement d'effort de type entreprise produit selon la logique de la confiance et celui de nuire à la production d'effort de forme quantitative. Par exemple, cette façon d'analyser l'effort peut servir à mener une analyse des formes d'extraction de l'effort qui ont pu dominé à certaines périodes historiques. La logique de l'obéissance semble avoir été la plus recherchée par l'organisation après la révolution industrielle (POLANYI, 1944). Peut-on envisager que la production d'effort selon la logique de l'intérêt a été celle qui a le plus attiré l'attention des organisations après la seconde guerre mondiale ? Et peut-on imaginer que la production d'effort selon la logique de la confiance est celle qui va être aujourd'hui la plus recherchée ? Par exemple il peut servir de base à l'étude de la multiplicité des effets de la réduction du temps de travail sur l'effort du salarié, etc.

[11] Bien que chaque organisation soit une entité unique, le CTPRA possède des caractéristiques en matière d'organisation du travail très proches de celle de nombreuses entreprises. Ce centre de tri comprend 450 salariés, s'étale du une superficie de 8 600 m² et traite 1 250 000 objets par jour.

[12] L'effort ne peut pas être mesuré, c'est la base des problématiques actuelles du marché interne du travail. Si l'effort pouvait être mesuré, les problèmes organisationnels autour de l'effort serait réglé en ayant recours à la solution simple où le salaire correspond à la productivité marginal

de la recherche calculée de l'intérêt égoïste. Ensuite, établir l'hypothèse de l'existence de la confiance s'appuie sur d'autres enquêtes de divers auteurs qui en ont identifié la présence, dans les échanges qu'ils ont étudiés empiriquement. En second lieu, nous pensons qu'il existe un biais dans notre échantillon dont l'ampleur est impossible à apprécier. Lorsque nous avons rencontré les salariés après leur avoir envoyé le questionnaire, un petit nombre restreint émettait des soupçons quant à une « récupération par la direction ». Ces salariés ont alors clairement annoncé leur refus de répondre à l'enquête. Ainsi, nous sommes amenés à supposer que les salariés qui se méfient de leur organisation ont pu avoir davantage tendance que les autres à ne pas répondre au questionnaire et par conséquent les conclusions de l'enquête qui concerne le niveau de confiance dans l'entreprise peuvent être légèrement surévaluées.

3.1. Importance de la politique de confiance pour recueillir les efforts du salarié

La confiance apparaît être un déterminant de la production d'effort pour les salariés du CTPRA.

« Pensez-vous que lorsqu'un climat de confiance envers l'entreprise se dégrade, cela conduit les salariés à réduire leur effort ? »

Réponse	Nombre	Fréquence
Non réponse	1	1 %
Beaucoup	52	46 %
Un peu	56	50 %
Pas du tout	4	4 %
Total	*113*	*100 %*

La confiance apparaît être une voie à exploiter davantage au CTPRA. Elle peut être la clé d'accès à tout un réservoir d'effort. On vient de voir l'importance de la confiance pour la production d'effort du salarié du CTPRA. Ils sont 104 sur 113 répondants à affirmer que lorsqu'un climat de confiance envers l'entreprise se dégrade, cela conduit les salariés à réduire leur effort. D'autre part les salariés du CTPRA sont partagés en ce qui concerne leur perception de la confiance au sein de leur organisation. Ils qualifient de méfiance leur relation envers leur entreprise pour 50 % des répondants et la qualifie de confiance pour 50 % d'entre eux. Ainsi, d'un côté, 96 % des répondants considèrent que l'absence de confiance les conduit à diminuer leur effort et d'un autre côté, ils sont 50 % des répondants à ne pas avoir confiance dans l'entreprise. L'amélioration de la confiance peut donc être une politique à développer par le CTPRA pour obtenir plus d'effort de la part de ses salariés.

« À votre avis, comment pourrait-on qualifier la nature de vos relations envers votre entreprise ? »
« Pensez-vous que lorsqu'un climat de confiance envers l'entreprise se dégrade, cela conduit les salariés à réduire leur effort ? »

	Beaucoup	Un peu	Pas du tout	Total
Défiance	7	5	0	12
Méfiance	20	20	2	42
Confiance	21	27	1	49
Confiance absolue	2	1	1	4
Total	50	53	4	107

Le rapprochement des deux tableaux contenant ces informations semblent indiquer qu'il existe un gisement d'effort non produit et prompt à se développer par un climat de confiance. Une politique de construction solide de la confiance permettrait de recueillir des efforts supplémentaires de la part d'environ la moitié des répondants.

3.2. Les éléments qui engendrent la confiance

Il existe des éléments générateurs de confiance. Au même titre que l'élaboration de différents dispositifs incitatifs permet d'attiser l'intérêt du salarié, l'organisation a aussi la possibilité de susciter le développement de la confiance du salarié par divers procédés. Il serait primordial pour l'efficacité organisationnelle d'identifier ces paramètres susceptibles d'éveiller la confiance. La théorie de l'incitation est un corpus bien établi qui a la particularité d'énoncer les mécanismes qui provoquent l'intérêt du salarié. Il serait intéressant pour la jeune théorie de la confiance d'approfondir, elle aussi, l'étude des phénomènes qui stimulent la confiance du salarié. Pourtant la question de ce qui génère de la confiance est un champ d'exploration ouvert et encore peu exploité, notamment pour la relation salariale.

Nous nous sommes penchés sur cette question dans le cadre de l'enquête menée au CTPRA. Mais nous contribuons à cette question de manière très limitée d'abord à cause des limites inhérentes au traitement de la confiance par enquête (cf. ci-dessus), ensuite parce que nous mettons en lumière l'existence de liens qui ne sont pas forcément des relations de causalité, enfin car il s'agit seulement d'un exemple, c'est-à-dire du cas particulier incarné par le CTPRA. Au cours de notre interrogation sur les facteurs susceptibles d'influencer la confiance comme mode de coordination du comportement dans l'entreprise, nous nous sommes demandés si le développement de la parole pouvait être corrélé avec le développement de la confiance. Cette question découle logiquement de la définition de la confiance, lien qui unit à l'autre, et de l'affirmation de BAUDRY (1995) selon laquelle la confiance naît de l'existence de relations interpersonnelles. L'idée que la confiance dépend du temps de parole est confirmée par l'enquête menée au CTPRA où il existe une dépendance entre le temps de parole échangée avec les supérieurs hiérarchiques et le niveau de confiance à l'égard de l'entreprise.

« À votre avis, comment pourrait-on qualifier la nature de vos relations envers votre entreprise ? Pouvez-vous évaluer le temps que vous passez, environ, en moyenne à échanger des paroles avec vos supérieurs hiérarchiques ? »

Paroles avec le supérieur Relations envers votre entreprise	Moins de 2 minutes par jour	Entre 2 et 5 minutes par jour	5 à 10 minutes par jour	Plus de 10 minutes par jour	*Total*
Méfiance	+ 16	+ 8	- 3	- 24	*53*
Confiance	- 16	- 8	+ 3	+ 24	*53*
Total	*20*	*31*	*29*	*26*	*106*

La dépendance est significative (χ^2=16,0 ; ddl=3 ; p=99,8 %). Les valeurs du tableau sont les pourcentages χ^2 partiel / χ^2 total. Le signe représente l'écart à l'indépendance. L'analyse du χ^2 partiel / χ^2 total précise que les situations de faibles temps de parole attirent des situations de méfiance et repoussent les situations de confiance tandis que de longs temps de parole repoussent la méfiance et attirent la confiance. Étant donné l'impact de la confiance sur l'effort au CTPRA, on peut supposer que la parole exercée présente un certain avantage pour l'entreprise car elle est une source d'efficacité. Si l'entreprise (CTPRA) souhaite recourir à la confiance, elle peut sans doute envisager de prévoir l'épanouissement de la parole[13].

La confiance se caractérise par l'absence de surveillance directe et de suspicion à l'égard d'autrui. Croire sur parole, ne pas exiger de preuves tangibles sont des signes de confiance. La confiance se traduit par la connivence et s'affranchit du contrôle, de la vérification, de l'expertise (LE CARDINAL, 1995). La confiance possède la particularité, par rapport aux autres modes de coordination, de ne pas avoir besoin de preuves pour accepter des difficultés survenues au cours du travail. La confiance n'a pas besoin de tout contrôler (REYNAUD et LIVET, 1995). En effet, au CTPRA, lorsqu'on croise la question de la confiance du salarié à l'égard de

---

[13] La confiance des salariés à l'égard de leurs supérieurs hiérarchiques dépend du temps passé à parler avec eux. Par contre préconiser le développement du temps de travail consacré à la parole afin de favoriser la production d'effort ne signifie pas un développement tous azimuts de la parole. En effet, il est remarquable de noter que la confiance du salarié à l'égard de son entreprise est indépendante du temps de parole entre collègues.

l'entreprise et la question de savoir si le salarié a le sentiment que son entreprise ou son supérieur hiérarchique contrôle tout ce qu'il dit et le croit peu sur parole, on remarque une dépendance entre les deux réponses. Ceux qui répondent « oui » à la question de la vérification sont significativement plus méfiants et moins confiants.

« Avez-vous le sentiment que votre entreprise ou votre hiérarchie contrôle tout ce que vous dites et vous croit peu sur parole ? À votre avis, comment pourrait-on qualifier la nature de vos relations avec votre entreprise ? »

Relations envers votre entreprise Vérification	Méfiance	Confiance	*Total*
Oui	+ 30	- 30	*43*
Non	- 20	+ 20	*63*
Total	*53*	*53*	*106*

La dépendance est significative (χ^2=8,8 ; ddl=1 ; p=99,6%). Les valeurs du tableau sont les pourcentages χ^2 partiel / χ^2 total. Le signe représente l'écart à l'indépendance.

Lorsque l'une des parties ne respecte pas momentanément ses engagements, la confiance existe si l'autre partie n'entre pas dans une situation de conflit ou n'agit pas comme il avait été préalablement prévu dans le contrat. Il s'agit d'une manifestation concrète de la confiance (BAUDRY, 1995). La logique de la confiance se substitue à la logique de l'intérêt sous-jacente au contrat dont les clauses préalablement établies ne sont finalement pas appliquées. La confiance s'exprime également lorsque la défaillance, l'erreur sont perçues comme normales, que ce type d'action est pardonnée (REYNAUD et LIVET, 1995). Les problèmes sont tolérés (BAUDRY, 1995). L'idée est confirmée au CTPRA que l'application immédiate d'une sanction pour une faute légère et pourtant préalablement codifiée par le contrat de travail est incompatible avec la confiance. On constate une forte dépendance entre le degré de confiance et l'anticipation ou pas de l'application immédiate de la sanction. L'examen du tableau et du rapport χ^2 partiel / χ^2 total nous informe que l'entreprise qui applique une sanction attire la méfiance et repousse la confiance, ou plus exactement, le salarié qui pense que la sanction serait mise en œuvre est davantage attiré par le sentiment de méfiance à l'égard de son entreprise et rejette le sentiment de confiance (une illustration de ce type de faute pourrait être un retard).

« Prenons l'exemple d'une « faute » légère et codifiée et prenons l'hypothèse que le supérieur hiérarchique applique immédiatement et sans discussion la sanction

prévue. Pensez-vous que c'est ce qui se passerait réellement ? À votre avis, comment pourrait-on qualifier la nature de vos relations envers votre entreprise ? »

| Relations envers votre entreprise

Sanction	Les deux méfiances	Les deux confiances	Total
Oui	+ 35	- 35	31
Non	- 15	+ 15	75
Total	53	53	106

La dépendance est significative (χ^2=13,2 ; ddl=1 ; p=99,9%). Les valeurs du tableau sont les pourcentages χ^2 partiel / χ^2 total. Le signe représente l'écart à l'indépendance.

	Sanction		Parole avec le supérieur (en mn par jour)				Vérification	
	oui	non	moins de 2	de 2 à 5	de 5 à 10	plus de 10	oui	non
Défiance	7	5	6	2	2	1	11	1
Méfiance	17	24	9	18	10	5	18	23
Confiance	6	43	5	9	16	19	13	36
Confiance absolue	1	3	0	2	1	1	1	3
Total	31	75	20	31	29	26	43	63

L'analyse factorielle des composantes résume les caractères dont dépend la confiance ; elle restitue 99,7 % de l'inertie. Le premier axe qui explique 82,4 % de l'inertie total peut nettement s'interpréter comme séparant les niveaux de confiance des niveaux de méfiance, et on constate bien que la confiance attire davantage ceux qui pensent qu'une sanction n'est pas appliquée après une erreur du salarié, ceux qui échangent le plus de paroles avec leurs supérieurs hiérarchiques, et ceux qui pensent qu'on les croit sur parole. A contrario, la méfiance à l'égard de l'entreprise caractérise davantage les salariés qui pensent qu'une sanction est appliquée après une erreur de leur part, qui pensent que l'on vérifie ce qu'ils disent, et qui parlent le moins longtemps avec leurs supérieurs hiérarchiques.

Figure 3

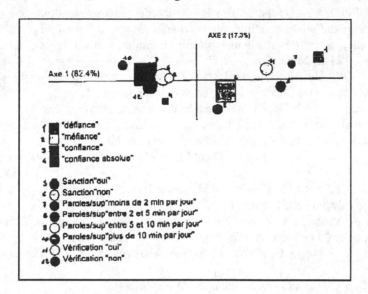

Ainsi au CTPRA, la non application immédiate d'une sanction pour une faute légère et codifiée, l'absence de vérification systématique de ce que dit le salarié et le développement de la parole avec les supérieurs hiérarchiques sont générateurs de confiance envers l'entreprise. Ces facteurs sont donc à prendre en considération pour entretenir la confiance. Briser la confiance entraîne des pertes d'effort. Pour l'obtention des efforts, l'entreprise doit rester vigilante pour préserver la confiance.

Bénédicte Berthe

BIBLIOGRAPHIE

ABBOUD N., AUDROING J.-F. (1989), *Probabilités et Inférence Statistique*, Paris, Nathan.

AKERLOF G.-A. (1982), « Labor contracts as partial gift exchange », *The Quaterly Journal of Economics*, n° 4, november 1982.

AKERLOF G.-A., YELLEN J.-L. (1988), « Fairness and unemployment », *The American Economic Review*, vol.78, n°2, may 1988.

AKERLOF G.-A., YELLEN J.-L. (1990), « The fair wage-effort hypothesis and unemployment », *The Quaterly Journal of Economics*, vol. CV, Issue 2, may 1990

AOKI M. (1994), « Sur certains aspects des conventions dans l'entreprise », in ORLEAN A. (éd), *Analyse économique des conventions*, Paris, PUF.

BARNARD C.-I. (1938), *The functions of the executive*, Cambridge, Massachussetts Harvard Université Press.

BAUDRY B. (1992), *Contrat, autorité et confiance : une étude des mécanismes de coordination dans la relation de sous-traitance*, thèse pour le doctorat de Science économique, Grenoble, Université Pierre-Mendès-France.

BAUDRY B. (1994), « De la confiance dans la relation d'emploi ou de sous-traitance »,

Sociologie du travail, n°1.

BAUDRY B. (1995), « La confiance dans la relation de quasi-intégration : une approche en termes de pluralité de coordinations », in *Confiance, apprentissage et anticipation économique*, actes du séminaire interdisciplinaire, université de technologie de Compiègne, 23 au 26 janvier.

BERTHE B. (1998), *Un modèle d'analyse de l'effort du salarié dans l'organisation*, thèse de doctorat en sciences économiques, université de Rennes 1.

BERTHE B., RENAULT M. (1997), « Economic analysis of human effort in organizations : an historical and critical perspective », in *Institutoins, Economic Integration and Restructuring*, actes du colloque EAEPE, Athènes, 6-9 novembre.

BIDAULT F., GOMEZ P.-Y., MARION G. (éd.), (1995), *Confiance, entreprise et société*, ESKA.

BOLTANSKI L., THEVENOT L. (1987), « Les économies de la grandeur », *Cahiers du centre d'étude de l'emploi*, n°31, Paris, PUF.

BONNAFOUS-BOUCHER M. (1996), « Pour une carte de la confiance », in *La confiance en question*, actes du colloque ADSE, Aix-en-Provence, 22-23 mars 1996.

BOUROCHE J.M., SAPORTA G. (1994), *L'analyse des données*, Paris, Presses universitaires de France.

BOURSIN J.-L., DURU G. (1995), *Statistique*, Paris, Vuibert.

BOWLES S., EDWARDS R. (éd.) (1990), *Radical Political Economy*, vol.1, England, Edward Elgar.

BRADACH J.-L., ECCLES R.-G. (1989), « Price, authority and trust : from ideal types to plural forms », *Annual review of sociology*, vol.15.

CAILLE A. (1994), « Présentation de A qui se fier ? Confiance, intéraction et théorie des jeux ? « , *Revue semestrielle du MAUSS*, n°4, 2e semestre 1994.

CASSON M. (1991), *The economics of business culture : Game theory, transaction costs, and economic performance*, Oxford, Clarenton Press.

CASTRO J.-L., GUERIN F., LAURIOL J. (1995), « Coopération, confiance et compétence en management stratégique et des ressources humaines : évolution inéluctable ou « révolution impossible » », in *Transversalité de la GRH*, Actes du 6e congrès de l'AGRH, Poitiers, 23-24 novembre 1995.

CORDONNIER L. (1994), « L'échange, la coopération et l'autonomie des personnes », *La revue semestrielle du MAUSS*, n°4, 2e semestre 1994.

CORIAT B., GUENNIF S. (1996), « Incertitude, confiance et institution », Colloque de l'ADSE, Aix-en-Provence, 22-23 mars.

DUBE L. (1994), « Les relations interpersonnelles », in VALLERAND R.-J. (éd.), *Les fondements de la psychologie sociale*, Québec, Gaëtan Morin éditeur.

EDWARDS R.-C. (1979), *Contested terrain*, USA, Basic books.

EDWARDS R.-C., MAC EWAN A., and the staff of social sciences 125 (1970), « A radical approach to economics : basis for new curriculum », *The American Economic Review*, May 1970.

ESTADES J. (1995), « Confiance et contrôle dans le partenariat recherche-industrie », communication au 3e séminaire de l'ADSE, *La confiance en question*, Ecoles des Mines, Paris, 7 juin 1995.

FAVEREAU O. (1986), « La formalisation du rôle des conventions dans l'allocation des ressources », *in* SALAIS R. et THEVENOT L. (éd.), *Le travail, marchés, règles, conventions*, Paris, INSEE Economica.

FAVEREAU O. (1989), « Marchés internes, marchés externes », *Revue économique*,

GARNIER O. (1986), « La théorie néoclassique face au contrat de travail : de la main invisible à la poignée de main invisible », *in* SALAIS R. et THEVENOT L. (éd.), *Le travail, marchés, règles, conventions*, Paris, INSEE Economica.

GOMEZ P.-Y., (1994), *Qualité et théorie des conventions*, Paris, Economica.

GUIMOND S. (1994), « Les groupes sociaux » in VALLERAND R.-J. (éd.), *Les fondements de la psychologie sociale*, Québec, Gaëtan Morin .

HOLMSTROM B. (1982), « Moral hazard in teams », *Bell journal of economics*, vol. 13.

KNIGHT F.H. (1923), «The ethics of competition », *The Quaterly Journal of Economics*, vol. XXXVII, August 1923.

KOHN A. (1993), « Why incentives plans cannot work ? », *Harvard Business Review*, september-october 1993.

LAGARDE (DE) J. (1995), *Initiation à l'analyse des données*, Paris, Dunod.

LANE R.-E. (1994), « Le travail comme désutilité et l'argent comme mesure du bonheur ? », *Revue semestrielle du MAUSS*, n°3.

LAZEAR E.-P. (1979), « Why is there mandatory retirement ? », *Journal of political economy*, vol.87, n°6, December 1979.

LAZEAR E.-P. (1987), « Agency, Earnings profiles, productivity and hours restrictions », *The American Economic Review*, vol.7, n°4, September 1987.

LE CARDINAL G. (1995), « Contrat et/ou confiance. Peut-on favoriser la coopération ? », in *Confiance, apprentissage et anticipation économique*, Actes du séminaire interdisciplinaire, Université de Technologie de Compiègne, 23 au 26 janvier 1995.

LEIBENSTEIN H. (1969) « Organizational or frictional equilibria, X-efficiency and the rate of innovation », *the quaterly Journal of Economics*, vol. LXXXIII, n°4, November 1969.

LEIBENSTEIN H. (1976), « The effort equilibrium of the individual », *in Beyond economic Man : A new fondation for Microeconomics*, U.S.A., Havard University Press.

LEIBENSTEIN H. (1987), *Inside the firm : the inefficiences of Hierarchy*, Cambridge, Massachussetts, and London, England, Havard University Press.

LEIBENSTEIN H. (1988), « The Kibbutz : Motivations, Hierarchy and efficiency », *in* BUTTON K. (éd.), (1989), *Collected essays of Harvey Leibenstein*, vol.1 « Population, development and welfare », England, Edward Elgar.

LORENZ E. (1996), « Confiance, contrats et coopération économique », *Sociologie du travail*, n° 4.

MAC AFEE R.-P., MAC MILLAN J. (1991), « Optimal contracts for teams », *International Economic Review*, vol. 32, n°3, August 1991.

MAC GREGOR D. (1966), *Leadership et motivation*, traduction de S. Perrin, Paris, Entreprise moderne d'édition, 1975 pour l'édition française.

MARGLIN S. (1975), « What do bosses do ? », *Review of radical political economics*, 7(1), Spring 1975.

MOSCAROLA J. (1990), *Enquêtes et analyse de données*, Paris, Vuibert.

MOUCHOT C. (1996), *Méthodologie économique*, Paris, Hachette.

NUTTIN J. (1991), *Théorie de la motivation humaine : du besoin au projet de l'action*, Paris, Presses universitaires de France.

ORLEAN A. (1994), « La confiance : un concept économique ? », *Problèmes économiques*, n°2422, mai 1994.

ORLEAN A. (éd.), (1994) *Analyse économique des conventions*, Paris, Presses

Universitaires de France.

OUCHI W.-G. (1980), « Market, bureaucraty and clans », *Administrative Science Quaterly*, vol.5, n°1, March 1980.

POLANYI K. (1944), *La grande transformation*, traduction française par C. Malamoud et M. Angeno 1983, préface de L. Dumont, Paris, Gallimard.

QUINET C. (1994), « Herbert Simon et la rationalité », *Revue française d'économie*, vol. IX, n°1, hiver 1994.

RENAULT M. (1996), « L'économique, l'énergétique et le « calcul des plaisirs et des peines », *in L'utilitarisme, analyse et histoire*, Actes du colloque international ACGEPE, Lille-Roubaix, 25-26 janvier 1996.

Revue économique (1989), *L'économie des conventions*, vol. 40, n°2, mars 1988.

REYNAUD B. (1992), *Le salaire, la règle et le marché*, Mesnil-sur-l'Estrée, Christian Bourgeois éditeur.

REYNAUD B. (1996), « Les règles, l'irréversibilité et les substituts de la confiance », *in La confiance en question*, actes du colloque ADSE, Aix-en-Provence, 22-23 mars 1996.

REYNAUD B., LIVET P. (1995), « La confiance indécidable et ses versions en économie », *in Confiance, apprentissage et anticipation économique*, contribution séminaire interdisciplinaire, Université de Technologie de Compiègne, 23 au 26 janvier 1995.

SAKO M. (1995), « The informational requirement of trust in supplier relations : evidence from Japan, the UK and the USA », in *Confiance, apprentissage et anticipation économique*, Actes du séminaire interdisciplinaire, Université de Technologie de Compiègne, 23 au 26 janvier 1995.

SALAIS R. (1989), « L'analyse économique des conventions du travail », *Revue économique*, vol.40, n°2, mars 1989.

SALAIS R., THEVENOT L; (éd.), *Le travail, marchés, règles, conventions*, Paris, INSEE Economica.

SAVALL H., ZARDET V. (1995), « Management socio-économique de l'entreprise : ou comment regénérer confiance et performances », in BIDAULT F. *et al.* (éd.), *Confiance, entreprise et société*, ESKA.

SHAPIRO C., STIGLITZ J.E. (1984), « Equilibrium unemployment as a worker discipline device », *The American Economic Review*, vol.73, n°3, June 1984

SIMON H.A. (1957), *Administration et processus de décision* », traduction française de P.E. Dauzat, Paris, Economica, 1983 pour l'édition française.SIMON H.A. (1976), « From substantive to procedural rationality », in S.J. LATSIS (ed.), *Method and appraisal in economics*, Cambridge, Cambridge University Press.

SIMON H.A. (1991), « Organizations and markets », *The journal of Economics perspectives*, vol.5, n°2, Spring 1991.

SMITH A. (1759), *Théorie des sentiments moraux*, traduit de l'anglais par S. de Grouchy, Paris, Guillaumin et Cie libraires, édition française 1860.

STIGLITZ J.E. (1976), « The efficiency wage hypothesis, surplus labour and the distribution of Income in LDCs », *Oxford Economic Papers*, vol.28, July 1976.

THEVENOT L. (1986), « Economie et formes conventionnelles », *in* SALAIS R. et THEVENOT L. (éd.), (1986), *Le travail, marchés, règles, conventions*, Paris, INSEE Economica.

THEVENOT L. (1989), « Equilibre et rationalité dans un univers complexe », *Revue économique*, vol.40, n°2, mars 1989.

VEBLEN T. (1978), *Théorie de la classe de loisir*, traduit par C. Evrard, Paris, Gallimard.

WEIERMAIR K. (1990), « Supply of incentives and demand for motivation : a microanalysis », *in Studies in economic rationality ; X-efficiency examined and extolled : essays written in the tradition and to honor H. Leibenstein*, Perlman-Marked.

WEINER B. (1992), *Human motivation*, Newbury park, Sage publications.

Gestion des salariés vieillissants

La diversité des pratiques des entreprises

Annie Jolivet, (SET-METIS, université Paris I et université Paris-Sud)

1. INTRODUCTION

La définition d'une politique catégorielle impose une connaissance préalable des caractéristiques spécifiques de la catégorie cible. Dans le cas des salariés vieillissants, il n'existe pas véritablement de politique catégorielle orientée vers l'emploi de ces salariés. Cependant, les difficultés qu'ils rencontrent tant au sein des entreprises que dans la recherche d'un emploi, la nécessité d'un relèvement de l'âge de sortie d'activité conduisent à s'interroger sur les comportements des entreprises à leur égard.

L'objectif de cet article est de présenter les résultats d'une étude sur les comportements à l'égard des salariés vieillissants de 1 112 établissements employant dix salariés et plus. Cette étude s'appuie sur l'enquête « Modalités de sortie de la vie active et vieillissement au travail » réalisée en 1992 par la Direction de l'animation de la recherche, des études et des statistiques (DARES) du ministère du travail, enquête appariée avec les enquêtes EMMO et DMMO.

Nous présenterons tout d'abord la démarche d'analyse des comportements à l'égard des salariés vieillissants. Puis les neuf catégories d'établissements issues de la classification ascendante hiérarchique seront analysées. Enfin, nous synthétiserons les principaux apports de l'enquête.

2. L'ANALYSE DES COMPORTEMENTS À L'ÉGARD DES SALARIÉS VIEILLISSANTS

La démarche retenue consiste à analyser directement les pratiques des entreprises à l'égard des salariés vieillissants en focalisant l'analyse sur les aspects qui contribuent à différencier les individus dans l'entreprise : le recrutement, la formation, la promotion et la rupture de la relation d'emploi. Saisir la diversité mais aussi la cohérence des comportements des entreprises nécessite alors la prise en compte simultanée de ces pratiques, ce qui implique de construire des configurations de comportements.

Cette analyse des configurations de pratiques a pu être réalisée pour six établissements, à partir de données monographiques recueillies entre 1993 et 1994[1]. L'enquête de la DARES[2] prolonge l'analyse pour 1 112 établissements mais de tailles beaucoup plus variées. Cette enquête associe en outre aux données sur les pratiques des entreprises des données sur la structure de la main-d'œuvre, en particulier la structure par âge.

Cependant deux modifications ont dû être apportées par rapport aux études monographiques. D'une part, cette enquête ne renseigne que sur l'égalité d'accès, et non l'égalité des chances, puisqu'elle fournit les recrutements, les départs et la formation effectivement réalisés. D'autre part, les configurations ne peuvent être construites qu'à partir de trois dimensions des pratiques des entreprises : le recrutement, la rupture de la relation d'emploi et la formation. Aucune information sur les promotions n'est en effet disponible. En outre, l'enquête de la DARES ne concerne que l'année 1991, et ne fournit donc que des données statiques.

Douze indicateurs ont été construits pour appréhender le comportement des établissements à l'égard des 45 ans et plus (*cf.* encadré 1).

Encadré 1

LES VARIABLES DE L'ANALYSE

Les variables actives

- *Les mouvements en 1991 :*
  - part des salariés de 45 ans et plus dans le total des entrées et des sorties,
  - taux d'entrée des salariés de 45 ans et plus sous contrat à durée indéterminée (CDI), sous (contrat à durée déterminée) CDD, par transfert,
  - taux de sortie des salariés de 45 ans et plus sous licenciement économique, par transfert, sous autre sortie,
  - proportions des salariés de 45 à 54 ans, de 55 à 59 ans et de 60 ans et plus au sein des départs en retraite ou préretraite.

- *La formation continue en 1991 :*
  - part des salariés de 45 ans et plus formés,

Les variables illustratives

- *Les mouvements en 1991 :*
  - taux global de sortie des salariés sous CDI, sous CDD, par transfert, sous entrée indéterminée,

---

[1] Cette analyse a fait l'objet d'une précédente communication, *cf.* JOLIVET (1995).
[2] Pour une présentation détaillée de l'enquête, voir LE MINEZ et BAKTAVATSALOU (1994).

- taux global de sortie des salariés sous licenciement économique, en retraite ou retraite, par transfert, sous autre sortie, sous sortie indéterminée
- taux d'entrée et de sortie des salariés de 45 ans et plus de nature indéterminée,
- part des 55 à 59 ans dans l'ensemble des licenciements économiques et des départs en retraite ou préretraite,
- taux de rotation du personnel,
- taux d'entrée, taux de sortie.

- *La **structure des effectifs salariés fin 1991** :*
  - par ancienneté : proportion des salariés ayant de 5 à 10 ans d'ancienneté, proportion des salariés ayant 10 ans et plus d'ancienneté,
  - par âge : proportion des salariés permanents âgés de moins de 25 ans, de 25 à 44 ans, de 45 à 54 ans, de 55 ans et plus,
  - par qualification : proportion parmi les salariés permanents de cadres, de techniciens, d'agents de maîtrise, d'employés, d'ouvriers qualifiés et non qualifiés.
  - proportion de femmes parmi les salariés permanents.

- *L'**effort de formation continue** :*
  - part des salariés formés,
  - proportion de la masse salariale consacrée à la formation.

- *L'**effort d'aménagement des conditions de travail** :*
  - existence ou absence d'aménagements des horaires de travail, d'aménagements des horaires de travail avec recours au temps partiel,
  - importance des aménagements des horaires de travail pour les salariés de 45 ans et plus,
  - importance des aménagements des horaires de travail avec recours au temps partiel pour les salariés de 45 ans et plus,
  - importance des adaptations de poste de travail pour les salariés de 45 ans et plus.

- *Les **caractéristiques générales de l'établissement** :*
  - taille,
  - secteur d'activité en NAP 15,
  - appréciation sur le niveau d'activité de l'établissement,
  - appartenance à un groupe,
  - existence ou non d'autres établissements au sein de l'entreprise,
  - existence ou non pour l'établissement de prévisions systématiques à 3, 4 ou 5 ans sur l'évolution des emplois,
  - niveau de prise de décision en matière de gestion des ressources humaines.

Les indicateurs de comportement ont été soumis à deux types d'analyses exploratoires : une analyse en composantes principales et une classification ascendante hiérarchique[3]. Ces deux outils d'analyse ont permis de sélectionner cinq axes factoriels (expliquant 71,7 % de la variance totale) et neuf catégories d'établissements (expliquant 62,3 % de la variance totale). La modélisation logistique de l'appartenance à une catégorie a permis de préciser les variables les plus influentes « toutes choses égales par ailleurs ».

Deux logiques sont en opposition : d'une part le recrutement en très forte proportion de salariés âgés de 45 ans et plus, d'autre part un recrutement beaucoup plus modéré voire faible de salariés vieillissants (opposition exprimée également par le premier axe factoriel). La distinction de ces deux types de comportement permet à elle seule d'expliquer 25,8 % de la variance entre établissements.

Les établissements qui recrutent peu ou modérément des salariés vieillissants se différencient ensuite selon la proportion de salariés de 45 ans et plus dans les sorties et selon le mode dominant par lequel ces sorties se font.

3. TYPOLOGIE DES COMPORTEMENTS DES ÉTABLISSEMENTS À L'ÉGARD DES SALARIÉS VIEILLISSANTS

3.1. Appel et rejet marqués des salariés vieillissants

3.1.1. Une main-d'œuvre vieillissante flexibilisée (Classe 1)

Cette première catégorie rassemble 183 établissements, soit 16,5 % de l'échantillon exploité. Ces établissements se caractérisent principalement par un taux d'entrée des salariés vieillissants extrêmement élevé : en moyenne 94,5 % des personnes recrutées ont 45 ans et plus, soit trois fois plus que la moyenne de l'échantillon. Aucune entrée de salarié vieillissant ne résulte d'un transfert interétablissement. Les recrutements, qu'il s'agisse des seuls salariés vieillissants ou de l'ensemble des salariés, sont donc presque uniquement externes à l'établissement. Les embauches se font majoritairement sous contrat à durée déterminée (63,6 % des entrées contre 51,7 % pour l'ensemble des établissements), y compris pour les salariés vieillissants qui représentent 95,1 % des salariés recrutés ainsi. Toutes choses égales par ailleurs, les établissements qui recrutent plus de 14,4 % de salariés vieillissants parmi les salariés embauchés à durée déterminée ont une probabilité d'appartenir à cette classe 80,4 % supérieure à celles des autres établissements.

Les sorties privilégient presque aussi fortement les salariés vieillissants : 87,2 % des personnes quittant l'établissement en 1991 ont 45 ans et plus, soit deux fois plus que la moyenne de l'échantillon. Les sorties des 45 ans et plus se font très peu par

---

[3] Le critère d'agrégation retenu est le critère usuel de WARD (minimisation de la variance intraclasses et maximisation de la variance interclasses).

licenciement économique : seulement 7,1 % des établissements se séparent ainsi de leurs salariés vieillissants, mais ceux-ci constituent alors la majorité des salariés concernés. Les transferts interétablissements de salariés vieillissants ne sont pratiqués que par dix établissements. Aucun départ en retraite à partir de 60 ans n'a lieu, ni aucun départ précoce entre 45 et 59 ans. Un seul mode de sortie domine : les « autres sorties ». Il représente 87,8 % des départs (contre 78,8 % pour l'ensemble des établissements) et surtout 90 % de salariés de 45 ans et plus (contre 33,9 %). Parmi les différentes causes de sortie rassemblées sous ce code, seule la fin de contrat à durée déterminée semble pouvoir expliquer l'ampleur du phénomène. La très forte proportion de salariés vieillissants recrutés sous contrats à durée déterminée apporte une confirmation à cette explication.

Même si l'effort de formation des établissements est plus faible, les salariés vieillissants semblent particulièrement peu concernés par les actions de formation, en dépit de la part des embauches qu'ils représentent. La part des salariés vieillissants parmi les salariés formés est en moyenne très inférieure à celle observée pour l'ensemble de l'échantillon : à peine plus d'un salarié sur dix formés a 45 ans et plus, contre un sur cinq dans l'échantillon. Le taux moyen d'accès global à la formation est également plus faible : seulement 21,4 % des personnes employées en 1991 ont été formés, contre 29,6 % pour l'ensemble des établissements. Le taux moyen de participation financière, correspondant aux dépenses de formation rapportées à la masse salariale, est également plus faible (2,2 % contre 2,8 pour l'échantillon).

Les établissements de cette catégorie sont en effet presque uniquement des établissements de petite taille : 94 % ont des effectifs compris entre 10 et 49 salariés en 1991. Appartenir à cette classe de taille accroît ainsi de 43,8 % la probabilité d'appartenir à la classe 1. Les effectifs permanents, hors contrats à durée déterminée, se caractérisent par une structure d'âge en moyenne plus jeune que l'ensemble des établissements : les salariés de moins de 25 ans sont notablement plus fréquents (10,5 % contre 6,7 % pour l'échantillon), alors que les salariés de 45 à 54 ans sont beaucoup moins représentés (18,8 % des effectifs contre 23 %), et les salariés de 55 à 60 ans un peu moins présents. Ce constat doit cependant être nuancé car la dispersion autour de cette structure moyenne est un peu plus forte que pour l'échantillon. La structure par ancienneté apparaît également nettement moins déséquilibrée, puisque les salariés présents depuis plus de dix ans représentent en moyenne 32,7 % des effectifs permanents (contre 50,6 % dans l'échantillon), et les salariés ayant de cinq à dix ans d'ancienneté 26,2 % (contre 20,8 % dans l'échantillon). Les établissements de cette catégorie semblent donc avoir recruté de façon relativement constante, en particulier au cours des cinq dernières années, le renouvellement des effectifs étant facilité par les fins de contrats à durée déterminée. Quant à la structure par qualification, elle se caractérise par une proportion un peu plus forte de cadres (15,2 % des salariés sous contrat à durée indéterminée contre 13,5 % pour l'ensemble des établissements), d'employés (27,8 % contre 24,5 %) et d'ouvriers qualifiés (32,8 % contre 29,8 %). Sont en revanche sous-représentés les agents de maîtrise (6 % contre 9,1 %), les techniciens (8,5 % contre 10,9 %) et les ouvriers non qualifiés (7,3 % contre 10,1 %). Enfin, en moyenne ; 38,9 % des salariés sous contrats à durée indéterminée sont des femmes, proportion identique à celle de l'ensemble des établissements.

Quatre secteurs sont fortement surreprésentés au sein de cette catégorie : les services marchands (24,6 % des établissements contre 17 dans l'échantillon), les transports et télécommunications (6 % contre 3,7), et surtout le bâtiment génie civil (12,6 % contre 6,8) et le commerce (16,9 % contre 8,4). La surreprésentation de ce dernier secteur est d'autant plus marquée que la sélection opérée sur les établissements avait conduit à exclure plus de la moitié d'entre eux.

Dans près de sept cas sur dix, il s'agit d'entreprises monoétablissements. Plus de six établissements sur dix n'appartiennent à aucun groupe. La faiblesse des entrées et sorties par transfert pour les salariés vieillissants comme pour l'ensemble des salariés s'explique donc principalement par les caractéristiques des établissements et non par leur gestion des ressources humaines. Par ailleurs l'autonomie de décision en matière de gestion des ressources humaines est très forte au sein de cette catégorie[4]. Cependant les établissements pour lesquels existent des prévisions sur l'évolution des emplois sont beaucoup moins fréquents que pour l'ensemble des établissements (9,3 % contre 21,7 %).

Les établissements déclarent plus fréquemment que l'activité est plutôt favorable (60,1 % contre 51,4 % pour l'échantillon). Les recrutements de salariés vieillissants correspondraient donc à une situation plutôt bonne des établissements.

3.1.2. Une stabilisation très limitée des salariés vieillissants (Classe 3)

Cette catégorie comprend 106 établissements, soit 9,5 % de l'échantillon. Le comportement moyen de recrutement est assez proche de celui de la catégorie précédente. Les salariés vieillissants sont en effet privilégiés : 75,9 % des personnes recrutées en 1991 ont alors 45 ans et plus. La dispersion autour de ce comportement est cependant trois fois plus forte que pour la catégorie précédente. Ainsi, embaucher plus de 57,1 % de salariés vieillissants accroît de 48,6 % la probabilité d'appartenir à la classe 3, mais en embaucher entre 7,7 et 57,1 % accroît également cette probabilité de 16,9 %. La nature des recrutements est en outre très différente. Alors que la grande majorité des entrées se fait sous contrat à durée déterminée dans

---

[4] La situation des établissements appartenant à une entreprise pluriétablissement est difficile à interpréter puisque 43,7 % des établissements n'ont pas fourni de réponse à cette question.

la catégorie précédente, ce sont ici les entrées sous contrat à durée indéterminée qui dominent largement : en moyenne elles représentent 63,1 % des embauches, dont près des trois quarts concernent des personnes de 45 ans et plus. En revanche, les entrées par transfert interétablissement ne constituent pas non plus un mode de recrutement. Seuls deux établissements y ont recours, et un seul accueille ainsi des salariés vieillissants.

Les sorties privilégient presque aussi fortement les salariés vieillissants : en moyenne près de six personnes sur dix ayant quitté les établissements de cette catégorie ont 45 ans et plus. Les modalités de sortie de ces salariés sont proches de celles du groupe précédent : recours aux licenciements économiques encore moins fréquent, absence de préretraite entre 45 et 59 ans, et faiblesse des transferts. Ici aussi, les « autres sorties » constituent la cause dominante de départ : un peu plus de trois sorties sur quatre, 62,8 % d'entre elles touchant des salariés vieillissants (33,9 % au sein de l'échantillon). Cependant, les entrées sous contrat à durée déterminée ne contribuent guère ici à expliquer l'importance de cette modalité de sortie puisqu'elles correspondent en 1991 à un quart des recrutements. Par ailleurs, 9,4 % des établissements de cette classe connaissent des départs en retraite à partir de 60 ans. Cependant, les départs en retraite représentent en moyenne une fraction des départs très largement inférieure à la moyenne de l'échantillon (9,4 % des départs contre 38 %).

Les salariés vieillissants semblent bénéficier en moyenne d'un accès privilégié à la formation, alors même que l'effort de formation est limité. À la différence de la catégorie précédente, la part des salariés vieillissants parmi les salariés formés est ici très largement supérieure à celle de l'échantillon (36,3 % contre 20,2 %). En revanche, le taux moyen d'accès global à la formation est là aussi plus faible : seulement 18,5 % des personnes employées en 1991 ont été formés, contre 29,6 % pour l'ensemble des établissements. Quant au taux moyen de participation financière, il est nettement plus faible (1,6 % contre 2,8 pour l'échantillon).

Les établissements sont moins fréquemment de petits établissements, même si ceux-ci représentent 76,4 % des établissements de cette classe. La structure par âge est en moyenne plus proche de celle de l'échantillon. Si elle est moins déséquilibrée, elle est en effet beaucoup plus vieillie que celle de la classe 1 : les salariés permanents de moins de 25 ans sont un peu plus représentés (respectivement 7,5 % contre 6,7 pour l'ensemble des établissements), de même que les salariés de 55 à 60 ans (11,2 % contre 8,1), alors que les salariés d'âge intermédiaire sont proportionnellement moins nombreux (58,1 % contre 62,2), la proportion de salariés de 45 à 54 ans étant très proche de celle de l'échantillon. La structure par ancienneté est logiquement un peu plus déséquilibrée que celle du groupe précédent : les salariés présents depuis plus de dix ans sont proportionnellement plus nombreux même s'ils restent en moyenne nettement sous-représentés par rapport à l'ensemble des établissements (41,3 % des effectifs permanents contre 50,6 %), alors que les salariés ayant de cinq à dix ans d'ancienneté, quoiqu'un peu moins fréquents dans ce groupe, restent surreprésentés (23 % contre 20,8 %). La structure moyenne par qualification semble également caractérisée par une présence légèrement plus forte des cadres (14,7 %), des employés (25,8 %), et une sous-représentation des agents de maîtrise, des techniciens et des ouvriers non qualifiés. En revanche, la proportion moyenne de femmes (39,7 %) est très proche de celle de la classe 1 et de l'ensemble des établissements.

La répartition par secteur d'activité est similaire à celle de la catégorie précédente. On y retrouve la forte surreprésentation du bâtiment génie civil et surtout du commerce. En revanche, les services marchands, les transports et télécommunications sont moins présents que dans la catégorie précédente, même s'ils sont encore légèrement surreprésentés par rapport à l'échantillon. Notons également que l'unique établissement du secteur des assurances présent dans l'échantillon appartient à cette catégorie, alors que le secteur de la location et crédit-bail est sous-représenté.

Comme pour la classe précédente, les entreprises monoétablissements constituent l'essentiel des établissements (69,8 %), et la plupart des établissements (70,8 %) n'appartient à aucun groupe. La faiblesse des entrées et sorties par transfert pour les salariés vieillissants comme pour l'ensemble des salariés s'explique donc largement par les caractéristiques des établissements. L'autonomie de décision en matière de gestion des ressources humaines est donc très forte au sein de cette catégorie du fait de la prédominance des établissements uniques. Cependant les entreprises pluriétablissements laissent beaucoup moins d'autonomie à leurs établissements : pour près de trois établissements sur quatre les décisions concernant les ressources humaines relèvent essentiellement de l'entreprise. Les prévisions sur l'évolution des emplois sont encore moins fréquentes que pour la catégorie précédente (5,7 % contre 9,3).

Enfin, si les établissements de cette catégorie déclarent un peu plus fréquemment que leur activité est favorable (52,8 % contre 51,4 au sein de l'échantillon), ils sont également proportionnellement plus nombreux à estimer que leur activité connaît quelques difficultés (40,6 % contre 37,1 %).

3.2. Des recrutements faibles ou modérés de salariés vieillissants

3.2.1. Une forte stabilisation des salariés vieillissants (Classe 4)

Cette catégorie est la plus importante puisqu'elle comprend 290 établissements, soit

26,1 % de l'échantillon. Ces établissements se caractérisent tout d'abord par la plus faible proportion de salariés vieillissants parmi l'ensemble des salariés recrutés puisqu'en moyenne 7,2 % des personnes recrutées ont 45 ans et plus, soit 4,2 fois moins que la moyenne de l'échantillon. Les salariés vieillissants sont en moyenne davantage recrutés sous contrat à durée indéterminée, alors que l'entrée sous contrat à durée déterminée constitue, en 1991, la modalité dominante pour l'ensemble des salariés. Les entrées par transfert sont beaucoup moins fréquentes qu'au sein de l'échantillon, qu'il s'agisse des salariés vieillissants ou de l'ensemble des recrutements.

Les sorties concernent plus les salariés vieillissants, cependant la part des 45 ans et plus dans l'ensemble des sorties est sensiblement plus faible que pour l'ensemble de l'échantillon (22,8 % contre 39,7 %). Les sorties se font très peu par transfert, et quasiment pas par licenciement économique, ces deux motifs de sortie ne concernant pas plus les salariés vieillissants. Les préretraites sont beaucoup moins utilisées que dans l'échantillon. Deux modalités de sorties dominent pour les salariés vieillissants : les départs à 60 ans et plus, dont on peut penser qu'il s'agit de départs en retraite, et les « autres sorties ». Ces « autres sorties » constituent d'ailleurs la cause essentielle des départs pour l'ensemble des salariés (plus de huit départs sur dix sont déclarés sous ce motif), ce qui s'explique notamment par l'importance des embauches sous contrat à durée déterminée. Quoique moins importants (11,8 % des départs), les départs en retraite caractérisent fortement cette catégorie d'établissements : tous les établissements connaissent en effet ce type de départ, ce qui n'est le cas que de 42,4 % de l'ensemble des établissements. L'analyse logistique confirme la prédominance de ce mode de départ : pratiquer uniquement des départs en retraite à partir de 60 ans augmente de 69 % la probabilité d'appartenir à la classe 4. Néanmoins le recours aux départs en préretraite entre 55 et 59 ans accroît également de 12,3 % cette probabilité.

La part des salariés de 45 ans dans l'ensemble des salariés formés est en moyenne légèrement inférieure à celle de l'échantillon (19,7 % contre 20,2), de même que le taux moyen d'accès global (27,8 % contre 29,6). Cette catégorie se différencie davantage de l'ensemble des établissements par le taux moyen des dépenses de formation (2,7 % contre 2,8 %).

Quasiment tous les établissements ont au moins 50 salariés. Ils se répartissent entre les établissements moyens (39 % ont des effectifs compris entre 50 à 199 salariés), grands (28,6 % entre 200 et 499 salariés) et très grands (31,7 % ont plus de 500 salariés).

La structure moyenne par âge révèle un très léger vieillissement des effectifs permanents par rapport à celle de l'ensemble des établissements. Les salariés de moins de 25 ans et d'âge intermédiaire sont en effet un peu moins représentés, alors que les salariés de 55 à 60 ans le sont un peu plus. C'est pour cette dernière classe d'âge que l'écart avec la moyenne de l'échantillon est la plus forte : en moyenne 9,3 % des salariés ont entre 55 et 60 ans contre 8,1 % pour l'ensemble des établissements, avec une dispersion autour de la moyenne légèrement plus faible qu'au sein de l'échantillon. Toutes choses égales par ailleurs, une proportion de salariés de 55 à 60 ans supérieure à 3,6 % accroît la probabilité d'appartenir à la classe 4, et d'autant plus fortement que cette proportion est forte. La structure par ancienneté confirme ce léger vieillissement puisque les salariés ayant entre cinq et dix ans d'ancienneté sont légèrement sous-représentés, alors que les salariés présents depuis au moins dix ans sont surreprésentés (54,2 % des salariés sous contrats à durée indéterminée contre 50,6 pour l'ensemble des établissements). La structure par qualification fait apparaître une surreprésentation légère des techniciens (11,6 % contre 10,9 pour l'ensemble des établissements) et un peu plus forte des employés (27,1 % contre 24,5). Les agents de maîtrise, les ouvriers non qualifiés et surtout les cadres sont en revanche sous-représentés. Enfin, cette classe se caractérise par la plus forte proportion moyenne de femmes : 45,1 % des salariés sous contrat à durée indéterminée, contre 38,9 au sein de l'échantillon.

Les établissements appartiennent beaucoup moins fréquemment au secteur du commerce, un peu moins fréquemment aux industries des biens, qu'il s'agisse des biens intermédiaires, des biens d'équipement ou des biens de consommation. Trois activités sont plus particulièrement représentées : les services marchands (21,4 % contre 17 % dans l'échantillon), de services non marchands (21,7 % contre 16,2 % de l'échantillon) et la location et crédit-bail (5,9 % contre 4,3). Le bâtiment génie civil est également un peu mieux représenté. Toutes choses égales par ailleurs, appartenir à ce secteur accroît le plus fortement la probabilité d'appartenir à la classe 4 (7,9 %). Relever de la location et crédit-bail, des services marchands mais aussi des transports et télécommunications augmente également cette probabilité (respectivement de 5,4 %, 4,3 % et 4,1 %). Cette classe est d'ailleurs la seule pour laquelle l'analyse logistique met en évidence l'influence du secteur d'activité.

Le constat de l'hétérogénéité de la catégorie quant à la taille des établissements se retrouve en ce qui concerne l'appartenance à une entreprise pluriétablissement et à un groupe. Si un peu plus de la moitié des établissements font partie d'une entreprise comportant d'autres établissements, 49,5 % sont en fait des entreprises monoétablissements. Les établissements de cette classe ne se distinguent pas sur ce point de l'ensemble de l'échantillon. L'appartenance à un groupe est en revanche un peu moins fréquente que pour l'ensemble des établissements. La faiblesse des mouvements par transferts ne s'explique donc pas seulement par les caractéristiques de l'entreprise mais aussi par les pratiques de gestion des ressources humaines.

Parmi les établissements faisant partie d'une entreprise pluriétablissement, 57,6 % considèrent que l'essentiel des décisions en matière de gestion des ressources humaines relèvent du siège, soit plus que l'ensemble des établissements. Compte tenu de l'importance des entreprises monoétablissements, la proportion d'établissements disposant d'une autonomie de décision quant à la gestion des ressources humaines est finalement à peine supérieure à celle de l'échantillon. Par ailleurs, l'existence de prévisions systématiques sur l'évolution des emplois est un peu moins fréquente.

Enfin, 55,3 % des établissements considèrent que leur activité est plutôt favorable, 37,5 % estimant connaître quelques difficultés, proportions assez proches de celle de l'échantillon.

3.2.2. Une stabilisation atténuée des salariés vieillissants (Classe 2)

Cette catégorie concentre 201 établissements, soit 18,1 % de l'échantillon. Les établissements de cette catégorie se caractérisent tout d'abord par un taux d'entrée des salariés vieillissants proche de celui de la catégorie précédente. Les salariés vieillissants représentent ici aussi une faible proportion des nouveaux embauchés (8,1 %). La part des 45 ans et plus parmi les entrées sous contrat à durée indéterminée est très peu inférieure à celle sous contrat à durée déterminée. Cependant, les entrées sous contrat à durée déterminée tendent ici aussi à être plus nombreuses que les entrées sous contrat à durée indéterminée. À quelques exceptions près, les entrées par transfert sont inexistantes.

Les sorties concernent un peu moins les salariés vieillissants que pour la catégorie précédente. La part des personnes de 45 ans et plus dans les sorties est ainsi très largement inférieure à la moyenne de l'échantillon, puisque en moyenne 18,8 % des salariés ayant quitté leur établissement appartiennent à cette classe d'âge, soit 2,1 fois moins. Les sorties de salariés vieillissants se font très peu par licenciement économique, départs en préretraite ou retraite et transfert. Ne connaître aucun départ en retraite à partir de 60 ans accroît en particulier de 57,7 % la probabilité d'appartenir à la classe 2. Ne pratiquer aucun transfert pour les 45 ans et plus l'accroît également, de 7,2. Ce sont les « autres sorties » qui constituent la principale modalité de sortie pour les salariés vieillissants. C'est également le cas pour l'ensemble des salariés puisque les « autres sorties » représentent 86,4 % des départs. Une fois encore, le poids des embauches temporaires explique certainement la nature des sorties (en 1991, près de la moitié des embauches est à durée déterminée).

Les salariés vieillissants semblent légèrement désavantagés dans l'accès à la formation, ce qui peut s'expliquer par une structure en moyenne moins vieillie qu'au sein de l'échantillon. La part des salariés de 45 ans et plus dans les salariés formés est en moyenne plus faible que celle de l'échantillon (16,3 % contre 20,2), alors que le taux moyen d'accès à la formation est au contraire légèrement supérieur (30,4 % contre 29,6). Les dépenses de formation, rapportées à la masse salariale, sont quant à elles un peu plus faibles que pour l'ensemble des établissements (2,6 % contre 2,8), la dispersion autour de ce comportement moyen étant en revanche un peu plus forte au sein de cette catégorie.

Cette catégorie est très hétérogène du point de vue de la taille des établissements. Toutes les tranches de taille sont représentées, cependant les petits surtout les très grands établissements sont moins fréquents, alors que les établissements moyens sont beaucoup plus fréquents (45,8 % des établissements contre 27,4 au sein de l'échantillon ont entre 50 et 199 salariés). Etre un établissement de taille moyenne accroît d'ailleurs la probabilité d'appartenir à la classe 2 (de 16 % pour les établissements de 50 à 199 salariés, de 7,4 pour ceux de 200 à 499 salariés).

La structure par âge est en moyenne plus jeune que celle de l'ensemble des établissements : les salariés de moins de 25 ans et d'âge intermédiaire sont proportionnellement plus nombreux (respectivement 8,3 % et 64,8 % contre 6,7 et 62,2 au sein de l'échantillon), alors que les salariés âgés dc 45 à 54 ans et de 55 à 60 sont au contraire moins nombreux. Ainsi, avoir entre 9 et 52,4 % de salariés de moins de 25 ans accroît de 5,4 % la probabilité d'appartenir à la classe 2. Néanmoins, l'ancienneté moyenne reste assez forte même si les salariés présents depuis plus de dix ans sont un peu moins nombreux que dans l'échantillon (47,7 % contre 50,6). Avoir plus de 69,2 % de salariés avec plus de dix ans d'ancienneté accroît ainsi de 6,6 % la probabilité d'appartenir à cette classe. Quant à la structure par qualification, elle ne présente pas de différences notables avec celle de l'ensemble des établissements. Enfin, la classe 2 se caractérise, comme la classe 4, mais moins fortement, par une proportion moyenne de femmes supérieure à celle de l'ensemble des établissements (41,6 % contre 38,9).

À la différence d'autres catégories précédemment analysées, la répartition des établissements par secteur d'activité ne s'écarte pas beaucoup de celle de l'échantillon. Trois activités sont cependant surreprésentées : la production de biens de consommation (10,9 % des établissements contre 7,6), les activités de commerce (11,4 % contre 8,4), et plus modérément les industries agro-alimentaires.

Les établissements de cette catégorie sont en majorité (55,7 %) des entreprises monoétablissements, plus fréquemment que l'ensemble des établissements (49,8 %). L'absence presque totale de mouvements par transfert semble donc fortement liée aux caractéristiques des établissements. Cependant, l'appartenance à un groupe est à peu près aussi fréquente. Parmi les établissements qui font partie d'une entreprise comportant d'autres établissements, ceux qui prennent l'essentiel des décisions de gestion des ressources humaines sont un peu plus fréquents (18,3 % contre 14,2 pour l'échantillon). Compte tenu de la prédominance au sein de la classe des entreprises à un seul établissement, le degré d'autonomie pour ce type de décisions est donc très fort. Cependant, les établissements sont un peu moins concernés par la gestion prévisionnelle.

Enfin, 56,2 % des établissements considèrent que leur activité est plutôt favorable. Cette proportion est la plus forte de toutes les catégories d'établissements.

3.2.3. *La déstabilisation en interne des salariés vieillissants (Classe 6)*

Cette catégorie rassemble 49 établissements, soit 4,4 % de l'échantillon. Le comportement moyen de recrutement des établissements est proche de celui des deux catégories précédentes. Les salariés vieillissants représentent ici aussi une faible proportion des nouveaux embauchés (7,4 %). Ils sont également peu concernés par les entrées par transfert puisque seulement 2 % des personnes recrutées de cette façon ont 45 ans et plus, alors que les établissements sont proportionnellement plus nombreux à recourir à ce mode de recrutement pour l'ensemble des salariés (34,7 % des établissements contre 15,5 au sein de l'échantillon). En revanche, les salariés de 45 ans et plus sont proportionnellement davantage recrutés sous contrat à durée indéterminée, alors que l'entrée sous contrat à durée déterminée constitue ici aussi la modalité dominante pour l'ensemble des salariés.

C'est surtout du point de vue des départs que les établissements se distinguent des deux groupes précédents. Tout d'abord, les salariés vieillissants sont plus concernés par les sorties : 27 % des personnes ayant quitté les établissements de cette catégorie ont 45 ans et plus, contre 18,8 % pour la classe 2. Les établissements pour lesquels cette proportion est comprise entre 27,3 et 66,7 % ont même une probabilité 7,2 % plus forte d'appartenir à la classe 6. Ensuite, la proportion moyenne des salariés partant en retraite à 60 ans dans l'ensemble des sorties par retraite ou préretraite est considérablement plus faible que celle de la classe 4 (43,8 % contre 96,4 % pour la classe précédente). La principale différence porte sur les sorties par transfert. Tous les établissements de cette catégorie utilisent de mode de sortie, et les salariés vieillissants sont toujours concernés. En moyenne, plus de sept transferts sur dix concernent des salariés de 45 ans et plus (contre à peine plus d'un sur dix pour l'échantillon), et 12 % des départs correspondent à des transferts (soit deux fois plus que dans l'échantillon). En revanche, comme dans les deux classes précédentes les licenciements économiques sont très peu utilisés et ne concernent pas particulièrement des salariés vieillissants.

Cette catégorie diffère également de la précédente par le comportement moyen de formation des établissements qui la constituent. Les établissements de cette catégorie se caractérisent par un effort plus important de formation de leurs salariés, qui se répercute sur les salariés vieillissants. Le taux d'accès des salariés vieillissants à la formation est un peu supérieur à celui de l'ensemble des établissements (22,4 % contre 20,2). Le taux d'accès global est quant à lui nettement supérieur (34,3 % contre 29,6 %). La même constatation s'applique à la part de la masse salariale consacrée à la formation, qui atteint en moyenne 3,5 %. Un tel comportement apparaît cohérent avec l'importance des transferts interétablissements.

Comme la classe 5, cette catégorie se caractérise par l'absence de petits établissements. En revanche, les établissements sont surtout de grande taille (38,8 % ont entre 200 et 499 salariés), un peu moins de taille moyenne (32,7 %) et de très grande taille (28,6 %).

Cette catégorie se caractérise par une structure par âge en moyenne plus déséquilibrée et plus vieillie que l'ensemble des établissements. Les salariés de moins de 25 ans sont très nettement sous-représentés (3,9 % des effectifs permanents contre 6,7 pour l'échantillon), ceux d'âge intermédiaire légèrement moins alors que les salariés de 45 à 54 ans sont mieux représentés (26,6 % contre 23). Les établissements de cette catégorie se caractérisent ainsi par une forte proportion de salariés vieillissants : 34,7 % des salariés permanents ont 45 ans et plus. La structure par ancienneté confirme l'existence d'un déséquilibre puisque les salariés présents depuis plus de dix ans représentent en moyenne 60,6 % des effectifs permanents (contre 50,6 % pour l'ensemble des établissements), alors que les salariés ayant entre cinq et dix ans d'ancienneté sont sous-représentés (17,4 % contre 20,8). Quant à la structure par qualification, elle se caractérise surtout par une sous-représentation des employés et une surreprésentation des ouvriers qualifiés. Il n'est donc pas surprenant de constater que les femmes sont en moyenne beaucoup moins présentes dans les établissements de cette catégorie puisqu'elles ne comptent que pour 29,1 % des effectifs permanents (38,9 % pour l'échantillon).

Les établissements de ce groupe se concentrent sur des secteurs d'activité très différents de ceux du groupe précédent. Sont en effet fortement surreprésentées la production de biens intermédiaires (30,6 % des établissements contre 16,3 dans l'échantillon), les transports et télécommunications (6,1 % contre 3,7), et le bâtiment génie civil (8,2 % contre 6,8). L'interprétation doit cependant rester prudente compte tenu de l'effectif restreint de la catégorie, les deux derniers secteurs ne comptant respectivement que trois et quatre établissements. Néanmoins, l'absence d'établissements relevant du commerce et la sous-représentation des services marchands et de la location et crédit-bail confortent le constat d'une forte concentration sur des activités productrices de biens.

Compte tenu des caractéristiques de taille des établissements, il n'est pas surprenant que 73,4 % de ceux-ci fassent partie d'entreprises comportant d'autres établissements, et que 71,4 % déclarent appartenir à un groupe. L'importance des mouvements par transfert semble donc fortement liée aux caractéristiques des établissements. Elle peut aussi s'expliquer par une autonomie relativement plus fréquente des décisions en matière de gestion des ressources humaines : parmi les établissements relevant d'une entreprise pluriétablissement, 22,2 % estiment prendre l'essentiel des décisions alors que c'est le cas pour seulement 14,2 % d'entre eux au sein de l'échantillon. Elle peut aussi traduire l'efficacité de la gestion prévisionnelle : en effet 42,9 % des établissements qui ont répondu à cette question déclarent qu'il existe des prévisions systématiques quant à l'évolution des emplois à moyen terme, soit deux fois plus que pour l'échantillon.

Enfin, 55,1 % des établissements estiment que leur activité est plutôt favorable, soit un peu plus que l'ensemble des établissements.

3.2.4. La déstabilisation par les licenciements économiques (Classe 5)

Cette catégorie rassemble 127 établissements, soit 11,4 % de l'échantillon. Comme pour les trois catégories précédentes, le taux d'entrée des salariés vieillissants est ici plutôt faible puisque, en moyenne, seulement 9 % des personnes recrutées ont 45 ans et plus. Comme pour les classes 4 et 6, les personnes de 45 ans et plus sont davantage embauchées sous contrats à durée indéterminée, mais ce mode d'embauche est ici aussi important que l'entrée sous contrat à durée déterminée. En revanche, la classe 5 se caractérise par un recours plus fréquent et plus important aux recrutements internes, par transferts interétablissements. Le meilleur taux d'entrée des salariés vieillissants correspond ainsi aux entrées par transfert (11,9 %). Celles-ci représentent 15,1 % de l'ensemble des entrées, soit 2,4 fois plus que pour l'ensemble des établissements. Près d'un établissement sur deux a utilisé ce mode de recrutement (contre 26,6 % au sein de l'échantillon), et 35,4 % des établissements recrutent ainsi des salariés vieillissants (contre 15,5 %).

S'ils sont peu recrutés, les salariés vieillissants sont en moyenne assez fortement concernés par les sorties, dans une proportion plus proche de celle de l'échantillon (37,3 % contre 39,7). Toutes choses égales par ailleurs, plus cette proportion est forte et plus la probabilité d'appartenir à la classe 5 augmente. Ainsi, les établissements pour lesquels cette proportion est comprise entre 27,3 et 66,7 % ont une probabilité d'appartenir à la classe 5 supérieure de 8 %. Leurs principales modalités de sortie sont les licenciements économiques et les « autres sorties ». Tous les établissements recourent aux licenciements économiques (seulement 21,8 % au sein de l'échantillon). En moyenne, 87,3 % des licenciés pour raison économique ont 45 ans et plus (contre 13,4 % dans l'échantillon), et les licenciements représentent un peu plus d'une sortie sur cinq (contre une sur vingt). Les départs en préretraite ne sont utilisés que par quelques établissements, la plupart n'y ayant pas recours. Au total, 54 % des départs soit en préretraite soit par licenciement économique concernent des salariés âgés de 55 à 59 ans. Les départs en retraite sont cependant pratiqués par 52 % des établissements, les salariés de 60 ans et plus constituant alors la majeure partie des départs en retraite ou préretraite, mais ils sont masqués par l'importance des licenciements économiques. Quant aux « autres sorties », elles concernent nettement moins les salariés vieillissants (seulement 20,8 % des salariés concernés ont 45 ans et plus) mais constituent la modalité essentielle de départ pour l'ensemble des salariés. Enfin, les établissements de cette catégorie se caractérisent par un fort recours aux transferts interétablissements. Six établissements sur dix utilisent ce mode de sortie, et 48 % se séparent ainsi de salariés vieillissants. La proportion de salariés vieillissants ayant quitté l'établissement par transfert est assez importante (21,1 % contre 10,6 au sein de l'échantillon), les sorties par transferts étant seulement un peu plus fréquentes pour l'ensemble des salariés (8,7 % contre 5,1).

Les établissements de cette catégorie se caractérisent par leur effort soutenu de formation, effort qui bénéficie également aux salariés vieillissants, mais plus modérément. La part des salariés vieillissants dans les salariés formés en 1991 est en moyenne supérieure à celle de l'ensemble des établissements (23,4 % contre 20,2). Le taux moyen d'accès global est quant à lui très supérieur à celui de l'échantillon : 37,4 % des personnes employées, qu'elles soient ou non sous contrat à durée indéterminée, ont été formées (contre 29,6 %). Le taux de participation financière est lui aussi en moyenne très supérieur à celui de l'échantillon (3,5 % contre 2,8 %).

Les établissements de cette catégorie sont essentiellement de grands et surtout de très grands établissements (respectivement 29,9 % et 46,5 % des établissements). Les petits établissements sont en revanche quasiment absents.

La structure par âge est en moyenne plus déséquilibrée et plus vieillie que celle de l'échantillon : les salariés sont plus fréquemment âgés de 45 à 54 ans (27,8 % des effectifs permanents contre 23 % pour l'ensemble des établissements), toutes les autres classes d'âge étant au contraire sous-représentées, les moins de 25 ans présentant l'écart le plus important (5 % contre 6,7 %). Cette catégorie se caractérise ainsi, comme la précédente, par une forte proportion de salariés vieillissants (34,8 % des effectifs permanents). La structure par ancienneté confirme ce vieillissement puisque les salariés présents depuis plus de dix ans représentent en moyenne 60,1 % des effectifs permanents (contre 50,6 % pour l'ensemble des établissements), alors que les salariés ayant entre cinq et dix ans d'ancienneté sont sous représentés (17,3 % contre 20,8). Enfin, la structure par qualification se caractérise en moyenne par une plus forte proportion de cadres, de techniciens, d'agents de maîtrise, d'ouvriers non qualifiés et surtout d'ouvriers qualifiés (34,9 %

des effectifs permanents contre 29,8 pour l'ensemble des établissements), les employés étant en revanche très nettement moins représentés (14,1 % contre 24,5). Comme pour la classe 6, la proportion moyenne de femmes est inférieure à celle de l'échantillon (31 % contre 38,9).

Trois secteurs d'activité sont fortement surreprésentés et rassemblent à eux seuls presque trois quarts des établissements de cette catégorie : la production de biens d'équipement (35,4 % des établissements contre 15,8 % dans l'échantillon), de biens intermédiaires (29,9 % contre 16,3), et de produits agricoles et alimentaires (6,3 % contre 3,8). Les commerces, les services, le bâtiment génie civil sont largement sous-représentés et aucun établissement n'appartient aux transports et télécommunications.

Neuf établissements sur dix font partie d'un groupe. Compte tenu des caractéristiques de taille des établissements, il n'est pas surprenant que près des trois quarts des établissements appartiennent à des entreprises pluriétablissements. Ces établissements présentent la particularité de partager beaucoup plus fréquemment avec la direction de l'entreprise les décisions de gestion des ressources humaines : pour 37,8 % d'entre eux les décisions concernant les cadres sont prises au niveau du siège, mais celles concernant les autres qualifications relèvent de l'établissement (contre 25,2 % au sein de l'échantillon). Cette relative autonomie s'accompagne de prévisions à moyen terme sur l'évolution des emplois plus fréquentes (36,2 % des établissements contre 21,7 pour l'échantillon).

Enfin, les établissements de cette catégorie sont plus fréquemment confrontés à une conjoncture défavorable. Ils sont 47,2 % à connaître quelques difficultés, contre 37,1 % dans l'échantillon. Et 15,8 % des établissements considèrent que leur activité est « plutôt médiocre » ou est « plutôt en difficulté », soit deux fois plus que l'ensemble des établissements.

3.2.5. L'éviction des 55 à 59 ans (Classe 7)

Cette catégorie rassemble 84 établissements, soit 7,6 % de l'échantillon. Elle se caractérise, comme les quatre classes précédentes, par une faible proportion de salariés vieillissants parmi les salariés recrutés : en moyenne seulement 8 % contre près de 30 % pour l'ensemble des établissements. Cette proportion est en moyenne un peu plus forte (8,6 %) lorsqu'il s'agit de transferts, qui représentent une entrée sur dix. Cependant, si 40,5 % des établissements recourent à ce type d'embauche (contre 26,6 % de l'ensemble des établissements), seulement 20,2 % recrutent ainsi des salariés de 45 ans et plus. Comme pour les classes 4 et 6, le taux d'embauche des 45 ans et plus sous contrat à durée déterminée est plus faible, alors qu'en moyenne 45,1 % des salariés sont embauchés sous cette forme.

Comme pour la catégorie précédente, les salariés vieillissants sont beaucoup plus concernés par les sorties : ils représentent en moyenne 35,5 % des départs, soit un peu moins que l'ensemble des établissements. Lorsque 27,3 à 66,7 % des départs concernent ces salariés, cela augmente de 7,7 % la probabilité d'appartenir à la classe 7. Les départs en retraite ou préretraite, qui sont à l'origine d'un peu plus d'une sortie sur cinq (contre moins d'une sur dix dans l'échantillon), touchent à 85,7 % des personnes âgées de 55 à 59 ans, et correspondent vraisemblablement à des préretraites. Pour 51,2 % des établissements, les départs en retraite ou préretraite sont tous des départs en préretraites pour la classe d'âge 55-59 ans. Seulement deux établissements ont recours à des préretraites pour les salariés de 45 à 54 ans, et de façon très marginale. Par conséquent, les départs à partir de 60 ans ne constituent qu'une modalité de sortie minoritaire. Ainsi une telle pratique accroît de 5,4 % la probabilité d'appartenir à la classe 7. Les établissements recourent fréquemment aux licenciements économiques (44,1 % des établissements contre 21,8 dans l'échantillon), mais ils sont beaucoup moins importants qu'au sein de la classe précédente (11,2 % des départs) et viennent le plus souvent compléter les départs en préretraite. Cette catégorie d'établissements présente donc, encore plus que la classe 5, la particularité de concentrer les départs en préretraite ou par licenciement économique sur les salariés âgés de 55 à 59 ans (70,6 % contre 13 % pour l'ensemble des établissements). Les sorties par transfert, quoiqu'un peu moins fréquentes que dans la classe précédente, apparaissent comme un mode de sortie complémentaire, notamment pour les salariés vieillissants. Ce type de sortie est en effet utilisé par 57,1 % des établissements, 35,7 % se séparant ainsi de salariés de 45 ans et plus. En moyenne, 16,9 % des salariés concernés ont 45 ans et plus (contre 10,6 % dans l'échantillon). Enfin, on constate une fois de plus que les « autres sorties » constituent une modalité non négligeable de départ des salariés vieillissants : si la proportion de salariés vieillissants est assez faible (15,8 %), la grande majorité des départs sont déclarés sous ce motif. Elles sont cependant nettement moins fréquentes dans les établissements de cette catégorie (57,9 % des sorties contre 78,8 pour l'ensemble des établissements).

Les salariés vieillissants semblent avoir en moyenne relativement moins accès à la formation que l'ensemble des salariés, ce qui peut s'expliquer par l'importance des départs entre 55 et 59 ans. Alors que la part des salariés de 45 ans et plus dans les salariés formés est ici proche de la moyenne de l'échantillon, les établissements de cette catégorie se caractérisent en moyenne par le plus fort taux d'accès global à la formation en moyenne très supérieur (41,9 % contre 29,6 %), ainsi que le plus important taux de participation financière (3,8 % contre 2,8 %).

Cette catégorie se caractérise par l'absence de petits établissements et la très forte présence de très grands établissements. En effet, plus de la moitié des établissements emploie 500 salariés et plus. Les établissements comportant de 200 à 499 salariés sont également mais plus modérément surreprésentés (29,8 % contre 21,8 % pour l'ensemble de l'échantillon). Cet effet de taille est cohérent avec le fort recours aux préretraites, celles-ci tendant à être surtout utilisées par les grandes entreprises.

La structure moyenne par âge fait apparaître un vieillissement « par le ventre » : la proportion de salariés d'âges extrêmes est nettement plus faible, les salariés d'âges intermédiaires et de 45 à 54 ans étant au contraire surreprésentés (65,1 % et 26,8 % des effectifs permanents contre 62,2 et 23). Ce type de vieillissement est le produit d'un ralentissement des recrutements conjugué notamment à des départs en préretraite au cours des années précédentes. La concentration des départs en préretraite et des licenciements économiques sur les salariés de 55 à 59 ans n'est donc pas une pratique ponctuelle. La structure par ancienneté reflète ce type de vieillissement puisque, en moyenne, la proportion de salariés permanents présents depuis plus de dix ans est l'une des plus fortes (64,6 % contre 50,6 pour l'ensemble des établissements). Quant à la structure par qualification, elle se caractérise principalement par une surreprésentation des agents de maîtrise et surtout des techniciens (en moyenne 16,2 % des effectifs permanents contre 10,9 % pour l'échantillon), les ouvriers qualifiés étant au contraire particulièrement sous-représentés (25,8 % contre 29,8). La proportion de femmes est en moyenne inférieure à celle de l'ensemble des établissements (33 % contre 38,9).

Quatre secteurs d'activité concentrent un peu plus de 70 % des établissements. Il s'agit d'une part de la production de biens intermédiaires (22,6 % des établissements de cette catégorie), de biens d'équipement (27,4 %) et de biens de consommation (9,5 % contre 6,3 % de l'ensemble des établissements), d'autre part de la location et du crédit-bail. Les établissements relevant de ce dernier secteur représentent en particulier 13,1 % de la catégorie, alors qu'ils ne comptent que pour 4,3 % dans l'ensemble de l'échantillon.

La majorité des établissements (53,6 %) fait partie d'entreprises comportant d'autres établissements. Et plus de trois sur quatre déclarent appartenir à un groupe. La relative faiblesse des mouvements correspondant à des transferts ne s'explique donc pas principalement par les caractéristiques des établissements. En ce qui concerne l'autonomie des décision relatives aux ressources humaines, elle ne semble pas beaucoup plus forte pour les établissements de cette catégorie appartenant à une entreprise pluriétablissement : 37,5 % d'entre eux prennent l'essentiel des décisions ou toutes celles qui concernent les catégories non-cadres (35,6 % pour l'ensemble des établissements). En revanche, cette catégorie se caractérise par l'existence plus fréquente de prévisions systématiques sur l'évolution des emplois pour l'établissement (36,9 % contre 21,7 %).

Enfin, seulement 41,7 % des établissements considèrent que leur activité est favorable, contre 51,4 % au sein de l'échantillon. Comme ceux ce la classe précédente, les établissements de cette catégorie estiment plus fréquemment que leur activité connaît Quelques difficultés, qu'elle est plutôt médiocre, ou qu'ils sont plutôt en difficulté.

3.2.6. Le rôle marqué des ajustements internes (Classe 8)

Cette catégorie rassemble 69 établissements, soit 6,2 % de l'échantillon. Contrairement aux cinq précédentes, cette catégorie se caractérise tout d'abord par une assez forte proportion de salariés vieillissants parmi les salariés recrutés (28,5 %). Cette proportion est de très loin la plus forte parmi les sept catégories d'établissements qui recrutent peu ou modérément des personnes appartenant à cette classe d'âge. Comme nous l'avons déjà noté pour la plupart des catégories précédentes, les salariés vieillissants sont plus fréquemment recrutés sous contrat à durée indéterminée qu'à durée déterminée, alors que ce dernier type de contrat représente près d'une entrée sur deux. La particularité essentielle des établissements de ce groupe est d'accorder une large place aux transferts interétablissements dans leurs recrutements, bien au-delà de ce qui se pratique dans les autres catégories d'établissements. Tous les établissements utilisent ce mode de recrutement. Près d'un recrutement sur quatre se fait par cette voie (contre 6,2 % pour l'ensemble de l'échantillon) et 67,8 % des entrées par transfert concernent des salariés de 45 ans et plus (contre 7,1 % au sein de l'échantillon).

Les salariés vieillissants sont à peine plus représentés dans les sorties : 33,6 % des personnes ayant quitté les établissements en 1991 ont alors 45 ans et plus. Toutes choses égales par ailleurs, la probabilité d'appartenir à la classe 8 s'accroît aussi bien pour les établissements ne se séparant qu'en faible proportion de salariés vieillissants que pour ceux qui s'en séparent plus fortement. La proportion de salariés vieillissants parmi les départs n'apparaît donc pas déterminante de l'appartenance à la classe. À quelques exceptions près, aucun départ en préretraite n'a eu lieu pour les salariés âgés de 45 à 59 ans. Certes 49,3 % des établissements de cette catégorie ont connu des départs en retraite, à partir de 60 ans. Les départs en retraite et préretraite ne représentent cependant qu'une proportion modeste de l'ensemble des départs (6,9 %). Les licenciements économiques sont assez peu pratiqués : seulement 15,9 % des établissements y ont recours, et 14,5 % se séparent ainsi de salariés de 45 ans et plus. La principale modalité de sortie est constituée par les « autres sorties », comme pour d'autres catégories d'établissements, mais un peu moins qu'au sein de l'échantillon (71,2 % des sorties contre 78,8). En revanche, leur particularité essentielle réside dans la forte proportion de salariés vieillissants parmi les salariés transférés à un autre établissement (26,6 % contre 10,6 % pour l'ensemble des établissements), la part des sorties correspondant à ce motif étant également beaucoup plus importante (16,7 % contre 5,1 %). Recourir aux transferts accroît en effet de 24,3 % la probabilité d'appartenir à la classe 8. Cette catégorie d'établissements se caractérise donc par la place plus importante accordée aux transferts, et ceci à la fois pour les recrutements et pour les sorties.

L'effort marqué de formation bénéficie en partie aux salariés vieillissants, davantage que pour la catégorie précédente. La part des salariés de 45 ans et plus dans les salariés formés est ici supérieure à la moyenne de l'échantillon (24,2 contre 20,2 %). Le taux moyen d'accès global à la formation est quant à lui très au-dessus (40,3 % contre 29,6 %), de même que le taux de participation financière (3,5 % contre 2,8 %).

La catégorie rassemble des établissements de toute taille. Cependant les grands et surtout les très grands établissements sont surreprésentés par rapport à l'échantillon : ils apportent au total 68,1 % des établissements de ce groupe. La structure par âge fait apparaître un vieillissement « par le haut » : en moyenne, les salariés de moins de 25 ans et d'âges intermédiaires sont proportionnellement moins nombreux, alors que les salariés âgés de 45 à 54 ans et de 55 à 60 sont au contraire plus nombreux (25,7 et 9 % contre 23 et 8,1 %). De même que les classes 6 et 7, cette classe d'établissements se caractérise par une forte proportion de salariés vieillissants (34,6 %). La structure par ancienneté reflète le vieillissement des effectifs puisque, en moyenne, la proportion de salariés permanents présents depuis plus de dix ans est beaucoup plus forte que pour l'ensemble des établissements (61,9 % contre 50,6), alors que celle des salariés ayant entre cinq et dix ans d'ancienneté est plus faible (18,3 % contre 20,7). Quant à la structure par qualification, elle se différencie assez fortement de celle de l'échantillon : les cadres, les agents de maîtrise sont beaucoup plus fréquents (13 % des salariés sous contrat à durée indéterminée contre 9,1 pour l'ensemble des établissements), ainsi dans une moindre mesure que les employés, en revanche les ouvriers qualifiés et non qualifiés sont relativement moins nombreux. Les établissements de la classe 8 accueillent en moyenne plus de femmes que ceux des classes 6, 5 et 7 mais cette proportion reste inférieure à celle de l'échantillon (34,1 % contre 38,9).

Près de huit établissements sur dix appartiennent aux cinq secteurs d'activité surreprésentés : les industries des biens intermédiaires (26,1 % des établissements) et des biens d'équipement (23,2 %), et plus modérément les services non marchands (18,8 %), les transports et télécommunications (4,3 %) et le bâtiment-génie civil (7,2 %). Les activités de commerce et les services marchands sont en revanche 2,5 fois moins représentées que dans l'échantillon.

L'appartenance des établissements à des entreprises comportant d'autres établissements est ici très fréquente : près de huit établissements sur dix sont dans ce cas. Il n'est donc pas surprenant que près des deux tiers des établissements déclarent faire partie d'un groupe. Comme nous l'avions déjà noté pour les classes 5, 6, et 7, l'importance des transferts dans les mouvements semble liée aux caractéristiques des établissements. L'existence de prévisions systématiques sur l'évolution des emplois concerne une proportion d'établissements supérieure à ce que l'on observe pour l'ensemble de l'échantillon (26,1 % contre 21,7), mais très en deçà de celle des classes 5, 6 et 7. L'autonomie particulièrement restreinte des établissements quant aux décisions relatives aux ressources humaines peut fournir un premier élément de compréhension. En effet, pour 52,6 % des établissements appartenant à une entreprise pluriétablissement les décisions relèvent essentiellement du siège (contre 37,3 % de l'ensemble des établissements) et seul un établissement dispose d'une totale autonomie.

Enfin, cette catégorie se caractérise par une forte proportion d'établissements déclarant connaître quelques difficultés (42 % contre 37,1 au sein de l'échantillon).

3.2.7. Préretraites précoces et transferts interétablissements (Classe 9)

Cette catégorie ne rassemble que trois établissements, mais ceux-ci présentent des caractéristiques très particulières. Des neuf classes délimitées par la classification ascendante hiérarchique, c'est ainsi celle qui émerge la première.

Ces trois établissements se caractérisent par un taux d'entrée des salariés vieillissants presque deux fois plus faible que la moyenne de l'échantillon. Les recrutements de ces salariés s'effectuent dans une très forte proportion sous la forme de transferts interétablissements, et dans une moindre mesure sous la forme de contrats à durée déterminée. La gestion des entrées se différencie ainsi fortement selon l'âge puisque pour l'ensemble des salariés l'entrée sous contrat à durée indéterminée est largement majoritaire.

En revanche, les sorties privilégient nettement les salariés de 45 ans et plus puisqu'ils représentent 44 % des personnes ayant quitté l'établissement, soit un peu plus que la moyenne de l'échantillon. Ce sont les modalités de sortie des salariés vieillissants qui distinguent le plus radicalement les trois établissements considérés. Aucun licenciement économique, aucun départ en retraite n'ont eu lieu en 1991. Seuls deux types de sorties sont utilisés : les départs en préretraite, et les sorties par transferts. Les salariés concernés sont quasiment tous âgés de 45 à 54 ans, le taux global de sortie des salariés âgés de 55 à 59 ans étant ici extrêmement faible. La gestion des sorties se différencie là aussi fortement selon l'âge puisque pour l'ensemble des salariés c'est la modalité « autres sorties » qui rassemble la majorité des départs.

Il convient de noter que, comme pour la première catégorie, la nature du contrat est indiquée pour presque toutes les entrées déclarées, il y a donc très peu d'entrée indéterminée. Le motif est en revanche spécifié pour toutes les sorties. Ceci peut résulter à la fois d'une bonne connaissance des mouvements d'effectifs et du nombre d'établissements de la catégorie.

La part des salariés de 45 ans et plus parmi les salariés formés est en moyenne plus importante que pour l'ensemble des établissements, mais la dispersion est presque deux fois plus forte. Le taux d'accès à la formation est également beaucoup plus important. Enfin les dépenses de formation rapportées à la masse salariale apparaissent également plus importantes. En fait, deux des établissements de cette catégorie semblent mener une politique de formation de l'ensemble du personnel.

Les établissements de cette catégorie sont tous de très grands établissements, dont les effectifs dépassent les 500 salariés. Les effectifs permanents se caractérisent par une structure d'âge particulièrement déséquilibrée et vieillie par rapport à l'ensemble des établissements : les salariés de moins de 25 ans sont très largement sous-représentés (1,3 %), les salariés de 45 à 54 ans sont au contraire surreprésentés (34,6 %), quant aux salariés de 55 à 60 ans, ils sont sous-représentés. Cette structure est le produit d'un très fort ralentissement des embauches au moins au cours des dernières années, et d'un recours important aux préretraites. La structure par ancienneté confirme cette interprétation puisque les salariés présents depuis plus de dix ans dans les deux établissements répondants représentent en moyenne 80,6 % des effectifs permanents, les salariés ayant entre cinq et dix ans d'ancienneté en représentant quant à eux 9,7 %. La structure par qualification indique une très forte proportion d'ouvriers, et en particulier d'ouvriers non qualifiés. Les effectifs sont à près de 95 % masculins.

Il n'est pas alors surprenant de constater que les établissements appartiennent tous au secteur des industries des biens intermédiaires. Le recours à des préretraites entre 45 et 54 ans et la structure très caractéristique des effectifs laisse à penser qu'il peut s'agir notamment de la sidérurgie (GAVINI, 1993).
Tous les établissements font partie d'une entreprise comportant d'autres établissements, entreprise qui fait elle-même partie d'un groupe. Ces caractéristiques permettent donc de réaliser des transferts interétablissements. Cependant, l'importance des transferts dans les recrutements comme dans les sorties indique un choix délibéré de gestion des effectifs, en particulier la volonté de recourir le moins possible à des licenciements économiques en privilégiant le reclassement interne. Les établissements disposent d'une certaine autonomie dans la gestion de leur main-d'œuvre, notamment pour les catégories non cadres. Néanmoins, cette autonomie ne semble pas s'appuyer sur une gestion prévisionnelle, aucun établissement ne disposant de prévisions systématiques sur l'évolution des emplois.

Enfin, deux des établissements sur trois estiment que l'activité est plutôt favorable. La réduction des effectifs traduirait ainsi un souci d'améliorer la compétitivité et la productivité plutôt qu'une réponse à des difficultés conjoncturelles.

4. SYNTHÈSE DES RÉSULTATS

4.1. Une différenciation forte par les mouvements de main-d'œuvre

Parmi l'ensemble des indicateurs retenus pour caractériser les comportements des établissements à l'égard des salariés de 45 ans et plus, ce sont les indicateurs relatifs aux mouvements de main-d'œuvre qui repèrent la plus forte différenciation. Ainsi, le premier axe factoriel est corrélé avec des indicateurs de ce type, même si cette corrélation est très modérée, et il capture un tiers de la variance totale des établissements. En outre, la plupart des établissements sont assez fortement, voire très fortement, représentés sur cet axe. Les trois axes suivants sont également corrélés avec des indicateurs de mouvement.

Plusieurs explications peuvent être avancées. Tout d'abord, la définition des indicateurs et la méthode d'analyse contribuent à accentuer la diversité des comportements de recrutement et de rupture de la relation d'emploi. Choisir comme variables actives des taux, d'entrée et de sortie, donc raisonner sur des profils de comportement, élimine la pondération par l'importance des effectifs concernés. Or, les classes qui recrutent en proportion massive des salariés vieillissants sont surtout constituées par de petits établissements. De plus, les indicateurs de mouvements représentent la grande majorité des variables actives. Ils jouent donc un rôle nécessairement plus important dans l'explication des différences entre établissements.

Enfin, la distinction des modalités d'entrée et surtout de sortie permet surtout de repérer des supports de différenciation des modes de gestion de la main-d'œuvre. L'importance des entrées et des sorties par transferts, plus révélatrice que leur absence, signale ainsi une gestion plus internalisée des effectifs. L'utilisation de dispositifs de sortie anticipée est elle aussi très caractéristique des choix d'ajustement des effectifs.

4.2. L'impact ambigu de la formation

L'analyse du comportement de formation des salariés vieillissants réalisée par le Centre d'études et de recherches sur les qualifications (Céreq) à partir des déclarations 24.83 souligne la corrélation entre le taux de participation financière, le taux d'accès global et le taux d'accès des salariés de 45 ans et plus à la formation.

Ainsi les établissements les plus formateurs sont également ceux pour lesquels l'égalité d'accès est la plus forte.

Ce résultat ne semble pas aussi évident au regard de l'analyse en composantes principales et de la classification ascendante hiérarchique menées sur les établissements répondants à l'enquête DARES. En effet, d'une part l'axe 6, très fortement corrélé avec la part des salariés formés de 45 ans et plus dans l'ensemble des salariés formés en 1991, n'oppose pas véritablement des classes entre elles. On retrouve ainsi un continuum d'établissements de classes distinctes. D'autre part, même si certaines classes d'établissements sont en moyenne plus formatrices que d'autres, la dispersion au sein de ces catégories reste assez élevée. La formation joue ainsi un rôle ambigu dans la différenciation des comportements des établissements à l'égard des salariés vieillissants.

Enfin, si les classes caractérisées par une pyramide des âges en moyenne plus vieillie sont également celles où la part des 45 ans et plus dans l'ensemble des salariés formés est la plus forte, le lien entre ces deux indicateurs ne peut être établi avec une totale certitude. En effet, les structures par âge disponibles ne portent que sur les seuls salariés permanents. Il est donc difficile d'apprécier l'égalité d'accès à la formation dans les établissements. D'autre part, les différences entre établissements sont aussi liées à la taille, les petits établissements étant nécessairement moins formateurs.

4.3. De forts effets de taille mais des effets de secteur d'activité à nuancer

La forte opposition entre établissements recrutant une très forte proportion de salariés vieillissants et établissements recrutant modérément, voire assez peu, de salariés vieillissants oppose également les petits établissements aux grands et très grands établissements. Les classes 1 et 3 concentrent ainsi 83,2 % des établissements de 10 à 49 salariés. L'utilisation de taux d'accès pour constituer les classes accentue cet effet taille. Plus le nombre de salariés recrutés est faible, plus le recrutement ne serait-ce que d'une seule personne de 45 et plus se traduit par un fort taux d'accès des salariés vieillissants. Néanmoins 12,5 % des petits établissements relèvent de la classe 2.

En revanche, même si certains secteurs d'activité sont surreprésentés, les classes restent le plus souvent hétérogènes.

Aucune classe ne rassemble la majorité des établissements d'un même secteur d'activité. La plus forte concentration est réalisée par la classe 4 qui accueille un peu moins de 35 % des établissements du secteur « location, crédit-bail, organismes financiers. Dans tous les cas, deux comportements types au moins doivent être considérés pour rendre compte de la majorité des établissements. Le comportement de stabilisation forte, caractéristique de la classe 4, est présent dans tous les secteurs, à la seule exception du commerce. Il se combine avec un ou deux autres comportements types, dont au moins un correspond à la flexibilisation ou à la déstabilisation des salariés vieillissants. Ainsi, les établissements des industries agricoles et alimentaires, comme ceux des industries de biens intermédiaires et de biens d'équipement, soit stabilisent plus ou moins fortement leurs salariés vieillissants (classes 2 et 4) soit s'en séparent dans le cadre de licenciements économiques classe 5). En revanche au sein des services, marchands ou non marchands, les établissements qui ne stabilisent pas leur salariés vieillissants pratiquent surtout la flexibilisation de leur main-d'œuvre vieillissante (classe 1).

Tableau 1
**Répartition par classe des établissements
d'un même secteur d'activité** (en %)

Secteur d'activité	Classes									
	1	2	3	4	5	6	7	8	9	*Total*
Industrie agro-alimentaire	9,5	23,8	4,8	28,6	19,1	4,8	4,8	4,8	0	*100*
Industrie des biens intermédiaires	6,1	16,0	6,1	20,4	21,0	8,3	10,5	9,9	1,7	*100*
Industrie des biens d'équipement	4,0	18,2	2,8	21,6	25,6	5,7	13,1	9,1	0	*100*
Industrie des biens de consommation	18,8	25,9	9,4	20,0	9,4	2,4	9,4	4,7	0	*100*
Bâtiment-génie civil	30,3	7,9	17,1	29,0	1,3	5,3	2,6	6,6	0	*100*
Commerces	33,3	24,7	19,4	10,8	6,5	0	2,2	3,2	0	*100*
Transport, télécommunications	26,8	12,2	12,2	29,3	0	7,3	4,9	7,3	0	*100*
Services marchands	23,8	18,5	11,1	32,8	6,9	2,1	2,7	2,1	0	*100*
Location, crédit-bail, organismes financiers	2,0	18,4	8,2	34,7	10,2	2,0	22,5	2,0	0	*100*
Services non marchands	18,9	16,7	10,6	35	1,7	4,4	5,6	7,2	0	*100*

La confirmation d'une forte hétérogénéité intrasectorielle conduit à nuancer les résultats obtenus sur des données uniquement sectorielles. Les comportements favorables ou moins défavorables aux salariés vieillissants étant plutôt le fait d'un nombre restreint d'établissements, l'utilisation du secteur comme niveau d'analyse fait disparaître la diversité des comportements au sein du secteur, d'autant plus que les établissements « déviants » ont une taille plus réduite ou que leurs comportements sont faiblement différenciés par rapport à l'ensemble des établissements pris en compte. Ceci justifie donc a posteriori le choix de ne pas segmenter par secteur l'échantillon initial.

5. CONCLUSION

L'analyse des neuf classes d'établissements retenues fait apparaître des logiques de gestion de la main-d'œuvre vieillissante très diverses, allant d'une stabilisation plus ou moins forte à l'éviction des 55-59 ans, en passant par la flexibilisation et différentes formes de déstabilisation des 45 ans et plus.

Cependant la classification empirique établie ici ne retient que les comportements observés, et par conséquent intègre les contraintes de main-d'œuvre mais omet en revanche les attitudes à l'égard des salariés vieillissants. D'autre part, la classification construite ici donne une vision « instrumentale » des comportements en raison des données utilisées. Or, le recours à tel type d'entrée ou de sortie renseigne imparfaitement sur la logique sous-jacente de gestion de la main-d'œuvre. Ainsi, l'usage privilégié des recrutements sous contrat à durée déterminée tend à signaler une gestion externalisée des effectifs, alors que les personnes embauchées peuvent être en grande partie « fidélisées » par la firme. Les pratiques du bâtiment-génie civil en sont une illustration puisque les ouvriers recrutés sous contrat à durée de chantier ont généralement été employés précédemment. L'interprétation usuelle du recours aux contrats à durée déterminée masquerait donc une pratique plus nuancée de « fidélisation externalisée », intermédiaire entre flexibilisation et relative stabilisation de la main-d'œuvre.

Annie Jolivet

BIBLIOGRAPHIE

AVENTUR F. (1994), « La formation continue des salariés à partir de 45 ans », *in* SALZBERG L. et GUILLEMARD A.-M. (éd.), *Emploi et vieillissement*, collection « Cahier travail et emploi », DARES-ministère du travail, La Documentation française.

BENTABET E. et SANTONI F. (1994), *La formation professionnelle continue financée par les entreprises. Exploitation des déclarations fiscales des employeurs n° 2483. Année 1991*, série « Observatoire », Document n° 92, Céreq, janvier 1994.

GAVINI Ch. (1993), « La gestion prévisionnelle des emplois et des compétences : de la norme aux pratiques. Le cas de la sidérurgie », *Travail et emploi*, n° 57 bis, avril 1993.

JOLIVET A. (1995), « Organisation et discrimination des entreprises à l'égard des salariés vieillissants », Quinzièmes journées de l'Association d'économie sociale 14-15 septembre 1995, Nancy.

JOLIVET A.(1998), *Entreprise et gestion de la main-d'œuvre vieillissante : organisation, discrimination*, thèse de doctorat en Sciences économiques, sous la direction de Bernard Gazier, université Paris I, thèse à soutenir.

LE MINEZ S. et BAKTAVATSALOU R. (1994), « Les modalités de sortie de la vie active et le vieillissement au travail », *Dossiers statistiques*, n° 4-5, ministère du Travail, décembre 1994.

Variété des catégories de qualification et des principes de cohérence dans la relation salariale

Michel Sonzogni, (IREPD-CNRS, université de Grenoble II)

1. INTRODUCTION

L'analyse économique de la relation salariale[1] se fonde traditionnellement sur une cohérence entre contribution et rétribution. Cette cohérence est explicite dans les traitements standards du rapport quantitatif entre productivité et salaire. Elle est davantage implicite dans les approches non standards du lien qualitatif entre travail (compétences mobilisées) et salaire (compétences rémunérées).

Cette relative homogénéité de traitement s'explique notamment par une même conception du lien entre formation et emploi. Elle s'inspire de la théorie du capital humain, sans en reprendre toujours les hypothèses contraignantes. Selon cette théorie, la régulation du facteur travail se fait sur la base des formations professionnelles qui réalisent une adéquation qualitative entre compétences acquises dans l'enseignement et compétences requises par l'emploi correspondant. Ce n'est qu'en marge des marchés concurrentiels que les approches micro-économiques se préoccupent des formes d'organisation du travail et de leur relation avec les formes de rémunération. C'est pourquoi, à titre d'exemple, les marchés internes sont conçus comme se développant en marge des marchés externes.

Dans cette conception, il n'est généralement question que d'une qualification, qui résume simultanément les aspects de la formation, du travail et du salaire. Les distinctions qui ont pu être opérés par les sociologues et les économistes du travail n'ont pas transformé substantiellement cette représentation. C'est pourtant à condition de transcrire les diverses facettes prises par la qualification que la complexité de la relation salariale peut être analysée dans toute sa richesse. C'est l'objectif poursuivi dans cette contribution[2].

Dans un premier temps, nous retracerons très brièvement les grandes lignes du débat sur la qualification. Ensuite, nous présenterons trois grandes catégories de qualification. Nous prendrons en compte le domaine propre des qualifications

---

[1] La relation salariale peut se définir principalement de deux façons : c'est une relation entre salarié(s) et employeur(s) ; c'est la relation entre formation, travail et salaire pour l'étude des déterminants de la rémunération. Nous nous situons ici dans la deuxième optique.

[2] Cette analyse est tirée d'un travail de thèse qui apporte une lecture originale du lien entre qualifications spécifiques et marchés internes (SONZOGNI, 1997). Nous ne mettons pas l'accent sur ce point particulier mais sur la structure de l'approche.

institutionnelles de l'individu et de l'emploi. Ces qualifications sont des titres, résumant un ensemble de règles. La relation qu'elles entretiennent permet de prendre en considération deux types de contextes éducatifs. Ensuite, la famille des qualifications productives apparaît. Il s'agit des compétences, inscrites dans la sphère du travail. La relation entre les compétences acquises par l'individu et requises par l'emploi rend compte de certains aspects des formes d'organisation. Dans un troisième temps, les qualifications salariales sont présentées. Il s'agit de caractéristiques mobilisées dans les règles de salaire. Cette troisième catégorie permet de tirer quelques enseignements sur la cohérence dans la relation salariale, au travers du concept de convention salariale.

Les formes polaires du contexte éducatif comme celles du contexte organisationnel, sont appropriées à l'univers des emplois ouvriers. De même, les relations salariales qui servent de base à cette recherche sont inscrites dans une période de stabilité économique et de faible taux de chômage, conditions nécessaires à l'expression d'une cohérence. C'est dans ce cadre que nous proposerons quelques conclusions, notamment sur l'adoption des marchés internes.

2. LES APPROCHES DE LA QUALIFICATION

Les débats sur le concept ou la notion de qualification ont été d'une grande richesse. On en propose ici une rapide lecture chronologique. L'intérêt est surtout de situer le contexte ou les hypothèses des approches qui privilégient une acception partielle du concept de qualification.

2.1. Une première approche par des sociologues français

Dans les années cinquante, les sociologues français comme NAVILLE (1956) ou FRIEDMANN (1950,1956) se saisissent du discours et des pratiques sociales d'où émerge la qualification. Dans un premier temps, la qualification est assimilable au temps de formation qui permet de hiérarchiser les individus en relation avec leur rémunération. L'évaluation par le temps de formation se situe en amont des compétences déployées plutôt qu'en aval à travers la mesure de la productivité. Dans un second temps, l'approche oppose la qualification des ouvriers qualifiés et leur formation professionnelle, à la non qualification de l'ouvrier spécialisé dans un contexte de forte division du travail. Un glissement s'opère alors de la formation de l'individu vers l'étude du contenu du travail, avec l'avènement du taylorisme et d'une relation salariale fordienne assise sur le salaire au poste.

2.2. L'approche en réduction de la théorie du capital humain

Dans les années soixante, la théorie du capital humain se fonde sur l'observation d'un lien entre formation et salaire. Elle en livre une explication inscrite dans le paradigme de l'équilibre économique général, en se préoccupant des choix rationnels de formation. La théorie du capital humain repose sur la séquence suivante : la formation développe les capacités productives d'un individu et l'accroissement de sa productivité dans le travail justifie une plus forte rémunération. Cette conception suppose un lien mécanique entre formation et productivité, puis entre productivité et salaire. Elle suppose conjointement une adéquation qualitative entre les compétences acquises par l'individu en formation et celles requises par l'emploi dans la fonction de production. Cette hypothèse ne rend pas compte d'une forme courante du mode d'enseignement, celui de la formation générale (par opposition à la formation professionnelle). La théorie du capital humain nourrit une représentation de la régulation de l'emploi salarié exclusivement par les marchés concurrentiels. Loin d'ouvrir la boîte noire de l'entreprise, elle introduit la boîte noire du système de formation qui joue le rôle d'une fonction de production de capital humain.

2.3. Des approches en distinction des qualifications

Dans les années soixante-dix, les nombreuses recherches font apparaître la diversité des sens associés à la notion de qualification. Elles font notamment écho au débat ouvert dans les années cinquante, en rapport avec le thème de la déqualification (FREYSSENET, 1978 ; VERNIÈRES, 1978). La distinction entre qualification de l'individu et qualification de l'emploi devient tout à fait courante[3]. Elle enregistre clairement la disjonction entre les savoirs des individus et les savoir-faire requis par le poste, a fortiori dans un système qui conjugue formation générale et organisation taylorienne spécifique à chaque entreprise, tout cela s'accompagnant d'une montée du chômage qui rend critique la question du lien entre formation et emploi (TANGUY et al., 1986). Dans ce contexte, on traite aussi de la qualification salariale, mais surtout du travail au travers des qualifications tacites, de la distinction entre qualifications individuelle et collective (TROUSSIER, 1978). D'autres auteurs considèrent que la qualification est un rapport social (DESROSIÈRES, 1978 ; D'IRIBARNE et de VIRVILLE, 1978). Ce courant démontre la difficulté à se saisir d'une unique qualification. L'évolution de l'environnement économique et l'intensité des recherches vont conjointement enrichir les catégories d'analyse et fragiliser l'unité des débats sur la qualification. En définitive, le sens accordé à la notion de

---

[3] Pour SALAIS notamment, « *la première résulte des formations initiales et complémentaires et de l'expérience professionnelle. La seconde s'observe dans la situation de travail du titulaire de l'emploi et dépend donc largement du choix des entreprises dans l'organisation de la production. Ces deux notions sont liées et interviennent dans l'ajustement de l'offre et de la demande d'emploi.* » (1976).

qualification varie avec les auteurs.

2.4. La substitution de la notion de qualification par la notion de compétence

Dans ce cadre d'un flou scientifique et de l'émergence d'un nouveau modèle de travail, la notion de qualification se voit préférer celle de compétence.

Le tournant s'opère dans les années quatre-vingts, avec l'abandon progressif du modèle taylorien. L'évolution de l'organisation du travail se traduit dans le débat des chercheurs par l'émergence de la notion de compétence[4]. On peut trouver deux raisons à la substitution de la notion de compétence à celle de qualification. La première repose sur la distinction individu-emploi. En effet, le déclin du taylorisme conduit à rejeter la notion de poste. Il n'est plus l'unité pertinente à l'heure du collectif de travail ; la tâche s'oppose à la polyvalence et le travail prescrit s'oppose à l'autonomie et à la responsabilisation. La seconde raison est que la qualification fait référence à ce qui est codifié et la compétence à ce qui est réellement déployé dans le travail. Cette opposition enregistre ainsi le déclin du travail (trop) prescrit et des grilles de classification de type « Parodi ». À ce modèle, succéderait celui de la compétence. Cependant, ce nouveau modèle ne présente aucune homogénéité. En outre, cette substitution dans le débat scientifique pose certains problèmes pour ceux qui se préoccupent des relations salariales. Cette tendance ne met pas à profit les efforts engagés dans les années soixante-dix pour développer une conception riche de la qualification. La polarisation des débats tend à nier le rôle de l'individu et l'existence de compétences dans la période taylorienne. Souhaitant éviter toute référence à la codification, elle se centre sur l'analyse du travail, fait abstraction de la question salariale et laisse la formation à la périphérie du champ d'analyse.

En se privant d'user des mêmes concepts pour décrire des situations différentes, on se dispense de réfléchir aux compromis dont ces modèles sont porteurs. C'est pourtant à la condition de révéler les principes qu'ils partagent, qu'une théorie des salaires peut se consolider. La complexité de la relation salariale où interagissent diverses formes de qualification, interdit de retenir une désignation exclusive de la qualification, sauf à dénier toute légitimité aux acceptions défendues par d'autres sous cette appellation (démarche d'exclusion) ou à rendre équivalents les divers ordres de réalité concernée par cette notion (opération de réduction dans la théorie du capital humain). L'emploi du terme « qualification » sans autre précision, comme son rejet d'ailleurs, entretient la confusion. Nous allons tenter d'aborder la qualification en compréhension, en reprenant les distinctions usuelles, pour apprécier ce concept dans sa configuration plurielle : c'est bien des qualifications qu'il convient

---

[4] De même que pour la qualification, on ne peut prétendre donner une définition unique de la compétence. Il est toutefois possible de la désigner comme une combinaison de savoirs, savoir-faire et savoir-être (DERET, 1993 ; DONNADIEU et DENIMAL, 1993).

de traiter et non de la qualification. Cette approche n'oppose pas les termes qualification et compétence mais les associe pour une intelligence des diverses relations salariales.

3. LES QUALIFICATIONS INSTITUTIONNELLES ET LE CONTEXTE ÉDUCATIF

Dans la perspective d'établir une carte plus complète des qualifications, nous prenons appui sur l'état des travaux qui ont fait apparaître les distinctions entre qualification de l'individu et de l'emploi, en reconnaissant les dimensions productive et salariale. Cependant, nous prenons tout d'abord en considération le domaine propre des qualifications institutionnelles et du contexte éducatif. Les qualifications institutionnelles sont des titres qui résument un ensemble de règles. On distingue la qualification institutionnelle de l'individu et celle de l'emploi. La relation qu'elles entretiennent permet de caractériser deux formes polaires du contexte éducatif.

3.1. Les qualifications institutionnelles de l'individu et de l'emploi

La qualification institutionnelle de l'individu correspond au diplôme. Un diplôme signifie que son détenteur a suivi un programme de formation et a satisfait aux épreuves qui sanctionnent ce cursus. Cela fait référence à des règles portant sur le programme de formation et sur les examens. Elles ont une portée nationale si cet espace constitue le cadre de la reconnaissance. Si une personne se trouve interrogée sur sa qualification sans autres précisions, en particulier avant d'occuper un emploi, elle arborera ce titre.

La qualification institutionnelle de l'emploi fait référence à sa désignation dans la classification des emplois. Derrière l'intitulé, on trouve un ensemble de règles relatives au travail. Celles-ci précisent les compétences requises que l'individu doit posséder. Elles constituent aussi une zone d'acceptabilité pour le salarié qui fixe les limites de la relation de subordination, au besoin par référence au code du travail. Dans le système français notamment, si on s'enquiert de la qualification d'un salarié, il répondra sur ce registre.

On peut donner deux raisons pour justifier de l'attention particulière accordée à ces qualifications institutionnelles. En premier lieu, elles sont à l'interface des sphères productive et salariale. D'une part, elles sont un indicateur important des compétences mises en oeuvre dans le travail. Cependant, elles n'en rendent pas complètement compte et on ne peut se contenter de ces titres pour décrire l'activité productive d'un salarié. D'autre part, ces titres sont des caractéristiques prioritairement mobilisées dans la détermination des salaires. Toutefois, ils ne sont pas les seuls éléments susceptibles d'être pris en compte dans la rémunération, car on trouvera d'autres critères sur une feuille de paie (ancienneté, primes relatives au travail de nuit, d'équipe, à risques...).

En second lieu, la relation qu'entretiennent les qualifications institutionnelles rend compte de deux formes du contexte éducatif. Les qualifications institutionnelles permettent d'établir une relative homogénéité des demandeurs et offreurs d'emploi, pour faciliter la relation entre ces deux acteurs. La qualification institutionnelle de l'individu et celle de l'emploi se font souvent écho : les caractéristiques des emplois peuvent faire référence aux diplômes que doivent posséder les individus ; les diplômes des individus déterminent bien souvent leur allocation en termes d'emploi. On ne peut nier le rôle et la proximité de ces qualifications institutionnelles ; mais il faut pourtant bien se garder de reproduire la tentation réductionniste consistant à assimiler les caractéristiques aux compétences, et l'individu à l'emploi. Il est nécessaire d'étudier le rapport entre les qualifications institutionnelles de l'individu et celles de l'emploi selon deux cas de figure.

3.2. Les deux types de contextes éducatif

Le premier cas est celui de la formation professionnelle par apprentissage, définie pour préparer l'individu à un emploi particulier. Dans ce cas, les entreprises collaborent avec le système éducatif pour élaborer le programme d'enseignement, pour assurer une part de formation en leur sein et participer aussi aux jurys d'examen. Le titre obtenu par l'individu est en rapport direct avec le titre de l'emploi auquel il s'est préparé. Les qualifications institutionnelles sont mises ainsi en correspondance. Le système éducatif de formation professionnelle établit de cette façon un système de marchés professionnels. Cela signifie que tout titulaire d'un diplôme obtenu dans ce cadre postule pour l'emploi correspondant, et tout employeur cherchant à pourvoir un certain emploi, recrute le titulaire du diplôme correspondant. Un tel système a l'avantage de structurer très fortement les relations entre employeur et salarié, comme cela reste le cas en Allemagne malgré certaines difficultés (MARSDEN et RYAN, 1991).

Cependant, il ne va pas sans contraintes. Les entreprises participent activement aux différentes étapes de la formation, elles accueillent, encadrent et rémunèrent les apprentis. Par ailleurs, elles se doivent de respecter la structure organisationnelle qui sert de base aux formations professionnelles. Ceci implique une grande rigidité de l'organisation du travail. On peut ainsi parler d'investissements de forme pour désigner l'engagement des partenaires enseignants et entreprises, afin d'aider la relation entre employeurs et salariés, en respectant durablement les accords fondateurs.

Le marché professionnel n'est pas l'unique mode de régulation du marché des emplois. Pourtant, cette structure de marchés professionnels, parce qu'elle reproduit les hypothèses fondamentales de toute représentation fondée sur des marchés concurrentiels de qualifications génériques (homogénéité des qualifications de l'individu et de l'emploi), reste hégémonique dans les approches de la relation salariale. La prise en compte des coûts et contraintes de l'établissement des marchés professionnels ainsi que l'alternative entre les contextes éducatifs de formations professionnelle et générale, sont absentes des réflexions économiques théoriques (MARSDEN, 1989).

Dans le cas d'une formation générale, les programmes d'enseignement engagent peu les entreprises. Ils sont davantage le produit du système éducatif et portent sur des connaissances générales. L'objectif d'un tel système consiste prioritairement à hiérarchiser les individus en fonction du diplôme qu'ils obtiennent, tenant compte de la réputation et de la longueur des formations qu'ils ont suivi. Les entreprises participent peu à l'élaboration des programmes. Elles sont peu contraintes dans leur organisation du travail par le contenu des formations. Elles veillent essentiellement aux règles inscrites dans les classifications de branche, qu'elles adaptent largement à leurs exigences spécifiques. Elles ne reconnaissent pas aux diplômés des compétences directement mobilisables dans les emplois qualifiés.

Ce système ne développe pas l'adéquation des qualifications institutionnelles de l'individu et de l'emploi. Un autre mode de régulation de l'allocation des salariés sur les emplois (dans le recrutement puis dans les promotions) doit résulter de cette inadéquation. Ce mode de régulation est celui des marchés internes du travail. L'interprétation que nous développons sera explicitée ultérieurement. Elle nécessite de poursuivre l'effort de décomposition de la relation salariale, à partir des distinctions opérées sur les catégories de qualification. Nous reconnaissons pour l'instant deux formes du contexte éducatif, indépendamment des modes d'organisation du travail et des modalités de rémunération. La distinction usuelle entre qualification de l'individu et de l'emploi est utilisée pour traduire les deux formes du contexte éducatif.

Figure 1

Les contextes éducatifs suivant le lien entre les qualifications institutionnelles

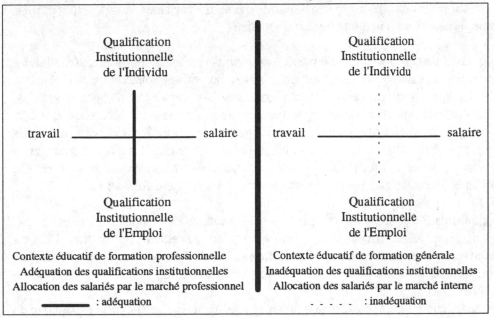

4. LES QUALIFICATIONS PRODUCTIVES ET LE CONTEXTE ORGANISATIONNEL

La qualification productive est synonyme d'ensemble de compétences. La qualification productive de l'individu correspond à l'ensemble des compétences acquises par cet individu en formation, par les expériences professionnelles ou dans ses activités personnelles. La qualification productive de l'emploi consiste en l'ensemble des compétences requises par l'emploi. La qualification productive effective correspond à l'ensemble des compétences effectivement mobilisées dans le travail, à une période donnée. Nous parlerons indifféremment de la qualification productive ou des compétences.

Si la relation entre les qualifications institutionnelles caractérise un type de contexte éducatif, l'interaction entre les qualifications productives de l'individu et de l'emploi permet de distinguer deux formes du contexte organisationnel.

4.1. Les qualifications productives de l'individu et de l'emploi

La qualification productive de l'individu est l'ensemble des compétences acquises par le salarié. Elle le définit en propre, hors d'un emploi particulier. Elle représente un vivier dans lequel l'individu puise pour accomplir son activité. Mais elle ne constitue pas une dotation initiale figée. Elle s'enrichit de divers apprentissages et on peut aussi supposer qu'elle s'appauvrit par la perte de certaines compétences qui ne seraient pas activées pendant un certain temps.

La qualification productive de l'individu, à un moment donné, est donc le résultat des apprentissages (enseignement formalisé, expérience professionnelle ou personnelle). En tant que résultat, cet ensemble dissimule les capacités d'apprentissage de l'individu, son potentiel d'acquisition des compétences que nous nommons aptitude. L'aptitude comprend une capacité et une vitesse de compréhension des problèmes complexes, abstraits ou concrets, intelligibles ou sensibles. Il ne faut certainement pas oublier cette aptitude dans ce que ces individus veulent voir rémunéré et qui justifie la hiérarchisation des individus salariés à travers leur formation.

La qualification productive de l'emploi est l'ensemble des compétences requises par l'emploi, ce qui le définit en propre, hors d'un travailleur particulier. Elle est uniquement un ensemble de requis potentiels et le salarié qui l'occupe ne satisfait pas nécessairement entièrement, ni parfaitement à cet ensemble.

De même que les compétences acquises par l'individu, la qualification productive de l'emploi concerne des savoirs, des savoir-faire mais aussi des savoir-être. Elle dépend de l'organisation et de la division du travail, mais aussi des normes de travail instaurées par le collectif de salariés. Elle est l'ensemble des compétences requises par l'emploi du point de vue de la hiérarchie, de la bonne marche du processus productif et des coutumes, que ces compétences soient explicitement spécifiées ou implicitement requises.

La qualification productive (effective) est l'ensemble des compétences effectivement mobilisées dans le travail. Elle peut être qualifiée d'effective par opposition aux qualifications productives de l'individu et de l'emploi qui sont uniquement des potentiels. La qualification productive effective résulte de la confrontation des compétences acquises et requises : elle apparaît à l'intersection des deux ensembles potentiels, et se modifie dans leur interaction. Elle est évidemment au coeur des problématiques économiques en ce qu'elle détermine la valeur d'usage pour l'entreprise.

La qualification productive effective est à l'intersection des qualifications productives de l'individu et de l'emploi. Cette proposition possède deux significations. En premier lieu, elle insiste sur le fait que les compétences mobilisées sont nécessairement acquises et requises. En second lieu, cette proposition signifie que la qualification productive effective ne recouvre pas nécessairement chacun des deux ensembles : toutes les compétences des travailleurs ne sont pas déployées si l'emploi ne le nécessite pas ; toutes les compétences qui pourraient être déployées dans cet emploi ne le sont pas nécessairement si l'individu qui l'occupe ne les possède pas, ou du moins pas encore.

Le fait de préciser « pas encore » introduit une dimension temporelle dans l'analyse : si on dépasse effectivement le cadre du constat statique de l'intersection entre deux ensembles pour prendre en compte leur interaction, on est en mesure de caractériser deux modes d'organisation du travail. Il est nécessaire de préciser que dans l'optique que nous développons, la qualification et le travail ne se réduisent pas à la mesure d'une productivité en valeur. Plus spécifiquement, l'enjeu pour la rémunération n'est pas de décrire précisément les compétences mobilisées qui n'ont pas de valeur intrinsèque. L'objectif prioritaire est de répondre à la question suivante pour l'analyse de la relation salariale : dans un même processus productif, est-ce les caractéristiques de l'individu ou celles de l'emploi qui sont discriminantes pour différencier qualitativement les contributions de deux salariés ? Il s'agit donc d'interroger la nature de l'activité pour identifier le pôle dominant dans la dynamique des compétences.

4.2. Les deux types de contextes organisationnels

Dans un premier mode d'organisation, on observe une forte division du travail, tant sur l'axe vertical d'une séparation entre conception et exécution, que sur l'axe horizontal de la spécialisation des tâches. Dans ce cadre, le travail ouvrier se limite à l'application répétée des procédures prescrites de travail. Le contenu de cette activité est pauvre et l'apprentissage dans l'entreprise consiste davantage en un gain d'habileté qu'en l'acquisition de savoir ou savoir-faire. En très peu de temps, les compétences mobilisées adhèrent à la qualification productive de l'emploi. Pour un même poste, les différences qui seraient dues aux compétences propres des travailleurs sont marginales. Dans cette perspective, identifier le poste occupé par un salarié permet de différencier qualitativement sa contribution de celle d'un autre salarié. Ce système est celui du taylorisme (CORIAT, 1979).

Dans le deuxième mode d'organisation, on note une plus faible division du travail, verticalement et horizontalement. Dans ce cadre, la dynamique des compétences ouvrières est plus complexe. D'une part, les salariés de l'atelier sont associés à la production de règles de travail, du moins à leur modification continue dans le sens d'une amélioration. D'autre part, la capacité de proposition des ouvriers résulte d'un fort apprentissage dans l'entreprise issu de l'exercice d'un travail polyvalent et géré en collectif. L'entreprise, en tant que lieu d'organisation de l'apprentissage, fait collaborer tous les salariés à l'apprentissage organisationnel. Il en résulte la progression de règles et de routines spécifiques au collectif de travail. Pour une bonne part, ces règles restent informelles. Ceci oblige les nouvelles recrues à faire l'apprentissage progressif de l'organisation. Au premier point de vue, les compétences requises vont modeler les compétences acquises dans le travail. Pour autant, il ne faut pas retenir que l'interaction marque une domination de la qualification productive de l'emploi. Les compétences propres du salarié vont pouvoir s'exprimer dans tous les espaces d'autonomie qu'offre un travail polyvalent intégrant la gestion des pannes, des stocks et des délais. Compte tenu de la nécessité de prendre place dans le collectif et pour cela d'apprendre progressivement les règles et routines qui jalonnent l'activité, les compétences requises confiées aux opérateurs vont croître progressivement en fonction des compétences qu'ils acquièrent. De ce point de vue, la qualification productive de l'individu modifie séquentiellement la qualification productive de l'emploi du fait de la confiance croissante que lui accorde sa hiérarchie. C'est le modèle toyotiste de l'ingénieur Ohno (OHNO, 1989 ; CORIAT, 1991).

La figure 2 synthétise ces informations sur le rapport entre les qualifications productives de l'individu et de l'emploi.

Figure 2
Le contexte organisationnel suivant la prédominance
du pôle individu ou emploi dans la qualification productive

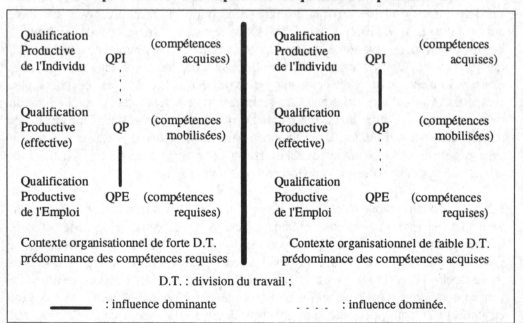

384

5. LES QUALIFICATIONS SALARIALES

La qualification salariale est un ensemble de caractéristiques susceptibles d'être prises en compte pour la détermination des salaires[5]. Cette prise en compte dépend de l'hypothèse de cohérence (convention) et de la forme du contexte éducatif et/ou du contexte organisationnel.

5.1. Les qualifications salariales de l'individu et de l'emploi

Il existe une qualification salariale de l'individu et une qualification salariale de l'emploi, qui constituent deux ensembles de caractéristiques potentiellement mobilisables pour cette détermination ; ainsi qu'une qualification salariale effective qui emprunte à ces deux ensembles et se définit comme l'ensemble des caractéristiques effectivement prises en compte.

La qualification salariale de l'individu est l'ensemble des caractéristiques de l'individu susceptibles d'être prises en compte dans la détermination de la rémunération (ou susceptibles d'être rémunérées). De même que pour les compétences dans la sphère productive, il ne s'agit ici que d'éléments potentiels à mobiliser.

Le premier élément est le diplôme (ou qualification institutionnelle de l'individu) délivré à l'issue d'une formation ou d'un concours. Suivant le type de contexte éducatif, il peut correspondre à un métier (il est alors à l'interface de l'individu et de l'emploi comme celui d'expert comptable, de médecin...) ou à un niveau de formation générale s'inscrivant dans une hiérarchie nationale. La formation sur le tas est évaluée par une durée. L'élément qui intervient généralement dans la détermination des salaires est l'ancienneté[6].

Ces éléments (diplôme et expérience dont ancienneté) sont les principaux à retenir. On peut tout de même mentionner l'évaluation des qualités de la personne pour attribuer des primes au mérite dans l'entreprise. Par ailleurs, certaines caractéristiques telles le sexe, l'âge ou l'appartenance à une communauté ethnique, sociale ou politique, sont discriminantes pour le déroulement de la carrière salariale même si elles ne sont pas mentionnées dans les règles explicites.

---

[5] Nous distinguons les caractéristiques et les règles salariales. Les caractéristiques sont des critères comme l'ancienneté. La règle permet d'attribuer une valeur monétaire à cette caractéristique, suivant la relation d'emploi considérée : 3 % d'augmentation du salaire pour trois ans d'ancienneté, 6 % pour six ans, etc.

[6] L'expérience professionnelle n'entre pas couramment dans les règles de rémunération. Elle peut être, pour certains emplois, un élément valorisé dans la négociation interindividuelle du salaire. Elle devient aussi un élément discriminant pour obtenir un emploi, dans la situation où une forte concurrence s'exerce entre demandeurs d'emploi.

La qualification salariale de l'emploi est l'ensemble des caractéristiques de l'emploi susceptibles d'être mobilisées pour déterminer la rémunération (ou susceptibles d'être rémunérées). Les caractéristiques de l'emploi font souvent référence aux compétences qui doivent être détenues par son titulaire. En tant qu'ensemble de règles, cela constitue la qualification institutionnelle de l'emploi. Plus que le contenu (désignation absolue), c'est la hiérarchisation des emplois (désignation relative) qui importe pour la rémunération.

Les grilles dites « Parodi » ont dominé la période des Trente glorieuses (SAGLIO, 1988). Elles sont construites sur des métiers bien définis qui font le parallèle entre les branches, à l'intérieur desquelles on opère un découpage plus précis. Une nomenclature des postes est ainsi établie, à laquelle l'entreprise se doit de faire référence pour la détermination du salaire en respectant les minima salariaux inscrits dans les conventions collectives de branche. Dans un système où la qualification salariale du poste domine, chaque salarié est rémunéré en fonction du grade auquel il est classé. Cependant, si les grilles Parodi représentent un exemple historique intéressant, il existe bien d'autres méthodes utilisées pour classer les emplois (DONNADIEU et DENIMAL, 1993).

De même que pour la qualification salariale de l'individu, on peut ajouter que certaines caractéristiques de l'emploi font l'objet de primes : travail de nuit, travail à risques, insalubrité, travail en équipe.
La qualification salariale (effective) emprunte nécessairement aux qualifications salariales de l'individu et de l'emploi. Elle compose entre les diverses caractéristiques. Cependant, pour le salaire de base, elle doit se fixer principalement sur la position de l'emploi dans la classification ou sur le diplôme du travailleur, ou sur les deux si l'adéquation a été réalisée entre les qualifications institutionnelles de l'individu et de l'emploi. La détermination du salaire de base ne possède donc que trois options fondamentales. Ce champ restreint des possibles crée une tension dans la relation salariale puisque de son côté, la qualification productive évolue sur un continuum d'ensembles de compétences.

Notre préoccupation n'est pas de traiter de manière exhaustive des éléments de la rémunération mais de retenir certaines caractéristiques qui ont une portée internationale. Pour illustrer cet objectif, prenons en compte ce que EYRAUD et ROZENBLATT écrivent en introduction de leur ouvrage sur les formes salariales dans neuf pays industrialisés : « *La majorité [des pays] va définir la hiérarchie des grades des salariés à partir des postes occupés. D'autres encore – c'est le cas du Japon mais aussi de certaines branches d'activité dans certains pays –, ne retiendront que le diplôme initial du salarié et son ancienneté. D'autres enfin, mélangeront caractéristiques du poste et diplôme initial* » (1994). MAURICE précise de même que « *si l'on retrouve dans chaque cas les mêmes éléments de base d'une telle structuration (formation générale, formation professionnelle, âge, ancienneté, position hiérarchique...), les différences se fondent sur les relations que ces éléments entretiennent entre eux »* (1986).

Les qualifications salariales vont prendre place dans la carte des qualifications, en donnant un peu d'épaisseur au pôle salaire. Cependant, aucune ligne de force ne se dégage pour l'instant entre les qualifications salariales de l'individu et de l'emploi. Il faut pour cela prendre en considération une forme du contexte éducatif et/ou du contexte organisationnel, mais aussi formuler une hypothèse sur le principe de cohérence dans la relation salariale.

5.2. Le concept de convention : un principe de cohérence dans la relation salariale

Dans les approches traditionnelles, la cohérence est exclusivement envisagée entre travail et salaire. Elle se décline sous deux formes : un lien quantitatif entre productivité et salaire, promu par les théories standards ; un lien qualitatif entre compétences mobilisées et compétences rémunérées, défendu par les courants non standards. Dans l'analyse que nous proposons, la cohérence est une relation entre les règles d'acquisition et d'application des compétences et les règles de rémunération. D'une part, cette cohérence est multiple car le salaire est envisagé comme le résultat composite de différentes règles de rémunération, et chacune de ces règles établit une cohérence propre avec une forme du contexte éducatif et/ou organisationnel. D'autre part, cette cohérence aux multiples expressions n'est plus un lien mécanique et objectif mais se présente sous la forme d'un ensemble de conventions. Les conventions sont des systèmes d'attentes des salariés et des employeurs, relatives à des préoccupations d'équité et d'efficacité du système de relation salariale[7]. Cette représentation peut être illustrée par deux exemples de conventions dans la relation salariale.

Dans la relation entre travail et salaire, la convention de correspondance postule que la nature de l'activité détermine la nature du salaire de base. On s'intéresse dans le contexte organisationnel, à ce qui permet de différencier les contributions de deux salariés évoluant dans le même processus productif, c'est-à-dire ce qui leur paraît légitime de fonder une hiérarchie des rémunérations (*cf.* discussion menée dans la section 3). Dans la comparaison internationale, on observe une prédominance du poste en France qu'il faut mettre en relation avec le mode d'organisation de forte division du travail. Au Japon, c'est au contraire l'individu qui est pris en compte, compte tenu d'une plus faible division du travail. Dans ces deux pays, c'est le système de formation générale qui impose de mener ce choix. En Allemagne et en Angleterre, le salaire de base dépend conjointement de l'individu et de l'emploi

---

[7] Cette définition de la convention se rapproche surtout de celle donnée par SALAIS (1989).

puisque leurs qualifications institutionnelles sont mis en adéquation, et ceci, même si leurs modes d'organisation diffèrent sensiblement. Deux remarques peuvent être faites. D'une part, le lien entre travail et salaire est un lien entre la dynamique des compétences et le salaire de base. D'autre part, même dans le rapport entre travail et salaire, il faut au préalable porter un regard sur le type de contexte éducatif. Ces deux conclusions coïncident avec une hypothèse de notre cadre d'analyse : la productivité individuelle en valeur est une inconnue, la détermination des salaires ne se fonde pas sur cette variable.

La convention de carrière prend place dans une relation directe entre formation et salaire. Elle suppose que les salariés ont l'espérance d'une carrière salariale ascendante ; du moins, ils désirent posséder certaines garanties de progression qui les protègent de l'arbitraire de l'employeur. Dans le cas d'un contexte éducatif de formation professionnelle (Allemagne, Angleterre), ces garanties sont offertes par le système éducatif. La carrière du salarié dépend de ses efforts de formation, tant initiale que continue. Dans le cas d'un contexte éducatif de formation générale (Japon, France), la formation initiale ou continue n'assure pas d'un emploi précis. La seule garantie que puissent obtenir les salariés est la progression du salaire et des promotions en fonction de l'ancienneté dans les marchés internes du travail. Les salariés sont embauchés au seuil d'une famille d'emplois (par exemple ouvriers, employés, cadres), au sein de laquelle ils progressent, en fonction principalement de leur ancienneté et de leur niveau de formation initiale.

6. CONCLUSION

La carte des qualifications (figure 3) présente deux intérêts pour l'étude de la relation salariale :
  • à travers la confrontation des pôles individu et emploi, elle retranscrit les logiques fondamentales de chacun des contextes éducatif et organisationnel (tranches verticales). Elle rend compte distinctement de l'acquisition des compétences en formation et dans le cours du travail ;
  • en distinguant trois moments de la relation salariale, elle rompt avec une relation bilatérale et univoque entre travail et salaire. La formation joue désormais un rôle à part entière dans l'allocation et la rémunération des salariés, dégagée des seules contingences productives. Le principe de cohérence dans la relation salariale est matérialisé par l'axe horizontal.

Figure 3

Carte synthétique des qualifications pour l'étude des relations salariales

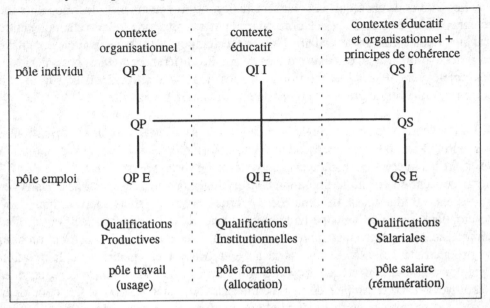

Certaines conclusions de cette approche de la relation salariale peuvent être exposées.

1. L'analyse (partielle) du contexte organisationnel au travers de l'interaction entre les qualifications productives de l'individu et de l'emploi qui transcrit une dynamique des compétences, est conforme à l'hypothèse d'une incertitude radicale sur la productivité individuelle en valeur.

2. La prise en compte de deux types de contexte éducatif remet en cause une hypothèse hégémonique dans l'analyse économique, explicite dans les théories standards, implicite dans les théories non standards : les marchés externes concurrentiels, assimilables au marchés professionnels, seraient des donnés pour l'analyse. Dans l'approche de MARSDEN (1989) que nous reprenons, ces marchés sont des construits. Cela suppose tout autant d'envisager les coûts et les contraintes de leur construction, que la conséquence de l'absence de leur construction. Il faut donc étudier notamment les formes propres de régulation de l'emploi salarié dans un système éducatif de formation générale qui crée une incertitude sur l'allocation des salariés à l'embauche et en promotion.

3. Avant de prolonger cette remarque, il est nécessaire de préciser que la carte des qualifications (figure 3) n'est qu'un instrument de transcription et de lecture et en aucun cas, un outil de démonstration. En effet, la représentation des lignes de force dans les sphères éducatives et productives ne suffit pas à déterminer mécaniquement

les règles de rémunération qui peuvent être adoptées. C'est en comparant différentes représentations de relations salariales, qu'on parvient à formuler une interprétation des liens de cohérence qui associent formation et/ou travail avec les modalités de rémunération. Dès lors, la relation salariale n'est plus une relation simple entre travail (valeur d'usage) et salaire (valeur d'échange). C'est une relation complexe entre formation, travail et salaire, traversée par les différentes attentes des salariés et des employeurs. Parmi ces multiples facettes nous souhaitons insister sur le lien entre formation et salaire, sans qu'intervienne la nature du travail.

4. La convention de carrière règle l'allocation des salariés et associe la formation et le salaire. Cette convention reprend la discussion (menée en section V) sur l'adoption des marchés internes en relation avec le système de formation générale.
Cette conception constitue une approche originale des marchés internes. Dans les traitements traditionnels des marchés internes, ceux-ci sont adoptés quand se développent (ou qu'est anticipé le développement) de compétences spécifiques[8]. Ces compétences, acquises au cours d'un apprentissage dans le travail, procurent un gain de productivité qui associe le salarié à l'entreprise. Cela justifie que la relation d'emploi soit durable et que s'opèrent un partage des gains entre le salarié et l'employeur, caractéristiques du marché interne. Cette justification se fait donc dans le cadre d'un rapport entre productivité et salaire spécifiques (MARSHALL, 1898 ; BECKER, 1964 ; WILLIAMSON, 1975, 1985 ; AOKI, 1986), ou entre forme de travail spécifique et nature spécifique d'une part du salaire (DOERINGER et PIORE, 1971 ; AOKI, 1988). Dans ces développements, les marchés internes sont adoptés en marge des marchés externes qui continuent de régler l'allocation et la rémunération des qualifications génériques (c'est-à-dire la base du salaire dans les entreprises). Ce traitement reconnaît donc deux formes de gestion de la main d'oeuvre (allocation, usage, rémunération) qui sont les marchés externes concurrentiels ou les marchés internes protégés. Ce dualisme, d'abord mis en évidence par la théorie de la segmentation, sera très largement repris et étendu à d'autres actifs, par l'économie des coûts de transaction dans une opposition entre marché et hiérarchie. Si cette confrontation n'a pas de fondements empiriques convaincants chez Williamson, elle en trouve davantage chez Aoki avec les modèles américains et japonais.

Cependant, l'amalgame des États-Unis à un lieu de régulation concurrentielle engendre deux remarques. D'une part, c'est l'espace sur lequel Doeringer et Piore ont identifié les marchés internes. D'autre part, les marchés concurrentiels des qualifications génériques trouvent une illustration dans les marchés professionnels, construits dans les pays comme l'Angleterre ou l'Allemagne. Avec la France et le Japon, on possède quatre configurations de relations salariales qui combinent les différents types de contextes éducatif et organisationnel. Sur la base de cette

---

[8] Nous ne traitons pas ici des modèles dont l'explication est fondée sur l'incitation (salaire d'efficience) où l'adversité au risque (contrat implicite).

comparaison internationale de relations salariales ouvrières sur une période de croissance et de faible chômage, on arrive à la conclusion que les marchés internes sont liés au système de formation générale, quelque soit le type de contexte organisationnel en présence (France et Japon). En parallèle, l'investissement que supposent les formations professionnelles impliquent une régulation par les marchés professionnels, prenant le pas sur la spécificité de l'organisation du travail (Angleterre et Allemagne).

Dans l'interprétation des relations salariales rencontrées dans ces quatre pays, on parvient à s'extraire d'une approche dualiste qui confronte les couples qualifications génériques/marchés externes et qualifications spécifiques/marchés internes. Cette opposition entre marché et hiérarchie est conçue dans la seule relation entre travail et salaire, parce qu'elle enregistre la soumission de la formation aux compétences requises dans l'entreprise. L'économie des coûts de transaction traite ainsi du marché externe comme d'un espace de production alternatif au marché interne (assimilé à l'entreprise). Elle opère une confusion des genres : le marché externe n'est pas un espace productif, pas plus que le marché interne ne définit une organisation du travail. Ce sont deux modes d'allocation des salariés.

L'analyse de la relation salariale, servie par la carte des qualifications développée dans ce texte, articule une forme de marché et une forme de hiérarchie (organisation du travail). Le marché, professionnel ou interne, définit les modalités principales de l'allocation et de la rémunération des salariés, répondant ainsi à leurs attentes. Dans le cas du marché professionnel, la synthèse entre la formation et l'organisation du travail est au fondement du système et autorise de confondre l'allocation, l'usage et la rémunération de la main d'oeuvre. Cela se fait au prix de lourds investissements de forme (EYMARD-DUVERNAY et THEVENOT, 1983) et de rigidités organisationnelles dans les entreprises. Dans le cas d'un système de formation générale, cette synthèse n'existe plus. On observe alors une partition entre un principe d'allocation – rémunération par les marchés internes et un principe de division et d'organisation du travail instauré par la hiérarchie qui conditionne les compétences et les performances dans l'entreprise.

En définitive, le marché interne ne se développe plus en marge des marchés externes quand apparaissent des qualifications spécifiques mais constitue un mode dominant d'allocation des salariés alternatif aux marchés professionnels, en réponse à un contexte éducatif de formation générale.

Michel Sonzogni

BIBLIOGRAPHIE

AOKI M. (1986), « Horizontal vs. Vertical Information Structure of the Firm », *American*

Economic Review, vol. 76, n°5, december 1986.

AOKI M. (1988), *Information, Incentives and Bargaining in the Japanese economy*, Cambridge University Press.

BECKER G. (1964), *Human capital*, Columbia University Press.

CORIAT B. (1979), *L'atelier et le chronomètre*, Ch. Bourgeois.

CORIAT B. (1991), *Penser à l'envers*, Ch. Bourgeois.

DERET E. (1993), « Qu'est-ce que la compétence », *Grand angle sur l'emploi*, n° 6, octobre.

DESROSIÈRES A. (1978), « La qualification, un fourre-tout et un écran » *in* Commissariat général du Plan, *La qualification du travail : de quoi parle-t-on ?*, La Documentation française.

DOERINGER P., PIORE M. (1971), (1985, deuxième édition), *Internal Labor Market and Manpower Analysis*, Heath Lexington Book.

DONNADIEU G., DENIMAL P. (1993), *Classification, qualification, de l'évaluation des emplois à la gestion des compétences*, Éditions liaisons.

EYMARD-DUVERNAY F., THEVENOT L. (1983), *Les investissements de forme : Leurs usages pour la main d'œuvre*, INSEE, division Emploi, août.

EYRAUD F., ROZENBLATT P. (1994), *Les formes hiérarchiques : travail et salaires dans neuf pays industrialisés*, Paris, La Documentation française.

FAVEREAU O. (1994), « Apprentissage collectif et coordination par les règles : application à la théorie des salaires » *in* N. LAZARIC et J.M. MONNIER, éd., *Coordination Economique et Apprentissage des Firmes*, Paris, Economica, collection « Stratégies et Organisations ».

FREYSSENET M. (1978), « Peut-on parvenir à une définition unique de la qualification? » *in* Commissariat général du Plan, *La qualification du travail : de quoi parle-t-on?*, Paris, La Documentation française.

FRIEDMANN G. (1950), *Où va le travail humain ?*, Paris, Gallimard.

FRIEDMANN G. (1956), *Le travail en miettes*, Paris, Gallimard.

IRIBARNE (D') A., VIRVILLE (DE) M. (1978), « Les qualifications et leurs évolutions, essai d'évaluation » *in* Commissariat Général du Plan, *La qualification du travail : de quoi parle-t-on?*, Paris, La Documentation française.

MARSDEN D. (1989), *Marchés du travail, limites sociales des nouvelles théories*, Economica.

MARSDEN D., RYAN P. (1991), « Initial Training, Labour Market Structure and Public Policy : Intermediate Skills in British and German Industry » *in International Comparison of Vocational Education and Training for Intermediate Skills*, The Falmer Press.

MARSHALL A. (1898), *Principes d'économie politique*, Gordon & Breach, édition française, 1971, Paris.

MAURICE M. (1986), « La qualification comme rapport social : a propos de la "qualification" comme "mise en forme" du travail » *in* sous la direction de SALAIS R. et THÉVENOT L., *Le travail, marchés, règles, conventions*, Paris, Economica.

NAVILLE P. (1956), *Essai sur la qualification*, Paris, Éditions M. Rivière.

OHNO T. (1989), *Le système de production Toyota*, Masson.

SAGLIO J. (1988), « Négociations de classifications et régulation salariale dans le système français de relations professionnelles », *Travail et Emploi*, ministère du Travail, de l'Emploi et de la Formation professionnelle, décembre.

SALAIS R. (1976), « Qualification individuelle et qualification de l'emploi, quelques définitions et interrogations », *Économies et statistiques*, n° 81-82, septembre-oct.obre 1976.

SALAIS R. (1989), « L'analyse économique des conventions de travail », *Revue économique*, n° 2, mars 1989.

SONZOGNI M. (1997), *Qualifications spécifiques et relations salariales*, thèse de l'université Pierre-Mendès-France.

TANGUY L. (éd.), *L'introuvable relation formation-emploi*, Paris, La Documentation française.

TROUSSIER J.F. (1978), « Réflexion sur le concept de qualification » *in* Commissariat général du Plan, *La qualification du travail : de quoi parle-t-on?*, Paris, La Documentation française.

VERNIÈRES M. (1978), « Qualification et déqualification, essai de définition » *in* Commissariat général du Plan, *La qualification du travail : de quoi parle-t-on ?*, Paris, La Documentation française.

WILLIAMSON O.E. (1975), *Markets and hierarchies : analysis and antitrust implications*, Free Press, New York.

WILLIAMSON O.E. (1985), *The economic institution of capitalism*, Free Press, New York.

CHAPITRE 4

MARCHÉ DU TRAVAIL, CATÉGORIES ET POLITIQUE DE L'EMPLOI

Carrières et droits à la retraite des femmes

Une évolution parallèle ?

Carole Bonnet, (INSEE, Banque de France), Christel Colin, (INSEE)

1. INTRODUCTION

Dans le système contributif français, les retraites sont étroitement liées à la carrière salariale. La situation comparée des hommes et des femmes sur le marché du travail a fait l'objet de nombreuses études, tant en France que dans les autres pays (SOFER, 1990, par exemple pour la France). En particulier, le lien entre interruptions de carrière, expérience professionnelle et rémunération est relativement bien connu. En revanche, les conséquences sur les retraites des parcours professionnels différents des hommes et des femmes sont moins souvent étudiées et chiffrées. Notre étude vise à compléter l'analyse existante sur ce point.

Dans une première partie, on rappelle l'évolution de la structure des droits à la retraite des femmes, sous le double effet de l'augmentation de leur participation à l'activité salariée et de l'amélioration de leur parcours professionnel. En particulier, on étudie en quoi ces deux phénomènes ont modifié le partage entre droits directs et droits dérivés et ainsi permis aux femmes de se constituer de plus en plus souvent leur propre revenu de retraite. Toutefois, des divergences de parcours professionnels subsistent entre les deux sexes et se traduisent par un montant moyen de pension de retraite presque deux fois plus élevé chez les hommes que chez les femmes, tous régimes confondus (DANGERFIELD, 1994). Cet écart important reflète à la fois une moindre progression salariale, des interruptions de carrière plus fréquentes (le nombre moyen de trimestres validés en 1993 par la population retraitée s'élève à 117 pour les femmes, contre 167 pour les hommes), et une affiliation à un nombre plus restreint de régimes (parmi les femmes retraitées en 1993, plus des trois quarts n'ont appartenu qu'à un seul régime).

Cette question du lien entre évolution des carrières féminines et droits à la retraite plus favorables est abordée dans une deuxième partie d'un point de vue prospectif. On s'appuie pour cela sur un modèle de microsimulation dynamique, dont le principal avantage est de permettre de raisonner en termes de dispersion des situations individuelles, et plus seulement en moyenne. À partir des simulations réalisées, on montre que l'écart de pension entre hommes et femmes va continuer à diminuer du fait du renouvellement des générations. La hausse de l'activité féminine observée entre les générations 1930-1940 et 1950-1960 a des effets importants à l'horizon 2020. Le nombre de retraités par ménage continue à progresser, et les inégalités de niveau de vie au sein des ménages retraités se réduisent.

2. ÉVOLUTION RÉCENTE DES DROITS À LA RETRAITE DES FEMMES

2.1. Évolution des carrières féminines

Dans le système contributif français les pensions de retraite de droit direct dépendent étroitement de la carrière professionnelle. Il est donc naturel, pour expliquer l'évolution récente des droits à la retraite des femmes, de rappeler l'évolution récente de leur situation sur le marché du travail. De ce point de vue, la situation relative des femmes par rapport aux hommes n'a cessé de s'améliorer depuis les années 50. Tout d'abord, les taux d'activité féminins sont croissants avec les générations (sauf aux âges extrêmes) et atteignent maintenant environ 80 % à tous les âges entre 25 et 50 ans (*cf.* graphiques 1 et 2). Les interruptions d'activité aux âges médians deviennent plus rares et plus courtes. Une grande différence de comportement s'observe en particulier entre les générations 1940 (dont les taux d'activité connaissent une baisse sensible entre 25 et 35 ans, âges de la maternité) et 1950 (pour laquelle la baisse est beaucoup moins marquée). De ce fait, de plus en plus de femmes ont des carrières complètes (35 % des retraitées de 65 ans et plus en 1993, 39 % des retraitées de 60 ans et plus en 1997, tous régimes confondus (DANGERFIELD, 1994 ; DANGERFIELD et PRANGÈRE, 1998).

Graphique 1

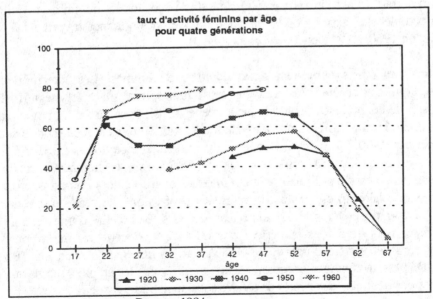

Source : GUILLEMOT et BORDES, 1994.

397

Graphique 2

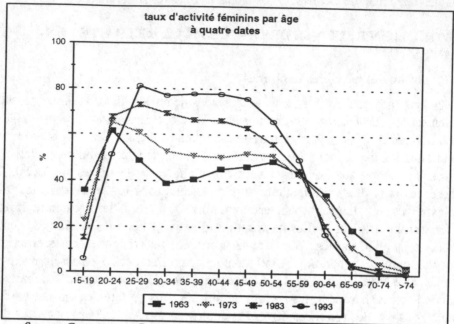

Source : GUILLEMOT et BORDES, 1994.

Du point de vue des salaires également, l'évolution de la situation des femmes a été positive. De par la hausse de leur qualification et de leur expérience professionnelle moyennes (taux d'activité croissants), le salaire moyen des femmes travaillant à temps complet est passé de 64 % du salaire moyen des hommes travaillant à temps complet en 1960, à 82 % en 1996 (graphique 3).

Toutefois des écarts subsistent entre hommes et femmes. Les interruptions de carrière, qui concernent plus souvent les femmes, ont un effet négatif sur le rendement de l'expérience professionnelle réelle. Ainsi, le salaire d'un homme ayant 20 ans d'expérience professionnelle réelle totale dont 10 dans son entreprise actuelle est supérieur de 90,3 % à celui d'un homme sans expérience (toutes choses égales par ailleurs), alors qu'il n'est supérieur que de 55,7 % si cet homme a connu des interruptions de carrière d'une durée cumulée au moins égale à deux ans. Pour une femme, son salaire après 20 ans d'expérience professionnelle réelle totale dont 10 dans son entreprise actuelle est supérieur de 72,4 % à celui d'une femme sans expérience, alors qu'il n'est supérieur que de 41,2 % si cette femme a connu des interruptions de carrière d'une durée cumulée au moins égale à deux ans (BAYET, 1996). De plus, les femmes occupant encore en moyenne des emplois moins qualifiés que ceux des hommes, des écarts de salaire subsistent entre les deux sexes.

Graphique 3

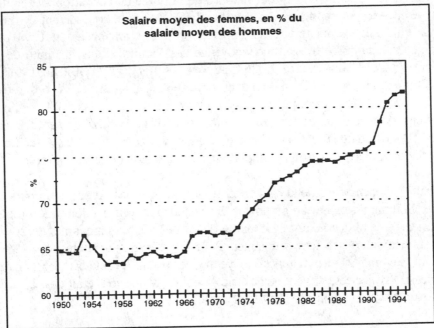

Source : FRIEZ et JULHÈS, 1998.

2.2. Conséquences sur les retraites

2.2.1. De meilleures carrières conduisent à de meilleures retraites

De la même façon, les données récentes sur les retraites mettent en évidence à la fois une amélioration de la situation féminine (durées de carrière et droits directs à pension croissants avec les générations), et la persistance d'écarts entre hommes et femmes. Ainsi, selon l'échantillon interrégimes de retraités du SESI, pour le stock de retraités présents en 1997, la pension de droit direct des femmes était inférieure de 53 % à celle des hommes, et la pension totale (y compris avantages accessoires, dont la réversion) était inférieure de 43 % à celle des hommes en moyenne (DANGERFIELD et PRANGÈRE, 1998). Toutefois, si pour les générations avant 1912, la pension de droit direct des femmes représentait 43 % de celle des hommes, celle des femmes des générations de 1928 à 1932 représentait désormais 49 % de celle des hommes[1].

---

[1] Les comparaisons sur les pensions totales de femmes de générations différentes seraient trompeuses. En effet, les plus âgées sont plus souvent bénéficiaires d'une pension de réversion, mais vivent plus souvent seules, alors que les plus jeunes ne touchent pas encore de pension de réversion, mais le couple auquel elles appartiennent touche deux prestations de retraite.

Le niveau de la pension dépend tout d'abord de la durée de cotisation au régime de retraite. Celle-ci comprend les périodes d'activité, de chômage indemnisé (dans la limite de cinq ans), de maternité. Or, pour les retraites attribuées en 1994 par le régime général, la durée d'assurance moyenne des femmes (dans la limite de 37,5 ans) était de 22,98 ans, contre 25,26 ans pour les hommes (TOURNE, 1996). En 1993 (DANGERFIELD, 1994), les femmes représentent près de 80 % des retraités ayant eu une carrière incomplète, tous régimes confondus. Toutefois, entre les générations 1906 et 1926 les femmes retraitées ont cotisé en moyenne sept trimestres de plus (DANGERFIELD, 1994). Comme le montre l'encadré 1, les interruptions d'activité peuvent avoir un impact important sur la pension de droit direct.

Le niveau de la pension dépend également des rémunérations perçues au cours de la carrière. Comme l'a montré le graphique 3, le salaire moyen des femmes a toujours été inférieur à celui des hommes depuis le début des années cinquante, de 20 % au moins sur les salariés à temps complet. Pour les retraites attribuées en 1994, le salaire annuel moyen des femmes (moyenne des salaires annuels de la carrière plafonnés et revalorisés, servant de base au calcul de la pension) était égal à 61 % de celui des hommes, en moyenne (TOURNE, 1996).

Encadré 1
Quelques cas types illustrant l'impact des interruptions d'activité sur le niveau de la pension de base servie par la Caisse nationale d'assurance vieillesse

La pension de retraite servie par la Caisse nationale d'assurance vieillesse (CNAV) est obtenue par la formule $PV = taux * SAM * \min(1, \frac{DA}{150})$. SAM est le salaire annuel moyen, moyenne des n meilleurs salaires de la carrière, où n vaut 10 pour les générations avant 1933, augmente progressivement pour passer à 25 pour les générations à partir de 1948, taux vaut 50 % pour un départ au taux plein. Celui-ci est obtenu pour un départ à la retraite à 65 ans, ou avec 150 trimestres d'assurance à un régime de retraite pour les générations avant 1933. Le nombre de trimestres requis augmente progressivement de 1 à chaque génération jusqu'à 160 trimestres requis pour les générations à partir de 1943. Ce taux est minoré de 1,25 % par trimestre manquant soit pour atteindre 65 ans, soit pour atteindre le nombre de trimestres donnant droit au taux plein. Enfin, DA est la durée de cotisation au régime général, en trimestres.

Considérons une femme qui commence à travailler à 20 ans et interrompt sa carrière pendant trois ans pour chacun de ses deux enfants. Elle bénéficie d'une majoration de durée d'assurance de quatre ans. Si elle est née avant 1933, elle peut partir au taux plein à 60 ans et touche la même pension qu'un homme ayant eu une chronique de salaires conduisant au même SAM. Mais si elle est née après 1943, elle devra différer son départ en retraite de deux ans (partir à 62 ans) pour obtenir le taux plein, alors qu'un homme qui a lui aussi commencé à travailler à 20 ans pourra encore partir dès 60 ans. Si elle souhaite elle aussi partir à 60 ans, elle part à taux réduit (40 %) et sa pension de retraite sera inférieure de 20 % à celle d'un homme ayant le même SAM (*cf.* tableau ci-contre).

Pour une femme ayant commencé à travailler à 20 ans et s'étant arrêtée 10 ans au total pour élever ses deux enfants, si elle est née avant 1933, elle peut partir au taux plein à 63,5 ans alors qu'un homme ayant commencé à travailler au même âge et n'ayant pas connu d'interruptions de carrière peut partir dès 60 ans. Si elle souhaite partir à 60 ans, sa pension de retraite sera inférieure de 42 % à celle d'un homme ayant le même SAM. Si elle est née après 1943, elle doit attendre 65 ans pour bénéficier du taux plein, alors qu'un homme ayant commencé à travailler à 20 ans peut encore partir à 60 ans, et si elle veut partir à 60 ans, elle perd 54 % sur sa pension de retraite.

**Effet des interruptions d'activité sur quelques cas types :
individus commençant à travailler à 20 ans,
ayant le même salaire annuel moyen**

	Homme, pas d'arrêt	Femme, 2 enfants, 6 ans d'arrêt		
Moment de l'arrêt	Avant ou après réforme	Avant réforme	Après réforme	
Âge de départ	60 ans (taux plein)	60 ans (taux plein)	62 ans (taux plein)	60 ans (taux réduit)
Pension de retraite*	100	100	100	80

	Homme, pas d'arrêt	Femme, 2 enfants, 10 ans d'arrêt			
Moment de l'arrêt	Avant ou après réforme	Avant réforme		Après réforme	
Âge de départ	60 ans (taux plein)	63,5 ans (taux plein)	60 ans (taux réduit)	65 ans (taux plein)	60 ans (taux réduit)
Pension de retraite*	100	100	58	100	46

* Effet propre de la durée d'assurance.

2.2.2. *Les femmes bénéficient également d'avantages liés à leur situation familiale.*

Le niveau de la pension des femmes dépend également de leur situation familiale. Elles bénéficient en effet d'avantages liés à la situation de mère de famille et de conjoint. La description des droits qui suit n'est pas exhaustive. On a simplement retenu les principaux droits et avantages (en termes d'effectifs ou de montants), qui sont par ailleurs modélisés dans le modèle de microsimulation utilisé dans la suite de l'étude.

La majeure partie des modalités des régimes de retraite a été instituée à une époque où les femmes travaillaient peu, et où il s'avérait particulièrement important de leur assurer un niveau de vie décent lors du décès du mari, souvent seul autrefois à avoir acquis des droits propres. La législation en vigueur entérinait à la retraite la « dépendance » des femmes en tant que mère ou conjoint. On distingue par la suite les droits acquis à titre personnel en tant que mère de famille, hors droits directs, et ceux acquis en tant que conjoint (que l'on qualifiera de droits dérivés).

Les droits acquis à titre personnel en tant que mère de famille

• On en dénombre trois principaux au régime général :
• La majoration pour enfants de 10 % de la pension bénéficie de la même manière aux hommes et aux femmes. Il suffit d'avoir élevé au moins trois enfants (ou les avoir élevés pendant neuf ans avant leur seizième anniversaire). La proportion de femmes bénéficiaires est en augmentation constante (tableau 1).

Tableau 1
Proportion de femmes bénéficiant de la majoration pour enfants

	1980	1990	1992	1994	1995
Effectif	854 272	1 578 771	1 755 724	1 927 000	2 000 533
Part parmi l'ensemble des retraitées (en %)	30,0	37,6	39,0	40,3	40,8

Source : Annuaires Statistiques de la CNAV (annuel).
NB : Par retraitées, on entend l'ensemble des bénéficiaires d'un droit propre et/ou d'un droit dérivé au régime général.

La majoration pour enfants existe à l'ARRCO mais elle diffère selon les institutions membres. À l'AGIRC, le total des points de retraite est majoré de 10 % pour trois enfants, et au-delà de 5 % par enfant.
• La majoration de durée d'assurance, instituée en 1972, n'est accordée qu'aux femmes. Elle est de deux ans par enfant élevé pendant au moins neuf ans avant son seizième anniversaire. Au 31 décembre 1995, près de trois millions de femmes en sont bénéficiaires, soit une proportion de 77 % des retraitées (TOURNE, 1996).
• Les périodes assimilées maternité. Ces périodes d'interruption d'activité sont considérées comme des périodes de cotisations. Il en est de même à l'ARRCO.

Les droits acquis en tant que conjoint

Les principaux droits en tant que conjoint sont la majoration pour conjoint à charge, l'allocation veuvage et la pension de réversion, qui est la prestation la plus courante. Ces droits concernent aussi bien les hommes que les femmes mais ces dernières en sont bénéficiaires à une très large majorité. En 1994, 96 % des bénéficiaires d'une pension de réversion sont des femmes (TOURNE, 1996).

Les conditions d'obtention de la pension de réversion au régime général sont au nombre de quatre. Il faut :
- être veuf (ou veuve) ou ex-conjoint(e) non remarié(e) d'un assuré,
- avoir au moins 55 ans,
- avoir été marié(e) pendant au moins deux ans, sauf si un enfant est issu du mariage,
- avoir des ressources personnelles inférieures à 2 080 fois le SMIC horaire par an. Le SMIC horaire considéré est celui en vigueur à la date de la demande de la réversion. Si les ressources sont appréciées à la date du décès, le plafond à retenir est celui qui était applicable à cette date.

La pension de réversion s'élève (depuis le 1er janvier 1995) à 54 % de la retraite que percevait ou aurait dû percevoir le conjoint décédé. Elle ne peut être inférieure à un minimum fixé par décret (taux de l'AVTS), ni supérieure à un maximum (27 % du plafond de la Sécurité sociale). Le montant de la pension de réversion ne peut excéder 54 % du maximum de pension qui était opposable au défunt. Celui-ci étant égal à 50 % du plafond de la Sécurité sociale, la limite supérieure de la pension de réversion est donc fixée à $0,5 \times 0,54 = 27$ % du plafond.

La pension de réversion peut se cumuler avec la retraite personnelle du demandeur dans une certaine limite :
- Soit 52 % du total de la pension du conjoint décédé et de la retraite personnelle du demandeur. La retraite du demandeur comprend les avantages personnels de vieillesse et d'invalidité perçus dans le cadre du régime général et dans les autres régimes de base.
- Soit 36,5 % du plafond de la Sécurité sociale, à la date de point de départ de la pension de réversion. Cette limite correspond à 73 % du montant maximum de la pension de vieillesse du régime général, c'est-à-dire $0,5 \times 0,73 = 36,5$ % du plafond de la Sécurité sociale.

La limite la plus favorable est retenue et en cas de dépassement, la pension de réversion est réduite d'autant. En revanche, le cumul de cette prestation avec tout droit de réversion issu des autres régimes est autorisé sans aucune limite. La pension de réversion peut par ailleurs être assortie de la majoration pour enfants à charge de 10 %.

Les réversions des régimes complémentaires (ARCCO et AGIRC) sont moins complexes, dans la mesure où l'obtention de la pension est uniquement conditionnée par l'âge. La veuve doit être âgée d'au moins 50 ans et le veuf d'au moins 65 ans.

La prestation s'élève alors à 60 % de la pension acquise par le conjoint décédé, et peut faire l'objet de majorations pour enfants à charge.

2.2.3. La faiblesse des pensions de droit propre des femmes les conduit souvent à bénéficier du minimum contributif

Une autre caractéristique importante des pensions de retraite féminines concerne le nombre de ces pensions portées au minimum contributif. En 1992, 53 % des pensions des femmes sont ramenées au minimum contributif. Depuis, cette prestation concerne toujours environ une femme sur deux. Le minimum contributif est une prestation accordée dans le cadre du régime général, et destinée à pallier un montant de droits directs trop faible.

Le montant du minimum contributif s'élève à un peu moins de la moitié de la pension maximale servie par le régime général (50 % du plafond de la Sécurité sociale), soit, en 1997, 3 210 francs mensuels. Le minimum concerne uniquement les personnes percevant une pension calculée au taux plein (50 %), et peut être versé de manière intégrale ou « proratisée » :
- Le minimum entier est intégralement servi aux assurés qui justifient d'une durée d'assurance de 150 trimestres au régime général.
- Les assurés qui ont droit à une pension calculée au taux plein (départ à 65 ans ou durée d'assurance tous régimes confondus supérieure à la durée requise) mais qui réunissent moins de 150 trimestres au régime général ne peuvent prétendre qu'à un minimum réduit. Il est réduit en fonction du nombre de trimestres au régime général que réunit l'assuré. On parle de « proratisation en 150e ».

2.2.4. La structure de la pension de retraite des femmes s'est modifiée

La structure de la pension des femmes a connu deux types de modifications : sur la répartition entre droits propres et droits dérivés, et sur la provenance des droits directs, c'est-à-dire le nombre d'affiliations. Ces deux évolutions structurelles sont étroitement liées à l'évolution de la situation des femmes sur le marché du travail. On peut résumer le partage droits directs, droits dérivés en quatre grandes étapes.

Dans un premier temps, les femmes ont des droits propres limités, en termes d'effectifs ou de montants servis, en raison de leurs carrières salariales écourtées et de salaires faibles. Les droits dérivés purs prennent alors toute leur importance. Au fur et à mesure de l'amélioration de leur carrière, elles commencent à cumuler droits directs et droits dérivés. La poursuite de l'augmentation de leurs droits propres les conduit à ne plus avoir droit à des droits dérivés cumulés intégraux mais partiels. Enfin, on peut s'attendre à une nette réduction des droits dérivés cumulés dès lors que les femmes atteindront les mêmes niveaux de droit propre que les hommes.

Tableau 2
Bénéficiaires de droits dérivés purs et cumulés au régime général

	Droits dérivés purs (effectif)	Part parmi les retraitées (en %)	Droits dérivés cumulés (effectif)	Part parmi les retraitées (en %)
1980	700 000	24,3	420 000	14,6
1990	807 000	19,2	870 000	20,7
1994	800 000	17,8	1 068 000	23,7
1995	794 601	16,2		

Sur les statistiques de la CNAV (*cf.* tableau 2), on observe un renversement de tendance à partir de 1990. La part de bénéficiaires de droits dérivés purs parmi l'ensemble des retraitées devient inférieure à la part de femmes percevant des droits dérivés cumulés. En 1994, les droits dérivés cumulés sont à 65 % des cumuls partiels et à 35 % des cumuls intégraux.

La part de la réversion dans la retraite globale diminue. De 24 % en 1988, elle s'abaisse à 20 % en 1993 et à 17,8 % en 1997 (LACROIX et PRANGÈRE, 1989 ; DANGERFIELD, 1994 ; DANGERFIELD et PRANGÈRE, 1998). Pour comparaison, cette prestation représente une part marginale (moins de 0,4 %) de la retraite globale des hommes ces mêmes années. La deuxième cause d'évolution de la structure de la pension des femmes vient de leur nombre d'affiliations. Leur participation plus grande au marché du travail d'une part, et l'amélioration de leurs salaires d'autre part, vont les amener à cotiser comme les hommes à un plus grand nombre de régimes de base et complémentaires. Par exemple, le nombre de femmes affiliées à l'AGIRC a plus que doublé entre 1987 et 1996 (tableau 3), alors que celui des hommes croît de 77 %. En 1994, seulement 21,6 % des femmes ont plusieurs régimes d'affiliation contre 49,4 % chez les hommes (TOURNE, 1996).

Tableau 3
Évolution du nombre de femmes affiliées à l'AGIRC

Années	Effectifs	% parmi les bénéficiaires de l'AGIRC	% parmi les retraitées du régime général
1987	102 433	11,1	
1990	132 424	12,0	3,2
1992	155 593	12,6	3,5
1995	203 220	13,9	4,4
1996	213 985	14,1	

Source : *Revue de l'AGIRC*, septembre-octobre 1997, n° 196.

2.2.5. *Les retraites des femmes sont très dispersées*

Pour terminer, il faut signaler que les retraites des femmes sont fortement dispersées, plus que celles des hommes, du fait de la grande hétérogénéité de leurs carrières en termes de durée d'activité. Ainsi, le rapport interdécile des retraites de droit direct des femmes est égal à 7,0 sur les retraités de 60 ans et plus en 1997, alors qu'il n'est que de 4,2 pour les hommes (DANGERFIELD et PRANGÈRE, 1998).

Ceci montre tout l'intérêt d'une approche intégrant la diversité des situations individuelles et pas seulement les moyennes. Par ailleurs, il existe un décalage temporel entre le moment où on observe la hausse des taux d'activité et les conséquences sur les retraites. Ainsi, de grandes différences de taux d'activité s'observent entre les générations 1930 et 1950. Or, si les premières sont maintenant parties en retraite (à partir de 1990), les secondes ne partiront en retraite qu'à partir de 2010. Ceci indique qu'il peut être intéressant de se livrer à un exercice de prospective sur les retraites, en particulier féminines. C'est ce qui est fait dans la suite de cette étude, à l'aide d'un modèle de microsimulation dynamique, « Destinie », qui a été développé à la division « Redistribution et politiques sociales » de l'INSEE[2].

3. UNE PROSPECTIVE DES RETRAITES FÉMININES PAR MICROSIMULATION

3.1. Présentation générale du modèle utilisé, « Destinie »

Le principe du modèle « Destinie » (modèle démographique, économique et social de trajectoires individuelles simulées) est le suivant : le modèle est constitué par un ensemble d'individus (environ 40 000) issus de l'enquête « Actifs financiers » de 1991. La période de projection du modèle commence en 1992, et le devenir de ces individus peut être simulé, année par année, jusqu'en 2040. Pour la présente étude l'horizon retenu est 2020. Pour réaliser une simulation, on considère que les événements qui affectent un individu se réalisent de manière aléatoire, conditionnellement à un certain nombre de variables.

Le modèle engendre un grand nombre d'événements démographiques (naissances, décès, mariages, divorces) et donne ainsi une image de la structure de la population française par âge, par sexe, par type de famille (nombre d'enfants, etc.). Il engendre les carrières des individus (niveau de salaire, passages éventuels par le chômage ou l'inactivité). Il décrit le système institutionnel définissant les retraites du régime général (CNAV), et des régimes complémentaires obligatoires, ARRCO et AGIRC.

---

[2] Une première version du modèle a été élaborée par BLANCHET et CHANUT (1996). La version actuelle a été élaborée par l'ensemble de la division « Redistribution et politiques sociales ».

Dans sa version actuelle, il considère que tous les individus font partie du secteur privé, ce qui reste une limite. Des réflexions sont en cours pour introduire différents régimes. Le modèle peut ainsi calculer les retraites des individus. Il utilise un grand nombre d'informations statistiques issues de plusieurs sources : des enquêtes (« Actifs financiers » de 1991, les enquêtes « Emploi », « Budgets de famille » de 1994, « Formation et qualification professionnelle » de 1993) ; les déclarations annuelles de données sociales (DADS) ; des sources administratives (CNAV, CNAF, etc.) ; des sources démographiques (DINH, 1994).

« Destinie » rend ainsi compte des évolutions démographiques futures, comme le montrent les graphiques 4 comparant l'évolution de la population par sexe et grand groupe d'âge dans « Destinie » et dans les projections démographiques officielles réalisées par l'INSEE (DINH, 1994). L'allongement de l'espérance de vie et l'arrivée prochaine à la retraite des générations très nombreuses du baby boom vont entraîner des changements importants : les projections démographiques réalisées par l'INSEE prévoient qu'en 2020, il y aura une personne de plus de 60 ans pour deux personnes d'âge actif (de 20 à 59 ans), alors qu'en 1995, ce ratio était presque de un pour trois. La part des retraités dans la population totale devrait ainsi passer de 16 % en 1995 à 23 % en 2020.

Graphiques 4
Évolution de la population masculine par grands groupes

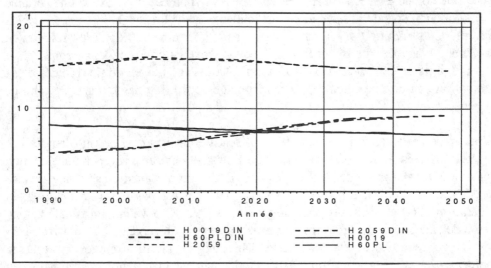

Évolution de la population féminine par grands groupes

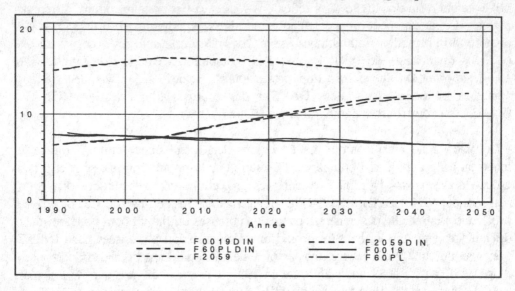

L'âge de fin d'études est l'échelle verticale du modèle. Dans « destinie », il résume la catégorie sociale, la profession, le diplôme, etc. Il est simulé pour les personnes qui naissent en cours de microsimulation et celles qui n'ont pas fini leurs études en 1991 (il est connu pour les autres). Le modèle relie l'âge de fin d'études de l'individu à ceux de son père et de sa mère. On fait ainsi l'hypothèse qu'il existe une certaine « reproduction sociale », les enfants des milieux ayant les durées d'études les plus élevées. Cette relation n'est évidemment pas déterministe, et n'est vraie qu'en moyenne. L'âge de fin d'études d'un individu est calculé en deux temps : tout d'abord, à partir de sources extérieures, on calcule l'âge moyen de fin d'études de sa génération ; ensuite on calcule comment son âge de fin d'études s'écarte de celui de sa génération.

À partir de l'enquête Emploi de 1997, on identifie l'âge moyen de fin d'études des générations nées entre 1900 et 1970, que l'on prolonge au moyen d'une fonction logistique. L'âge moyen de fin d'études par génération n'a ainsi cessé d'augmenter : de 15,5 ans en moyenne pour la génération 1930, il est passé à 18,5 ans pour la génération 1960 et 19,8 ans pour la génération 1970. La valeur maximale à long terme de l'âge moyen de fin d'études est un paramètre du modèle, qu'on a fixé à 24 ans. Avec cette valeur du paramètre, l'âge moyen de fin d'études croît assez rapidement jusqu'à la génération 2010, plus lentement jusqu'en 2030, et est à peu près stable ensuite.

L'écart entre l'âge de fin d'études d'un individu et l'âge moyen de fin d'études de sa génération est obtenu en utilisant une relation estimée économétriquement, à partir de l'enquête Formation et qualification professionnelle (FQP) de 1993.

3.2. Les carrières dans « Destinie »

La modélisation du marché du travail comme celle des salaires ne doivent pas être négligées pour faire de la prospective sur les retraites. En effet, le chômage, l'entrée tardive des jeunes sur le marché du travail, les retraits précoces d'activité (telle la préretraite) sont autant de phénomènes qui induisent un raccourcissement de la durée de cotisation et influent sur le salaire, les deux éléments principaux dans le calcul des droits à la retraite.

3.2.1. Les transitions sur le marché du travail

Le marché du travail dans « Destinie » comporte plusieurs états : l'emploi, le chômage, l'inactivité scolaire ou non, la préretraite et la retraite. La mobilité entre inactivité (hors scolaire), emploi et chômage est gérée par des probabilités de transition conditionnées par des variables sociodémographiques (l'âge, le sexe, l'âge de fin d'études et le nombre d'enfants pour les femmes). Ces probabilités sont modélisées à l'aide d'un *logit* polytomique non ordonné, et estimées par le maximum de vraisemblance sur l'enquête Emploi 1996. La liquidation de la retraite est elle déterminée par un comportement de départ à taux plein.
Les probabilités estimées sont ensuite ajustées afin de prendre en compte l'évolution des comportements, et plus particulièrement des taux d'activité féminins. L'estimation des coefficients sur une année intègre en effet non seulement des phénomènes conjoncturels (l'année 1996 appartient à une période de croissance du chômage et des préretraites, qui entraîne un plus grand nombre de sorties anticipées du marché du travail), mais conduit en outre à appliquer aux individus en 2020 le comportement sur le marché du travail des générations actives en 1996. Or, les taux d'activité féminins depuis le début des années 1970 n'ont cessé de croître (BOURDALLÉ et CASES, 1996). L'ensemble de la modélisation du marché du travail dans « Destinie » est détaillé dans BONNET (1998).

Dans le compte central de « Destinie », le taux d'activité féminin s'élève ainsi à 67,5 % en 2020 et le taux de chômage des femmes à 11,6 % (graphique 5).

Graphique 5
Taux de chômage par âge à l'horizon 2020 (en %)

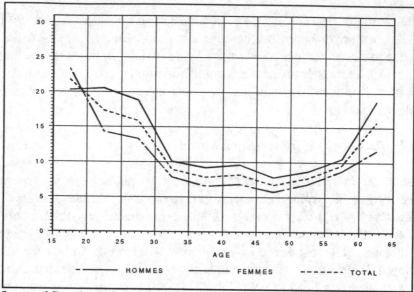

Source : Microsimulation, division RPS.

On compare dans les graphiques 6, les taux d'activité féminins par âge en 2020 et l'évolution du taux d'activité féminin global entre 1995 et 2040, avec les résultats des projections de population active de GUILLEMOT *et al.* (1997).

Graphiques 6
Taux d'activité féminins en 2020 (en %)

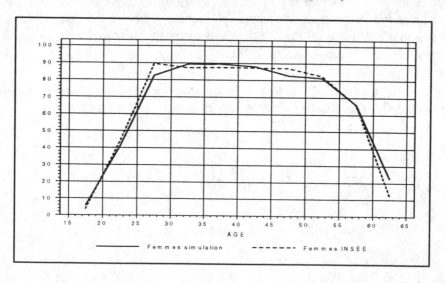

Évolution des taux d'activité (en %)

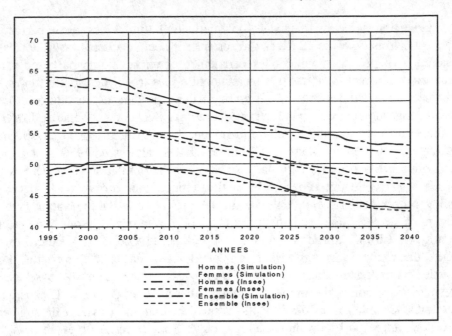

Source : microsimulation, division RPS, et GUILLEMOT *et al.* (1997).
NB. : Le taux d'activité est ici défini comme le rapport entre la population active et la population en âge de travailler. On considère ici que la population en âge de travailler comprend toutes les personnes âgées de 15 ans et plus.

Les taux projetés par l'INSEE, avec lesquels nous comparons « Destinie », sont ceux obtenus d'après le scénario central, dit « tendanciel » (ce scénario est défini par les auteurs comme une prolongation « raisonnée » des comportements démographiques et d'activité passés). Les hypothèses de ce scénario sont celles qui se rapprochent le plus de celles faites dans la microsimulation. L'indice de fécondité est fixé à 1,8 enfant par femme. Le solde migratoire est supposé se maintenir à + 50 000 par an. En matière d'activité, GUILLEMOT *et al.* (1997) supposent que les principales tendances observées dans le passé, notamment dans les années quatre-vingt, vont se prolonger puis se stabiliser. « *Ces évolutions reflètent la transition des comportements d'un régime d'activité (basse pour les femmes, haute pour les actifs les plus jeunes ou les plus âgés) vers un autre (haute pour les femmes, basse pour les actifs les plus jeunes ou les plus âgés)* ». Enfin, les auteurs adoptent une conception élargie de la population active, celle qui correspond à la notion de ressources en main-d'œuvre potentielle (actifs occupés + chômeurs + préretraités et dispensés de recherche d'emploi de moins de 60 ans).

3.2.2. Les salaires au cours de la carrière

Dans sa version actuelle, le modèle de microsimulation « Destinie » permet de choisir entre trois types de carrières : les premières sont régulières, ascendantes, et engendrent très peu de mobilité ; les deuxièmes comportent une part importante d'aléatoire et génèrent donc une très forte mobilité ; les troisièmes sont estimées sur des données du milieu des années quatre-vingt, elles reproduisent la situation de cette période et engendrent une mobilité intermédiaire dans l'échelle des salaires. Les trois s'appuient sur une équation de salaire identique, mais diffèrent par la modélisation du résidu. L'équation de salaire a été estimée sur les salaires de 1990 connus pour les individus actifs occupés dans la base de la microsimulation, l'enquête Actifs financiers 1991. Elle fait dépendre le salaire annuel, non corrigé de la durée du travail et primes comprises, de l'âge de fin d'études et de la durée pendant laquelle l'individu a exercé une activité professionnelle rémunérée (sous une forme quadratique). Chaque année où un individu est actif occupé, son salaire est la somme d'une partie déterministe issue de l'équation de salaire, et d'un résidu. Pour la partie déterministe, l'âge de fin d'études est connu dans la base de la microsimulation ou déterminé comme indiqué ci-dessus. L'expérience professionnelle réelle résulte des transitions sur le marché du travail. Elle augmente de 1 chaque année où l'individu est actif occupé. Pour le résidu, c'est le troisième type de carrières qui est utilisé pour établir le compte central, dont sont issus les résultats de la présente étude. Le résidu est alors décomposé en deux parties, dont l'une est permanente et l'autre transitoire. L'ensemble de la modélisation des carrières salariales est détaillé dans COLIN et RALLE (1998). L'évolution des salaires (bruts annuels) résultant du compte central est indiquée sur le graphique 7.

Graphique 7
Évolution du log. du salaire moyen brut par sexe

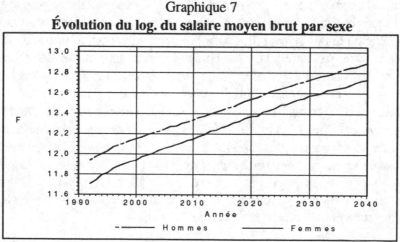

Source : modèle de microsimulation « Destinie ».

412

3.3. Les évolutions prévues sur la retraite des femmes (compte central)

Dans le compte central du modèle, la productivité croît au rythme exogène de 1 % par an. La législation sur les systèmes de retraite est supposée inchangée par rapport à la situation actuelle : les régimes de retraite ont d'ores et déjà entrepris des réformes pour faire face au vieillissement de la population et à l'arrivée à la retraite de générations très nombreuses, ayant connu des carrières favorables : réformes du régime général en 1993 et des régimes complémentaires en 1996 pour les plus importantes.

3.3.1. L'écart de pension entre hommes et femmes se réduit et la hausse des pensions moyennes se poursuit du fait du renouvellement des générations

En 2020, selon « Destinie », le montant moyen de la pension totale des hommes serait supérieur de 30 % à celui de la pension totale des hommes en 1995, en francs constants (soit environ 11 100 francs par mois). Celui de la pension totale des femmes supérieur de 60 % à celui de 1995 (soit environ 8 400 francs par mois). La pension totale inclut les droits directs et les droits dérivés (réversion), issus du régime général de l'assurance vieillesse et des régimes complémentaires ARRCO et AGIRC. Cette hausse s'explique par le jeu des entrées et sorties : les retraités qui décèdent sont remplacés par des retraités plus jeunes avec des pensions plus élevées. Pour les femmes, leur participation accrue sur le marché du travail avec des salaires plus élevés, amplifie la hausse observée sur les hommes. Ainsi, alors qu'au milieu des années quatre-vingt-dix les femmes disposent d'une retraite égale à peine égale à 60 % de celle des hommes, en 2020 leur pension totale représenterait autour de 77 % de celle des hommes.

La hausse de l'activité des femmes leur permet aussi de se constituer de plus en plus de droits propres à la retraite. De ce fait, la part des droits dérivés dans la pension totale des femmes serait plus faible en 2020 que maintenant. Par exemple, pour les femmes âgées de 60 à 69 ans, la part de la réversion dans la retraite globale passe de 5,7 % en 1995 à 3,4 % en 2010 et 2,6 % en 2020. Cette part augmente ensuite avec l'âge des femmes concernées car la probabilité qu'elles soient veuves augmente. Ainsi, en 2020, la pension de réversion représente en moyenne 27 % de la pension totale pour les femmes âgées de 80 ans et plus. De même, la proportion de femmes de 65 ans et plus n'ayant jamais travaillé et donc n'ayant pas de droits directs (mais des droits dérivés purs ou le minimum vieillesse) sera plus faible en 2020 que maintenant (d'après « Destinie », 6 % en 2020 contre 17 % en 1995).

Enfin, les femmes ayant eu des carrières meilleures, leurs pensions sont de moins en moins souvent portées au minimum contributif. Ainsi, la proportion de femmes de

60 à 69 ans dont les pensions sont portées au minimum contributif passe de 6,7 % en 2000 à 5,5 % en 2010 et 4,9 % en 2020.

3.3.2. La dispersion des pensions au sein des retraités se réduit

L'arrivée à la retraite de femmes ayant eu des carrières bien meilleures que leurs aînées, et donc plus proches de celles des hommes, contribue également à réduire les inégalités entre retraités (tableau 4). Comme actuellement, la dispersion des droits directs sera plus forte que la dispersion des pensions totales, les droits dérivés ayant pour effet de réduire les inégalités. La dispersion des pensions des femmes restera plus forte que celle des hommes. Alors que la réduction des inégalités de pension observée au niveau global est importante, elle est relativement faible par sexe. En fait, la situation des femmes en matière de retraite se rapproche de celle des hommes. En effet, l'inégalité entre sexes diminue sensiblement (tableau 4) : l'indice de Theil intersexes passe de 0,055 à 0,034 sur les droits directs. On observe par ailleurs une réduction de la dispersion des durées de cotisation, très sensible pour les femmes (le rapport interdécile des durées de cotisation passe de 3,9 dans le modèle en 1995 à 2,6 en 2020), et légère pour les hommes (1,4 en 2020 contre 1,5 en 1995).

Tableau 4
Évolution des inégalités de retraites au niveau individuel

	1995	2020
Indice de Theil des droits directs	**0,216**	**0,176**
Hommes	0,141	0,113
Femmes	0,219	0,209
Total de l'inégalité intrasexe	**0,161**	**0,142**
Inégalité intersexes	**0,055**	**0,034**
Indice de Theil des pensions totales	**0,191**	**0,153**
Hommes	0,138	0,111
Femmes	0,192	0,174
Total de l'inégalité intrasexe	**0,155**	**0,136**
Inégalité intersexes	**0,036**	**0,017**

Source : modèle de microsimulation "Destinie".
Note : l'indice de Theil est un indicateur d'inégalité, qui présente l'avantage d'être décomposable selon des sous-populations (ici les hommes et les femmes).

Par génération, les femmes des générations 1950 à 1954 aux meilleures carrières et aux taux d'activité les plus élevés auront des retraites de droit direct supérieures de 43 % à celles des générations 1935 à 1939.

3.3.3. Évolution de l'âge de départ à la retraite et de la pension des liquidants

Une autre approche de la situation des retraités consiste à examiner l'évolution de la situation des individus au moment où ils partent à la retraite (tableau 5). Une hypothèse de comportement du modèle est que ce départ se fait au taux plein. Si la législation actuellement en vigueur perdure, les individus qui partiront à la retraite entre 2015 et 2019 devraient en moyenne liquider leurs droits légèrement plus tard que ceux qui partent entre 1995 et 1999 (62 ans et 8 mois contre 62 ans et 4 mois), mais avec des durées de cotisation plus longues (37 ans en moyenne contre 35 ans aujourd'hui). Ceci, combiné avec la hausse du salaire annuel moyen (+ 21 % en moyenne) qui sert de base pour le calcul de la pension du régime général, conduit à des avantages de droit direct plus élevés pour les générations qui partiront à la retraite entre 2015 et 2019 que vingt ans auparavant.

Tableau 5
Comparaison des liquidants en 1995-1999 et 2015-2019.
Caractéristiques moyennes

	1995-1999			2015-2019		
	Hommes	Femmes	Ensemble	Hommes	Femmes	Ensemble
Durée de cotisation (en années)	39,1	31,3	35,0	38,9	35,3	37,0
Salaire annuel moyen* (en francs de 1998)	132 500	104 300	117 700	161 000	126 400	142 900
Retraite de droit direct (mensuelle, en francs de 1998)	10 300	5 900	8 800	12 600	9 100	10 800
Âge de liquidation (en années)	61,6	63,0	62,3	62,2	63,0	62,7

Salaire annuel moyen pris en compte pour le calcul de la retraite du régime général ; c'est la moyenne des meilleurs salaires annuels plafonnés et revalorisés.
Source : modèle de microsimulation « Destinie ».

Les évolutions sont en fait différenciées selon le sexe. Pour les hommes la durée moyenne de cotisation des liquidants entre 2015 et 2019 est très légèrement inférieure à celle des liquidants entre 1995 et 1999 (38,9 ans contre 39,1 ans), et l'âge de liquidation est retardé en moyenne de six mois. En effet, une très forte majorité d'hommes part actuellement au taux plein à 60 ans ; mais les générations qui prendront leur retraite dans vingt ans auront suivi des études plus longues et une proportion plus faible d'hommes pourra partir dès 60 ans en ayant totalisé les 40 années (160 trimestres) de cotisation requis pour un départ au taux plein, pour les générations après 1943. Pour les femmes, la durée moyenne de cotisation des liquidantes entre 2015 et 2019 sera nettement supérieure à celle des liquidantes entre

1995 et 1999 (35,3 ans contre 31,1 ans), et l'âge de liquidation reste stable. La montée de l'activité féminine explique la hausse importante de la durée de cotisation des liquidantes ; elle permet aussi que l'âge moyen de départ ne soit pas retardé malgré l'allongement des études.

3.3.4. Une augmentation de la pension moyenne par ménage plus rapide que la pension individuelle

L'influence de la hausse de l'activité féminine a été jusqu'à présent évoquée en adoptant un point de vue individuel, mettant en parallèle amélioration des carrières des femmes et acquisition de droits à la retraite plus importants. Mais cette participation accrue des femmes au marché du travail a aussi des conséquences sur le revenu des ménages auxquels elles appartiennent. Sur le champ des ménages dont les individus sont âgés de 65 ans et plus et qui ne bénéficient pas du minimum vieillesse[3], la pension individuelle moyenne progresse de 47 % entre 1995 et 2020 (pour atteindre environ 9 500 francs en 2020). La pension moyenne par ménage connaît elle une hausse de 71 % (pour atteindre environ 14 700 francs en 2020). Le différentiel d'augmentation entre les deux provient essentiellement de la hausse du nombre de retraités par ménage. De 1,33 en 1995, ce nombre s'élève à 1,55 en 2020 soit une croissance de 17 %. La croissance du nombre de retraités par ménage se poursuit donc entre 1995 et 2020, au rythme moyen de 0,6 % par an (d'après les enquêtes sur les budgets de famille, le taux de croissance annuel moyen entre 1984 et 1994 a été de 0,8 % (*Revenus et patrimoines des ménages*, 1996).

Le schéma du couple de retraités constitué d'un homme pourvoyeur d'une pension et d'une femme inactive ou bénéficiaire d'une pension faible en raison d'une carrière écourtée sera de moins en moins représentatif. Le revenu d'un ménage de retraités proviendra de plus en plus de deux pensions de retraite, conséquence de l'amélioration des carrières féminines. En 1995, parmi les couples âgés de 65 ans et plus, 20 % des femmes ne bénéficient d'aucune prestation de retraite. Vingt-cinq ans plus tard, cette proportion s'abaisse à 3 %. Dans les ménages d'une seule personne, on dénombre en 1995, 76 % de femmes, dont 8 % ne bénéficient que d'une pension de réversion. En 2020, cette proportion s'abaisse à 2,5 %.

Cette évolution de la formation du revenu des ménages vient atténuer les effets de la réforme du régime général de 1993. Sans cette dernière, la croissance de la pension individuelle moyenne entre 1995 et 2040 aurait été de 58 % au lieu des 47 % observés. Or, la croissance de la pension moyenne par ménage s'élève à 71 % soit 24 % de plus que la croissance de la pension moyenne individuelle. Ainsi, le frein à la hausse des pensions de retraite impliqué par la réforme au niveau individuel est « compensé » lorsqu'on considère les revenus de retraite du ménage.

---

[3] Celui-ci est attribué au niveau du ménage.

3.3.5. Évolution des inégalités au sein des ménages retraités

Les sources de revenu d'un ménage de retraités dans le modèle sont de trois sortes : prestations de retraite (droits directs et droits dérivés), revenus du patrimoine et minimum vieillesse (qui résume l'ensemble des transferts sociaux réels dont principalement les aides au logement, le minimum vieillesse, les prestations d'invalidité, de handicap, de dépendance). Le niveau de vie d'un ménage est défini comme son revenu, divisé par le nombre d'unités de consommation que comporte le ménage (*Revenus et patrimoines des ménages*, 1996). L'échelle d'équivalence retenue dans le modèle est la suivante : le premier adulte du ménage compte pour une unité de consommation, chaque individu supplémentaire de plus de 14 ans pour 0,5 et les enfants de moins de 14 ans pour 0,35 (HOURRIEZ et OLIER, 1997). Le revenu considéré est un revenu avant impôt.

Le revenu par unité de consommation des ménages composés d'individus de 65 ans et plus augmente de 62 % entre 1995 et 2020. Les inégalités au sein des ménages retraités en termes de revenu par unité de consommation se réduisent légèrement entre 1995 et 2020. L'indice de Gini passe de 0,320 à 0,314. Si on restreint la définition du revenu aux pensions de retraite, l'indice de Gini passe de 0,293 à 0,275, signe d'un resserrement de l'éventail des prestations servies. Le tableau 6 met en évidence une augmentation des inégalités lorsqu'on introduit le patrimoine dans le revenu, et inversement, une diminution lorsqu'on intègre le minimum vieillesse. Ces deux phénomènes ont une moindre ampleur en 2020 qu'en 1995. Le minimum vieillesse a ainsi moins d'importance en 2020 dans la formation des inégalités en raison de la proportion plus faible d'individus bénéficiaires.

Tableau 6
Impact des différentes sources de revenu sur l'inégalité du niveau de vie

	1995		2020	
	Indice de :		Indice de :	
	Gini	Theil	Gini	Theil
Indice d'inégalité	0,320	0,230	0,314	0,173
Impact du minimum vieillesse	- 0,020	- 0,016	- 0,005	- 0,005
Impact des revenus du patrimoine	+ 0,050	+ 0,100	+ 0,040	+ 0,055

Source : modèle de microsimulation « Destinie ».

Carole Bonnet, Christel Colin

417

BIBLIOGRAPHIE

BAYET A. (1996), « Carrières continues, carrières incomplètes et salaires », *Économie et statistique*, n° 299.

BLANCHET D. (1996), « Activité féminine et retraite : aspects macro-démographiques », *Retraite et société*, n° 13.

BLANCHET D. et CHANUT J.-M. (1996), « Situations individuelles des retraités : un essai de projection par microsimulation », contribution à la journée d'étude Microsimulation du 8 décembre Paris.

BONNET C. (1998), « Marché du travail dans le modèle de microsimulation », *note* INSEE, n° 24/G211, juin 1998.

BOURDALLÉ G. et CASES C. (1996), « Les taux d'activité des 25-60 ans : les effets de l'âge et de la génération », *Économie et statistique*, n° 300.

BRONDEL D., GUILLEMOT D., LINCOT L. et Marioni P. (1996), « La population active devrait encore augmenter pendant une dizaine d'années », *Économie et statistique*, n° 300.

CAUSSAT L. (1996), « Retraite et correction des aléas de carrière », *Économie et statistique*, n° 291-292.

COLIN C. et RALLE P. (1998), « Évolution des inégalités de salaire : un essai de prospective par microsimulation », communication aux quinzièmes journées de microéconomie appliquée, 4-5 juin.

DANGERFIELD O. (1994), « Les retraités en 1993 : des situations très différentes selon les parcours professionnels », *Solidarité santé*, n°4.

DANGERFIELD O. et PRANGÈRE D. (1998), « Les retraités en 1997 : 6 800 francs par mois pour les retraités de 60 ans et plus », *Solidarité santé*, n°1.

DINH Q.-C. (1994), « La population de la France à l'horizon 2050 », *Économie et statistique*, n° 274.

FRIEZ A. et JULHÈS M. (1998), « Séries longues sur les salaires », *INSEE résultats, Emploi-revenus*, n° 136.

GINN J. et ARBER S. (1991), « Gender, class and income inequalities in later life », *The British Journal of Sociology*, vol. 42, n° 3.

GINN J. et ARBER S. (1992), « Towards women's independence : pension systems in three contrasting european welfare states », *Journal of European Social Policy*, n° 2.

GUILLEMOT D. et BORDES M.-M. (1994), « Marché du travail : séries longues », *INSEE résultats*, n° 305-306.

GUILLEMOT *et al.*, (1997), « Projections de population active 1995-2040 », *INSEE résultats, Emploi-revenus*, n° 115.

HOURRIEZ J.-M. et OLIER L. (1997), « Niveau de vie et taille des ménages : estimations d'une échelle d'équivalence », *Économie et statistique*, n°°308-309-310.

LACROIX J. et PRANGÈRE D. (1989), « Les retraités : premiers résultats de l'échantillon inter-régimes de retraités », *Informations rapides SESI*, n° 148.

PELÉ L.-P., RALLE P. (1998), « Vers un âge de la retraite plus élevé ? », *INSEE Première*, n° 578.

PELÉ L.-P., RALLE P. (1998), « Revenus et patrimoines des ménages. Résultats 1996 », *Synthèses*, n° 5, Statistique publique.

Revue de l'AGIRC (1997), n° 196, septembre-octobre.

SOFER C. (1990), « La répartition des emplois par sexe : capital humain ou discrimination ? », *Économie et prévision*, n° 92-93.

SOFER C. (1990), « Suivi annuel des retraites. Résultats 1995, 1997 », *Synthèses*, n° 9, Statistique publique.

TOURNE M. (1996), « L'évolution des droits de retraite des femmes au régime général », *Retraite et société*, n° 13.

Insertion sur le marché du travail, activité et fécondité des filles d'immigrés : mesures et particularités

Jean-Luc Richard, FNSP (IEP de Paris), URMIS (Université Paris VII)

1. INTRODUCTION

Les choix résidentiels, matrimoniaux et de parentalité effectués aux jeunes âges conditionnent largement le futur des biographies, dans le domaine professionnel notamment (BLÖSS *et al.*, 1994). Eux-mêmes influencés par des facteurs d'ordre culturels et biographiques, les comportements de fécondité sont en étroite interrelation avec les choix professionnels féminins. Cependant, la question de la fécondité, objet de l'analyse démographique, n'a que fort tardivement été envisagée comme une activité économique : faire un enfant constitue pourtant une production que l'on peut considérer comme résultant d'une demande qui émane des parents potentiels (BECKER, 1992). Cependant, l'analyse économique de la fécondité ne prend pas en compte l'histoire des générations (MASSON, 1995) et, en supposant un comportement utilitariste pour l'ensemble des individus, nie les différences culturelles entre les individus et entre les groupes, ainsi que leur droit à la différence (BURGENMEIER, 1993). Dans de nombreuses sociétés, derrière le statut de la femme s'est longtemps caché un prétendu prestige de la lignée, mais, plus sûrement encore, son plus ou moins grand pouvoir comme conjointe (au sein du ménage, son droit de regard sur l'utilisation de l'ensemble des ressources, auxquelles elle contribue plus ou moins) et sa liberté de se soustraire au contrôle des autres. Le type traditionnel des structures familiales dans une communauté peut avoir des conséquences sur l'adaptation, plus ou moins grande, des agents aux exigences découlant du mode d'organisation économique des sociétés. Cela est vrai, au niveau individuel, tant dans les pays en voie de développement que dans les pays d'immigration (TODD, 1984). La jeunesse est traditionnellement le temps de l'insertion sociale dont le référent premier reste l'insertion économique, mais l'acquisition de l'indépendance sociale vis-à-vis de la famille d'origine s'inscrit dans une stratégie d'adaptation inédite à des structures sociales existantes ou à créer (THIERY-BOUMEDIENE). Cela explique en partie pourquoi l'emploi des jeunes en général et de ceux issus de l'immigration étrangère en particulier, ne constitue pas, pour les économistes du travail, un objet d'analyse évident qui répondrait à des conditions favorables à l'application des modèles théoriques traditionnellement utilisés pour appréhender les choix d'activité et les obstacles au plein emploi (FREYSSINET, 1996). De plus, l'analyse économique des différences observées entre populations d'origine différentes (« l'analyse de la discrimination », par exemple) constitue souvent une analyse quantitative d'un phénomène largement a-économique.

2. FÉCONDITÉ DES JEUNES FEMMES ISSUES DE L'IMMIGRATION

Le recensement offre la possibilité de mesurer indirectement une sorte de « fécondité apparente », au moyen d'une méthode connue sous le nom de « décompte des enfants au foyer » (« *own children method* », en anglais)[1]. Cette technique d'estimation des tendances générales de la fécondité n'est pas la plus précise qui soit et les nombres obtenus ne doivent pas être confondus avec ceux des descendances finales ou des Indices conjoncturels de fécondité (ICF) établis, au niveau macro, à partir de données exhaustives de l'état civil[2]. Nous avons utilisé une variante de la technique « *own children method* ». Elle offre une photographie instantanée des descendances corésidentes vivantes à une date *t* et permet néanmoins de mettre en lumière les grandes tendances, ordres de grandeur et différences. De plus, comme nous l'avons fait, il est possible de corriger les valeurs obtenues en les calant sur les valeurs des descendances atteintes à certains âges en 1990, d'après l'enquête « Famille », l'état civil et le recensement (graphique 1, tableau 1).

Issues de milieux culturels dans lesquels les familles nombreuses étaient majoritaires, les jeunes femmes d'origine immigrée ont des comportements de fécondité proches de ceux des filles de chef de famille (CDF) français de naissance. Les tensions persistantes sur le marché de l'emploi, et le retardement des calendriers familiaux, ont contribué à faire baisser la fécondité des femmes des milieux populaires, amoindrissant ainsi la traditionnelle forte fécondité des milieux populaires observée jusqu'à la fin des années 1970 (DESPLANQUES et DEVILLE, 1993).

Les différences entre les comportements matrimoniaux et de fécondité des femmes immigrées originaires de chacun des trois pays composant ce qu'il est convenu d'appeler le Maghreb ont souvent été signalées jusqu'il y a quelques années.

---

[1] (DESPLANQUES, 1993). Les enfants sont attribués à la femme de la famille où ils sont élevés, notamment dans le cas où ces enfants portent le nom de famille du père ou de la mère et que les indications sur les liens entre les personnes vivant sous un même toit sont du type parenté en ligne directe. On utilise la variable du recensement intitulée « Nombre d'enfants présumés de l'individu ».
[2] Le calcul des indices conjoncturels de fécondité (ICF) étant alors effectué en prenant aux dénominateurs des populations recensées, il est surestimé (ISNARD, 1992).

Graphique 1
Descendance atteinte par les femmes en 1990
(selon leur âge et leur origine nationale)

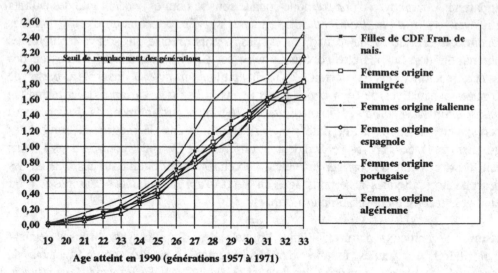

Age atteint en 1990 (générations 1957 à 1971)

Légende :
- Filles de CDF Fran. de nais.
- Femmes origine immigrée
- Femmes origine italienne
- Femmes origine espagnole
- Femmes origine portugaise
- Femmes origine algérienne

Source : échantillon démographique permanent, recensements 1975-1990. Estimation par réévaluation des données brutes « own children method » au moyen d'un calage des données concernant les filles de chef de famille français de naissance sur les descendances vivantes calculées pour chaque génération de Françaises de naissance, d'après les enquêtes « Famille », le recensement et l'état civil. Pour les femmes des autres origines, extrapolation des résultats en tenant compte du moindre éclatement des familles.

Tableau 1

Descendance atteinte des femmes de la génération 1960 en 1990 et descendance finale projetée

	Filles de CDF Français de naissance	Origine italienne	Origine espagnole	Origine portugaise	Origine algérienne
Nées en France. Descendance atteinte en 1990	1,46	1,31	1,30	ns[***]	1,23
Nées hors de France. Descendance atteinte en 1990		1,57	1,51	1,80	1,60
Nées en France. Descendance finale projetée[*]	2,05-2,10	1,80-1,90	1,80-1,90	ns	1,85-1,95
Nées hors de France. Descendante finale projetée[*]		2,15-2,25	2,10-2,15	2,50-2,60	2,25-2,30
DF projetée dans le pays d'origine du CDF[**]		1,63	1,69	1,86	4,90-5,00

[*] Estimation, par nos soins, avec extrapolation à partir des taux observés aux différents âges d'après les dernières données disponibles pour la France, calage sur les filles de Français de naissance et hypothèses de léger ralentissement pour les femmes d'origine portugaise et de rattrapage pour les femmes d'origine algérienne. Source : échantillon démographique permanent.

[**] Source : EUROSTAT 1995, sauf Algérie, PAPCHILD Survey 1992 (interpolation).

[***] ns : non significatif

Leurs niveaux de fécondité ont sensiblement baissé et sont désormais proches les uns des autres. Des évolutions structurelles dans le même sens se profilent d'ailleurs au Maghreb (FARGUES, 1990). Le recensement de 1990 a mis en évidence la convergence progressive des comportements des femmes maghrébines. La baisse de la fécondité des populations françaises de longue date et celle, plus radicale encore, des populations issues de l'immigration s'inscrivent dans la même démarche d'investissements sociaux et scolaires (FELD, 1993). Il en est de même pour celles qui sont souvent leurs filles.

3. INSERTION SUR LE MARCHÉ DU TRAVAIL : FACTEURS EXPLICATIFS AUTRES QUE LES CHOIX DE FÉCONDITÉ

Les pourcentages figurant sur plusieurs de nos tableaux ou représentés sur nos graphiques correspondront parfois à une proportion de chômeurs au sein des différentes sous-populations d'origine nationale différente ou non, et non au *taux de chômage* au sens économique du terme[3]. Présentement, l'ensemble des inactifs est alors intégré dans l'effectif total intervenant au dénominateur de la fraction, il s'agit donc, par conséquent d'une proportion révélatrice de l'ampleur réelle du phénomène du chômage des jeunes, bien que l'on ne peut exclure que l'existence d'un chômage important ait une conséquence en termes de comportements de semblant de poursuite d'études et, par conséquent, contribue à diminuer le nombre réel de demandeurs d'emploi. Le statut de réel étudiant (hors, de fait, troisième cycle) est, en effet, incompatible avec celui de chercheur d'emploi, bien que nombreux sont les étudiants et élèves qui abandonnent, à tous niveaux, une scolarité, afin d'entrer sur le marché du travail au moment précis où ils obtiennent la signature d'un *contrat de travail* qui leur semble intéressant. Il est donc pertinent et utile de raisonner parfois en termes de probabilité d'être au chômage (pourcentage de chômeurs par rapport à la population totale[4]) pour les individus d'une population donnée A plutôt qu'en termes de taux de chômage au sein de la population active constituée à partir de la population A.

Naguère, dans les processus d'intégration des immigrés, le marché du travail en expansion jouait le premier rôle, tandis que, désormais, c'est à l'école de le jouer, auprès des enfants d'immigrés, de manière plus délicate assurément, en raison de la distorsion qui peut exister entre la promotion sociale que sa fréquentation laissait entrevoir et la réalité des destinées professionnelles ultérieures. Les choix et contraintes professionnels, que l'on retient souvent pour expliquer les stratégies familiales et de fécondité, sont aussi la conséquence des mobilisations des ressources scolaires individuelles que mesure le niveau d'éducation atteint. Ce dernier, fortement lié à la taille des fratries, est ensuite explicatif des comportements matrimoniaux, de fécondité et d'activité. Il est donc particulièrement important de

---

[3] Dans ce texte, le taux de chômage est le rapport entre le nombre de chômeurs et le nombre d'actifs occupant un emploi ou au chômage. Les appelés du contingent n'ont pas été insérés dans les actifs afin de rendre plus pertinente et significative la comparaison de la fréquence du chômage chez les jeunes immigrés (peu d'entre eux effectuent un service national en France car ils sont souvent étrangers) et chez les jeunes issus de l'immigration nés en France, davantage incorporés sous les drapeaux, en raison du fait qu'ils sont très majoritairement français.

[4] Afin d'alléger les expressions nous parlerons seulement de pourcentage de chômeurs ou de probabilité d'être au chômage. Lorsque nous confronterons les populations de chômeurs à des populations actives, nous parlerons, fort logiquement, de taux de chômage. Enfin, lorsqu'il s'agira de commenter l'effet d'une variable sur l'importance du chômage relativement à une population totale et à une population active issue de cette population totale, on peut parler de l'effet d'une variable sur l'occurrence du chômage.

relever que l'orientation des élèves en direction des filières courtes de l'enseignement professionnel ne touche pas davantage, à niveau scolaire égal, les jeunes de certaines origines (RICHARD, 1997). La connaissance préalable de cette situation est indispensable à une analyse économique ultérieure de l'insertion sur le marché du travail et de la discrimination en particulier (TAPINOS, 1974, critiquant GILMAN, 1965).

Graphique 2
Chômage des femmes en 1990

A) Au sein des générations entières   B) Taux de chômage (pop. active)

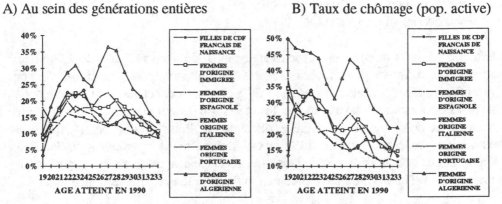

Source : échantillon démographique permanent, recensements 1975-1990.

L'entrée dans la vie active ne s'effectue généralement plus directement dès la sortie des établissements scolaires. Les activités en dehors de la sphère légale d'activité professionnelle et les « situations d'attente » se multiplient. Une telle instabilité est couramment expliquée par la spécificité des logiques d'insertion (NICOLE-DRANCOURT, 1992).

Nous avons montré, dans une autre partie de la recherche dont ce texte est partiellement issu, que toutes choses égales par ailleurs, l'intensité des départs hors de France est, à durée d'installation en France identique pour deux individus, fonction inverse de l'ancienneté du courant migratoire dont sont ils issus (sauf si l'on considère les personnes pour lesquelles on se situe au tout début de la massification du courant migratoire, c'est-à-dire quand il y a effet d'entraînement au sein d'une communauté, avant que certains considèrent avoir échoué dans leur projet migratoire). Parmi les principaux groupes de femmes de même origine nationale, ce sont les jeunes femmes d'origine portugaise qui ont le plus quitté la France entre 1975 et 1990, suivies, par les femmes respectivement d'origines marocaine, tunisienne, espagnole et italienne. Les jeunes femmes d'origine algérienne sont plus souvent demeurées en France (RICHARD, 1998). La naissance en France comme enfant d'immigré devenu français constitue un facteur explicatif important de l'installation définitive en France (RICHARD, 1995 ; SILBERMAN, 1996). Cela est encore plus vrai à la génération suivante. Le choix de parentalité ne s'inscrit donc pas dans le seul cadre traditionnel d'arbitrage entre éventuelles responsabilités familiales et activité professionnelle mais aussi dans le contexte plus général de choix du pays d'établissement durable.

La frontière entre activité et inactivité est floue. Les régressions logistiques modélisant les effets des variables sociodémographiques sur la probabilité d'occuper un emploi montrent aussi des résultats cohérents si l'on considère que chômage féminin et inactivité féminine déclarée se rejoignent, quant à leurs raisons, en partie. Une corrélation positive est d'ailleurs observée entre le nombre d'enfants des femmes et leur taux de chômage (RICHARD, 1997).

L'effet positif de la taille de la fratrie d'origine en 1975 associé à la probabilité de ne pas occuper d'emploi, toutes choses égales par ailleurs, pour les jeunes femmes d'origine africaine (d'origine maghrébine, à 98 %, dans cet échantillon) montre que le rôle des sœurs est aussi parfois d'aider les mères, ou de leur suppléer, pour faire face aux travaux domestiques et de garde des enfants. Plus la taille de la famille est grande, plus celle-ci est restée fidèle aux traditions or, il est souvent difficile aux jeunes femmes de faire accepter l'idée d'exercer une activité professionnelle. Les jeunes issus de l'immigration maghrébine, hommes et femmes, le reconnaissent[5].

Enfin, il existe des discriminations, sur le marché du travail, contre certaines jeunes femmes issues de l'immigration, en particulier les jeunes femmes d'origine algérienne (RICHARD, 1997 b). Ainsi, cela est observé même à l'encontre de celles qui occupent un emploi, puisque, bien que plus diplômées que les jeunes femmes d'origine portugaise, elles n'occupent que plus rarement un emploi stable aux jeunes âges (graphique 3). Certaines femmes renoncent alors à l'exercice d'une activité professionnelle. Cela a aussi pour conséquence d'atténuer les différences de taux de chômage de longue durée de ces populations féminines stigmatisées.

---

[5] 53 % des jeunes de 18 à 30 ans nés en France et issus de l'immigration maghrébine considéraient, en novembre 1993, qu'une jeune femme d'origine maghrébine est moins bien placée par rapport aux autres jeunes femmes pour ce qui concerne l'exercice d'une activité professionnelle ; source : Enquête SOFRES, novembre 1993.

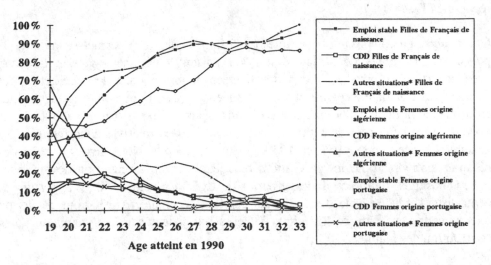

* Autres situations : apprentissage, TUC, SIVP, etc. Les emplois d'indépendants sont classés avec les emplois stables. Source : EDP RP 1975-1990.

4. RELATION ACTIVITÉ FÉMININE/FÉCONDITÉ

Il est paradoxal de constater que la force de travail, historiquement considérée, tant par l'école dite classique que par les disciples de K. Marx[6], comme élément fondamental du processus productif et de détermination de la valeur, a longtemps été prise comme une donnée dont la question de la production est restée à la périphérie de la discipline (ABDELKRIM-CHIKH, 1990). De plus en plus souvent, les choix de fécondité et d'activité deviennent des décisions stratégiques dont les couples ne sous-estiment pas les conséquences économiques (BROSSOLET, 1992). Cependant, réduire la fécondité a une dimension biologique, c'est envisager une société sans culture. Il

---

[6] Dans la théorie de ces derniers, ce n'est qu'incidemment que l'on peut tenter d'expliquer la présence des enfants d'immigrés sur le territoire des pays récepteurs de la force de travail étrangère. La naissance des enfants dans le pays d'exploitation de leurs parents, n'est que la conséquence de la nécessaire jeunesse de ces derniers. Ensuite, « *résultat d'un enracinement familial, d'une immigration devenue pérenne, la montée spectaculaire des jeunes, avec l'arrivée massive d'une nouvelle offre de travail sur le marché qu'elle induit, doit aussi s'analyser comme l'expression du potentiel de renouvellement démographique d'une population à dominante ouvrière* » (TALHA, 1990).

convient de dépasser à la fois l'ancrage disciplinaire à l'économie ou à la sociologie et une position méthodologique œcuménique. L'important est de mesurer l'incidence propre des différents facteurs (économiques, sociologiques, culturels) sur la fécondité (TAPINOS, 1997).

Une analyse en composantes multiples (ACM, *cf.* encadré 2) permet de montrer la puissance des effets de structure qui s'organisent notamment autour de deux premiers axes que nous pouvons respectivement nommer « axe de l'interaction des dynamiques familiale, scolaire et professionnelle » (axe 1) et « axe de la distance culturelle de la famille d'origine à la société française » (axe 2) (graphique 4). Nous avons réalisé cette représentation à partir des données relatives aux femmes des générations nées entre 1957 et 1959 vivant en couple. Nous avons trouvé des résultats similaires pour les générations plus jeunes mais la réduction des analyses en composantes multiples à des groupes de trois générations nous a permis de neutraliser l'effet de l'âge des individus sur leur fécondité. Ainsi, nous avons pu mieux mettre en évidence les autres facteurs qui jouent sur la dynamique de la constitution des familles.

Graphique 4

Relation fécondité-activité féminine chez les femmes d'origine immigrée vivant en couple (génération 1957-59)
Projections sur les plans des axes 1 et 2 d'une ACM

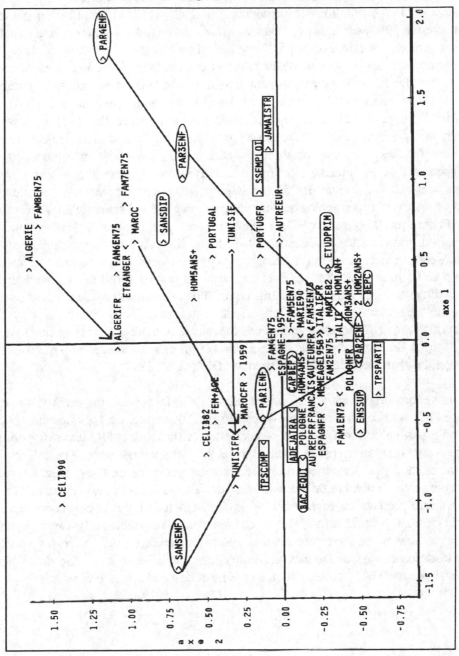

Pour la plupart des variables quantitatives, on constate que les valeurs numériques successives sont globalement rangées dans un ordre logique si l'on projette leurs coordonnées sur un des deux axes (nombre d'enfants dans la fratrie en 1975, par exemple). L'axe 1 s'organise autour des variables suivantes : nombre d'enfants de la femme en 1990, situations matrimoniales en 1982 et 1990, implication passée et actuelle (en 1990) sur le marché du travail, niveau d'études atteint déclaré en 1990 - divisé en six modalités-). L'axe 2 permet d'envisager la distance de la culture d'origine, par rapport aux modèles culturels et familiaux dominants dans la société française. De fait, le nombre d'enfants dans la fratrie et l'origine nationale (combinée au lieu de naissance de la femme) sont des indicateurs qui permettent d'envisager *a priori* l'intégration de la famille d'origine ou sa moindre difficulté comme une tendance que symboliserait une descente le long de l'axe 2. Les trajectoires des jeunes femmes d'origine maghrébine nées en France sont marquées par un alignement sur les tendances à l'œuvre relatives aux femmes des autres origines. Cela apparaît à la lecture des flèches joignant les points représentant les situations moyennes des femmes issues de l'immigration maghrébine selon qu'elles soient nées en France ou à l'étranger. Ce rapprochement, par rapport à la moyenne des situations individuelles des femmes issues de familles d'origine européenne, peut être représenté comme une convergence des points en direction du quadrant inférieur gauche. La naissance à l'étranger et les variables qui lui sont liées semblent freiner cette dimension de l'intégration. Ainsi en est-il de la constitution d'un couple avec un homme nettement plus âgé. Dans d'autres travaux, nous avons montré cette significativité de l'écart d'âge entre conjoints sur le nombre d'enfants qu'une femme a déjà eus à de jeunes âges quelle que soit l'origine de la femme vivant en couple. Cependant, l'ampleur de l'effet est modeste (RICHARD, 1997c).

Nous venons de présenter des modélisations dans lesquelles une relation négative, entre l'intensité de l'activité professionnelle et la fécondité, est logiquement apparue comme particulièrement forte. Il convient de vérifier si des différences importantes dans cette relation n'apparaissent pas selon l'origine nationale. Des régressions linéaires multiples permettent de représenter les relations existant, chez les jeunes femmes, entre le nombre de leurs enfants (de fait tous mineurs en raison de l'âge de leur mère) présents au foyer en 1990 et les caractéristiques socio-économiques et socio-démographiques principales de ces femmes mères (tableau 3). Les régressions linéaires sont particulièrement adaptées pour étudier l'effet de différentes variables sur la descendance des femmes avant qu'elles aient 35 ans, en raison du caractère quasi-linéaire de la relation existant entre âge et descendance atteinte.

Tableau 3

Nombre d'enfants au foyer des femmes de 22 à 33 ans : régressions linéaires

Population :	a) Immigrées entrées 68-75 n=302	b) Femmes or. espagnole n=698	c) Femmes or. italienne n=1067
Constante	-3,312**	-2,154**	-2,241**
Âge atteint en 1990	0,144**	0,089**	0,087**
Naissance en France (1)	//	-0,136*	-0,081
Âge a l'entrée en France (2)	-0,020	//	//
En couple en 1990 (3)	0,531**	0,147**	0,319**
Mariée en 1990 (4)	0,415**	0,672**	0,593**
Travail en 1990 (5)	-0,201*	-0,127**	-0,277**
Jamais travaillé jusqu'en 1990 (6)	0,686**	0,709**	0,458**
Niveau d'éducation en 1990 (7)	-0,083**	-0,070**	-0,038**
Nationalité en 1990 (8)	-0,126	0,153	0,181
Origine maghrébine (9)	-0,144	//	//
Niveau d'éducation CDF en 1975 (10)	//	-0,080*	0,022
Nombre d'enfants dans famille en 1975 (11)	0,026	0,058**	0,040**
R2=	0,578	0,507	0,540
R=	0,760	0,712	0,735

Population :	d) Filles de CDF Fr. de nais.	e) Femmes or. origine portugaise n=570	f) Femmes or. origine algérienne n=681
Constante	-2,127**	3,196**	-3,011**
Age atteint en 1990	0,092**	0,138**	0,131**
Naissance en france (1)	//	0,151*	-0,011
Age a l'entree en france (2)	//	//	//
En couple en 1990 (3)	0,337**	0,553**	0,503**
Mariee en 1990 (4)	0,636**	0,253**	0,427**
Travail en 1990 (5)	-0,312**	-0,259**	-0,211**
Jamais travaille jusqu'en 1990 (6)	0,517**	0,499**	0,478**
Niveau d'education en 1990 (7)	-0,027**	-0,050**	-0,082**
Nationalite en 1990 (8)	//	-0,108	0,126
Origine maghrebine (9)	//	//	//
Niveau d'education du cdf en 1975 (10)	-0,040**	-0,048	-0,125
Nb enfants dans famille en 1975 (11)	0,045**	0,024*	-0,005
R2=	0,530	0,567	0,440
R=	0,728	0,753	0,663

* : significatif 0,1.   ** : significatif 0,05.   Source : EDP RP 1975-1990.

(1) : 0= Née hors de France   1=Née en France ; (2) : Age à l'entrée en France des filles d'immigrés entrées après 1968 (3 à 18 [ans]) ; (3) : 0= Non en couple en 1990   1= En couple en 1990 ; (4) : 0= Célibataire en 1990   1= Déclarée mariée en 1990 ; (5) : 0= Sans emploi en 1990 (inactive ou au chômage)   0,5= Travail à temps partiel en 1990   1= Travail à temps plein ; (6) : 0=Travaille ou a déjà travaillé   1=N'a jamais travaillé ; (7) : 0= Sans diplôme en 1990   1= CEP en 1990   2= BEPC en 1990   3= CAP ou BEP en 1990   4= Bac et plus en 1990 ; (8) : 0= Etrangère en 1990   1=Française en 1990 ; (9) : 0= Pas d'origine maghrébine   1= Femme d'origine maghrébine (fille de CDF originaire d'un des trois pays du Maghreb) ; (10) : 1= Non déclaré/Sans diplôme   2= CEP en 1975   3=BEPC en 1975   4= Bac en 1975   5= Diplôme enseignement supérieur ; (11) : de 1 à 8= Nombre d'enfants dans la famille en 1975   9= 9 enfants et plus en 1975 dans la famille.

La régression *a* concerne les *femmes immigrées de toutes origines* entrées en France après 1967, présentes dans l'échantillon d'enfants d'immigré(s) en 1975 et 1990. Cette population est majoritairement d'origine portugaise et, dans une moindre mesure, d'origine nord-africaine. Les régressions *b* à *f* portent sur l'ensemble des femmes des différentes origines, vivant en couple ou non en 1990 (tableau 3). Plusieurs effets déjà observés dans les modèles qui ne concernent que les populations immigrées ou les filles de chef de famille (CDF) français de naissance sont de nouveau constatés dans les modélisations portant sur les différentes populations d'origine immigrée. Quel que soit le lieu de naissance (immigrées *vs.* nées en France) ou l'origine (par la filiation), il apparaît que la vie en couple, le statut matrimonial, le niveau scolaire atteint et la faiblesse de l'intensité d'une éventuelle activité professionnelle sont simultanément fortement et significativement corrélés au nombre d'enfants présents au foyer parental et, par conséquent, au niveau de fécondité atteint par les femmes. Enfin, la fécondité des femmes de la plupart des différentes origines semble d'autant plus forte que celle de leur mère a été forte.

La fécondité présente un léger caractère héréditaire, pour reprendre l'expression de (DEVILLE, 1979). Enfin, la naissance en France et, dans une moindre mesure, la possession de la nationalité française semblent freiner un peu la constitution des descendances mais de tels effets ne sont pas observés pour toutes les origines. La dimension culturelle des comportements est indéniable : l'origine de la femme est au moins aussi importante que la nationalité dans l'explication des choix d'activité et de fécondité. étant donné que les résultats de la première régression ont montré que le fait d'être en couple constitue, outre l'âge (l'échelle de la variable *Age atteint en 1990* étant de plus grande amplitude), le facteur explicatif ayant le plus grand effet sur la taille de la descendance atteinte en 1990. À ces jeunes âges, les jeunes immigrées d'origine maghrébine vivant en couple en 1990 se caractérisent par une fécondité moindre que celle des femmes d'autres origines.

D'une manière générale, les jeunes femmes d'origine étrangère ne se trouvent pas plus souvent inactives que les filles de Français de naissance. Les données relatives aux jeunes d'origine algérienne infirment aussi en partie l'hypothèse d'un lien mécanique entre fort taux d'exercice d'activité professionnelle et faible fécondité. Le pourcentage d'entre-elles qui n'ont jamais travaillé est très élevé (graphique 5). Cela est important car il convient d'accorder plus de valeur aux analyses qui associent les comportements simultanés, passés ou à venir, de fécondité et vis-à-vis du travail (BLANCHET et BLUM). Par ailleurs, la répartition, par type d'activité, des filles d'origine algérienne, est très particulière. Les proportions de chômeuses, étudiantes ou inactives sont nettement plus élevées que la moyenne nationale et le taux d'exercice d'une activité professionnelle est faible. L'association fécondité / non-activité volontaire ne peut donc s'appliquer aux jeunes filles algériennes. Un tel état de fait peut être fort classiquement analysé comme la conséquence, d'une part, des déplacements des conditions de transmission sociale d'une génération à la suivante et, d'autre part, de l'évolution des modes d'accès à la situation d'adulte socialement indépendant.

Graphique 5
Engagement sur le marche du travail en 1990

A. Taux d'activité en 1990

B. Femmes n'ayant jamais exercé d'activité professionnelle jusqu'en 1990

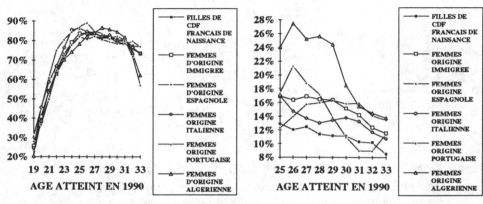

Source : EDP RP 1975 - 1990.

Le fort pourcentage de femmes d'origine portugaise n'ayant jamais travaillé observé aux jeunes âges coïncide avec leur propension à une nuptialité très précoce. On peut relier ces comportements à un éventuel désir d'un retour vers le pays natal du ou des parents. Cependant, le taux d'activité des mères d'origine portugaise avec deux enfants est très élevé (graphique 6). Des travaux récents issus de courants critiques en sociologie du travail insistent sur la nécessité de rompre avec le postulat du caractère alternatif d'un « choix » ou d'un « cumul » imposé aux jeunes femmes. Ils préconisent de saisir l'évolution des formes de travail accomplies par les femmes comme relevant d'une seule et même logique : celle de la division sexuelle du travail, qui serait à l'œuvre simultanément dans la production domestique et non-domestique. Dans une telle optique, ces deux sphères jusque là traditionnellement dissociées se trouvent réunies. La définition d'une nouvelle conception de l'activité individuelle est alors rendue possible. Le travail devient un concept situé au croisement du temps de travail salarié et du temps d'activité familiale, tous deux objets d'aménagement d'horaires (PESTIEAU, 1989).

Graphique 6

Engagement sur le marche du travail des femmes en 1990

A) Taux d'activité et nombre d'enfants :
filles de CDF français de naissance
et femmes d'origine immigrée

B) Taux d'activité
des femmes sans enfants

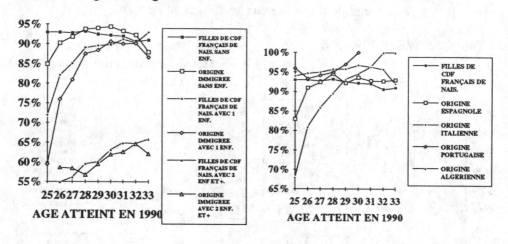

C)Taux d'activité
femmes avec un enfant

D) Taux d'activité
femmes avec deux enfants et plus

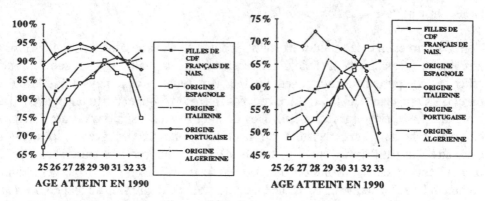

Source : Echantillon démographique permanent, recensements 1975-1990.

Cette analyse est sans doute plus pertinente pour les pays d'Europe du Nord que pour ceux du Sud où la fécondité est désormais plus basse. Il est possible de relier ces bas niveaux à de nouveaux comportements d'activité féminins qui ne sont pas accompagnés de changements importants dans l'organisation de la structure domestique. Les femmes d'origine immigrée qui travaillent en France, en particulier si elles sont en couple avec un homme d'origine méditerranéenne, se trouvent soumises au même problème du cumul de l'activité professionnelle et des responsabilités familiales. Dans ce contexte, la diminution de la descendance est la réponse au dilemme : « *par un curieux paradoxe, la famille étouffe alors la fécondité* » (LE BRAS, 1996 ; TAPINOS, 1996)[7].

Le caractère de *réserve de main-d'œuvre* qui peut être associé à une large partie de la population des mères de deux enfants et plus est la conséquence d'une particularité française. Le retard dans le développement des emplois stables à temps partiel, en France, n'a pas joué en faveur de l'insertion des jeunes d'origine immigrée, en particulier des femmes, dans la population active employée. Ce mode d'occupation professionnelle aurait pourtant pu correspondre à une réelle demande des femmes attachées à pouvoir aussi remplir leurs fonctions domestiques. Les préjugés existant face à ces types d'emploi parmi l'ensemble de la population française, employeurs et employés (sauf chez les cadres), n'ont pas favorisé le développement des emplois stables à temps choisi. Au contraire, dans les métiers peu qualifiés, c'est l'organisation du travail qui impose parfois le temps de travail (DESPLANQUES, 1993). Aux yeux des employeurs peu convaincus de la bonne qualité d'une partie de la main-d'œuvre d'origine immigrée par rapport à celle émanant de jeunes de même niveau de qualification et apparemment issus de familles françaises de longue date, les deux désavantages cumulatifs exposés précédemment confortent l'attachement à la main-d'œuvre masculine travaillant à temps plein et non-issue de l'immigration.

5. CONCLUSION

Malgré ses conséquences financières, la question de la stabilisation de l'emploi, voire de l'emploi tout court, n'est pas toujours centrale au cours d'un processus d'intégration qui ne peut être réduit à la seule dimension de l'activité professionnelle. Ainsi, la précarité de la situation de nombreuses jeunes femmes mariées ne peut être dissociée du traditionnel arbitrage entre les contraintes familiales et professionnelles. L'analyse a montré que l'on ne peut considérer les individus comme dépouillés de leurs appartenances à des communautés culturelles et familiales mais le changement des comportements d'une génération à l'autre (de mère à fille) peut être radical, en particulier pour les jeunes femmes issues de l'immigration maghrébine. Tout comme le niveau de diplôme atteint, la maternité qui désormais n'intervient très souvent de nos jours que si elle est désirée, participe à l'orientation des choix d'activité ou d'inactivité professionnelle des femmes. Cependant, la parentalité peut aussi être la cause ultérieure de difficultés de réinsertion sur le marché du travail. Des périodes d'incertitude professionnelle, d'activité et d'inactivité volontaire ou contrainte se succèdent : elles sont vécues comme des transitions (ROSE, 1984). Une nouvelle offre d'emploi des entreprises peut révéler et fixer une nouvelle demande d'emploi

---

[7] Sur le même sujet, les opinions de différents démographes Sud-Européens in « Les raisons de la baisse de la fécondité », *Alternatives économiques*, n° 143, décembre 1996.

latente. Elle peut ensuite disparaître faute de pouvoir être satisfaite (THELOT, 1975). Une forme radicale de disparition peut alors être le retour vers le pays d'origine parental[8]. À l'issue de la vie féconde, désormais relativement proche de la fin d'activité professionnelle de nombreuses femmes, le nombre d'enfants dans la famille dépendra donc finalement : de l'expérience vécue propre à chaque individu ; du déroulement du processus de socialisation ; et de ce qui apparaîtra ensuite rétrospectivement comme la formation des préférences dont l'étude la plus appropriée doit être effectuée au moyen de techniques longitudinales[9]. Dans ce cadre, la référence à une approche s'inspirant des travaux de (EASTERLIN, 1973) prend une dimension particulière. L'alignement des comportements des femmes d'origine maghrébine restées vivre en France sur celui des filles de CDF français de naissance peut alors être analysé comme la conséquence d'une association de cause à effet que les jeunes femmes d'origine maghrébine peuvent établir entre niveau de fécondité des parents et niveau de vie des enfants, sur trois générations, dans les deux espaces de référence (pays d'origine des parents et société d'accueil). Les jeunes issus de l'immigration nés en France n'ont pas les mêmes normes de référence que leurs parents, leurs comparaisons s'appuient largement sur des situations socio-économiques et des motivations différentes, relatives au niveau de vie qu'ils connaissent ou espèrent en France (FELD et MANÇO, 1994). Une analyse en termes de satisfaction relative intergénérationnelle permettrait peut-être d'expliquer aussi la faiblesse de la fécondité des femmes nées en France de parent(s) immigré(s).

Jean-Luc Richard

---

[8] Pour cette dimension de l'intégration envisagée en relation avec la réussite sociale individuelle en France (*cf.* RICHARD, 1997).
[9] Conclusion qui nous a été inspirée par la lecture de TAPINOS (1986).

Encadré 1
L'échantillon démographique permanent :
une source sur le devenir des enfants d'immigrés

Grâce à l'échantillon démographique permanent, nous avons pu identifier une population de 15 345 enfants âgés de 4 à 18 ans au recensement de 1975 et élevés dans une famille dont le chef s'était déclaré français par acquisition ou étranger à cette même date[*]. Les recensements successifs ont permis d'assurer le suivi de cet échantillon jusqu'au recensement de 1990. Ces jeunes représentaient environ 11 % des jeunes résidant en France en 1975. La quasi-totalité étaient fils et filles d'un chef de famille immigré[**], c'est-à-dire lui-même né étranger à l'étranger. Dans cet article, la déclaration de nationalité étrangère actuelle ou passée du chef de famille en 1975 constitue le critère d'attribution d'une origine nationale aux enfants de la famille. 32 % des enfants d'immigrés étaient nés hors de France métropolitaine et donc immigrés eux-mêmes.

La répartition des enfants par origine nationale était la suivante dans l'EDP en 1975 : 3 277 enfants d'origine italienne, 2 983 d'origine portugaise, 2 955 d'origine algérienne, 2 637 d'origine espagnole, 679 d'origine polonaise, 637 d'origine marocaine, 476 d'origine tunisienne (1 701 enfants étaient d'une autre origine étrangère). En 1990, s'ils étaient vivants, tous les jeunes de l'échantillon étaient devenus majeurs. Quelques uns étaient décédés entre-temps (2 % environ), d'autres absents de l'échantillon (24 %), mais près des trois-quarts (74 %) étaient de nouveau présents dans l'EDP. Cette proportion est, bien évidemment, inférieure à celle observée pour les enfants issus des familles dont le chef était, en 1975, français de naissance (92 % de présence des individus dans l'EDP en 1990). Il convient de ne pas perdre de vue que l'étude longitudinale des dynamiques démographiques, socio-économiques et socio-politiques de cette population sur une période de quinze ans implique le fait de renoncer à l'étude des cheminements des individus entrés en France après 1975, par la voie du regroupement familial. De même, il n'était pas possible d'étudier la dynamique de l'intégration des jeunes issus de familles originaires d'Afrique sub-saharienne ou de Turquie. Les vagues migratoires en provenance de ces pays ne faisaient que commencer en 1975.

[*] Les âges sont les **âges atteints** dans l'année (soit les âges exacts au 31 décembre).
[**] Les notions de "chef de ménage" et de "chef de famille" (CDF) ont disparu en 1982, au profit de catégories qui tiennent compte des caractéristiques des ménages (notion de personne de référence du ménage) ou des deux parents éventuels des familles (typologie des familles). La population des immigrés est repérée par l'association du critère de nationalité à la naissance, associé à celui du lieu de naissance. Est considérée comme immigrée toute personne vivant en France née étrangère à l'étranger. Leurs enfants nés en France ne sont donc pas des immigrés. Cette définition est démographique et n'est retenue qu'à des fins d'étude.

Variables supplémentaires (ou variables passives) :
Origine nationale et lieu de naissance :
-ALGÉRIE : personne d'origine algérienne née en Algérie ;-ESPAGNE : personne d'origine espagnole née en Espagne ;-ITALIE : personne d'origine italienne née en Italie ;-MAROC : personne d'origine marocaine née au Maroc ; -POLOGNE : personne d'origine marocaine née en Pologne ; -PORTUGAL : personne d'origine portugaise née au Portugal ; -TUNISIE : personne d'origine tunisienne née en Tunisie ; -AUTREEUR : personne d'origine étrangère européenne (sauf origine espagnole, italienne, polonaise ou portugaise) ; -AUTREPAY : personne d'origine étrangère autre ; -ALGERIFR : personne d'origine algérienne née en France ; -ESPAGNFR : personne d'origine espagnole née en France ; -ITALIEFR : personne d'origine italienne née en France ; -MAROCFR : personne d'origine marocaine née en France ; -POLOGNFR : personne d'origine polonaise née en France ; -PORTUGFR : personne d'origine portugaise née en France ; -AUTEURFR : personne d'origine étrangère européenne (sauf origine espagnole, italienne, polonaise ou portugaise) ; -AUTREPFR : personne d'origine étrangère autre née en France.
Variables actives :
Nationalité en 1990 :
-ETRANGER : étrangère en 1990 ; -FRANCAIS : française en 1990
Exercice d'une activité professionnelle : -TPSCOMP : travail à temps complet en 1990 ; -TPSPARTI : travail à temps partiel en 1990 ; -SSEMPLOI : inactive ou à la recherche d'un emploi en 1990
Exercice passé d'une activité professionnelle : -JAMAISTR : n'a jamais travaillé ;-ADEJATRA : travaille ou a déjà travaillé avant 1990
État matrimonial en 1982 : -MARIE82 : mariée avant mars 1982 ; -CELIB82 : célibataire en mars 1982
État matrimonial en 1990 :-MARIE90 : mariée avant mars 1990 ; -CELIB90 : célibataire en mars 1990
Diplôme en 1990 :-SANSDIP : pas de diplôme déclaré ; -ETUDPRIM : certificat d'études primaires ; -BEPC : brevet d'études du premier cycle ; -CAPBEP : certificat d'aptitude professionnelle ou brevet d'études professionnelles ; -BAC/EQUI : diplôme de fin de second cycle long de l'enseignement secondaire ; -ENSSUP : diplôme de l'enseignement supérieur
Taille de la fratrie en 1975 : -FAM1EN75 : 1 enfant en 1975 ; -FAM2EN75 : 2 enfants en 1975 ; -FAM3EN75 : 3 enfants en 1975 ; -FAM4EN75 : 4 enfants en 1975
-FAM5EN75 : 5 enfants en 1975 ; -FAM6EN75 : 6 enfants en 1975 ; -FAM7EN75 : 7 enfants en 1975 ; -FAM8EN75 : 8 enfants en 1975
Nombre d'enfants au foyer (enfants présumés de la mère) :
-SANSENF : femme sans enfant en 1990 ; -PAR1ENF : mère d'un enfant en 1990
-PAR2ENF : mère de deux enfants en 1990 ; -PAR3ENF : mère de trois enfants en 1990 ; -PAR4ENF : mère de quatre enfants (ou plus) en 1990 ;
Ecart d'âge entre les conjoints : -FEM+AGE : femme plus âgée que son conjoint
-MEMEAGE : femme de même âge que son conjoint ; -HOM1AN+ : conjoint d'un an plus âgé que la femme ; -HOM2ANS+ : conjoint de deux ans plus âgé que la femme ; -HOM3ANS+ : conjoint de trois ans plus âgé que la femme ; -HOM4ANS+ : conjoint de quatre ans plus âgé que la femme ; -HOM5ANS+ : conjoint ayant au moins cinq ans de plus que la femme.

BIBLIOGRAPHIE

ABDELKRIM-CHIKH (1990), « Femmes et productions des corps : les enjeux économiques et symboliques de la fécondité », *in* GADANT M. et KASRIEL M. (dir.), *Femmes du Maghreb au présent. La dot, le travail, l'identité*, Presses du CNRS, Paris.

BECKER G.S. (1992), « Fertility and the economy », *Journal of Population Economics*, V, n° 3.

BLANCHET D. et BLUM A., « Naissance, coût de l'enfant et activité de la mère : un modèle », *Population*, IXL, n° 2.

BLÖSS T., FRICKLEY A. *et al.* (1994), « Modes d'entrée dans la vie adulte et trajectoires sociales des femmes mariées », *Population*, IL, n° 3.

BROSSOLET C. (1992), *Fondements de la division du travail dans les modèles économiques du ménage*, Arguments, Paris.

BURGENMEIER B. (1993), *Plaidoyer pour une économie sociale*, Paris, Economica.

DESPLANQUES G. (1993), « Mesurer les disparités de fécondité à partir des données de recensement », *Population*, XXXXVIII, n° 6.

DESPLANQUES G. (1993), « Activité féminine et vie familiale », *Economie et Statistique*, n° 261, janvier.

DESPLANQUES G. et DEVILLE J.-C. (1979), « Fécondité et milieu social : les différences demeurent », *Economie et statistique*, n° 111, mai.

DEVILLE J.-L. (1979), « La fécondité serait-elle héréditaire ? », *Economie et statistique*, n° 116, novembre.

EASTERLIN R.-A. (1973), « Relative Economic Status and the American Fertility Swing », p. 170-223, *in* SHELDON E.-D. (ed.), *Family Economic Behaviour ? Problems and Prospects*, J.B. Lippincott C°, Philadelphia.

FARGUES P. (1990), « Algérie, Maroc, Tunisie, vers la famille restreinte ? », *Population et sociétés*, n° 248, juillet-août.

FELD S. (1993), « Convergences et divergences démo-sociales des populations immigrées. Evolution de la fécondité et de l'emploi des étrangers en Belgique », *in* BLUM A. et RALLU J.-L. (ed.), *European population. New dynamics, new analysis*, John Libbey Eurotext/INED, Londres/Paris.

FELD S. et MANÇO A. (1994), « Transmission entre générations d'immigrés et intégration », *in* PESTIEAU P. (ed.), *Héritage et transferts entre générations*, De Boeck Université, Bruxelles.

FREYSSINET J. (1996), « Les jeunes face à l'emploi. L'apport de l'économie du travail », *in* COLLECTIF, *Les jeunes et l'emploi. Recherches pluridisciplinaires*, La documentation française, Paris.

GILMAN H.J. (1965), « Economic discrimination and unemployment », *American Economic Review*, LV, n° 5.

ISNARD M. (1992), « La fécondité des étrangères en France se rapproche de celles des françaises », *Insee Première*, n ° 231, novembre.

LE BRAS H. (1996), « La fécondité, condition de la perpétuation, évolutions divergentes en Europe », p. 40, *in* GULLESTAD M. et SEGALEN M. (dir.), *La famille en Europe. Parenté et perpétuation familiale*, La découverte, Paris,

MASSON A. (1985), « Comment déterminer l'évolution des mariages et des divorces ? », p. 219-221, *in* MASSON A. et KESSLER D. (éd.), *Cycles de vie et générations*,

Economica, Paris.

NICOLE-DRANCOURT C. (1992), « L'insertion sociale et professionnelle des jeunes garçons et filles : une étude localisée », p. 296-297, *in* COUTROT L. et DUBAR C. (dir.), *Cheminements professionnels et mobilités sociales*, CEREQ/CNRS-IRESCO-La documentation française, Paris.

PESTIEAU P. (1989), *L'économie souterraine*, Hachette, Paris.

RICHARD J.-L (1995), « L'insertion sociale et professionnelle des jeunes générations d'origine immigrée en France », texte présenté au Groupe statistique du Haut-conseil à l'Intégration-Séminaire IEP Paris/INED

RICHARD J.-L. (1997), *Dynamiques démographiques et socio-économiques de l'intégration des jeunes générations d'origine immigrée en France. Etude à caractère longitudinal (1975-1990) réalisée à partir de l'échantillon démographique permanent*, thèse de doctorat en démographie économique, IEP de Paris.

RICHARD J.-L. (1997a), « Activité féminine et fécondité des jeunes femmes d'origine immigrée », *Informations sociales*, n° 63,.

RICHARD J.-L. (1997b), « Unemployment among Young People of Foreign Origin in France : Ways of Measuring Discrimination », p. 101-135, *in* OFS (ÉD.), *On the Way to a Multicultural Society ?*, OFS, Berne.

RICHARD J.-L. (1997c), « L'insertion des jeunes femmes d'origine immigrée sur le marché du travail : imbrication avec les dimensions socio-démographiques du processus d'intégration », *Dossiers et recherches INED*, n° 58 (IX), avril.

RICHARD J.L. (1998), « Rester en France, devenir français, voter : trois étapes de l'intégration des enfants d'immigrés », *Economie et statistique*, à paraître.

ROSE J. (1984), *En quête d'emploi. Formation, chômage, emploi*, Economica, Paris.

SILBERMAN R. (1996), « La position sur le marché du travail des enfants des immigrés : une analyse des données de l'enquête FQP 1985 de l'INSEE. Contribution à une discussion sur la construction des populations issues de l'immigration : le rôle de la variable origine nationale », Communication au Colloque européen « *Réussite scolaire et universitaire, égalité des chances et discrimination à l'embauche des jeunes issus de l'immigration* », URMIS-Université Paris VII-Denis Diderot, 6-7 mars.

SILBERMAN R. (1995), « L'approche longitudinale pour les populations issues de l'immigration. Apports et difficultés méthodologiques », *Communication aux XVèmes Journées de l'Association d'économie sociale*, ADEPS-Université de Nancy

TALHA (1990), « La crise et les mutations économiques modifient-elles la fonction de la main-d'oeuvre maghébine ? », p. 149, *in* ABOU SADA G., COURAULT B. et ZEROULOU Z. (dir.), *L'immigration au tournant*, L'Harmattan.

TAPINOS G. (1996), *Europe méditerranéenne et changements démographiques. Existe-t-il une spécificité des pays du Sud ?*, Edizioni della Fondazione Giovanni Agnelli, Turin.

TAPINOS G. (1997), *La démographie. Population, économie, sociétés*, De Fallois-Le livre de poche, Paris.

THELOT C. (1975), « Le fonctionnement du marché du travail : l'exemple des Pays de la Loire », *Economie et statistique*, n° 69, juillet-août.

THIERY BOUMEDIENE A. , *Les alternatives socio-économiques des jeunes femmes issues de l'immigration maghrébine en France*, thèse de doctorat en économie, Université Paris X-Nanterre.

TODD (1984), *L'enfance du monde*, Seuil, Paris.

L'impact du chômage sur le couple

Aspects théoriques et applications

Anne Solaz , (INED-THEMA-université Paris-X Nanterre)

1. INTRODUCTION

La vie familiale n'est plus cet enchaînement simple d'étapes ordonnées : mariage, partage du logement, venue des enfants. Bien souvent les couples commencent leur histoire familiale par une cohabitation (neuf couples sur dix en 1994, *cf.* TOULEMON, 1996), le mariage ne suit pas toujours, et l'arrivée des enfants se positionne en amont ou/et en aval (un premier enfant sur deux naît hors mariage, *cf.* TOULEMON, 1996). Des divorces ou séparations ont lieu dans certains cas, créant des familles monoparentales, et parfois des familles recomposées quand il y a remariage. La vie professionnelle devient de plus en plus morcelée avec le fort taux de chômage que connaît la France depuis les années quatre-vingt, et la précarisation de certains emplois. Nous nous interrogeons sur le lien qui peut exister entre les trajectoires familiales de moins en moins linéaires et les trajectoires professionnelles fractionnées. Dans cet enchevêtrement d'événements familiaux, nous voulons percevoir l'effet d'un événement extérieur, à savoir une période de chômage, sur la vie familiale.

Il existe des études empiriques appliquées analysant l'influence de la situation matrimoniale sur la recherche d'emploi. Par exemple, on montre que les chômeurs mariés avec enfants sortent plus vite du chômage que les chômeurs isolés (NICKELL, 1979). Plus récemment, PIKETTY (1997) met en avant les configurations familiales pour expliquer les tendances des taux de non-emploi sur les quinze dernières années. Il est aussi constaté que l'on résiste mieux au chômage quand son conjoint en a déjà fait l'expérience (COURGEAU et MÉRON, 1996) et que les familles sont inégalement frappées par le chômage selon leur structure : les familles monoparentales sont plus durement touchées que les familles où les deux parents sont présents (FESTY, 1984). Mais, si maintes études quantitatives existent, elles étudient pour la plupart l'influence de la situation familiale sur la recherche d'emploi et non la relation inverse.

Nous nous proposons d'étudier l'effet du chômage sur les probabilités de dissolution des couples. Est-ce que la stabilité du couple est liée à la stabilité professionnelle ? Comment le couple réagit-il à la perte d'emploi ? Est-il plus soudé dans l'adversité ou bien la crise psychologique qui en découle tend-elle plutôt à fragiliser l'union ? Nous tenons à prendre en compte à la fois les couples mariés et les unions libres, puisque le mariage n'est plus un passage obligatoire pour la mise en couple ou l'arrivée des enfants. Les données d'enquête qui renseignent sur le statut réel sont donc le plus appropriées.

La micro-économie du chômage et la micro-économie de la famille sont deux domaines de la science économique qui évoluent de manière relativement séparée. De quels moyens la science économique dispose-t-elle pour relier le chômage et la famille ? À partir de la large littérature de l'économie de la famille, nous tentons de voir comment il est possible d'introduire le concept de chômage dans les modèles économiques du mariage. Puis nous présenterons les rares modèles théoriques qui permettent d'apprécier l'impact du chômage sur le couple. Enfin, une étude empirique sur un échantillon de couples représentatifs s'efforcera de tester les modèles théoriques présentés. La méthode utilisée est celle de l'économétrie des modèles de durées, qui autorise une approche longitudinale sur la durée de vie en couple.

2. COMMENT LA THÉORIE ÉCONOMIQUE PEUT RELIER LE CHÔMAGE ET LE COUPLE ?

2.1. La micro-économie de la famille et la micro-économie du chômage : deux domaines séparés ?

La micro-économie du chômage et la micro-économie de la famille, plus précisément celle du couple, sont deux domaines de la science économique qui évoluent de manière relativement séparée. Pourtant les fondements théoriques de chacune sont principalement néoclassiques, ce qui pourrait laisser penser que le lien est immédiat. Mais ce n'est pas le cas. Une brève présentation du cadre de l'économie du couple s'efforcera de faire ressortir les outils théoriques qui permettent d'introduire le concept de chômage au sein du couple.

2.1.1. La micro-économie de la famille

Cette branche de l'économie qui a pris de l'ampleur à partir des années 70, visait à élargir les domaines traditionnellement étudiés par la science économique. BECKER (1973) fait remarquer en introduction de sa célèbre « Théorie du mariage », que les économistes des années soixante ont utilisé la théorie avec plus d'audace, pour expliquer des comportements autres que ceux du marché monétaire. La science économique pourrait donc bien être le domaine d'analyse de tous les comportements impliquant des ressources rares (fertilité, criminalité, loisir, éducation...). « *L'économie se distingue des autres sciences, non par son objet mais par son approche* » (BECKER, 1976). La nuptialité fait alors partie des comportements humains analysables. « *Dans la mesure où le mariage est l'expression de choix volontaires d'individus rationnels, il peut être étudié* » (WEISS, 1994). La micro-économie de la famille reste très néoclassique. Il s'agit d'une théorie de la décision.

Elle va s'appuyer sur les postulats solides traditionnels, que sont le comportement d'optimisation, l'équilibre de marché et la stabilité des préférences. Ces derniers sont au fondement des modèles de mariage. La théorie du mariage de BECKER, qui fait référence dans le domaine, accorde une grande part explicative à la situation professionnelle. Celle-ci sera à la base de la spécialisation des conjoints. Mais les modèles de l'économie du mariage, de la dissolution des couples ou de la fécondité reposent pour la plupart sur des bases néoclassiques. Or chez les auteurs néoclassiques, le concept de chômage ne sort guère de sa voie étroite du chômage volontaire. On peut se demander si cette forme de chômage est concevable dans le cadre de la famille.

Le chômage volontaire implique en effet des stratégies individuelles d'optimisation de l'emploi recherché. Or dans une logique familiale, on peut imaginer qu'il y a des besoins urgents liés aux autres membres de la famille qui s'imposent comme des contraintes et empêchent de telles stratégies. Certes, on envisage parfois un chômage involontaire au niveau macro, mais seulement dans une période transitoire, lors d'un dysfonctionnement exceptionnel, un déséquilibre temporel (et non structurel) du marché.

On peut donc se demander comment faire intervenir un chômage involontaire, dans le cadre de l'économie de la famille qui ne semble pas l'accepter. L'introduction du chômage dans les modèles de couple va donc poser un problème théorique car il y a incompatibilité entre la notion de chômage involontaire (qui nous semble plus pertinente) et les modèles de mariage aux bases néoclassiques. Est-ce que les concepts de la micro-économie du chômage peuvent établir un pont entre ces deux champs de la science économique ?

2.1.2. La micro-économie du chômage

En économie du travail, rares sont les études qui ont pour objet les chômeurs en tant qu'individus. La macro-économie représente le fonctionnement du marché du travail de manière très simplifiée. Celui-ci est analysé à travers ses interdépendances avec les autres marchés. Une grande partie de la micro-économie du travail s'intéresse principalement à l'offre, la demande de travail, la formation des salaires ou la segmentation du marché du travail. Dans ces champs, les chômeurs constituent toujours un groupe, et chacun des individus n'est pas dissociable de l'ensemble auquel il appartient. Cependant, deux études vont donner au chômeur-individu une place non négligeable. Il s'agit de la théorie de la prospection d'emploi, couramment appelée théorie du « job search », et de la théorie de l'offre de travail.

Les modèles du job search reposent sur le principe d'un arbitrage intertemporel de la part de l'individu. Chaque chômeur reçoit à chaque période t des offres d'emploi. Il va alors comparer son utilité à rester au chômage à celle liée au fait d'être employé au tarif de l'emploi proposé selon son salaire de réserve. Même si CAZES (1994, 1996) montre que l'évolution de cette branche depuis l'article fondateur (MORTENSEN, 1970) a rapprochée la théorie de la réalité observée en introduisant de plus en plus de contraintes (comme la non stationnarité du salaire de réserve, *cf.* VAN DEN BERG, 1990) sur le comportement du chômeur, celui-ci reste malgré tout décideur et seul décideur.

L'approche dite de l'offre de travail stipule un arbitrage de l'individu entre travail et loisir. Elle suppose que l'individu dispose d'une dotation en temps limitée qu'il va affecter à son travail marchand et son loisir. Cette voie nous intéresse tout particulièrement car elle accorde un rôle à l'environnement extérieur, notamment familial dans sa version élaborée. En effet, l'offre de travail ne dépend pas du seul individu, mais aussi de ses proches. C'est ainsi, qu'on peut envisager une fonction d'utilité qui tient compte des salaires des autres membres du ménage ou une contrainte budgétaire familiale. Cependant, si ce volet peut-être séduisant pour expliquer, la participation au marché du travail ou la spécialisation dans la production domestique d'un des membres du ménage, CAHUC et ZYLBERBERG (1996) font remarquer que le chômeur dans cette approche ne se distingue en rien de l'inactif, puisque la recherche d'emploi est assimilée à du temps de loisir. Néanmoins, l'économie de l'offre de travail fait ressortir la pertinence de regarder « autour » du chômeur, c'est à dire son environnement familial.

Même si les théories micro-économiques du chômage ont introduit de plus en plus de contraintes dans les procédures de décision des chômeurs, elles permettent mal de modéliser le chômage au sein du couple. Certes, on peut considérer qu'il y a une part de choix dans le comportement du chômeur mais on ne peut le concevoir comme le seul décideur. En effet, le chômeur a un entourage qui peut influer sur ses chances de retrouver un emploi. De plus la situation actuelle du marché du travail, en déséquilibre structurel, ne permet pas de proposer à tous un emploi.

De cette succincte présentation de la littérature économique du « chômeur-individu », nous pouvons donc tirer deux pistes : l'intérêt de tenir compte des contraintes qui pèsent sur le chômeur, et de son environnement familial. Ce qui nous amène à réfléchir sur l'introduction du chômage au sein du couple.

2.2. Comment se traduit le chômage au sein du couple ?

On peut appréhender le chômage selon plusieurs optiques. Il est étudié par plusieurs disciplines : sociologie, psychologie, économie, etc. Au sein même de la science économique, on peut l'examiner à plusieurs niveaux. D'un point de vue micro-économique, le chômage peut se traduire de différentes manières. Traditionnellement, les études qui ont pour objet d'étude le chômeur en tant qu'individu privilégient tout particulièrement l'aspect monétaire, en termes de perte de revenus ou d'indemnisation du système de protection sociale. Mais, dans le cadre de la famille, on est en droit de se demander s'il s'agit de l'aspect prépondérant.

2.2.1. La traduction financière : une perte de revenus

D'un point de vue économique, pour un ménage, on pourrait croire que le chômage se résume à une réduction des revenus. D'ailleurs, la théorie économique du mariage attribue une grande part explicative aux revenus dans la formation et dissolution du couple. En effet, selon la théorie du mariage de Becker, chacun des époux a intérêt à se spécialiser dans la production pour laquelle il possède un avantage comparatif. Or l'avantage relatif de chacun est généralement appréhendé par le salaire marchand. C'est ainsi que l'époux possédant un revenu marchand inférieur à celui de son conjoint aura intérêt à se spécialiser dans la production domestique. Cependant, on peut noter que, dans le modèle de Becker, le ménage tend à maximiser un revenu commun qui n'est pas seulement composé des revenus monétaires mais aussi des biens spécifiques au mariage (biens de consommation ou bien d'investissement) que le ménage cherche à maximiser.

On peut donc envisager l'impact d'une perte de revenus sur la durée de vie en couple. On conçoit que lorsqu'un des conjoints tombe au chômage, cela va avoir des répercussions sur les investissements dans le mariage. Par exemple, un projet d'achat d'automobile va probablement être retardé, une accession à la propriété plus difficile. Mais deux objections peuvent être avancées. Tout d'abord, le chômage ne se traduit pas forcément par une perte de revenus si l'individu n'a pas travaillé avant de subir cet événement (recherche d'emploi à la fin des études). D'autre part, on peut se demander si l'instabilité de la situation à venir n'est pas plus pénalisante que le choc monétaire en lui-même. C'est pourquoi, nous envisageons d'autres aspects caractéristiques du chômage plutôt que le seul choc de revenu.

2.2.2. Incertitude et raccourcissement de l'horizon de vie

Un épisode de chômage engendre au delà de la perte de revenus, une instabilité de situation. En effet, l'incertitude qui va peser sur le ménage suite au chômage d'un des membres, peut affecter les décisions à venir. Les investissements dans le mariage que définissaient Becker dépendent des possibilités futures du couple. Si l'un des conjoints se voit supprimer ses revenus, alors le couple verra raccourcir son horizon de vie. Un couple cohabitant reportera par exemple la décision de se marier (si l'on considère que le mariage constitue un investissement dans le couple). Cet aspect intertemporel du chômage est loin d'être négligeable. Le couple est contraint de vivre sans anticiper, il devient par la force des choses un agent myope.

2.2.3. Information imparfaite

Enfin, le chômage au sein du couple peut être envisagé comme une information imparfaite sur le conjoint. En effet, l'individu a sélectionné sur le marché du mariage son partenaire selon un certain nombre de caractéristiques. Or certaines vont changer. C'est le cas pour la situation professionnelle. On n'a pu anticiper ce changement et ce choc sur les caractéristiques peut engendrer une déception, une diminution du gain au mariage. Le chômage intervient dans le couple comme un événement extérieur, néanmoins il va affecter les investissements, en bouleversant la répartition des tâches issue de la spécialisation des conjoints.
Si l'on considère ces deux derniers aspects, non strictement liés au revenu immédiat, alors la théorie économique de la famille qui semblait incapable d'introduire le chômage nous permet de modéliser le chômage.

2.3. Les modélisations

Les deux modélisations présentées ci-dessous n'ont pas pour objectif principal d'apprécier l'impact du chômage sur le couple. D'ailleurs, aucun des articles ne mentionnent le chômage en tant que tel, mais les outils employés peuvent facilement se transposer pour appréhender une situation de chômage au sein du couple. En effet, le premier article de BECKER *et al.* (1977) introduit de l'incertitude sur les déterminants des décisions maritales. Le second de WEISS et WILLIS (1997) envisage un choc exogène sur le revenu d'un des conjoints.

2.3.1. Le modèle de Becker, Landes et Michael (1977)

Le modèle de Becker, Landes et Michael était novateur dans le sens où il permet de tenir compte d'une information limitée sur les conjoints. Le gain est optimal quand l'information est parfaite, il est forcement inférieur quand l'information est limitée. Le processus de recherche suit la procédure classique des modèles d'appariement (« matching »). Pour un coût de recherche fixé, chacun des époux va définir une distribution de probabilités de ses époux potentiels et le bien-être associé. Plus l'individu prolonge sa recherche, plus il a de chance de s'approcher de l'appariement idéal, mais plus son coût de recherche sera élevé. À chaque étape, le conjoint va décider s'il continue la recherche ou pas. Cependant, étant donné qu'il existe un coût de recherche du partenaire, certains vont accepter un gain inférieur au gain optimal (obtenu dans le cas d'information parfaite), tandis que d'autres obtiendront un gain identique.

L'incertitude en début de couple permet à BECKER d'expliquer les différences entre l'utilité au début du couple (lors du mariage) et l'utilité en fin de couple (lors de la dissolution éventuelle). En effet, dans le cadre théorique de stabilité des préférences au cours du temps, seule l'incertitude ou une information imparfaite permettent d'expliquer pourquoi un couple peut être amener à se dissoudre. Ces auteurs aboutissent à la conclusion suivante : l'incertitude « pervertit » toutes les décisions en remettant en cause l'hypothèse des décisions anticipées. En effet, sans la notion d'incertitude, les économistes se voient dans l'obligation de supposer que les couples anticipent complètement la dissolution. En revanche, si l'on envisage qu'il y a incertitude, des événements inattendus peuvent avoir un impact sur le couple.

C'est bien ce volet là de l'analyse de BECKER qui nous préoccupe puisque le chômage peut avoir un impact direct du fait de son caractère inattendu. La décision maritale optimale (divorcer ou rester marié) à un moment donné, est celle qui maximise le gain attendu sur le cycle de vie restant. Le divorce est envisagé dans ce cadre. La probabilité de divorcer dépend à la fois des gains attendus du mariage et de la distribution des revenus inattendus. Elle est d'autant plus faible que les gains attendus sont forts et que la variance de la distribution des gains inanticipés est faible. Sans l'hypothèse d'incertitude sur les flux des revenus à venir, la décision maritale dépendrait complètement des anticipations.

Ce modèle envisage donc des changements éventuels sur les caractéristiques à venir des conjoints. Pour cela, il fait appel à la notion d'incertitude et d'information imparfaite, sans lesquelles on ne pourrait concevoir de changement. En effet, si l'on conserve l'hypothèse micro-économique de stabilité des préférences, seul un choc peut bouleverser l'ordre des choses. Les concepts de lassitude sont étrangers à la science économique. Il faut supposer soit un changement externe des caractéristiques, soit un mauvais appariement à la base, soit une information imparfaite pour expliquer la séparation des couples. Afin de tenir compte d'une situation de chômage au sein du couple, ces concepts objectifs sont néanmoins suffisants.

2.3.2. Le modèle de WEISS et WILLIS (1997)

Le modèle de WEISS et WILLIS repose sur l'idée selon laquelle les changements non anticipés dans les caractéristiques des partenaires - ils parlent de « surprise » - ou la qualité de l'appariement vont provoquer la séparation. Selon ces auteurs, une baisse non attendue des revenus a deux effets. D'une part cela va dégrader la qualité du mariage, d'autre part, cela va réduire les alternatives extérieures. Selon eux, au moment du mariage, les deux conjoints ont une information limitée sur les déterminants du gain au mariage. Avec le temps qui passe, de nouvelles informations sur le succès de l'entreprise commune et sur les options extérieures des partenaires s'accumulent. Le couple décide à chaque temps t, soit de dissoudre l'union (quand l'utilité du mariage devient inférieur à l'utilité de la désunion), soit de continuer avec le même partenaire.

La valeur du mariage à une date donnée est définie d'une part par une fonction de production domestique, d'autre part par les anticipations de la valeur du mariage à la date suivante comparée à celle du divorce. Un couple restera marié à une date donnée t si la valeur du mariage dépasse la somme des opportunités extérieures du mariage. La fonction de production domestique dépend à chaque période des caractéristiques des deux partenaires, de la qualité du « match » (qu'on ne peut pas observer), et de l'accumulation de capital matrimonial (enfants, biens en commun).

Les deux auteurs envisagent un choc aléatoire sur les déterminants de la fonction de production domestique. Si le choc intervient sur la qualité de l'appariement (en l'abaissant par exemple), cela va augmenter le risque de divorcer. En revanche, si le choc intervient sur les caractéristiques individuelles des partenaires (par exemple une hausse du revenu), cela va jouer à la fois sur la valeur du mariage via la fonction de production domestique mais aussi sur les alternatives extérieures. Il existe un coût à divorcer : le capital matrimonial va être en partie perdu et des frais vont en découler (frais de garde d'enfants, pension alimentaire à verser). Les auteurs n'envisagent qu'un changement des caractéristiques sous forme de chocs aléatoires. Ces derniers sont supposés intervenir une fois que le couple a commencé son union, c'est à dire a commencé à produire un capital matrimonial. On est donc en droit de se demander, à ce stade, si une situation de chômage en début de couple, qui ne peut être prise en compte comme un choc, étant donné que le conjoint en a connaissance, peut aussi avoir un impact. Ce qui nous amène à distinguer deux types de chômage selon la période où il intervient.

2.4. De l'intérêt de distinguer le chômage en début de couple de celui qui intervient pendant la vie en couple

Selon la logique d'information imparfaite, il nous semble pertinent de distinguer le chômage connu, qui fait partie des caractéristiques du conjoint, du chômage qui apparaît par la suite pendant le déroulement de la vie en couple, qui est une « surprise ». Ainsi, il est pertinent de distinguer le chômage en début de couple et le chômage pendant le déroulement de la vie maritale. On peut simplifier en distinguant deux états du couple :
• une période de chômage au tout début de la vie maritale, la situation de chômage est alors connue par les conjoints.
• un chômage déroutant au sein d'un couple mûr, quand le chômage apparaît une fois que le couple a déjà investi.

2.4.1. Un « chômage connu » dans un couple fragile

Il s'agit du chômage qui existe en début de couple. On entend par « chômage connu » une situation de chômage qui fait partie des caractéristiques du conjoint lors du processus de sélection : le conjoint connaît dés le début de l'union la situation professionnelle instable de son partenaire. Il est prêt à surmonter ce handicap. On suppose que les partenaires ne trichent pas sur leur statut professionnel. On pourrait donc penser que si le conjoint passe outre le statut incertain de son partenaire, cela signifie que la qualité de l'appariement est forte. Il ne peut pas y avoir de surprise déstabilisante par la suite sur le plan professionnel. Il y a donc information parfaite en ce qui concerne le statut sur le marché du travail. Cependant, d'un autre côté, le couple se situe au tout début de sa vie commune, il n'a pas investi dans le mariage. Il n'y a pas eu accumulation de capital spécifique au mariage. Le coût de la séparation éventuelle est donc faible. Si on accepte le chômage au tout début de l'union, il se peut que cette instabilité professionnelle soit lourde à supporter par la suite.

Deux caractéristiques sont donc en concurrence dans le concept de chômage en début de couple. La précarité professionnelle du conjoint est connue, mais les investissements communs sont faibles.

2.4.2. Un chômage inattendu dans un couple plus stable

Le chômage qui apparaît par la suite agit comme un choc exogène sur le couple. On suppose que le chômage n'est pas anticipé. Cette hypothèse est relativement forte puisque le chômage peut être pressenti dans certains cas, quand il suit par exemple une fin de CDD. Est-ce que le choc du changement de situation professionnelle est assez fort pour déstabiliser un couple qui a déjà construit une histoire de vie ? En effet, on peut imaginer que le couple restera d'autant plus soudé face à l'adversité qu'il a un lourd capital marital. D'autre part, un chômeur a moins d'alternatives extérieures sur le marché matrimonial secondaire.

Nous nous proposons donc de voir l'effet plus ou moins déstabilisateur d'un épisode de chômage en début de couple, relativement à celui qui intervient plus tard, une fois que les couples ont commencé à investir dans le couple. À travers la caractéristique individuelle de la situation professionnelle, nous allons donc tester l'intensité relative de deux effets concomitants :
• un effet investissement : les investissements dans le mariage créent la solidité du couple
• un effet information : une connaissance des caractéristiques de son conjoint crée la solidité du couple

Une étude empirique sur un échantillon de couples va permettre de mesurer ces deux effets concomitants.

3. ÉTUDE EMPIRIQUE

Après la description de notre échantillon de couples, sont présentés deux types de modèles biographiques permettant de voir quel effet a le chômage sur les durées de vie en couple. Le chômage en début de couple est distingué de celui qui a lieu une fois que la vie de couple est bien entamée. D'autres variables de contrôle sont introduites afin de tenter de percevoir les effets nets de la situation professionnelle.

3.1. Notre échantillon de couples

3.1.1. La construction

Pour réaliser notre étude, nous disposons de quatre enquêtes. Il s'agit de l'Enquête Emploi de l'INSEE (EE) de 1992, 1993 et 1994, et de l'Enquête sur les Situations Familiales et Emploi de l'INED (ESFE) de 1994. *L'enquête Emploi* réalisée par l'INSEE interroge environ 50 000 personnes par an. Il y a un renouvellement par tiers des enquêtés. C'est a dire qu'une personne est suivie pendant trois ans sous réserve qu'elle n'ait pas déménagée. *L'enquête Situations familiales* (ESFE) de l'INED a été réalisée en 1994 et retrace les histoires de vie familiales. Il s'agit d'une enquête rétrospective. Environ 5 000 couples ou célibataires ayant vécu en couple, constituent l'échantillon. Elle a été réalisée sur une partie du tiers sortant en 1994 de l'enquête Emploi.

Notre objectif est de constituer un panel représentatif de couples et de récupérer leur histoire professionnelle, en complétant les données de l'enquête ESFE par les données sur la situation professionnelle que fournissent les enquêtes Emploi des année 1994, 1993 et 1992. Les enquêtés de ESFE sont issus du tiers sortant de l'enquête Emploi 1994, il s'agit donc de personnes ayant été interrogées en 92 et 93. Cependant, les personnes ne doivent pas déménager entre deux enquêtes Emploi; auquel cas, le ménage migrant est « perdu » pour l'enquête, alors que celui éventuel qui emménage dans l'habitation concernée est interrogé. Cette méthode de sélection présente l'inconvénient de disposer d'un passé professionnel bien renseigné seulement pour les couples ayant conservé le même logement pendant les trois années consécutives d'enquête. Parmi les près de 5 000 couples dont nous disposons grâce a l'enquête ESFE, seulement 3 200 ont connu les trois enquêtes. On pourrait décider de conserver ces seuls couples. Or en faisant une simple régression logistique sur la variable indicatrice du déménagement, nous constatons que les ménages migrants sont justement les ménages pour lesquels la situation professionnelle et/ou familiale est difficile (*cf.* annexe). Ne garder que les couples qui sont restés dans la même logement pendant trois ans revient à éliminer les couples les plus instables professionnellement et maritalement, donc spécialement ceux sur lesquels nous voulons porter toute notre attention. La présence d'un biais de sélection a impliqué une « récupération » variable par variable du maximum d'informations en utilisant les questions rétrospectives de l'enquête Emploi.

3.1.2. Une sous-population particulière de la population des chômeurs

Notre échantillon est représentatif des couples grâce à un système de pondération. Néanmoins, les chômeurs présents dans notre panel sont (ou ont été) en couple dans leur vie. Il s'agit donc d'une population particulière des chômeurs puisque les chômeurs célibataires n'ayant jamais connu de vie en couple ne sont pas représentés. Notre échantillon est composé de 25 % de couples mariés indirects (c'est à dire ayant connu une période de cohabitation avant leur mariage), 34,3 % de couples mariés directs et 40,7% de cohabitants. Seules les dernières unions sont prises en compte afin de profiter au mieux des renseignements fournis par les enquêtes emploi. Pour la majorité d'entre elles, ce sont des premières histoires de vie (79,2 % d'unions de premier rang) ou des secondes unions (18,6 %).

3.2. Le chômage en début de couple : un handicap certain

Dans une approche préliminaire, nous avons réalisé un modèle non paramétrique (méthode actuarielle) sur la durée de vie des couples, en distinguant le statut plus ou moins précaire de l'homme et de la femme en début de couple. La variable expliquée est la durée de vie en couple. Nous l'avons définie par le critère concret de partage du même logement. En effet, dans l'enquête ESFE, il est demandé aux enquêtés la question suivante : « Vivez-vous en couple (soit marié soit non marié) ? ». Ceci permet de ne pas imposer de définition arbitraire de la vie en couple. Une autre question porte sur le partage du logement. En rapprochant les résultats de ces deux questions, on remarque que seulement un pour cent des couples déclarent vivre en couple alors qu'ils ne partagent pas le même logement (TOULEMON, 1996). En outre, sont compris dans cette population marginale, des couples conservant deux logements pour des raisons professionnelles. La conservation de deux logements séparés, comme un choix délibéré du couple, est donc rare, ou bien ces personnes ne déclarent pas vivre en couple. C'est donc cette définition du couple qui a été retenue, tout en étant conscient que la notion de couple peut englober des réalités diverses.

Dans un premier temps, la sortie de l'état de couple, à savoir la séparation (si le couple vit en concubinage) ou le divorce (si le couple est marié), est envisagée en fonction de l'état de précarité professionnelle en début de couple. Le statut précaire de la personne n'est pas défini comme il est traditionnellement pratiqué, c'est à dire en distinguant CDD, CDI, chômage. En effet, si cette question était pertinente il y a quelques années, aujourd'hui, un CDI ne signifie pas toujours stabilité et des CDD sont parfois reconduits pendant des années dans les administration publiques.

Graphique 1
Fonctions de survie selon la situation professionnelle de a femme en début de couple

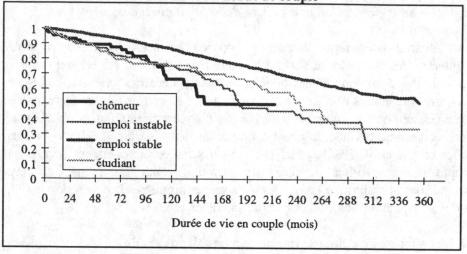

Graphique 2
Fonctions de survie selon la situation professionnelle de la femme en début de couple

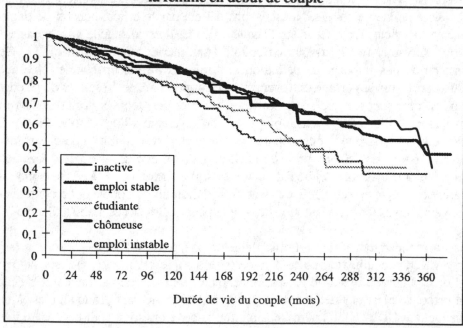

L'enquête ESFE présente l'avantage de disposer d'une question sur la situation professionnelle de l'enquêté et son conjoint au début de leur union. On demande à l'individu de juger lui-même de son statut plus ou moins instable. Les modalités sont : situation professionnelle stable, instable, pas de travail. Cette dernière modalité amène alors une seconde question précisant le statut entre : étudiant, chômage, maladie, inactif, service militaire, autre. Cette question directe sur le statut précaire ou pas de l'emploi de début de couple de la personne et son conjoint, nous permet de stratifier nos unions selon le statut professionnel plus ou moins précaire de l'homme et la femme.

Un modèle préalable sur la situation professionnelle de l'homme et de la femme met en évidence des différences de durée de vie en couple selon l'activité en début de couple (graphiques 1 et 2). Une différence nette est visible entre la fonction de survie des couples dont l'homme a un emploi stable et les autres. En ce qui concerne, le statut des femmes, la différence est moins nette. La courbe de survie de la modalité « inactive » est très proche de celle de la modalité « emploi stable ». Ceci renforce l'idée que le caractère de stabilité de l'activité est important. En effet, la situation d'une femme inactive en début d'union peut être vue comme une situation stable, par rapport aux autres statuts (étudiante, chômeuse, emploi instable).

Graphique 3
Fonctions de survie selon la précarité professionnelle de
l'homme en début de couple

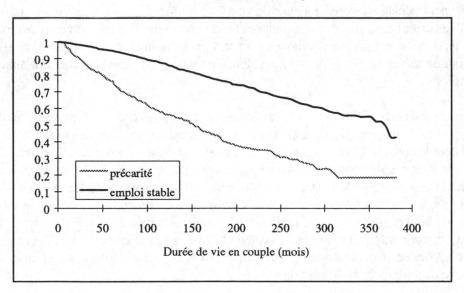

**Fonctions de survie selon la précarité professionnelle de
la femme en début de couple**

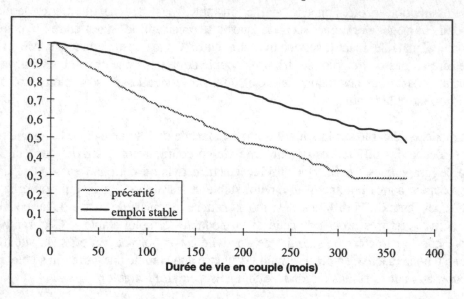

Ces résultats nous incitent à distinguer le statut stable et instable de l'emploi, en regroupant les modalités en deux groupes. Au vu des courbes de survie (graphiques 3 et 4), on voit qu'une situation professionnelle précaire en début de couple est largement pénalisante pour l'avenir du couple. En effet, un écart non négligeable est visible surtout dans les premières années de vie commune. Au bout de cinq ans, déjà un quart des couples dont l'homme a un statut professionnel instable se sont séparés, alors que moins de 10 % des couples dont l'homme a un emploi stable ont subi le même sort.

Si cette divergence de trajectoires familiales selon la précarité professionnelle existe aussi pour la femme, elle est cependant moins marquée. Au bout de cinq ans, 20 % des couples dont la femme a un statut précaire sont dissous, pour le même ordre de grandeur de couples dont la femme détient un emploi stable (10 % de séparés). Cette différence d'ampleur de l'effet de la précarité entre l'homme et la femme peut être due en partie aux différences de salaires existant sur le marché du travail qui à la fois expliquent (ou sont expliquées par) le poids des représentations sociales. En effet, comme le fait remarquer HERPIN (1990), la rémunération de l'épouse est perçue comme un complément de ressources tandis que celle de l'homme comme une preuve de ses capacités de chef de famille.

Le tracé des fonctions de hasard (graphiques 5 et 6) fait ressortir les mêmes tendances. On remarque que la précarité de l'emploi de l'homme augmente les risques de sortie instantanée surtout en début de période. En effet, il est pertinent de penser que la précarité du statut professionnel des conjoints en début de couple joue au début, puis le temps passant, l'épreuve est surmontée. D'ailleurs, au bout d'une dizaine d'années, la différence n'est plus vraiment visible. La volatilité de la fonction est due aux faibles effectifs des séparations pour les intervalles de temps des durées de vie longues. Cela fait augmenter artificiellement les probabilités de sortir à la date t. L'étude du hasard selon la précarité de la situation professionnelle des femmes rend compte du même comportement mais de moindre ampleur.

Graphique 5
Fonctions de hasard selon la précarité professionnelle de l'homme en début de couple

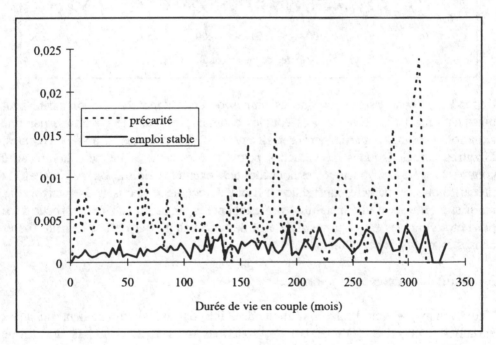

**Fonctions de hasard selon la précarité professionnelle de
la femme en début de couple**

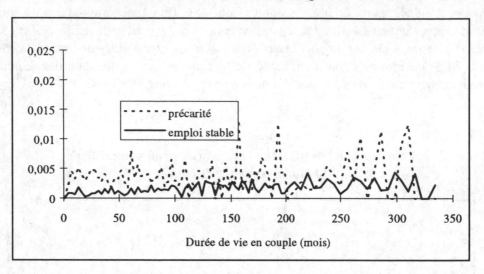

Durée de vie en couple (mois)

Cependant, apparaissent très vite les limites de cette approche. La précarité peut masquer un effet de cohorte. Les couples commençant leur vie commune par une situation précaire appartiennent certainement à des cohortes d'unions récentes. D'autres caractéristiques individuelles peuvent « se cacher » derrière la précarité comme la catégorie socioprofessionnelle par exemple. Enfin, on ne connaît la précarité que de manière ponctuelle en début de couple, or nous nous interrogeons aussi sur l'impact d'une instabilité professionnelle par la suite. Une approche avec plusieurs variables est donc justifiée afin de percevoir l'effet de la précarité toutes choses étant égales par ailleurs.

3.3. Soudain le chômage apparaît...

Nous venons de voir l'intérêt d'un modèle introduisant simultanément plusieurs variables explicatives. D'une part, les fonctions de hasard n'ont pas une forme particulière qui nous permette d'utiliser des modèles paramétriques qui nécessitent de spécifier une loi connue de hasard (Weibull, Gamma, log-logistique). Cependant, on peut constater que les courbes de précarité et emploi stable sont relativement superposables. Cette variable explicative ne joue donc que sur l'intensité de sortie de l'état de couple et non sur le calendrier. Ceci justifie l'emploi d'un modèle à risques proportionnels. D'autre part, la perception de l'impact d'un changement de situation professionnelle nécessite des variables dynamiques. Pour ces deux raisons (modèle à risques proportionnels et variables dynamiques), le modèle de COX est adapté.

3.3.1. Le modèle de Cox avec variables dynamiques

Le modèle de Cox (présenté dans LANCASTER, 1992 ; KALBFLEICH et PRENTICE, 1980 ; COX et OAKES, 1996) est une méthode d'analyse des biographies. Il s'agit d'une régression semi-paramétrique, qui appartient à la famille des modèles à risques proportionnels. Il permet la prise en compte simultanée de plusieurs variables explicatives pour expliquer leurs effets sur la probabilité d'effectuer un changement d'un état initial (vivre en couple) à un autre état (ne plus vivre en couple). Les variables explicatives peuvent être soit statiques, c'est à dire indépendantes du temps (la cohorte d'entrée dans l'union par exemple), soit dynamiques, c'est à dire qu'elles vont prendre différentes modalités au cours de la période pour un même individu (le nombre d'enfants du couple par exemple). Ce modèle est fondé sur la maximisation d'une fonction de vraisemblance partielle. Celle-ci présente toutes les propriétés essentielles de la vraisemblance, et est plus facile à utiliser. Elle permet notamment d'introduire facilement des variables dynamiques. Cette vraisemblance est dite partielle car elle prend en compte seulement l'ordre des événements (sorties d'observation), et non l'intervalle de temps séparant deux sorties consécutives. La maximisation de cette vraisemblance est telle que le hasard de base ne va pas intervenir lors de l'estimation. C'est pourquoi, il n'est pas nécessaire de spécifier la forme de celui-ci.

Le modèle de Cox nécessite l'hypothèse de proportionnalité dans le cas où toutes les variables sont indépendantes du temps. Ceci revient à dire que les caractéristiques individuelles ne vont jouer que sur l'intensité du phénomène et non sur le calendrier. D'un point de vue statistique, cette propriété se traduit ainsi : le risque pour un sujet de caractéristique Z à l'instant t, est le produit d'une fonction $h_0(t)$, le hasard de base, ne dépendant pas du temps et d'une fonction $c(b, Z) = \exp(b'Z)$.

$$h(t, Z) = h_0(t) \exp(b'Z)$$

Cette hypothèse peut paraître contraignante. Cependant, la contrainte s'affaiblit un peu quand le modèle contient des variables explicatives dynamiques. C'est à dire que le vecteur des variables caractéristiques se décompose en Z_1 (comprenant les variables statiques) et $Z_2(t)$ (comprenant les variables dynamiques).

En effet, dans ce cas, l'hypothèse de proportionnalité a besoin d'être validée seulement au sein des intervalles de temps où les variables dynamiques sont constantes. Cette hypothèse est moins contraignante. Elle revient à supposer une proportionnalité par morceaux.

Notons que dans notre exemple, la variable précarité professionnelle de l'homme et de la femme en début, semble vérifier l'hypothèse de proportionnalité. Les fonctions de hasard peuvent assez bien se superposer.

3.3.2. Les variables

Notre variable expliquée est toujours la durée de vie en couple. Parmi les variables explicatives, certaines sont dépendantes du temps, il s'agit de caractéristiques susceptibles de pouvoir changer au cours de la vie en couple (le statut matrimonial, le statut professionnel de l'homme et de la femme en 1992, 93 et 94 renseigné par mois, le nombre d'enfants). D'autres sont supposées indépendantes du temps (la CSP de l'homme, le statut professionnel plus ou moins précaire de l'homme et de la femme en début de couple, le rang de l'union, la cohorte d'entrée dans l'union). Nous contrôlons ainsi l'effet du statut professionnel en introduisant les variables « classiques » du mariage.

3.3.3. Les résultats

Nous commenterons dans un premier temps les variables traditionnelles, puis les variables caractérisant le statut professionnel de chacun des conjoints. Deux modèles ont été effectués : le modèle 1 avec toutes les variables énoncées ci-dessus exceptée la variable CSP, et le modèle 2 qui comporte toutes les variables (*cf.* tableau 1).

La variable situation matrimoniale retrace le statut réel. Les couples sont soit mariés, soit cohabitants. Pour tenir compte de la variabilité de la situation (un couple cohabitant peut se marier), nous avons créé une variable dynamique. Le fait d'être cohabitant est négatif pour l'avenir du couple. Le risque de base est multiplié par deux pour les couples cohabitants par rapport aux couples mariés.

La variable de cohorte d'unions est très significative. Plus la génération de couple est ancienne, plus les probabilités de séparation sont faibles. L'aspect générationnel est primordial, les risk-ratios sont très élevés. Les coefficients sont croissants avec la génération. Cependant, cet effet cohorte est certainement amplifié par la présence de couples mariés directs (sans cohabitation préalable), qui ont un comportement beaucoup plus stable, et appartiennent aux cohortes les plus anciennes. Une étude sur les seuls couples cohabitants (mariés indirects ou unions libres) montre que l'effet de cohortes est inversé pour cette catégorie, révélant que la cohabitation devient un statut de plus en plus stable (SOLAZ, 1996).

La variable religion de l'homme n'est guère significative. Celle de la femme l'est plus. Ainsi, les couples où la femme déclare (ou son conjoint déclare pour elle) que la religion n'a pas d'importance ont des risques de sortie plus forts que ceux où le sentiment religieux existe tout en étant faible.

Le rang de l'union n'est pas significatif, mais la majorité des unions envisagées sont de premier rang. La faiblesse des unions de rang supérieur explique sans doute cette apparente homogénéité de comportements selon le rang de l'union.

Le nombre d'enfants va jouer en abaissant les risques de dissolution de l'union. Plus le couple a d'enfants, plus il est stable. Cette variable est certainement endogène puisque l'on conçoit que l'arrivée d'un enfant est conditionnelle à la durée du mariage dans la plupart des cas, mais le signe reste cohérent avec la théorie économique qui considère que les enfants sont un investissement commun des parents dans le mariage. Les enfants jouent comme un facteur de stabilité pour le couple.

En ce qui concerne le statut professionnel, la variable de précarité professionnelle en début de couple reste significative, en dépit de l'introduction d'autres variables. Une situation précaire en début de couple est un réel handicap pour la durée du couple toutes choses égales par ailleurs. L'effet de genre (le coefficient de la femme est moins fort) persiste, mettant en évidence le rôle central du statut professionnel de l'homme et celui secondaire de la femme.

Tableau 1
Comparaison des modèles 1 et 2

Modèles de Cox	MODÈLE 1			MODÈLE 2		
Variable	*Coefficient (Ecart-type)*	*Niveau de significativité*	*Risk-ratio*	*Coefficient Ecart-type*	*Niveau de significativité*	*Risk-ratio*
Statut matrimonial						
mariés	réf	-	-	réf		
cohabitants	0,719 (0,069)	0,0001	2,053	0,810 (0,068)	0,0001	2,247
Statut prof. homme						
cdi	réf	-	-	réf	-	-
cdd	0,049 (0,413)	0,9046	1,051	-0,089 (0,415)	0,8299	0,915
à son compte	-0,628 (0,214)	0,0034	0,534	-0,088 (0,217)	0,6848	0,916
militaire	0,207 (0,511)	0,6846	1,231	0,486 (0,515)	0,3454	1,626
étudiant	-0,285 (0,370)	0,4405	0,752	0,233 (0,377)	0,5373	1,262
chômeur	-0,523 (0,193)	0,0066	0,593	-0,191 (0,193)	0,3234	0,826
autre	-0,374 (0,331)	0,2584	0,688	0,199 (0,334)	0,5501	1,221
Statut prof. femme						
cdi	réf	-	-	réf	-	-
cdd	0,021 (0,306)	0,9449	1,021	-0,304 (0,307)	0,3228	0,738
à son compte	-0,793 (0,272)	0,0036	0,452	-1,009 (0,264)	0,0001	0,365
étudiante	-0,029 (0,220)	0,8965	0,972	-0,275 (0,218)	0,2059	0,759
chômeuse	-0,046 (0,121)	0,7055	0,955	-0,026 (0,120)	0,8273	0,974
autre	-0,753 (0,133)	0,0001	0,471	-0,600 (0,134)	0,0001	0,549
CSP homme						
agriculteur				-1,635 (0,721)	0,0234	0,195
commerçant				0,853 (0,175)	0,0001	2,346
prof intermédiaire				1,995 (0,129)	0,0001	7,349
employé				réf		
ouvrier				0,533 (0,138)	0,0001	1,704
cadre				0,487 (0,163)	0,0028	1,628
autre				0,511 (0,199)	0,0101	1,666
Précarité homme						
emploi stable	-0,326 (0,057)	0,0001	0,722	-0,259 (0,058)	0,0001	0,772
précarité	réf	-	-	réf	-	-
Précarité femme						
emploi stable	-0,828 (0,059)	0,0001	0,437	-0,800 (0,059)	0,0001	0,449
précarité	réf	-	-	réf	-	-
Religion homme						
important	-0,091 (0,102)	0,3701	0,913	-0,023 (0,101)	0,8183	0,977
peu important	réf	-	-	réf	-	-
sans importance	-0,007 (0,080)	0,9285	0,993	-0,067 (0,079)	0,3999	0,936
refus de répondre	2,464 (0,073)	0,0001	11,757	1,893 (0,073)	0,0001	6,637
Religion femme						
important	0,093 (0,077)	0,229	1,098	0,131 (0,077)	0,0884	1,14
peu important	réf	-	-	réf	-	-
sans importance	0,334 (0,072)	0,0001	1,397	0,313 (0,071)	0,0001	1,367
refus de repondre	1,681 (0,072)	0,0001	5,371	2,219 (0,071)	0,0001	9,197
Rang de l'union	-0,067(0,061)	0,2726	0,935	-0,099 (0,062)	0,1092	0,905
Nombre d'enfants	-0,090 (0,021)	0,0001	0,914	-0,100 (0,022)	0,0001	0,905
Cohorte d'union						
1960-69	-1,135 (0,117)	0,0001	0,321	-1,114 (0,117)	0,0001	0,328
1970-74	-0,731 (0,092)	0,0001	0,481	-0,795 (0,092)	0,0001	0,452
1975-79	réf	-	-	réf	-	-
1980-84	0,429 (0,085)	0,0001	1,535	0,440 (0,084)	0,0001	1,552
1985-89	1,211 (0,093)	0,0001	3,356	1,373 (0,094)	0,0001	3,948
1990-94	2,403 (0,115)	0,0001	11,056	2,549 (0,116)	0,0001	12,791

Enfin, l'introduction de la variable situation professionnelle en tant que variable dynamique afin de percevoir les effets d'un chômage inattendu, est réalisée. Si dans un premier modèle, le chômage semblait jouer positivement sur le couple comme si celui-ci se solidarisait face à l'adversité de la situation d'un des partenaires, le rajout de la variable CSP de l'homme atténue cet effet. En effet, la situation professionnelle
de l'homme masque en réalité la catégorie socioprofessionnelle à laquelle il appartient. Celle-ci explique mieux les risques de se séparer, que la situation immédiate.

Il faut noter que nous n'avons pu percevoir que l'effet immédiat du chômage sur le couple. Or il semble pertinent de penser que les couples qui connaissent cette épreuve ne vont pas immédiatement se séparer. Tout d'abord parce que la séparation a un coût (coût du divorce éventuel, coût d'un nouveau logement, coût lié à la garde des enfants,...), et que ce coût peut-être particulièrement lourd en période de chômage. La séparation nécessite bien souvent une indépendance financière, que seul un emploi stable permet. C'est ainsi que JOHNSON et SKINNER (1986) montrent que les femmes qui divorcent ultérieurement augmentent leur offre de travail trois ans avant la séparation effective, révélant des comportements d'anticipation plus ou moins conscients. Puis les alternatives extérieures sur le marché matrimonial secondaire risquent d'être amoindries par le statut professionnel instable. Il serait intéressant de tester un effet retardé du chômage, mais nos données ne le permettent pas.
L'effet de la situation professionnelle qui ne joue plus quand on introduit la CSP, nous montre que la durée de vie en couple est plus affectée par les caractéristiques de long terme, que par les chocs temporaires. Les agriculteurs et employés sont les catégories les plus stables maritalement. Le statut professionnel de la femme présente deux modalités significatives qui jouent toutes deux positivement sur la durée de vie en couple. Il s'agit de la modalité « être à son compte » et de l'inactivité. L'inactivité n'est pas clairement distinguée, mais la modalité « autre » inclut les femmes au foyer, ce qui explique le fort coefficient. Si la femme est à son compte ou si la femme est inactive, les risques de dissolution du mariage sont diminués de moitié par rapport au fait d'avoir un CDI. L'indépendance financière de la femme est donc un facteur important pour expliquer les divorces au niveau individuel. Même derrière le fait d'être à son compte, se cache souvent une entreprise commerciale ou d'artisanat avec le mari, c'est à dire une autonomie restreinte. SOFER et EKERT-JAFFE (1991) font remarquer que la plus forte possibilité d'autonomie des femmes dans la famille d'aujourd'hui implique un moindre coût de la séparation ou du divorce.
Finalement, les changements transitoires sont surmontés alors que les « handicaps » lors de la naissance du couple jouent négativement. Les variables assez classiques, définissant les caractéristiques profondes de la personne comme son sentiment

religieux, sa génération, sa CSP, ont un pouvoir explicatif plus fort que les caractéristiques temporaires comme une période de chômage. On sait que son conjoint ne se définit pas par le statut de chômeur, quand on a vécu avec lui suffisamment. L'effet investissement est prépondérant par rapport à l'effet information, puisque le chômage en début de couple est plus pénalisant que le chômage subi ultérieurement. La situation professionnelle est une caractéristique individuelle parmi une infinité d'autres inobservables. Si la stabilité du couple peut être affectée par une précarité professionnelle quand l'union démarre, par la suite, la construction d'un projet commun semble protéger l'union de chocs externes déstabilisants. Ce constat va partiellement à l'encontre des théories économiques du mariage en accordant une place mineure aux chocs inattendus, mais il est la preuve de résistance des couples à un choc externe, révélant ainsi indirectement des solidarités entres les membres du couple.

4. CONCLUSION

Au vu des résultats, le chômage en début de couple a un effet négatif sur le mariage, tandis que celui qui intervient par la suite ne remet pas en cause la stabilité de l'union. C'est donc l'effet investissement qui est largement prépondérant. L'effet d'information imparfaite n'est pas déstabilisant quand le couple est soudé par un capital matrimonial fort. Ces résultats mettent en évidence une résistance des couples face à l'adversité, puisque la précarité professionnelle ne déstabilise l'union que si elle est subit en début de couple. Dans ce cas, le couple pâtit de son horizon de vie limité lié à l'instabilité professionnelle d'un des conjoints. Cependant, par la suite, des solidarités familiales plus ou moins percevables se développent certainement assurant une stabilité du couple, quand un choc extérieur a lieu. Au niveau macro, la montée du chômage ne peut donc expliquer que très partiellement l'augmentation des divorces depuis ces vingt dernières années.

Il faut noter l'effet de genre important dans l'explication de la dissolution des couples. En effet, la spécialisation des conjoints ne se fait plus par un partage du travail entre le secteur marchand et domestique. Il semble y avoir, depuis quelques décennies, une moindre spécialisation des femmes. Celle-ci est visible dans les soins aux enfants « *devenus quantitativement limités et en outre, largement pris en charge par l'État* » (SOFER et EKERT-JAFFE, 1991). Cependant, même quand la femme travaille, le moindre impact de sa situation professionnelle sur les durées de couple, est révélateur du rôle secondaire qui lui accordé dans la formation des revenus du ménage. Cette divergence révèle sans doute un effet de spécialisation induit.

Analyser les conséquences d'une période de chômage sur la durée de vie en couple montre qu'il est pertinent d'étudier conjointement le domaine de la nuptialité et de l'emploi, et l'idée que la science économique dispose d'un droit de regard sur la famille. Comme le disait BECKER, « *l'approche économique ne tire sa puissance que de sa capacité à intégrer un vaste champ de comportements* ».

Anne Solaz

Annexe
Mise en évidence et correction du biais de sélection

Mise en évidence

Pour repérer l'éventuel biais de sélection lié à la structure par tiers de l'enquête emploi, nous avons effectué un modèle permettant de mettre en évidence le lien entre le fait de déménager et nos variables clefs. Il s'agit d'un modèle logit sur la variable LOGE représentant le déménagement (qui vaut 1 si le couple a déménagé depuis l'an passé et 0 sinon). L'année 1994 est la seule année commune à l'échantillon des résidentiellement mobiles et des résidentiellement immobiles, nous n'envisageons donc que les déménagements entre 93 et 94. Il est supposé que les facteurs explicatifs du déménagement sont semblables quelle que soit l'année (92, 93 ou 94). Les variables explicatives sont l'âge des deux conjoints, le diplôme et la situation de famille, le nombre d'enfant et la situation professionnelle l'année précédant l'éventuel déménagement. L'âge est le facteur explicatif le plus fort de la mobilité résidentielle. L'introduction de la variable dichotomique « expcho » qui vaut 1 si l'un des conjoints a connu le chômage dans l'année qui a précédé l'éventuel déménagement entre 93 et 94, 0 sinon, s'avère significative mais, son ajout n'améliore pas le modèle. Le critère d'Akaike est inchangé et le critère de la maximisation de -2 log de la vraisemblance est aussi très peu affecté par cette variable supplémentaire.

Cependant, quand on effectue une sélection des variables automatique, la variable indicatrice de la situation professionnelle chômage en 93 (c'est à dire, l'année précédant le déménagement éventuel) sort bien mais relativement tard. Certes, l'âge de l'enquête et son conjoint ont le pouvoir explicatif le plus fort, suivi par le fait d'être sans enfant, la modalité sans diplôme, la situation familiale. L'état de chômeur n'apparaît qu'après. En dépit des colinéarités possibles entre ces variables (l'âge est certainement lié a l'état de chômeur), on peut cependant avancer l'existence d'une liaison causale entre le déménagement et le chômage, notre échantillon réduit et complet est donc effectivement biaisé. On ne peut donc pas se contenter de réaliser notre étude sur celui-ci. Il faudra utiliser l'échantillon global, en tenant compte des manques d'information, soit sur l'année 92 pour les couples ayant déménagé entre 92 et 93, soit sur l'année 92 et 93 pour les couples ayant déménagé entre 93 et 94. Nous disposons donc d'un panel « à trous », c'est à dire avec des données manquantes qui ne sont pas le fait du hasard.

Correction du biais d'attrition

Nous avons récupérer certaines données à l'aide des questions rétrospectives de l'enquête Emploi. En effet, on demande par exemple aux interrogés quelle était leur situation professionnelle un an avant l'enquête (en mars de l'année précédente), ou depuis combien de mois sont-ils au chômage. C'est ainsi que nous avons « rempli les trous » des questionnaires manquants de 1993. Nous augmentons ainsi l'échantillon de 865 données en 93 et presque 500 en 92.

BIBLIOGRAPHIE

BECKER Gary S. (1973), « A theory of marriage », *Journal of Political Economy*, part I, n° 81, 1973, part II, n° 82.

BECKER Gary S. (1976), « The economic approach of Human behaviour », *The university of Chicago Press.*

BECKER Gary. S., LANDES E. M. et MICHAEL R-T. (1977), « An economic analysis of marital instability », *Journal of Political Economy*, vol 85, n° 6.

CAHUC P. et ZYLBERBERG A. (1996), *Economie du travail, la formation des salaires et les déterminants du chômage, De Boeck Université.*

CAZES C. (1994), « Durée de chômage et comportements d'offre de travail : une revue de la littérature », *Economie et Prévision*, n° 113-114.

CAZES C. (1996), « Assurance-chômage et offre de travaill », *Economie et Statistiques*, n°291-292.

COX D.-R., OAKES D. (1996), *Analysis of survival data*, Monographs on statistics and applied probability 21, Chapman and Hall.

COURGEAU D. et MERON M. (1996), « Trajectoires d'activité des couples ». 3émes journées du Céreq-Cérétim-Lasmas IdL, *L'analyse longitudinale du marché du travail*, Rennes, 23 et 24 mai.

FESTY P. (1984), « Le chômage et les familles aux États-Unis », *Population*, mai-juin, n°3.

HERPIN N. (1990), « La famille à l'épreuve du chômage », *Economie et Statistiques*, n° 235, septembre.

JENSEN P. et SMITH N. (1990), « Unemployment and marital dissolution », *Journal of Population Economics*, n° 3.

JOHNSON W.-R., SKINNER J. (1986), « Labor supply and marital separation », *The American Economic Review*, June.

KALBFLEICH J.-D., PRENTICE R.-L. (1980), « The staistical analysis of failure time data », Wiley series in probability and mathematical statistics, *R. A. Bradley, J.S. Hunter, D. G. Kendall, G. S. Watson-advisory Editors.*

LANCASTER T. (1992), *The econometric analysis of transition data*, Cambridge University Press.

NICKELL S. (1979), « Estimating the probability of leaving unemployement », *Econometrica*, vol 47, n° 5.

MORTENSEN D. (1970), « Job search, the duration of unemployment, and the Phillips curve », *The American Economic Review* , 60.

PIKETTY T. (1997), « L'élasticité de la transition non-emploi - emploi : une estimation pour le cas français. », *Document préparé dans le cadre du contrat finalisé 1996 pour le Commissariat Général au Plan*, avril, CEPREMAP.

SOFER C. et EKERT-JAFFE O. (1991), « Un point de vue d'économiste sur la nuptialité », *Congrés et colloques*, n° 7, INED.

SOLAZ A. (1996), « Mariage, cohabitation, est-ce bien différent ? », Mémoire de DEA.

TOULEMON L. (1996), « La cohabitation hors mariage s'installe dans la durée », *Population*, n° 3.

VAN DEN BERG G. (1990), « Non stationarityin job search theory », *Review of Economic Studies*, 57.

WEISS Y. (1994), « Les économistes et la formation des couples : le fonctionnement du marché matrimonial », *Population*, 4-5.

WEISS Y. et WILLIS R.-J. (1997), « Match quality, new information, and marital dissolution », *Journal of Labor Economics*, vol 15, n° 1 part 2.

Analyse comparative des méthodes d'évaluation de trois programmes de formation d'adultes en difficulté sur le marché du travail

Maurice Baslé, (université de Rennes 1, CREREG-CNRS-IREIMAR)
Agnès Checcaglini (université de Rennes 1)
Fernando Faria De Oliveira, (Céreq, université de Rennes 1)
Isabelle Henri, (université de Rennes 1)

1. INTRODUCTION

Le recours à des politiques de formation et d'insertion professionnelle d'adultes en difficulté a été particulièrement renforcé depuis la fin des années 1970, aussi bien aux États-Unis qu'en Europe de l'Ouest. Avec les mutations technologiques, les restructurations sectorielles, les mouvements de relocalisation dans l'économie mondiale, il est en effet apparu aux autorités officielles à divers niveaux de gouvernement (fédéral, national, régional ou local) que les nouvelles formes de croissance, plus basées sur l'innovation, ne pouvaient s'appuyer que sur de nouvelles compétences et formes de mise au travail des personnes adultes ayant bénéficié de formations « anciennes » : l'employabilité, au sens des conditions personnelles et organisationnelles qui permettent à un individu d'occuper, de conserver ou de retrouver un poste de travail dans des firmes évolutives, a, en raison de ces nouvelles formes de croissance, pris un visage nouveau, celui de l'adaptabilité permanente (STANKIEWICZ, 1998) nécessitant une formation minimale toujours renouvelée. Le coût de celle-ci a souvent semblé devoir être pris en charge dans les divers pays par des dispositifs publics à défaut de voir se développer suffisamment les marchés de la formation dite permanente ou continue, ou encore à tous les âges de la vie, par alternance etc....

Comme dans la plupart des pays, en France et aux États-Unis, un doute est cependant installé dans certains esprits sur la question de l'efficacité (atteint-on vraiment les objectifs ?), sur celle de l'effectivité (les effets produits sont ils bien concourants ?) et même sur celle de la pertinence de tels programmes publics (est-il « politiquement correct » de mettre en œuvre de tels programmes ?). Le « marché du travail » et les autres marchés sont bien en échec et des interventions publiques semblent bien nécessaires, mais on se demande si les actions publiques entreprises, généralement coûteuses, sont réellement les plus adéquates ? Un des moyens de combler le vide de la connaissance en la matière a consisté à procéder à l'évaluation des programmes en question, ce qui a été fait dans la plupart des pays depuis une trentaine d'années et renforcé dans les années les plus récentes.

La question de la méthode d'évaluation a alors été cruciale. Dans le domaine considéré, une première observation rapide (qui n'est pas un bilan) permet de voir combien la tradition française et la tradition anglo-saxonne semblent être écartées pour l'évaluation des programmes de formation d'adultes en difficulté, la seconde faisant plus souvent appel à des données expérimentales (avec groupe de contrôle) ou quasi expérimentales (économie comparative de dispositifs ayant le même objectif) que la première. Le but est ici simplement de commencer à rendre compte de cet écart en rappelant rapidement ce qui a été fait aux États-Unis dans le choix des méthodes (II) et en rendant compte de trois exemples de travaux récents sur données individuelles longitudinales non expérimentales réalisés en France (III). Dans ces exemples français, on verra que les chargés d'évaluation n'ont pas disposé d'une commande du même type qu'aux États-Unis (en partie parce que les choix de mise en œuvre des politiques sont différents) ni de tous les moyens nécessaires à la mise en place d'une approche plus expérimentale. Les auteurs ont donc dû faire au mieux avec des méthodes permettant de percer seulement une partie des réponses aux questions posées, ce qui conduit à des résultats fiables en raison de la professionnalité du travail, mais à interpréter quelquefois avec prudence en raison de l'absence de comparaison des résultats avec ceux d'un groupe de contrôle (IV). Ce choix français ne s'explique probablement pas seulement pour des raisons d'éthique (une expérience implique que des éligibles à un programme n'en soient pas bénéficiaires), mais peut-être aussi pour des raisons tenant au fait qu'on s'intéresse davantage au fait de faire une évaluation (le processus) plus qu'aux résultats. Le réflexe de l'évaluation, le caractère d'apprentissage des effets de l'action, la possibilité d'associer différentes parties prenantes à l'évaluation sont peut-être déjà des résultats dans un pays où l'administration a longtemps cru à son omnipotence. Il faudrait élucider en science politique ce choix, mais ce n'est pas notre propos ici. En particulier, nous n'envisagerons pas la question de portée politique plus générale de savoir si un tel constat peut être plus largement interprété au regard de la phrase « *la théorie de l'évaluation à laquelle nous nous référons nous dit ce que nous sommes* ».

2. LES MÉTHODES D'ÉVALUATION EMPLOYABLES EN THÉORIE ET EMPLOYÉES AUX ÉTATS-UNIS DANS LE DOMAINE DES PROGRAMMES DE FORMATION D'ADULTES EN DIFFICULTÉ

L'action publique pour compenser l'échec du marché du travail à intégrer certains adultes en difficulté a souvent consisté à faire participer des bénéficiaires à des programmes contrôlés d'orientation, de sélection, de formation et d'insertion professionnelle en comptant sur les effets d'une telle participation pour améliorer un indicateur d'objectif qui a d'ailleurs plusieurs dimensions : retour à l'emploi, insertion plus ou moins durable, meilleur salaire, meilleure adaptation au poste de travail etc..

Lorsqu'il s'est agi d'évaluer l'efficacité d'une telle politique publique de formation d'adultes en difficulté, on a recouru à trois types de démarches.

Idéalement, la première méthode est celle de l'économie expérimentale avec recherche des effets nets (HEY, 1994). C'est d'ailleurs la méthode souvent utilisée aux États-Unis. Souvent, mais pas exclusivement (*cf.* par exemple, RIDDER (1986) ou GRITZ (1993)) car les évaluations américaines sont aussi des approches comparatives avec groupe quasi expérimental dans la lignée des travaux de CAMPBELL et STANLEY (1966) et des travaux sur l'Économie expérimentale (FREIDMAN et SHYAM, 1994 ; KAGEL et ROTH, 1995 ; SMITH, 1990). Dans le cas de données expérimentales, le raisonnement central est simple : si la formation d'adultes en difficulté X est cause de l'insertion ou du meilleur salaire Y et si toutes les autres causes de Y peuvent être gardées constantes, alors un changement volontaire de X doit être accompagné d'une variation conséquente de Y. Alors, on peut mesurer le rapport de cause à effet en créant deux groupes : un groupe expérimental bénéficiant de ΔX et un groupe de contrôle n'en bénéficiant pas. Les individus doivent être aléatoirement répartis dans ces deux groupes pour s'assurer de la neutralité de tous les autres facteurs sur le ΔY. On utilise alors les techniques habituelles de l'économétrie (analyse bivariée ou multivariée) (TACQ, 1997). Le groupe de référence peut être fourni de différentes manières : ce peut être un groupe de référence approximative composé de participants à des programmes jugés a priori comparables au plan des effets (US DEPARTMENT OF LABOR, 1993). Mais, idéalement, il s'agit d'un groupe témoin composé de non participants- non bénéficiaires ayant été repéré comme ayant au départ des caractéristiques identiques au groupe des participants bénéficiaires (MATHEMATICA POLICY RESEARCH, 1994).

Pour PEREZ (1998), ce sont des évaluations expérimentales de ce type « *qui ont été majoritairement appliquées aux programmes d'emploi et de formation dans les années 1970* » aux États-Unis, avec ensuite une recrudescence dans les années 1980 en particulier pour l'évaluation de programmes ciblés sur les économiquement désavantagés. Une des raisons invoquées a été l'avis du groupe d'experts sollicités par le Department of Labor : ceux-ci ont déclaré en effet « *qu'aucun résultat fiable ne peut être tiré d'une évaluation non expérimentale* ». Ils ont ajouté un argument de crédibilité de la démarche vis à vis du monde politique. C'est ainsi que par exemple l'évaluation du programme JTPA (*Job Training Partnership Act*), titre IIa, ciblé sur les jeunes et les adultes défavorisés économiquement et leur fournissant une aide à la recherche d'emploi a été réalisée de 1985 à 1993 (BLOOM *et al.*, 1993) ; la même méthode a été ensuite utilisée avec succès pour les programmes de type *Jobstart et Reemployment bonus*. Les résultats ont paru lisibles, crédibles et fiables aux autorités du Department of Labor. Un des résultats de l'évaluation JTPA a été de décomposer les modifications du revenu salarial obtenu en quatre dimensions :

l'effet pur d'emploi, l'indicateur de stabilité-durabilité de l'emploi, un indicateur d'intensité de l'emploi, et un changement du taux de salaire horaire. Évidemment, la conception sous-jacente à de telles évaluations renvoie à une approche mécaniste du monde, avec dans certains cas, une tendance à la recherche de mono causalité linéaire. Pour ses détracteurs, il y a illusion de simplicité, illusion de généralité des lois établies localement et on n'arrive pas à suffisamment de compréhension des composés d'actions (BOUDON et BOURRICAUD, 1986 ; voir aussi LEMOIGNE, 1991). Par ailleurs, on souligne d'autres limites : l'attribution aléatoire de l'échantillon (biais d'autosélection) ; ou la possibilité que les membres du groupe de contrôle reçoivent les mêmes services dans une autre organisation ; ou le fait que l'on mesure l'effet de l'offre des services aux participants retenus mais pas l'effet de participer activement à la formation ; ou enfin l'inconvénient qu'on ne peut pas produire les estimations des effets de la formation sur les salaires et la durée des périodes d'emploi consécutives.

Le deuxième type de méthodes consiste à se replier sur des données quasi expérimentales. Celles-ci sont obtenues selon une méthode qui a pour objectif premier d'estimer la relation de cause à effet entre l'action et les résultats par comparaison des situations postprogramme de bénéficiaires et de non-bénéficiaires. Ceci implique une nouvelle fois un groupe de comparaison et un modèle en forme structurelle, mais cette fois, contrairement au cas de l'expérimentation, les individus du groupe de comparaison ne sont pas sélectionnés aléatoirement. Un groupe de comparaison composé de non-participants est constitué. On apparie les deux groupes sur la base de caractéristiques liées à la variable de résultat (caractéristiques sociodémographiques, expérience sur le marché du travail, profils de ressource...) et/ou on assure le contrôle statistique des variables influant sur la variable de résultats afin de raisonner « ceteris paribus ».

Le troisième type de méthodes consiste à choisir ou à être contraint à des études descriptives et des mesures de l'effet brut. Le point de référence est la situation des participants avant le programme. On observe le même groupe d'individus avant et après, chacun pouvant être interrogé plusieurs fois après sa sortie du programme. Ces études se limitent généralement à repérer la situation d'emploi et à mesurer l'insertion ou les revenus consécutifs à la participation au programme. ROSSI et FREEMAN (1993) qualifient ce type d'évaluation de « contrôle réflexif » : on compare la situation de mêmes individus à deux points du temps séparés par une période de participation au programme. Les différences entre les deux mesures sont considérées comme une estimation de l'effet brut de l'intervention. Un des inconvénients de cette méthode est que l'on laisse de côté plusieurs éléments de la boîte noire des relations de cause à effet. Un autre est aussi que l'on fait appel à la mémoire des participants pour reconstruire leurs parcours antérieurs. La mémoire n'étant pas quelque chose de fiable et de vérifiable, cela peut être source d'un important biais dans l'évaluation. Mais le principal problème méthodologique est le biais de sélection. En effet, afin d'isoler l'effet propre des dispositifs, on va comparer les résultats des bénéficiaires à ceux des non-bénéficiaires (trois critères étant généralement retenus pour apprécier les effets d'une mesure : le taux d'emploi, la durée de l'emploi obtenu et le salaire). Mais, en procédant à cette comparaison, on est confronté à un problème du contrôle de l'hétérogénéité entre les deux groupes d'individus (biais de sélection). L'estimation des effets propres d'une mesure sera biaisée si des caractéristiques inobservées jouent un rôle dans la détermination des résultats (taux d'emploi, durée de l'emploi, salaire). Ces caractéristiques peuvent être diverses, selon le degré de richesse des données dont on dispose. Ainsi, des caractéristiques importantes ne sont pratiquement jamais recensées dans les études (la motivation, la présentation de soi...). Au niveau statistique, le problème essentiel est celui du contrôle de l'hétérogénéité non observée. Il se pose notamment lorsque l'on constate que la probabilité de connaître un état donné est fonction du fait d'avoir connu ce même état dans le passé. Ainsi, la probabilité de sortie du chômage diminue avec l'ancienneté au chômage. Ce peut être dû soit à l'hétérogénéité des individus, soit à la « dépendance d'état ». Dans le premier cas, on a une simple corrélation entre ancienneté au chômage et probabilité de sortie, qui serait due au fait que, toutes choses égales par ailleurs, les plus employables sortent les premiers du chômage, et que ne restent donc au chômage, à mesure que le temps passe, que les moins employables. Dans le second cas, on a, au contraire, causalité : les compétences des individus et leur motivation se dégradent au fur et à mesure qu'ils restent au chômage, ce qui diminue leur chance de retrouver un emploi au cours du temps.

On ne discutera pas plus avant ici sur ce plan des méthodes dans cet article qui cherche seulement à illustrer le contraste avec certains travaux menés en France.

3. LA RÉALITÉ DES MÉTHODES EMPLOYÉES DANS LES TROIS CAS FRANÇAIS ENVISAGÉS ET LA PORTÉE ET LES LIMITES DES RÉSULTATS

Bien que nous n'ayons pas tous les bilans en la matière, il est possible de penser, au terme d'une observation sommaire, que les méthodes employées en France dans le domaine considéré n'ont pas été fréquemment des méthodes expérimentales avec groupe de contrôle. En France, les programmes que nous évoquons ont bien donné lieu à des tentatives d'évaluation d'efficacité (atteint-on les objectifs ?), d'efficience (le fait-on au moindre coût) ou de l'impact (produit-on des effets nets globalement positifs au regard de l'ensemble des préoccupations d'intérêt public ?) (CONSEIL SCIENTIFIQUE DE L'ÉVALUATION, 1996). Lorsque plusieurs programmes ont coexisté avec un objectif commun, on s'est aussi posé des questions sur la cohérence d'ensemble des dispositifs (CONSEIL SCIENTIFIQUE DE L'ÉVALUATION, 1996 ;

COMMISSARIAT GÉNÉRAL DU PLAN, COMITÉ INTERMINISTÉRIEL DE L'ÉVALUATION DES POLITIQUES PUBLIQUES, 1997) Mais les méthodes utilisées ont souvent été les méthodes de mesure des effets bruts des programmes à partir de données individuelles longitudinales non expérimentales (BONNAL et al., 1997, par exemple) et non les méthodes de mesure des effets nets pour la première approche réalisée en France avec groupe témoin mais dans un autre secteur, celui des aides publiques à l'entreprise (FLOC'HLAY, 1995).

On illustrera le cas français le plus courant en observant plus attentivement et sans souci de représentativité trois études françaises auxquelles nous avons participé, études sur les effets de dispositifs assez semblables au regard de différents critères. Dans les trois cas envisagés, les politiques et les cahiers des charges ou les termes de référence de l'évaluation ne comprenaient pas le souhait de voir se développer la méthode expérimentale : seuls les effets bruts des formations d'adultes en difficulté ont donc été établis, quantitativement et qualitativement ce qui a conduit, compte tenu de la professionnalité des chargés d'évaluation à des résultats fiables mais aussi, compte tenu de la méthode employée, à des résultats de portée partiellement limitée en termes d'évaluation récapitulative (dans chacun des cas envisagés, par contre, de grands effets ont été produits en termes d'évaluation endoformative, c'est à dire avec apprentissage en cours de processus).

3.1. Les actions étatiques d'insertion et de formation

3.1.1. Description de la mesure

Soucieux de renforcer la lutte contre le chômage en général et plus particulièrement le chômage de longue durée, les pouvoirs publics, dès la fin de l'année 1989, ont mis sur pied un certain nombre de mesures qui sont entrées en application dès le début de l'année 1990. Ces mesures appelées Actions d'insertion et de formation (AIF), ont constitué dès lors et jusqu'au moment où le relais a été pris par les stages d'insertion et de formation à l'emploi en 1994, l'instrument de formation et d'insertion essentiel destiné à favoriser la réinsertion professionnelle des chômeurs de longue durée et prioritairement celle des chômeurs qui ont subi les durées de chômage les plus longues, de ceux qui sont le plus en difficulté et des bénéficiaires du RMI. Ces mesures étaient destinées en priorité à un public adulte (plus de 25 ans) et non primo demandeur d'emploi. Les actions d'insertion et de formation sont devenues en 1990 avec les contrats de retour à l'emploi (CRE) et les contrats emploi solidarité (CES), l'ossature des mesures pour la formation et l'insertion professionnelle des chômeurs de longue durée, auxquelles on doit ajouter les stages du Fonds national de l'emploi (FNE)pour femmes isolées ou encore femmes seules qui se sont consacrées à l'éducation de leurs enfants et qui ne perçoivent plus de prestations familiales régulières. Le dispositif AIF s'est donc présenté comme la réponse des pouvoirs publics, en matière de formation professionnelle et de réinsertion à l'emploi, à un état de fait résultant d'une démultiplication des mesures dans ce domaine tout au long des années 1980.

C'est ainsi que trois ensembles de mesures destinées jusqu'alors aux chômeurs de longue durée, les stages de réinsertion en alternance (SRA), les stages modulaires ANPE et les stages FNE chômeurs de longue durée, ont été réunis et ont cédé leur place au seul dispositif AIF dès le début de 1990.

Globalement, deux aspects sont à souligner du point de vue de la recherche de l'efficacité. Il y eut d'abord une recherche d'efficacité à travers l'incitation à susciter la demande de formation : en effet, l'unification des mesures et le recentrage sur une même administration du service public de l'emploi (DDTE) devaient permettre de consolider la lisibilité des aides et de renforcer la demande de formation par rapport à l'offre. Cela devait permettre au service public de l'emploi, non pas de se présenter d'une façon dispersée et éclatée sur le marché de la formation, mais au contraire de peser de tout son poids sur l'offre de formation pour que la demande puisse prévaloir sur l'offre de formation. Il y a eu également recherche d'efficacité à travers la procédure d'élaboration et de déploiement des actions. Cherchant à coller de plus en plus à la réalité des stagiaires, le dispositif AIF a tenté, à travers la diversité des formations, d'assurer à chaque stagiaire le parcours de formation qui lui serait le plus favorable. C'est donc à travers une combinaison des modules de formation susceptibles de répondre aux besoins réels des demandeurs d'emploi (pris individuellement) que l'individualisation du parcours de formation devait prendre racine. En résumé, on a été en présence d'un dispositif unique, d'une seule administration responsable, d'une articulation géographique cohérente, cherchant à assurer une position plus favorable du demandeur sur le marché de la formation.

3.1.2 La méthode d'évaluation employée

La méthode utilisée a été celle des effets bruts, méthode précédemment décrite. On a suivi pendant les quatre années suivant la formation (1992-1996) un échantillon tiré dans la population de base (200 bénéficiaires), échantillon dirigé car tiré au hasard mais en respectant la proportionnalité du nombre de candidats de chacun des bassins d'emploi et la répartition respective des hommes et des femmes. L'échantillon de 200 bénéficiaires se répartissait sur quatre bassins d'emploi de chacun des départements bretons.

Dans cette évaluation des effets bruts, l'enquête elle-même a consisté en des entretiens semi-directifs ayant comme support un guide relativement fermé. La démarche a été identique pour chacun des bassins d'emploi : constitution des fichiers de la population de base avec l'adresse et le numéro de téléphone disponibles lors de l'enquête précédente et, dans un premier temps, demande de rendez-vous par téléphone, le lieu et la date de rendez-vous étant laissés au choix de l'enquête. Pour les absents, on a utilisé une recherche par minitel dans la région et les régions voisines, suivie si nécessaire d'une recherche patronymique ce qui a permis dans certains cas, à travers la (les) famille(s), soit de localiser le bénéficiaire, soit de disposer d'informations sur son « devenir ». Finalement, pour les « introuvables », un envoi postal a été réalisé à l'ancienne adresse avec demande de faire suivre le courrier, ce qui a encore permis de toucher quelques bénéficiaires ayant changé d'adresse et également, au retour du courrier, de connaître les « inconnus à cette adresse ». Cela a permis de connaître aussi bien pour les enquêtés que pour les non-enquêtés ceux qui avaient ou non changé d'adresse pendant la période qui s'étend entre la première et la deuxième enquête.

3.1.3. Portée et limites de quelques résultats

Parmi les résultats très importants pour le commanditaire, on trouve les résultats suivants (CEREQ-BRETAGNE et FARIA DE OLIVEIRA, 1998) : concernant les caractéristiques des bénéficiaires, la majorité des bénéficiaires a changé de domicile dans les quatre ans ; les femmes ont été plus mobiles que les hommes ; la mobilité a surtout concerné les jeunes, les plus diplômés et les personnes célibataires, séparées ou divorcées ; elle va plus de pair avec l'emploi ; les catégories sont principalement les employés qualifiés et non qualifiés puis les ouvriers qualifiés. Concernant le parcours professionnel après AIF du bénéficiaire réenquêté, on mesure certes une petite baisse du pourcentage des chômeurs et la part des ex-stagiaires occupant un emploi régulier ou ayant créé une entreprise est supérieure en 1996, soit 45,3 %, à celle de 1992. Mais, il reste une partie importante de chômeurs résistants (51,7 % des chômeurs de 1992 le sont encore en 1996 et moins d'un tiers d'entre eux a accédé à un emploi). Presque le tiers des bénéficiaires a connu le chômage pendant au moins un an après formation mais d'autres bénéficiaires sont bien insérés (50,8 % n'ont connu qu'un ou deux emplois dans les 48 mois suivant la formation), et ceci quel que soit le sexe mais corrélé avec un diplôme plus élevé ; alors que la précarité de certains semble appeler de nouvelles précarités (instabilité chronique). 68 % des bénéficiaires ont considéré ex-post que l'AIF était un atout pour l'emploi et pour se remobiliser dans la recherche d'emploi alors même qu'ils restent souvent sceptiques sur la lutte menée contre le chômage par ce moyen.

Parmi les questions que la méthode des effets bruts ne pouvait traiter, on trouve, par exemple, les questions suivantes : que signifie la mesure absolue de l'indicateur d'insertion ? Que signifie le taux de satisfaction par rapport à la mesure (60,9 %) ? À quoi peut-on le comparer ? La formation a-t-elle réellement pallié le manque de qualification alors qu'on observe que les bénéficiaires réemployés le sont souvent à des postes moins qualifiés ? Ce sont les réponses à de telles questions qui, effectivement, auraient pu être fournies par des méthodes plus expérimentales ou quasi expérimentales.

3.2. Les aides régionales à la formation de type « Chèque force »

3.2.1. Description de la mesure

Le dispositif « Chèque force » a été mis en œuvre en 1989, dans le cadre du contrat de plan État-région 1989-1993 et reconduit quasiment à l'identique dans le contrat de plan 1994-1998. Le Chèque force a eu pour objectif de financer la formation pour faciliter la reprise d'activité ou l'accès à un premier emploi, grâce à une formation individualisée permettant de réaliser un projet professionnel. Selon les termes de la convention passée, il s'agissait « *de permettre à des jeunes ou à des actifs privés d'emploi de parfaire leurs compétences par une formation personnalisée. Le Chèque force repose sur le principe de mise en relation d'une demande individuelle avec une offre de formation régionale habilitée afin d'apporter une réponse ajustée à des besoins individuels de formation.* » L'objectif officiel était le reclassement rapide de demandeurs d'emploi inscrits au chômage depuis moins de 12 mois. Quant aux instruments, le Chèque force prévoit l'attribution à chaque bénéficiaire d'un chéquier-formation lui permettant de réaliser, en moins de 400 heures, un parcours de formation individualisé visant à combler un déficit de compétences. Avant de se voir attribuer des Chèques force, chaque bénéficiaire devait établir son projet professionnel avec le concours d'un réseau d'évaluation-orientation principalement constitué des agences locales de l'ANPE. En outre, les formations devaient obligatoirement se dérouler dans des organismes de formation dûment habilités, réunissant les conditions nécessaires à l'individualisation de la formation. Enfin, chaque parcours était validé par une cellule inter institutionnelle préalablement à sa réalisation.

Le Chèque force[1] n'a pas été conçu comme une mesure isolée. Il s'est en effet inséré dans le cadre d'une politique plus large en faveur de la formation et de l'insertion offrant aux demandeurs d'emploi une gamme variée de mesures et d'actions appropriées à leurs besoins. Mais une attention particulière lui a été portée ce qui explique que l'État et la région de Bretagne ont souhaité évaluer le dispositif de formation Chèque force afin d'acquérir une meilleure connaissance des résultats et de l'impact de cette mesure mais aussi des conditions de sa mise en œuvre. L'objectif a été de comprendre et d'analyser le dispositif Chèque force en termes d'efficacité, d'effectivité et de cohérence.

---

[1] FORCE : formation reclassement conduisant à l'emploi.

3.2.2. La méthode d'évaluation utilisée

Malgré la sophistication des méthodes, la professionnalité des chargés d'évaluation et la décomposition du travail en étapes, il ne s'agit toujours que d'une analyse des effets bruts.

L'évaluation a été décomposée en trois phases : premièrement, une analyse statistique descriptive des publics touchés par le dispositif qui a consisté tout d'abord à rendre compte de la réalité du Chèque force (caractéristiques des bénéficiaires, stratégies d'utilisation des chèques), mais aussi à connaître la population des bénéficiaires du Chèque force et à préparer un échantillon représentatif de bénéficiaires ; deuxièmement, une évaluation de l'efficacité et de l'impact du dispositif (en termes de devenir des bénéficiaires du point de vue de l'objectif d'insertion dans l'emploi) qui a cherché à savoir si l'objectif du Chèque force a été atteint, à mesurer l'adéquation entre les parcours de formation et les besoins personnalisés et à cerner la valeur ajoutée par le dispositif en évaluant ses effets directs et indirects, quantitatifs et qualitatifs, intentionnels ou pervers ; troisièmement, une analyse des pratiques de mise en œuvre du Chèque force (le point de vue des organismes d'évaluation-orientation et de formation). Il s'agissait, dans ce dernier cas, de discerner l'influence des comportements ou logiques observées sur le fonctionnement du dispositif, d'étudier le mode de fonctionnement du dispositif, et de mettre à jour les évolutions constatées par rapport au fonctionnement théorique du dispositif dans le but de préparer d'éventuelles propositions d'évolution de son fonctionnement. Les données n'ont été ni expérimentales ni quasi expérimentales, mais l'évaluation a dépassé ici la recherche habituelle pour se rapprocher de l'audit des procédures et des routines organisationnelles : on peut en résumer les principales phases.

Une analyse statistique et des typologies des usages du Chèque force

L'analyse statistique a porté sur la période 1989-1995. Deux fichiers mis à disposition par la région et relatifs au Chèque force ont été analysés : le fichier des 57 181 Chèques force distribués entre 1989 et 1995, le fichier des 11 642 bénéficiaires de ces 57 181 Chèques force. Ces deux fichiers indépendants ont été fusionnés afin de réaliser des analyses croisées. Les premières analyses ont consisté à décrire et caractériser les Chèques Force attribués et la population des bénéficiaires. Ces analyses descriptives ont certes fait ensuite l'objet de comparaisons avec la population des demandeurs d'emploi de Bretagne : mais, cette comparaison a été faite en termes très généraux. La connaissance de la spécificité de l'attraction du dispositif a été améliorée mais il n'a pas été demandé ensuite de se servir de cette connaissance pour essayer de constituer un groupe de référence. L'analyse des domaines de formation, des évolutions de la procédure dans le temps et dans l'espace entre les quatre départements bretons et la comparaison des profils des bénéficiaires ont complété ces investigations.

Les analyses réalisées incluent une typologie des bénéficiaires de nature sociodémographique (âge, sexe, niveau de formation initiale, motif d'inscription) et une typologie des bénéficiaires en termes d'utilisation de la procédure Chèque force (les pluridisciplinaires, les concentrés, les mesurés). En croisant ces deux typologies, il a été possible d'étudier la liaison entre le besoin de formation évalué à partir du niveau de formation initiale et l'utilisation de la procédure Chèque force. D'autre part, ces approches ont été complétées en étudiant les liaisons entre l'utilisation de la procédure Chèque force et l'offre de formation présente sur la région. Enfin, à l'aide d'une centaine d'indicateurs sociodémographiques sur les 18 zones d'emploi bretonnes, une recherche systématique des déterminants et des facteurs explicatifs de l'utilisation de la procédure Chèque force a été réalisée.

Un double échantillonnage, une enquête d'insertion, des entretiens auprès des bénéficiaires

La seconde phase de l'évaluation, très riche, mais relevant toujours de la méthode des effets bruts, a comporté deux parties : une enquête d'insertion réalisée auprès d'un échantillon des bénéficiaires de la mesure Chèque Force et des entretiens approfondis.

L'enquête d'insertion a consisté en une enquête de cheminement qui a recensé et caractérisé les différentes situations vécues par les bénéficiaires d'une formation lors de leur retour sur le marché du travail au cours d'une période d'observation donnée. Cette enquête a repéré trois grandes situations (emploi, formation, autre) précisées respectivement par une nature d'emploi (contrat de droit commun, emploi aidé...), de formation (initiale, continue, en alternance) ou d'autres situations (chômage, inactivité, service national...). Pour évaluer l'intégration dans l'emploi des 12 000 bénéficiaires du Chèque force, l'année 1993 a été retenue comme année de référence. L'échantillon initial était constitué de 468 personnes. Toutefois, devant l'impossibilité de joindre certaines d'entre elles, un recylindrage a été pratiqué, selon les normes habituelles, pour reprendre 160 personnes dans le fichier mis à disposition par la région. Au final, ce sont 628 personnes envers lesquelles la démarche d'enquête téléphonique a été tentée. Le taux de réponse a été finalement de 67 %. Un échantillon de 421 personnes a donc répondu finalement (soit 26 % des bénéficiaires de 1993). Cet échantillon a été comparé aux caractéristiques sociodémographiques de l'ensemble des bénéficiaires de la mesure. L'ajustement du fichier initial par la région, la nécessité de recylindrer l'échantillon, le fait que seuls des bénéficiaires de 1993 aient été interrogés ont nécessairement introduit de légers biais plus ou moins sous contrôle. Cependant, l'intérêt des résultats est très grand.

Les personnes enquêtées ont décrit de façon précise les situations vécues à l'issue du Chèque force ainsi que les durées de celles-ci. Ainsi, leurs trajectoires individuelles ont pu être tracées. Une typologie des trajectoires a été réalisée. En outre, à l'issue de l'enquête, la question suivante a été posée aux bénéficiaires : « *Par rapport au dispositif Chèque force êtes-vous très satisfait, satisfait ou insatisfait ? Dites en quelques phrases ou quelques mots les raisons de cette satisfaction ou insatisfaction* », ce qui a constitué une possibilité d'obtenir des matériaux plus qualitatifs.

Soixante entretiens face à face ont été conduits auprès de 30 personnes ayant vécu une trajectoire d'emploi continu dans les deux ans ayant suivi leur sortie du Chèque force et 30 personnes ayant vécu une situation d'inactivité totale (choix dirigé vers les situations extrêmes). L'objectif principal était de savoir pourquoi des bénéficiaires ayant eu un usage identique du dispositif se retrouvaient au bout du compte dans des trajectoires d'insertion post Chèque force différentes, voire opposées. Le questionnement retenu dans la phase d'entretiens qualitatifs a donc été constitué de trois points principaux : faire parler des spécificités du dispositif, entendre les facteurs présumés d'insertion professionnelle, faire émerger les autres effets du dispositif Chèque force. Une grille d'entretien a été élaborée, elle a été organisée en trois séquences chronologiques : la première séquence porte sur ce qui s'est passé avant le Chèque force : le parcours antérieur, le processus d'entrée dans le dispositif. La seconde séquence porte sur le déroulement du Chèque force, les choix des domaines de formation. La troisième séquence concerne l'après Chèque force : les changements perçus par l'interviewé, les apports du Chèque force et le parcours post-Chèque force. Après une lecture et analyse sémantique des entretiens, une liste de thèmes a été définie pour constituer la grille de traitement qualitatif. L'organisation des informations dans la grille d'analyse a permis de mettre en évidence des points communs et des différences et d'en déduire des typologies qualitatives pour les thèmes qui s'y prêtaient. L'analyse a donc été à la fois verticale (une analyse est conduite pour chacun des entretiens) et horizontale (comparaison inter entretiens).

Un « audit » des pratiques

Cette troisième phase de l'évaluation a analysé les pratiques actuelles de mise en œuvre du Chèque force afin de mettre en lumière, tout d'abord, l'influence des comportements ou logiques observées sur le fonctionnement du dispositif, ensuite, les modes de fonctionnement du dispositif, enfin, les évolutions constatées par rapport au fonctionnement théorique du dispositif. La démarche a concerné deux types d'acteurs : les organismes d'évaluation-orientation et les organismes de formation habilités. Il s'agissait de chercher à connaître et comprendre les fonctionnements des uns et des autres, et l'interface des deux types d'institution. Le champ d'étude a été restreint à 4 bassins d'emploi bretons : Lannion, Morlaix, Rennes et Vannes. La démarche a croisé deux types d'approches : une démarche d'évaluation externe (à partir d'un modèle d'interprétation préalable stabilisé et validé, les consultants ont mené une enquête qualitative auprès d'un échantillon représentatif des acteurs) et une démarche participative impliquant l'ensemble des organismes concernés dans le diagnostic et les préconisations. La démarche, dans cette phase finale d'évaluation a comporté trois temps : l'interview des gestionnaires du dispositif afin de dégager un référentiel des effets attendus, les interviews auprès des organismes de formation et des organismes d'évaluation-orientation afin de recueillir les pratiques et en comprendre les logiques et des tables rondes réunissant l'ensemble des opérateurs Chèque force des quatre bassins d'emploi.

3.2.3. Portée et limites des résultats obtenus

La richesse extrême des résultats a permis d'améliorer la connaissance et même de conduire chemin faisant et ex post des rétroactions conduisant à des améliorations du programme. Les résultats obtenus comprennent une typologie des bénéficiaires de nature sociodémographique, une typologie des bénéficiaires en termes d'utilisation de la procédure Chèque force. Le croisement de ces deux typologies a permis d'étudier la liaison entre le besoin de formation évalué à partir du niveau de formation initiale et l'utilisation de la procédure Chèque force. Ces approches ont été complétées en étudiant économétriquement les liaisons entre la procédure Chèque-Force et l'offre de formation présente sur la région. On a mesuré les zones qui ont le plus bénéficié de la procédure. Ce sont celles disposant de personnels de production très qualifiés (ingénieurs, cadres techniques...), où le poids de l'encadrement est élevé, et même où il a augmenté (1982-1990), où les grands établissements sont les plus présents, où le taux de scolarisation des 20-24 ans est le plus élevé en 1990 et où il a le plus augmenté (1982-1990), où le taux d'activité des 15-24 ans est le plus faible, où la proportion de DEFM ingénieurs ou cadres est la plus élevée, où le niveau de salaire moyen était le plus élevé en 1991 et où le taux de bacheliers parmi les 25-54 ans est le plus élevé. Toutes ces variables sont bien entendu très liées et donnent un reflet précis des zones concernées. Par contre le taux de chômage, ses variations, la population active, etc., n'ont pas eu d'influence sur l'intensité de l'utilisation du dispositif Chèque force. On a mesuré aussi que, cette situation, si elle est explicable (les mieux formés sont les plus ouverts à des formations supplémentaires), paraît beaucoup trop marquée. Elle est sans doute le reflet de la dominance de la demande individuelle par rapport à l'offre collective et du choix individuel des demandeurs par rapport au réseau d'évaluation–orientation. Un résultat a donc été que ce sont les zones d'emploi dont les populations sont plutôt plus dynamiques, par leur niveau de qualification, de diplôme, d'encadrement, de revenus qui ont le plus bénéficié de la procédure Chèque force. À l'issue des deux années suivant la formation, près des deux tiers des personnes bénéficiaires sont en emploi (tous types d'emploi et de contrats de travail) avec une proportion sensiblement égale d'hommes et de femmes. Mais la nature des contrats de travail met en évidence une moindre stabilité pour les femmes qui sont près de 30 % en CDD contre 19 % pour les hommes, eux-mêmes à 72 % en CDI contre 53 % pour les femmes. Par ailleurs, on a mesuré que, si les plus jeunes sont plus nombreux en situation d'emploi, leur situation estimée est moins stable. En effet, si 52 % des 16-25 ans sont en CDI deux ans après leur sortie du Chèque-Force, les 40-50 ans le sont à plus de 70 %. Les personnes en emploi à l'issue des deux ans d'observation occupent des emplois concentrés (55 %) sur trois professions : employé administratif, professions intermédiaires administratives et commerciales, et chauffeurs. De plus, les entreprises dans lesquelles les personnes travaillent sont à 70 % dans le secteur tertiaire, ce qui n'est pas étonnant quand on sait que 85 % des modules de formation attribués relevaient du tertiaire. Enfin, les emplois sont à 70 % à temps complet, (mais les femmes travaillant quant à elles à 43 % à temps partiel), le temps partiel étant concentré (66 %) dans les entreprises de 1 à 4 salariés et de 10 à 49 salariés. Les personnes enquêtées ont décrit de façon précise les situations vécues à l'issue du Chèque force ainsi que les durées de celles-ci. Ainsi, leurs trajectoires individuelles ont pu être tracées qui, par cumul, donnent les courbes ci-dessous :

Graphique 1
Trajectoires individuelles

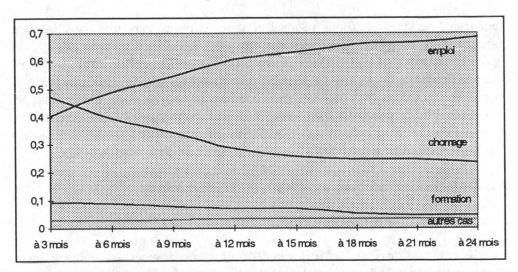

On constate que le renversement des courbes de l'emploi et du chômage intervient à 4 mois et que, 24 mois après la sortie, la courbe de l'emploi continue de croître. On note aussi que cette image de l'insertion est sensiblement différente pour les hommes et les femmes, ces dernières progressant plus lentement vers l'emploi même si, au bout de la période, elles atteignent sensiblement le même niveau. Les niveaux de formation influencent la vitesse d'insertion, les niveaux III accèdant le plus rapidement à l'emploi. Par contre, les courbes de l'emploi et du chômage se renversent après 6 mois pour les niveaux IV et V bis, ces derniers atteignant 60 % en emploi à 9 mois sans gains ultérieurs significatifs. Enfin, l'analyse longitudinale a complété ces résultats de l'insertion, chaque trajectoire individuelle de chacun des bénéficiaires étudiés ayant été classée dans la typologie suivante : .

T1 :   emploi continu (supérieur ou égal à 92 % de la période observée),

T2   : emploi dominant (entre 50 % et 92 %),

T3 : emploi minoritaire (entre 8 % et 50 %),

T4 : inactivité (autres cas).

Il ressort de l'étude que 22 % sont en T1 mais la répartition hommes-femmes est déséquilibrée (28 %-17 %). À l'opposé, la trajectoire T4 concerne 15 % des bénéficiaires sans disparité de sexe. Dans les deux autres trajectoires T2 et T3, les femmes sont majoritaires ce qui confirme leurs plus grandes difficultés d'accès à l'emploi. Enfin, concernant l'appréciation du dispositif, près de 92 % des personnes se sont déclarées satisfaites ou très satisfaites. Elles étaient ensuite invitées à indiquer en quelques mots leurs motifs de satisfaction ou d'insatisfaction. L'exploitation de cette seconde partie nuance la satisfaction globale en renforçant son caractère positif ou en la modérant. Ainsi, au-delà d'une appréciation globale et dans tous les cas largement positive du Chèque force, l'exploitation de cette question ouverte met en évidence des points critiques tels que la qualité de la formation et la prescription.

Cependant, quelques questions résiduelles sont évidemment restées sans réponse compte tenu de la méthode des effets bruts qui a été utilisée. Il s'agit par exemple de l'interprétation du fort taux d'insertion des bénéficiaires au bout de 24 mois : celui-ci est de l'ordre de deux tiers. Ce taux ne peut être comparé à un taux de référence en matière d'insertion dans des dispositifs comparables en raison de la spécificité de l'attractivité du dispositif Chèque force, dispositif assez innovant par surcroît car comptant davantage que d'autres dispositifs sur l'autonomie de l'adulte en difficulté et sa capacité à prendre davantage en charge sa demande de formation.

3.3. Les formations proposées aux RMistes en Ille et Vilaine

3.3.1. le dispositif de formation

Dans le cadre du dispositif RMI, les bénéficiaires ont pu recevoir un financement pour une formation, celle-ci s'inscrivant dans leur parcours vers l'insertion sociale et/ou professionnelle. Il s'agit donc d'une mesure qui vise aussi à modifier les caractéristiques de la situation au regard de l'emploi d'une population en difficulté, afin d'accroître son employabilité.

Pour l'évaluation, face à l'importante hétérogénéité des actions de formation[2], une double problématique a été dégagée : il s'agissait de savoir quelle était l'efficacité de la formation au regard de ses objectifs propres, c'est-à-dire quelle était l'efficacité de la formation en tant que médiateur vers l'emploi. L'évaluation des actions de formation mises en œuvre pour les bénéficiaires du RMI en 1996-1997 en Ille-et-Vilaine a cherché à mesurer les effets de la politique en termes d'impact sur le devenir des bénéficiaires et de comprendre les logiques de son fonctionnement. On s'est donc interrogé, dans un premier temps, sur la façon dont les besoins sont identifiés, le type de réponses apportées, les instruments sollicités, afin de vérifier leur conformité et de souligner l'existence de déterminants et de facteurs explicatifs du plus ou moins bon déroulement de la formation. Dans un second temps, l'évaluation s'est attachée plus précisément à mesurer l'impact de la formation sur le bénéficiaire.

3.3.2. Les méthodes

Afin de répondre à ces différentes interrogations, l'évaluation a adopté une double démarche qualitative et quantitative. La démarche qualitative s'est appuyée sur une série d'entretiens semi-directifs avec différents acteurs se trouvant à la fois en amont de l'action – et parfois à l'initiative de cette action – en accompagnement et en aval de l'action. La CLI (Commission locale d'insertion) constitue l'unité mère pour déterminer les différents entretiens. L'échantillonnage dirigé a été effectué suivant la méthode des quotas en se basant sur des critères de sélection inscrits dans le cahier des charges : la zone géographique, les volumes de formation, la fonction des personnes et les organismes retenus par les commanditaires. Ainsi, le critère géographique a permis de distinguer les CLI selon leur environnement économique et logistique à travers des situations urbaines, suburbaines et rurales, tandis que le critère « volume de formation » a pris en compte l'ampleur des actions de formation menées dans chaque CLI. Ont donc été interrogés, pour trois CLI, les présidents de CLI et l'ensemble des Animateurs locaux d'insertion (ALI), et pour la CLI la plus importante le président et un échantillon d'ALI déterminé à partir d'une base de sondage stratifiée par quartiers. En outre, des entretiens ont été réalisés auprès des correspondants ANPE rattachés aux CLI, des directeurs ANPE des bassins d'emploi concernés, des directeurs et formateurs d'organismes de formation. Au total, une cinquantaine d'entretiens ont été menés, privilégiant cette fois en premier l'approche qualitative. Ces entretiens ont permis de dégager les mécanismes et processus du traitement de la demande, du suivi et de l'accompagnement des bénéficiaires pendant et après la formation par chacun des acteurs. Mais, il convient de souligner l'aspect

---

[2] Ces actions de formation sont très diverses tant dans leur objectifs – allant d'une remise à niveau, une formation qualifiante à une technique de recherche d'emploi –, que dans leur forme – collective , individuelle- ou que dans la complexité des mécanismes sollicités.

semi-directif des entretiens avec pour les questionnaires des différents types d'acteurs des questions fermées identiques et une analyse lexicale systématique. Ces questions ont alors été rapprochées et ont permis d'apprécier les différentes perceptions des rôles et places de chacun dans le dispositif selon le type d'interlocuteur et sa fonction. La comparaison des attitudes et impressions des différents acteurs a porté notamment sur la sélection des bénéficiaires, sur les critères de sélection, les motifs de refus, sur les caractéristiques des relations entre les différentes parties prenantes.

L'aspect semi-directif a conduit également à une appréhension quantitative de la mise en place de circuits ou mécanismes dans le cadre du dispositif. Les entretiens ont pu, en effet, être soumis à une étude statistique dégageant les principales tendances et la dépendance plus ou moins significative des variables. Cette démarche qualitative a été complétée par un traitement quantitatif qui a dégagé les logiques du fonctionnement de la mesure, cela devant conduire à des propositions à caractère opérationnel pour faire évoluer le dispositif.

L'évaluation s'est appuyée en outre sur une démarche quantitative directe auprès des bénéficiaires, afin de mesurer l'impact de la formation sur leur devenir. L'interrogation a été réalisée par questionnaires postaux auprès d'un échantillon de bénéficiaires de la mesure. L'échantillon a été constitué de l'ensemble des bénéficiaires du département d'Ille-et-Vilaine sur une année donnée par le commanditaire, à savoir de juin 1996 en juillet 1997. Sur cette période, 712 actions de formation ont été menées auprès de bénéficiaires du RMI en Ille-et-Vilaine. Les personnes ayant suivi plusieurs formations ont été interrogées une seule fois en prenant en considération la première formation suivie. Les questionnaires n'ont pas été envoyés – en accord avec les commanditaires – aux personnes dont les coordonnées postales n'étaient pas fournies, aux personnes ayant suivi une formation de lutte contre l'illettrisme et aux gens du voyage qui avaient bénéficié d'une formation mais qui se trouvaient « en partance » au moment de l'enquête. Au total, 604 questionnaires ont été envoyés, 41 n'ont pas été distribués pour des problèmes d'adresse et 225 réponses ont été reçues avant relance[3]. Le questionnaire a recueilli des données longitudinales individuelles sur trois états du bénéficiaire : avant la mise en place de la formation, pendant le déroulement de la formation et six mois après la sortie de formation. Un délai minimal de six mois est apparu nécessaire pour pouvoir apprécier la situation du bénéficiaire vis-à-vis de l'insertion. Les éléments de la première partie ont permis de caractériser le bénéficiaire et d'isoler les effets bruts propres du dispositif. Les éléments concernant le déroulement de la formation ont pu permettre d'apprécier l'influence de la logistique sur les résultats. Enfin, les derniers éléments caractérisent l'insertion du bénéficiaire avec une palette des différents états possibles afin de nuancer le terme d'insertion et

---

[3] Le nombre définitif de réponses après relance téléphonique n'est pas encore disponible.

de ne pas cantonner le résultat à « *le bénéficiaire est ou n'est pas inséré dans l'emploi* ».

L'ensemble de ces données a été traité de façon économétrique, avec la mise en place d'un modèle de type logit ct/ou probit, afin de déterminer 1) quelles sont les variables qualitatives explicatives de l'insertion qui peuvent être interprétées et 2) si la probabilité de l'insertion (sociale, économique, professionnelle) est une fonction croissante ou décroissante d'une des variables qualitatives du questionnaire. L'exploitation de ces résultats a pu permettre de mesurer l'effet brut médiateur de la formation et de voir en quoi elle a modifié ou non la position du bénéficiaire sur le marché de l'emploi au regard de sa situation antérieure. L'exploitation doit également conduire à dresser des profils types de bénéficiaires pour lesquels la formation constitue un réel catalyseur dans leur parcours vers l'insertion et ceux pour lesquels, à l'inverse, l'apport de la formation est moins directement perceptible.

L'évaluation de ces formations offertes aux RMIstes, grâce à une méthodologie mixte, a permis de considérer les actions de formation mises en place dans leur globalité. L'évaluation peut ainsi aller au-delà d'une vérification de conformité du dispositif au regard de ses objectifs et des modalités techniques de fonctionnement, et déboucher sur des propositions à caractère opérationnel. En outre, l'impact du dispositif est appréhendé quantitativement et permet une mesure objective de son efficacité au regard de l'insertion des bénéficiaires.

Mais, compte tenu de la politique non discriminante et du cahier des charges, on ne saurait à nouveau en attendre des constructions de données expérimentales.

4. CONCLUSION

Les méthodes d'évaluation conduisent souvent à des résultats précis en matière d'effets nets de dispositifs de formation d'adultes en difficulté. C'est au prix d'expérimentations de politiques qui deviennent alors forcément discriminantes. En France, la mesure des effets bruts est la plus répandue. En contrepartie, les résultats obtenus ne peuvent pas, comme dans les trois cas évoqués, être appuyés sur des données individuelles longitudinales et expérimentales, ni même quasi expérimentales (pour d'autres traitements, sur données expérimentales, HECKMAN *et al.*, 1997 ; HOTZ *et al.*, 1997). En conséquence, si de très riches apports ont été généralement obtenus dans la connaissance des effets bruts des dispositifs, si l'évaluation a été, dans les trois cas, très en phase avec les services, souvent participative et endoformative (c'est-à-dire avec apprentissage), certains résultats ont la caractéristique un peu frustrante de devoir être interprétés avec prudence : il s'agit surtout de l'effet net des dispositifs sur l'insertion, de la sélectivité des dispositifs et de l'effet des dispositifs lorsqu'on analyse les compositions d'effets de différents dispositifs ciblés sur les mêmes segments de main-d'œuvre.

Maurice Baslé, Agnès Checcaglini,
Fernando Faria De Oliveira, et Isabelle Henri

BIBLIOGRAPHIE

BLOOM H., ORR L., CAVE G., BELL S. et DOOLITTLE F. (1993), *The National JTPA Study : Title II A Impacts on earnings and employment at 18 Months*, Bethesda, Abt Associates.

BONNAL L., FOUGERE D. et SERANDON, A. (1997), « Evaluating the Impact of French Employment Policies on Individual Labour Market Histories », *Review of Economic Studies*, vol. 64.

BOUDON, R. et BOURRICAUD, F. (1986), *Dictionnaire critique de la sociologie*, Presses universitaires de France, 2e édition.

CEREQ-BRETAGNE et FARIA DE OLIVEIRA (1998), *Les actions d'insertion et de formation en Bretagne. La situation d'un groupe de bénéficiaires 4 ans après*, rapport à la direction régionale du travail, de l'emploi et de la formation professionnelle de Bretagne, février.

CHECCAGLINI A. (1998), *Évaluation des actions de formation mises en œuvre pour les bénéficiaires du RMI en Ille-et-Vilaine*, étude en cours pour le conseil général d'Ille-et-Vilaine.

COMITÉ RÉGIONAL D'ÉVALUATION DES POLITIQUES PUBLIQUES (1998), « Evaluation du dispositif de formation individualisée Chèque force », *Rapport de synthèse de l'Evaluation*, CRE.

CONSEIL SCIENTIFIQUE DE L'ÉVALUATION (1996*), Petit guide de l'évaluation des politiques publiques*, Paris, la Documentation française.

DAVIS D.-D., HOLT C.-A., *Experimental Economics*, Princeton University Press.

FLOC'HLAY B. (1995), *Evaluation de l'action collective publique : questions de méthode et application au cas d'une politique publique européenne*, thèse pour le doctorat es sciences économiques, Université de Rennes 1.

FREIDMAN D. et SHYAM S. (1994), *Experimental methods : a primer for economists*, Cambridge University Press.

GRITZ R.-M. (1993), « The impact of training on the frequency and Duration of Employment », *Journal of Econometrics*, vol. 57.

HECKMAN J.-J. (1997), « Making the Most out of Programme Evaluations and Social Experiments : Accounting For Heterogeneity in Programme Impacts », *Review of Economic Studies*, vol. 64.

HECKMAN J.-J., ICHIMURA H. et TODD P.-E. (1997), « Matching as an Econometric Evaluation Estimator : Evidence from Evaluating a job Training programme », *Review of Economic Studies*, vol. 64.

HEY, J.-D. (ed.) (1994), *Experimental Economics*, Heidelberg, Physica Verlag.

HOTZ V.-J., MULLIN C.-H. et SANDERS S.-G. (1997), « Bounding Causal Effects Using Data from a contaminated Natural Experiment : Analysing the Effets of Teenage Cohilsdbearing », *Review of Economic Studies*, vol. 64.

KAGEL J. et ROTH A. (ed.) (1995), *Handbook of Experimental Economics*, Princeton University Press.

LEMOIGNE J.-L. (1990), *La modélisation des systèmes complexes*, Paris, Dunod.

MATHEMATICA POLICY RESEARCH (1994), *Evaluation of the impact of the job corps program on participants' postprogram Labor Market and related behavior*, Study design report, march.

PEREZ C. (1998), « L'évaluation des programmes d'emploi et de formation aux Etats-Unis », in Conseil scientifique de l'évaluation, *L'évaluation en développement, 1997. Rapport annuel sur l'évolution des pratiques d'évaluation des politiques publiques*, Paris, La Documentation française.

RIDDER G. (1986), « An Event History Approach to the Evaluation of Training. Recruitment and Employment Programs », *Journal of Applied Econometrics*, vol. 1.

ROSSI P.-H. et FREEMAN H.-E. (1993), « *Evaluation. A systematic approach* » 5e édition, Sage.

SMITH V.-L. (ed.) (1990), *Experimental Economics*, Aldershot, Elgar, Brookfirld, Gower Publ.

STANKIEWICZ F. (1998), *Travail, compétences et adaptabilité*, Paris, L'harmattan.

STANKIEWICZ F. (1994), « Comment évaluer l'efficacité des stages de formation destinés aux demandeurs d'emploi ? », *Méthodes d'évaluation des politiques sociales*, XIVe journées de l'Association d'économie sociale, septembre, Lille.

TACQ J. (1997), *Multivariate Analysis Techniques in Social Science Research : From problem to analysis*, Sage publications.

TOUGARD L. et VERDIE M. (1995), *Dispositif RMI en Ille-et-Vilaine, Evaluation des actions d'insertion sociale et recherche des obstacles et déclencheurs d'insertion dans les parcours des bénéficiaires*, Rapport final, Paris, Ten Conseil.

US DEPARTMENT OF LABOR, (1993), *The national JTPA study, title II A, Impact on earnings and employment at 18 months*, research and evaluation report.

CHÔMAGE DES JEUNES ET POLITIQUES DE L'EMPLOI

Une synthèse comparative

Gérard Duthil et Estelle Paquet, (Centre de formation continue, CARE « Politiques et marché du travail », université de Rouen)

1. INTRODUCTION

Le chômage des jeunes est, depuis deux décennies maintenant, au cœur des préoccupations affichées par tous les gouvernements. Mais le problème reste entier, malgré les diverses politiques mises en place que ce soit en France ou chez ses partenaires européens. En effet, depuis le début des années 1980 en France, le taux de chômage des 15-24 ans varie inexorablement entre 20 % et 25 %, prenant une ampleur catastrophique dans certaines villes ou bassins d'emploi. Ce chômage des jeunes, parfois massif, peut alors se retrouver source de troubles sociaux aggravés. Dans les pays voisins, excepté en Allemagne, le taux de chômage des jeunes excède celui de l'ensemble de la population. Toutefois, une étude temporelle montre que l'écart entre ces deux taux tend à se réduire nettement au Royaume-Uni et en Espagne et plus faiblement dans les autres pays membres de l'Union européenne, dont la France. Mais, cette dernière se distingue par une plus forte exclusion des jeunes de l'emploi, se traduisant à la fois par leur faible présence sur le marché du travail (faible taux d'activité juvénile) et par le niveau élevé de chômage, celui-ci étant un chômage de rotation puisque leur employabilité et leur vulnérabilité sont toutes deux supérieures à celles des adultes. Finalement, face à ce quasi-état d'urgence, les gouvernements successifs ont élaboré des politiques, visant à résorber le chômage juvénile, tournant autour de deux axes principaux : l'amélioration du capital humain et la réduction du coût salarial.

2. LE CHÔMAGE DES JEUNES : AMPLEUR ET ORIGINES

Ce paragraphe a un double objectif : d'une part faire un état des lieux sur une longue période du chômage des jeunes, et d'autre part présenter les deux grandes origines supposées de ce phénomène.

2.1. Un état des lieux

Au début des années 1970, le taux de chômage des jeunes était aux environs de 5 %, correspondant alors à un chômage conjoncturel (chômage frictionnel), parfois même volontaire (*cf.* les théories de la recherche d'emploi (STIGLER, 1962)). Mais les deux chocs pétroliers vont entraîner une croissance très rapide du chômage des jeunes, plus forte encore que celle du taux de chômage des adultes. De plus, le taux de chômage des jeunes réagit plus amplement aux ralentissements économiques qu'à la reprise. Le système économique fait donc jouer à ceux-ci un rôle d'ajustement par rapport aux fluctuations conjoncturelles.

Graphique 1
Taux de chômage des jeunes et fluctuations conjoncturelles

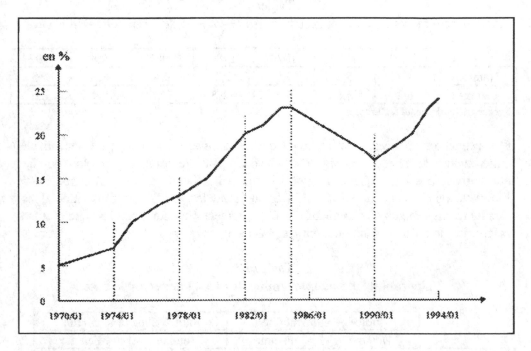

En 1985, le taux de chômage des jeunes est à son maximum. Un jeune sur quatre était au chômage et, élément plus préoccupant encore, un sur trois y était depuis plus d'un an. Ainsi, cela montre les difficultés à la fois d'ajustement entre les offres et les demandes de qualifications sur le marché du travail, et de passage entre la période de formation initiale et l'entrée sur le marché du travail. C'est pourquoi, une politique puissante et diversifiée de lutte contre le chômage des jeunes fut mise en œuvre. La politique de l'emploi des jeunes « *était considérée jusque là, comme un complément redistributif visant à adoucir les conséquences sociales du chômage* » (BOURDET et PERSSON, 1991). Au début des années 1980, la redéfinition de la politique a tout de suite eu des effets positifs sur ce type de chômage. Mais, une plus grande précarité des emplois y a été associée. Toutefois, dès 1991, le taux de chômage des jeunes augmente à nouveau, assez lentement jusqu'en 1992, puis rapidement il atteignait des niveaux records en 1994. Le taux de chômage des 15-19 ans s'élève alors à 26,2 % en 1994 contre 19 % en 1990, tandis que celui des 20-24 ans atteint 27,7 % en 1994 contre 19,2 % en 1990. Ainsi, comme le soulignent MERON et MINNI (1995) l'évolution de ce type de chômage s'est fait en trois temps.

Un autre signe de difficultés d'insertion des jeunes réside dans la durée de chômage. L'ancienneté moyenne au chômage a doublé du début des années 1970 au milieu des années 1980. Ensuite, le mouvement inverse apparaît, pour ne reprendre qu'au début des années 1990.

Tableau 1

Ancienneté moyenne au chômage pour les 15-24 ans, différenciée selon le sexe

	1972	1975	1979	1984	1987	1990	1992
Hommes	4,3	5,1	7,0	9,3	9,4	6,9	7,5
Femmes	6,2	6,6	9,3	11,5	12,6	8,4	8,6

Source : INSEE, enquêtes Emploi.

Ces premières données montrent bien que le chômage des jeunes ne dépend pas entièrement du niveau d'exigence salariale pour le premier emploi ou des alternatives possibles qui leur sont offertes. Il dépend de la croissance et de l'ampleur du chômage global. Ainsi, il apparaît que les jeunes sont plus vulnérables[1] lors de renversements de conjoncture mais également plus employables[2] que d'autres catégories de chômeurs, notamment les plus de 50 ans.

Tableau 2

Vulnérabilité et inemployabilité des 15-24 ans selon le sexe

	Indice de vulnérabilité		Indice d'inemployabilité	
	Homme	Femme	Homme	Femme
1974	0,9	1,2	7,4	11,5
1975	1,3	1,2	8,8	12,9
1978	1,0	1,5	15,6	24,9
1979	1,3	1,8	15,2	24,4
1985	1,8	2,0	28,6	38,0
1988	1,8	2,7	22,0	30,7

Source : INSEE, enquêtes Emploi, mars.

Il est à remarquer qu'avec la crise de l'emploi, l'écart se creuse entre les hommes et les femmes. Les jeunes femmes sont plus vulnérables et moins employables que les hommes lors de retournements de conjoncture.

---

[1] La vulnérabilité est la probabilité de perdre un emploi pendant une période donnée.
[2] L'employabilité est la probabilité de trouver un emploi pendant une période donnée.

Cette évolution du chômage des jeunes s'observe également aussi bien en Europe qu'aux États-Unis et au Japon. Ainsi, de 1979 à 1983, le taux de chômage des jeunes de 15 à 24 ans croît à un rythme soutenu, allant de + 3 points pour la Suède à + 13,5 points pour le Royaume-Uni. Ce taux diminue ensuite permettant à l'ensemble des pays de retrouver en 1990 un taux de chômage des jeunes à peu près équivalent à celui qu'ils connaissaient au début des années 1980. Depuis, ce taux croît à nouveau. Il avoisine les 35 % en Italie et en Espagne.

Tableau 3
Taux de chômage des 15-24 ans chez nos partenaires (en %)

	1979	1983	1987	1990	1993
Royaume-Uni	10,3	23,4	17,3	10,0	17,5
Allemagne	4,0	11,0	8,5	5,6	4,0
Suède	5,0	8,0	4,3	3,8	18,3
États-Unis	11,3	16,4	10,7	13,7	12,3
Japon	3,4	4,5	4,3	4,4	4,2

Source : Organisation de coopération et de développement économique (OCDE).

Il convient de noter, tout de même, que les taux des États-Unis et du Japon sont beaucoup plus stables et plus faibles qu'en Europe. Cependant, en Europe, il est possible d'affiner les résultats ci-dessus en découpant plus précisément la classe des 15-24 ans et les niveaux de qualification. Ainsi, il apparaît que ce sont les plus jeunes (15-19 ans) qui sont les plus touchés par le chômage. (Ainsi en France, le taux de chômage des 15-19 ans est de 5 points plus élevé que celui des 20-24 ans.) Leur situation semble moins défavorable en Suède et en Allemagne du fait d'un système d'apprentissage facilitant leur insertion. En Suède, en 1991, le taux de chômage des 16-19 ans atteint 7,4 % alors que celui des 20-24 ans est de 6,1 %. En Allemagne, ces taux sont respectivement de 5,9 % et de 4,9 %. Avant 20 ans, les jeunes sont rarement sur le marché du travail et y éprouvent de graves difficultés d'insertion. Dans les deux dernières décennies, le taux d'activité des 15-24 ans n'a pas cessé de diminuer en France comme dans les autres pays européens montrant à la fois les difficultés d'insertion sur le marché du travail et leur volonté de se constituer un capital humain plus important.

Tableau 4
Taux d'activité des 15-24 ans en France de 1974 à 1992 (en %)

	1974	1978	1982	1988	1992
Hommes	56,3	52,6	50,9	42,8	37,3
Femmes	44,4	43,1	41,7	35,9	30,6

Source : INSEE, enquêtes Emploi, mars.

2.2. Deux origines du chômage des jeunes

Deux causes du chômage des jeunes sont souvent retenues et ont défini les politiques d'emploi dans les différents pays européens. Il s'agit de la formation qui serait soit insuffisante soit inadaptée, et du coût salarial trop élevé qui limiterait l'embauche des jeunes.

2.2.1. Le problème des coûts salariaux

Depuis la fin des années 70, les débats sur le chômage, notamment des jeunes, se sont portés sur le problème des coûts salariaux. La rigidité à la baisse des salaires a été dénoncée à travers les fondements institutionnels de la fixation des salaires et plus précisément sur le degré de centralisation des négociations collectives. Les analyses, en termes d'équilibre partiel, posent ce type de problème. Elles montrent que, compte tenu du niveau de salaire minimal fixé, tous les travailleurs, dont la productivité est inférieure à ce niveau, ne trouveront pas d'emploi. Les jeunes, surtout les moins qualifiés, recherchant un premier emploi, sont confrontés à cette situation. Leur coût trop élevé à l'embauche pousserait les entreprises soit à substituer du capital au travail, soit à embaucher des offreurs de travail plus qualifiés au même prix.

Sur ce dernier quart de siècle, le SMIC a été surindexé par rapport à l'inflation. Or, 40 % des travailleurs, payés au salaire minimal, sont des jeunes. Ainsi, selon BAZEN et MARTIN (1991), l'augmentation des salaires relatifs des jeunes a conduit les employeurs à limiter leur embauche et donc l'obtention d'une première expérience au travail (*cf.* également MOGHADAM, 1993). L'insertion sur le marché du travail des jeunes les moins qualifiés et les moins compétitifs devient de plus en plus difficile. Le CERC (1991) a montré que, sur la période 1976-1986, des difficultés croissantes d'accès à l'emploi pour les jeunes sont apparues et ceci en liaison avec la progression rapide du salaire minimal. Au-delà de 1986, la plus faible croissance du SMIC a entraîné une diminution du taux de chômage des 16-24 ans. Toutefois, cette embellie sur le marché du travail était avant tout liée à une reprise économique conjoncturelle. Dès 1991, et dans des conditions très restrictives sur l'évolution des salaires (DUTHIL, 1993), le taux de chômage des jeunes progresse à nouveau.

L'analyse conduit à mener une réflexion sur l'impact du coût salarial sur l'emploi. Différentes études (DIRECTION DE LA PRÉVISION, 1992 ; DORMONT, 1997) ont montré qu'à court et à long termes, le coût du travail avait un effet négatif sur la demande de travail. L'emploi, notamment dans l'industrie, serait fortement pénalisé par l'augmentation du coût total du travail. L'élasticité de l'emploi au coût du travail est, selon les études, égale à - 0,2 à court terme et compris entre - 0,5 et - 0,8 à long terme. Mais ces analyses sont globales et il convient de se demander si l'impact des variations du coût salarial moyen n'est pas plus fort sur les populations les plus jeunes ou les moins qualifiées. Ainsi, conséquence d'une évolution plus rapide des bas salaires, l'accroissement du coût relatif du travail non qualifié par rapport au travail qualifié s'est traduit par une diminution de l'emploi non qualifié (BISAULT *et al.*, 1994). Cette évolution constituerait donc une barrière à l'entrée des jeunes sur le marché du travail.

Quoiqu'il en soit, jusqu'en 1990, les bas salaires ont résisté à la crise, impliquant même une croissance des salaires réels plus forte que celle du salaire moyen, ce qui a conduit à une réduction de la hiérarchie des salaires (DUTHIL, 1996). Cette évolution a fait apparaître un dualisme sur le marché du travail des jeunes. En effet, d'une part une minorité a été embauchée aux conditions normales du marché et a vu son salaire se maintenir malgré la crise. Cependant, comme le montre MARSDEN (1991), les salaires des jeunes subissent une très faible progression au début de leur carrière professionnelle indiquant que le coût de l'acquisition de la formation n'est pas compensé par l'octroi d'une rémunération plus basse au moment de leur intégration sur leur poste de travail, mais qu'il est amorti sur une plus longue période. D'autre part, une majorité a vu ses possibilités d'accès direct à l'emploi fortement diminuer, d'où la nécessité d'une politique de l'emploi de grande envergure.

La tendance qui se dégage depuis une dizaine d'années en France, à l'image de nos principaux partenaires, consiste à accroître la flexibilité salariale, notamment pour les jeunes. Le Royaume-Uni, la Suède et l'Allemagne n'ont pas de salaire minimal pour l'ensemble du marché du travail. Ces deux derniers pays ont toutefois des minima par branche négociés par les partenaires sociaux. En Allemagne, des modalités institutionnelles permettent de déconnecter les salaires jeunes et adultes. Ainsi, le statut d'apprenti, négocié et surveillé par les syndicats, « *offre une solution qui permet de contrôler les cas de substitution et qui rend acceptable aux adultes l'existence d'un écart de salaire assez important entre jeunes et adultes* » (MARSDEN, 1991). Au Royaume-Uni, compte tenu de la détérioration du système d'apprentissage, les pouvoirs publics ont favorisé les politiques d'insertion et de régulation concurrentielle, en retirant aux *Wage Councils* le rôle de fixation des salaires jeunes. Aux Pays-Bas, le salaire jeune a fortement diminué, depuis le milieu des années 1980, tant en termes réels que relatifs entraînant une baisse spectaculaire du taux de chômage. Cette flexibilité salariale a été associée à une flexibilité numérique impure (temps partiel, intérim...).

2.2.2. L'inadéquation entre offre et demande de travail

La politique de formation professionnelle intègre les politiques d'insertion en visant à améliorer l'adéquation de l'offre de travail à la demande. En France, depuis 1971, les entreprises sont soumises à l'obligation légale de participation financière à la formation professionnelle. L'effort légal de formation a été progressivement porté à 1,5 % de la masse salariale. Mais il est, en réalité, deux fois plus important en moyenne, bien que fonction de la taille de l'entreprise ou de la branche d'activité. L'État et les régions jouent également un rôle actif dans la formation continue des adultes qu'ils soient au chômage ou en voie d'insertion professionnelle. L'intérêt pour les offreurs de travail est double : obtenir à terme une meilleure rémunération et se protéger contre le risque de chômage. En effet, il apparaît que plus l'offreur de travail est qualifié, plus son efficacité sera élevée et donc mieux il sera rémunéré. Comme le suppose la théorie du capital humain, un triple lien est observé entre d'une part la formation et la qualification, d'autre part entre la qualification et la productivité du travailleur, et enfin entre sa productivité et sa rémunération. De la même façon, il sera moins vulnérable face à un retournement conjoncturel.

Tableau 5

L'ampleur du chômage par niveau de diplôme pour les 15-25 ans (en %)

	1983	1986	1992	1996
Taux de chômage des jeunes non qualifiés	25	31	28	36
Part des non qualifiés dans le chômage des jeunes	54	53	52	47
Taux de chômage des jeunes qualifiés	10,3	14,8	12,2	18,8
Part des qualifiés dans le chômage des jeunes	9,7	9,6	12,5	24,5

Source : enquêtes Emploi, INSEE.

Mais encore trop de jeunes sortent de leur scolarité sans véritable qualification et sont, de ce fait, relativement vulnérables lors de retournements conjoncturels et faiblement employables lors d'une reprise d'activité. Cependant, l'arrivée de générations de plus en plus diplômées sur le marché du travail conduit à une amélioration du niveau moyen de formation de la population active. Mais, c'est encore plus d'un tiers de la population active qui n'a aucun diplôme ou qu'un certificat d'études. L'évolution est donc très lente.

Tableau 6

Niveau de formation initiale de la population active (en %)

	1962	1975	1982	1992
Aucun diplôme	49,8	30,6	29,8	33,6
Certificat d'études	28,7	25,8	19,1	
BEPC seul	4,0	6,5	7,0	7,6
CAP ou BEP	9,0	19,4	22,2	29,5
Baccalauréat	5,8	9,3	11,1	11,5
Diplôme supérieur	2,7	8,3	10,9	17,8
Population active totale (en millions)	19,7	22,0	23,7	24,8

Source : Recensements.

Depuis les années 1970, l'allongement de la scolarité et les flux croissants de jeunes diplômés conduisent à une offre de travail qualifié de plus en plus forte, répondant à l'évolution de la demande sous l'effet du progrès technique (DUTHIL, 1996, 1998 ; DUTHIL et ADDE, 1998) et de l'ouverture des frontières qui renforce la concurrence. Mais depuis le début des années 1990, la croissance de la demande de travail qualifié s'essouffle pour trois raisons. La première revient à constater que le taux d'encadrement arrive à sa limite maximale. En effet actuellement, dans le secteur industriel et commercial, pour quatre postes d'ouvriers, il y a trois postes de cadre ou de profession intermédiaire. La création de ce type de fonction sera donc de plus en plus freinée. La deuxième raison vient du fait que les entreprises recourent de manière plus systématique au marché interne et préfèrent donc promouvoir les salariés certes moins diplômés mais plus expérimentés (GOUX et MAURIN, 1993). La troisième raison souvent avancée est l'idée d'inadéquation entre le système de formation et les besoins réels de l'économie. Partant de l'analyse de BEVERIDGE (1944) liant le taux de chômage au taux de vacance des emplois, SNEESSENS (1994) montre que, durant la période 1974-1994, la France a connu une croissance du chômage structurel due à l'inadéquation des qualifications, impliquant un manque de travail qualifié. S'il est vrai que les entreprises ont été contraintes, dans leurs embauches, pendant des périodes de reprise vive – par exemple, pendant la période 1986-1989 –, on constate aujourd'hui que cette contrainte est faible et qu'il est peu probable, vu également le nombre peu élevé de postes vacants, que la persistance du chômage des jeunes soit due à cette désadéquation. BOURDET et PERSSON (1994) mettent en évidence la dégradation du processus d'appariement entre l'offre et la demande globales de travail. Mais, ils soulignent que celle-ci a été atténuée par la mise en place de dispositifs pour l'emploi des jeunes.

Quoiqu'il en soit, le nombre de jeunes diplômés augmentant, leur part dans le chômage des jeunes ne cesse de croître ainsi que leur taux de chômage. Ainsi, comme le soulignent BRUNO et CAZES (1997), « *lorsque le taux de scolarité augmente, la proportion de jeunes qualifiés augmente et celle des non qualifiés baisse dans la population jeune totale. Par conséquent, la proportion des jeunes qualifiés augmente dans la file d'attente alors que la proportion de jeunes non qualifiés baisse* ». Les jeunes diplômés éprouvent donc de plus en plus de difficultés à entrer sur le marché du travail d'autant plus que les conventions collectives gèrent précisément le salaire de recrutement de ces jeunes à l'entrée. Mais là encore, apparaît une segmentation du marché du travail. L'analyse, sur longue période, du taux de chômage par diplôme pour les jeunes montre que les peu qualifiés sont les premiers touchés lors de retournements conjoncturels du marché du travail (MERON et MINNI, 1995), et que les plus qualifiés sont les premiers employés lors de reprises conjoncturelles. Ces derniers ont donc une probabilité plus élevée d'être employés que les offreurs non qualifiés.

Toutefois, une grande attention doit être portée aux jeunes car leur implication dans le système productif déterminera l'évolution future de ce dernier. En effet, si en termes de chômage ou de salaire, il leur est égal d'investir ou de ne pas investir en formation, alors il est fort à parier qu'ils feront le choix de sortir du système éducatif de plus en plus tôt (l'investissement en formation étant difficilement amortissable). Or, les théories de la croissance endogène (LUCAS, 1988) l'ont montré : un faible investissement en capital humain limitera la croissance future, l'emploi[3] et l'investissement en formation de la génération suivante. Ainsi, la politique de l'emploi, notamment envers les jeunes, permet de réorienter la composition de l'offre de travail et d'adapter sa structure aux modifications de la demande. C'est ainsi que plus les individus vivent dans un milieu propice aux échanges d'informations et donc au développement du capital humain, plus l'efficacité individuelle et collective se renforce et plus sera importante la croissance.

3. LES POLITIQUES D'EMPLOI DES JEUNES

Différents programmes ont été mis en œuvre pour faire face à cette croissance rapide du chômage des jeunes. Ces programmes ont comme objectif, soit une réduction directe de ce type de chômeurs – via la création d'emplois à durée déterminée ou le développement de stages –, soit une réduction indirecte par le biais d'une amélioration de la qualification initiale, de l'expérience professionnelle, ou encore des capacités de recherche d'emploi.

L'ampleur et l'évolution de la politique de l'emploi en Europe permet de mettre en évidence trois groupes de pays :

---

[3] Sur ce lien, il convient de se référer à la loi d'Okun qui stipule un lien croissant entre la croissance économique et l'emploi, et décroissant entre la croissance et le chômage, dans des limites bien définies de taux de chômage (GAMBIER, 1997).

• La Belgique, la France et la Hollande consacrent une part importante des dépenses publiques à l'emploi. Leurs dépenses sont massives et essentiellement constituées de mesures dites passives[4] (70 %).

• La Suède, tout en accordant une part équivalente du PIB à sa politique pour l'emploi, répartit à l'inverse les fonds dégagés. Les mesures dites actives atteignent alors 70 % des dépenses.

• L'Allemagne et le Royaume-Uni constituent le troisième groupe. Le montant dévolu à la politique de l'emploi se chiffre aux alentours de 2 %. Les dépenses publiques pour l'emploi vont majoritairement vers les mesures passives (60 %).

Graphique 2
Dépenses actives et passives des politiques d'emploi

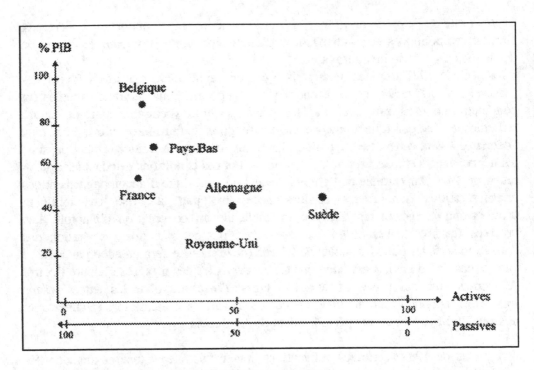

3.1. Les spécificités des politiques d'emploi en France

Le système français est plus complexe que celui de ses principaux voisins européens. Contrairement à ceux-ci, il ne dispose pas d'orientation théorique très

---

[4] Les mesures dites actives concernent la formation professionnelle, les agences de placement. Les mesures dites passives sont constituées du système d'indemnisation du chômage et des préretraites accordées pour des raisons liées à la situation du marché du travail.

marquée. Il existe, en France, deux types de mesures : une dynamique « pure » de subvention d'une part, et une dynamique « mixte » d'autre part. La première consiste en des mesures d'exonération de cotisations sociales ou de variations du taux de salaire. La seconde vise à introduire, au côté de mesures d'allégement salarial, des « contreparties » de formation par l'entreprise bénéficiaire. En d'autres termes, l'effort de formation consenti par l'entreprise est supposé être compensé par cet allégement salarial.

Ces réponses de la politique d'emploi au problème du chômage des jeunes en France ont été développées au deuxième choc pétrolier lorsque le taux de chômage est devenu supérieur à 10 %. L'accent fut mis sur les aides à l'emploi dans le secteur privé – à travers une réduction des cotisations sociales pour une période variant de 6 à 24 mois – pour les entreprises qui engageaient des jeunes chômeurs et des apprentis.

La politique de l'emploi, en France, a connu plusieurs étapes importantes, liées aux alternatives politiques et au changement d'appréhension du problème de l'insertion des jeunes sur le marché du travail.
• La période 1977-1982 est caractérisée par un déploiement massif en faveur des jeunes. En 1977, la crise économique n'apparaît plus comme simplement conjoncturelle mais est jugée par les pouvoirs publics comme étant de nature structurelle. La politique à mettre en œuvre pour y faire face n'est donc plus adéquate. Avant cette date, la politique de l'emploi visait à limiter le plus possible les licenciements et à assurer aux chômeurs de bonnes conditions d'indemnisation. À partir de 1977, la politique de l'emploi devient une politique d'accompagnement des restructurations industrielles rendues nécessaire par la crise et entraînant d'importants licenciements ainsi qu'un faible niveau de création d'emplois. Les diverses mesures prises en faveur des jeunes passent par une exonération des cotisation sociales pour les moins de 25 ans (cette mesure sera étendue par la suite aux jeunes de 26 ans), ainsi que pour les apprentis. À ces mesures s'ajoute l'octroi de primes aux entreprises offrant des stages d'insertion pour les jeunes – sans formation scolaire – entrant sur le marché du travail. Ils étaient alors rémunérés au dessous du SMIC, pour une période allant de 3 à 8 mois.

• À partir de 1982, certaines subventions sont remises en cause et abandonnées partiellement, suite au rapport SCHWARTZ (1981) sur l'insertion des jeunes de 16 à 21 ans dans la vie professionnelle. Les dispositifs antérieurs, n'associant pas de programme de formation à une exonération de cotisations sociales sont critiqués. Il leur est notamment reproché de développer des effets d'« éviction » d'autres catégories de salariés ou de chômeurs. De plus, ils n'enrayaient d'aucune façon la croissance du chômage. C'est ainsi qu'au début des années 1980, les stages de formation sont multipliés dans le but d'améliorer l'insertion professionnelle des jeuncs, en particulier des moins qualifiés. Deux types de mesures sont alors mises en place. D'une part, les contrats de formation en entreprise devaient donner aux jeunes sans qualification l'opportunité d'en acquérir une, ou de compléter leur formation de base. D'autre part, les stages professionnels dans les centres publics, bien qu'existants auparavant, se sont très vite développés. Leur objectif était de faciliter l'orientation et l'insertion des jeunes dans la vie active.

• Dans la seconde moitié des années 80, toutes les formes de subventions, ainsi que leur extension, sont réhabilitées. Les pouvoirs publics estiment que le chômage provient d'un niveau trop élevé du coût salarial, notamment pour ceux dont la productivité est la plus faible. La politique de l'emploi s'oriente alors vers des subventions à l'emploi, sans contrepartie. En juillet 1986, un « plan d'urgence pour les jeunes » encourage l'embauche des moins de 25 ans grâce à des exonérations de cotisations sociales. Il concerne, dès 1986, 186 100 personnes. Parallèlement se développe un système de formation en alternance. Celui-ci permet de déconnecter le salaire des jeunes de celui des adultes, en autorisant les employeurs à rémunérer les bénéficiaires en dessous du salaire de référence. Les alternances politiques de 1988, 1993 et 1997, n'apportent pas de modifications radicales dans la politique d'emploi en faveur des jeunes.

À l'origine, les mesures d'exonération de cotisations sociales pour les jeunes avaient une fonction de compensation conjoncturelle. Autrement dit, ces mesures avaient comme objectif de maintenir le niveau de l'emploi, en attendant le retour à la croissance (pactes nationaux). Cependant, le caractère structurel de la crise et des problèmes d'insertion pour les jeunes, ont transformé la politique d'exonération en instrument de réduction du coût salarial à un niveau inférieur à celui du SMIC.

3.2. Les politiques d'emploi en Europe

Trois pays vont être successivement analysés, afin de mettre en évidence les caractéristiques de leurs différentes politiques d'emploi pour les jeunes, et les comparer à celle de la France.

3.2.1. La Suède

La politique d'emploi en Suède est ancienne et date du début de la première guerre mondiale. Jusqu'à la fin des années 1960, les mesures d'allégement du coût du travail sont peu nombreuses, en raison de la stabilité conjoncturelle de l'emploi. L'économiste Rehn, dans les années 1970, préconisait alors des subventions à l'emploi marginales, sélectives et temporaires, où ne sont subventionnés que les emplois additionnels dans des secteurs porteurs. L'objectif était d'éviter la montée du chômage et de permettre l'embauche des publics les plus marginalisés. Cependant, lorsque le chômage des jeunes commence à augmenter, à la fin des années 1970, le gouvernement suédois puise dans la panoplie déjà existante des instruments de la politique d'emploi. Les jeunes sont alors poussés à suivre des stages de formation et à occuper un emploi à durée limitée. Le champ d'application de la politique d'emploi est ainsi élargi.

Mais devant l'accroissement du chômage des jeunes, ces mesures furent jugées inadéquates. Des mesures « spéciales jeunes » (BOURDET et PERSSON, 1991) voient ainsi le jour, ouvrant le droit à un stage ou à un emploi pour les jeunes de moins de 20 ans. Ceux-ci n'ont alors plus la possibilité de percevoir d'allocation chômage. Parallèlement, les opérations de conseil et de placement sont multipliées et intensifiées. Leur finalité est d'inciter les jeunes sans formation à la sortie de l'école à trouver un stage à l'intérieur du système scolaire traditionnel. Les jeunes de 16 et 17 ans n'optant pas pour la formation scolaire, sont cependant assurés d'un emploi à durée limitée dans le secteur privé ou public, à un salaire inférieur à celui du marché pendant une durée maximale de six mois. Face à l'aggravation du chômage des jeunes en Suède, la principale réponse est donc l'octroi d'un emploi à durée limitée, la plupart des jeunes chômeurs étant considérés comme déjà qualifiés.

À partir de 1985-1986, la part consacrée à la formation augmente, passant de 22 % en 1984 à 34 % en 1991. Dans le même temps, la part consacrée à l'allégement du coût salarial chute de 42 % à 23 %. La politique d'emploi en Suède a réussi à éviter une détérioration du processus d'ajustement entre l'offre et la demande sur le marché du travail, contrairement à la politique d'emploi en France. La politique en faveur des jeunes en France, bien que d'ampleur beaucoup plus grande qu'en Suède, n'a pas su éviter les effets d'hytérésis sur le chômage des jeunes, et la détérioration du fonctionnement du marché du travail pour cette classe d'âge.

3.2.2. L'Allemagne

Le modèle allemand est relativement proche du modèle suédois, ses fondements étant également d'inspiration néo-keynésienne. Le recours aux subventions vise à compenser de façon conjoncturelle ou structurelle une plus faible productivité de certains travailleurs, sans toucher à la rémunération perçue. Les subventions permettent alors de limiter la flexibilité à la baisse du salaire des publics concernés. Elles permettent de maintenir la dispersion salariale au niveau souhaité pour des raisons sociales.

Une caractéristique importante du système allemand est le fort degré de consensus existant entre les partenaires sociaux. La cogestion syndicats-patronat du marché de l'emploi a permis l'insertion d'un plus grand nombre de travailleurs dans le monde du travail, et notamment des jeunes, grâce à l'importance donnée aux filières d'apprentissage. La politique d'emploi en Allemagne repose, en effet, sur un système de formation très efficace. Le statut d'apprenti permet de déconnecter le salaire des jeunes par rapport à celui des adultes.

Au cours des années 90, du fait de la réunification, l'Allemagne se trouve confrontée, de façon croissante, au même type de problème que la France. Au début de l'année 1993, l'ex-RDA doit faire face à un taux de chômage massif. Cependant, les jeunes semblent relativement épargnés par les conséquences de la réunification sur la situation du marché du travail – 6,9 % des moins de 25 ans sont au chômage à l'Ouest et 6,3 % à l'Est. À l'Ouest, le système dual qui allie études et formation professionnelle, leur a permis une meilleure insertion professionnelle. Néanmoins, avec la crise économique, le système d'apprentissage a tendance à moins bien jouer son rôle intégrateur. En 1993, les entreprises ouest allemandes ont passé 471 000 conventions d'apprentissage, soit 30 000 de moins qu'en 1992. Dans les nouveaux *länder*, 99 000 conventions ont été passées pour environ 115 000 demandes. De manière générale, en 1994 le nombre d'apprentis dans l'ensemble de l'Allemagne recule de 2,4 % s'établissant à 1,627 millions.

Selon une estimation, le chômage toucherait, aujourd'hui et en l'absence de mesures de politique d'emploi, entre un tiers et la moitié de la population active des 16 à 24 ans. Les subventions mixtes ou pures permettent ainsi de compenser l'écart entre le niveau de salaire trop élevé et le niveau de la productivité.

Le système allemand, bien que proche du modèle suédois, est plus restreint. Excepté au début des années 1980, les subventions « pures » à l'emploi – c'est-à-dire sans lien avec une formation – constituent une réponse « contracyclique » à l'évolution du chômage. Cependant, des dispositifs mixtes se développent depuis quelques années, répondant à la volonté de mettre en place des programmes plus vastes et plus structurels de la politique de formation.

Malgré cela, la France reste plus grande utilisatrice des instruments de subvention salariale que l'Allemagne. Entre 1977 et 1990, environ 4,7 millions de personnes bénéficient de subventions en France, contre seulement 1,1 million en Allemagne. En 1988, la France a dépensé près de 7 milliards de francs – soit environ 2,3 milliards de Deutsch Mark – contre 200 millions de Deutsch Mark en Allemagne.

Une autre différence entre ces deux pays réside dans les catégories d'agents concernés. En France, les subventions salariales visent essentiellement les jeunes, et sont le plus souvent liées à une formation. En Allemagne, les subventions mises en place sont principalement des subventions « pures », pour les adultes en difficultés. Ceci s'explique par le système de formation existant dans chaque pays. Le nombre de jeunes sans formation professionnelle est, en effet, beaucoup plus important en France et leur taux de chômage est de 33,5 %.

Par conséquent, l'intervention publique est nécessaire au « premier seuil », c'est-à-dire au niveau de la transition école-formation professionnelle. En Allemagne, ce taux de chômage est de 22 %. Il est moins élevé qu'en France, mais reste quand même trop important et rend donc nécessaire l'action des pouvoirs publics. Ainsi, en 1989, 458 millions de Deutsch Mark sont dépensés pour promouvoir l'apprentissage de 58 200 jeunes « handicapés sociaux » (GAUTIE 1994). L'écart entre le nombre de jeunes sans formation professionnelle en France et en Allemagne est très important. Il y a donc beaucoup plus de jeunes en difficulté d'insertion lors du passage école-formation professionnelle en France. Cet écart se creuse encore plus lors du passage du « deuxième seuil », c'est-à-dire entre la formation professionnelle initiale et l'emploi. En Allemagne, le système dual de formation (apprentissage) permet une meilleure intégration initiale scolaire et à la vie professionnelle dans l'entreprise. Le taux de chômage des moins de 25 ans titulaires d'un CAP ou BEP est de 19,6 % en France contre 5,6 % en Allemagne.

3.2.3. Le Royaume-Uni

Le Royaume-Uni poursuit une logique différente. Comme l'Allemagne, la part des dépenses consacrée globalement à l'emploi est relativement faible. Cependant, elle a pour objectif la modification durable du comportement des offreurs de travail en matière de salaire, plutôt que l'amélioration de leur employabilité comme en France.

Le Royaume-Uni n'est pas touché de la même façon que l'ensemble des pays développés par le processus d'allongement de la scolarisation initiale. En 1987, 78 % des jeunes britanniques sortant du système scolaire pour entrer sur le marché du travail ont 16 ans. En France, cette proportion n'est que de 13 %. Au Royaume-Uni, comme en Allemagne, l'apprentissage est une forme quasi généralisée d'accès aux emplois d'ouvriers et d'employés qualifiés.

Cependant, à partir des années 1970, le système d'apprentissage britannique décline fortement, suite aux transformations des contenus des qualifications, et à la désindustrialisation de l'économie anglaise. Dès 1974, le chômage connaît une importante augmentation, en particulier dans certaines zones industrielles. La politique d'emploi se développe alors, afin d'établir des programmes de maintien de l'emploi.

Ainsi, en 1975, le *Temporary Employment Scheme* (TES) vise à subventionner l'emploi dans les entreprises en difficulté, sur une période maximale de six mois. En octobre 1975, un programme spécifique aux jeunes sortant du système scolaire est mis en place, le *Recruitment Subsidy for School Leavers* (RSSL). Il sera remplacé dès 1976 par le *Youth Employment subsidy* (YES), afin de favoriser le recrutement des jeunes chômeurs – de moins de 20 ans – de longue durée (supérieure à six mois).

Durant les années 80, la politique d'emploi va suivre une orientation différente. En effet, le gouvernement britannique en place, d'orientation libérale, était particulièrement attaché à la flexibilisation du marché du travail. Les subventions traditionnelles, ayant comme objectif le maintien à l'emploi, sont alors abandonnées au profit de subventions permettant le libre fonctionnement du marché. Des subventions mixtes sont ainsi mises en place, associant une baisse importante du coût salarial et une réduction de la rémunération, en contrepartie d'une formation laissée à la discrétion de l'entreprise.

Pendant ces années, les subventions à l'emploi au Royaume-Uni ont essentiellement un caractère structurel, d'ajustement à la baisse du coût salarial et de la rémunération. Les années 80 enregistrent alors une régression du taux de chômage des jeunes. Cependant, les facteurs expliquant cette tendance à la baisse sont quelque peu différents de ceux expliquant le mouvement similaire en France.

4. L'EFFICACITÉ DES POLITIQUES D'EMPLOI

Les politiques pour l'emploi sont multiples et peuvent aussi bien chercher à transformer le comportement des entreprises en matière d'embauche ou de formation qu'avoir des répercussions directement sur l'offre de travail, et notamment modifier les taux d'activité. Quelle que soit l'orientation retenue par les pouvoirs publics, l'objectif principal reste le même pour tous les pays : freiner, voire faire baisser, la croissance rapide du taux de chômage des jeunes. Cependant, l'étude menée ci-dessous mettra en évidence l'impact inégal de ces politiques, selon qu'elles portent sur l'offre de travail ou sur la demande de travail. Mais, comme le soulignent SAUCIER et SOFER (1995), « *toute tentative d'évaluation de l'efficacité des politiques d'emploi devra nécessairement tenir compte de la diversité des publics auxquels elles sont destinées ou qui intègrent les différents stages* ». Ils ajoutent que les bénéficiaires de contrats d'adaptation ont en moyenne des caractéristiques proches de celles des individus ayant un emploi. Leur accès par la suite à un véritable emploi en est facilité.

4.1. Les mesures agissant sur l'offre de travail

Les mesures agissant sur l'offre de travail cherchent à favoriser l'adéquation entre les formations individuelles et les demandes de travail, à travers l'apprentissage, les contrats de qualification, les contrats d'adaptation et les contrats de crédit formation individualisés. Autrement dit, ces mesures sont conçues comme des moyens d'adapter les formations individuelles pour mieux répondre aux demandes des entreprises.

Cependant, le nombre d'emplois créés consécutivement à des mesures de politique pour l'emploi, ne se traduit pas par une diminution strictement égale du nombre des chômeurs. En effet, toute création d'emploi entraîne un « effet d'appel » sur les inactifs. En d'autres termes, toute mesure de politique en faveur de l'emploi suscite, d'une part, une réduction du nombre de chômeurs et, d'autre part, un accroissement du taux d'activité. Le désir individuel de bénéficier de la mesure engendre alors une entrée sur le marché du travail, et éventuellement une inscription au chômage.

Différentes études ont cherché à mesurer l'impact de cet « effet d'appel ». Ainsi, le modèle « Amadeus » estime cet effet à 24 % pour les emplois industriels, et 39 % pour les emplois du secteur tertiaire (EYSSATTIER et GAUTIE, 1996). Une étude plus détaillée, menée selon chaque catégorie de contrats, par le modèle « Mosaïque » (OFCE) porte ces estimations à 35 % pour les contrats de travail exonérés de charges sociales tels que les exo-jeunes, les contrats d'adaptation, les contrats de qualification, les exonérations pour le premier salarié et les contrats d'apprentissage. Il est égal à 19 % pour les stages d'initiation à la vie professionnelle (SIVP), et seulement à 13 % pour les emplois aidés dans le secteur non marchand, c'est-à-dire pour les Travaux d'utilité collective (TUC) et les contrats emploi-solidarité (CES). Les résultats de l'étude de ERMAKOFF et TRESMONTANT (1990) indiquent également que l'effet d'appel varie selon le type de mesures. Mais ils considèrent que cet effet est peu important, entre 10 et 20 % pour le secteur non marchand. Autrement dit, entre un et deux TUC sur 10 étaient inactifs avant le stage. En ce qui concerne les emplois aidés du secteur marchand (apprentissage, formation en alternance), il serait presque négligeable. Ces auteurs considèrent que ces dispositifs ont peu de chance d'attirer des entrées sur le marché du travail, du fait des contraintes importantes pour le jeunes bénéficiaires, en termes de rémunération et d'apprentissage.

Les effets, induits par les politiques d'emploi et agissant sur la demande de travail, sont plus nombreux. Ils ont suscité diverses évaluations.

4.2. Les mesures agissant sur la demande de travail

Les mesures des politiques en faveur de l'emploi agissant sur la demande de travail cherchent à jouer sur la demande en réduisant le coût du travail pour les entreprises – à travers les exo-jeunes, les stages d'insertion... – ou à créer une demande publique.

4.2.1. Typologie des effets

Ces mesures ont un effet direct sur l'emploi car elles modifient la décision d'embauche des entreprises par la prise en compte d'avantages, souvent financiers, associés à la mesure. Leur impact sur l'emploi dépend donc de la réaction des entreprises à l'abaissement du coût du travail. Cependant, il est difficile d'en mesurer l'impact réel. En effet, déterminer la part des créations « nettes » d'emploi – c'est-à-dire le surplus effectif d'emplois généré par la mesure dans le total des embauches effectuées – pose certains problèmes. Pour cela, il faut prendre en considération un ensemble d'effets de « déperdition ». Il convient ainsi d'évaluer la part des emplois subventionnés qui ne représentent pas un surcroît net d'emplois par rapport à la situation de référence dans laquelle la mesure n'aurait pas été adoptée.

Ces différents effets apparaissent soit au niveau des embauches, soit au niveau d'emplois déjà existants. Parmi ceux s'exerçant au niveau des embauches, l'effet « d'aubaine » concerne les emplois qui auraient été créés sans la mesure, et qui ont été pourvus par les mêmes personnes que celles qui ont été embauchées. Ainsi, l'entreprise touche une subvention pour des embauches qu'elle aurait de toutes façons réalisées.

Il existe également un effet de « substitution » entre les travailleurs, lorsque le bénéficiaire de la mesure vient se substituer à une personne qui aurait été embauchée sur l'emploi créé. À côté de ces effets, on observe des effets de « déplacement », s'exerçant sur des emplois déjà existants. Ainsi, une certaine proportion de bénéficiaires peut venir se substituer à des salariés déjà présents dans l'entreprise, créant un effet de « rotation ». Les entreprises remplacent donc une personne subventionnée pendant une période par une autre personne subventionnée pour la période suivante. De la même façon, il peut exister un effet d'« éviction » lorsqu'une entreprise, grâce à une mesure de politique pour l'emploi, bénéficie d'un avantage sur ses concurrentes qui contribue à détruire des emplois chez ces dernières. Les entreprises subventionnées jouissent alors d'un avantage compétitif leur permettant de supplanter leurs concurrentes, ou encore d'étendre leurs parts de marché à leurs dépens.

4.2.2. Évaluation des effets

Parmi les effets distingués ci-dessus, l'effet de substitution est celui qui a donné lieu au plus grand nombre d'études. ERMAKOFF et TRESMONTANT (1990) considèrent ainsi que l'analyse quantitative du phénomène de substitution entre les travailleurs subventionnés et non subventionnés est cruciale. Ces effets de substitution sont très importants dans le secteur marchand. Ils sont d'autant plus importants que le type de contrat se rapproche de l'emploi dit « normal ». Ainsi, ces auteurs montrent que les créations nettes d'emplois pour les contrats de qualification et les mesures simples d'exonération de charges sociales sont de l'ordre de 10 à 20 %. En revanche, pour les contrats dont les conditions et les critères de recrutement sont différents, les effets de substitution sont moins élevés. Pour les SIVP, la souplesse du dispositif, ainsi que la faible productivité des jeunes bénéficiaires de la mesure, permettent un impact sur l'emploi plus important. L'effet net estimé est de l'ordre de 50 %. En ce qui concerne les contrats d'apprentissage, là encore la particularité de ce type de contrat – dont les niveaux de rémunération et de qualification sont nettement inférieurs à ceux des contrats de qualification – permet un effet net évalué à 70 %. D'autres études ont tenté de mesurer l'importance des effets de substitution dans les dispositifs mis en place par les pouvoirs publics. Ainsi, GAUVIN (1992) évalue globalement ces effets de substitution entre 60 et 85 %, selon la nature de l'aide à l'embauche. Ces résultats se retrouvent dans deux études réalisées par la SOFRES pour le SES et l'ANPE en 1992. Elles indiquent des effets de substitution de 84 % pour les exo-jeunes et de 72 % pour les contrats de qualification.

Des tentatives d'estimations économétriques ont été réalisées dans les pays anglo-saxons. HAMERMESCH (1985) présente ainsi une synthèse de ces divers travaux, mettant notamment en avant l'importance des effets de substitution entre les jeunes et les femmes adultes pour les emplois peu qualifiés. Il montre alors que tout accroissement de l'offre de travail des femmes se répercute, du fait d'une certaine rigidité des salaires des jeunes, sur le marché du travail sous la forme d'une baisse de l'emploi des jeunes. Cette réduction passe soit par un accroissement de leur taux de chômage, soit par une diminution de leur taux d'activité.

Enfin, une enquête menée en 1990 par le ministère du Travail révèle que, dans le cadre du contrat de retour à l'emploi (CRE) et de la subvention au premier salarié, les embauches constituent pour 60 % des cas des effets d'aubaine. Un tel résultat se retrouve en Suède, dans une étude réalisée par la Cours des comptes en 1988. L'objectif était alors de mesurer l'impact sur l'emploi du dispositif de « subvention à l'embauche » introduit en 1984. L'évaluation obtenue montre que l'effet net de cette mesure sur l'emploi est limité, tandis que l'effet d'aubaine semble important.

Tableau 7
Évaluation des effets directs sur l'emploi

Coefficients / Mesures	Effet d'aubaine	Effet de substitution	Création nette d'emploi	Durée de travail effectif rapportée à un temps plein
PUJ	0,6	0,3	0,1	100 %
Exo-jeunes	0,55	0,3	0,15	100 %
Exo-1er, 2e, 3e salarié	0,7	0	0,15	100 %
APEJ	0,55	0,3	0,15	100 %
TUC	0	0	1,0	50 %
CES	0,2	0	0,8	50 %
CQ	0,4	0,3	0,3	66 %
CA	0,5	0,4	0,1	84 %
SIVP	0,3	0,3	0,4	100 %
Apprentissage	0,15	0,15	0,7	33 %

Source : EYSSARTIER et GAUTIE (1996).

4.3. Mesure des effets nets sur l'emploi

Deux concepts permettent d'évaluer l'efficacité des politiques en faveur de l'emploi : d'une part, « le coefficient d'impact » sur le chômage et, d'autre part, le « coût net par chômeur évité ».

Le premier concept, le « coefficient d'impact » sur le chômage, englobe à la fois les effets nets pour l'emploi (effets d'aubaine et effets de substitution entre emplois subventionnés et emplois non subventionnés) et les incidences directes des mesures agissant sur les taux d'activité de la population.

COLIN *et al.* (1984) obtiennent ainsi un coefficient de 15 % pour l'apprentissage et de 5 % pour les exonérations de cotisations sociales jeunes, ainsi que pour les contrats emploi-formation et les contrats emploi-adaptation. L'impact sur le chômage est donc très faible pour ces dispositifs d'incitation à l'embauche combinés à des actions de formation. Le nombre de chômeurs évités est de 19 000 pour les contrats d'apprentissage contre 125 000 bénéficiaires de la mesure. Pour les exonérations, il est de 5 400 contre 107 000 bénéficiaires en 1982. Trois facteurs permettent d'expliquer la faiblesse des résultats à propos des exonérations. En premier lieu, le montant ct la durée des exonérations sont trop réduits pour influencer la combinaison productive. En second lieu, les secteurs qui ont le plus utilisé cette mesure sont les secteurs dans lesquels il y a un fort turn-over. Cependant et enfin, des clauses de maintien de l'emploi ont pu jouer en faveur des gains d'emploi net.

Il semblerait donc que le problème provienne d'un effet de déperdition, entraînée par des modifications du taux d'activité. Ces différentes mesures n'ont donc pas l'impact escompté sur le marché du travail car elles attirent de nouveaux candidats.

Le second concept, « le coût net par chômeur évité », permet ainsi de comparer ce que coûte d'éviter un chômeur et ce que ce chômeur aurait coûté s'il n'avait pas été évité. Ce coût net moyen est estimé entre 40 000 et 50 000 francs. Il peut atteindre jusqu'à 300 000 francs pour les aides à l'embauche des jeunes.

Tableau 8
Stocks moyens annuels de chômeurs évités

	1985	1986	1987	1988
Apprentissage	165 222	167 270	169 834	181 320
Exonération	0	5 824	12 202	513
Exonération alternance	5 289	27 912	87 924	82 927
TUC	76 660	132 138	135 112	128 558
Stages jeunes	45 738	42 402	29 938	43 564

Source : ERMAKOFF et TRESMONTANT (1990).

EYSSARTIER et GAUTIE (1996) estiment que, globalement, la politique en faveur de l'emploi des jeunes menée en France depuis 1985 (excepté les contrats emploi-formation) auraient permis la création, chaque année en moyenne, de 200 000 à 250 000 emplois pour les jeunes, pour à peu près deux à trois fois plus de bénéficiaires[5]. 1987 et 1988 se distinguent des autres années, puisque'elles correspondent à un déploiement de mesures plus important. Par conséquent, les créations d'emplois sont plus élevées en 1987 et 1988, respectivement 420 000 et 300 000 postes créés.

Cependant, ces résultats sont à considérer avec une certaine prudence. En effet, les effets d'aubaine, de substitution ou d'appel sont encore mal connus. De plus, certains effets de la politique de l'emploi, qualitatif et structurel, ne sont pas pris en compte. Or, ils peuvent avoir des conséquences, à terme, sur l'emploi et le chômage des jeunes, comme par exemple l'aspect formateur de certaines mesures.

5. CONCLUSION

Cette synthèse montre bien que les politiques d'emploi pour les jeunes ont une efficacité contrastée suivant les instruments utilisés et le public visé. Mais, « *elles*

---

[5] Ces estimations sont réalisées en « équivalents temps plein ».

agissent comme un dispositif efficace de subvention et d'assurance des investissements en formation spécifique » (PENARD et SOLLOGOUB, 1995). Toutefois, l'obtention d'un emploi n'est pas assuré par ces mesures en faveur des jeunes qui s'apparentent souvent à des instruments relevant d'un traitement social du chômage. En effet, même si « le passage par des stages accroît l'employabilité des jeunes chômeurs, notamment les moins diplômés » (BONNAL et al., 1995), il peut être perçu par les entrepreneurs comme le signal d'une moins grande efficacité de l'offreur de travail (cf. la théorie du signal (SPENCE, 1973)) et donc représenté un handicap pour les jeunes entrant sur le marché du travail.

Au niveau international, les pays qui se sont orientés très tôt vers une flexibilité salariale à l'entrée sur le marché du travail, ont vu leur taux de chômage des jeunes diminuer le plus rapidement. Les autres ont dû accroître leurs interventions en insertion et en formation pour compenser, vraisemblablement que partiellement, la croissance du chômage des jeunes.

Gérard Duthil, Estelle Paquet

BIBLIOGRAPHIE

BAZEN S. et MARTIN J. (1991), « Incidence du salaire minimal sur les gains et l'emploi en France », *Revue économique de l'OCDE*, n°16.

BEVERIDGE W. (1944), *Du travail pour tous dans une société libre*, Domat-Montchrétien.

BISAULT L., DESTIVAL V. et GOUX D. (1994), « Emploi et chômage des non qualifiés en France », Économie et statistique, n° 273,.

BONNAL L., FOUGERE D., SERANDON A. (1995), « Une modélisation du processus de recherche d'emploi en présence de mesures publiques pour les jeunes », *Revue économique*, n° 3, mai.

BOURDET Y. et PERSSON I. (1991), « Chômage des jeunes et fonctionnement du marché du travail : les cas français et suédois », *Économie et statistique*, n° 249.

BRUNO C., CAZES S. (1997), « Le chômage des jeunes en France : un état des lieux », *Revue de l'OFCE*, n° 62.

CERC. (1991), « La rémunération des jeunes à l'entrée de la vie active », Document n° 99.

COLIN J.-F., ELBAUM M. et FONTENEAU A. (1984), « Chômage et politique de l'emploi, 1981-1983 », *Revue de l'OFCE*, n° 7.

DIRECTION DE LA PRÉVISION (1992), « Enrichissement de la croissance en emploi », note du 25 juin.

DORMONT B. (1997), « L'influence du coût salarial sur la demande de travail », *Économie et statistique*, n° 301-302.

DUTHIL G. (1993), *Économie de l'emploi et du chômage*, Ellipses.

DUTHIL G. (1996), « Cycle d'innovations et déséquilibres sur le marché du travail en économie ouverte », Colloque GDR, Clermont-Ferrand, 13 et 14 Juin.

DUTHIL G. (1998), « Cycles technologiques et déséquilibres sur le marché du travail »,

Colloque international de l'Association d'économétrie appliquée, organisé par les universités de Perpignan et de Bruxelles.

DUTHIL G. et ADDE I. (1998), « Information and Communications Technologies and Labour Market Imbalances », CSERC, Idéfi-Latapses, colloque international franco-américain, Nice, 22 et 23 juin.

DUTHIL G. et PAQUET E. (1997), « Déséquilibres sur le marché du travail et politique sociale en économie ouverte », *Actes du colloque* AES, Dijon, 11 et 12 septembre.

ERMAKOFF Y. et TRESMONTANT R. (1990), « L'impact de la politique de l'emploi : une estimation quantitative de certains dispositifs », *Économie et prévision*, n° 92-93.

EYSSARTIER D. et GAUTIE J. (1996), « Dix ans de politique de l'emploi en faveur des jeunes : une évaluation macro-économique », *Cahier travail et emploi*, « Les jeunes et l'emploi. Recherches pluridisciplinaires ».

GAMBIER D. (1997), « Les politiques de l'emploi », in DUTHIL G. et MAROIS W., *Politique économique*, Ellipses.

GAUTIE J. (1994), « Le chômage des jeunes en France : un problème de formation ? » *Futuribles*, n° 186.

GAUTIE J., GAZIER B. et SILVERA R. (1994), « Les subventions à l'emploi : analyses et expériences européennes », *Document travail et emploi*, La Documentation française.

GAUVIN A. (1992), *Une analyse de l'efficacité des politiques d'emploi*, Commissariat général du Plan.

GOUX D. et MAURIN E. (1993), « La sécurité de l'emploi, une priorité croissante pour les diplômés », Économie et statistique, n° 261.

HAMERMESH D. (1985), « La substitution entre les différentes catégories du travail, salaires relatifs et chômage des jeunes », *Revue économique de l'OCDE*.

LUCAS R. (1988), « On the Mechanics of Economic Development », *Journal of Monetary Economics*, 22, july.

MARSDEN D. (1991), « Actions syndicales et structure du marché du travail », *CFDT aujourd'hui*, n°102.

MERON M. et MINNI C. (1995), « Des études à l'emploi : plus tard et plus difficilement qu'il y a vingt ans », *Économie et statistique*, n° 283-284.

MOGHADAM R. (1993), « Les causes du chômage en France », *miméo FMI*, juin 1993.

PENARD T. et SOLLOGOUD M. (1995), « Les politiques françaises d'emploi en faveur des jeunes », *Revue économique*, n° 3.

SAUCIER P. et SOFER C. (1995), « L'accès des jeunes aux politiques d'insertion et à l'emploi », *Revue économique*, n° 3.

SCHWARTZ B. (1981), *L'insertion professionnelle et sociale des jeunes. Rapport au Premier ministre*, La Documentation française.

SES (1990), « Aides publiques à l'embauche : quels effets sur l'emploi ? », *Premières synthèses*, DARES, ministère du Travail.

SNEESSENS H. (1994), « Courbe de Beveridge et demande de qualifications », *Économie et prévision*, n° 113-114.

SPENCE A.-M. (1973), « The Job Market Signaling », *Quarterly Journal of Economics*, n° 3, august.

STIGLER G. (1962), « Information in the labour market », *Journal of Political Economy*, t. 70, october.

Les politiques catégorielles aux États-Unis

Fonctions et limites du ciblage des programmes d'emploi et de formation américains

Coralie PEREZ, (GREE, Université de Nancy II)

1. INTRODUCTION

En France, les dispositifs dits « ciblés » ou « spécifiques » représentent plus du tiers (36 %) de la dépense pour l'emploi en 1994, part de 10 points supérieure à celle de 1974 (DARES, 1996). Cette augmentation illustre l'importance croissante prise par le ciblage dans la mise en oeuvre de l'intervention publique sur le marché du travail. Cet exercice, qui implique d'isoler des catégories d'individus bénéficiaires de mesures publiques, est une logique de construction des actions sur le marché du travail désormais commune à de nombreux pays occidentaux. Elle a pour corollaire immédiat de déplacer le regard de « la politique » aux programmes, ces derniers impliquant une définition précise des bénéficiaires, ainsi que des moyens et des objectifs opérationnels. S'il est convenu de mettre en doute la cohérence de l'ensemble formé par ces programmes, son évaluation est problématique et ce d'autant que *le programme reste le concept de base qui structure la réflexion sur les méthodes de l'évaluation dans la plupart des pays* » (CONSEIL SCIENTIFIQUE DE L'ÉVALUATION, 1993). Les évaluations sont ainsi réalisées « mesure par mesure » et les catégories administratives auxquelles elles s'adressent sont prises comme données par les évaluateurs. La pertinence de leurs fondements, les problèmes d'équité et d'efficacité qu'elles posent, et au final, les conséquences des catégorisations et ciblages des politiques d'emploi sont souvent laissés hors du champ de l'évaluation, même si elles en déterminent en partie le résultat.

Dans ce cadre, nous souhaitons mettre l'accent sur la question du ciblage des programmes d'emploi et de formation à partir de la situation américaine. En effet, les nombreuses évaluations de ces programmes ont fait apparaître en creux les fonctions parfois contradictoires du ciblage, l'évolution des critères d'éligibilité aux programmes et finalement la difficulté à estimer l'efficacité des programmes catégoriels.

2. LES FONCTIONS DU CIBLAGE DES PROGRAMMES D'EMPLOI ET DE FORMATION

Le caractère restrictif ou non (en termes de bénéficiaires) d'une intervention publique a plusieurs fonctions, tacites et explicites, parfois contradictoires. Les premières relèvent de l'analyse de processus de sélectivité opérant sur le marché du travail liés aux caractéristiques individuelles ou à leur perception par les employeurs. Dans ce cas, loin d'être une étape anodine de la construction de l'action publique, le ciblage ne va pas de soi et l'évaluation peut être le moyen de vérifier la pertinence de l'analyse qui le fonde. Le ciblage peut également répondre à des motifs économiques et gestionnaires directement liés à l'organisation institutionnelle de la politique d'emploi.

2.1. Les fondements analytiques du ciblage

Une des ambitions du ciblage est d'anticiper et d'agir sur les comportements des demandeurs d'emploi et des employeurs.

D'une part, le ciblage est envisagé comme un mécanisme contre-sélectif visant à compenser un handicap individuel. L'action catégorielle renvoie ainsi à l'individu la responsabilité de sa situation sur le marché du travail puisque ses caractéristiques nécessitent une action spécifique pour améliorer son « employabilité ». Ainsi, et de façon traditionnelle, les actions fédérales en matière d'emploi et de formation sont dirigées vers les « laissés-pour-compte économiques », c'est-à-dire à la fraction la plus économiquement désavantagée de la population américaine. Cette orientation est à relier à une analyse de la pauvreté comme résultat d'un sous-investissement chronique en capital humain, entretenu par un blocage socio-culturel (voir l'analyse dominante faite de la pauvreté aux États-Unis dans GAZIER, 1981).
Le programme illustrant le mieux cette analyse est le *Job Corps*, né en 1966 et destiné aux jeunes sans emploi de 16 à 24 ans issus de familles pauvres. Le principe de base du programme est l'éloignement des bénéficiaires de leur environnement social et familial supposé entretenir voire favoriser les comportements délictueux et la pauvreté. Les jeunes sont placés dans des centres « résidentiels » où est organisée leur vie quotidienne : remise à niveau scolaire, formation professionnelle, travaux d'utilité collective mais également soins médicaux et activités sportives. Considéré comme un programme d'emploi et de formation et géré par le *Department of Labor*, on voit que le ciblage des bénéficiaires du programme *Job Corps* ne repose pas sur des critères explicitement liés à l'emploi : bénéficier de l'aide sociale, avoir connu des problèmes avec la justice constituent des « barrières à l'emploi » au même titre que l'absence de diplôme, de qualifications professionnelles. Elles révèlent en creux une conception large de l'employabilité, mais toujours et uniquement référée à l'individu. Plus généralement, le critère majeur d'éligibilité aux programmes d'emploi et de formation est le revenu : disposer d'un niveau de ressources inférieur au seuil de pauvreté officiel donne accès à la plupart des programmes d'emploi et de formation américains. Il est ainsi supposé que les travailleurs ayant des ressources suffisantes peuvent prendre à leur charge le coût d'une formation ou d'une reconversion, *« la politique d'emploi se focalisant largement sur l'offre de caractéristiques*

individuelles sur le marché externe » (OSTERMAN, 1988). De surcroît, cela s'inscrit « *dans le prolongement d'une idéologie qui place l'éducation au coeur des exigences d'égalité (définie comme l'absence de barrières à la mobilité) et d'individualisme* » (ERMAKOFF, 1991).

La sélectivité des embauches peut s'exercer sur la base d'une *représentation* de l'employabilité d'un groupe de population. Les caractéristiques individuelles (et plus généralement les compétences) ne sont pas toutes observables ou sont coûteuses à déceler : les employeurs peuvent alors attribuer à un individu les caractéristiques moyennes de son groupe social d'appartenance, telles qu'ils les perçoivent. La théorie du capital humain ne rend pas compte de ce phénomène de *discrimination statistique* qui justifie également un ciblage des interventions publiques. Ainsi le ciblage doit rendre plus coûteux les comportements discriminatoires des employeurs auxquels sont confrontées ces populations. Le problème est alors, dans la conception du dispositif public, de fixer un niveau de « compensation » adéquat à l'embauche d'un membre d'une catégorie discriminée. Toutefois cette interprétation du ciblage invite à nuancer le rôle de la formation dès lors que l'appartenance ethnique, l'âge ou le statut social priment sur les caractéristiques individuelles[1] (dont le niveau d'étude et la qualification) dans le recrutement. Un dispositif illustratif est le *Targeted Jobs Tax Credit* (TJTC) conçu comme une subvention (sous forme de crédit d'impôt) à l'embauche d'un individu « économiquement désavantagé »[2]. Le crédit d'impôt représente 40 % des revenus versés lors de la première année et jusqu'à hauteur de 6000$ par employé. Le demandeur d'emploi est porteur d'un bon (*voucher*) donné par l'agence de placement et attestant de son éligibilité au programme. C'est lui qui a en charge de présenter ce bon aux employeurs potentiels pour faire valoir des avantages auxquels ils peuvent prétendre[3] (US DEPARTMENT OF LABOR, 1995). Là encore, le ciblage conduit à reporter sur l'individu la responsabilité de sa situation en l'obligeant à se désigner lui-même comme appartenant à un groupe discriminé.

La discrimination n'est pas uniquement statistique mais peu avoir des ressorts sexistes et racistes. C'est ce qui justifie la « discrimination positive » ou *affirmative action*. C'est probablement la forme de ciblage la plus controversée quant à sa légitimité et à son efficacité comme l'illustrent les publications récentes et la place de

---

[1] Encore que le terme puisse être impropre, ces caractéristiques étant largement socialement déterminées.

[2] Plus précisément, sept groupes-cibles sont identifiés : les jeunes « désavantagés économiques », les vétérans de la guerre du Vietnam, les personnes ayant été condamnées par la justice, les bénéficiaires de l'aide sociale, les personnes engagées dans des programmes de remise à niveau scolaire et professionnelle.

[3] Les employeurs peuvent également demander à une agence de placement si un candidat est éligible au programme. Cela suppose toutefois que les employeurs connaissent ce programme, ce qui est peu fréquent, de par la nature même du programme (*cf.* infra).

ce problème dans les débats politiques américains[4]. Alors que les États-Unis ont un taux de chômage officiel bas en comparaison à la France (5,5 % de la population active en 1995 contre 11,6 % en France (OCDE, 1996), les inégalités sociales se sont creusées et la pauvreté s'est accrue, touchant également les travailleurs (plus de 10 millions de travailleurs américains vivaient en dessous du seuil de pauvreté officiel en 1993, soit plus du quart des personnes salariées ou vivant avec un salarié ; COOPER, 1995). De fortes disparités existent et, selon une étude de l'Economic Policy Institute, 43,8 % des jeunes (âgés de moins de 18 ans) noirs et 41,8 % des jeunes hispaniques étaient considérés comme pauvres en 1994. Les actions visant à lutter contre les inégalités raciales datent des années 60 et du mouvement pour l'égalité des chances individuelles. Il s'agissait alors d'assurer par voie législative la défense des droits individuels et la liberté de choix en matière d'éducation, d'emploi, de vote et d'accès aux logements publics. Ces mesures n'étaient pas aptes à résorber les inégalités structurelles qui s'étaient creusées au fil des années de pratiques discriminatoires. C'est pourquoi il est apparu nécessaire au cours des années 70 de mettre en oeuvre un traitement préférentiel des minorités visant à permettre leur représentativité dans les secteurs de l'emploi, de l'éducation et des programmes publics. De ce fait, « *les bénéficiaires potentiels de cette action font l'objet d'une classification et d'une reconnaissance formelles en termes d'origine raciale ou d'identité ethnique* » (WILSON, 1994). La discrimination positive soulève de nombreuses critiques que BOBO et KLUEGEL (1993) résument ainsi : la discrimination positive se heurte pour certains aux valeurs américaines d'individualisme et d'esprit d'entreprise et à l'idée que les seules inégalités intolérables sont celles qui naissent de l'inégalités des chances. De plus, les programmes catégoriels sont vulnérables car une part de ceux qui les financent n'en bénéficient pas. Enfin, et dans le cas de l'*affirmative action*, ils ont suscité des attitudes racistes à l'encontre de leurs bénéficiaires (BOBO et KLUEGEL, 1993). Elle pose en outre de réels problèmes d'efficacité en partie liés à cette légitimité contestée (*cf.* infra).

2.2. Le ciblage comme mode d'allocation et de gestion des ressources publiques

Le ciblage a également une fonction plus pragmatique : celle d'attribuer les ressources financières limitées dont disposent les programmes, ressources qui n'autoriseraient pas un accès « libre » à la totalité d'une population dans le besoin, et celle de gérer les vicissitudes de la décentralisation.

---

[4] En juin 1997, B. Clinton a réaffirmé son soutien à la politique de discrimination positive lors d'une conférence à l'Université de San Diego, où la part des étudiants afro-américains est particulièrement faible (STANFIELD R., « Affirmative Inaction », *National Journal*, 7/12/97). Voir également (CLEGG, 1998).

Une fonction tacite du ciblage est de restreindre l'accès aux dispositifs publics afin d'en limiter le coût. Cibler implique d'exclure de l'action publique des individus que l'arbitraire d'un seuil monétaire, de l'âge ou d'un niveau de qualification prive de l'intervention. Cette position est bien assumée aux États-Unis où une évaluation interne au *Department of Labor* (DOL) estime à 10 % des « désavantagés économiques » la part des bénéficiaires effectifs des programmes catégoriels qu'il gère (LAH, 1993).

L'autre motif pragmatique du ciblage tient à la gestion de l'usage des fonds publics. Aux États-Unis, le Congrès édicte les objectifs globaux des actions fédérales et débloque les fonds nécessaires à leur mise en oeuvre. Toutefois, la question du niveau de responsabilité dans la conception et la gestion des programmes d'emploi et de formation a toujours posé problème aux États-Unis et oscille entre « enveloppe globale » et financements préaffectés.

Depuis le projet du Nouveau Fédéralisme introduit par l'administration Nixon, les gouvernements étatiques et les administrations locales ont acquis une plus grande latitude dans la mise en oeuvre des dispositifs fédéraux. Ainsi, dans la seconde loi-cadre sur l'emploi et la formation votée en 1973 (le *Comprehensive Employment and Training Act*), l'État fédéral verse une part du financement à des « collectivités locales »[5] sous forme de subventions globales (*block grants*), ces collectivités détenant alors une autonomie dans la sélection des bénéficiaires et les « services » à fournir (BARNOW, 1993).

Cependant, le problème récurrent d'une mise en oeuvre décentralisée est celui de l'écart entre les orientations fixées par le Congrès et les objectifs effectivement poursuivis par les gouvernements étatiques et locaux. En effet ces derniers, pour des motifs politiques ou d'efficacité administrative, ont fréquemment utilisé leur autonomie (les subventions globales) pour privilégier des actions ou des catégories de population. Les créations d'emplois publics temporaires, populaires et faciles à mettre en oeuvre, ont été préférés aux programmes de formation. De même, la sélection locale des bénéficiaires a pu favoriser certains travailleurs (licenciés économiques, jeunes diplômés) au détriment des moins « employables » (chômeurs de longue durée et jeunes « désavantagés économiques »). L'existence d'un contrôle en aval de l'efficacité du programme en terme de placement dans l'emploi[6] a renforcé ces pratiques d'écrémage qu'il était censé combattre.

---

[5] L'acception employée par commodité ne recouvre pas une analogie avec le système français. Les récipiendaires locaux de ces financements sont appelés des « prime sponsors ». Ils désignent des espaces de compétences d'au moins 10 000 habitants, organisés par un conseil comprenant des représentants des divers groupes d'intérêts locaux.

[6] L'attribution des fonds fédéraux est, depuis 1992, inféodée à un principe d'efficacité à court terme : les standards de performance. Ces standards sont des normes d'efficacité que les opérateurs locaux et les gouvernements étatiques doivent successivement atteindre sous peine de sanction. Les

De ce fait, la réponse récurrente à la dérive produite par une décentralisation accrue a été l'ajout de programmes catégoriels, dirigés vers les populations les plus vulnérables (jeunes et adultes pauvres, amérindiens, travailleurs âgés...) auxquels il faut ajouter des quotas de populations « prioritaires » dans les programmes financés par subventions globales. Le terme de « subventions globales hybrides » est ainsi employé pour désigner la coexistence de subventions globales et de mesures catégorielles au sein des lois-cadre. Actuellement, les subventions globales représentent les trois quarts des subventions du DOL, les mesures catégorielles agissant comme des mécanismes correcteurs. Depuis les années 70, c'est donc un mouvement de balancier entre décentralisation accrue et correction par mesures catégorielles qui marque l'organisation institutionnelle des programmes d'emploi et de formation américain.

Considérations politiques et d'efficacité économique se conjuguent pour justifier du ciblage des actions en matière d'emploi et de formation. Les débats qui entourent la pertinence de programmes de formation pour les moins qualifiés aux États-Unis en sont tout à fait illustratifs. Faut-il, comme le suggère R. Reich, mettre en oeuvre des programmes de formation visant l'augmentation des qualifications des travailleurs les moins qualifiés ? Est-ce pertinent, demande J. Heckman, si l'on considère l'ampleur des sommes nécessaires à l'investissement dans la formation d'individus peu qualifiés dont le « retour sur investissement » espéré (en termes d'augmentation future de leur revenu) est lointain et modeste ? Ne vaut-il pas mieux privilégier les subventions ciblées à l'emploi pour les moins « employables » (PHELPS, 1994 ; HECKMAN, 1996) ? Selon Heckman, les évaluations qui se sont succédées depuis deux décennies n'ont jamais prouvé l'efficacité des programmes de formation destinés aux « désavantagés économiques ». Pourtant, ces programmes ont été maintenus ou reconduits sous d'autres intitulés ou avec des modifications mineures. La raison est selon lui que la justification de leur existence est moins économique que sociale, particulièrement lorsqu'ils s'adressent aux jeunes : *« They may protect peace, prevent riots, and lower the summer crime rate, but there is no firm evidence of such effects »* (HECKMAN, 1996).

3. CATÉGORIES ADMINISTRATIVES ET CRITÈRES D'ÉLIGIBILITÉ AUX DISPOSITIFS PUBLICS

Aux États-Unis comme en France, les logiques de construction des actions sur le marché du travail reposent sur des catégorisations et des hiérarchisations de groupes de populations. Sont désignés comme « cibles » ou « groupes-cibles » des groupes

---

opérateurs locaux sont ainsi sanctionnés sur la base de leur résultats (en termes de taux de placement dans l'emploi notamment), et non plus sur leurs pratiques *per se* (contrôle de conformité des critères d'éligibilité par exemple).

d'individus-bénéficiaires dont la nature et les contours dépendent, pour chaque pays, des modes de reconnaissance et d'analyse des problèmes de travail et d'emploi. Ces catégories administratives d'intervention publique agissent ensuite comme « *représentations opératoires pertinentes des individus auxquels elle [l'action publique] s'adresse* » (BARBIER, 1993). Ces représentations n'échappent pas à une vision souvent réductrice des comportements des individus qu'il est nécessaire de rappeler dès lors que l'on s'intéresse à l'évaluation de dispositifs catégoriels.

3.1. La difficulté à catégoriser les populations

Ainsi, spécifier une catégorie-cible est un exercice difficile comme en témoigne par exemple celui visant à définir la pauvreté (VALTRIANI, 1994). La catégorisation s'effectue par le repérage de caractéristiques individuelles, essentiellement démographiques (âge, sexe, origine ethnique...), plus rarement comportementales. Les critères d'éligibilité devant permettre la décision de sélection/non-sélection, leur définition doit s'appuyer sur des caractéristiques observables. La connaissance et la définition des caractéristiques individuelles sont liées au mode de recueil des données et aux sources d'information disponibles pour connaître les publics potentiellement bénéficiaires (fichiers administratifs, enquêtes sur données de panels). Concernant les données, les sources sont relativement peu nombreuses en France (essentiellement ANPE et INSEE) et plutôt focalisées sur les caractéristiques socio-démographiques (BARBIER, 1993). L'éventail est plus large aux États-Unis où les variables relatives à la situation familiale, aux conditions de logement, à la présence de salariés dans le ménage... sont fréquemment renseignées et les sources plus nombreuses[7].

Il convient de rappeler, bien que cela soit évident, les limites à catégoriser les populations à partir de fichiers administratifs ainsi que les décalages entre la catégorie administrative et la représentation que se fait l'individu de sa situation. Un exemple éloquent est la classification en fonction de l'ethnie et de la race aux États-Unis. Les modes de recueil des observations et la définition des modalités ont changé au fil des recensements : jusqu'en 1960, les recenseurs déterminaient par observation directe au domicile des intéressés leur appartenance ethnique. Puis, les personnes ont dû s'auto-identifier sur la base d'une liste de 15 types raciaux. « *Il est à noter* », souligne BELL, « *que pour les besoins du recensement, on a commencé à utiliser les mots "racial" ou "race" à la place de l'ancienne catégorie "colour" (couleur) et qu'aucune définition scientifique n'a jamais été utilisée* » (BELL, 1996).

---

[7] Les principales sources de données sont, outre les fichiers administratifs des programmes, le recensement décennal, l'enquête sur l'état de la population (*Current Population Survey*), l'enquête sur les revenus et la participation aux programmes (*Survey of Income and Program Participation*), l'enquête sur les dépenses de consommation créée par le Bureau of Labor Statistics (*Consumer Expenditures Survey*), l'enquête du Michigan sur la dynamique des revenus (PSID), ainsi que des enquêtes sur la criminalité, la santé... (BELL, 1996).

La mouvance des définitions et l'importance croissante prise par la modalité « *other race* » (près de 10 % de la population au recensement de 1980) renforcent les critiques à l'encontre des programmes catégoriels (FUCHS, 1997 ; COSE, 1997).

Un autre problème à catégoriser les populations sur la base de leurs caractéristiques individuelles réside dans le fait que l'*état* dans lequel est l'individu est peut-être davantage déterminant que ses caractéristiques individuelles. Si les chômeurs de longue durée reçoivent moins d'offres d'emploi que la moyenne des chômeurs parce qu'ils sont au chômage depuis plus longtemps (phénomène de dépendance d'état), une politique *globale* de lutte contre le chômage est à préconiser, visant à éviter des temps de chômage trop longs. Par contre, s'il est supposé que la durée du chômage est imputable à des caractéristiques spécifiques (phénomène d'hétérogénéité), des actions ciblées sur cette catégorie de population sont alors mieux adaptées (LECHÊNE et MAGNAC, 1995).

Enfin, il n'est pas sûr que les caractéristiques des populations catégorisées soient très éloignées de celles de la population totale. Ainsi, aux groupes-cibles peuvent s'ajouter des publics prioritaires, mais également des publics dérogatoires participant à l'opacité de la pertinence initiale du ciblage. De plus, si l'on prend en compte les critères d'éligibilité aux programmes d'emploi et de formation destinés aux « désavantagés économiques » (seuil de revenu et « barrières à l'emploi ») on constate que près d'un tiers de la population en âge de travailler pourrait y prétendre. Ce sont ensuite les capacités d'information, d'accueil et les conditions (notamment en termes de rémunération, de garde des enfants, de frais de transport...) qui déterminent le volume d'entrée effectif dans les programmes.

La difficulté à catégoriser les populations est d'intérêt pour l'évaluation des politiques d'emploi car elle est peut être en amont la cause d'une efficacité mesurée en aval du dispositif. Elle souligne aussi l'intérêt pour l'évaluation de prendre en compte les modes d'usage et d'appropriation des mesures par leurs bénéficiaires, leur diversité effective (au-delà de l'homogénéité factice de la catégorie statistique et administrative) pouvant donner lieux à des « stratégies » différenciées.

3.2. Les catégories d'intervention publique comme reflet des transformations du système d'emploi

L'évolution des critères d'éligibilité aux programmes comme celle des catégories d'intervention publique sont l'expression des attentes mouvantes des pouvoirs publics envers les actions d'emploi et de formation et des problèmes de fonctionnement du marché du travail.

Il a été dit que les premiers destinataires des actions fédérales en matière d'emploi et de formation aux États-Unis sont les « désavantagés économiques ». L'appartenance à cette catégorie implique un niveau de ressources inférieur au seuil de pauvreté officiel et un cumul de handicaps (niveau d'éducation, âge, situation familiale, problèmes de santé mentale et physique, conditions de logement…). La politique d'emploi est concentrée sur les caractéristiques productives de ces individus vus comme structurellement inadaptés, sous l'hypothèse que le passage en mesure réduira leur déficit d'employabilité, mais également leur dépendance à l'aide sociale et le taux de délinquance et de criminalité que la pauvreté peut engendrer (FREEMAN, 1995). De ce fait, les contours institutionnels de la « politique d'emploi » sont flous puisqu'elle agit sur le même principe que celle de lutte contre la pauvreté (PEREZ, 1998). Les objectifs d'amélioration de l'employabilité et d'élévation du revenu des « désavantagés économiques » sont ainsi partagés par de nombreux acteurs institutionnels et poursuivis tant par la voie fiscale que par de multiples programmes dits « sociaux ».

Un signe majeur atteste d'un élargissement des critères traditionnels de ciblage aux États-Unis depuis le début des années 90 : l'ouverture plus large des programmes d'emploi et de formation au « noyau dur » du salariat s'affirme dans un contexte de délocalisation et de licenciements massifs. Si la situation de chômage n'a jamais constitué en soi un critère d'éligibilité aux programmes d'emploi et de formation, l'*origine* du chômage ou du sous-emploi contraint donnait traditionnellement accès aux quelques dispositifs spécifiques gérés par le DOL. Ont ainsi bénéficié d'aides spécifiques et d'actions de remise à niveau et ou de reconversion, des travailleurs licenciés de secteurs puissamment organisés (comme l'automobile ou la sidérurgie) en proie à de profondes restructurations, ou à une mise en concurrence accrue suite à la signature d'accords de libre-échange (de type NAFTA) ou bien encore pénalisés par des décisions de réorientation de dépenses fédérales (par exemple militaires).

La catégorisation de ces bénéficiaires ne s'est affirmée que dans les années 80 et jusqu'alors, la population potentiellement concernée était mal connue. Ces salariés licenciés de secteurs traditionnels et bien organisés sont identifiés comme *dislocated* ou *displaced workers*[8].

Depuis 1984, des informations sur les caractéristiques de ces travailleurs sont systématiquement recherchées (supplément à l'enquête *Current Population Survey*)[9].

---

[8] Souvent ces termes sont pris l'un pour l'autre. Plus précisément, le terme *displaced workers* désigne la part des *dislocated workers* s'étant maintenus dans leur emploi trois ans ou plus avant d'être licenciés. Sur la période 1987-1991, sur 12,3 millions de licenciés économiques, 5,6 millions détenaient leur emploi depuis au moins trois ans (RYAN, 1993).

[9] Sont visés les travailleurs de plus de 20 ans, ayant perdu un emploi dans les 5 années précédant l'enquête, perte consécutive à une fermeture de site, une cessation d'activité, un licenciement sans promesse de rappel. Les principales questions portent sur la nature de l'emploi perdu, le secteur d'activité, le métier, l'ancienneté dans l'emploi, le salaire et la couverture d'assurance-santé. Les

Ces licenciés économiques se caractérisent par leur attachement à la force de travail (stabilité dans l'emploi), leur expérience professionnelle ; mais l'élément distinctif des autres salariés licenciés est leur faible chance d'être rappelé par leur employeur, d'exercer le même métier, dans le même secteur (LEIGH, 1988).

Cette évolution significative des attributions du DOL en matière d'emploi et de formation, restant toutefois dans les limites d'un budget restreint, est confirmée en 1994 par le *Reemployment Act*. Ce projet déposé par l'administration Clinton prévoyait un élargissement de l'accès aux programmes existants pour les licenciés économiques *à tous les chômeurs*, quelle que soit l'origine du licenciement[10]. Ceci s'est concrétisé en partie par un élargissement des admissions au programme JTPA Titre III (notamment en faveur de chômeurs ayant épuisé leur droit à indemnisation).

3.3. L'hypothèse de convergence des publics-cible des programmes d'emploi et de formation

Ces éléments témoignent d'un dépassement de la focalisation des interventions fédérales en matière d'emploi et de formation sur les « laissés-pour-compte économiques » pour atteindre une fraction plus large du salariat. Cet élargissement n'est pas sans lien avec le fait que le modèle de l'indemnisation rétribuant la recherche d'emploi semble attaqué, aux États-Unis comme dans plusieurs pays européens (AUER, 1995). Ainsi, les prestations spécifiques traditionnellement attribuées aux licenciés économiques de certains secteurs (*Trade Adjustment Assistance, NAFTA benefits*), sont, depuis 1988, assorties d'une obligation de formation. De la même manière, les dispositions prises au titre du *profiling* en 1993 (filtrage des chômeurs les moins employables) conditionnent la perception de l'allocation-chômage à la participation à un programme d'emploi et de formation (WANDNER, 1997).

Enfin, on peut se demander si l'évolution de ces critères d'éligibilité ne suggère pas une convergence des « politiques d'emploi » américaine et européenne. En effet, tandis que les programmes d'emploi et de formation américains s'ouvrent plus largement à un autre public que les « laissés-pour-compte économiques », en France, des critères de ressources ont été introduits dans l'éligibilité à certains dispositifs

---

périodes de chômage, d'emploi ainsi que les salaires perçus depuis le licenciement sont également renseignés. Depuis 1984, les enquêtes ont lieu tous les deux ans.

[10] Le *Reemployment Act* de 1994 prévoyait que : « *tous les licenciés économiques (sans promesse de rappel) ainsi que tous les chômeurs de longue durée soient éligibles à un éventail de services de réemploi, et ce quelque soit la cause de la perte de l'emploi* » (US DOL, 1994). La proposition n'a pas été entièrement acceptée par le Congrès, comme beaucoup des dispositions de ce projet, qualifié par l'opposition républicaine de trop interventionniste et axé sur les marchés internes (AUER, 1995).

destinés aux chômeurs de longue durée[11]. Le risque que présente une telle évolution n'est-il pas de rapporter la situation de chômage de longue durée davantage à l'accumulation de « handicaps » liés à l'individu plutôt qu'aux résultats de politiques de gestion de main d'ocuvre ? L'introduction dans le champ de l'assistance sociale d'une contrepartie productive au versement d'une allocation (*workfare*), principe général d'intervention aux États-Unis depuis l'administration Reagan[12], n'est-il pas un autre point de convergence entre l'Europe et les États-Unis, marquant un rapprochement des politiques d'emploi avec celles de lutte contre la pauvreté ? Toutefois, l'analyse des causes de cette interdépendance, comme celle des points communs apparents entre les deux pays, peuvent être discutées. Il faut ainsi se rappeler que les convergences observées ne s'expriment que dans les formes catégorielles de l'emploi, du chômage, de la pauvreté, de l'inactivité... qui sont elles-mêmes produits d'une histoire et de rapports de force spécifiques aux pays (FRIOT et ROSE, 1996).

4. LES PROGRAMMES CATÉGORIELS SONT-ILS EFFICACES ?

« *La spécialisation des dispositifs par public cible... tire sa légitimité du constat que le ciblage d'un dispositif est une garantie de son efficacité au regard des publics à toucher* » (BOUILLAGUET et GUITTON, 1992). Mais nombreux sont les écueils susceptibles de contrecarrer cette assertion.

Ainsi, les préoccupations d'équité et d'efficacité, voire de soutien politique, ne sont pas toujours conciliables. L'efficace du ciblage ouvre sur des discussions en termes d'incitation/désincitation (au travail, à l'effort...), d'effets d'aubaine, de substitution entre catégories d'actifs... que l'évaluation permet d'établir. L'équité peut être mise à mal si le ciblage conduit à des effets de substitution entre catégories de travailleurs ; de ce point de vue, un critère de ressources (*means-tested eligibility*) est contestable. La question est de savoir si les politiques non catégorielles sont plus efficaces. Le problème est la difficulté a en identifier les bénéficiaires et par là, à en mesurer l'impact. Les programmes catégoriels sont plus vulnérables lors de l'évaluation de leurs résultats parce qu'ils sont probablement les plus aptes à être évalués.

Néanmoins, plusieurs travaux ont établi que les programmes catégoriels pouvaient aboutir à un « marquage social » des bénéficiaires. Ainsi, la stigmatisation des participants aux programmes, par les employeurs mais aussi par les participants eux-mêmes (effet d'autosélection), peut surcompenser l'effet contre-sélectif du

---

[11] En 1987, le dispositif SRA (Stage de réinsertion en alternance) prévoit que la perception de ressources précaires puisse se substituer au critère de durée d'inscription à l'ANPE. Autre exemple, les bénéficiaires du revenu minimum d'insertion constituent un « public-cible » pour le dispositif de lutte contre le chômage de longue durée AIF (action d'insertion et de formation).

[12] Voir notamment MOREL (1994) et le numéro spécial de la revue française des affaires sociales sur la contrepartie dont MOREL (1996) et BARBIER (1996).

ciblage. Dans ce cas, « *la politique de l'emploi contribuerait ainsi à renforcer les phénomènes d'exclusion mêmes qu'elle est supposée combattre et dont l'éradication est sa raison d'être* » (ERMAKOFF, 1991). La célèbre évaluation expérimentale conduite en 1985 par G. Burtless sur le programme américain TJTC a ainsi montré que les porteurs de bons avaient moins de chance, toutes choses égales par ailleurs, de trouver un emploi que leurs homologues (ces derniers n'ayant pas annoncé leur éligibilité).

Par ailleurs, les évaluations des programmes catégoriels d'emploi et de formation ont produit des résultats très décourageants pour l'administration fédérale. Un faisceau d'indices permet néanmoins de faire l'hypothèse que les employeurs potentiels s'impliquent peu dans des programmes qui relèvent, à leurs yeux, davantage de l'action caritative que de l'action économique (OSTERMAN, 1988). Et s'ils s'impliquent, ces programmes bénéficient alors aux plus « employables » des bénéficiaires (WILSON, 1994 ; US Department of Labor, 1995).

Faut-il avec WILSON considérer que le problème majeur des programmes catégoriels est leur acception politique problématique ? Selon lui, plus visible, l'action publique prête le flan à la contestation. C'est dans l'objectif d'acquérir un soutien politique plus large qu'il plaide pour des programmes sociaux destinés à la population dans son ensemble plutôt que réservés aux « pauvres » (WILSON, 1994). En toile de fond, l'idée est que les programmes catégoriels crée l'illusion que les problèmes économiques auxquels font face les groupes-cibles leur sont propres. Ils créent ainsi une insatisfaction auprès des individus connaissant des situations proches mais ne remplissant pas les conditions pour participer aux programmes. Ainsi, « *le destin de ces groupes est inextricablement lié à la structure et au mode de fonctionnement de l'économie américaine. En d'autres termes, toute politique qui n'intègre pas dans ses paramètres d'évaluation les indicateurs relatifs aux mutations actuelles de l'économie américaine (taux de croissance et profil de la demande de travail, taux de profit, progrès technique et syndicalisation...) ne peut s'atteler efficacement à la tâche* » (WILSON, 1994). Parce que la réussite des programmes catégoriels est conditionnée par l'état général de l'économie, ces programmes ne seraient pas abandonnés mais relégués au second plan, derrière des politiques globales. Le problème réside ainsi moins dans les caractéristiques individuelles que, par exemple, dans les modes de gestion de la main-d'œuvre.

L'évaluation pour être plus pertinente ne devrait-elle pas prendre de la distance avec des catégories qu'elle reprend souvent à son compte, sans les critiquer (DEMAZIÈRE, 1994) ? Une première étape est franchie en reconnaissant que les catégories administratives sont interprétées par les opérateurs locaux. Ainsi, l'estimation des effets d'un programme est non seulement sensible à la précision de la définition de l'éligibilité par le législateur mais également à la rigueur de son application par les opérateurs du programme (SCHMIDT, 1992). Une définition trop pointilliste peut avoir des effets induits négatifs (stigmatisation, sous-représentation...) et, a contrario, si les frontières de définition des catégories ne sont pas clairement identifiables, *« la mise en oeuvre des politiques conduit à déporter en quelque sorte une part du choix, une part de la justification des qualités des personnes vers les acteurs locaux »* (BARBIER, 1993). Barbier distingue à cet égard les catégories *centrales*, utilisées pour la formulation et l'édiction centrales des politiques, et des catégories *locales*, outils d'interaction entre agents publics et citoyens en demande d'intervention. L'écart probable entre la catégorie centrale et l'atteinte réelle du public intéresse l'évaluation des effets des politiques car d'une part, il en montre les limites dès lors que la cible peut ne pas être atteinte, et d'autre part, il soulève la dimension formative potentielle d'une évaluation associant les acteurs pertinents de l'action publique[13].

Est-il possible d'aller plus loin ? Cette surdétermination des évaluations par les catégories administratives rejoint le problème de la tension dans laquelle est prise l'évaluation, réponse à une commande de l'administration publique (qui conduit à utiliser ses catégorisations pour en estimer l'efficace[14]) et travail de recherche en sciences sociales.

Coralie Perez

BIBLIOGRAPHIE

AFFICHARD J. (1985), « La fonction de l'enquête statistique dans l'évaluation du dispositif de formation des jeunes de 16 à 18 ans », *Formation Emploi*, n° 9.

AUER P. (1995), « Le miracle américain de l'emploi », *InforMISEP*, n° 49, Printemps.

BARBIER J.C. (1993), « Catégories de chômeurs et connaissance des effets des politiques d'emploi », in GAZIER B. (éditeur), *Emploi, nouvelles donnes*, Paris, Economica.

BARBIER J.-C. (1996), « Comparer insertion et workfare ? », *Revue française des affaires sociales*, n° 4, octobre-décembre.

BARNOW B. (1993), « Thirty Years of Changing Federal, State and Local Relationships in Employment and Training Programs », *The Journal of Federalism*, 23, Summer.

BELL C. (1996), « Données relatives à la race, à l'ethnie et au sexe : mises en garde à l'intention de l'usager », *Revue internationale du travail*, vol.135, n° 5.

BOBO L., KLUEGEL J. (1993), « Opposition to Race-targeting : Self-interest, Stratification Ideology, or Racial Attitudes ? », *American Sociological Review*, vol. 58.

BOUILLAGUET P. et GUITTON C. (1992) (dir.), *Le chômage de longue durée. Comprendre, agir, évaluer*, TEN-MIRE, Syros-Alternatives.

---

[13] Cette association contribuerait à rendre visible l'interprétation des conditions « officielles » d'éligibilité par les acteurs, ainsi que les critères implicites de l'orientation en mesure.

[14] *« L'administration y reconnaît une représentation schématique de son action, construite dans les formes dont elle s'est elle-même dotée »* (AFFICHARD,1985).

BURTLESS G. (1985), « Are Targeted Wage Subsidies Harmful ? Evidence from a Wage Voucher Experiment », *Industrial and Labor Relations Review*, vol. 39, n° 1, October.

CLEGG R. (1998), « Beyond Quotas. A color-blind vision for affirmative action », *Policy Review*, May-June.

Conseil scientifique de l'évaluation (1993), *L'évaluation en développement*, Rapport annuel sur l'évolution des pratiques d'évaluation des politiques publiques, Paris La Documentation française.

COSE E. (1997), « Census and the Complex Issue of Race », *Society*, September-October.

COOPER M. (1995), « The Working Poor », *CQ Researcher*, vol. 5, n° 41.

DARES (1996), *40 ans de politique de l'emploi*, Paris, La Documentation française.

DEMAZIÈRE D. (1994), *Les "jeunes" et les "chômeurs de longue durée" : points de vue des évaluateurs sur ces catégories*, Documents du Céreq, n°94.

ERMAKOFF I. (1991), « Les travaux d'évaluation des politiques d'emploi aux États-Unis : éléments d'une approche critique », Séminaire d'économie du travail, Université de Paris I, septembre.

FREEMAN R. (1995), « The Limits of Wage Flexibility to Curing Unemployment », *Oxford Review of Economic Policy*, vol. 11, n° 1.

FRIOT B., ROSE J.(dir.) (1996), *La construction sociale de l'emploi en France, les années soixante à aujourd'hui*, Paris, L'Harmattan.

FUCHS L. (1997), « What We Should Count and Why », *Society*, September-October.

GAZIER B. (1981), *La pauvreté unidimensionnelle*, Paris, Economica.

HECKMAN J. (1996), « What Should We our Human Capital Investment Policy ? », in MANGUM G. et MANGUM S. (ed.), *Of Heart and Mind. Social Policy essays in Honor of Sar A. Levitan*, W.E. Upjohn Institute, Kalamazoo.

LAH D. (1993), *Background Paper JTPA Programs for the Disadvantaged*, US DOL, May.

LECHÊNE V. et MAGNAC T. (1995), *Insertion des jeunes sur le marché du travail : outils d'analyse et analyses empiriques*, Rapport à la Délégation Interministérielle à l'insertion des jeunes, INRA, ronéotypé.

LEIGH D. (1988), *Does Training Work for Displaced Workers ?*, Draft Paper, US DOL, October.

LORENZ E. (1995), « TJTC and the Promise and Reality of Redistributive Vouchering and Tax Credit Policy », *Journal of Policy Analysis and Management*, vol. 14, n° 2.

MOREL S. (1994), « Les programmes d'intégration à l'emploi pour les allocataires de l'assistance sociale. L'approche américaine du workfare », *Revue française des affaires sociales*, n°3, juillet-septembre.

MOREL S. (1996), « La contrepartie dans la protection sociale américaine », *Revue française des affaires sociales*, n° 4, octobre-décembre.

OCDE (1996), *Perspectives de l'emploi*, Paris.

OSTERMAN P. (1988), *Employment Futures*, Oxford University Press.

PEREZ C. (1997), *Problématiques de l'évaluation des politiques d'emploi ; évolutions récentes, fondements théoriques et questions méthodologiques à partir de l'expérience américaine*, thèse pour le doctorat de sciences économiques, Université de Nancy II.

PEREZ C. (1998), « La « politique d'emploi » américaine », dans BARBIER J.C., GAUTIÉ J (coord.), *Les politiques de l'emploi en Europe et aux États-Unis*, Paris, Presses universitaires de France (coll. cahiers du CEE) (à paraître).

PHELPS E. (1994), « Low-Wage Employment Subsidies versus Welfare State », *American Economic Review*, vol. 84, n° 2.

RYAN P. (1993), *Lessons Learned from Dislocated Workers Studies*, US DOL ETA March.

SCHMIDT G. (1992), Equality *and Efficiency in the Labour Market. Toward a Socio-economic Theory of Cooperation in the Context of a Globalizing Economy*, Discussion Paper, WZB, FS I 92-1.

US Department of Labor (USDOL) (1994), *Investing in People and Prosperity*, Washington D.C., May.

US Department of Labor (1995), *Training and Employment Report of the Secretary of Labor*, US DOL, ETA, Washington D.C.

VALTRIANI P. (1994), « La notion de pauvreté : des frontières floues », *Problèmes économiques*, n° 2.

WANDNER S. (1997), « Réinsertion professionnelle rapide de travailleurs évincés aux États-Unis », *Revue internationale de sécurité sociale*, vol. 50.

WILSON W.-J. (1994), *Les oubliés de l'Amérique*, Desclée de Brouwer.

Le concept d'emploi : un nouveau fondement pour l'analyse économique des carrières salariales

Philippe Lemistre, Jean-Michel Plassard, (LIRHE, CNRS-université Toulouse 1)

1. INTRODUCTION

L'étude économique des carrières salariales est souvent fondée sur l'individu. Or, les développements récents de l'économie du travail montrent l'intérêt d'une perspective théorique et empirique fondée sur l'emploi. Pour la formation, l'emploi est apparu au sein de la théorie du capital humain grâce aux modèles de cycle de vie, puis au travers de la théorie du filtre. Mais l'élément déterminant est la mise en exergue de l'existence de marchés internes du travail qui a généré des modélisations correspondant à des modes de rémunérations différents selon les caractéristiques de l'emploi occupé. Par exemple, les modèles de la théorie des incitations (paiement différé et tournoi) peuvent justifier le recours au concept d'emploi.

Par ailleurs, les pratiques des employeurs en France montrent l'importance des caractéristiques de l'emploi dans la détermination des salaires, notamment le lien entre les rémunérations et les catégories des conventions collectives. Ces dernières participent pour une grande part à la définition de la nomenclature des professions et catégories socioprofessionnelles. Certaines études sur données nationales françaises permettent alors de retrouver un effet significatif des caractéristiques de l'emploi sur le niveau de salaire. Toutefois, la constitution et l'exploitation de bases de données d'emploi selon des méthodes initiées récemment par des chercheurs américains permettraient de renforcer le rôle des caractéristiques de l'emploi en France et de répondre à certaines questions qui ne peuvent être abordées dans le cadre de bases de données individuelles.

La communication reprend en détail les principes de ces méthodes ainsi que les autres éléments exposés.

2. INTÉRÊT DU CONCEPT D'EMPLOI EN ÉCONOMIE

2.1. Émergence du concept d'emploi

2.1.1. Emploi et formation de la théorie du capital humain à la théorie des incitations

La croissance des salaires au cours de la carrière des travailleurs à fait l'objet d'une première explication par les théoriciens du capital humain et notamment les travaux de BECKER (1975). Les différences de salaires sont affectées ici à l'éducation ou à l'expérience que chaque individu peut acquérir moyennant un coût supporté, au moins en partie, par le salarié. Les salaires élevés versés aux individus plus éduqués ou plus âgés compensent les coûts des investissements qui permettent d'augmenter la productivité individuelle. Mais une telle perspective théorique n'explique pas le souhait par l'employeur du départ en retraite des salariés âgés. En fin de carrière, en effet, les rémunérations perçues sont supposées égales aux productivités marginales des salariés, voire inférieures lorsque l'employeur déduit de la rémunération tout ou partie des coûts de formation qu'il a engagés antérieurement (HUTCHENS, 1989).

Les modèles à paiement différé de la théorie des incitations apparaissent alors comme une alternative à la théorie du capital humain permettant d'expliquer le départ en retraite des salariés et la croissance des salaires avec l'ancienneté (LAZEAR, 1979). Afin de pallier les inconvénients dus aux asymétries informationnelles entre salarié et employeur, ce dernier est supposé proposer au travailleur un contrat à paiement différé correspondant à un mode de rémunération à l'ancienneté. Le salaire perçu au cours d'une première période est inférieur à la contribution productive du travailleur puis supérieur ensuite. Le salarié verse donc une caution qui lui est restituée ensuite sous la forme d'une rente. Celui-ci est incité à ne pas « tirer au flan » car il ne souhaite pas perdre les bénéfices de la rente future. La rémunération supérieure à la contribution productive du salarié en fin de carrière explique la nécessité d'une date de départ en retraite fixée ex ante. Ceci afin que la rémunération du travailleur au cours de toute sa vie active n'excède pas le total des salaires qu'il pourrait percevoir dans un cadre concurrentiel pur et parfait.

Reste un problème pour le modèle à paiement différé : la possibilité pour l'employeur de ne pas respecter ses engagements contractuels en licenciant le salarié lors de la seconde période du contrat où le salaire excède la contribution productive. Une telle attitude permet à l'employeur de conserver la rente due. Des arguments tels que la réputation de la firme (ZYLBERBERG, 1994) ou les coûts du licenciement (liés à la formation des nouveaux salariés, notamment) permettent de pallier cet inconvénient en partie au moins. Toutefois ces « solutions » nécessitent des hypothèses supplémentaires et ne sont pas nécessairement à même de garantir une probabilité de fraude de l'employeur nulle (FAVEREAU, 1989). À cette fin, CAHUC et ZYLBERBERG (1996) proposent un modèle qui prend en compte le phénomène de double risque moral dans le cadre d'un programme dual de maximisation, i.e coté salarié et coté employeur. Le résultat de ce programme est d'intégrer le principe du paiement différé et les effets de l'accumulation de capital humain générale, ces deux éléments se succédant au cours de la carrière du salarié.

Théorie du capital humain et théorie des incitations semblent être complémentaires. Toutefois la théorie des incitations peut demeurer autonome si l'on affecte à la formation un rôle différent, comme le proposent les théoriciens du « signal » (SPENCE, 1973) ou du « filtre » (ARROW, 1973). Contrairement à la théorie du capital humain, l'hypothèse faite ici est que la formation n'augmente pas la productivité des travailleurs, elle ne fait que la révéler. Les individus vont acquérir des diplômes qui seront un indicateur ou « signal » pour l'entrepreneur de leurs aptitudes. Ces dernières sont, en effet, supposées difficiles à évaluer dés l'embauche compte tenu de l'asymétrie informationnelle. La sélection par le diplôme permet alors d'attribuer aux mêmes emplois des individus semblables. En d'autres termes, les individus vont différer par des caractéristiques innées, à l'inverse de la théorie du capital humain pour laquelle les individus sont tous identiques et seront différenciés uniquement par la quantité de capital humain accumulée, i.e acquise.

Une telle perspective est en adéquation avec les modèles de tournois de la théorie des incitations. Les salaires récompensent ici les performances relatives et non absolues des travailleurs. La « déconnexion » entre rémunération et productivité marginale rend ce type de modèle incompatible avec la théorie du capital humain. Ainsi, dans le cadre des modèles de tournois à plusieurs participants, des salariés d'une même catégorie sont susceptibles d'obtenir une promotion. Afin d'inciter ces derniers à fournir un effort maximal en vu de remporter le tournoi, la proportion d'employés promus et le salaire offert sont calculés et annoncés dés l'embauche (éléments du contrat). Les vainqueurs seront désignés en fonction de leurs résultats comparativement à ceux de leurs collègues. Ce sont donc les salaires relatifs et non absolus qui motivent les participants et le niveau de salaire obtenu au terme du tournoi n'est pas le reflet de la contribution productive de l'individu dans le poste qu'il conquiert, mais la compensation des efforts fournis par le vainqueur (LAZEAR et ROSEN, 1981). L'implication des individus est fonction de leur probabilité d'être promus et de leur espérance (mathématique) de gain. Le gain attendu est d'autant plus élevé que l'écart de salaire entre le poste à pourvoir et l'emploi actuel est important d'une part et que, d'autre part, le nombre de promotions prévu est élevé.

Le principe de séniorité demeure lorsque les salariés « perdants » perçoivent un « lot de consolation », i.e une augmentation de salaire qui reste moins conséquente que celle octroyée au gagnant (MALCOMSON, 1984). Pour des raisons d'équité une telle pratique serait assez courante (LANFRANCHI, 1996). Enfin, la participation des individus à des tournois successifs peut révéler les aptitudes ou le « talent » de chacun et permettre aux plus aptes d'accéder à des postes plus élevés dans la hiérarchie des salaires (ROSEN, 1986). La fonction de production individuelle est supposée être constituée ici de trois éléments : le niveau d'effort, un facteur aléatoire et le « talent ». La population active est hétérogène compte tenu du « talent » de chacun. Celui-ci peut, par exemple, représenter l'aptitude à assumer des postes à responsabilités. Or, les capacités d'assimilation de certains lors de formation internes sont à même de fournir un indicateur du talent d'un individu. En d'autres termes, il existe deux « filtrages » : tout d'abord le signal donné à l'employeur par le niveau de formation à l'embauche permet d'affecter le travailleur à tel ou tel type d'emploi. Ensuite, le salarié recruté pourra révéler d'autres aptitudes lors de formations internes et remporter ainsi différents tournois.

Reste que la théorie du filtre et la théorie du capital humain peuvent être compatibles dans l'hypothèse ou le filtre est « productif » (RILEY, 1976). La formation remplit alors deux rôles : elle fournit un signal des aptitudes innées du salarié et lui permet aussi d'accumuler du capital humain, certaines connaissances techniques, par exemple. Mais l'effet du diplôme sur la productivité peut être négligeable et l'effet signal nettement plus déterminant ou inversement.

En tout état de cause, les caractéristiques de l'emploi sont déterminantes lorsque la formation remplit un rôle de filtre et les caractéristiques individuelles semblent plus importantes dans le cadre de la théorie du capital humain. Toutefois, les analyses en terme de « cycle de vie » montrent l'importance des caractéristiques de l'emploi dans les choix intertemporels des individus. Par exemple, pour le modèle de WEISS (1986) « l'occupation » du salarié dans l'entreprise est supposée partagée en deux activités l'une de production et la seconde de formation[1]. Les emplois proposés par les entreprises sont des combinaisons de production pure et d'opportunités de formation. Les salariés effectuent des « choix d'occupation » en optant pour tel ou tel type d'emploi à différents moments de leur carrière. En plus du choix d'une activité de production et/ou de formation les individus effectuent un second arbitrage entre le travail et le loisir. WEISS propose de diviser la vie active en quatre phases. Pour chacune des phases ses conclusions sont les suivantes : Au cours de la phase 1 le salarié consacre tout son temps à la formation car le taux d'actualisation du marché est inférieur au taux de rendement d'une formation à temps complet. À partir de la phase 2 le taux marginal de rendement interne de la formation devient inférieur au taux d'actualisation. Les individus réalisent alors l'arbitrage optimal entre production pure et formation. En phase 3 les coûts d'acquisition d'unité de capital humain supplémentaires sont trop élevés pour qu'une nouvelle formation soit rentabilisée. Enfin, la phase 4 est la période de retraite. L'hypothèse sous-jacente est que les individus ont une forte préférence pour le futur. À la fin de la phase 3 cette préférence est telle que l'individu se consacre entièrement au loisir plutôt qu'au travail.

La stratégie de carrière des salariés sera alors d'être affecté dans un premier temps à des emplois privilégiant la formation, puis ensuite dans des emplois ou l'activité de production domine voire ou la formation est absente (pour les individus en fin de carrière).

---

[1] La formation considérée ici est uniquement à caractère général.

L'intérêt du concept d'emploi émerge donc grâce aux théories du filtre et à la théorie du cycle de vie. Mais le raisonnement économique est encore très attaché aux éléments individuels. La mise en exergue de l'existence de marchés internes du travail va modifier cette vision et générer les modèles de la théorie des incitations qui légitiment une analyse fondée sur l'emploi occupé.

2.1.2. Du marché walrasien aux marchés internes

Les Economistes du Travail sont confrontés aujourd'hui à une multitude de modélisations qui succède à l'unicité du modèle néoclassique en matière d'analyse du facteur Travail. Dans le modèle walrasien, le travail est une marchandise qui s'échange à un prix (le salaire) qui est fonction des quantités de travail demandées et offertes. L'offre et la demande résultent de la maximisation instantanée par les travailleurs et les entrepreneurs de leur fonction objectif (l'un maximise son utilité et l'autre son profit). Les différences de salaires entre emplois sont supposées compenser des différences d'efficacité.

En fait la relation employeur-salarié s'inscrit souvent dans le long terme. À cet égard, elle diffère de la rencontre unique entre un acheteur et un vendeur et nécessite une perspective dynamique. La théorie du capital humain a été la première à intégrer cet aspect tout en conservant les principales hypothèses de l'approche dominante (unicité du prix, salaires concurrentiels). L'unicité du prix est supposée toujours respectée, c'est-à-dire que des individus ayant les mêmes caractéristiques, la même formation par exemple, sont censés obtenir la même rémunération.

Or, le marché du travail et le facteur travail lui-même s'avèrent être plus complexes que ne le supposait le modèle walrasien. Ainsi, la mise en évidence de l'existence des marchés internes du travail va remettre en cause la vision walrasienne du marché du travail. Au sein des marchés internes, les salaires ne se fixent pas selon les lois habituelles (ajustement des salaires par leur prix selon le niveau de l'offre et de la demande d'emploi). Un marché interne se définit alors comme « une unité administrative, un établissement industriel, par exemple, à l'intérieur duquel la rémunération et l'allocation du travail sont régies par des procédures administratives » (DOERINGER et PIORE, 1971). Les marchés internes résultent du souhait des entrepreneurs de réduire l'incertitude et les coûts liés à celle-ci.

Cette nouvelle perspective a conduit les économistes à s'intéresser bien plus qu'ils ne l'avaient fait jusqu'alors aux particularités et à la complexité de la marchandise « travail ». Tout d'abord, la rationalité des individus a été étendue au choix des modalités de leurs interactions et l'organisation et les règles qui la fondent ont été prises en compte. Ce dernier aspect favorise une approche du travail par les facteurs déterminants de la demande. Jusqu'alors la théorie dominante était une théorie de l'offre pour laquelle seules les caractéristiques individuelles influent sur le niveau de salaire.

En plus de l'aspect dynamique, d'autres particularités de la relation salariale ont été intégrées à la réflexion. Par exemple, l'entrepreneur et le salarié ne disposent pas de la totalité des informations (hypothèse d'information imparfaite) et les informations qu'ils détiennent respectivement diffèrent en partie (asymétrie d'information). De nouvelles problématiques apparaissent alors, telles que les problèmes d'incitation au travail, auxquels tentent de répondre, notamment, les modèles à paiement différé et les modèles de tournois.

Par ailleurs, les progrès de l'économie du travail ont remis en cause les postulats de l'analyse néoclassique walrasienne. Les salaires peuvent se fixer de manière non concurrentielle (confrontation offre demande) et les prix de deux emplois identiques peuvent être différents (pas d'unicité du prix). Par exemple, lorsque le niveau salaire dépend d'un contrat incitatif fondé sur le principe du paiement différé, « instantanément » le salaire diffère du salaire concurrentiel, de même pour un contrat reposant sur les promotions (modèles de tournois). Pour les modèles de tournoi à plusieurs participants (MALCOMSON, 1984) le salaire offert aux vainqueurs dépend de leur nombre et de la quantité de postes offerts. L'unicité du prix (le salaire) n'est donc pas respectée d'une entreprise à l'autre, puisque le niveau de rémunération des salariés promus dépend de caractéristiques qui diffèrent pour chaque entreprise.

Toutefois la remise en cause du cadre d'analyse concurrentiel reste partielle. Le marché du travail est supposé « segmenté » entre marchés internes et marché externe. Au sein du marché externe, la fixation des salaires est conforme aux caractéristiques du marché concurrentiel. Selon DOERINGER et PIORE (1971) les marchés internes constituent le secteur primaire ou la stabilité de l'emploi est forte, les salaires élevés et perspectives de carrières importantes. Par oppositions au secteur secondaire (marché externe) où les salaires sont faibles et la rotation importante.

La partition entre ces deux segments du marché du travail s'effectue entre deux types d'entreprises. Certaines firmes recourent à une organisation du travail en marchés internes pour trois raisons essentiellement. Il s'agit, tout d'abord de restreindre la rotation (turn-over) lorsque les coûts qui lui sont associés sont élevés. L'entrepreneur en favorisant la promotion interne et en mettant en place des modes de rémunérations incitatifs va alors ériger des « barrières à l'entrée » qui favorisent la main d'œuvre en place. La mobilité entre secteurs primaire et secondaire est alors réduite par le « rationnement » des emplois au sein des marchés internes.

Un second argument pour la constitution de marchés internes est lié à l'accumulation de capital humain à caractère spécifique. L'employeur qui finance en partie la formation spécifique doit garder le salarié le plus longtemps possible afin de rentabiliser son investissement. De plus un système de promotion interne peut favoriser le prise en charge de tout ou partie de l'investissement en capital humain spécifique par le salarié (PRENDERGAST, 1993).

Enfin l'asymétrie d'information justifie la formation de marchés internes. Les modèles issus de la théorie des incitations (paiement différé, tournoi) illustrent le raisonnement. Notons que ces modélisations, en « attachant » le salarié à l'entreprise, limitent également le turn-over. Ces contrats favorisent entrepreneur et salarié qui accroissent conjointement leur revenu. L'ensemble des employeurs « rationnels » devrait donc mettre en place ce type de contrat, toutes les firmes se constituant en marchés internes. Mais les contrats concernés sont tous des contrats à plus ou moins long terme, l'entreprise doit donc pouvoir assurer leur exécution. Or, lorsqu'une firme possède un faible pouvoir de marché, elle est susceptible de ne pas remplir ses obligations contractuelles. La partition entre secteur primaire et secteur secondaire s'effectue alors en fonction du pouvoir de marché de l'entreprise. Les firmes de grande taille qui sont souvent plus à même de s'octroyer un tel pouvoir, constituent majoritairement le secteur primaire. Différentes études en France mettent en exergue une relation croissante entre la taille des établissements employeur et le salaire versé (LHÉRITIER, 1992 ; ARAÏ *et al.*, 1996 b), d'autres montrent qu'il existe une distinction de processus de gestion de la main d'œuvre entre les marchés internes et les Marchés Externes qui confirme une partition entre grandes et petites entreprises (GLAUDE, 1986 ; REYNAUD, 1986).

Si les grandes entreprises s'organisent en marchés internes elles n'en sont pas moins soumises, à un degré moindre que celles du marché externe, aux aléas conjoncturels. De telle sorte qu'au sein même des grandes firmes des modes de rémunération vont relever du secteur concurrentiel (marché externe). La partition secteur primaire et secondaire ne s'effectue plus seulement alors entre firmes mais entre salariés (ZAJDELA, 1990). Lorsque la conjoncture s'avère plus favorable que prévue, l'employeur embauche une main d'œuvre qui n'entre pas dans le cadre des contrats de long terme. La rémunération versée correspond au salaire concurrentiel et l'employé est gardé jusqu'à ce que la conjoncture devienne moins favorable.

La partition secteur primaire, secteur secondaire conduit à différencier les modes de rémunération et les niveaux de salaire pour des individus aux caractéristiques identiques. Les écarts de salaires sont liés soit à des règles de rémunérations différentes pour deux catégories de salariés du marché interne, soit à l'absence de contrat incitatif pour les salariés du marché externe. En d'autres termes, les emplois sont différenciés par la distinction marchés internes – marché externe ou par des modes de rémunérations différents pour les salariés des marchés internes. Les modèles de la théorie des incitations à l'instar d'autres cadres théoriques tentent de formaliser les règles salariales des marchés internes, la notion d'emploi devient alors essentielle.

2.2. Les emplois au sein des marchés internes

2.2.1. Emplois et théorie des incitations

La relation salariale repose sur le diptyque emploi et individu. Il est possible alors d'étudier l'individu à travers l'emploi qu'il occupe et inversement. La théorie du capital humain en s'intéressant essentiellement aux effets de la formation individuelle effectue des regroupements de salariés en fonction des taux de rendements du capital humain accumulé et de la nature de ce dernier (spécifique ou général). Compte tenu de l'objet de l'étude il est tout à fait logique de choisir le cheminement qui va de l'analyse individuelle à l'emploi. Une analyse fondée sur l'emploi sera alors justifiée par d'autres problématiques et d'autres cadres théoriques.

Pour la théorie des incitations, les éléments qui déterminent le choix de tel ou tel mode de rémunération sont liés aux caractéristiques de l'emploi occupé et non à celles de l'individu qui l'occupe. Par exemple, si la mesure des performances individuelles est coûteuse, l'employeur est susceptible de proposer des contrats type paiement différé avec ou sans promotions à l'ancienneté. Ou encore si les performances relatives peuvent être évaluées et si des promotions sont envisageables, il peut opter pour un contrat de tournoi ou un mode de rémunération à l'ancienneté fondé sur les promotions.

Par ailleurs, une analyse en terme d'emploi paraît plus riche que la perspective individuelle, compte tenu des nombreuses questions induites par les nouvelles modélisations. Jusqu'alors la question essentielle posée par la théorie du capital humain peut être résumée de la façon suivante : « *quels sont les rendements de l'éducation et de l'expérience, et comment ces rendements diffèrent au cours du temps et entre les groupes de salariés ?* » (LAZEAR, 1995 a). Quant à la notion d'emploi elle conduit à poser de nouvelles questions, on peut en proposer une liste non exhaustive (LAZEAR, 1995 b) :
- Quel est la définition significative de l'emploi ? Quand les catégories d'emploi doivent-elles être définies de manière détaillée ou générale ? L'emploi est-il un concept empirique ?
- Quelle théorie explique comment les salariés changent d'emploi ? Comment les emplois sont déterminés au sein de la firme ? Comment l'entrepreneur décide du nombre d'emplois à définir ?

- Dans quelle proportion la croissance de la rémunération d'un individu au cours de toute sa carrière dépend d'une promotion d'un emploi à un autre et de l'augmentation du salaire au sein d'un même emploi ?
- Que signifient les spécifications de chaque emploi ? Est-ce qu'elles décrivent les salaires, les tâches assignées, les conditions de travail, ou les opportunités d'investissement en capital humain ?
- Quelles sont les caractéristiques d'un emploi qui conduit à une promotion ? Comment ses caractéristiques se différencient-elles par rapport à celles qui prévalent dans les emplois sans avenir ?
- Existe-t-il des « barrières à l'entrée » dans certaines firmes ? Est-ce que les salariés sont d'abord affectés à des emplois de bas niveau puis promus ensuite en interne ou existe-il de fortes possibilités d'être recruté à un emploi de haut niveau ? Qu'est ce qui détermine le fait qu'un salarié soit promu ou change d'emploi à l'intérieur de la firme ?

Les modèles de la théorie des incitations permettent d'apporter certaines réponses. Mais ces dernières restent « théoriques » et afin de tester leur validité il est nécessaire de recourir au concept d'emploi. Car seule une définition appropriée de l'emploi peut permettre, grâce aux investigations empiriques d'invalider certaines théories (falsification poperienne), de déterminer pour chacune d'entre elles un domaine possible d'application ou encore de proposer des cas où les théories peuvent se superposer ou se juxtaposer. Une théorie pourrait s'appliquer à certains types d'emplois et pas à d'autres, par exemple. Ainsi, afin de comprendre le fonctionnement des marchés internes il est nécessaire de définir les emplois qui seront le support de modes de rémunérations spécifiques en fonction des déterminants de la demande, i.e les caractéristiques des emplois occupés.

2.2.2. Définition et champ d'application du concept d'emploi

Selon la modélisation économique qui doit être testée, l'emploi aura une définition différente. Nous pouvons proposer quelques exemples :
- Pour la théorie des tournois ou la rémunération à l'ancienneté fondée sur les promotions, l'emploi est équivalent à un niveau de salaire spécifié ex ante par l'entrepreneur. L'ensemble des emplois (ou niveaux de salaires) d'une entreprise peut alors être assimilé à une structure incitative optimale.
- Lorsque la rémunération à l'ancienneté repose sur le principe du paiement différé sans promotion (LAZEAR, 1979 ; ZYLBERBERG, 1994). L'emploi occupé par l'individu est supposé identique pour toute la carrière, le salaire évoluant au sein de ce même emploi.

- Pour la théorie du cycle de vie (WEISS, 1986, notamment), les individus effectuent des choix d'occupations différents au cours de leur carrière. Les emplois seront alors différenciés selon qu'ils privilégient la formation ou la production[2].

- Pour les théories qui considèrent la structure du contrôle dans les organisations, l'ensemble des emplois va représenter la configuration optimale qui permet de limiter les « coûts d'agence », liés notamment à la surveillance des salariés, en ayant recours à la délégation d'autorité (ALCHIAN et WOODWARD, 1988 ; SAH et STIGLITZ, 1986).

La notion d'emploi peut donc recouvrir plusieurs réalités et elle doit être appréhendée en fonction de la recherche effectuée. Toutefois certaines définitions sont compatibles : une structure de contrôle hiérarchique optimale peut aussi être le support de contrats de tournois adaptés, par exemple. De plus, plusieurs types d'emplois peuvent coexister au sein d'une même firme. Par exemple, un emploi de cadre ou de cadre supérieur peut entrer dans le cadre de la définition correspondant au contrat de tournoi. L'accès à un tel emploi étant régi par ce type d'incitation. Mais au sein de la même firme le mode de rémunération d'un emploi ouvrier peut être fondé sur le principe du paiement différé sans promotion.

3. L'EMPLOI : UN CONCEPT EMPIRIQUE

3.1. Caractéristiques de l'emploi occupé et rémunération en France

3.1.1. Pratiques des employeurs et notion d'emploi

« *Les salariés sont situés et évalués par l'emploi qu'ils occupent dans l'entreprise, autant et parfois plus que par leurs caractéristiques personnelles* » (LE GALL, 1992). Qu'il s'agisse de l'évaluation des niveaux de salaires ou de la détermination d'un mode de rémunération, l'analyse des pratiques des employeurs et les résultats de certaines études permettent de conforter cette affirmation.

Tout d'abord, les employeurs déterminent souvent leur politique salariale en fonction des caractéristiques dc l'emploi occupé. Par exemple, la facilité d'évaluation de la contribution productive associée à un emploi peut conduire à opter pour la rémunération au mérite ou encore les nombreux postes d'un niveau hiérarchique supérieur auquel peut donner accès l'emploi concerné permet de fonder un contrat sur les promotions à l'ancienneté ou non.

---

[2] Si les caractéristiques de l'emploi joue un rôle ici, l'analyse demeure individuelle, i.e que le niveau de rémunération ne dépend pas des caractéristiques de l'emploi occupé mais de choix individuels.

En France, les emplois procèdent d'un regroupement de différents postes de travail aux caractéristiques proches afin, notamment, d'organiser les remplacements, de gérer les mobilités et d'assurer une gestion collective des personnes ou des salaires (MALLET et MORIN, 1996). Un emploi regroupe plusieurs postes de travail donc plusieurs individus, de telle sorte que si le mode de rémunération est associé à l'emploi, il concernera tous les salariés qui occupent les postes regroupés. Par exemple, un entrepreneur appliquera le même mode de rémunération à tous les agents de maîtrise qui travaillent à la production.

Une illustration de l'affectation de la rémunération à l'emploi est donnée par les conventions collectives qui déterminent des « fourchettes » de rémunération pour différents types d'emplois en France. Les classifications d'emplois conventionnelles servent en effet, à regrouper des postes qui ont les mêmes caractéristiques, ce qui permet des les comparer « indépendamment » des personnes qui les occupent (MALLET et MORIN, 1996). En 1975, les méthodes d'évaluation dites « synthétiques » succèdent aux conventions « Parodi-Croizat » réputées moins flexibles. Le nombre de critères retenus pour caractériser l'emploi est réduit aux éléments essentiels suivants : le métier, la profession, la fonction ou la mission. Ces méthodes conduisent à des classifications reposant sur des définitions de poste globales (seuls quelques critères sont retenus) qui déterminent un calcul indiciel de rémunération.

Les emplois sont donc définis en France en deux temps. Dans un premier temps la convention collective fixe une fourchette de rémunération attachée à différents critères. L'employeur positionne alors les emplois au sein de la grille de rémunération. Toutefois une catégorie conventionnelle va souvent regrouper plusieurs emplois car les particularités techniques et organisationnelles de chaque firme permettront une définition plus « fine » des emplois.

En fait, les salaires conventionnels sont souvent des minima pour l'employeur qui est libre de verser des salaires plus élevés. Il n'en demeure pas moins qu'il existe un degré de corrélation élevé entre le minimum de branche et le salaire effectif. MEURS et SKALLI (1997) suite à une étude sur les données de l'enquête INSEE 1992 sur le coût de la main d'œuvre et la structure de salaires montrent pour six branches (banque, bâtiment, chimie, habillement, coiffure, chaussures) que ce coefficient de corrélation est compris entre 0,46 (coiffure) et 0,90 (chimie). AFSA (1987) a également montré que le relèvement des minima des conventions de branche se répercutait sur les salaires réels pour une période allant du 1er avril 1985 au 1er avril 1986.

En France, la plupart des enquêtes nationales sont effectuées à partir de la nomenclature des professions et catégories socioprofessionnelles ou PCS. Afin de pouvoir utiliser ces enquêtes il est essentiel de rapprocher les professions et catégories socioprofessionnelles de la notion d'emploi en établissant un lien étroit entre professions et catégories socioprofessionnelles et conventions collectives.

Il existe deux modalités possibles de rapprochement des personnes pour constituer des catégories socioprofessionnelles. La première repose sur les notions de famille, de foyer, de ménage, i.e une caractérisation du milieu selon la filiation. Une autre perspective consiste à regrouper les individus par rapport à l'emploi occupé ou par rapport aux diplômes ou statut relevant d'une grille hiérarchisée. La tendance pour l'évolution de la nomenclature des catégories socioprofessionnelles en France a été de passer de la première modalité à la seconde. En effet, au cours des trente années qui suivent les premières CSP (1954) « *la tendance générale a été d'intégrer de plus en plus les classements liés à la gestion même de la main-d'œuvre, i.e les classifications des conventions collectives, en s'en inspirant dès la rédaction des questionnaires des recensements et des enquêtes* » (DESROSIÈRES et THÉVENOT, 1992). Le passage aux professions et catégories socioprofessionnelles en 1982 va donc complètement intégrer les catégories conventionnelles à la nomenclature. Ainsi, le premier niveau de classification est la profession, i.e 489 postes élémentaires homogènes à la fois selon le type d'activité, le statut, et la classification dans les grilles des conventions collectives (DESROSIÈRES *et al.*, 1983).

Le rapprochement professions et catégories socioprofessionnelles – emploi via les conventions collectives permet d'utiliser les enquêtes nationales afin d'une part, à travers quelques études sur données nationales, de retrouver un effet significatif de l'emploi (assimilé à la PCS) et d'autre part, de constituer ces données en base de données d'emplois (BDE désormais).

3.1.2. Bilan de quelques études françaises

Tout d'abord ARAÏ, BALLOT et SKALLI (1996 a) ont montré qu'il existe une disparité des modes de rémunération à l'ancienneté en fonction de la PCS et de la taille des établissements. BIGARD et GUILLOTIN (1996) mettent en évidence la notion « d'itinéraire caractéristique ». Selon le secteur d'activité et la PCS du salarié, ce dernier aurait un profil de carrière type où il passerait par différents emplois successifs.

Par ailleurs, la pratique généralisée en France, du salaire au temps payé sur une base mensuelle révèle une démarche plus axée sur l'emploi que sur l'individu pour déterminer le niveau de salaire versé. Une telle démarche nécessite, en effet, que la rémunération affectée au poste occupé soit prédéterminée indépendamment des caractéristiques individuelles si le salaire mensuel n'est pas accompagné de primes individualisées. Or, REYNAUD (1990) a montré que pour les ouvriers le mode de rémunération au temps avait évolué de telle sorte que 80,9 % d'entre eux soient rémunérés exclusivement au temps en 1986 contre 73,5 % en 1978.

La mise en exergue de différences de rémunération entre salariés aux caractéristiques et conditions de travail identiques ou « disparités non compensatrices » confirme également les limites explicatives des variables individuelles (PLASSARD et TAHAR, 1990 ; ARAÏ *et al.*, 1996 pour la France). Le mode de rémunération lié à chaque emploi peut alors expliquer, en partie au moins, ces disparités.

3.2. Les Bases de Données d'Emplois

Afin de fonder une analyse sur l'emploi occupé, les données doivent être constituées en « base de donnée d'emploi ». Il est nécessaire alors de montrer l'intérêt de celle-ci par rapport à une base de donnée individuelle et aussi de déterminer quelles peuvent être les complémentarités entre ces deux sources de données.

3.2.1. Bases de données individuelles ou aux bases de données d'emplois ?

Les bases de données individuelles regroupent une sélection aléatoire d'individus avec pour chacun d'entre eux des informations dont nous proposons une liste non exhaustive : des informations démographiques, sur le niveau et le type de formation, l'ancienneté et l'expérience, les caractéristiques du ménage de l'individu concerné, le niveau d'étude ou la qualification de ses ascendants et enfin les salaires perçus parfois pour plusieurs périodes. L'utilisation des données peut alors se faire dans le cadre de la théorie du capital humain afin de déterminer, par exemple :
- Quelle est la contribution du système scolaire aux différences de salaires entre individus selon la formation qu'ils ont suivi et éventuellement leur expérience ?
- Quels sont les rendements de la formation post scolaire ?
- Quelle est l'influence du niveau de formation des ascendants sur le niveau de salaire (PLASSARD et BOUMAHDI, 1992) ?

Les BDE répondent à d'autres préoccupations. Elles sont requises, par exemple, lorsqu'il existe des « barrières à l'entrée » pour certains emplois. C'est le cas lorsque la promotion dans un emploi est réservée aux salariés de la firme qui peuvent, concourir dans le cadre d'un contrat de tournoi ou être promus à l'ancienneté pour accéder à l'emploi concerné. Il est clair que pour déterminer quels sont les emplois concernés, une BDE est nécessaire. De même lorsqu'il s'agit d'identifier les postes pour lesquels tel ou tel mode de rémunération est utilisé. En fonction de l'objectif de l'étude effectuée, la BDE sera spécifiée différemment : soit chaque emploi sera le support d'un mode de rémunération différent, soit la base de donnée peut décrire la distribution de salaire et le nombre de salariés pour chaque emploi spécifié dans une firme particulière. Il est également possible de constituer un panel de données à partir des nomenclatures d'une firme (LAZEAR, 1992).

Les catégories d'emplois doivent donc être constituées pour les besoins de l'étude. En tout état de cause, « *l'entreprise prend en compte, notamment, la position, les performances et les compensations monétaires dans le cadre de la structure organisationnelle dont la BDE permet de décrire la forme et ses incidences sur la relation salariale* » (BACKER *et al.*,1994).

LAZEAR (1992) propose une méthodologie afin de constituer une BDE. Ce dernier a réalisé une étude à partir d'une grande entreprise américaine (20 000 salariés) pour 13 années. Au sein de la plupart des firmes il existe une définition plus ou moins détaillée des emplois en fonction de différentes caractéristiques aboutissant à une nomenclature interne. Si ces critères sont nombreux et la nomenclature très détaillée, la notion d'emploi peut devenir équivalente à un niveau de salaire.

Afin de constituer une BDE, LAZEAR (1992) propose de mesurer le lien salaire / emploi en réalisant une régression du salaire mensuel sur un certain nombre de variables indicatrices qui participent à la définition de l'emploi dans la nomenclature. Pour le premier niveau, le plus détaillé, la variance des salaires expliquée est de 95 %, l'emploi est alors presque équivalent à un niveau de rémunération. Mais son choix se porte sur un second niveau moins détaillé qui lui permet d'obtenir une variance expliquée de l'ordre de 80 %. Plusieurs raisons guident ce choix. Tout d'abord, pour le niveau détaillé la variation des salaires est pratiquement expliquée entièrement par des différences de rémunération « entre emplois ». Or, une analyse des variations de salaire fondée sur l'emploi doit mettre aussi en exergue les variations de salaires « au sein d'un même emploi » pour des individus aux caractéristiques proches, selon qu'ils appartiennent au marché interne ou au marché externe, par exemple. Enfin et surtout, le passage du premier au second niveau fait évoluer le nombre d'emplois de 791 à 45, soit plus de 17 fois moins. En d'autres termes, le premier niveau comporte un grand nombre d'emplois aux caractéristiques proches, le second lui sera donc préféré puisqu'il permet d'analyser la variation de salaire au sein de chaque emploi (20 %), sans pour autant aboutir à un niveau de variance des salaires expliqué trop faible. Le même type de test conduit BACKER, GIBBS et HOLMSTRÖM (1994) à retenir 17 emplois répartis en 8 niveaux, ces derniers permettant d'expliquer 70 % de la variance des salaires. Une telle démarche peut guider toutes les analyses de ce type et permettre de constituer des catégories d'emplois relativement homogènes eu égard aux niveaux de rémunération associés à chacune d'entre elles.

Notons que la définition de l'emploi, i.e les caractéristiques retenues pour les variables indicatrices, définit également le terme de promotion qui correspond au passage d'un emploi à un autre lorsque ce dernier est rémunéré à un niveau supérieur.

Afin de pouvoir utiliser les enquêtes nationales françaises en assimilant emploi et PCS la méthode de Lazear peut être utilisée. Ainsi, a partir de l'enquête « carrière et mobilité » de L'INSEE 1989 nous avons réalisé une régression des salaires sur des variables caractérisant l'emploi occupé assimilé aux professions et catégories socioprofessionnelles divisées en 21 catégories (LEMISTRE et PLASSARD, 1998). La variance des salaires expliquée est alors supérieure à 60 % pour un niveau d'agrégation relativement élevé. En d'autres termes, une BDE peut être constituée à partir des professions et catégories socioprofessionnelles et il est possible d'élaborer une analyse fondée sur l'emploi à partir des professions et catégories socioprofessionnelles .

De nouvelles méthodes doivent être développées afin d'exploiter les BDE et de répondre aux questions évoquées plus haut concernant notamment les transitions entre emplois.

3.2.2. De nouvelles méthodes pour l'analyse des carrières salariales

Nous examinerons succinctement les méthodes proposées par LAZEAR (1992) et développées par BACKER, GIBBS et HOLMSTRÖM (1994).

Tout d'abord le nombre de changement d'emploi, le niveau de salaire et le nombre de promotions annuelles peuvent être mis en relation. Une telle démarche permet de déterminer la proportion des changements d'emploi qui sont assimilables à des promotions et les effets respectifs de la mobilité horizontale et verticale sur les salaires. Le résultat commun aux deux études est le constat d'une forte corrélation entre les promotions et les différents taux de changement d'emploi qui révèle que la mobilité interne est consécutive dans la plupart des cas à une promotion (pour plus des deux tiers).

Reste que cette méthode ne reflète pas la notion de carrière puisque les variables sont annuelles. Une première solution permettant de pallier cet inconvénient est de diviser la population en deux catégories, les mobiles (movers) et les immobiles (stayers), en ne retenant que les salariés qui ont effectué toute leur carrière au sein d'une même firme. Le différentiel de salaire entre ces deux catégories reflète l'effet global des promotions sur le salaire. Mais la différence de rémunération peut être due aux salaires d'embauche qui aboutissent alors à une distribution de salaire équivalente et indépendante de la carrière. Ainsi LAZEAR obtient un différentiel favorable aux « mobiles » de 16 %, mais également des différences de salaires initiaux favorables à ces derniers de 13 %. En revanche, en divisant la population en plusieurs catégories de « mobiles », il s'avère que l'effet de la mobilité interne sur le salaire est de plus de 50 % entre des individus ayant été promus trois fois et les immobiles. Par ailleurs, les rendements de l'expérience et de l'ancienneté sont proches pour les différentes catégories. De tels résultats semblent donc valider l'hypothèse d'une hiérarchie des salaires reposant sur des contrats de tournois implicites. BACKER, GIBBS et HOLMSTRÖM aboutissent à un résultat similaire. Toutefois, la différence entre les salaires moyens entre niveaux est supérieure à la prime versée lors d'une promotion pour tous les emplois. En d'autres termes, les promotions expliquent seulement une partie des différences de salaires entre niveaux. Un tel résultat conduit à « *une évidence provocatrice de l'importance du rôle de l'administration dans la détermination des salaires* »[3] (BACKER *et al.*, 1994). D'autant qu'un autre résultat de l'étude établit qu'avec un haut salaire dans l'emploi on reçoit une plus faible augmentation qu'avec un faible salaire. Ceci semble correspondre à une règle salariale administrative. Mais l'étude ne prend, selon nous, peut être pas suffisamment en compte d'une part, les effets de l'ancienneté au sein de chaque emploi et d'autre part, les problèmes d'équité lorsque deux salariés aux caractéristiques proches occupent le même emploi mais perçoivent des rémunérations différentes. La notion d'équité et l'ancienneté pourraient alors expliquer les ajustements lors des augmentations.

Notons que les résultats des deux études sont purement indicatifs car les données sont issues de deux firmes particulières et peuvent être idiosyncrasiques, de telle sorte que les résultats ne sont pas généralisables. En revanche, une étude à partir des professions et catégories socioprofessionnelles en France sur données nationales pourrait aboutir à des résultats ayant une portée plus générale. Il n'en demeure pas moins que les études américaines permettent de valider en partie au moins la théorie des tournois, puisque les résultats concordent avec ses hypothèses.

Afin d'intégrer à l'analyse la notion de carrière, une seconde solution est de faire reposer celle-ci entièrement sur l'emploi, afin de déterminer, notamment, quelles sont les perspectives d'avenir d'un individu en fonction de l'emploi occupé, si toutes choses demeurent égales par ailleurs. Les deux méthodes préconisées par Lazear sont « l'Export Analysis » et « l'Import Analysis » qui consistent à déterminer respectivement le taux de changement d'emploi « internes » pour un emploi vers d'autres et la proportion d'individus accédant à l'emploi concerné. Les emplois peuvent alors être classés en fonction de la proportion d'individus « exportés » ou « importés ». Les taux sont calculés à partir de la mobilité propre à chaque catégorie pour une période donnée (13 ans pour LAZEAR, 20 ans pour BACKER, GIBBS et HOLMSTRÖM). Les taux obtenus pour différents emplois peuvent être mis en rapport

---

[3] Provocatrice car le but des modèles développés par la théorie des incitations est précisément d'expliquer par un comportement économiquement rationnel les règles administratives qui lui échappent ici en partie.

avec d'autres caractéristiques individuelles (ancienneté, formation). Il est possible alors de déterminer, par exemple, quels sont les emplois sans avenir (dead ends), et quels sont les emplois ou promotion et ancienneté sont liés.

Notons que pour les deux études, les promotions ont souvent lieu en début de carrière. De plus BACKER, GIBBS et HOLMSTRÖM montrent que les promotions sont pour l'ensemble des emplois de leur échantillon « fast-tracks », i.e que les salariés promus le plus rapidement ont le plus de chance d'être à nouveau promus et ceci dans un délai relativement cours.

Les données macro-économiques peuvent également être prises en compte et ceci afin d'évaluer l'influence de l'environnement sur les marchés internes. Par exemple, Le taux de chômage propre à chaque emploi ou à différents ensembles d'emplois (les postulants internes pour un emploi peuvent alors être en concurrence avec des postulants externes), la démographie salariale qu'elle soit globale ou propre à certains emplois. L'évolution de cette dernière limite, en effet, les opportunités de carrière et elle peut accroître les coûts salariaux si la plupart des salaires évoluent à l'ancienneté.

Par ailleurs, des comparaisons peuvent être effectuées entre les emplois ayant des taux d'exportation ou d'importation proches. Une méthode possible est de régresser les taux d'exportation sur des caractéristiques communes à ces emplois. Ainsi, LAZEAR montre d'une part, que les emplois qui comprennent le plus de salariés expérimentés ont des taux d'exportation élevés. D'autre part, plus le niveau de formation requis pour un emploi est élevé, plus le taux d'exportation est important. En revanche, les emplois peu qualifiés en production ont le plus fort taux d'exportation y compris pour les salariés inexpérimentés. Ce résultat est contre intuitif par rapport à la théorie du capital humain selon laquelle une période de formation est toujours un préalable à une promotion. La formation joue évidemment un rôle dans l'affectation des individus à tel ou tel emploi et la détermination du salaire, « *mais le plus intéressant est que les autres variables (caractérisant l'emploi) ont un effet aussi, voire plus important (sur le profil de carrière)…injustement ignorés dans le passé* » (LAZEAR, 1992).

D'autres questions sont également abordées par LAZEAR, BACKER, GIBBS et HOLMSTRÖM grâce aux BDE. Nous les présentons succinctement ainsi que quelques résultats et éléments méthodologiques :

La première concerne les « barrières à l'entrée », i.e le fait que certains emplois soient pourvus uniquement ou essentiellement par voie interne. Il est clair qu'une BDE permet de déterminer quels sont les emplois concernés par ce type de pratiques contrairement à une base de donnée individuelle. La méthodologie de LAZEAR est de constituer des taux d'importation avec les seules entrées externes dans l'emploi. Ces derniers peuvent alors à nouveau être rapprochés d'autres variables afin de déterminer les caractéristiques communes aux emplois ayant un fort recrutement externe, par exemple. Toutefois les deux études américaines n'observent pas de barrières à l'entrée significatives, les emplois restants « perméables » pour les postulants extérieurs, même si ces possibilités diffèrent sensiblement selon l'emploi concerné.

La seconde question abordée concerne les « différences égalisatrices ». LAZEAR montre leur existence car des individus ayant des caractéristiques individuelles identiques ont, pour son échantillon, des niveaux de rémunérations différents selon le nombre de changement d'emplois antérieur à l'affectation pour tous les emplois de sa BDE. Plus ce nombre est élevé plus la rémunération est faible toutes choses égales par ailleurs. Or, des caractéristiques non pécuniaires ne peuvent expliquer ce phénomène. On peut alors suggérer que les individus concernés ont participé à des tournois différents de telle sorte que certains ont gravi les échelons plus rapidement, la récompense lors de l'accession à l'emploi étant plus élevée pour ces derniers. Les niveaux de salaire sont donc dépendants aussi du mode de rémunération qui peut expliquer des différences non égalisatrices.

L'appariement constitue le dernier point exploitable par une BDE. En effet, l'appariement peut être abordé de deux manières. Soit il s'agit de l'appariement avec l'entreprise, le salarié bien apparié trouvant au sein de l'entreprise, à tout moment de sa carrière, un emploi en adéquation avec ses capacités productives. Dans le cas contraire, il quitte l'entreprise pour une autre qui lui offrira un meilleur appariement. Le taux de turn-over est alors en relation négative avec la qualité de l'appariement, comme le postulent les modèles classiques d'appariement (JOVANIC, 1979, notamment). La seconde possibilité est de considérer non pas la firme mais l'emploi, l'appariement n'est plus alors uniquement une problématique pour la mobilité interfirmes mais aussi pour la mobilité intrafirme (LAZEAR, 1995 b). Un salarié bien apparié va donc rester dans le même emploi, surtout s'il a suivi une formation spécifique à celui-ci. Or, paradoxalement LAZEAR (1992) pour son échantillon montre que les salariés qui ont l'ancienneté dans un emploi la plus élevée perçoivent les rémunérations les plus faibles. De même l'autre étude aboutit à un résultat paradoxal quant au lien taux de turn-over / appariement. Ces résultats ne sont certes pas généralisables et sont propres aux firmes étudiées. Toutefois, nous postulons que le problème d'appariement est plus en relation avec la firme qu'avec l'emploi car la relation d'emploi et les contrats incitatifs (tournoi ou paiement différé) sont abordés dans le cadre des marchés internes dans une perspective de long terme. Ainsi un salarié « jugera » de la qualité de l'appariement non pas en fonction du rapport capacité productive actuelle et salaire perçu mais entre cette même capacité et la rémunération espérée pour toute sa carrière ex ante (ou richesse). Ceci compte tenu des contrats incitatifs qui lui seront proposés au début de sa carrière (rémunération à l'ancienneté, possibilité de promotion, etc.). Les conclusions du modèle d'appariement ne sont pas modifiées mais la référence n'est plus la rémunération instantanée mais sa valeur espérée actualisée pour l'ensemble de la carrière compte tenu des capacités productives de l'individu qui déterminent la qualité de l'appariement.

4. CONCLUSION

Cet article a proposé de mettre en exergue l'intérêt du concept d'emploi en économie. L'emploi est apparu au sein de la théorie du capital humain grâce aux modèles de cycle de vie et la notion de choix d'occupation (WEISS, 1986, notamment), puis au travers de la théorie du filtre (ARROW, 1973). Mais l'élément déterminant est la mise en exergue de l'existence de marchés internes du travail qui a généré des modélisations correspondant à des modes de rémunérations différents selon les caractéristiques de l'emploi occupé (DOERINGER et PIORE, 1971). Ainsi, les modèles de la théorie des incitations (paiement différé et tournoi) peuvent justifier le recours au concept d'emploi.

Par ailleurs, les pratiques des employeurs en France montrent l'importance de l'emploi dans la détermination des salaires, notamment le lien entre les rémunérations et les catégories des conventions collectives. Ces dernières participent pour une grande part à la définition de la nomenclature des professions et catégories socioprofessionnelles. Certaines études sur données nationales françaises permettent alors de retrouver un effet significatif des caractéristiques de l'emploi sur le niveau de salaire. Qu'il s'agisse de l'existence de modes de rémunération différenciés selon la PCS (ARAÏ et al., 1996a), de carrières types en fonction de l'emploi occupé (BIGARD et GUILLOTIN, 1996), de la mensualisation des rémunération (REYNAUD, 1990) ou encore de l'existence de disparités non compensatrices (PLASSARD et TAHAR, 1990).

Toutefois, la constitution et l'exploitation de Bases de données d'emploi selon des méthodes initiées récemment par LAZEAR (1992), essentiellement « l'export analysis » et « l'import analysis », permettrait de renforcer le rôle des caractéristiques de l'emploi en France et de répondre à certaines questions qui ne peuvent être abordées dans le cadre de bases de données individuelles. Par exemple, déterminer de façon détaillée les caractéristiques communes aux emplois pour lesquels les modes de rémunérations sont proches, comme l'ont fait pour deux grandes firmes américaines LAZEAR (1992), BACKER, GIBBS et HOLMSTRÖM (1994).

Une analyse fondée sur le concept d'emploi ne remet pas en cause les études reposant sur des bases de données individuelles et les théories sous-jacentes. Ainsi, elle ne constitue pas une réfutation de la théorie du capital humain, mais ses conclusions n'en sont pas moins relativisées car les caractéristiques individuelles ne sauraient seules expliquer le niveau de rémunération. Par ailleurs, les deux approches peuvent être complémentaires, certaines questions étant plus à même d'être abordées par l'une plutôt que l'autre. En tout état de causes, recourir au concept d'emploi et développer les techniques correspondantes est certainement une voie de recherche prometteuse pour l'analyse des carrières individuelles.

Philippe Lemistre et Jean-Michel Plassard

BIBLIOGRAPHIE

AFSA C. (1987), « Les relèvements salariaux de branche : quels impacts sur les salaires », *Travail et emploi*, n° 34.

ALCHIAN A.-A. et WOODWARD S. (1988), « The firm is dead ; long life the firm », *Journal of economic Literature*, vol. 26.

ARAÏ M., BALLOT G., SKALLI A. (1996 a), « Rendements de l'ancienneté des individus et taille des établissements », *Revue économique*, n° 3 mai.

ARAÏ M., BALLOT G. et SKALLI A. (1996 b), « Différentiels intersectoriels de salaires et caractéristiques des employeurs en France », *Économie et Statistiques*, n° 299.

ARROW K.-J. (1973), « Higher éducation as a filter », *journal of public economics*, n° 2, juillet.

BACKER G., GIBBS M. et HOLMSTRÖM B. (1994), « The internal Economics of the Firm : Evidence from Personnel Data », *Quaterly Journal of Economics*, novembre.

BECKER G. (1975), « Human Capital : A Theorical and Empirical Analysis, with special reference to education », University of Chicago press.

BIGARD A. et GUILLOTIN Y. (1996) « Carrières professionnelles, carrières salariales : la notion d'itinéraire caractéristique », *Économie et Statistiques*, n° 299.

CAHUC P. et ZYLBERBERG A. (1996), « La formation des salaires et les déterminants du chômage », éditions De Boeck Université, Collection Économie du travail.

CARMICHAEL H. Lorne (1983), « Firm Specific Human Capital and Promotion Ladders », *Bell Journal*, n° 14.

DESROSIÈRES A. et THÉVENOT L. (1992), « Les catégories socioprofessionnelles », Paris, La découverte, Collection Repère.

DESROSIÈRES A. , THÉVENOT L. et GOY A. (1983), « L'identité sociale dans le travail statistique, la nouvelle nomenclature des PCS », *Économie et Statistiques*, n° 152, février.

DOERINGER P. et PIORE M. (1971), « Internal labor markets and manpower analysis », Lexington Mass, Heath Massachusets.

FAVEREAU O. (1989), « Marchés internes marchés externes », *Revue économique*, n° 2 Mars.

GLAUDE M. (1986), « Ancienneté, expérience et théorie dualiste du marché du travail », *Économie appliquée*, n° 4.

HUTCHENS R.-M. (1989), « Seniority, Wages and Productivity : A Turbulent Decade », *Journal of Economic Perspectives*, vol. 3, n° 4.

JOVANIC B. (1979), « Job matching and the Theory of Turnover », *Journal of Political Economy*, vol. 87, n° 5.

LANFRANCHI J. (1996), « Les contrats incitatifs : les modèles des tournois », in *Les marchés internes du travail : de la microéconomie à la macroéconomie*, Presses universitaires de France, Collection Economie.

LAZEAR E.-P. (1979), « Why is There Mandatory Retirement ? », *Journal of Political Economy*, n° 87, décembre.

LAZEAR E.-P. et ROSEN S. (1981), « Rank-Order Tournaments as Optimal Labor Contracts », *Journal of Political Economy*, vol. 89.

LAZEAR E.-P. (1992), « The job as a concept », in Wiliam j.Bruns Jr. (ed.)., *Performance measurement, evaluation, and incentives*, Harvard Business School Press, 1992.

LAZEAR E.-P. (1995), « A Jobs-Based Analysis of Labor Markets », *American Economic Review*, vol. 95, n° 2.

LAZEAR E.-P. (1995), « Personnel Economics », MIT Press, Cambridge.

LE GALL J.-M. (1992), *La gestion des ressources humaines*, Presses uuniversitaires de France, collection « Que-sais-je ? ».

LEMISTRE P. et PLASSARD J.-M. (1998), « Des carrières salariales différenciées selon l'emploi occupé », communication au 9è congrès de l'AGRH (Association Francophone de Gestion des Ressources Humaines), université de Versailles Saint Quentin en Yvelines, 19-20 novembre 1998.

LHÉRITIER J.-L. (1992), « Les déterminants du salaire », *Economie et statistique*, n° 257.

MALCOMSON J. (1984), « Work Incentives, Hierarchy, and internal labor markets », *Journal of Political Economy*, vol. 92.

MALLET L. et MORIN M.-L. (1996), « La détermination de l'emploi occupé », *Droit Social*, n° 7-8.

MEURS D. et SKALLI A. (1997), « L'impact des conventions de branche sur les salaires », *Travail et emploi*, n° 70.

PLASSARD J.-M. et TAHAR G. (1990), « Théorie du salaire d'efficience et disparités non compensatrices : évaluation à partir de l'enquête Fqp », *Économie et prévisions*, n° 92-93.

PLASSARD.J.-M, BOUMAHDI.R (1992), « Note à propos du caractère endogène de la variable éducation dans la fonction de gain », *Revue économique*, n° 1.

PRENDERGAST C. (1993), « The role of promotion in inducing specific human capital acquisition », *The Quaterly Journal of Economics*, May.

REYNAUD B. (1986), « Diversité de la relation salariale de branche et codification des conventions collectives », in R.Salais et L.Thévenot (éditeurs), *Le travail : marchés, règles, conventions*, Paris, Economica-Insee.

REYNAUD B. (1990), « Dynamique sectorielles et mode de rémunération ouvriers dans la crise : le cas français », *Economie et prévisions*, n° 92-93.

RILEY J.G (1976), « Information, screening and human capital », *American Economic Review*, vol. 66 n° 2, mai.

ROSEN S. (1986), « Distribution of prizes in a match-play tournament with single eliminations », *American Economic Review*, vol. 76.

SAH R. et STIGLITZ J. (1986), « the architecture of economic systems : hierarchies and polyarchies », *American Economic Review*, vol. 76.

SPENCE A.-M. (1973), « Job market signaling », *Quaterly journal of Economics*, vol. 87, août.

WEISS Y. (1986), « The détermination of life cycle earnings : a survey », in Handbook of Labor Economics, Ashenfelter et Layard ed., vol. 1.

ZAJDELA H. (1990), « Le dualisme du marché du travail : enjeux et fondements théoriques », *Économie et prévisions*, n° 92-93.

ZYLBERBERG A. (1994), « Effort et contrat : quelques enseignements concernant le marché du travail », *Économie et prévisions*, n° 113-114.

Les politiques pour l'emploi des jeunes

Quels concepts pour quelles catégories ?

Tristan Klein, (SET-METIS, CNRS - université Paris 1)

1. INTRODUCTION

La catégorie « jeunes » vient d'être remise au cœur de la politique de l'emploi par le biais du programme « emplois-jeunes », selon une approche relativement nouvelle (SAVATIER, 1997). Cette occasion pose le problème de la cohérence des politiques publiques d'emploi qui visent une amélioration de l'entrée des jeunes dans la vie active. Une telle discussion doit, selon nous, prendre en compte les évolutions des recherches sur l'insertion professionnelle juvénile.

Cette étape nous semble d'autant plus importante que l'économiste, comme les autres chercheurs, est confronté aux discours et productions d'objets des pouvoirs publics, la politique de l'emploi ayant sa propre logique (politico-administrative). Il s'agira donc d'établir un inventaire-bilan de l'évolution de la place des jeunes sur le marché du travail, puis d'exposer les enrichissements des analyses de l'insertion, avant de retracer les principes et les réalités de la politique pour l'emploi des jeunes et d'analyser son évolution récente.

2. ÉVOLUTION DE LA PLACE DES JEUNES SUR LE MARCHÉ DU TRAVAIL

2.1. Un phénomène partagé : l'effet d'âge

2.1.1. La place des jeunes se dégrade en France...

Si l'on étudie l'insertion des jeunes depuis 25 ans, on constate tout d'abord une certaine permanence des phénomènes. Les difficultés des jeunes à l'entrée sur le marché du travail ne sont pas particulièrement dues à la crise économique. En effet, en enrichissant l'indicateur de taux de chômage par d'autres indicateurs quantitatifs relatifs (taux de chômage des jeunes/adultes, part des jeunes au chômage), on décèle assez nettement l'existence d'un effet d'âge (ELBAUM et MARCHAND, 1994).

Tableau 1

Chômage relatif

(taux de chômage des 15-24 ans/taux de chômagedes 25-49 ans)

	1970	1974	1978	1982	1986	1990	1994	1997	Moyenne
U* jeunes/U adultes	3,27	3,37	3,30	3,40	2,72	2,12	2,39	2,44	2,87
U jeunes/U moyen	1,96	2,29	2,30	2,40	2,14	1,85	2,22	2,28	2,16

* U : taux de chômage.

Source : INSEE, enquête Emploi.

Les jeunes entrent trois fois plus nombreux que les adultes au chômage, ceux qui ont un emploi sont plus exposés au chômage que les adultes, les entreprises préservant les postes des travailleurs les plus anciens : la mobilité des jeunes à l'entrée et à la sortie de l'emploi est aussi supérieure à celle des adultes, phénomène qui s'est accru sur la période (MORMICHE, 1975 ; BRUNO et CAZES, 1997).

Leur place relative est assez sensible à la conjoncture, puisqu'elle s'améliore nettement à la fin des années quatre-vingt, avec les progrès de l'activité économique. On peut constater également que la mise en place des mesures publiques semble avoir eu un impact positif au début de cette même décennie.

Autre permanence dans l'insertion professionnelle des jeunes : la protection du diplôme. Le taux de chômage des non diplômés est en moyenne trois fois plus grand que celui des jeunes les plus formés (JOIN-LAMBERT *et al.*, 1993 ; MÉRON et MINNI, 1995). En outre, les diplômés de l'enseignement supérieur bénéficient plus rapidement des améliorations conjoncturelles.

Une autre protection contre le risque de chômage est apportée par l'ancienneté (que l'on peut considérer comme un signal de l'expérience), c'est-à-dire la durée de la présence sur le marché du travail[1]. En effet, plus celle-ci est importante, plus le taux de chômage est faible (MÉRON et MINNI, 1995). En croisant ancienneté et diplôme, on retrouve le rôle majeur et fortement discriminant de ce dernier dans le passage par le chômage et dans la qualité de l'insertion, surtout quand l'ancienneté s'élève : c'est « *une protection efficace à moyen terme* » (MÉRON et MINNI, 1995).

Malgré tout, l'effet d'âge est supplanté par l'effet « sexe », puisque les jeunes femmes sont dans l'ensemble toujours plus mal loties que les jeunes hommes, à diplôme et ancienneté équivalents (MINNI et VERGNIES, 1994 ; MÉRON et MINNI, 1995), la situation relative des jeunes femmes étant en moyenne moins défavorable que celle des garçons. Pourtant, aux diplômes les plus élevés les disparités se sont assez atténuées (COUPPIÉ *et al.*, 1997).

---

[1] D'où la nécessité d'opérer une distinction entre « jeune » et « débutant ».

Toutefois, les deux dernières décennies semblent marquer une dégradation de la place des jeunes, notamment pour les jeunes peu ou pas diplômés. Cela concerne tant la diminution des taux d'accès à l'emploi (et l'allongement de la durée), conséquence de l'effritement des recrutements des débutants (FOURNIÉ et GRANDO, 1994), que la détérioration des qualités des emplois occupés avec le développement des contrats temporaires, du temps partiel et la baisse des salaires relatifs (MÉRON et MINNI, 1995 ; PONTHIEUX, 1997).

L'acquisition de diplômes par des fractions de la population qui ne poursuivaient pas d'études auparavant et l'allongement général de la scolarité augmentent la concurrence au sein du système scolaire pour maintenir la rareté relative des titres possédés. Cette course au diplôme, liée au fonctionnement du marché du travail (file d'attente et prime à la qualification), aboutit à la hausse des difficultés des jeunes les moins bien dotés en capital scolaire : c'est le processus de déclassement (FORGEOT et GAUTIÉ, 1997).

Il traduit une dissociation croissante entre le diplôme et l'emploi, non pas parce que les diplômes seraient moins adaptés aux emplois, mais plutôt car les entreprises, moins contraintes par le marché du travail, peuvent distendre la relation formation-emploi et élever leurs exigences, notamment dans leur chasse au passager clandestin et au meilleur signal de productivité (GAUTIÉ, 1995).

2.1.2. ...et ailleurs

L'unique observation des taux de chômage des jeunes, pourrait faire croire que cette situation est propre à la France ou, pour le moins, aux économies méditerranéennes. Mais, si l'on utilise des indicateurs relatifs pour prendre en compte la situation du marché du travail dans son ensemble, on s'aperçoit que l'effet d'âge est relativement bien partagé dans les pays de l'Organisation de coopération et de développement économiques (OCDE). Sous cet angle, c'est la situation outre-Rhin qui apparaît singulière : il n'y pas ou presque pas d'effet d'âge (l'Autriche s'en approchant). La spécificité française tient sans doute alors à son caractère négocié, du fait du rôle joué par l'école et les pouvoirs publics (dans le cadre des mesures de la politique de l'emploi).

Tableau 2
Chômage relatif
(taux de chômage des 15-24 ans/taux de chômage des 25-54 ans)

	France	Allemagne	Italie	Japon	Royaume Uni[*]	USA[*]
1983	3,45	1,59	6,57	2,05	2,07[**]	2,15
1995	2,47	1,02	3,68	2,34	2,07	2,69

[*] 16-24 ans ; [**] 1984.
Source : OCDE (1997).

Du point de vue des conditions d'insertion, les situations sont relativement homogènes : partout, l'âge médian d'entrée dans la vie active s'élève et les différents états (emploi, formation, chômage) s'entremêlent (BLUM, 1997). Ainsi, dans la plupart des pays, les jeunes ont vu leur rémunération diminuer depuis le début des années quatre-vingt par rapport à celle des adultes (OCDE, 1996). De même, l'accroissement du travail à temps partiel involontaire (faute d'emploi à plein temps) est aussi illustratif des difficultés des jeunes à l'entrée dans la vie active.

2.2. La faiblesse de l'activité des jeunes en France

2.2.1. Un allongement des études particulièrement prononcé en France

Si l'on compare les situations des jeunes dans les principaux pays de l'OCDE, c'est pour le taux d'activité que la singularité française est la plus importante, loin de la grande majorité des autres pays de l'OCDE.

Tableau 3
Taux d'activité des 15-24 ans (en %)

	France	Allemagne	Italie	Japon	Royaume Uni[*]	USA[*]
1983	45,7	58	48,3	44,2	75,6[**]	67,1
1995	29,8	55,7	38,8	47,6	69,8	66,3

[*] 16-24 ans ; [**] 1984.
Source : OCDE (1997).

La différence porte alors sur les taux d'emploi des 15-24 ans : 29,8 % en France, 57,7 % aux USA. En outre, si l'allongement des études est un phénomène qui intervient partout, il est plus prononcé en France qu'en Allemagne, qu'aux Pays-Bas ou qu'au Royaume-Uni.

Cette différence est en partie due aux disparités dans la comptabilisation de l'activité et de l'emploi. Ainsi, en France il n'y a quasiment aucune prise en compte d'une activité simultanément à une présence dans le système éducatif, phénomène qui est très courant et massif pour les adolescents (16-19 ans) aux USA, au Canada, en Allemagne et aux Pays-Bas notamment (OCDE, 1996 ; BLUM, 1997), par exemple pour financer les études ou du fait d'une institutionnalisation forte de l'alternance.

Toutefois, dans le dernier bilan formation-emploi (MINNI et POULET, 1997), grâce à de nouvelles définitions, ces situations mixtes d'activité et de formation apparaissent plus fortement (plus d'un million de jeunes sont concernés).

2.2.2. Une génération travaille à la fois

La situation française demeure toutefois relativement spécifique, puisque l'on évoque souvent le principe d'un marché du travail très sélectif à l'entrée et à la sortie de la vie active (ELBAUM et MARCHAND, 1994). Tandis que de 1975 à 1994, les taux d'activité des moins de 25 ans et des plus de 60 ans diminuaient assez nettement, celui des 25-60 ans augmentait de plus de 6 points (BOURDALLÉ et CASES, 1996).

De même, l'augmentation des postes de cadre a surtout profité aux « quadragénaires » (qui ont donc bénéficié de l'élargissement des écarts entre les rémunérations de 1970 à 1993), et la mobilité interne ou interentreprises a été privilégiée à l'insertion des plus jeunes.

Depuis le milieu des années soixante-dix, les nouveaux entrants sur le marché du travail subissent la crise du marché du travail, expérimentant les diverses caractéristiques de la flexibilisation du système d'emploi, quand les générations précédentes conservent les anciennes conventions des Trente glorieuses (VERDIER, 1996). L'inflexion s'est opérée au cours de la décennie 1980, malgré la politique de l'emploi.

3. ÉVOLUTION DES ANALYSES DE L'INSERTION PROFESSIONNELLE DES JEUNES

3.1. Le relâchement du lien formation-emploi

L'analyse de l'insertion professionnelle a longtemps été marquée par une approche relativement adéquationniste, reposant à la fois sur les capacités des différentes institutions publiques à prévoir les besoins futurs en main-d'œuvre et à y adapter les évolutions du système éducatif (SCHWARTZ, 1981 ; TANGUY, 1986 ; MÉNARD, 1993 ; DUMARTIN, 1997). D'autant qu'il existait une relation formation-emploi « industrielle », la France se plaçant de ce point de vue dans une optique relativement proche de la régulation allemande, à l'opposé des pratiques des pays anglo-saxons, qui donnent un rôle prééminent au marché (VERDIER, 1996).

3.1.1. L'abandon du rêve adéquationniste

En effet, la relation formation-emploi a évolué, chacun des termes s'autonomisant. D'un côté, la formation initiale, générale, s'accroît sous la pression conjointe de la demande sociale et des besoins de l'appareil productif en personnels aux capacités d'adaptation à des emplois changeants. De l'autre, une exigence de la part des entreprises de qualification des travailleurs, de nouvelles compétences (PODEVIN, 1993 ; LÉONARD, 1996).

Ces évolutions perturbent l'analyse de l'insertion professionnelle, puisque du temps de la quasi-pénurie de main-d'œuvre, les jeunes passaient d'un état à l'autre sans obstacle ni attente. Désormais, la phase d'insertion a son existence propre, ou plutôt, elle devient nettement plus visible (VERNIÈRES, 1997).

La relation formation-emploi apparaît depuis plus d'une décennie comme beaucoup plus complexe (TANGUY, 1986 ; VERNIÈRES, 1997), bien que certaines professions[2] montrent une intensité assez élevée dans le niveau du lien entre école et appareil productif. Telle la notion de « stagiaire » qui, hors des sentiers balisés de l'apprentissage et de la formation professionnelle rémunérée, renvoie à toute une palette de situations intermédiaires entre situation de formation et situation d'emploi (AUTÈS *et al.*, 1996).

Dans ce cadre, l'inadéquation des formations aux emplois comme explication des difficultés des jeunes à l'entrée dans la vie active semble largement insuffisante du fait de la faible correspondance en moyenne entre formation et emploi, et au moins du lien très distendu qui peut exister entre ces deux étapes de la vie, ou entre les différents emplois occupés lors de l'entrée dans la vie active (LÉONARD, 1996 ; DUMARTIN, 1997). D'autant que, plus largement, la mise en avant de nouveaux modes de rémunération davantage liés à l'initiative et à l'implication personnelle, pousse à rompre avec toute forme d'adéquation trop stricte entre individu, poste de travail, ancienneté et rémunération (PODEVIN, 1993).

L'extension, l'allongement de la phase d'insertion est en soi déjà un écueil dans l'analyse de l'objet, mais ses frontières sont devenues plus floues, tant en ce qui concerne le point de départ (la sortie du système éducatif) que la sphère d'arrivée (la stabilisation dans l'emploi) en raison de l'augmentation des situations intermédiaires et de leur enchaînement (TANGUY, 1986 ; VERNIÈRES, 1997). Mais de ce fait, le

---

[2] La santé, l'enseignement ou le travail social (DUMARTIN, 1997).

processus d'insertion a ses caractères propres, partiellement distincts de ceux qui régissent le système éducatif ou le marché du travail (VINCENS, 1996).

3.1.2. La qualification : incontournable mais indéfinissable ?

Dans les désordres intervenus dans la relation formation-emploi, la notion de qualification tient une place importante, « *au confluent du système éducatif et du système d'emploi* » (TANGUY, 1986). C'est le lien, « *le produit combiné de l'expérience au travail et de la formation* » (LÉONARD, 1996 ; VERNIÈRES, 1997).

Cependant, d'une part il y a débat entre les sociologues et les économistes : pour les premiers, il s'agit de s'interroger sur la dimension qualification une fois réalisée la mise au travail ; pour les seconds, on étudie davantage les coûts de constitution de la qualification et ses effets, au travers de l'analyse des écarts de salaire, de productivité (TANGUY, 1986).
Mais en outre il y a aussi une confusion avec la notion de compétence : la difficulté étant de faire la part des savoirs et des savoir-faire pour la dimension individuelle, et l'aspect reconnaissance sociale pour la dimension collective.

Par ailleurs, l'abandon, au moins partiel, des formes d'organisation taylorienne par les entreprises (formes qui avaient structuré l'analyse sur la qualification tout au long des années cinquante et soixante), conduit à l'émergence de nouvelles compétences, tant individuelles que collectives, fondées sur des savoirs techniques nouveaux mais valorisant aussi les aptitudes à accomplir des taches polyvalentes (PODEVIN, 1993).

Les compétences sont alors définies comme des « *ensembles stabilisés de savoirs et de savoir-faire, de conduites types, de procédures standards, de type de raisonnement, que l'on peut mettre en œuvre sans apprentissage nouveau* » (MÉNARD, 1993). Elles renvoient donc aux qualités déployées par le travailleur pour maîtriser son outil de travail, à ce que l'on nomme aussi le « savoir-être ».

La compétence et la qualification n'en apparaissent pas plus distinctes, puisque si l'on reprend la conclusion de TANGUY (1986) : « *La qualification ne fait pas qu'exprimer des qualités requises et mises en forme pour réaliser un travail. C'est aussi la façon dont se constitue un ensemble de compétences, de représentations, de comportements acquis par les individus dans le cours de leur sociabilisation et qui contribuent à façonner le travail lui-même* ». À ce moment là, la qualification semble plus large que la compétence et l'englobe, bien que ces deux notions soient définies dans des acceptions proches.

La compétence pose donc problème à la relation formation-emploi, car on ne peut la considérer comme simple résultat de la formation initiale, mais comme la combinaison des savoir-faire acquis lors des situations de travail et des connaissances reçues dans le système éducatif (BÉDUWÉ et ESPINASSE, 1995). On a ainsi une association de deux types de formation, la formation explicite, qui est sanctionnée par un diplôme ou une certification, et la formation implicite, qui renvoie à la formation sur le tas, à l'expérience professionnelle.

Dans ce cadre, on est très proche de la notion d'expérience professionnelle, qui pose des problèmes identiques aux jeunes entrants dans la vie active qui sont, par définition, ceux qui en sont les moins dotés. On retrouve également les mêmes fonctionnements du marché du travail, puisque ce sont les employeurs qui *in fine* jugent si la compétence d'un individu correspond à la compétence requise par le poste de travail qu'il devrait occuper s'il était embauché. Néanmoins, comme la gestion prévisionnelle des emplois demeure encore balbutiante, les entreprises ont tendance à surdimensionner leurs besoins, par absence d'inventaire des compétences réellement requises par le poste (MÉNARD, 1993).

Suivant les professions, le rapport de la formation à la compétence et à l'emploi est très variable et a évolué en fonction de l'offre de diplômés : dans les professions qualifiées, l'accent est plutôt mis sur l'expérience alors que dans les professions non qualifiées, c'est davantage le diplôme qui est valorisé (BÉDUWÉ et ESPINASSE, 1995).

3.2. Complexification de l'ensemble des notions

3.2.1. Expérience professionnelle

Si l'on reprend les travaux récents tentant une telle définition, on constate que cette notion n'est pas trop complexe, mais qu'elle n'en est pas moins multidimensionnelle. Ainsi, on peut a minima distinguer expérience intégrative et expérience améliorative, expérience technique et expérience sociale (VINCENS, 1997).

On peut dès lors dresser un tableau des éléments expliquant un accroissement du rôle de l'expérience et de ceux limitant un tel rôle. Les employeurs mettent toujours en avant l'expérience professionnelle, cependant « *le critère de la formation est bel et bien un critère clivant et même décisif dans bien des cas, mais les employeurs sont extrêmement résistants à reconnaître leur poids dans les procédures de sélection* », d'autant qu'ils n'expriment pas *a priori* d'hostilité envers les jeunes candidats (DUBERNET, 1996).

L'expérience professionnelle apparaît dès lors comme le pendant du flou des notions de compétence et de qualification individuelles. L'employeur ne peut ni juger précisément des qualités du futur salarié, ni, le plus souvent, exprimer clairement les compétences requises par le poste. Inapte à explorer ce que le travailleur pourrait faire, il se rabat sur ce qu'il a fait. C'est pourquoi l'expérience professionnelle est systématiquement valorisée.

Mais l'on sait bien qu'il faut prendre en compte à la fois la dimension technique et la dimension sociale de l'expérience, c'est-à-dire celle qui est directement liée au poste de travail occupé et celle qui renvoie à l'intégration dans l'organisation de la production, avec par exemple ses exigences de discipline. C'est pour cela que l'on ramène souvent l'expérience professionnelle à l'ancienneté dans la vie active.

À partir du moment où la main-d'œuvre répond globalement aux exigences de formation, dans un contexte de rationnement de l'emploi, les employeurs sont tentés d'augmenter les normes de recrutement, c'est-à-dire d'accroître les exigences d'expérience des jeunes, pour diminuer les coûts d'acquisition de l'expérience « intégrative ». Soit les entreprises n'embauchent que des candidats qui ont déjà cette expérience, soit elles utilisent des emplois temporaires (partiellement subventionnés pour certains) afin de réduire les risques.

3.2.2. Débutant

À partir du moment où l'on étudie l'insertion des jeunes, où l'on utilise les notions d'expérience et de qualification, se pose le problème de la caractéristique des jeunes vis-à-vis des autres individus à la recherche d'un emploi. On va donc considérer que les jeunes sont sans expérience, qu'ils débutent. Or la complexification des parcours et des situations fait que l'on ne peut considérer, de manière stricte, tous les jeunes sortants du système éducatif comme des débutants. D'une part parce que certains sont en reprise d'études et qu'ils ont une première expérience professionnelle. Plus largement, parce qu'il y a de plus en plus d'étudiants qui suivent des stages au cours de leur cursus secondaire ou universitaire (environ 600 000 chaque année) et parce qu'il y a de nombreux étudiants (entre un quart et un cinquième) qui ont une activité salariée à côté de leurs cours (BORDIGONI et VERGNIES, 1997). Suivant les formes qu'elles prennent, suivant leurs contenus, ces expériences professionnelles augmentent soit la valeur productive du diplôme, soit n'ont qu'une valeur très générale, mais elles modifieront le signal donné par l'étudiant (BÉDUWÉ et CAHUZAC, 1997).

Or, de nombreuses enquêtes statistiques ne conçoivent encore qu'une situation, qu'un état possible à un moment donné pour un individu. Selon l'angle prioritaire des institutions, un étudiant qui travaille pendant l'année scolaire sera comptabilisé, soit comme salarié, soit comme étudiant (BORDIGONI et VERGNIES, 1997) ; pour l'apprentissage, les problèmes posés sont encore plus vifs (FOURNIÉ et GRANDO, 1995).

Parce que l'analyse de l'insertion professionnelle se situait dans une approche adéquationniste, et parce que les emplois occupés par les jeunes pour financer leurs études sont souvent fort éloignés de la formation suivie et des postes recherchés à l'entrée sur le marché du travail, il n'y avait guère de problème à laisser ces situations de côté. À partir du moment où une telle approche est remise en cause, en raison des éléments évoqués ci-dessus, il devient très gênant de ne pas les intégrer dans l'analyse, alors qu'elles sont pourvoyeuses d'expérience de la relation de travail et d'une meilleure connaissance de l'entreprise, donc d'expérience professionnelle.

4. LA POLITIQUE POUR L'EMPLOI DES JEUNES

La politique de l'emploi, outre les objectifs de favoriser la création d'emplois supplémentaires et le développement d'activités nouvelles utiles socialement, vise aussi, à volume d'emploi donné, une redistribution des chances d'accès à l'emploi. Il s'agit donc de lutter contre la sélectivité du marché du travail, en pratiquant la discrimination positive à l'égard des populations les plus vulnérables au chômage ou moins employables (COMITÉ INTERMINISTÉRIEL DE L'ÉVALUATION DES POLITIQUES PUBLIQUES, 1997). On attend des mesures publiques qu'elles puissent infléchir les pratiques de recrutement des entreprises.
Dès lors, l'administration s'attache à définir la catégorie défavorisée, celle qui va servir de cible aux dispositifs des politiques d'emploi : le public. Par ailleurs, l'accroissement important du chômage des 16-24 ans dans la seconde moitié des années soixante-dix a interpellé les pouvoirs publics. Ces éléments expliquent pourquoi s'est mise en place, à cette époque, une politique active de l'emploi en direction des jeunes.

Tout ciblage d'une politique suppose la définition administrative de la catégorie cible. D'où pour les jeunes l'émergence de la catégorie des 16-25 ans, qui existe déjà statistiquement. La borne inférieure provient tout naturellement de l'âge légal de fin de scolarité obligatoire et donc de début d'entrée dans la vie active.

Cependant face à l'effet d'âge, tous les pays ne réagissent pas de la même manière, car l'indicateur politiquement sensible demeure le taux de chômage des jeunes. Il n'est pas surprenant que les pays anglo-saxons interviennent peu, puisque dans leur cas, l'essentielle de la politique de l'emploi est constituée de mesures passives (indemnisation du chômage). Quand le taux de chômage des jeunes est important, certains pouvoirs publics tentent une action spécifique pour cette cible (France,

Italie, Finlande). Mais cette attitude n'est pas la seule suivie, puisque, par exemple, l'Espagne n'en fait pas une priorité.

4.1. Quelles mesures pour quels handicaps ?

4.1.1. Coût du travail et formation

Les difficultés des jeunes dans leur insertion professionnelle proviennent selon les travaux théoriques d'une productivité trop faible en comparaison des autres actifs (GAUTIÉ, 1995). Les jeunes parce qu'ils sont moins qualifiés, parce qu'ils débutent, ont en général une productivité inférieure au coût du travail aux conditions de droit commun. Il s'agit là de la représentation néoclassique du marché du travail.

Rejetant l'idée d'une rémunération légale plus faible pour les jeunes (hormis pour les moins de 18 ans), les politiques vont donc s'orienter vers des mesures de subvention de l'emploi des jeunes, avec comme objectif de diminuer le coût du travail des débutants.

Par ailleurs, l'analyse des trajectoires des jeunes sur le marché du travail montre très vite que le diplôme est un élément protecteur contre le chômage, notamment pour les plus formés. Les politiques publiques vont donc également tenter d'améliorer la formation des jeunes peu ou pas de diplômés.

Les difficultés d'accès à l'emploi étant liées à une faiblesse de qualification ou de compétence, la politique de l'emploi tente de combler ces faiblesses par la formation et par l'expérience professionnelle. C'est pourquoi, les mesures de formation en alternance apparaissent capables de répondre aux besoins des jeunes les plus défavorisés (d'autant qu'à l'issue du contrat le bénéficiaire peut acquérir un diplôme ou se voir certifier une qualification).

Ces deux handicaps sont parfois intégrés dans le même dispositif, comme c'est le cas avec de nombreux contrats aidés du secteur marchand, cumulant un soutien à l'acquisition de qualification par la formation en alternance (formation subventionnée) et un abaissement du coût du travail des jeunes (salaire inférieur au SMIC, exonération de cotisations sociales...).

4.1.2. Les mesures

La politique de l'emploi a privilégié très tôt les mesures en faveur d'un abaissement du coût du travail des jeunes (pactes pour l'emploi 1977) tout en mettant l'accent sur la formation (stages Granet, contrat emploi-formation...), mais sans poser l'hypothèse d'une installation dans la durée. Les plans provisoires vont donc se succéder jusqu'à la prise en compte d'une aggravation durable de la situation des jeunes, notamment pour les moins qualifiés et les victimes de l'échec scolaire (SCHWARTZ, 1981). Outre un aspect social, à partir des premières évaluations partielles, aboutissant à développer une gestion localisée de la politique de l'emploi en direction des jeunes de 16 à 21 ans (Permanences d'accueil, d'information et d'orientation (PAIO), missions locales), la politique publique ne comportera pas de rupture avec les principes antérieurs.

En 1984, un nouveau plan d'action est lancé avec des mesures nouvelles visant à retirer massivement les jeunes du volume des chômeurs, et à les diriger vers des emplois du secteur marchand (stage d'insertion à la vie professionnelle – SIVP) ou non marchand (travaux d'utilité collective – TUC), avec également un développement des formations en alternance (contrat de qualification, contrat d'adaptation...). En 1986, les politiques d'abaissement du coût du travail par le biais des mesures d'exonérations de cotisations sociales vont s'accroître.

L'essentiel de la politique est structurellement défini dans trois directions avec des subventions « pures » (sous la forme d'exonérations de cotisations sociales), des stages de formation et des contrats de travail de types particuliers incluant souvent exonération de cotisations sociales et actions de formation (GAUTIÉ, 1995 ; LEFRESNE, 1995).

Tableau 4

Effectifs des jeunes en mesure au 31 décembre 1995

Subventions « pures »	Contrats aidés		Actions de formation	Total
	marchand	non marchand		
245 000	507 000	118 000	34 000	904 000

Source : estimation d'après la DARES.

Plus elle met en avant des mesures ciblées, plus la politique de l'emploi tente de lutter contre la sélectivité du marché du travail et de pallier les manques des bénéficiaires des mesures : il s'agit de modifier les « signaux » que ces derniers émettent en direction des entreprises, ou, au moins, de les accompagner de *stimuli* positivement reçus par les employeurs (DAYAN, 1995).

Pourtant dès le premier pacte pour l'emploi (juillet 1977), les publics initialement visés (les jeunes les moins qualifiés), ne sont pas les plus concernés. En effet, les jeunes de niveaux V bis et VI ne représentent que 24 % des contrat emploi-formation et 20 % des stages pratiques en entreprises (SANTELMANN, 1993).

4.2. Inefficacité à lutter contre la sélectivité du marché du travail

4.2.1. *Les jeunes non qualifiés : principaux bénéficiaires ?*

Le taux de passage par les mesures est globalement de 42 % en 1990 pour les sortants de niveau IV et moins (27 % pour les garçons et 55 % pour les filles), avec un recours accru à ce type d'activité et d'emploi quand le niveau de formation diminue (AUCOUTURIER et GÉLOT, 1994). Les jeunes les moins qualifiés sont aussi ceux pour lesquels l'enchaînement des mesures est le plus fréquent, et parmi eux les filles ont un taux de passage multiple supérieur (CHARRAUD, 1993).

Toutefois si l'on observe ce qui s'est passé depuis dix ans, on s'aperçoit que les dispositifs voient le niveau de formation de leurs bénéficiaires s'élever. Ainsi parmi les jeunes qui ont signé un contrat de qualification, ceux dotés d'un diplôme de niveau III, II ou I étaient 12,3 % en 1990 mais 19,3 % en 1996, alors qu'à l'inverse, les jeunes de niveaux V bis et VI sont passés de 15,5 % à 8,7 % sur la même période. C'est pourtant un contrat qui s'adresse aux jeunes dépourvus de qualification ou dont la qualification est inadaptée.

Cette évolution, pour laquelle certains parlent de dérive (VESPA, 1995), de dévoiement à l'égard des objectifs de départ, se retrouve pour le contrat d'adaptation et même pour les contrats emploi-solidarité (CES). Ce phénomène est propre aux jeunes puisque pour l'ensemble des bénéficiaires des contrats aidés, il n'y a pas d'augmentation du niveau de formation (MARIONI et ROGUET, 1996). Et pourtant ce dispositif, comme les autres formations en alternance, avait comme objectif à sa création en 1983 d'ouvrir de nouvelles voies qualifiantes.

La dérive du contrat de qualification (CQ) est un bon indicateur des phénomènes en cours sur le marché du travail et du rôle de la politique de l'emploi. Elle relève d'une part d'une progression de l'emploi tertiaire (qui recrute principalement des individus de niveau IV), du poids des grandes entreprises (qui recrutent des salariés plutôt plus formés que la moyenne) mais aussi de l'action des organismes privés de formation, qui se servent du CQ pour diminuer les coûts de scolarité (GAUTIÉ et LEFRESNE, 1997).

4.2.2. *La file d'attente n'est pas modifiée*

En fait, loin de modifier les pratiques des entreprises en matière d'embauche de jeunes, les mesures de la politique de l'emploi contribuent à les pérenniser, en accroissant la sélectivité du marché du travail[3] et organisant ainsi les trajectoires des jeunes dans une espèce de circuit fermé, *continuum* possible d'itinéraires, ensemble

---

[3] C'est « l'effet Matthieu », décrit par les juristes : « *Car à celui qui a, l'on donnera, et il aura du surplus ; mais à celui qui n'a pas, on enlèvera même ce qu'il a* ».

cohérent de dispositifs articulés les uns aux autres (CHARRAUD, 1993 ; AUTÈS *et al.*, 1996). De telle sorte que l'on peut dire que la politique de l'emploi contribue, en gérant la file d'attente du chômage, à allonger le processus d'insertion, voire à le précariser, sans modifier le fonctionnement du marché du travail, notamment le rôle du facteur formation (WERQUIN, 1997).

En effet, dans plus d'un cas sur deux, les créations d'emplois suscitées par les mesures comportent des effets d'aubaine ou d'anticipation[4]. Si des effets de substitution se manifestent, la firme recrutant alors plus particulièrement le public visé par la mesure, et notamment des jeunes, ceux-ci se produisent en faveur des individus les plus formés (GELOT *et al.*, 1993).

Cela ne signifie en aucun cas que ces dispositifs ne puissent avoir une quelconque influence positive sur l'insertion sociale des individus. D'autant que de nombreuses études ont montré que la précarité, constitutive de la plupart des situations dans lesquelles interviennent ces actions sociales, peut participer de la construction personnelle des individus. En dehors du marché du travail, les jeunes se forgent une identité sociale qui renvoient à d'autres valeurs sociales et culturelles que celles véhiculées par l'emploi (CHARRAUD, 1993 ; NICOLE-DRANCOURT et ROULLEAU-BERGER, 1995).

Il ne faut pas surestimer le rôle des mesures, qui ne sont en fait que le catalyseur des atouts individuels préexistants à l'entrée dans le dispositif, comme le montrent les études sur données longitudinales, adoptant une approche plus micro-économique à travers l'observation des trajectoires des jeunes (WERQUIN, 1997).

Les différentes évaluations de mesures ciblées de la politique de l'emploi reconnaissent pourtant pour la plupart que « *la sélectivité du marché du travail paraît bien difficile à corriger, quel que soit le caractère massif du programme mis en œuvre* » (COMITÉ INTERMINISTÉRIEL DE L'ÉVALUATION DES POLITIQUES PUBLIQUES, 1997), notamment parce que les mesures ne parviennent que faiblement à influencer les comportements d'embauche des entreprises (inertie des utilisateurs de mesures, opportunismes…).
À tel point que l'on peut « *se demander si la politique de l'emploi ne contribue pas, non pas à rétablir l'égalité d'accès à l'emploi ordinaire, mais au contraire à entériner et renforcer la segmentation du marché du travail, en ménageant des voies distinctes et relativement étanches qui conduisent les uns vers l'emploi, les autres vers les dispositifs palliatifs de formation ou d'activité subventionnée*

---

[4] Les dispositifs de la politique de l'emploi et notamment les mesures pour les jeunes, ont de multiples effets pervers qui viennent atténuer plus ou moins fortement l'impact macroéconomique de l'action publique sur les créations d'emplois (GAUTIÉ, 1995).

comme les CES » (COMITÉ INTERMINISTÉRIEL DE L'ÉVALUATION DES POLITIQUES PUBLIQUES, 1997).

Si la politique de l'emploi a de telles difficultés face à la sélectivité du marché du travail c'est parce que les mécanismes de substitution jouent prioritairement entre jeunes plutôt que vis-à-vis des adultes. Le problème vient du fait que plus la mesure est généraliste (la cible est large), plus la sélectivité est forte au détriment de ceux jugés les moins employables. À l'opposé, toute mesure très ciblée, notamment sur les plus défavorisés (en formation, en productivité estimée...), fait peser sur ses bénéficiaires des risques évidents de stigmatisation (DANIEL, 1998).

5. L'ÉVOLUTION RÉCENTE DE LA POLITIQUE DE L'EMPLOI EN FAVEUR DES JEUNES

5.1. Élargissement de la cible

La politique de l'emploi, organisée à l'origine autour de mesures ciblées sur certains demandeurs d'emploi, est passée à une approche plus généraliste, où l'objectif de contre-sélectivité est placé derrière celui du soutien à la création d'emploi. Ainsi, plus largement que la catégorie jeune, les aides ciblées représentaient 82 % des mesures d'allégement du coût du travail en 1992, et seulement 37 % en 1995 (DANIEL, 1998).

5.1.1. La consolidation de la catégorie « jeune »

Depuis le milieu des années quatre-vingt, on assiste à un vieillissement progressif des dispositifs jeunes, la part des 21-25 ans y atteignant désormais 40 %, vieillissement qui s'accompagne d'un mouvement d'ouverture vers l'ensemble des jeunes, expression de la dilution des caractéristiques de qualification. Cela est surtout vrai pour les dispositifs les plus proches du marché du travail, tant dans les faits (contrat de qualification, CES), que dans les principes (emplois-jeunes).

Le critère d'absence de formation est également assoupli : avec l'aide au premier emploi des jeunes (APEJ, supprimée en 1996 pour des raisons budgétaires), qui succède au défunt contrat d'insertion professionnelle (CIP), l'État accorde une subvention aux entreprises pour toute embauche d'un jeune de moins de 26 ans, sans référence au niveau de formation. La logique du plan emploi-jeune n'est de ce point de vue là pas très éloignée puisque toute condition de qualification a été abandonnée. Toutefois ces phénomènes sont complexes puisque la suppression du programme PAQUE (suivi individualisé des plus défavorisés) est accompagnée de celle de « l'exo-jeunes », mesure généraliste.

À partir du moment où de moins en moins de jeunes quittent l'école avant 18 ans on peut comprendre le recul de la borne inférieure de la catégorie « jeune » opéré pour les emplois-jeunes (18-26 ans). Mais ce recul de la borne inférieure est illustratif de la cible visée, puisqu'on écarte ainsi de fait les plus défavorisés, ceux qui en situation d'échec scolaire pourraient avoir besoin d'un autre parcours d'insertion. De même, le recul de la borne supérieure permet d'inclure les plus diplômés dans les dispositifs qui sont ceux qui sortent le plus tard du système éducatif et qui sont donc les plus âgés.

5.1.2. *La complexification des normes du marché du travail*

Les politiques d'emploi modèlent le système d'emploi par le biais de la transformation des institutions chargées d'améliorer l'insertion des défavorisés, mais aussi en modifiant les normes d'emploi au travers des innovations juridiques contenues dans les dispositifs (DAYAN, 1995). Par exemple, en permettant aux entreprises de déroger aux règles du Code du travail en matière de rémunération, l'action des pouvoirs publics influence indirectement le niveau des salaires versés, souvent inférieur au SMIC pour certaines catégories de jeunes actifs, comme les stagiaires et les apprentis.

Mais l'action publique est plus largement productrice de nouvelles normes dans le fonctionnement du marché du travail. Les mesures ciblées sur les jeunes amènent soit l'exclusion des individus plus âgés, soit conduisent les employeurs à considérer comme « atypique » le fait d'embaucher un jeune sans aide (CHAUMETTE et KERBOURC'H, 1996). Car, le flux des entrées en contrats aidés du secteur marchand (réservés aux jeunes ou non) représente une partie non négligeable des recrutements annuels des entreprises et intervient directement dans leurs modes de gestion de l'emploi (LEFRESNE, 1995).

La politique de l'emploi a également joué sur les conditions d'insertion des jeunes, notamment sur le taux de travail à temps partiel, en raison de l'utilisation importante par les entreprises des abattements de cotisations sociales pour l'embauche d'un salarié à temps partiel lors des recrutements de jeunes. D'autant que le cadre juridique du recrutement est obsolète et désordonné, et que les pouvoirs publics, par souci louable de faciliter les créations d'emplois, ne sont pas en mesure d'enrayer son inefficacité (CHAUMETTE et KERBOURC'H, 1996).

Ces phénomènes « d'éparpillement du droit du travail », se perpétuent, malgré les améliorations des statuts qui sont intervenues sur certaines mesures (*cf.* le remplacement du SIVP par les CES), comme en témoignent les dispositions juridiques choisies pour les emplois-jeunes. En effet, en adoptant des règles hybrides, combinaisons de celles du CDD et du CDI, pour de nombreux éléments de ce nouveau contrat de travail, notamment par la mise en place d'une durée de cinq ans, le législateur est bien en train de construire de nouvelles normes pour le marché du travail (SAVATIER, 1997).

Il ne s'agit pas là d'une situation isolée, puisque l'on retrouve les mouvements de précarisation et de flexibilisation des statuts dans de nombreux champs de la politique de l'emploi, dont l'insertion par l'économique est un exemple exacerbé. Ainsi comme le signale le Conseil national de l'insertion par l'activité économique, « *loin de favoriser leur développement, les dispositifs d'aide en place ont contribué à brouiller les cartes, l'aide à domicile pour les personnes âgées par exemple, voit coexister rien moins que quatre mécanismes* » (AUTÈS *et al.*, 1996).

Le problème vient du fait que les mesures soustraient artificiellement les jeunes du cadre des contrats de droit commun, les cantonnant dans des formes périphériques d'emplois, alors que souvent les critères du contrat de travail de droit commun sont totalement réunis : ces statuts spéciaux qui visent l'insertion se transforment alors en modalités de tri et donc de relégation et d'exclusion de la main-d'œuvre juvénile (AUTÈS *et al.*, 1996 ; CHAUMETTE et KERBOURC'H, 1996).

5.2. La catégorie jeune est-elle pertinente ?

5.2.1. Cette évolution de la politique de l'emploi répond-elle aux besoins de la situation des jeunes ?

Dans un marché du travail en situation de pénurie et fonctionnant en file d'attente, ces éléments conduisent à lever l'avantage relatif dont pouvaient disposer les moins qualifiés du fait de la politique de l'emploi.

Or, par son influence sur les normes d'emploi, la politique publique participe de la modification de l'insertion professionnelle juvénile, au même titre que la politique éducative. L'assouplissement des contraintes salariales, la banalisation des contrats temporaires, rendent l'entrée des jeunes dans la vie active plus longue et plus difficile, comme on l'a vu plus haut. Cet élément se retrouve d'ailleurs dans les analyses de l'insertion professionnelle, en particulier dans l'approche par la transition professionnelle (ROSE, 1996).

Surtout, l'élargissement de fait de la catégorie jeune, par l'entrée dans les dispositifs les plus proches du marché du travail de jeunes relativement plus qualifiés (en particulier de diplômés de niveaux III, II et I) ne va pas dans le sens d'une amélioration de l'efficacité de ces mesures. En effet, des évaluations assez approfondies de contrats aidés du secteur marchand et en particulier du contrat de qualification ont montré que ceux-ci donnaient un avantage d'accès à l'emploi par rapport aux jeunes qui ne passaient pas par la mesure d'autant plus élevé que les bénéficiaires étaient moins formés (AUCOUTURIER et GÉLOT, 1994).

C'est parce qu'il a conscience de ces dérives que l'État cherche périodiquement à redéfinir les publics cibles, à recentrer les dispositifs (GAUTIÉ et LEFRESNE, 1997).

5.2.2. Le tabou de la discrimination

La politique de l'emploi repose sur le diagnostic d'une inégalité d'employabilité[5] entre les individus présents sur le marché du travail, et notamment entre les jeunes (GAUTIÉ et LEFRESNE, 1997).

Mais dans ce cadre elle n'a, par définition, qu'une visée relative, car il est question de modifier la place des uns (les bénéficiaires) par rapport à celle des autres (les non-bénéficiaires). D'une certaine manière, elle reprend à son compte l'idée d'un chômage de file d'attente. De ce point de vue là, toute mesure fondée sur l'âge peut aboutir mécaniquement à rendre inemployable les individus qui dépassent le seuil retenu, quelques soient leurs caractéristiques propres.

Au travers de divers dispositifs récents (CEC, contrat-ville, emplois-jeunes), qui ne sont d'ailleurs pas toujours reliés à la politique de l'emploi, émerge une prise en compte de la discrimination que peuvent subir certains jeunes. En effet, en réservant des quotas de places aux « jeunes des quartiers sensibles » (ou encore « jeunes de quartiers à l'habitat dégradé »), les pouvoirs publics inscrivent, de manière plus ou moins explicite, un objectif de discrimination positive.

Ils lèvent ainsi le tabou de la discrimination, tabou qui fait croire que le marché du travail n'organise la file d'attente que sur des critères de formation ou de productivité. Or certains travaux, notamment sur l'évaluation des placements en stage dans certaines formations professionnelles, ont bien montré l'étendue des discriminations raciales.

Face à cela, le défaut du plan emploi-jeunes est aussi d'avoir tendance à homogénéiser les situations des jeunes. D'une part cela occulte la diversité des situations des jeunes et d'autre part cela pose implicitement que certains problèmes ne concernent que les jeunes. Or, le marché du travail produit aussi un effet d'âge à l'égard des plus âgés. Les jeunes les plus défavorisés sont alors tentés de se tourner vers la délinquance juvénile. À l'opposé, les jeunes les plus diplômés qui semblent relativement aux autres s'en sortir mieux et plus rapidement, ont d'autres pistes à leur disposition (unités d'expérience professionnelle, stages diplômants).

---

[5] C'est-à-dire qu'il y a une inégalité sur l'« *appréciation par un employeur des capacités productives d'une personne* » (GAZIER, 1990).

Mais avec le plan de lutte contre l'exclusion, la politique de l'emploi renoue avec une logique d'accompagnement personnalisé, et se réoriente en direction des jeunes les moins formés au travers du programme TRACE (Trajet d'accès à l'emploi)[6], de l'ouverture des emplois-jeunes aux jeunes en difficulté qui en avaient été initialement écartés, et avec la décision d'augmenter les signatures par les jeunes les moins qualifiés de contrats de qualification (+ 40 000) et d'orientation (+ 20 000).

6. CONCLUSION

Les analyses de l'insertion professionnelle des jeunes font état d'un effet d'âge, c'est-à-dire de difficultés relatives des jeunes à l'entrée sur le marché du travail. Dans ce contexte, les jeunes les moins formés sont ceux qui ont le plus de difficultés.

La dilution des contraintes des mesures de la politique de l'emploi et en particulier des contraintes sur la qualification, entraîne une incapacité de l'action publique à faire évoluer la file d'attente et à contrecarrer la sélectivité du marché du travail.

Les pouvoirs publics, après certaines critiques lancées contre le dispositif des emplois-jeunes, cherchent à prendre en compte ces phénomènes, en mettant à nouveau l'accent sur les publics les plus défavorisés.

Compte tenu de la complexité des analyses sur les notions et concepts, ne faudrait-il pas étudier plus précisément les mécanismes de discrimination et évaluer les dispositifs récemment mis en œuvre qui tentent d'y apporter une réponse (contrat-ville, CEC) ?

Tristan Klein

BIBLIOGRAPHIE

AUCOUTURIER A.-L. et GELOT D. (1994), « Les dispositifs pour l'emploi et les jeunes sortants de scolarité », *Économie et statistique*, n° 277-278, juillet-août.

AUTÈS M., BRESSON M., DELAVAL B. et VERNIER B. (1996), *L'insertion : un moment éternel*, rapport pour la MIRE, CLERSE-IFRESI, novembre.

BEDUWÉ C. et CAHUZAC E. (1997), « Première expérience professionnelle avant le diplôme », *Formation emploi*, n° 58, avril-juin.

BEDUWÉ C. et ESPINASSE J.-M. (1995), « France : politique éducative, amélioration des compétences et absorption des diplômés par l'économie », *Sociologie du travail*, vol XXXVII(4), octobre-décembre.

---

[6] Ce programme est destiné aux jeunes en difficulté issus des quartiers sensibles ou sortis du système scolaire sans diplôme ou qualification (niveaux V bis et VI) ; il devrait concerner 60 000 jeunes.

BLUM C. (1997), « La transition formation-emploi chez les jeunes de l'Union européenne », *Education et formations*, n° 52, décembre.

BORDIGONI M. et VERGNIES J.-F. (1997), « Etudiants salariés. Quand la vie active commence avant la fin des études », *Céreq Bref*, n° 132, juin.

BOURDALLÉ G. et CASES C. (1996), « Les taux d'activité des 25-60 ans : les effets de l'âge et de la génération », *Économie et statistique*, n° 300.

BRUNO C. et CAZES C. (1997), « Le chômage des jeunes en France : un état des lieux », *Revue de l'OFCE*, n° 62, juillet.

CHARRAUD A. (1993), « L'aide à l'insertion des jeunes : concilier le social et l'économique », *Données sociales*.

CHAUMETTE P. et KERBOURC'H J-Y. (1996), « L'accès des jeunes à l'emploi », in *Les jeunes et l'emploi*, Cahier Travail et emploi, La Documentation française.

COMITÉ INTERMINISTÉRIEL DE L'ÉVALUATION DES POLITIQUES PUBLIQUES (1997), « La lutte contre la sélectivité du marché du travail », in *La loi quinquennale relative au travail, à l'emploi et à la formation professionnelle, Rapport d'évaluation*, Paris, La Documentation française.

COUPPIÉ T., EPIPHANE D. et FOURNIER C. (1997), « Les inégalités entre hommes et femmes résistent-elles au diplôme ? », *Céreq Bref*, n° 135, octobre.

DANIEL C. (1998), « Les politiques de l'emploi : une révolution silencieuse », *Droit social*, n°1, janvier.

DAYAN J.-L. (1995), « Que faut-il attendre des politiques de l'emploi ? », *Revue de l'IRES*, n° 18, printemps-été.

DUBERNET A.-C. (1996), « La sélection des qualités à l'embauche », *Formation emploi*, n° 54.

DUMARTIN S. (1997), « Fomation-emploi : quelle adéquation ? », *Économie et statistique*, n° 303.

ELBAUM M. et MARCHAND O. (1994), « Emploi et chômage des jeunes dans les pays industrialisés : la spécificité française », *Travail et emploi*, n° 58, janvier.

FORGEOT G. et GAUTIÉ J. (1997), « Insertion professionnelle des jeunes et processus de déclassement », *Économie et statistique*, n° 304-305.

FOURNIÉ D. et GRANDO J.-M. (1995), « Le recrutement des jeunes sortants du système éducatif : difficultés passagères ou dégradation irrémédiable ? », *Céreq Bref*, n° 113, octobre.

GAUTIÉ J. (1995), *Chômage des jeunes et politique active de l'emploi en France : du diagnostic à l'évaluation*, thèse de doctorat, université Paris I.

GAUTIÉ J. et LEFRESNE F. (1997), « La politique de l'emploi et sa représentation de l'entreprise », *La revue de l'IRES*, n° 23, hiver.

GAZIER B. (1990), « L'employabilité : brève radiographie d'un concept en mutation », *Sociologie du travail*, vol 32(4).

GELOT D., TUCHSZIRER C. et ZILBERMAN S. (1993), « Les effets des aides publiques à l'emploi des jeunes », *Premières synthèses DARES*, n° 26, juin.

JOIN-LAMBERT E., POTTIER F. et SAUVAGEOT C. (1993), « L'insertion professionnelle des jeunes et ses déterminants », *Données sociales*.

LEFRESNE F. (1995), « Les dispositifs d'insertion professionnelle des jeunes en France », *Revue de l'IRES*, n° 17, hiver.

LÉONARD J. (1996), « Éducation, effets externes, emploi : le cas de la France », *Revue de l'OFCE*, n° 58, juillet.

MARIONI P. et ROGUET B. (1996), « Qui a bénéficié de la politique de l'emploi ? », in DARES, *40 ans de politique de l'emploi*, Paris, La Documentation française.

MÉNARD J.-Y. (1993), « Gestion de l'emploi et des ressources humaines et reconnaissance des qualifications dans l'entreprise », in MERLE (éditeur) (1993), *La compétence en question*, Presses universitaires de Rennes.

MÉRON M. et MINNI C. (1995), « Des études à l'emploi : plus tard et plus difficilement qu'il y a 20 ans », *Économie et statistique*, n° 283-284, mars-avril.

MINNI C. et POULET P. (1997), « Nouveaux enseignements du bilan formation emploi 1996 », *Éducation et formations*, n° 52, décembre.

MINNI C. et VERGNIES J.-F. (1994), « La diversité des facteurs de l'insertion professionnelle », *Économie et statistique*, n° 277-278, juillet-août.

MORMICHE P. (1975), « Les jeunes sur le marché du travail », *Économie et statistique*, n° 69, juillet-août.

NICOLE-DRANCOURT C. et ROULLEAU-BERGER L. (1995), *L'insertion des jeunes en France*, Paris, Presses universitaires de France, coll. « Que sais-je ».

OCDE (1996), « L'apprentissage du travail : les jeunes et le marché du travail dans les années 1980 et 1990 », *Perspectives de l'emploi*, juillet.

PODEVIN G. (1993), « Nouvelles compétences et réorganisation du travail », in MERLE (éditeur) (1993), *La compétence en question*, Presses universitaires de Rennes.

PONTHIEUX S. (1997), « Débuter dans la vie active au milieu des années 1990 : des conditions qui se dégradent », *Économie et statistique*, n° 304-305, 4/5.

ROSE J. (1996), « L'organisation de la transition professionnelle entre socialisation, mobilisation et recomposition des rapports de travail et d'emploi », *Sociologie du travail*, vol XXXVIII(1).

SANTELMANN P. (1993), « Insertion et formation professionnelle des jeunes. Quel droit à la qualification ? », *Droit social*, n° 5.

SAVATIER J. (1997), « L'aide aux emplois-jeunes », *Droit social*, n° 11, novembre.

SCHWARTZ B. (1981), *L'insertion sociale et professionnelle des jeunes*, rapport au Premier ministre, Paris, La Documentation française.

TANGUY L. (ed) (1986), *L'introuvable relation formation emploi*, Paris, La Documentation française.

VERDIER E. (1996), « L'insertion des jeunes à la française : vers un ajustement structurel ? », *Travail et emploi*, n° 69.

VERNIÈRES M. (1997), « La notion d'insertion professionnelle », in VERNIÈRES (éditeur), *L'insertion professionnelle. Analyse et débats*, Paris, Economica.

VESPA A.-M. (1995), « Les contrats d'insertion en alternance en 1994 », in DARES, *Bilan de la politique de l'emploi en 1994, Cahier Travail et emploi*, Paris, La documentation Française.

VINCENS J. (1996), « L'insertion professionnelle des jeunes. Délimiter un champ de recherche ? », *Note LIRHE*, n° 229(96.29), novembre.

VINCENS J. (1997), « L'expérience professionnelle des débutants », *Note LIRHE*, n° 261(97.30), décembre.

WERQUIN P. (1997), « 1986-1996 : dix ans d'intervention publique sur le marché du travail des jeunes », *Économie et statistique*, n° 304-305.

TABLE

- TOME 1 -

Collection *Logiques Economiques*
dirigée par Gérard Duthil

BOUTILLIER, UZUNDIS, *Grèce face à l'Europe. Dépendance et industrialisation.*
GALAND Gabriel, GRANDJEAN Alain, *La monnaie dévoilée.*
DU TERTRE Christian, *Technologie, flexibilité, emploi : une approche sectorielle du post-taylorisme*, 1989.
GROU Pierre, *Les multinationales socialistes*, 1989.
MARCO Luc, *La montée des faillites en France*, 1989.
PINARDON François, *La rentabilité, une affaire de points de vue*, 1989.
DUMEZ Hervé et JEUNEMAITRE Alain, *Diriger l'économie : l'Etat des prix en France (1936-1986)*, 1989.
MIGNOT-LEFEBVRE Yvonne, LEFEBVRE Michel, *La société combinatoire. Réseaux et pouvoir dans une économie en mutation*, 1989.
ZARIFIAN Philippe, PALLOIX Christian, *La société post-économique : esquisse d'une société alternative*, 1990.
ZARIFIAN Philippe, *La nouvelle productivité*, 1990.
BARREAU Jocelyne (ed.), *L'Etat entrepreneur*, 1990.
DUTHIL Gérard, *Les entreprises face à l'encadrement du crédit*, 1990.
MAHIEU François-Régis, *Les fondements de la crise économique en Afrique*, 1990.
VATIN François, *L'industrie du lait. Essai d'histoire économique*, 1990.
BARET Serge, *Monnaie, finance et dépendance aux Antilles françaises*, 1991.
GALAVIELLE Christine, *Rôle des monnaies dans l'économie mondiale*, 1991.
LE BOLLOC'H-PUGES Chantal, *La politique industrielle française dans l'électronique*, 1991.
WILLARD C.J., *Aspects actuels de l'économie quantitative*, 1992.
ZARIFIAN Philippe, *Quels modèles d'organisation pour l'industrie européenne ?*, 1993.
THIREAU Véronique, *Nouvelles dynamiques spatiales*, 1993.
DEVOUE Elina, *Recherche et développement régional*, 1993.
GUILHON Bernard, *Les dimensions actuelles du phénomène technologique*, 1993.
JANY-CATRICE Florence, *Les services aux entreprises dans la problématique du développement*, 1993.

Collection
Didactique des Logiques Economiques

Déjà parus

HECKLY Ch., *Eléments d'Economie pratique,* 1990.
DUTHIL G., VANHAECKE D., *Les statistiques descriptives appliquées à l'économie de l'entreprise,* 1991.
DUTHIL G., VANHAECKE D., *Les fondements de l'économie d'entreprise,* 1993.

Collection *Economie et Innovation*
dirigée par S. Boutillier
et D. Uzunidis

Dans cette collection sont publiées des ouvrages d'économie et/ou de sociologie industrielle, financière et du travail mettant l'accent sur les transformations économiques et sociales suite à l'introduction de nouvelles techniques et méthodes de production.
Thèmes privilégiés:
- théorie économique de l'innovation
- le progrès technique dans l'histoire de la pensée économique
- stratégies des acteurs économiques et sociaux face au changement technique
- nouveaux rapports économiques internationaux, place de la finance et de l'industrie
- nouvelles approches organisationnelles
- entrepreneurs et entreprises
- Etat et croissance économique : régulation/dérégulation
- analyse prospective et méthodes d'évaluation des programmes scientifiques et techniques
- innovation technologique et travail
- gestion du temps de travail et libéralisation des économies
Les ouvrages de cette collection s'adressent aux étudiants de maîtrise de sciences économiques et de sociologie, aux étudiants des grandes écoles et aux chercheurs et enseignants-chercheurs.

Déjà parus

J. L. CACCOMO, *Les défis économiques de l'information. La numérisation*, 1996.
D. UZUNIDIS, S. BOUTILLIER, *Le travail bradé. Automatisation, flexibilité et mondialisation,* 1997.
C. PALLOIX, Y. RIZOPOULOS, *Firmes et économies industrielle*, 1997.
P. LAFARGUE, *Le déterminisme économique de Karl Marx*, série Krisis, 1997.
A. MAILLARD, *Le marché inhumain,* 1998.
B. LAPERCHE, *La firme et l'information. Innover pour conquérir,* 1998.

MISE EN PAGES FOURNIE

Achevé d'imprimer par Corlet, Imprimeur, S.A. - 14110 Condé-sur-Noireau (France)
N° d'Imprimeur : 33769 - Dépôt légal : septembre 1998 - *Imprimé en U.E.*